3tres

MCDOUGAL LITTELL

¡En español!

AUTHORS

Estella Gahala

Patricia Hamilton Carlin

Audrey L. Heining-Boynton

Ricardo Otheguy

Barbara J. Rupert

CULTURE CONSULTANT

Jorge A. Capetillo-Ponce

McDougal Littell

A HOUGHTON MIFFLIN COMPANY

Evanston, Illinois • Boston • Dallas

Cover Photography

Center: Large image taken in Barcelona by Martha Granger/EDGE Productions.

Bottom, from left to right: Woodcarving of desert lizard, Mexico, Richard Pasley/Stock Boston;
Palmas del Mar Resort, Puerto Rico, Robert Fried/DDB Stock Photo (also on back cover);
Ecuadorian Ocarinas, RMIP/Richard Haynes; Cuna women with traditional embroidered moles,
Panama, Chuck Mason/International Stock.Copyright © 2000 by McDougal Littell Inc. All rights reserved.

ISBN: 0-395-91085-4   4 5 6 7 8 9 – VJM – 05 04 03 02 01

Internet: www.mcdougallittell.com

CONTENIDO

Etapa preliminar:
¡Bienvenidos al mundo hispano! xxxiv

ESTADOS UNIDOS Present tense of regular verbs 2

MÉXICO Y CENTROAMÉRICA Present tense verbs with irregular **yo** forms 6

EL CARIBE The preterite tense of regular verbs 10

EL CONO SUR Verbs with spelling changes in the preterite 14

ESPAÑA Verb with stem changes in the preterite 18

BOLIVIA, COLOMBIA, ECUADOR, PERÚ Y VENEZUELA Irregular preterites 22

EN USO Repaso y Más comunicación 26

EN RESUMEN Vocabulary 27

OBJECTIVES

- Talk about current events
- Talk about past events and activities

OBJECTIVES

- Describe people
- Talk about experiences
- List accomplishments

ASÍ SOMOS

Hablamos con hispanohablantes en Estados Unidos sobre la identidad personal, el estilo individual y las responsabilidades diarias.

¿Cómo soy? — 30

En contexto
VOCABULARIO Características físicas — 32

En vivo
SITUACIONES ¡Eres director o directora! — 34
LISTENING STRATEGY Give a clear physical description — 34

En acción
VOCABULARIO Y GRAMÁTICA — 36
  ser vs. **estar** — 38
  Imperfect tense — 40
  Preterite vs. imperfect — 41
  Present and past perfect tenses — 44
SPEAKING STRATEGY Add details to descriptions — 37
Refrán — 45

En voces
LECTURA *Soñar en cubano* por Cristina García — 46
READING STRATEGY Observe how verb tenses reveal time — 46

En uso
REPASO Y MÁS COMUNICACIÓN — 48
SPEAKING STRATEGY Describe personal characteristics and actions — 50
Interdisciplinary Connection: El arte — 50

En resumen
REPASO DE VOCABULARIO — 51

UNIDAD 1

ETAPA 2

OBJECTIVES

- Describe fashions
- Talk about pastimes
- Talk about the future
- Predict actions

¿Cómo me veo?   52

En contexto
VOCABULARIO Joyas y accesorios   54

En vivo
SITUACIONES ¡Persigue la moda!   56
LISTENING STRATEGY Listen and distinguish admiring and critical remarks   56

En acción
VOCABULARIO Y GRAMÁTICA   58
    Verbs like **gustar**   60
    Por and **para**   61
    The future tense   63
    Future tense to express probability   66
SPEAKING STRATEGY Use familiar vocabulary in a new setting   59
Refrán   67

En colores
CULTURA Y COMPARACIONES Un gran diseñador   68
CULTURAL STRATEGY Examine the cultural role of fashion   68

En uso
REPASO Y MÁS COMUNICACIÓN   70
SPEAKING STRATEGY Brainstorm to get lots of ideas   72
Interdisciplinary Connection: Las matemáticas   72

En resumen
REPASO DE VOCABULARIO   73

OBJECTIVES

- Talk about household chores
- Say what friends do
- Express feelings

¡Hay tanto que hacer! 74

En contexto
VOCABULARIO Los quehaceres 76

En vivo
SITUACIONES ¡Qué desastre! 78
LISTENING STRATEGY Make an argument for and against hiring others to maintain a home 78

En acción
VOCABULARIO Y GRAMÁTICA 80
    Reflexive verbs 82
    Reflexive verbs used reciprocally 84
    Impersonal constructions with **se** 87
Refrán 89

En voces
LECTURA *La casa en Mango Street* por Sandra Cisneros 90
READING STRATEGY Chart constrasts between dreams and reality in a personal narrative 90

En colores
CULTURA Y COMPARACIONES El legendario rey del mambo 92
CULTURAL STRATEGY Interview, report, and value musical influences 92

En uso
REPASO Y MÁS COMUNICACIÓN 94
SPEAKING STRATEGY Identify feelings important in a friendship 96
Tú en la comunidad 96

En resumen
REPASO DE VOCABULARIO 97

En tu propia voz
ESCRITURA Presentaciones personales 98
WRITING STRATEGY Use details to enrich a description 98

UNIDAD 2

¡EL MUNDO ES NUESTRO!

Visitamos México y América Central, donde hablamos sobre las responsabilidades sociales, el medio ambiente y la riqueza natural.

ETAPA 1

Pensemos en los demás 102

En contexto
VOCABULARIO Trabajos voluntarios 104

En vivo
SITUACIONES ¡Los candidatos! 106
LISTENING STRATEGY Anticipate, compare and contrast 106

En acción
VOCABULARIO Y GRAMÁTICA 108
   Command forms 110
   Nosotros commands 112
   Speculating with the conditional 115
SPEAKING STRATEGY Name social problems,
   then propose solutions 117
Refrán 117

En voces
LECTURA Rigoberta Menchú 118
READING STRATEGY Comprehend complex sentences 118

En uso
REPASO Y MÁS COMUNICACIÓN 120
SPEAKING STRATEGY Identify the general ideas,
   then delegate responsibilities 122
Tú en la comunidad 122

En resumen
REPASO DE VOCABULARIO 123

OBJECTIVES

- Say what you want to do
- Make requests
- Make suggestions

Donemos nuestros esfuerzos

OJECTIVES

- Say what should be done
- React to the ecology
- React to others' actions

Un planeta en peligro — 124

En contexto
VOCABULARIO Ecología — 126

En vivo
SITUACIONES ¡Viva el medio ambiente! — 128
LISTENING STRATEGY Inventory local efforts
to save the environment — 128

En acción
VOCABULARIO Y GRAMÁTICA — 130
   The present subjunctive of regular verbs — 132
   The present subjunctive of irregular verbs — 134
   The present subjunctive of stem-changing verbs — 135
   The present perfect subjunctive — 137
SPEAKING STRATEGY Consider the effect of words
and tone of voice — 133
   Refrán — 139

En colores
CULTURA Y COMPARACIONES Unidos podemos hacerlo — 140
CULTURAL STRATEGY Gather and analyze information
about literacy — 140

En uso
REPASO Y MÁS COMUNICACIÓN — 142
SPEAKING STRATEGY Express support or lack of support — 144
Interdisciplinary Connection: Las ciencias — 144

En resumen
REPASO DE VOCABULARIO — 145

UNIDAD 2

ETAPA 3

La riqueza natural — 146

OBJECTIVES

- React to nature
- Express doubt
- Relate events in time

En contexto
VOCABULARIO Animales y deportes acuáticos — 148

En vivo
SITUACIONES El Parque SalvaNatura — 150
LISTENING STRATEGY Determine your purpose for listening — 150

En acción
VOCABULARIO Y GRAMÁTICA — 152
   The subjunctive with expressions of emotion — 154
   The subjunctive to express doubt and uncertainty — 156
   The subjunctive with **cuando** and other conjunctions of time — 158
SPEAKING STRATEGY Gain thinking time before speaking — 155
Refrán — 161

En voces
LECTURA *Baby H.P.* por Juan José Arreola — 162
READING STRATEGY Recognize uses of satire, parody, and irony — 162

En colores
CULTURA Y COMPARACIONES Un país de encanto — 164
CULTURAL STRATEGY Analyze the advantages and disadvantages of ecotourism — 164

En uso
REPASO Y MÁS COMUNICACIÓN — 166
SPEAKING STRATEGY Reassure others — 168
Interdisciplinary Connection: Las ciencias — 168

En resumen
REPASO DE VOCABULARIO — 169

En tu propia voz
ESCRITURA ¡A todos nos toca! — 170
WRITING STRATEGY Persuade by presenting solutions to problems — 170

UNIDAD 3

CELEBRACIÓN DE MI MUNDO

¡Celebremos! En Puerto Rico, República Domicana y Cuba hablamos de las celebraciones personales, los días festivos y las conmemoraciones históricas.

ETAPA 1

OBJECTIVES

- Describe personal celebrations
- Say what people want
- Link events and ideas

¡Al fin la graduación!   **174**

En contexto
VOCABULARIO La graduación   176

En vivo
SITUACIONES La graduación de Rosanna   178
LISTENING STRATEGY Listen and recognize major transitions   **178**

En acción
VOCABULARIO Y GRAMÁTICA   180
    The subjunctive for expressing wishes   182
    The subjunctive with conjunctions   184
    The imperfect subjunctive   186
SPEAKING STRATEGY Accepting or rejecting advice   **183**
Refrán   189

En voces
LECTURA «Ébano real» por Nicolás Guillén   190
READING STRATEGY Interpret metaphors   **190**

En uso
REPASO Y MÁS COMUNICACIÓN   192
SPEAKING STRATEGY Give advice and best wishes   **194**
Tú en la comunidad   194

En resumen
REPASO DE VOCABULARIO   195

UNIDAD 3

ETAPA 2

OBJECTIVES

- Talk about holidays
- Hypothesize
- Express doubt and disagree
- Describe ideals

¡Próspero Año Nuevo! 196

En contexto
VOCABULARIO El año nuevo 198

En vivo
SITUACIONES ¡Próspero Año Nuevo! 200
LISTENING STRATEGY Observe interview techniques 200

En acción
VOCABULARIO Y GRAMÁTICA 202
    Subjunctive with nonexistent and indefinite antecedents 204
    The subjunctive for disagreement and denial 206
    Conditional sentences 208
SPEAKING STRATEGY Socialize as host or guest 203
Refrán 211

En colores
CULTURA Y COMPARACIONES
    Una tradición de Puerto Rico 212
CULTURAL STRATEGY Recognize and describe uses of disguise 212

En uso
REPASO Y MÁS COMUNICACIÓN 214
SPEAKING STRATEGY Encourage participation 216
Interdisciplinary Connection: El arte 216

En resumen
REPASO DE VOCABULARIO 217

UNIDAD 3

ETAPA 3

OBJECTIVES

- Describe historic events
- Make suggestions and wishes
- Express emotion and doubt
- State cause and effect

Celebraciones de patria 218

En contexto
VOCABULARIO Celebraciones históricas 220

En vivo
SITUACIONES Los viajes del Almirante 222
LISTENING STRATEGY Listen and take notes 222

En acción
VOCABULARIO Y GRAMÁTICA 224
Summary of the subjunctive (Part 1) 226
Summary of the subjuntive (Part 2) 228
Subjunctive vs. Indicative 232
SPEAKING STRATEGY Describe celebrations 225
Refrán 233

En voces
LECTURA *Versos sencillos* por José Martí 234
READING STRATEGY Observe what makes poetry 234

En colores
CULTURA Y COMPARACIONES Una historia única 236
CULTURAL STRATEGY Analyze national celebrations 236

En uso
REPASO Y MÁS COMUNICACIÓN 238
SPEAKING STRATEGY Express yourself 240
Interdisciplinary Connection: Los estudios sociales 240

En resumen
REPASO DE VOCABULARIO 241

En tu propia voz
ESCRITURA ¡Les deseamos mucho éxito! 242
WRITING STRATEGY Use transitions to make text flow smoothly 242

UN FUTURO BRILLANTE

Vamos a Argentina, Chile, Paraguay y Uruguay para hablar de la vida después de la escuela secundaria, la universidad y el trabajo.

OBJECTIVES

- Describe your studies
- Ask questions
- Say what you are doing
- Say what you were doing

El próximo paso   **246**

En contexto
VOCABULARIO Tu futuro   248

En vivo
SITUACIONES ¡Eso sí me interesa!   250
LISTENING STRATEGY Evaluate recommendations   **250**

En acción
VOCABULARIO Y GRAMÁTICA   252
    Interrogative words   254
    The present progressive   256
    The progressive with **ir, andar,** and **seguir**   258
    The past progressive   260
SPEAKING STRATEGY Establish closer relationships   **255**
Refrán   261

En voces
LECTURA Jorge Luis Borges   262
READING STRATEGY Analyze the role of identity and fantasy   262

En uso
REPASO Y MÁS COMUNICACIÓN   264
SPEAKING STRATEGY Extend a conversation   266
Tú en la comunidad   266

En resumen
REPASO DE VOCABULARIO   267

UNIDAD 4

ETAPA 2

¿Cuál será tu profesión?   268

En contexto
VOCABULARIO Las profesiones   270

En vivo
SITUACIONES Y yo, ¿qué quiero ser?   272
LISTENING STRATEGY Identify key information for careers   272

En acción
VOCABULARIO Y GRAMÁTICA   274
    Affirmative and negative expressions   276
    Past perfect subjunctive   278
    The conditional perfect tense   281
SPEAKING STRATEGY Anticipate what others want to know   275
Refrán   283

En colores
CULTURA Y COMPARACIONES Los jóvenes y el futuro   284
CULTURAL STRATEGY Formulate plans for the future   284

En uso
REPASO Y MÁS COMUNICACIÓN   286
SPEAKING STRATEGY Conduct an interview   288
Interdisciplinary Connection: Los estudios sociales   288

En resumen
REPASO DE VOCABULARIO   289

OBJECTIVES

- Talk about careers
- Confirm and deny
- Express emotions
- Hypothesize

Antonio Berni, *El club atlético de Chicago* (1937)

ETAPA
3

OBJECTIVES

- Learn about Latin American economics
- Express possession
- Clarify possession
- Express past probability

Un mundo de posibilidades — 290

En contexto
VOCABULARIO La economía — 292

En vivo
SITUACIONES ¡Encuéntralo por Internet! — 294
LISTENING STRATEGY Use statistics to evaluate prediction — 294

En acción
VOCABULARIO Y GRAMÁTICA — 296
   Subject and stressed object pronouns — 298
   Possessive pronouns — 300
   The future perfect tense — 302
SPEAKING STRATEGY Guess cognates — 297
Refrán — 305

En voces
LECTURA *Paula* por Isabel Allende — 306
READING STRATEGY Speculate about the author — 306

En colores
CULTURA Y COMPARACIONES
   ¡Se hablan… muchos idiomas! — 308
CULTURAL STRATEGY Observe how language reflects culture — 308

En uso
REPASO Y MÁS COMUNICACIÓN — 310
SPEAKING STRATEGY Speculate about the past — 312
Interdisciplinary Connection: Los estudios sociales — 312

En resumen
REPASO DE VOCABULARIO — 313

En tu propia voz
ESCRITURA Una carrera: ¿Dónde empezar? — 314
WRITING STRATEGY Use cause and effect to
     demonstrate ability — 314

UNIDAD 5

ETAPA 1

Pasamos desde España por todo el mundo hispanohablante para explorar las artes y la creatividad.

OBJECTIVES

- Identify and specify
- Request clarification
- Express relationships
- Discuss art forms

Tradiciones españolas 318

En contexto
VOCABULARIO Arte y bailes típicos 320

En vivo
SITUACIONES Un paseo por El Prado 322
LISTENING STRATEGY Use advance knowledge of the topic 322

En acción
VOCABULARIO Y GRAMÁTICA 324
  Demonstrative adjectives and pronouns 326
  ¿Qué? vs. **¿cuál?** 328
  Relative pronouns 331
SPEAKING STRATEGY Discuss a painting 330
Refrán 333

En voces
LECTURA Miguel de Unamuno y Ana María Matute 334
READING STRATEGY Compare famous authors 334

En uso
REPASO Y MÁS COMUNICACIÓN 336
SPEAKING STRATEGY Organize ideas for research 338
Interdisciplinary Connection: Los estudios sociales 338

En resumen
REPASO DE VOCABULARIO 339

UNIDAD 5

ETAPA 2

OBJECTIVES

- Refer to people and objects
- Express relationships
- Make generalizations
- Describe arts and crafts

El Nuevo Mundo 340

En contexto
VOCABULARIO Culturas de América 342

En vivo
SITUACIONES Una visita virtual 344
LISTENING STRATEGY Improve your auditory memory 344

En acción
VOCABULARIO Y GRAMÁTICA 346
   Direct object pronouns 348
   Indirect object pronouns 350
   More on relative pronouns 352
   Lo que 354
SPEAKING STRATEGY Mantain a discussion 354
Refrán 355

En colores
CULTURA Y COMPARACIONES Un arquitecto y sus obras 356
CULTURAL STRATEGY Use architecture as a cultural text 356

En uso
REPASO Y MÁS COMUNICACIÓN 358
SPEAKING STRATEGY Discuss Latin American dance 360
Interdisciplinary Connection: Las matemáticas 360

En resumen
REPASO DE VOCABULARIO 361

ETAPA **3**

Lo mejor de dos mundos — 362

En contexto
VOCABULARIO La literatura — 364

En vivo
SITUACIONES El club de cine — 366
LISTENING STRATEGY Evaluate discussions — 366

En acción
VOCABULARIO Y GRAMÁTICA — 368
   Double object pronouns — 370
   Nominalization — 372
   More on nominalization — 375
SPEAKING STRATEGY Discuss a novel — 369
Refrán — 377

En voces
LECTURA *La casa de Bernarda Alba* por Federico García Lorca — 378
READING STRATEGY Interpret a drama — 378

En colores
CULTURA Y COMPARACIONES Tres directores — 380
CULTURAL STRATEGY Reflect on the international appeal of movies — 380

En uso
REPASO Y MÁS COMUNICACIÓN — 382
SPEAKING STRATEGY Critique a film — 384
Tú en la comunidad — 384

En resumen
REPASO DE VOCABULARIO — 385

En tu propia voz
ESCRITURA Mitos, leyendas, ficciones: ¡la literatura es de todos! — 386
WRITING STRATEGY Support an opinion with facts and examples — 386

OBJECTIVES

- Talk about literature
- Talk about film
- Avoid redundancy

¡YA LLEGÓ EL FUTURO!

En Bolivia, Colombia, Ecuador, Perú y Venezuela investigamos ¡desde los programas de televisión hasta las computadoras e Internet!

ETAPA **1**

OBJECTIVES

- Narrate in the past
- Express doubt and certainty
- Report what others say
- Talk about television

¿Qué quieres ver? 390

En contexto
VOCABULARIO Programas de televisión 392

En vivo
SITUACIONES ¿Qué vamos a ver? 394
LISTENING STRATEGY Keep up with what is said and agreed 394

En acción
VOCABULARIO Y GRAMÁTICA 396
  Preterite vs. imperfect 398
  Indicative vs. subjunctive 400
  Reported speech 402
  Sequence of tenses 403
SPEAKING STRATEGY Negotiate 401
Refrán 405

En voces
LECTURA *Brillo afuera, oscuridad en casa* 406
READING STRATEGY Distinguish facts and interpretation 406

En uso
REPASO Y MÁS COMUNICACIÓN 408
SPEAKING STRATEGY Retell memories 410
Tú en la comunidad 410

En resumen
REPASO DE VOCABULARIO 411

OBJECTIVES

- Talk about technology
- State locations
- Make contrasts
- Describe unplanned events

Aquí tienes mi número...   412

Es un tren . . .
Es un avión . . .
¡Es . . . FAX ZIP!
El fax más rápido del mundo

En contexto
VOCABULARIO Artículos electrónicos   414

En vivo
SITUACIONES ¡Grandes rebajas!   416
LISTENING STRATEGY **Analyze the appeal in radio ads**   416

En acción
VOCABULARIO Y GRAMÁTICA   418
   Conjunctions   420
   Prepositions and adverbs of location   421
   Pero vs. **sino**   423
   Se for unplanned occurrences   425
SPEAKING STRATEGY **Make excuses**   426
Refrán   427

En colores
CULTURA Y COMPARACIONES ¿Un aparato democrático? 428
CULTURAL STRATEGY **Survey technology in daily life**   428

En uso
REPASO Y MÁS COMUNICACIÓN   430
SPEAKING STRATEGY **Consider the factors for or against
   an electronic purchase**   432
Interdisciplinary Connection: El arte   432

En resumen
REPASO DE VOCABULARIO   433

Maloka ciencia y tecnología interactiva

UNIDAD 6

ETAPA 3

OBJECTIVES

- Compare and evaluate
- Express precise relationships
- Navigate cyberspace

¡Un viaje al ciberespacio! 434

En contexto
VOCABULARIO Las computadoras 436

En vivo
SITUACIONES El mejor sistema 438
LISTENING STRATEGY Identify important
computer vocabulary 438

En acción
VOCABULARIO Y GRAMÁTICA 440
   Comparatives and superlatives 442
   Prepositions 445
   Verbs with prepositions 447
SPEAKING STRATEGY Compare and evaluate films 444
Refrán 449

En voces
LECTURA Gabriel García Márquez 450
READING STRATEGY Monitor comprehension 450

En colores
CULTURA Y COMPARACIONES Bolivia en la red 452
CULTURAL STRATEGY Evaluate the Internet as a means of
developing cultural knowledge and understanding 452

En uso
REPASO Y MÁS COMUNICACIÓN 454
SPEAKING STRATEGY Compare and evaluate
computer configurations 456
Interdisciplinary Connection: La tecnología 456

En resumen
REPASO DE VOCABULARIO 457

En tu propia voz
ESCRITURA La tecnología del mundo de hoy 458
WRITING STRATEGY Prioritize information in order
of importance 458

About the Authors

Estella Gahala holds a Ph.D. in Educational Administration and Curriculum from Northwestern University. A career teacher of Spanish and French, she has worked with a wide range of students at the secondary level. She has also served as foreign language department chair and district director of curriculum and instruction. Her workshops at national, regional, and state conferences as well as numerous published articles draw upon the current research in language learning, learning strategies, articulation of foreign language sequences, and implications of the national Standards for Foreign Language Learning upon curriculum, instruction, and assessment. She has coauthored six basal textbooks.

Patricia Hamilton Carlin completed her M.A. in Spanish at the University of California, Davis, where she also taught as a lecturer. She also holds a Master of Secondary Education with specialization in foreign languages from the University of Arkansas. She has taught preschool through college, and her secondary programs in Arkansas have received national recognition. A coauthor of the *¡DIME! UNO* and *¡DIME! DOS* secondary textbooks, she currently teaches Spanish and methodology at the University of Central Arkansas, where she also supervises student teachers. She is a frequent presenter at local, regional, and national foreign language conferences.

Audrey L. Heining-Boynton received her Ph.D. in Curriculum and Instruction from Michigan State University. She is a Professor of Education and Romance Languages at The University of North Carolina at Chapel Hill, where she is a second language teacher educator and Professor of Spanish. She has also taught Spanish, French, and ESL at the K–12 level. Dr. Heining-Boynton was the president of the National Network for Early Language Learning, has been on the Executive Council of ACTFL, and involved with AATSP, Phi Delta Kappa, and state foreign language associations. She has presented both nationally and internationally, and has published over forty books, articles, and curricula.

Ricardo Otheguy received his Ph.D. in Linguistics from the City University of New York, where he is currently Professor of Linguistics at the Graduate School and University Center. He has written extensively on topics related to Spanish grammar as well as on bilingual education, and the Spanish of the United States. He is coauthor of *Tu mundo: Curso para hispanohablantes,* a Spanish high school textbook for Spanish speakers, and of *Prueba de ubicación para hispanohablantes,* a high school Spanish placement test.

Barbara J. Rupert has taught Level 1 through A.P. Spanish during her many years of high school teaching. She is a graduate of Western Washington University, and has broadened her knowledge and skills base with numerous graduate level courses emphasizing language acquisition, authentic assessment, and educational leadership and reform. She serves as the World Languages Department Chair, District Trainer and Chair of her school's Site Council. Barbara is the author of CD-ROM activities for the *¡Bravo!* series and presents at a variety of foreign language conferences. In 1996, Barbara received the Christa McAuliffe Award for Excellence in Education.

Culture Consultant

Jorge A. Capetillo-Ponce is presently a Ph.D. candidate in Sociology at the New School for Social Research, where he is also Special Consultant to the Dean of The Graduate Faculty. His graduate studies at the New School and El Colegio de México include a diversity of fields such as international relations, sociopolitical analysis, cultural theory, and sociology. He has published a wide range of essays on art, politics, religion, international relations, and society in Latin America, the United States, and the Middle East; as well as being an advisor to a number of politicians and public figures, a researcher and editor, and a college professor and television producer in Mexico, Nicaragua, and the United States.

Consulting Authors

Dan Battisti
Patty Murguía Bohannan
Dr. Teresa Carrera-Hanley
Bill Lionetti
Lorena Richins Layser

Contributing Writers

Ronni L. Gordon
Christa Harris
Debra Lowry
Sylvia Madrigal Velasco
Sandra Rosenstiel
David M. Stillman
Jill K. Welch

Senior Reviewers

O. Lynn Bolton
Dr. Jane Govoni
Elías G. Rodríguez
Ann Tollefson

Regional Language Reviewers

Dolores Acosta (Mexico)
Jaime M. Fatás Cabeza (Spain)
Grisel Lozano-Garcini (Puerto Rico)
Isabel Picado (Costa Rica)
Juan Pablo Rovayo (Ecuador)

Ad hoc Representatives

Vicki Armstrong
Jane Asano
Kathy Cavers
Dan Griffith
Rita McGuire
Gretchen Toole

Teacher Reviewers

Susan Arbuckle
Mahomet-Seymour High School
Mahomet, IL

Silvia Armstrong
Mills High School
Little Rock, AR

Sandra Martín Arnold
Palisades Charter High School
Pacific Palisades, CA

Warren Bender
Duluth East High School
Duluth, MN

Adrienne Chamberlain-Parris
Mariner High School
Everett, WA

Norma Coto
Bishop Moore High School
Orlando, FL

Roberto del Valle
Shorecrest High School
Shoreline, WA

Rubén D. Elías
Roosevelt High School
Fresno, CA

José Esparza
Curie Metropolitan High School
Chicago, IL

Lorraine A. Estrada
Cabarrus County Schools
Concord, NC

Alberto Ferreiro
Harrisburg High School
Harrisburg, PA

Judith C. Floyd
Henry Foss High School
Tacoma, WA

Lucy H. García
Pueblo East High School
Pueblo, CO

Marco García
Lincoln Park High School
Chicago, IL

Raquel R. González
Odessa High School
Odessa, TX

Linda Grau
Shorecrest Preparatory School
St. Petersburg, FL

Deborah Hagen
Ionia High School
Ionia, MI

Sandra Hammond
St. Petersburg High School
St. Petersburg, FL

Bill Heller
Perry Junior/Senior High School
Perry, NY

Jody Klopp
Oklahoma State Department
of Education
Edmond, OK

Richard Ladd
Ipswich High School
Ipswich, MA

Carol Leach
Francis Scott Key High School
Union Bridge, MD

Laura McCormick
East Seneca Senior High School
West Seneca, NY

Rafaela McLeod
Southeast Raleigh High School
Raleigh, NC

Kathleen L. Michaels
Palm Harbor University
High School
Palm Harbor, FL

Vickie A. Mike
Horseheads High School
Horseheads, NY

Terri Nies
Mannford High School
Mannford, OK

María Emma Nunn
John Tyler High School
Tyler, TX

Lewis Olvera
Hiram Johnson West Campus
High School
Sacramento, CA

Anne-Marie Quihuis
Paradise Valley High School
Phoenix, AZ

Rita Risco
Palm Harbor University
High School
Palm Harbor, FL

James J. Rudy, Jr.
Glen Este High School
Cincinnati, OH

Pamela Urdal Silva
East Lake High School
Tarpon Springs, FL

Kathleen Solórzano
Homestead High School
Mequon, WI

Sarah Spiesman
Whitmer High School
Toledo, OH

M. Mercedes Stephenson
Hazelwood Central High School
Florissant, MO

Carol Thorp
East Mecklenburg High School
Charlotte, NC

Elizabeth Torosian
Doherty Middle School
Andover, MA

Wendy Villanueva
Lakeville High School
Lakeville, MN

Helen Webb
Arkadelphia High School
Arkadelphia, AR

Jena Williams
Jonesboro High School
Jonesboro, AR

Janet Wohlers
Weston Middle School
Weston, MA

Teacher Panel

Linda Amour
Highland High School
Bakersfield, CA

Dena Bachman
Lafayette Senior High School
St. Joseph, MO

Sharon Barnes
J. C. Harmon High School
Kansas City, KS

Ben Barrientos
Calvin Simmons
Junior High School
Oakland, CA

Paula Biggar
Sumner Academy of
Arts & Science
Kansas City, KS

Edda Cardenas
Blue Valley North High School
Leawood, KS

Joyce Chow
Crespi Junior High School
Richmond, CA

Mike Cooperider
Truman High School
Independence, MO

Judy Dozier
Shawnee Mission South
High School
Shawnee Mission, KS

Maggie Elliott
Bell Junior High School
San Diego, CA

Dana Galloway-Grey
Ontario High School
Ontario, CA

Nieves Gerber
Chatsworth Senior High School
Chatsworth, CA

Susanne Kissane
Shawnee Mission Northwest
High School
Shawnee Mission, KS

Ann Lopez
Pala Middle School
San Jose, CA

Beatrice Marino
Palos Verdes Peninsula
   High School
Rolling Hills Estates, CA

Barbara Mortanian
Tenaya Middle School
Fresno, CA

Vickie Musni
Pioneer High School
San Jose, CA

Rodolfo Orihuela
C. K. McClatchy High School
Sacramento, CA

Terrie Rynard
Olathe South High School
Olathe, KS

Beth Slinkard
Lee's Summit High School
Lee's Summit, MO

Rosa Stein
Park Hill High School
Kansas City, MO

Florence Meyers
Overbrook High School
Philadelphia, PA

Vivian Selenikas
Long Island City High School
Long Island City, NY

Sadia White
Spingarn Stay Senior High School
Washington, DC

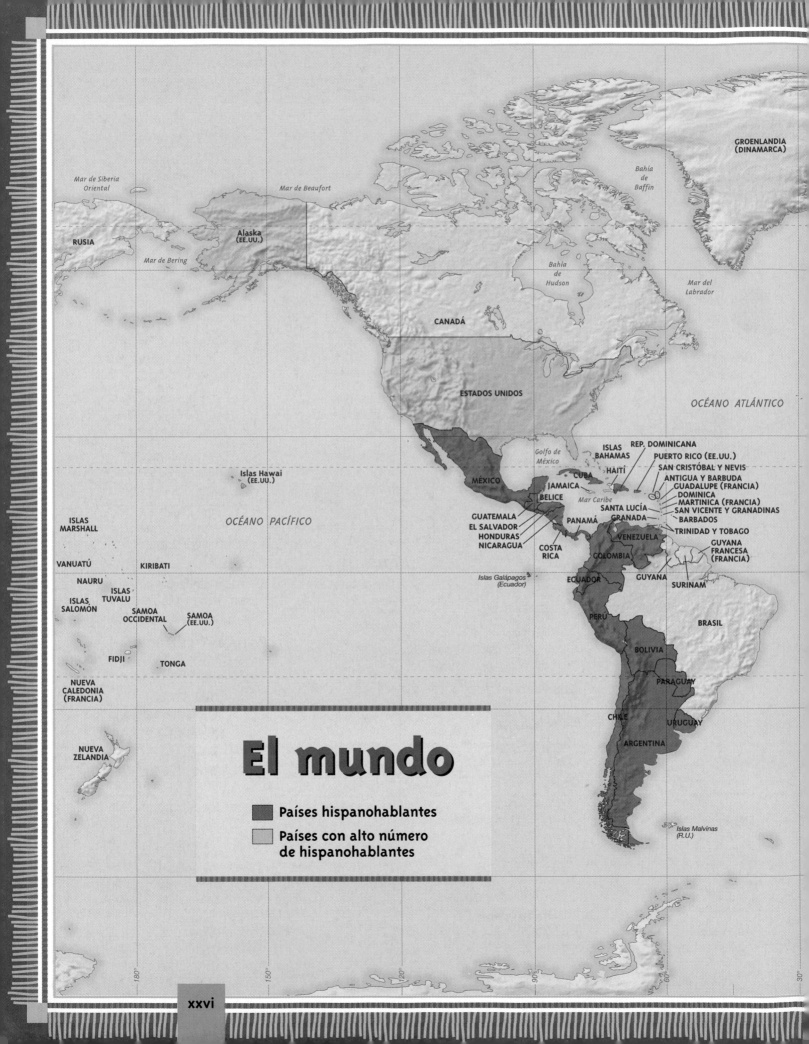

El mundo

Países hispanohablantes

Países con alto número de hispanohablantes

OCÉANO   ÁRTICO

Mar de Laptev

Mar de Kara

Mar de Barents

Mar de
Noruega

ISLANDIA

RUSIA

SUECIA   FINLANDIA

NORUEGA

1 DINAMARCA   9 ESLOVENIA
2 HOLANDA   10 CROACIA
3 BÉLGICA   11 BOSNIA Y HERZEGOVINA
4 LUXEMBURGO   12 YUGOSLAVIA
5 SUIZA   13 ALBANIA
6 REPÚBLICA CHECA 14 MACEDONIA
7 ESLOVAQUIA   15 BÚLGARIA
8 HUNGRÍA   16 MALTA

ESTONIA
LETONIA
LITUANIA

REINO
UNIDO

Mar del
Norte

Mar Báltico

Lago
Baikal

Mar de
Ojotsk

IRLANDA

POLONIA

BIELORRUSIA

ALEMANIA

UCRANIA

KAZAKSTÁN

MONGOLIA

FRANCIA

AUSTRIA

MOLDAVIA

RUMANIA

ANDORRA

ITALIA

GRECIA

Mar Negro

GEORGIA

UZBEKISTÁN

KIRGUISTÁN

COREA
DEL NORTE

Mar de
Japón

JAPÓN

PORTUGAL

ESPAÑA

TURQUÍA

ARMENIA

TURKMENISTÁN

TADJIKISTÁN

CHINA

COREA
DEL SUR

GIBRALTAR
(R.U.)

Mar Mediterráneo

CHIPRE
LÉBANO

SIRIA

AZERBAIYÁN

IRÁN

AFGANISTÁN

BHUTÁN

Islas
Canarias
(Esp.)

MARRUECOS

IRAQ

ISRAEL

JORDANIA

KUWAIT

QATAR

PAQUISTÁN

NEPAL

Trópico de Cáncer

SAHARA
OCCIDENTAL

ARGELIA

LIBIA

EGIPTO

BAHREIN

E.A.U.

OMÁN

INDIA

TAIWÁN

GUAM
(EE.UU.)

CABO
VERDE

MAURITANIA

MALÍ

NÍGER

CHAD

ARABIA
SAUDITA

MYANMAR

LAOS

ERITREA

YEMEN

BANGLADESH

TAILANDIA

VIETNAM

SENEGAL

BURKINA
FASO

NIGERIA

SUDÁN

JIBUTI

Mar
Arábigo

Golfo
de
Bengala

CAMBOYA

Mar de
China

FILIPINAS

GAMBIA

GUINEA

COSTA
DE MARFIL

BENIN

TOGO

ETIOPÍA

BRUNEI

GUINEA
BISSAU

LIBERIA

GHANA

GUINEA
ECUATORIAL

CAMERÚN

REP. CENTRO-
AFRICANA

SOMALIA

SRI
LANKA

MALAYSIA

PALAU   MICRONESIA

SIERRA
LEONA

CONGO

GABÓN

REP. DEL
CONGO

UGANDA

KENIA

ISLAS
MALDIVAS

Ecuador

CABINDA
(ANGOLA)

BURUNDI

RUANDA

TANZANIA

SINGAPUR

INDONESIA

PAPUASIA
Y NUEVA GUINEA

ANGOLA

MALAWI

ZAMBIA

SEYCHELLES

COMORES

MOZAMBIQUE

MAURICIO

OCÉANO
ÍNDICO

NAMIBIA

ZIMBABWE

BOTSWANA

MADAGASCAR

Trópico de Capricornio

AUSTRALIA

SUAZILANDIA

SUDÁFRICA

LESOTHO

N

0   1000   2000 kilómetros

0   1000   2000 millas

ANTÁRTIDA

30°   60°   90°   120°

México y Centroamérica

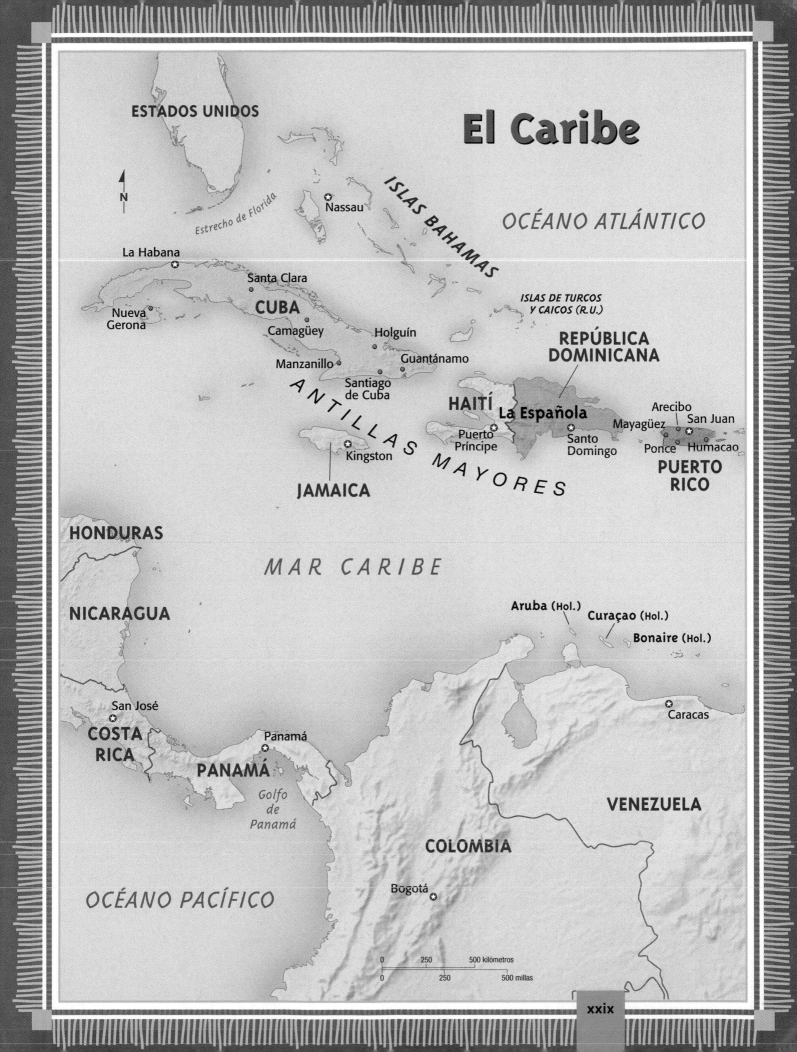

El Caribe

ESTADOS UNIDOS

OCÉANO ATLÁNTICO

Estrecho de Florida

Nassau

ISLAS BAHAMAS

La Habana

Santa Clara

ISLAS DE TURCOS
Y CAICOS (R.U.)

CUBA

Nueva
Gerona

Camagüey

Holguín

REPÚBLICA
DOMINICANA

Manzanillo

Guantánamo

Santiago
de Cuba

HAITÍ

La Española

Arecibo

San Juan

Mayagüez

ANTILLAS

Puerto
Príncipe

Santo
Domingo

Ponce

Humacao

Kingston

MAYORES

PUERTO
RICO

JAMAICA

HONDURAS

MAR CARIBE

NICARAGUA

Aruba (Hol.)

Curaçao (Hol.)

Bonaire (Hol.)

San José

Caracas

COSTA
RICA

Panamá

PANAMÁ

Golfo
de
Panamá

VENEZUELA

COLOMBIA

OCÉANO PACÍFICO

Bogotá

0   250   500 kilómetros

0   250   500 millas

Sudamérica

MAR CARIBE

OCÉANO ATLÁNTICO

Barranquilla
Cartagena
Maracaibo
Caracas
TRINIDAD Y TOBAGO
Puerto España
Lago Maracaibo
VENEZUELA
Medellín
Manizales
Bogotá
Georgetown
GUYANA
Paramaribo
Cayena
SURINAM
GUYANA FRANCESA (FRANCIA)
Cali
COLOMBIA
Otavalo
Quito
Ecuador
ECUADOR
Guayaquil
Cuenca
Río Negro
Río Amazonas
Río Madeira
Río Tapajóz
Río Xingú
Río Tocantins
PERÚ
Trujillo
Lima
Callao
BRASIL
Río São Francisco
Lago Titicaca
BOLIVIA
La Paz
Cochabamba
Santa Cruz
Sucre
Brasilia
GRAN CHACO
PARAGUAY
Asunción
Trópico de Capricornio
Salta
San Miguel de Tucumán
Resistencia
CHILE
Córdoba
Mendoza
Rosario
URUGUAY
Valparaíso
Santiago
Buenos Aires
La Plata
Montevideo
ARGENTINA
Concepción
Bahía Blanca
Mar del Plata
Temuco

OCÉANO PACÍFICO

PAMPAS

PATAGONIA

ANDES

CORDILLERA DE LOS ANDES

OCÉANO ATLÁNTICO

0   250   500 kilómetros
0   250   500 millas

Estrecho de Magallanes
Tierra del Fuego
Islas Malvinas (R.U.)
Cabo de Hornos

Mapa recuadro

Bogotá
COLOMBIA
Islas Galápagos (Ecuador)
Quito
ECUADOR
OCÉANO PACÍFICO
PERÚ
0   250 kilómetros
0   250 millas

España

OCÉANO ATLÁNTICO

FRANCIA

MAR CANTÁBRICO

La Coruña
ASTURIAS
CANTABRIA
Bilbao
PAÍS VASCO
ANDORRA
GALICIA
CORDILLERA CANTÁBRICA
LOS PIRINEOS
León
NAVARRA
Pamplona
Río Ebro
CATALUÑA
CASTILLA-LEÓN
Valladolid
Río Duero
Zaragoza
Barcelona
ESPAÑA
ARAGÓN
Salamanca
Río Tajo
SIERRA DE GUADARRAMA
MADRID
Madrid
COMUNIDAD VALENCIANA
Islas Baleares
Menorca
Palma
Mallorca
PORTUGAL
CASTILLA-LA MANCHA
Valencia
Ibiza
Río Guadiana
Lisboa
EXTREMADURA
MAR MEDITERRÁNEO
Córdoba
MURCIA
Río Guadalquivir
Sevilla
Granada
ANDALUCÍA
SIERRA NEVADA
Málaga
Gibraltar (R.U.)
Estrecho de Gibraltar
Ceuta (España)
OCÉANO ATLÁNTICO
Melilla (España)
MARRUECOS

N

Islas Canarias (España)

OCÉANO ATLÁNTICO

La Palma
Santa Cruz de Tenerife
Tenerife
Las Palmas
Gran Canaria

| 0 | 50 kilómetros |
| 0 | 50 millas |

ÁFRICA

| 0 | 50 | 100 kilómetros |
| 0 | 50 | 100 millas |

África

CAMERÚN
Malabo
GUINEA ECUATORIAL
Golfo de Guinea
Bata
GABÓN

| 0 | 200 kilómetros |
| 0 | 200 millas |

Cómo estudiar el español

Puedes usar lo que ya sabes y aprender cosas nuevas con estas partes de tu libro.

Estrategias

Tu libro te da la oportunidad de practicar estas estrategias:

Para escuchar: te preparan para escuchar y entender.

Para conversar: te ayudan a expresarte en español.

Para leer: te ayudan a leer los pasajes del libro.

Para escribir: son para mejorar tu habilidad de escribir.

Para comparar: te ayudan a comparar culturas.

PARA CONVERSAR • STRATEGY: SPEAKING

Gain thinking time before speaking Sometimes ideas do not come to us as quickly as we would like. One way to gain time is to restate what was just said. Example: **Sí, es una lástima. Espero que se proteja la selva también.**

El Apoyo para estudiar

Esta sección te sugiere ideas para estudiar el español más efectiva y eficientemente.

APOYO PARA ESTUDIAR

Express future plans or events

Generally you will use **ir** + **a** + infinitive or the present tense to express that the event will happen soon. The future tense is often used with events that are less certain. Which of the following is more certain? **Voy a México en julio. Algún día iré a Madrid.**

Siente más seguridad

Recuerda y aprende información nueva mediante **Repaso** y **Gramática**. **Repaso** presenta lo que aprendiste en los Niveles 1 y 2 y **Gramática** es información nueva. La combinación de palabras y gráficas facilitan el aprendizaje de todos los estudiantes.

REPASO — Preterite vs. Imperfect

 ¿RECUERDAS? *p. 40* You already know two tenses that refer to past time, the **preterite** and the **imperfect**. You use these tenses to talk about **past** actions in a different way.

- Use the **preterite** tense to describe an action or series of actions **completed** in the past.

    Aquel día, Pedro **salió** del colegio y **caminó** hasta el café.

    *That day, Pedro **left** school and **walked** to the café.*

GRAMÁTICA — The Subjunctive

You use the **subjunctive** after certain **conjunctions of time** to show that you are **not sure when** or **if** something will happen. You use the **indicative** with the same **conjunctions of time**, if the main clause refers to the present or the past. Using the **indicative** shows that you are already **certain** about the outcome of the action described in the subordinate clause.

Subjunctive	Indicative
not sure of outcome	certain of outcome
Pescarán **hasta que** anochezca.	Pescaron **hasta que** anocheció.
They will fish until it gets dark.	*They fished until it got dark.*

Leer y escuchar el español

Lee el español para aprender palabras nuevas. La sección **En contexto** presenta vocabulario nuevo en un contexto real e interesante.

La sección Descubre te enseña palabras y expresiones nuevas a través de claves gráficas y textuales.

Escucha el español para aprender palabras nuevas y aplicarlas a un contexto real. **En vivo** te prepara para escuchar y entender un pasaje oral con actividades que aparecen antes, durante y después de escuchar.

Descubre

En español, como en inglés, hay verbos que tienen la misma raíz que el sustantivo que les corresponde. Si sabes qué quiere decir el verbo, puedes adivinar qué quiere decir el sustantivo. Primero decide cuál es el significado del verbo, y luego da el significado del sustantivo.

construir → construcción

to construct → construction

1. civilizar → **civilización**
2. creer → **creencia**
3. descender → **descendencia**
4. descifrar → **cifra**
5. reflejar → **reflejo**

¡Diviértete!

Aprender un idioma extranjero puede ser divertido e interesante. Como ya sabes mucho español, puedes expresarte mejor y comunicarte con tus compañeros de clase a través de las actividades de tu libro. Tienes todas las herramientas que necesitas; ¡aprende y disfruta!

ETAPA PRELIMINAR

¡Bienvenidos al mundo hispano!

- Talk about present activities

- Talk about past activities

¡**La** diversidad cultural y geográfica de los países hispanohablantes es impresionante! En esta etapa preliminar, vas a conocer las seis regiones del mundo hispano que corresponden a las seis unidades de tu libro. Además, vas a practicar el español que ya sabes para prepararte a aprender más... ¡y a explorar nuestro mundo de posibilidades!

ESTADOS UNIDOS
EL INSTITUTO DE CULTURAS TEJANAS Este museo de San Antonio, Texas, ofrece exhibiciones sobre las diferentes culturas que forman la población del estado de Texas. En la Unidad 1, vas a aprender más sobre la identidad y el estilo personal de los hispanohablantes de EE.UU.

UNIDAD 1

UNIDAD 2

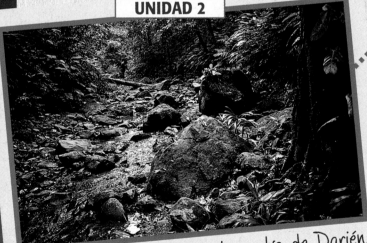

La selva de Darién

PANAMÁ
LA SELVA DE DARIÉN Esta selva tropical es muy famosa. Los viajeros tienen que pasar por la selva a pie o tomar un barco desde la costa para seguir su viaje. En la Unidad 2, vas a aprender más sobre la naturaleza y la ecología y cómo podemos preservarlas.

UNIDAD 3

LA REPÚBLICA DOMINICANA

EL ALCÁZAR DE COLÓN Este castillo antiguo data del año 1514 y fue residencia de don Diego Colón, el hijo de Cristóbal Colón. En la Unidad 3, vas a aprender más sobre la historia y las celebraciones del Caribe.

UNIDAD 5

ESPAÑA

JOAN MIRÓ Este artista español contemporáneo es famoso por sus pinturas abstractas y divertidas. Vas a aprender más sobre las artes de España y Latinoamérica en la Unidad 5.

UNIDAD 6

COLOMBIA

EL TELEFÉRICO DE MONSERRATE ¡Para ir al Pico Monserrate es muy fácil tomar el teleférico! Desde aquí hay un panorama espectacular de Bogotá. En la Unidad 6 vas a aprender cómo la tecnología ha cambiado la vida diaria de muchos latinoamericanos.

URUGUAY

MONTEVIDEO La capital de Uruguay es una ciudad muy rica en cultura e historia. En la ciudad vieja se ven todo tipo de negocios que a pesar del tiempo conservan su estructura original. En la Unidad 4, vas a aprender más sobre los comercios del Cono Sur y las profesiones.

UNIDAD 4

FARMACIA Del Puerto

MERCADO

1

Estados Unidos

NUESTRA
cultura e historia

Robert Castro

¡Hola! Yo soy Robert Castro. Soy actor y hago el papel de Francisco García Flores en el video de los niveles 1 y 2 de ¡En español! En la unidad 1 del video para el nivel 3, hablo sobre mi vida y experiencias: la identidad y el estilo personal, mi familia y los latinos en Estados Unidos.

¡Pero eso viene más tarde! Ahora vamos a conocer un poco de la historia y cultura de los hispanohablantes que viven en Estados Unidos.

¡Nos vemos!

Robert

Los hispanohablantes de Estados Unidos somos un grupo diverso con una larga historia. ¿Sabías que ya existían pueblos españoles en el sur y oeste de EE.UU. cuando los ingleses llegaron en el Mayflower para establecer sus propias colonias?

Llegamos al este y noreste del país a fines de los 1800. Como resultado de conflictos entre España y Estados Unidos, Cuba se separó de España y Puerto Rico pasó a ser parte de EE.UU. Después, muchos cubanos y puertorriqueños emigraron a Estados Unidos.

Al empezar el año 1900, la mayoría de los hispanohablantes estadounidenses eran de descendencia española-mexicana y caribeña. Desde entonces han llegado otros grupos étnicos, incluso salvadoreños, nicaragüenses, guatemaltecos, mexicanos, colombianos y dominicanos.

Nos unen la lengua y las tradiciones hispanoamericanas. Pero cada grupo representa una cultura distinta y una historia particular. ¡Representamos una gran variedad de culturas y experiencias!

DESFILE Cada año se reúnen miles de personas en Nueva York para celebrar la comunidad puertorriqueña con el «Puerto Rican Pride Parade». ¡No te lo pierdas!

MURAL El barrio conocido como el «Mission District», en la ciudad de San Francisco, es un oasis de la cultura mexicano-americana, famoso por sus taquerías, tiendas latinas, cultura y arte.

INDEPENDENCIA Para recordar el día de su independencia, los dominicanos de la Ciudad de Nueva York celebran el 27 de febrero con fiestas, música y baile.

GUAYABERA La guayabera es una camisa tradicional de las islas del Caribe. En Miami, La Casa de las Guayaberas es el lugar preferido para comprarse una.

LA CALLE OCHO La cultura cubana es importante en la ciudad de Miami, que celebra un carnaval cada año. Los mejores artistas hispanohablantes participan en este carnaval, llamado el Carnaval de la Calle Ocho.

En acción
VOCABULARIO Y GRAMÁTICA

Present Tense of Regular Verbs

You use the **present tense** to talk about what you are doing now and what you plan to do in the immediate future.

Veo la tele.
I'm watching T.V.

Veo una película por semana.
I see one movie a week.

Veo a Carmen esta noche.
I'm seeing (I'll see) Carmen this evening.

Regular verbs

	-ar hablar	**-er** comer	**-ir** vivir
yo	hablo	como	vivo
tú	hablas	comes	vives
él, ella, usted	habla	come	vive
nosotros(as)	hablamos	comemos	vivimos
vosotros(as)	habláis	coméis	vivís
ellos, ellas, ustedes	hablan	comen	viven

Remember that in **stem-changing verbs** you change the vowel of the stem in all the forms of the singular and in the third-person plural of the present tense.

Stem-changing verbs

	e → ie pensar	**o → ue** dormir	**e → i** pedir
yo	pienso	duermo	pido
tú	piensas	duermes	pides
él, ella, usted	piensa	duerme	pide
nosotros(as)	pensamos	dormimos	pedimos
vosotros(as)	pensáis	dormís	pedís
ellos, ellas, ustedes	piensan	duermen	piden

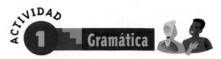

ACTIVIDAD 1 — Gramática

Tu rutina

Hablar/Escribir Un(a) nuevo(a) estudiante hispanohablante quiere saber más sobre tu rutina. Primero, tu compañero(a) hace el papel del (de la) estudiante. Luego, cambien de papel.

modelo

estudiar (todas las tardes en casa)
Compañero(a): ¿Cuándo estudias?
o ¿Dónde estudias?
Tú: Estudio todas las tardes en casa.

1. correr en el parque (tres veces por semana)
2. visitar a tus amigos (los fines de semana)
3. escribir correo electrónico (antes de acostarme)
4. leer el periódico estudiantil (en el colegio)
5. almorzar (a las doce)
6. jugar al tenis (después de clases)
7. trabajar (en la tienda de deportes)
8. regresar a casa (a las seis para la cena)

ACTIVIDAD 2

La playa

Hablar/Escribir Imagina que tú y tu compañero(a) viven en Los Ángeles y van a la playa a menudo. Tú quieres saber qué hacen tu compañero(a) y los miembros de su familia allí. Él (Ella) quiere saber lo mismo de tu familia. Busquen ideas en el dibujo.

modelo

Tú: *¿Qué haces cuando vas a la playa?*

Compañero(a): *¿Yo? Generalmente, tomo el sol o nado. ¿Y tú?*

Tú: *Pues yo llevo mis patines y patino todo el día. ¿Y tu hermano?*

Compañero(a): *A mi hermano no le gusta nadar. Así que generalmente escucha la radio o juega al voleibol.*

ACTIVIDAD 3

Los fines de semana

Hablar/Escribir Entrevista a cuatro compañeros(as) de clase. Quieres saber qué hacen los fines de semana. Haz una gráfica *(chart)* y escribe cómo responden.

modelo

Tú: *¿Qué haces los fines de semana?*

Compañero(a): *Generalmente, los sábados por la mañana me levanto temprano y desayuno. Luego, alquilo un video o tomo el sol en la playa.*

Tú: *¿Y los domingos?*

Compañero(a): *…*

Nombre	sábado	domingo

MÁS PRÁCTICA *cuaderno* p. 1

PARA HISPANOHABLANTES *cuaderno* p. 1

México y Centroamérica

TRADICIONES del pasado

Guadalupe González

¿Sabes quién soy?

Tal vez me conoces como Isabel Palacios del video de los niveles 1 y 2. Pero soy actriz y me llamo Guadalupe González. En el video de la unidad 2 de este libro, vamos a hablar de nuestras comunidades, la naturaleza y los problemas que las pueden afectar.

Ahora quiero mostrarte los países en la unidad 2: México, Guatemala, Honduras, Nicaragua, El Salvador, Costa Rica y Panamá. ¡Es una región interesante y bellísima a la vez!

¡Hasta luego!

Guadalupe

En realidad, ¡el «Nuevo Mundo» de los conquistadores era tan viejo como Europa! Varias civilizaciones grandes, como la maya, la azteca y la tolteca, ya existían cuando los conquistadores llegaron aquí por primera vez. Nuestra cultura tiene estas dos historias.

A principios de los 1800 estos países se separaron de España. Luego, formaron un imperio desde Costa Rica hasta el suroeste de los Estados Unidos. Pero gradualmente, diferencias étnicas, culturales y políticas formaron los países que conocemos hoy.

La influencia de los españoles ha sido grande, pero hoy encontramos millones de personas que todavía hablan lenguas antiguas como el maya y el náhuatl. También mantienen vivas las costumbres y tradiciones que vienen de la época antes de la llegada de los europeos. ¡Estas tradiciones son parte de nuestra identidad contemporánea!

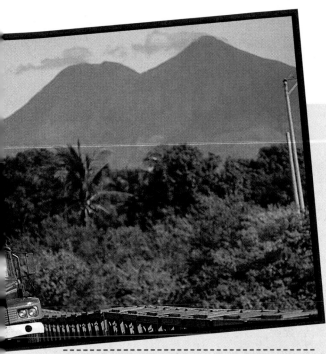

HONDURAS El huracán Mitch ha sido el peor desastre natural del hemisferio occidental en los últimos doscientos años. Más de un millón de personas perdieron sus casas, familiares y amigos. El huracán destruyó muchos pueblos y vecindades. Más de 20 años van a pasar antes de que Honduras pueda reconstruir su infraestructura.

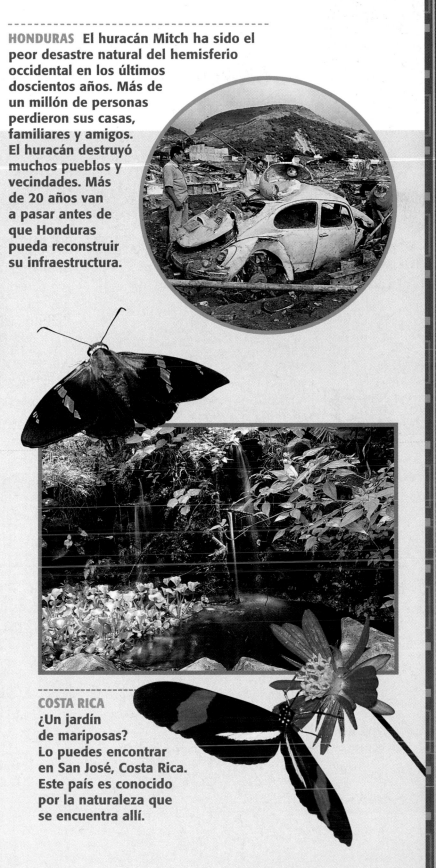

EL SALVADOR Aunque es el país más pequeño de Centroamérica, El Salvador tiene una gran variedad geográfica. Cerca de la capital, San Salvador, se encuentra este volcán de dos picos. El más grande se llama Picacho y el más pequeño Boquerón.

COSTA RICA ¿Un jardín de mariposas? Lo puedes encontrar en San José, Costa Rica. Este país es conocido por la naturaleza que se encuentra allí.

BAJA CALIFORNIA Personas de todo el mundo visitan el estado mexicano de Baja California para ver todo tipo de animales acuáticos que pasan por aquí durante su migración anual.

En acción
VOCABULARIO Y GRAMÁTICA

REPASO

Irregular yo Forms

Remember that some verbs are irregular in the present tense only in the first person singular (yo) form. Compare the yo and tú forms of these verbs.

	yo	tú

• Verbs like **hacer**

caer	caigo	caes
hacer	hago	haces
poner	pongo	pones
salir	salgo	sales
traer	traigo	traes

• Verbs with a spelling change: c → zc

conocer	conozco	conoces

• Other verbs irregular in the yo form

dar	doy	das
saber	sé	sabes
ver	veo	ves

Other irregular verbs that you have already learned **(estar, ir, ser, tener, venir)** are conjugated for you on pp. R31–R37.

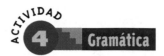

ACTIVIDAD 4 Gramática

La encuesta

Hablar/Escribir Estás de vacaciones en Costa Rica y ves esta encuesta (*survey*) en una revista para jóvenes. La revista quiere saber más de los hábitos de los jóvenes. Contesta las preguntas.

modelo

¿Cuándo haces la tarea?

☑ *después de clases*   ❑ *después de la cena*   ❑ *¿...?*

Hago la tarea después de clases.

Encuesta

1. ¿Con qué frecuencia sales con tus amigos? ❑ todos los días ❑ los fines de semana ❑ ¿...?

2. ¿Cuándo ves televisión? ❑ después de clases ❑ después de la cena ❑ ¿...?

3. ¿Conoces la música de Maná? ❑ sí ❑ no

4. ¿Quién pone la mesa en tu casa? ❑ yo ❑ hermano o hermana ❑ ¿...?

5. ¿Conduces al colegio o tomas el autobús? ❑ conducir ❑ tomar el autobús ❑ ¿...?

6. ¿Haces tu cama todos los días? ❑ sí ❑ no

7. ¿Sabes usar Internet? ❑ sí ❑ no

Correo electrónico

Hablar/Escribir Escribe una carta por correo electrónico a un(a) amigo(a) nicaragüense. Usa por lo menos cinco palabras de cada columna para describir tu vida.

modelo

Obt. Correo	Eliminar	A: Correo	Re: Correo	Re: Todos	Reenviar	Imprimir	Finalizar

Carpeta	No leído	Total		Asunto	Remitente	Fecha	
Mensajes	0	1		Saludos		15/10/99 9:52 PM	

Asunto: Saludos
  Fecha: sáb, 15 oct, 1999 00:09:50 -0952 (PDT)
Enviar a:
    De:

Querido(a) _____
¿Qué haces tú los fines de semana? Yo generalmente salgo con mis amigos. A veces tengo una fiesta en mi casa y todos tienen que traer algo. Como no me gusta cocinar, yo pongo la música…

hacer
poner
salir
ver
traer
conocer
dar
saber
¿…?

la tarea	de la casa
la cama	televisión
la cena	una película
la mesa	los refrescos
con mis amigos	la música
los fines de semana	la comida
para el colegio	mi ropa vieja
	¿…?

¿Lo conoces?

Hablar Acabas de conocer a tu compañero(a) mexicano(a). Quieres saber si él (ella) conoce varias cosas y personas. Hazle varias preguntas. Luego, cambien de papel.

modelo

Tú: *¿Conoces el museo de Frida Kahlo en Coyoacán?*

Compañero(a): *No, no lo conozco, pero sí conozco sus pinturas.*

Tú: *¿De veras? ¿Qué piensas de ellas?*

Compañero(a): …

libros   pinturas

ciudad   lugar

música   persona

¿…?

MÁS PRÁCTICA *cuaderno* pp. 2, 3

PARA HISPANOHABLANTES
cuaderno pp. 2, 3

El Caribe

UNA HISTORIA dramática

Nilka Desirée

¡Bienvenidos al Caribe!
Me llamo Nilka Desirée y soy actriz.
En el video del nivel 1 hago el papel de
Diana Ortiz Avilés. Vas a verme otra
vez en el video del nivel 3 de este libro,
donde hablo un poco sobre las
celebraciones y los festivales del Caribe.

Antes de tratar estos temas, quiero
darte un poco de la historia de los países
que forman el Caribe hispanohablante:
Puerto Rico, la República Dominicana
y Cuba.

¡Hasta pronto! Nilka

Cuando Cristóbal Colón llegó al Caribe
en 1492, la vida de sus habitantes cambió
dramáticamente. La mayoría de éstos eran de
origen taíno, una tribu de indios que vivían en
Puerto Rico y el este de Cuba.

Los europeos conquistaron a los taínos y
usaron las islas para la conquista de otros imperios,
como el azteca y el inca. El Caribe fue un teatro de
conflicto entre las naciones europeas y los piratas
de todo el mundo. Todos querían controlar
estas islas.

Uno de los resultados de estos conflictos fue
la destrucción de la cultura taína. En su lugar, los
europeos trajeron africanos para trabajar la tierra y
producir el azúcar. Por este hecho, la contribución
de la cultura africana es evidente en el Caribe,
aunque aquí hay una mezcla de culturas como en
otras regiones de América Latina.

Gradualmente, Cuba y la República
Dominicana se separaron de España y Puerto Rico
pasó a ser parte de EE.UU. Hoy en día, estos
países celebran su historia y diversidad cultural,
mostrando un aprecio por las tres culturas que son
parte de ellos.

PUERTO RICO Las ferias de artesanía en Puerto Rico son una celebración de la cultura e historia popular de las regiones distintas de la isla.

PUERTO RICO En 1508, el explorador Juan Ponce de León conquistó la isla de Borinquen (hoy Puerto Rico). Construyó una casa donde puedes encontrar parte de la historia de los gobernantes de Puerto Rico.

LA HABANA La Habana fue fundada en 1514, en Cuba. Esta sección de la capital cubana se conoce como «La Habana Vieja». Conserva el estilo colonial, incluso calles estrechas y palacios.

REPÚBLICA DOMINICANA Cerca de la capital dominicana de Santo Domingo se encuentra el Parque de los Tres Ojos. Los «ojos» se refieren a lagunas pequeñas de agua azul que «miran» desde las cuevas del parque.

En acción
VOCABULARIO Y GRAMÁTICA

REPASO

The Preterite Tense of Regular Verbs

You use the **preterite** to talk about actions that you or others completed in the past.

Escribí cartas por una hora.
I wrote letters for an hour.

Bailamos toda la noche.
We danced all night.

Remember that **-er** and **-ir** verbs have the **same endings** in the preterite.

Regular Preterite Verbs

	-ar hablar	**-er** comer	**-ir** vivir
yo	hablé	comí	viví
tú	hablaste	comiste	viviste
usted, él, ella	habló	comió	vivió
nosotros(as)	hablamos	comimos	vivimos
vosotros(as)	hablasteis	comisteis	vivisteis
ustedes, ellos, ellas	hablaron	comieron	vivieron

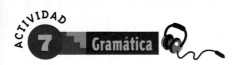

ACTIVIDAD 7 Gramática

¡Pobre Adriana!

Escuchar/Escribir Adriana está contando lo que le pasó ayer. Escúchala y escribe oraciones para describir su día.

modelo

despertarse
Adriana se despertó muy tarde.

1. planchar
2. salir
3. trabajar
4. perder
5. regresar
6. cenar
7. revisar
8. comprar

ACTIVIDAD 8 Gramática

La isla de Puerto Rico

Hablar/Escribir Marcela fue a Puerto Rico durante el verano. ¿Qué hicieron ella y su familia?

modelo

(yo) mandar muchas tarjetas postales
Mandé muchas tarjetas postales.

1. (yo) visitar el Centro Ceremonial Indígena de Tibes
2. (mi familia y yo) comer comida puertorriqueña muy sabrosa
3. (mi hermano) comprar unos discos compactos de salsa
4. (mi familia y yo) caminar por el Viejo San Juan
5. (mi hermana y yo) tomar el sol en la playa de Luquillo
6. (yo) escribir un poema sobre la belleza de la isla
7. (mi hermana) recibir un regalo de su amigo puertorriqueño
8. (yo) comprender por qué llaman a Puerto Rico «la Isla del Encanto»

ACTIVIDAD 9

La familia

Hablar/Escribir El sábado pasado todos los miembros de tu familia hicieron cosas diferentes. Tu amigo(a) te pregunta qué pasó. Mira los dibujos y dile qué hizo cada persona (por lo menos dos cosas). ¡Usa tu imaginación!

modelo

Compañero(a): *¿Qué hizo tu hermano el sábado pasado?*

Tú: *Primero limpió su cuarto y luego alquiló un video.*

Compañero(a): *¡Qué divertido! Y tu mamá, ¿qué hizo?*

Tú: *Pues,…*

1. yo   **2.** mi abuelo   **3.** mis primos

4. mi prima   **5.** mi mamá   **6.** mi tía

7. mi hermanito   **8.** mi hermana   **9.** mi tío

ACTIVIDAD 10

El fin de semana

Hablar Es lunes por la mañana y no has hablado con tu mejor amigo(a) en todo el fin de semana. Los dos quieren saber cómo les fue. Conversen sobre sus actividades.

modelo

Tú: *¿Cómo pasaste el sábado?*

Compañero(a): *¿Yo? Pues el sábado por la tarde llamé a Juan. Alquilamos un video y compramos una pizza para comer en casa. Después…*

Tú: *Y el domingo, ¿qué pasó?*

Compañero(a): *…*

MÁS COMUNICACIÓN p. R2

MÁS PRÁCTICA *cuaderno* p. 4

PARA HISPANOHABLANTES *cuaderno* p. 4

El Cono Sur

Marcelo Abramo

VECINOS hispanohablantes

Ahora estamos en el Cono Sur: los países de Argentina, Chile, Uruguay y Paraguay. ¿Sabes que también se dice «El Uruguay», «La Argentina» y «El Paraguay»? Me llamo Marcelo Abramo y soy de Argentina. ¿Tal vez me reconoces del video del nivel 1 de ¡En español ? Hago el papel del arquitecto González. En el video para la unidad 4 de este libro, hablo un poco sobre mis experiencias en el colegio y el mundo del trabajo. Pero ya es hora de aprender algo sobre este grupo de países sudamericanos. ¡Hablaremos después!

Marcelo

El Cono Sur es la región que ocupan Argentina, Uruguay, Paraguay y Chile. Si miras el mapa, verás que estos forman una especie de cono en el extremo sur del continente americano. Tienen una geografía muy variada. La Cordillera de los Andes pasa por Chile y Argentina. Chile está en la costa del Pacífico y Argentina y Uruguay están en la costa del Atlántico. Paraguay está al noreste de Argentina.

El Cono Sur comparte historia, idioma, y geografía. Santiago, una de las primeras ciudades españolas, se convirtió en la capital de Chile. Con el tiempo, crecieron Buenos Aires, Montevideo y Asunción, las capitales de Argentina, Uruguay y Paraguay. Los indígenas huyeron con la llegada de los europeos, menos en Paraguay, donde hoy la cultura guaraní es tan importante como la europea.

España dominó esta región, mientras que Portugal controló el Brasil. En los años 1800, estos países se separaron de España, bajo líderes como José de San Martín y Bernardo O'Higgins. Luego, inmigrantes de Italia, Francia y Alemania vinieron en la década de 1850. Durante los 1990, el Cono Sur ha pasado por un período próspero. Hoy estos países se preparan para el comercio internacional.

CHILE Chile tiene una de las industrias mineras más grandes del mundo. Además de otros minerales, el país tiene minerales preciosos como el lapislázuli, del cual se hacen bellas artesanías.

URUGUAY Si la nieve y el frío te molestan, ¿por qué no visitas el famoso destino turístico de Punta del Este en Uruguay? ¡Aquí puedes pasar el Año Nuevo tomando el sol en la playa!

LOS ANDES Si estás cansado(a) del sol en el verano del hemisferio norte, ¿por qué no vienes al hemisferio sur para esquiar en la nieve durante su invierno? Aquí hay excelentes instalaciones para este deporte, como Portillo en Chile y Bariloche en Argentina.

ARGENTINA El famoso e impresionante Aconcagua, el volcán más alto del continente americano, tiene una altura de 6.959 metros. Es un paraíso para los deportistas de todo el mundo.

ARGENTINA Buenos Aires es una de las ciudades más importantes de las Américas. Tiene un importante centro financiero. Se ha convertido en un centro para muchas compañías internacionales.

En acción
VOCABULARIO Y GRAMÁTICA

REPASO

Verbs with Spelling Changes in the Preterite

▶ Certain verbs change the spelling of their **yo forms** in the preterite. The rest of the preterite forms are regular.

Verbs with Spelling Changes in the Preterite

c → qu bus**c**ar	g → gu lle**g**ar	z → c almor**z**ar
bus**qu**é	lle**gu**é	almor**c**é
bus**c**aste	lle**g**aste	almor**z**aste
bus**c**ó	lle**g**ó	almor**z**ó
bus**c**amos	lle**g**amos	almor**z**amos
bus**c**asteis	lle**g**asteis	almor**z**asteis
bus**c**aron	lle**g**aron	almor**z**aron

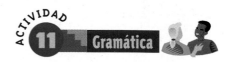

ACTIVIDAD 11 Gramática

¡Tantas preguntas!

Hablar/Escribir Tu hermanito(a) siempre te hace muchas preguntas. Como no estaba en casa cuando llegaste del partido de fútbol ayer, ahora quiere saber más sobre el partido. Primero, tu compañero(a) hará el papel del (de la) hermanito(a). Luego, cambien de papel.

modelo

Compañero(a): *¿Jugaste en el partido de fútbol?*

Tú: *Sí, (No, no) jugué en el partido de fútbol.*

1. ¿Practicaste antes del partido?
2. ¿Sacaste fotos del equipo?
3. ¿Almorzaste con el equipo después del partido?
4. ¿Pagaste la cuenta para todo el equipo?
5. ¿Llegaste tarde a casa?
6. ¿Le explicaste a papá por qué llegaste tarde?

Buenos Aires

Escribir Caminas por la Avenida 9 de Julio en Buenos Aires y escuchas las siguientes conversaciones. Usa el pretérito.

«_____ (llegar) al mercado con mucho dinero. Después de que _____ (pagar) la comida, ¡no me quedó nada»!

«_____ (sacar) la cámara. _____ (empezar) a sacar fotos. Un turista se enojó».

«_____ (almorzar) en un restaurante. _____ (salir) a la calle pero no vi que estaba lloviendo. Cuando lo vi, _____ (comenzar) a correr».

Ayer

Escribir Escribe una descripción de todo lo que hiciste ayer. Usa los verbos de la lista.

modelo

Ayer jugué al fútbol. Luego fui a mi clase de piano. Después…

buscar	llegar	jugar
cruzar	investigar	empezar
sacar	pagar	tocar

De vacaciones

Hablar Fuiste de vacaciones a la República Dominicana. Tu compañero(a) quiere saber más de tu viaje. Luego cambien de papel.

modelo

Tú: *Fui de vacaciones a la República Dominicana.*

Compañero(a): *¿De veras? ¿Sacaste fotos?*

Tú: *Sí, claro. Saqué muchas fotos.*

Compañero(a): *¿Qué más hiciste?*

Tú: *…*

MÁS PRÁCTICA *cuaderno* pp. 5, 6
PARA HISPANOHABLANTES *cuaderno* pp. 5, 6

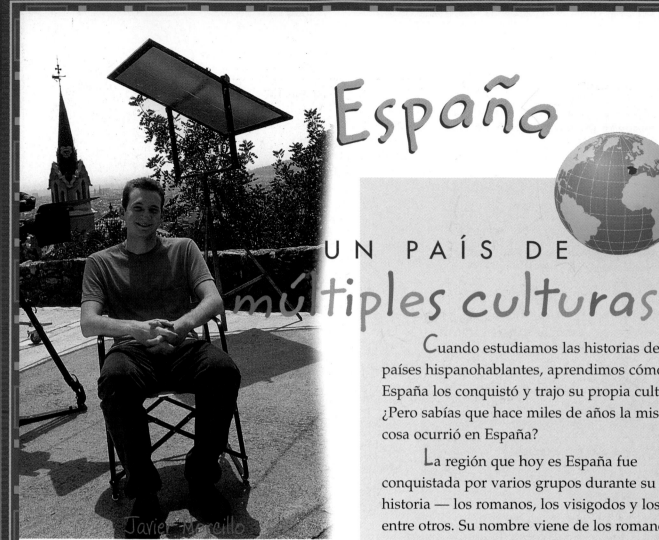

Javier Morcillo

España

UN PAÍS DE
múltiples culturas

Cuando estudiamos las historias de otros países hispanohablantes, aprendimos cómo España los conquistó y trajo su propia cultura. ¿Pero sabías que hace miles de años la misma cosa ocurrió en España?

La región que hoy es España fue conquistada por varios grupos durante su larga historia — los romanos, los visigodos y los árabes, entre otros. Su nombre viene de los romanos, quienes la llamaron «Hispania». Todavía existen ruinas en España que datan de esta época.

Los árabes llegaron en el año 711 a.C. y estuvieron hasta 1492, cuando las fuerzas de los monarcas Fernando e Isabel los expulsaron de España. Estos reyes unificaron las regiones y culturas diversas del país y establecieron una lengua común— el castellano, como también se llama al español.

La España de hoy es un país muy diverso. Las diferentes influencias culturales se ven en regiones donde se hablan una multitud de lenguas además del español. Entre ellas están el catalán, el vasco y el gallego. Vivimos en un período de libertad cultural. Somos parte de la comunidad europea, ¡pero también mantenemos nuestro estilo propio!

Ahora llegamos

a mi patria — España. Permítanme presentarme... En el video del nivel 1 hago el papel de Luis Paz Villarreal. En realidad soy Javier Morcillo y soy actor. En la unidad 5 de este libro vamos a ver cómo las artes y la arquitectura de España influyeron en los países del Nuevo Mundo ¡y viceversa! También voy a dar mis opiniones sobre las bellas artes.

Antes de empezar, vamos a aprender un poco de la historia de España.

¡Adiós!

Javier

GALICIA En Galicia existen costumbres celtas muy antiguas. Su instrumento musical, la gaita, se parece al *bagpipe* celta. Y su baile folklórico, la muñeira, es muy similar a las danzas típicas de Irlanda y Escocia.

TOLEDO Un ejemplo excelente de la fusión de varias culturas es la ciudad de Toledo. Cada parte de esta ciudad evoca su pasado formidable y sus influencias cristianas, árabes y judías.

BILBAO Uno de los edificios más interesantes es el nuevo Museo Guggenheim, en Bilbao. ¡Esta construcción del arquitecto Frank Gehry ya es una de las más famosas del planeta!

B A R C E L O N A

CATALUÑA El Palau de la Música Catalana es una obra creativa difícil de olvidar. Su arquitecto, Domenéch i Montaner, la construyó entre 1905 y 1908. Es muy famoso por su bella y espectacular cúpula.

En acción
VOCABULARIO Y GRAMÁTICA

REPASO

Verbs with Stem Changes in the Preterite

Remember that **-ir** verbs that have a change in the stem in the present tense also have a stem change (**e → i** or **o → u**) in the **preterite**.

Other verbs like **sentir**:

despedirse, divertirse, pedir, preferir, repetir, sugerir, vestirse.

-ir Verbs with Stem Changes in the Preterite

	sentir	**dormir**
yo	sentí	dormí
tú	sentiste	dormiste
usted, él, ella,	sintió	durmió
nosotros(as)	sentimos	dormimos
vosotros(as)	sentisteis	dormisteis
ustedes, ellos, ellas	sintieron	durmieron

ACTIVIDAD **15** Gramática

Al día siguiente

Escribir Al día siguiente, Mariana decidió escribirle a su mejor amiga para describir la fiesta de su prima Ángela. Completa su carta con el pretérito de los verbos entre paréntesis.

Nota

Remember to use the pronouns **me, te, se, nos** and **os** with reflexive verbs like **vestirse, dormirse** and **despedirse**.

Querida Ileana,

Anoche fui a la fiesta de Ángela. Ella __1__ (sugerir) que llegáramos antes de las seis. Mi hermano Ricardo __2__ (preferir) no ir porque no se sentía bien. Yo decidí ir con Gustavo. Él __3__ (vestirse) con un traje muy elegante.

Gustavo no sabía llegar, así que le __4__ (pedir) direcciones a un policía que estaba en la esquina. El policía le __5__ (repetir) las direcciones varias veces pero como quiera nos perdimos.

Por fin llegamos. Ángela __6__ (servir) comida muy sabrosa: tortilla española y otras tapas. Todos los invitados __7__ (divertirse) mucho en la fiesta. Gustavo estaba tan cansado que ¡__8__ (dormirse) en el sofá! Los invitados __9__ (despedirse) muy tarde. ¡Qué noche más divertida!

Abrazos,

Mariana

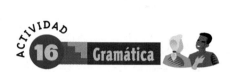

¡Qué colores!

Hablar/Escribir Tu amigo español, Juan Felipe, invitó a todos sus amigos a una fiesta con una condición: tenían que vestirse de colores brillantes. ¿Cómo se vistieron todos?

modelo

Tú: ¿Cómo se vistió Mario en la fiesta?

Compañero(a): No sé, ¡pero dicen que se vistió de jeans morados y camiseta roja!

Mario

1.
Marta y Mariana

2.
Álvaro

3.
Anita

4.
Daniel y Donaldo

El desayuno

Hablar Tú y tu familia desayunaron en el Hotel Prisma. Tu amigo(a) quiere saber qué pidieron todos. ¿Qué te pregunta y cómo le contestas?

Hotel Prisma

Desayuno
Café con leche
Bollos de pan
Chocolate y churros
Zumo de naranja
Cereales

modelo

Compañero(a): ¿Qué pediste para el desayuno?

Tú: Yo pedí huevos revueltos con jamón.

Compañero(a): Y papá, ¿qué pidió?...

¿Cómo estuvo?

Hablar Tú y tu compañero(a) hablan sobre fiestas distintas con los verbos de la lista.

modelo

Tú: ¿Se divirtieron todos en la fiesta de Elena?

Compañero(a): ¡Bailamos y comimos! ¿Y en tu fiesta?

Tú: También. Bailamos música del grupo...

despedirse	seguir	preferir	repetir
divertirse	servir	sugerir	vestirse

MÁS PRÁCTICA *cuaderno* pp. 7, 8

PARA HISPANOHABLANTES *cuaderno* pp. 7, 8

Bolivia, Colombia, Ecuador, Perú y Venezuela

VISTAS de los Andes

La Cordillera de los Andes pasa por todos estos países. Con la excepción de Bolivia, que no tiene costa, los divide en tres regiones: la montaña, la costa y la selva amazónica. Como puedes ver, ¡es una geografía muy diversa!

También son muy diversas las culturas que se encuentran en estas regiones. Cuando los españoles llegaron aquí en los años 1500, descubrieron una multitud de civilizaciones indígenas, incluso el famoso imperio inca. Por lo general, en la región montañosa la población es europea, mestiza e indígena. En la costa se ve mucho la influencia africana. Y en la selva tropical todavía existen sociedades indígenas.

Simón Bolívar, el «Libertador de América», dirigió los movimientos de independencia de España en esta región. Hoy estos países son un grupo de naciones unidas por diversos elementos naturales y culturales. Sin embargo cada país mantiene su identidad individual y su propia historia económica, social y política.

Ximena Barros

¡Hola! ¡Volvemos a Sudamérica otra vez! Yo me llamo Ximena Barros, pero en el video del nivel 1, me conoces como Patricia López Carrera. También estoy en el video de este libro. En la unidad 6 hablo de la tecnología personal y cómo nos ha cambiado la vida.

Pero vamos a dejar ese tema hasta más tarde y hablar sobre los países que vas a conocer al empezar la unidad 6: Perú (o el Perú), Colombia, Bolivia, Venezuela y Ecuador (o el Ecuador).

¡Hasta pronto!

Ximena

COLOMBIA Artefactos y objetos de arte de todo tipo forman las exhibiciones en el Museo de Oro en Bogotá. Aquí se puede ver una impresionante colección de joyería de oro que data desde antes de la conquista española.

VENEZUELA La reserva ecológica Canaima es la tercera más grande del mundo. Aquí puedes explorar más de 11.500 millas cuadradas de naturaleza protegida.

BOLIVIA/PERÚ El Lago Titicaca es el lago navegable más elevado del mundo, a una altura de más de 4.000 metros. Aquí se pueden ver pueblos y costumbres que nos recuerdan cómo era el mundo americano antes de la llegada de los españoles.

PERÚ Cuzco fue la capital del imperio inca, que dominaba una extensa región de Sudamérica antes de la llegada de los españoles.

ECUADOR En Ecuador, como en los demás países andinos, las antiguas costumbres coexisten con la tecnología. Un ejemplo son las hermosas granjas de flores que exportan plantas al mundo entero.

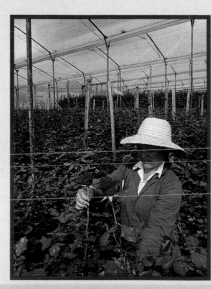

En acción
VOCABULARIO Y GRAMÁTICA

OBJECTIVES

• Talk about past activities

Irregular Preterites

▶ A number of verbs have **irregular preterite** forms. These verbs are grouped by similar stem changes or other like forms.

	ser and **ir**	**tener**	**estar**	**andar**
yo	fui	tuve	estuve	anduve
tú	fuiste	tuviste	estuviste	anduviste
usted, él, ella	fue	tuvo	estuvo	anduvo
nosotros(as)	fuimos	tuvimos	estuvimos	anduvimos
vosotros(as)	fuisteis	tuvisteis	estuvisteis	anduvisteis
ustedes, ellos, ellas	fueron	tuvieron	estuvieron	anduvieron

poder	**poner**	**saber**	**hacer**	**venir**	**querer**
pude	puse	supe	hice	vine	quise
pudiste	pusiste	supiste	hiciste	viniste	quisiste
pudo	puso	supo	hizo	vino	quiso
pudimos	pusimos	supimos	hicimos	vinimos	quisimos
pudisteis	pusisteis	supisteis	hicisteis	vinisteis	quisisteis
pudieron	pusieron	supieron	hicieron	vinieron	quisieron

decir	**traer**	**producir**	**dar**	**ver**
dije	traje	produje	di	vi
dijiste	trajiste	produjiste	diste	viste
dijo	trajo	produjo	dio	vio
dijimos	trajimos	produjimos	dimos	vimos
dijisteis	trajisteis	produjisteis	disteis	visteis
dijeron	trajeron	produjeron	dieron	vieron

Irma y Javier

Escuchar/Escribir Irma y Javier fueron al centro comercial. Escucha su conversación y luego completa las siguientes oraciones con el pretérito del verbo correcto.

modelo

Irma **anduvo** por todo el centro comercial buscando a Javier.

1. Javier _____ en la tienda de música un rato.
2. Entonces _____ a la tienda de deportes.
3. Irma y Javier _____ de acuerdo en dónde se iban a encontrar.
4. Irma _____ las compras que quería hacer.
5. Irma _____ encontrar todo lo que estaba en su lista.
6. Javier _____ que ir al banco.
7. Javier no _____ su tarjeta de crédito.
8. Marín y Lupita _____ que iban a comprar una computadora nueva.

¿Adónde fueron?

Hablar/Escribir Tú y tu compañero(a) conversan sobre sus vacaciones. Imagínense que fueron a unos de los países andinos.

modelo

Tú: *¿Adónde fueron de vacaciones este verano?*

Compañero(a): *Fuimos a Ecuador.*

Tú: *¿Ah, sí? ¿Cuánto tiempo estuvieron en Ecuador?*

Compañero(a): *Estuvimos allá dos semanas.*

adónde **cuánto tiempo** regalos **cambiar dinero**

monumentos *la excursión de...* **por el centro** ¿ ?

¿Quién dijo qué?

Hablar En grupos de cinco o seis, jueguen a «¿Quién dijo qué»? Inventen un personaje como la María del modelo. Cada persona añade algo más sobre María a la oración. ¡Sean originales!

modelo

Tú: *¿Qué dijo Miguel?*

Compañero(a) 1: *Miguel dijo que María no hizo la tarea. ¿Qué dijo Arturo?*

Compañero(a) 2: *Arturo dijo que María no hizo la tarea y llegó tarde a clase.*

MÁS COMUNICACIÓN p. R2

MÁS PRÁCTICA cuaderno pp. 9, 10

PARA HISPANOHABLANTES cuaderno pp. 9, 10

En uso

REPASO Y MÁS COMUNICACIÓN

Now you can...
- talk about present activities.

To review
- the present tense see pp. 4, 8.

ACTIVIDAD 1 ¿Con qué frecuencia?

Tu compañero(a) quiere saber con qué frecuencia haces varias cosas. ¿Qué te pregunta y cómo le respondes?

modelo

¿alquilar un video?

Compañero(a): *¿Con qué frecuencia alquilas un video?*

Tú: *Alquilo un video una vez por semana.*

1. ¿patinar en el parque?
2. ¿escribir en la computadora?
3. ¿correr?
4. ¿leer una novela?
5. ¿salir con tus amigos?
6. ¿hacer la tarea?

Now you can...
- talk about past activities.

To review
- the preterite see pp. 12, 16, 20, 24.

ACTIVIDAD 2 Mis últimas vacaciones

En grupos de dos o tres, conversen sobre sus últimas vacaciones. Digan adónde fueron, qué hicieron, qué compraron, qué vieron y si se divirtieron.

modelo

Tú: *¿Adónde fuiste para tus vacaciones?*

Compañero(a) 1: *Fui con mi familia a Buenos Aires, Argentina.*

Compañero(a) 2: *¿Ah, sí? ¿Qué hicieron? ...*

ACTIVIDAD 3 En tu propia voz

ESCRITURA Piensa en un evento cómico de tu pasado, o inventa uno si prefieres. Escribe una descripción del evento. (Si prefieres, escríbelo como un diálogo.) Luego, lee tu diálogo a la clase.

modelo

Un día, decidí cortarme el pelo yo mismo(a). Saqué las tijeras y fui al baño para usar el espejo. Empecé a cortarme el pelo de atrás...

En resumen

⟳ YA SABES

Common -ar verbs

acampar	to camp
alquilar	to rent
ayudar	to help
bailar	to dance
cambiar	to change
caminar	to walk
cantar	to sing
cenar	to eat dinner
cocinar	to cook
comprar	to buy
descansar	to rest
desear	to want
enseñar	to teach, to show
escuchar	to listen
esperar	to wait, to hope
estudiar	to study
ganar	to win
hablar	to talk
lavar	to wash
limpiar	to clean
llamar	to call
llevar	to take
mandar	to order, to send
mirar	to look
nadar	to swim
pasar	to pass, to happen
patinar	to skate
planchar	to iron
quedar	to fit, to be left
terminar	to finish
tomar	to take
trabajar	to work

Common -er verbs

aprender	to learn
beber	to drink
comer	to eat
comprender	to understand
correr	to run
deber	should, ought to
leer	to read
vender	to sell

Common -ir verbs

abrir	to open
compartir	to share
escribir	to write
insistir	to insist
recibir	to receive
vivir	to live

Common stem-changing verbs

cerrar (e→ie)	to close
contar (o→ue)	to tell, to count
encontrar (o→ue)	to find
entender (e→ie)	to understand
llover (o→ue)	to rain
pensar (e→ie)	to think
perder (e→ie)	to lose
recordar (o→ue)	to remember
sentarse (e→ie)	to sit down
volver (o→ue)	to return

Common reflexive verbs

acostarse (o→ue)	to go to bed
afeitarse	to shave
bañarse	to bathe
despertarse	to wake up
ducharse	to shower
lavarse	to wash oneself
levantarse	to get up
maquillarse	to put on makeup
peinarse	to comb
ponerse	to put on

Common verbs with irregular yo form

conocer	to know
oír	to hear
salir	to leave

Common preterite stem-changing verbs

despedirse	to say goodbye
dormir	to sleep
divertirse	to have fun
pedir	to request
preferir	to prefer
repetir	to repeat
sentir	to feel
sugerir	to suggest
vestirse	to get dressed

Common spelling-change preterite verbs

almorzar	to have lunch
apagar	to turn off
buscar	to look for
cruzar	to cross
empezar	to begin
investigar	to investigate, to research
jugar	to play (a game)
llegar	to arrive
pagar	to pay
practicar	to practice
sacar	to take
tocar	to play (an instrument)

Common irregular preterite verbs

andar	to walk
decir	to say
estar	to be
hacer	to do
ir	to go
poder	to be able to
poner	to put
producir	to produce
querer	to want
saber	to know
ser	to be
tener	to have
traer	to bring
venir	to come

ASÍ SOMOS

OBJECTIVES

ETAPA 1

¿Cómo soy?

- Describe people
- Talk about experiences
- List accomplishments

ETAPA 2

¿Cómo me veo?

- Describe fashions
- Talk about pastimes
- Talk about the future
- Predict actions

ETAPA 3

¡Hay tanto que hacer!

- Talk about household chores
- Say what friends do
- Express feelings

LOS ÁNGELES
OSCAR DE LA HOYA Este campeón del boxeo ayuda a su comunidad construyendo lugares como el Resurrection Gym donde los atletas jóvenes pueden entrenarse. ¿Piensas que el atletismo es bueno para la juventud? ¿Por qué?

• SAN JOSÉ

Océano Pacífico

LOS ÁNGELES
•
SAN DIEGO
•

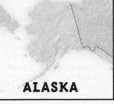

ALASKA

ISLAS HAWAI

not to scale

ALMANAQUE

Población: Porcentaje latino de la población de Estados Unidos: 11%

Gente famosa: Tito Puente, Oscar de la Renta, Cristina García, Sandra Cisneros

Lugares con nombres del español: Los Ángeles, San Antonio, El Paso, Florida, Calle Ocho

 Para más información sobre los latinos en Estados Unidos ve a www. mcdougallittell.com

Mira el video para más información.

CHICAGO
COMIDA MEXICANA El burrito, el taco y la tostada son comidas muy populares en la comunidad mexicana de Chicago. ¿Por qué crees que la comida mexicana también es popular con otros grupos?

CANADÁ

NUEVA YORK

CHICAGO •

ESTADOS UNIDOS

NUEVA YORK
REPERTORIO ESPAÑOL Desde 1968, este grupo de teatro presenta obras en español. ¿Alguna vez viste una obra o función en español?

Flamenco & Spanish Dance

PILAR RIOJA

A SALUTE TO GARCÍA LORCA ON HIS CENTENNIAL

August 26 thru October 4

REPERTORIO ESPAÑOL
138 East 27th Street, NYC
(212) 889-2850

Océano Atlántico

MIAMI
ELLEN OCHOA La Dra. Ellen Ochoa es una astronauta muy conocida y recibió varios premios por su trabajo. Ella investiga los efectos del sol en el clima de la tierra. ¿Qué supones que la Dra. Ochoa estudió para prepararse?

DALLAS •

• **EL PASO**

HOUSTON •

SAN ANTONIO

Golfo de México

MIAMI •

SAN ANTONIO
LA PRENSA Este es el periódico bilingüe que se ha publicado por más tiempo. Lo fundó el Sr. Durán en 1914. ¿Hay un periódico bilingüe en tu comunidad? ¿Cómo se llama?

MÉXICO

SPURS EN LOS TEJANO MUSIC AWARDS
LA PRENSA
MALDEF and County settle over early voting polls
AVANCE and the GCAC receive grants from Star Enterprise

UNIDAD 1

ETAPA 1

¿Cómo soy?

- Describe people

- Talk about experiences

- List accomplishments

¿Qué ves?

Mira la foto y contesta las preguntas.

1. ¿Dónde están estas personas?

2. ¿Qué cosas te dicen dónde están?

3. ¿Crees que son amigos? ¿Por qué?

4. ¿Qué te dice la revista sobre la cultura de Miami?

30

Todos somos diferentes

Descubre

A. Palabras dentro de las palabras

A veces hay palabras dentro de las palabras que ya conoces. Estudia las palabras a continuación y descubre su significado.

La forma de la cara

1. ovalado = óvalo ○

2. cuadrado = cuadro ☐

3. triangular = triángulo ▽

B. Sinónimos y antónimos

A veces ya sabes el sinónimo (una palabra que tiene el mismo significado) o el antónimo (una palabra que tiene el significado opuesto) de una palabra.

La forma del cuerpo

1. grueso   sinónimo = gordo
              antónimo = delgado
2. esbelto sinónimo = delgado
              antónimo = gordo
3. redondo sinónimo = circular
              antónimo = cuadrado

Hay tipos de personas que son fáciles de reconocer... ¿Conoces algunos?

Cola de caballo porque no quiere el pelo en la cara cuando juega al fútbol.

Usa lentes de contacto en vez de gafas, ¡claro!, todo para el deporte.

Siempre tiene el balón a la mano.

La deportista

Edad: 15
Talla: de estatura mediana
Cuerpo: ni gorda ni delgada
Ojos: cafés (y usa lentes de contacto)
Pelo: cabello largo en cola de caballo, color castaño
Cara: ovalada
Característica: lunar bajo el ojo
Uniforme: shorts, camiseta «polo» y balón
Frase favorita: «¡Te gano!»

Tiene el pelo teñido de ¡naranja!, para distinguirse del resto del mundo.

Sus anteojos redondos le dan ese «look» individual.

Camiseta de los sesenta porque le gusta ser diferente — hace lo opuesto de lo que hacen los otros.

El rebelde

Edad: 16
Talla: alto
Cuerpo: delgado
Ojos: azules
Pelo: ¡teñido de naranja!
Cara: triangular
Característica: anteojos redondos
Uniforme: camiseta de los sesenta
Frase favorita: «¡Al contrario!»

El caballero

Edad: 20
Talla: de estatura mediana
Cuerpo: grueso
Ojos: negros
Pelo: calvo (¡no tiene pelo!)
Cara: redonda
Característica: bigote, barba
Uniforme: toda su ropa es de color negro
Frase favorita: «Tú primero.»

¡Es calvo! Se afeita la cabeza porque cree que es un «look» más sofisticado.

Cree que el bigote y la barba le dan un aire misterioso.

Siempre elegante, ¡de pies a cabeza! Y ¿su color preferido? Negro, ¡por supuesto!

Tiene el pelo rojizo y ondulado y lo lleva con flequillo para verse más atractiva.

Tiene un espejo siempre a la mano para admirarse frecuentemente.

La vanidosa

Edad: 16
Talla: baja
Cuerpo: esbelta
Ojos: verdes
Pelo: rojizo y ondulado, con flequillo
Cara: cuadrada
Característica: pecas
Uniforme: vestido nada convencional
Frase favorita: «¿Cómo me veo?»

Lleva un vestido nada convencional para llamar la atención.

¿Comprendiste?

1. ¿Conoces a personas como éstas?
2. ¿Crees que son tipos verdaderos o estereotipos?
3. ¿Quién te cae bien? ¿Quién te cae mal?
4. ¿Cómo eres tú? Descríbete. Menciona tus ojos, pelo, cara y alguna característica particular.
5. ¿Cuál es tu «uniforme» preferido?
6. ¿Cuál es tu «frase favorita»?

En vivo

SITUACIONES

PARA ESCUCHAR • **STRATEGY: LISTENING**

Pre-listening How do you recognize someone that you are going to meet but have never seen? List what will help you.

Recognize descriptions Jot down the physical characteristics that best help you identify someone you don't know. Then, after listening to the descriptions, compare that list with yours. How are they the same? How are they different? Would you revise yours?

¡Eres director o directora!

Vas a filmar una película de misterio. Tienes que escoger los actores para los cuatro personajes principales.

❶ Leer

Tienes los siguientes dibujos y descripciones de los cuatro personajes principales de la película para ayudarte a seleccionar a los actores.

Dolores MalaGente

Alta, esbelta, siempre lleva gafas negras y ropa elegante. Tiene el pelo largo, negro y liso. Tiene la cara ovalada y los ojos negros. Tiene un lunar bajo el ojo izquierdo. Tiene unos treinta años.

Eduardo Vanidoso

De estatura mediana, el señor Vanidoso es grueso y calvo. Tiene bigote y barba porque cree que así puede esconder su cara redonda. También usa lentes de contacto porque cree que se ve mejor sin anteojos. Viste siempre de trajes italianos muy caros. Es un tipo poco agradable. Tiene entre treinta y cuarenta años.

Marcos Deportista

Marcos tiene el cuerpo de deportista: alto, delgado y sin un kilo de más. Lleva el pelo castaño en cola de caballo que va muy bien con su cara triangular. Es atlético de pie a cabeza: va siempre en ropa cómoda. Tiene entre dieciséis y diecisiete años.

Celia Simpática

Celia es baja. Tiene el pelo rojizo y ondulado, con flequillo. Su cara es un poco cuadrada y tiene pecas. Es la mejor clase de amiga que uno pueda encontrar. Tiene entre dieciséis y diecisiete años.

SE SOLICITAN ACTORES
para una película de misterio:

2 mujeres y 2 hombres

experiencia
en actuación
necesaria

favor de llamar al 555-3689 y
dejar un mensaje detallado que
incluya descripción física y edad

❷ Leer

Tú pusiste este anuncio en los
periódicos estudiantiles de la
ciudad y también en Internet.

❸ Escuchar

Escucha las llamadas que recibiste y decide a quién le vas
a hacer una audición para cada papel. Toma apuntes en una
hoja aparte usando las siguientes categorías. ¡Ojo! No siempre
te darán toda la información que necesites.

Notas del director (de la directora)

Llamada número _____   Ojos: _____

Edad: _____   Pelo: _____

Nombre: _____   Actitud: _____

Talla: _____   Experiencia: _____

Cara: _____   Audición para el papel de _____

❹ Hablar

En grupos de tres o cuatro, comparen sus notas y sus selecciones.
¿Están todos de acuerdo? ¿Por qué o por qué no?

En acción

VOCABULARIO Y GRAMÁTICA

ACTIVIDAD 1

Mi amigo es...

Escribir Francisco está describiendo a sus amigos y parientes. Completa su descripción con las frases en la segunda columna.

1. Mi amigo Armando es pelirrojo.
2. A mi amiga Susana no le gusta como se ve con anteojos.
3. El color del cabello de mi tío no es natural.
4. ¡Papá se acaba de afeitar!
5. Mi amiga Alma siempre tiene el pelo en la cara.
6. El pelo de Marcos no es lacio.
7. Mi prima no tiene la cara redonda. ¡Es todo lo opuesto!
8. ¡Mi abuelo no tiene pelo!

a. Es ondulado.
b. Ya no tiene ni bigote ni barba.
c. Tiene el pelo rojizo.
d. Tiene la cara muy cuadrada.
e. Está teñido.
f. Debe usar cola de caballo.
g. Es calvo.
h. Prefiere usar lentes de contacto.

TAMBIÉN SE DICE

Hay muchas maneras de decir que alguien es atractivo:

- **majo(a),** España;
- **galán,** México (un muchacho guapo, pero también puede significar novio);
- **buen mozo(a),** varios países;
- **bien parecido(a),** varios países.

ACTIVIDAD 2

¿Cómo son?

Hablar/Escribir Describe a las personas en los dibujos. Nombra por lo menos dos características físicas de cada persona.

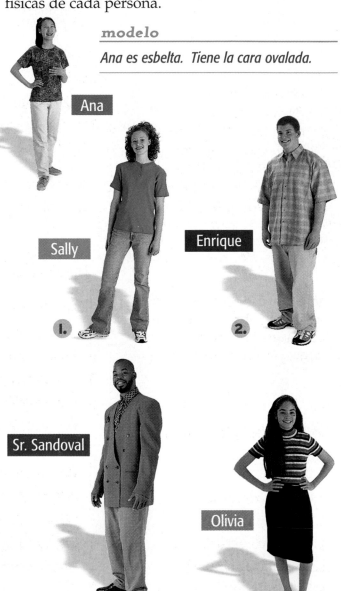

> **modelo**
>
> *Ana es esbelta. Tiene la cara ovalada.*

Ana

Sally 1.

Enrique 2.

Sr. Sandoval 3.

Olivia 4.

- *Review: Use **ser** and **estar***
- *Review: Use the imperfect tense*
- *Review: Use the preterite and imperfect*
- *Use the present and past perfect tenses*

¿Conoces a Arturo?

PARA CONVERSAR

STRATEGY: SPEAKING

Add details to descriptions
Use these catagories to help you focus on different aspects of appearance.
(1) **castaño, corto, largo, moreno, rubio**; (2) **alto, bajo, bonito, feo, grande, pequeño**; (3) **la boca, la nariz, las orejas, los ojos, los anteojos, las gafas, los lentes**; (4) **gordo, delgado, fuerte.**

Hablar/Escribir En pares, comenten sobre el aspecto de las siguientes personas. Luego, cambien de papel.

modelo

Arturo

Compañero(a): *¿Conoces a Arturo?*

Tú: *Sí, Arturo tiene el pelo ondulado.*

1. el (la) profesor(a)
2. mi mejor amigo(a)
3. el (la) director(a)
4. el señor [nombre]
5. mi amigo(a) [nombre]

En la cafetería

Hablar Un(a) alumno(a) nuevo(a) llegó a tu escuela. Ustedes están en la cafetería y él(ella) te hace preguntas sobre los otros alumnos y los profesores. Tú los describes con todo el detalle que puedas.

modelo

muchacho

Compañero(a): *¿Quién es el muchacho alto con pelo lacio?*

Tú: *Es mi amigo Héctor. Es muy buen futbolista, pero es modesto. También es muy cómico.*

1. muchacho
2. profesor
3. muchacha
4. muchacho
5. muchacha
6. profesora

Vocabulario

Características

atrevido(a) *daring*
comprensivo(a) *understanding*
considerado(a) *considerate*
desagradable *unpleasant*
descarado(a) *insolent, shameless*
fiel *faithful*
mimado(a) *spoiled*
modesto(a) *modest*
vanidoso(a) *vain*

♻ **Ya sabes**

amable
cómico(a)
impaciente
obediente
paciente
sociable
tímido(a)

¿Conoces a algunas personas con estas características?

Ser vs. Estar

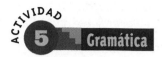

Remember that in Spanish you can use two different verbs to mean *to be:*
ser and estar

▶ **Use ser...**

• to identify people and things.	**El señor Ortega es profesor.** *Mr. Ortega is a professor.*
• to express possession.	**Esos libros son de Pablo.** *Those are Pablo's books.*
• with **de** to express origin and to say what something is made of.	**Es de oro y es de Perú.** *It is gold and it is from Perú.*
• to express time and date.	**Son las doce. Hoy es lunes.** *It is twelve. Today is Monday.*
• to tell where or when an event takes place.	**El concierto es en el estadio.** *The concert is in the stadium.*
• to describe unchanging characteristics, such as color, nationality, size, physical characteristics, personality.	**Tus primos son muy simpáticos.** *Your cousins are very likable.*

▶ **Use estar...**

• to express location.	**Los Ángeles está en California.** *Los Angeles is in California.*
• to express a state or condition, such as health, emotions, and feelings.	**Mi hermano está enfermo.** *My brother is sick.* **Estoy triste y preocupado.** *I am sad and worried.*

▶ You also use **estar** to form the **present progressive.**

Estoy escuchando.
I am listening.

▶ You can often use **ser** and **estar** with the same **adjectives,** but with a difference in meaning:

Francisco es nervioso.
Francisco is nervous. (He is a nervous person.)

Francisco está nervioso hoy porque tiene exámenes.
Francisco is nervous today because he has exams. (He is nervous today.)

ACTIVIDAD 5 Gramática

¿Soy o estoy?

Escribir Completa las oraciones con la forma correcta de **ser** o **estar**.

modelo

Yo soy de Estados Unidos. Soy estadounidense.

1. Yo _____ estudiante. Ahora _____ en la escuela.
2. Él _____ mi tío. _____ profesor de matemáticas.
3. Ella _____ actriz. _____ en California.
4. Yo _____ del barrio Washington Heights que _____ en Nueva York.
5. ¡_____ las cinco! ¿Dónde _____ los niños?
6. _____ muy preocupada. Tengo un examen.
7. Los niños _____ tristes. Su perrito _____ enfermo.
8. Tú _____ simpático. Siempre _____ de buen humor.

NOTA CULTURAL

En algunas ciudades de Estados Unidos, se le da el nombre de **barrio** a zonas urbanas donde hay una gran población latina. La gente allí mantiene vivos las tradiciones y el idioma de su país de origen.

ACTIVIDAD 6 — Gramática

¡Hola, Futbolista29!

Leer/Escribir Completa la carta electrónica de Atleta37 usando la forma correcta de **ser** o **estar**.

| Obt. Correo | Eliminar | A: Correo | Re: Correo | Re: Todos | Reenviar | Imprimir | Finalizar |

Carpeta	No leído	Total		Asunto	Remitente	Fecha
Inbox	0	1		Mi familia	Atleta37	4/24/99 3:07 AM

Asunto: **Mi familia**
Fecha: sab. 24 abr. 1999 00:07:11 -0700
Enviar a: Futbolista29
De: Atleta37

¡Hola, Futbolista29!

Yo __1__ estudiante aquí en Boston. Mis papás __2__ de la República Dominicana, pero mis hermanos y yo __3__ de Massachusetts. Mi mamá __4__ doctora y mi papá __5__ hombre de negocios. Tengo dos hermanos: Ricardo __6__ el mayor, yo __7__ el que sigue y mi hermana Dulce __8__ la menor. Ahora ellos __9__ estudiando en sus cuartos.

Mis papás no __10__ en casa ahora. __11__ en casa de los vecinos, los Ortiz, donde van a celebrar su aniversario. ¡La fiesta va a __12__ muy divertida!

¡ __13__ tarde! __14__ las diez de la noche y __15__ muy cansado. Escribe pronto, ¿eh?

■ MÁS PRÁCTICA *cuaderno* p. 15–16

■ PARA HISPANOHABLANTES *cuaderno* p. 13

ACTIVIDAD 7

La actriz Anilú Pardo

Escuchar/Escribir Escucha la entrevista con Anilú Pardo. Luego, contesta en oraciones completas.

1. ¿Quién es?
2. ¿De dónde es?
3. ¿Cuál es su nacionalidad?
4. ¿Cuál es su profesión?
5. ¿Quién es el director de la película?
6. ¿Quiénes son los otros actores?
7. ¿Cómo se siente Anilú?

ACTIVIDAD 8

¡Mi página-web!

Leer/Escribir Navegando por Internet, encontraste un sitio donde jóvenes de todo el mundo ponen anuncios para buscar amigos por correspondencia electrónica. Lee el anuncio de una joven puertorriqueña. Luego escribe tu propio anuncio.

| Regresar | Adelantar | Inicio | Recargar | Imágenes | Abrir | Imprimir | Buscar | Finalizar |

Dirección: http://www.cambio.com

| ¿Novedades? | ¿Interesante? | Búsqueda | Directorio | Software |

Nombre: Me llamo Aída Ortiz Valenzuela.

Origen: Soy puertorriqueña, nacida en Brooklyn, Nueva York. ¡Viva Brooklyn!

Edad: Tengo dieciséis años. (Pero pronto voy a cumplir diecisiete.)

Talla: Soy de estatura mediana.

Pelo: Tengo el pelo corto y muy rizado.

Característica: Tengo pecas aunque no soy muy pecosa.

Personalidad: Mis amigos dicen que soy muy comprensiva y paciente. ¡Pero también puedo ser muy atrevida!

Actividades favoritas: Me encanta alquilar videos de películas viejas y verlos con mis amigos. También leo muchas novelas de misterio.

Para escribir tus comentarios:

¿Qué clase de amiga busco? Pues, quiero tener correspondencia con una chica de mi edad. Alguien amable, cómica y considerada. No quiero tener correspondencia con nadie mimada, vanidosa ni desagradable. La gente así me cae mal. Me gustaría tener una amiga fiel que escriba todos los días. ¡Podemos comparar nuestros problemas! Y también nos podemos contar las cosas más cómicas que nos pasan en el colegio. Ya sabes quién eres. ¡Escríbeme pronto!

| Enviar | Borrar | Página inicial |

■ MÁS COMUNICACIÓN p. R1

REPASO

You can use the imperfect tense in Spanish to talk about ongoing, habitual, or incomplete actions in the past. You also use the imperfect to tell time in the past, and for descriptions in the past.

Use the endings shown below to form the imperfect tense of regular verbs.

	-ar hablar	-er comer	-ir vivir
yo	hablaba	comía	vivía
tú	hablabas	comías	vivías
usted, él, ella,	hablaba	comía	vivía
nosotros(as)	hablábamos	comíamos	vivíamos
vosotros(as)	hablabais	comíais	vivíais
ustedes, ellos, ellas	hablaban	comían	vivían

Only three verbs are irregular in the imperfect: ir, ser, and ver.

	ir to go	ser to be	ver to see
yo	iba	era	veía
tú	ibas	eras	veías
usted, él, ella,	iba	era	veía
nosotros(as)	íbamos	éramos	veíamos
vosotros(as)	ibais	erais	veíais
ustedes, ellos, ellas	iban	eran	veían

Mi abuela **era** esbelta y baja y **llevaba** anteojos.
*My grandmother **was** slender and short and **wore** eyeglasses.*

¿Dónde estabas?

Hablar/Escribir Tu amigo(a) te llamó varias veces por teléfono pero no estabas. Contesta su pregunta diciéndole dónde estabas y qué hacías.

modelo

en mi cuarto (hacer la tarea)

Compañero(a): *¿Dónde estabas cuando te llamé anoche?*

Tú: *Estaba en mi cuarto. Hacía la tarea.*

1. en el centro comercial (comprar discos compactos)
2. en la biblioteca (escribir la tarea)
3. en la sala (ver la televisión)
4. en el café (hablar con mis amigos)
5. en el parque (andar en bicicleta)
6. en la tienda de videos (alquilar un video)

MÁS PRÁCTICA *cuaderno* pp. 17–18

PARA HISPANOHABLANTES *cuaderno* p. 14

El verano

Hablar/Escribir Hacías cosas durante el verano que ya no puedes hacer durante el año escolar. ¿Qué cosas hacías que ya no puedes hacer?

navegar por Internet

Yo siempre navegaba por Internet durante el día, pero ahora no puedo.

1. descansar
2. levantarse
3. ir
4. ponerse

5. ver
6. acostarse
7. trabajar
8. viajar

La apariencia ayer y hoy

Hablar Habla con un(a) compañero(a) de clase de cómo se veían hace diez años y cómo se ven hoy. ¿Qué diferencias hay?

modelo

Tú: *Cuando tenía seis años, siempre llevaba el pelo en cola de caballo.*

Compañero(a): *Pues, yo usaba anteojos y estaba muy delgado(a). No me vestía muy bien.*

Tú: *Bueno, ¡ahora eres muy elegante!*

REPASO

Preterite vs. Imperfect

 ¿RECUERDAS? *p. 40* You already know two tenses that refer to past time, the **preterite** and the **imperfect**. You use each of these tenses to talk about **past** actions in a different way.

- Use the **preterite** tense to describe an action or series of actions **completed** in the past.

  Aquel día, Pedro **salió** del colegio y **caminó** hasta el café.
  *That day, Pedro **left** school and **walked** to the café.*

- Use the **imperfect** to describe **ongoing** actions or conditions in the past, without focusing on their beginning or end.

  Yo siempre **salía** del colegio y **caminaba** hasta el café.
  *I always **used to leave** school and walk to the Café.*

Sometimes you will need to use the **imperfect** and **preterite** in the same sentence.

Use the **imperfect** to tell what was going on in the background.

Use the **preterite** to describe the interrupting action or main event.

Yo **hacía** la tarea cuando **sonó** el teléfono.
*I **was doing** my homework when the telephone **rang**.*

Yoli la atrevida

Escribir Cristina escribió una composición sobre una amiga de su niñez. Complétala con las formas correctas de los verbos entre paréntesis para leer sus aventuras.

Cuando yo __1__ (ser) joven, mi mejor amiga __2__ (llamarse) Yolanda, pero su apodo __3__ (ser) Yoli. Yoli y yo siempre __4__ (andar) juntas.

A nosotras nos __5__ (gustar) hacer las mismas cosas. Por ejemplo, a ella le __6__ (gustar) escribir cuentos y a mí me __7__ (gustar) escribir poemas. Yo __8__ (compartir) mis ideas con ella. Ella me __9__ (influir) mucho.

Un día Yoli __10__ (estar) en mi casa cuando me __11__ (decir) «¿Por qué no vamos al centro comercial?» Aunque me __12__ (parecer) buena idea, yo __13__ (saber) que no __14__ (poder) ir sin pedir permiso a mis papás. Pero mis papás __15__ (estar) en el trabajo. «Anda, vamos» me __16__ (repetir) hasta que me __17__ (convencer).

Al llegar al centro comercial, la primera persona que __18__ (ver)... ¡ __19__ (ser) mi tía! Mi tía inmediatamente __20__ (llamar) a mis padres para decirles que yo __21__ (estar) fuera de casa sin permiso. Ese día, __22__ (resolver) jamás hacerle caso a Yoli.

Vocabulario

Interacciones

compartir *to share*

discutir *to argue*

hacerle caso a *to obey, pay attention to*

influir *to influence*

resolver (o→ue) *to resolve*

respetar *to respect*

tener en común *to have in common*

¿Tienes estas interacciones con tus amigos?

Mi abuelo

Hablar/Escribir Hablas con tu abuelo sobre las cosas que él hacía cuando era joven. Hace pocos días que tú hiciste las mismas cosas que él hacía hace años. Sigue el modelo.

modelo

ir al museo / los domingos

Abuelo: *Cuando era joven, yo iba al museo los domingos.*

Tú: *¿De veras? Yo fui al museo el domingo pasado.*

1. ir al cine / los sábados
2. salir a pasear con mis amigos / los viernes
3. jugar al fútbol / los fines de semana
4. ir a conciertos / una vez al mes
5. levantar pesas / los lunes
6. estudiar en la biblioteca / los domingos
7. hacer la limpieza / los fines de semana
8. visitar a mis tíos / todas las semanas

MÁS PRÁCTICA *cuaderno* p. 19

PARA HISPANOHABLANTES
cuaderno pp. 15–16

¡Acción!

Escuchar/Escribir Escucha a Luci Pérez. Ella describe una película que vio ayer. Luego, escribe oraciones basadas en su descripción.

modelo

Luci (ver)

Luci vio una película ayer.

1. la película (tener)
2. Lola (ser)
3. los hombres malos (capturar)
4. ella (tener que)
5. los hombres malos (ser)
6. ella (salvar)
7. la actriz (ganar)

NOTA CULTURAL

Los apodos *(nicknames)* son comunes en la cultura latina. Muchas veces el apodo viene del nombre de la persona. Algunos ejemplos son:

Chicos

Antonio = Toño, Toni

Guillermo = Memo

Roberto = Beto

FEB California **BETO**

Chicas

Graciela = Gach, Chela

Isabel = Chavela

Mercedes = Mercha, Meche

Cuando era niño(a)...

Escribir Escribe dos párrafos sobre tu niñez, usando expresiones de la lista de vocabulario.

modelo

Cuando era niño(a), yo era muy trabajador(a), a diferencia de mi hermano(a) que era muy perezoso(a). Me gustaba estudiar y jugar con mis amigos. ¡Pero no me gustaba jugar con mi hermano! Por un lado quería…

- ¿Cómo eras?
- ¿Qué te gustaba hacer? ¿Qué no te gustaba?
- ¿Qué querías ser?
- ¿Qué te interesaba?
- ¿Cómo era tu mejor amigo(a)?
- ¿Qué hacían juntos?
- ¿Puedes describir un incidente en particular?
- ¿…?

■ **MÁS COMUNICACIÓN** p. R3

Vocabulario

Comparaciones

a diferencia de *as contrasted with*

al contrario *on the contrary*

lo bueno/malo *the good thing/bad thing*

lo más/menos *the most/least*

lo mejor/peor *the best/worst*

por otro lado *on the other (hand)*

por un lado *on the one hand*

semejante a *similar to*

¿Qué dices si quieres comparar dos cosas?

Present and Past Perfect Tenses

To express the idea that someone **has** or **had already** done something, you use the **present perfect** and **past perfect** tenses.

The **present perfect** tense consists of the **present** tense of the auxiliary verb **haber,** *to have,* plus the **past participle** of the verb. To form regular **past participles,** drop the ending from the **infinitive** and add the following endings.

hablar ➡ **habl ado**   **com**er ➡ **com ido**   **viv**ir ➡ **viv ido**

present perfect of hablar

he **habl ado**	hemos **habl ado**
has **habl ado**	habéis **habl ado**
ha **habl ado**	han **habl ado**

Here are some **irregular past participles:**

abrir → **abierto,** cubrir → **cubierto,** decir → **dicho,** escribir → **escrito,** hacer → **hecho,** morir → **muerto,** poner → **puesto,** resolver → **resuelto,** romper → **roto,** ver → **visto,** volver → **vuelto.**

You use the **present perfect** tense to talk about events or actions that have already occurred.

¿Has com**ido**?
Have you eaten?

No, todavía no **he com ido** nada.
No, I still haven't eaten anything.

The **past perfect** refers to an action that had already occurred when something else happened. Both actions are in the past, one occurring before the other.

past perfect of hablar

había **habl ado**	habíamos **habl ado**
habías **habl ado**	habíais **habl ado**
había **habl ado**	habían **habl ado**

> You form the **past perfect** almost the same way as the **present perfect,** but you use the **imperfect** form of **haber** instead.

Todavía no **había com ido** cuando llegó Luis.
I still hadn't eaten when Luis arrived.

In both the **present perfect** and **past perfect,** you place **object pronouns before** the forms of the verb **haber.**

before

Marta ya tenía el libro.
Marta already had the book.

¿Se **lo** había **prest ado** usted?
Had you lent it to her?

Los quehaceres

Hablar/Escribir Haz una lista para tus papás describiendo quién ha hecho cada cosa.

modelo

yo / pasar la aspiradora

Yo he pasado la aspiradora.

1. yo / quitar la mesa
2. tú / lavar los platos
3. mis hermanos / hacer las camas
4. mi hermanita / barrer el piso
5. nosotros / abrir las ventanas

> ■ **MÁS PRÁCTICA** *cuaderno* p. 20
> ■ **PARA HISPANOHABLANTES** *cuaderno* p. 17

Hablar/Escribir Le preguntas a tu compañero(a) qué te perdiste antes de que llegaras a la fiesta.

modelo

la fiesta empezar

Tú: *Yo no sabía que la fiesta había empezado.*

Compañero(a): *Ya había empezado cuando tú llegaste.*

1. los músicos tocar
2. la profesora de español bailar
3. Elisa tocar la guitarra
4. los estudiantes comer el pastel
5. los padres de Elisa hablar
6. el hermano de Elisa entrar
7. los abuelos de Elisa salir
8. la fiesta terminar

¿Lo has hecho?

Hablar Haz una encuesta o añade cosas a la siguiente. Luego, pregunta a varios compañeros si han hecho las cosas en tu lista.

Alguna vez	Sí	No
¿has visto las ruinas de Teotihuacán?		
¿has escrito un poema?		
¿has esquiado?		
¿has comido en un restaurante dominicano?		
¿has bailado con alguien que baila muy mal?		

Refrán

Cada cabeza es un mundo.

¿Qué quiere decir el refrán? ¿Crees que cada persona es un individuo? ¿Cómo puedes describir tu «mundo interior»?

En voces

PARA LEER • STRATEGY: READING

Observe how verb tenses reveal time Verb tenses show when different events occur in time. Read Pilar's story of her memories of the past and her plans for the future. Then select at least five major events and place them on a time line. Notice the verb tense of each event. Are the events scattered on the time line or clustered together? Can you say why?

LA NIÑEZ

acariciar	hacer un gesto cariñoso a alguien
agarrarse	hacer que una persona no se mueva
escurrirse a hurtadillas	irse de un lugar sin ser visto
gritar a todo pulmón	hablar a todo volumen
la cría	un niño(a) pequeño(a)
sentar en la falda	sentarse sobre las rodillas de alguien que está sentado

Sobre la autora

Cristina García nació en La Habana, Cuba, en 1958 y se crió en Nueva York. Asistió a Barnard College y a la Escuela de Estudios Internacionales Avanzados de Johns Hopkins University. Ha trabajado como periodista en Miami, San Francisco y Los Ángeles, donde vive actualmente con su esposo. *Soñar en cubano* es su primera novela.

Introducción

Soñar en cubano es una novela que narra la historia de la familia Puente. Celia, la abuela, Lourdes, su hija, y Pilar, su nieta, son los tres personajes principales. Ellas hablan de los sueños y el dolor de la familia. La autora cuenta la historia a través de las cartas que se escriben Celia, que vive en Cuba, y Lourdes y Pilar, que viven en Estados Unidos. En esta selección habla la nieta, Pilar Puente.

NOTA CULTURAL

Según el Servicio de Inmigración y Naturalización, cada año llegan más de 200.000 personas hispanohablantes a Estados Unidos. Estos grupos pueden asimilarse dentro de la nueva cultura, pero sienten mucha nostalgia por su país natal. Es muy común que un(a) inmigrante de un país hispanohablante conserve su identidad, no importa cuántos años viva fuera del país.

Soñar en cubano

Eso es. Ya lo entiendo. Regresaré a Cuba. Estoy harta[1] de todo. Saco todo mi dinero del banco, 120 dólares, el dinero que he ahorrado esclavizada en la pastelería de mi madre, y compro un billete de autocar para irme a Miami. Calculo que una vez allí, podría gestionar[2] mi viaje a Cuba, alquilando un bote, o consiguiendo un pescador que me lleve. Imagino la sorpresa de Abuela Celia cuando me escurriera a hurtadillas por detrás de ella. Estaría sentada en su columpio de mimbre[3] mirando al mar, y olería a[4] sal y a agua de violetas. Habría gaviotas[5] y cangrejos[6] en la orilla del mar. Acariciaría mis mejillas[7] con sus manos frías, y cantaría silenciosamente en mis oídos.

Cuando salí de Cuba tenía sólo dos años, pero recuerdo todo lo que pasó desde que era una cría, cada una de las conversaciones, palabra por palabra. Estaba sentada en la falda de mi abuela jugando con sus pendientes de perlas, cuando mi madre le dijo que nos iríamos de la isla. Abuela Celia le acusó de haber traicionado la revolución. Mamá trató de separarme de la abuela, pero yo me agarré a ella y grité a todo pulmón. Mi abuelo vino corriendo y dijo: «Celia, deja que la niña se vaya. Debe estar con Lourdes.» Ésa fue la última vez que la vi.

---

[1] to be fed up with
[2] to arrange
[3] wicker rocking chair
[4] she would smell of
[5] seagulls
[6] crabs
[7] cheeks

¿Comprendiste?

1. ¿Por qué quiere regresar a Cuba Pilar?
2. ¿Cómo piensa llegar?
3. ¿A quién va a ver Pilar?
4. ¿Cuántos años tenía Pilar cuando salió de su país?
5. ¿Qué cosas asocia Pilar con su abuela?

¿Qué piensas?

En tu opinión, ¿qué sentimientos tiene Pilar hacia la vida que abandonaron ella y su mamá? ¿Por qué quiere regresar?

Hazlo tú

¿Cómo era tu abuela (abuelo) cuando tenías dos años? Busca una foto de esa época y escribe una descripción de ella (él). También puedes describir a otra persona mayor de tu niñez.

En uso
REPASO Y MÁS COMUNICACIÓN

OBJECTIVES

- Describe people
- Talk about experiences
- List accomplishments

Now you can...

- describe people.

To review

- **ser** and **estar**, see p. 38.

ACTIVIDAD 1 Descripciones

Tú le describes las siguientes personas a tu compañero(a).

Martín

modelo

Martín tiene la cara triangular. Usa lentes de contacto.
¡Es muy vanidoso!

PARADA

el señor Monsevalles · Sonia · la profesora Quiñones · Daniel · Yolanda

Now you can...

- describe people.

To review

- **ser** and **estar**, see p. 38.

ACTIVIDAD 2 El equipo de fútbol

Escribe oraciones con la forma correcta de **ser** o **estar**.

modelo

los chicos / estudiantes   *Los chicos son estudiantes.*

1. ellos / futbolistas
2. el equipo / de Chicago
3. sus uniformes / lana
4. ellos / no / listos
5. el partido / las tres de la tarde
6. ellos / descansar / en el hotel

Now you can...

• talk about experiences.

To review

• the preterite and the imperfect see p. 41.

ACTIVIDAD
3 ¡Qué desastre!

Ángel describe un día desastroso de su niñez. Para saber qué le pasó, completa el párrafo usando el pretérito o imperfecto de los verbos entre paréntesis.

Yo ___1___ (tener) diez años. ___2___ (Ser) el día de mi fiesta de cumpleaños. Mamá me ___3___ (decir) que todo ___4___ (estar) listo. La piñata ___5___ (ser) un burro. El pastel ___6___ (ser) de chocolate. Mis amigos y yo ___7___ (estar) muy felices. Nos ___8___ (organizar) para tratar de romper la piñata. Como yo ___9___ (ser) el que ___10___ (cumplir) años, yo ___11___ (ir) a ser el primero. Alguien me ___12___ (poner) un pañuelo en los ojos. Justamente cuando ___13___ (ir) a romper la piñata, ___14___ (empezar) a llover — ¡un aguacero tremendo! Todos ___15___ (correr) hacia la casa. ¡Yo no! ¡Yo ___16___ (querer) seguir con el juego!

Now you can...

• list accomplishments.

To review

• the present and past perfect tenses see p. 44.

ACTIVIDAD
4 ¿Qué has hecho?

Tu compañero(a) quiere saber qué han hecho tú y varias personas de tu familia esta semana y la semana pasada.

modelo

tú (trabajar mucho)

Compañero(a): *¿Has trabajado mucho?*

Tú: *Sí, (No, no) he trabajado mucho aunque había trabajado mucho la semana pasada.*

although

1. tú y tus hermanos (tener mucha tarea)
2. tu padre (viajar mucho)
3. tú (ir al parque)
4. tus primas (comprar muchas cosas)
5. tú y tus hermanos (ver mucha televisión)
6. tú (hablar mucho por teléfono)
7. tú y tus amigos (bailar mucho)
8. tu hermana (visitar a tus abuelos)
9. tú (organizar una fiesta)
10. tú (estudiar español)

ACTIVIDAD 5 — El (La) amigo(a) ideal

PARA CONVERSAR

SPEAKING STRATEGY:

Describe personal characteristics and actions In addition to using adjectives to describe ideal friends, think about their actions: **¿Qué dicen o no dicen los amigos ideales? ¿Qué hacen o no hacen?** Is it important for all the lists to be the same? Explain your answer.

Trabajando en grupos, escriban las características del amigo o de la amiga ideal. Comparen sus listas.

modelo

El amigo ideal tiene que ser comprensivo(a).

cómico(a)

amable

sociable

considerado(a)

simpático(a)

ACTIVIDAD 6 — Tus amigos

¿Qué te gustaría saber de la niñez de tus amigos? Escribe una lista de preguntas y luego entrevista a cuatro o cinco compañeros. Apunta sus respuestas y di a la clase lo más interesante que descubriste.

modelo

¿Qué querías ser cuando eras niño(a)?

¿A qué le tenías miedo cuando tenías ocho años?

¿Cuál era tu programa favorito cuando tenías diez años?

ACTIVIDAD 7 — *En tu propia voz*

ESCRITURA A veces las películas empiezan con una narración: el protagonista describe una escena de su niñez. Escribe una narración sobre tu niñez para un video. Escoge un incidente impresionante o invéntalo. ¡Sé creativo(a)!

CONEXIONES

El arte Crea un autorretrato. Puedes pintar, dibujar *(to draw)* o hacer un collage de fotografías, artículos o anuncios de revista, etc. Usa tu imaginación. Explica a la clase cómo la obra revela tu personalidad.

En resumen

REPASO DE VOCABULARIO

DESCRIBE PEOPLE

Personality

atrevido(a)	daring
comprensivo(a)	understanding
considerado(a)	considerate
desagradable	unpleasant
descarado(a)	insolent, shameless
fiel	faithful
mimado(a)	spoiled
modesto(a)	modest
vanidoso(a)	vain

Physical appearance

los anteojos	glasses
el balón	soccer ball
la barba	beard
el bigote	mustache
el cabello	hair
calvo(a)	bald
la cola de caballo	ponytail
cuadrado(a)	square
esbelto(a)	slender
el flequillo	bangs
grueso(a)	heavy
los lentes de contacto	contact lenses
el lunar	beauty mark
ondulado(a)	wavy
el opuesto	opposite
ovalado(a)	oval
las pecas	freckles
redondo(a)	round
rojizo(a)	reddish
teñido(a)	dyed
triangular	triangular
verse	to look, to appear

♻ Ya sabes

amable	pleasant
cómico(a)	funny
impaciente	impatient
obediente	obedient
paciente	patient
sociable	sociable
tímido(a)	timid

TALK ABOUT EXPERIENCES

Comparisons

a diferencia de	as contrasted with
lo bueno/lo malo	the good thing/ bad thing
lo más/menos	the most/least
lo mejor/peor	the best/worst
por un lado	on the one hand
por otro lado	on the other hand
semejante a	similar to

Interactions

compartir	to share
discutir	to discuss, to argue
hacerle caso a	to pay attention to
influir	to influence
resolver (o→ue)	to resolve
respetar	to respect
tener en común	to have in common

LIST ACCOMPLISHMENTS

Present and Past Perfect Tenses

Ya **hemos resuelto** el problema.
Ellos **habían discutido** mucho.

Juego

El mejor amigo

¿Cuál de estas palabras no se aplica al dibujo?

a. atrevido
b. considerado
c. descarado
d. fiel

ETAPA

2

¿Cómo me veo?

- Describe fashions

- Talk about pastimes

- Talk about the future

- Predict actions

¿Qué ves?

Mira la foto. Contesta las preguntas.

1. ¿Qué cosas en la foto te dicen dónde están estas personas?

2. ¿Qué relación tienen? ¿Por qué crees esto?

3. ¿Crees que la opinión de los chicos es igual? ¿Por qué?

4. ¿Por qué crees que este lugar se llama La Villita?

LOS ESTILOS DE LAS ESTRELLAS

Descubre

Busca las palabras dentro de las palabras. ¿Te da alguna idea de qué quieren decir?

llavero: llaves =

monedero: monedas =

billetera: billetes =

prendedor: prender =

sudaderas: sudar =

Los críticos

Carlota Jáuregui
Esta venezolana reconocida es la diseñadora que Hollywood más adora. Ha vestido a algunas de las personas más prestigiosas del mundo.

Raúl Montenegro
Después de 15 años de tomarles fotos a las estrellas, se puede decir que este fotógrafo famoso sabe algo de **moda**.

C: Esa **cadena** de oro tiene inspiración en los años setenta. ¿No sabe que es el siglo 21? ¡Y esa **medalla**!

R: A mí me impresiona el chaleco **estampado**. ¿Dónde lo compró? En 'Nosotros-Somos-Hippies'?

C: ¡Ese **bolso**! ¿Qué llevará adentro? Esos **pendientes** parecen adornos para el árbol de Navidad.

R: ¡Por favor! Ese vestido **suelto** de **lunares** es algo extraterrestre. ¿De dónde es su **diseñador**—del planeta Marte?

C: Pobre chico. Gran actor y no tiene dinero para comprar pantalones. Siempre anda en **sudaderas**.

R: Las sudaderas no me molestan. ¡Pero ese **color brillante**! Necesito mis gafas de sol para mirarlo.

RAUL

CARLOTA

C: Elegantísimo. El pañuelo de **seda**. El traje de **color oscuro**. **Se destaca** por su elegancia de pie a cabeza.

R: Este chico es **único**. Para él, **poliéster** es una mala palabra.

C: Parece ángel en ese **color claro**. ¿Y ves el **prendedor**? ¡Sus accesorios tienen más estilo que tú y yo juntos!

R: ¿Dónde comprará sus joyas esta mujer? ¿Será amiga de la reina de Inglaterra?

C: ¡Y ese traje!

R: Me encanta su traje **de un solo color**. Dice «elegante», dice «no necesito llamar la atención». Si quieres saber cuál es la moda de **la temporada**, es suficiente ver su **vestuario**.

¿Comprendiste?

1. ¿Lees revistas de moda? ¿Cuáles?
2. ¿Te interesa saber cómo se visten las estrellas de cine? ¿Por qué?
3. Da un ejemplo en el que estás de acuerdo con los críticos y uno en el que no lo estás.
4. ¿Dedicas mucho tiempo a pensar en tu «look» individual o no te importa mucho?
5. ¿Hablas mucho con tus amigos sobre la moda más popular y aceptada en la escuela?
6. ¿Cómo te vistes tú? Describe tu propio estilo.
7. ¿Crees que la moda es importante o que la gente le da demasiada importancia? Explica.

En vivo

SITUACIONES

¡Persigue la moda!

Eres reportero(a) en los Premios de Música en Nueva York y estás ahí para oír todos los detalles que pueden interesar a los lectores de tu revista, *Modas Modernas*. Escucha los últimos chismes de la moda para que tus lectores puedan encontrar lo último del vestir en estas tiendas.

① Leer

Estudia los anuncios de las tiendas de moda.

Para los que saben....

EL HOMBRE FINO

La elegancia está en los detalles

Joyería y Accesorios de Hoy

Ropa que **juega** tan **fuerte** como **usted**

Mundo del Atleta

LA VIDA TEJANA

porqve la vida es vna aventvra

El romance del misterio

La Mujer Elegante

EXPRÉSATE

Súper Informal

❷ Escuchar

En los Premios ves a tus viejos amigos, los reporteros Ana Beatriz Castillo y Javier Villanueva. Ellos describen el vestuario de cada persona famosa que pasa y ¡no se les escapa nada! Comentan sobre la ropa, los zapatos, los accesorios, ¡todito! Escucha y haz apuntes en una hoja aparte.

❸ Escribir

Después de escuchar el comentario de los locutores, escribe dónde crees que estos músicos compraron su ropa.

Carson	Los Jaguares
Ana Luisa	Armando Iglesias
Elena	Luis Marcos
Joya	

En acción
VOCABULARIO Y GRAMÁTICA

OBJECTIVES
- Describe fashions
- Talk about pastimes
- Talk about the future
- Predict actions

ACTIVIDAD 1

¿Con qué va?

Leer/Escribir Andrea describe el uso de algunos accesorios y otras cosas relacionadas con la moda. Completa sus comentarios.

1. Para no perder mis llaves, las pongo todas en un _____.
   a. llavero
   b. monedero

2. No me gusta tener monedas sueltas en mi bolsillo. Las pongo todas en un _____.
   a. bolso
   b. monedero

3. Papá pone sus billetes en una _____.
   a. billetera
   b. cadena

4. Cuando voy al colegio, uso mi mochila. Pero cuando salgo el fin de semana, prefiero usar mi _____.
   a. bolso
   b. prendedor

5. Me gusta mucho la moda. Sueño con ser _____.
   a. arquitecto(a)
   b. diseñador(a)

ACTIVIDAD 2

Estilos diferentes

Hablar/Escribir ¿Cómo se visten las personas siguientes? Con un(a) compañero(a), digan por lo menos dos cosas sobre el vestuario de cada una.

Julia

modelo

Tú: *Julia lleva unas sudaderas de un solo color.*

Compañero(a): *También lleva una camiseta de color brillante.*

2. Gerardo

4. Belisa

1. Mercedes

3. Joaquín

- *Review: Use verbs like **gustar***
- *Review: Use **por** and **para***
- *Use the future tense*
- *Use the future of probability*

ACTIVIDAD 3 **La moda de hoy**

PARA CONVERSAR

STRATEGY: SPEAKING

Use familiar vocabulary in a new setting While learning new words about clothing and fashion, use some that you have already learned: **bufanda, collar, anillo, pulsera, aretes, sandalias, a rayas, a cuadros,** as well as old friends like **blusa, calcetín, camisa, camiseta, falda, jeans, pantalones, suéter, vestido, zapato,** and of course, the colors: **amarillo, anaranjado, azul, blanco, marrón, morado, negro, rojo, verde.**

Hablar/Escribir Tú y tu compañero(a) encontraron una revista de modas. Tu compañero(a) quiere saber si te gustan ciertas cosas. Di lo que piensas de cada artículo.

modelo

chaleco

Compañero(a): ¿Te gusta el chaleco de rayas?

Tú: ¡Sí! Hace juego con los pantalones de mezclilla.
o No, prefiero el chaleco de cuero.

1. falda
2. traje
3. blusa
4. sudaderas
5. pantalones
6. suéter
7. vestido
8. chaqueta

ACTIVIDAD 4

♻ De compras

Hablar Tú y tu compañero(a) están de compras en una tienda de modas. Tú te pones varias cosas y le preguntas a tu compañero(a) si te quedan bien. Él (Ella) te responde y te hace otra sugerencia. Luego, cambien de papel.

modelo

Tú: ¿Cómo me veo? ¿Te gusta esta chaqueta de lana?

Compañero(a): ¡Uy, no! ¡Te queda muy floja! Mejor cómprate la chaqueta de seda. Es más elegante.

Vocabulario

¿De qué es?

el algodón *cotton*
el cuero *leather*
el fleco *fringe*
la lana *wool*
la lentejuela *sequin*
la mezclilla *denim*

♻ Ya sabes

ancho(a)
apretado(a)
estrecho(a)
flojo(a)
hacer juego con…
oscuro(a)
un par de
las rayas
sencillo(a)

¿Puedes describir tu vestuario con estas palabras?

REPASO

Verbs Like gustar

▶ You most often use verbs like gustar with the **indirect object pronouns** **me, te, le, nos, os,** and **les** to express your and others' reactions to things.

Me gusta tu **prendedor.**
I like your pin.

Gracias. ¡Y a mí **me gustan** tus **zapatos!**
Thanks. And I like your shoes!

▶ You already know many verbs that are used like gustar.

encantar	interesar
faltar	quedarle bien
fascinar	quedarle mal
molestar	importar

Me encantan los **deportes.**
I love sports.

¡Qué **bien te queda** ese **sombrero!**
*That hat **looks good** on you!*

A Marta **le molestan** los **anteojos** nuevos.
*Marta's new glasses **are bothering** her.*

> Notice that the form of these verbs matches **deportes,** not **me.**

ACTIVIDAD 5 · Gramática

Gustos

Hablar/Escribir Todos tenemos gustos diferentes. Di qué le gusta a cada persona.

modelo

a mí: las blusas sencillas

A mí me gustan las blusas sencillas.

1. a ti: las botas de cuero
2. a Hernán: el sombrero negro
3. A Érica y Laurita: la ropa suelta
4. a nosotros: los zapatos de tenis
5. a usted: el bolso de rayas
6. a mí: los pantalones de lana

MÁS PRÁCTICA *cuaderno pp. 25–26*

PARA HISPANOHABLANTES *cuaderno pp. 23–24*

ACTIVIDAD 6

¡Me fascina!

Hablar/Escribir Tu compañero te pregunta si te gustan las siguientes cosas. Contéstale usando uno de estos verbos: **gustar, encantar, fascinar** o **interesar.**

modelo

las películas románticas

Compañero(a): *¿Te gustan las películas románticas?*

Tú: *No, no me interesan (o) Sí, me interesan.*

1. la ropa de moda
2. las telenovelas
3. la música clásica
4. la música «rap»
5. las obras de teatro
6. la historia maya
7. los videojuegos
8. los patines en línea

¿De veras?

Hablar ¿Sabes los gustos de tu compañero(a)? Dile cinco cosas que detestas o que te fascinan. ¿Cómo reacciona? Luego, cambien de papel.

modelo

Tú: *No me cae bien la música de los sesenta.*

Compañero(a): *¿De veras? Yo creo que es genial.*

Compañero(a): *Me fascina la moda de los sesenta.*

Tú: *¿De veras? Yo creo que es muy incómoda.*

Vocabulario

¿Cómo es?

caer bien/mal *to like, dislike*

cómodo(a) *comfortable*

detestar *to hate*

formidable *great*

genial *wonderful*

horrible *horrible*

incómodo(a) *uncomfortable*

pesado(a) *boring, heavy*

¿Puedes describir tus pasatiempos o actividades con estas palabras?

REPASO

Por and Para

You already know the prepositions **por** and **para**. Both words can mean *for* in English, but the meaning can change depending on how it is used. Look at these examples.

Use **por** to indicate…

- the idea of passing through.

  Esta carretera pasa **por** Tejas.
  *This highway goes **through** Texas.*

- general rather than specific location.

  No sé si hay una piscina **por** aquí.
  *I don't know if there is a pool **around** here.*

- how long something lasts.

  Vivimos en Puerto Rico **por** muchos años.
  *We lived in Puerto Rico **for** many years.*

- the cause of something.

  No podemos acampar **por** la tormenta.
  *We can't camp **because of** the storm.*

- an exchange.

  Cecilia pagó mucho **por** sus anteojos.
  *Cecilia paid a lot **for** her glasses.*

- doing something in place of or instead of someone else.

  No puedo ir. ¿Puedes ir **por** mí?
  *I can't go. Can you go **in my place**?*

- a means of transportation.

  Viajamos **por** barco.
  *We traveled **by** boat.*

Use **para** to indicate…

- for whom something is done.

  Compraremos un regalo **para** Silvia.
  *We will buy a gift **for** Silvia.*

- destination.

  Francisco tomó el avión **para** San Juan.
  *Francisco took the plane **to** San Juan.*

- the purpose for which something is done.

  Compré anteojos **para** ver mejor.
  *I bought glasses **in order to** see better.*

- to express an opinion.

  Para mí, el montañismo es maravilloso.
  To me, mountaineering is marvelous.

- to contrast or compare.

  Para programador, no sabe mucho de computadoras.
  For a programmer, he doesn't know much about computers.

- to express the idea of a deadline.

  Hay que terminar la tarea **para** mañana.
  *The assignment has to be finished **by** tomorrow.*

ACTIVIDAD 8 Gramática

El diario de Maité

Escribir Maité escribió este pasaje en su diario. Complétalo con **para** o **por** para saber más de su viaje a Los Ángeles.

3 de julio

Nos vamos de vacaciones ___1___ un mes. Salimos ___2___ Los Ángeles pasado mañana. Primero voy a la agencia de viajes ___3___ los boletos. Luego voy al centro ___4___ comprar una maleta. La maleta que tengo es demasiada pequeña ___5___ toda la ropa que quiero llevar.

He hablado ___6___ teléfono ___7___ dos horas con Carmela, la prima que vamos a visitar. Ella estudia ___8___ ser abogada. Carmela es muy inteligente ___9___ su edad. Siempre me dice «Tienes que ahorrar dinero ___10___ ir a la universidad. ¡Es muy importante!»

Yo le dije que me gustaría viajar ___11___ todo California. No sé si vamos a tener tiempo ___12___ hacer todo lo que quiero. Me prometió que íbamos a dar un paseo ___13___ la playa en cuanto lleguemos. Compré un traje de baño nuevo ___14___ llevar. Pagué treinta dólares ___15___ él.

¡Qué dicha! ¡ ___16___ fin voy a conocer California!

■ **MÁS PRÁCTICA** *cuaderno* pp. 27–28

■ **PARA HISPANOHABLANTES** *cuaderno* p. 25

ACTIVIDAD 9

¿Adónde vas?

Escuchar/Escribir Escucha la conversación entre María y Miguel. Luego completa las oraciones con **por** o **para**.

1. María va a la tienda _____ comprar una guayabera _____ su papá.
2. El regalo es _____ su papá.
3. María tiene dinero _____ el regalo.
4. María trabaja en esa oficina _____ tres años.
5. María trabaja _____ la señora Ontiveros.
6. María va a la tienda _____ autobús.
7. María tiene tarea _____ mañana.
8. María estudió _____ tres horas después de clases.

ACTIVIDAD 10

La fiesta de cumpleaños

Hablar Tú y tu compañero(a) van a una fiesta de cumpleaños. Usen las palabras **para** y **por** para hablar sobre la persona festejada, el regalo que le darán, cómo van a llegar y cuánto tiempo durará la fiesta.

modelo

Tú: *¿Vas a comprar algo para Miguel para su cumpleaños?*

Compañero(a): *Creo que sí, pero no puedo pagar mucho por el regalo.*

The Future Tense

You have already learned two ways to talk about the **future.**

- You can use: ir + a + **infinitive**

    Vamos a **estudiar** en la biblioteca.
    We'll study (We're going to study) in the library.

- You can use the present tense when the **context** makes it clear that you are talking about the future.

    Mañana alquilamos una película.
    Tomorrow we're renting a film.

You can also use the future tense. You form the future tense by adding a special set of **endings** to the **infinitive.**

comer *to eat*

comer**é**	comer**emos**
comer**ás**	comer**éis**
comer**á**	comer**án**

All verbs have the same endings in the future tense.

Nosotros **llegar**emos a las siete.
*We **will arrive** at seven.*

With some verbs, you have to change the form of their infinitive slightly before adding the future tense endings.

You still use the same future tense endings.

The future of **hay** is **habrá.**

infinitive	future stem
decir	dir-
hacer	har-
poner	pondr-
salir	saldr-
tener	tendr-
venir	vendr-
poder	podr-
querer	querr-
saber	sabr-

APOYO PARA ESTUDIAR

Express future plans or events

Generally you will use **ir + a +** infinitive or the present tense to express the future where intention is strong and the event will happen soon. The future tense is often associated with plans, predictions, or events that are less certain. Which of the following two sentences is more certain? **Voy a México en julio. Algún día iré a Madrid.**

ACTIVIDAD 11 Gramática

La cita ideal

Hablar/Escribir Ana Bárbara va a salir con Ismael el sábado. Ella imagina cómo va a ser su primera cita con él. ¿Qué dice?

modelo

yo / salir / con Ismael / sábado por la noche

Saldré con Ismael el sábado por la noche.

1. su papá / prestarle / su carro nuevo
2. Ismael / llegar / a las siete
3. yo / estar / lista
4. yo / ponerse / el nuevo vestido de lunares
5. él / traer [a mí] / flores
6. nosotros / cenar / en un restaurante francés
7. él / poder leer / el menú en francés
8. nosotros / bailar / toda la noche
9. él / hablar / sobre su futuro
10. yo / contar / chistes
11. nuestros amigos / ver [a nosotros]
12. yo / divertirse / mucho
13. nosotros / hacer / otra cita

ACTIVIDAD 12 Gramática

San Antonio

Escuchar/Escribir Julia está en San Antonio con su familia por dos días. Al final del primer día, su mamá cuenta lo que hicieron ese día y los planes para el otro día. ¿Qué hicieron ayer y qué van a hacer mañana? Escoge la respuesta correcta.

1. **a.** Fueron al Paseo del Río.
   b. Irán al Paseo del Río.
2. **a.** Fueron a El Álamo.
   b. Irán a El Álamo.
3. **a.** Fueron al Mercado.
   b. Irán al Mercado.
4. **a.** Compraron regalitos para sus amigos.
   b. Comprarán regalitos para sus amigos.
5. **a.** Asistieron a un concierto de música tejana.
   b. Asistirán a un concierto de música tejana.

MÁS PRÁCTICA *cuaderno* p. 29

PARA HISPANOHABLANTES *cuaderno* p. 26

ACTIVIDAD 13

El año que viene

Hablar/Escribir Pregunta a un(a) companero(a) si hará las siguientes actividades el año que viene. Luego, cambien de papel.

modelo

Tú: *¿Trabajarás el año que viene?*

Compañero(a): *Sí, trabajaré en la tienda de música el año que viene.*

trabajar...   hacer...   dar...   acampar...

viajar a ...   estudiar...   ver...

ir a   volver a...   comprar...

jugar a...   competir...

salir...   celebrar...   ¿...?

ACTIVIDAD 14

El Campamento MonteVerde

Hablar/Leer Vas a ir al Campamento MonteVerde con dos amigos. Conversen sobre qué les gustaría hacer allí. Hablen de todas las posibilidades y digan por qué les gustan o no las actividades del Campamento.

modelo

Tú: *¿Qué harás tú en el Campamento MonteVerde?*

Amigo 1: *¿Yo? Yo haré alpinismo. Me encanta estar al aire libre y ver las flores y los animales.*

Amigo 2: *Ay, a mí no. No me interesa la naturaleza. Yo navegaré por Internet.*

■ **MÁS COMUNICACIÓN** p. R4

Vocabulario

Los pasatiempos

acampar *to camp*

coleccionar *to collect*

escalar montañas *to mountain climb*

esquiar en el agua *to waterski*

hacer alpinismo *to go hiking*

hacer montañismo *to go mountaineering*

navegar en tabla de vela *to windsurf*

navegar por Internet *to surf the Internet*

pescar en alta mar *to go deep-sea fishing*

pilotar una avioneta *to fly a single-engine plane*

volar en planeador *to hang-glide*

¿Has hecho una de estas actividades alguna vez?

¡Disfruta de la naturaleza! ven al

Campamento Monteverde

Aquí podrás...

esquiar en el agua

escalar montañas

acampar bajo la luna

hacer alpinismo

volar en planeador

remar en una canoa

y también podrás...
¡navegar por Internet!

Ya verás cuanto te divertirás aquí en
Campamento Monteverde
Una semana aquí y nunca querrás regresar a casa.

NOTA CULTURAL

Araceli Segarra es la primera mujer española en escalar el famoso monte Everest. Este pico formidable tiene más de 29.000 pies de altura. Los alpinistas que tratan de conquistar el Everest tienen que entrenarse por mucho tiempo para acostumbrarse a la falta de oxígeno que existe en las altitudes muy elevadas.

GRAMÁTICA

Future Tense to Express Probability

You can use the **future tense** to speculate about what might occur or what others are doing. When used this way, the **future tense** implies that you are **wondering about an event** or **guessing whether or not it has occurred.**

Marcos ya no quiere jugar fútbol los sábados. ¿Por qué será?
*Marcos doesn't want to play soccer on Saturdays any more. **What could be** the reason for that?*

Tendrá novia.
*He **probably has** a girlfriend.*

¿De veras? ¿Quién será?
*Really? **I wonder** who **it might be?***

ACTIVIDAD **15** Gramática

♻ ¿Dónde estarán?

Hablar/Escribir Nunca sabes dónde están tus cosas, tu familia, tus mascotas (*pets*), tus amigos. Expresa tu frustración.

modelo

mis libros (sala)

¿Dónde estarán mis libros? ¿Estarán en la sala? Tendré que buscarlos.

1. mi gato (debajo de la cama)
2. mi hermano (afuera)
3. mis zapatos (en el clóset)
4. mi perro (en el jardín)
5. mi mamá (en su habitación)
6. mi raqueta de tenis (en el carro)
7. mis discos compactos (en el cuarto de mi hermano)
8. mi gorro (en mi habitación)
9. mis carpetas (en mi mochila)
10. mi cámara (en casa de mi amiga Delia)
11. Hernán (en la biblioteca)
12. Delia (en el gimnasio)

MÁS PRÁCTICA *cuaderno* p. 30

PARA HISPANOHABLANTES
cuaderno pp. 27-28

NOTA CULTURAL

Cuando hablamos de las mascotas, es importante saber algunas diferencias entre el mundo en inglés y el hispanohablante. En inglés nos referimos al **sonido** (sound) que hacen los perros como *bow-wow*, pero en español es guau-guau. Otra diferencia es que los gatos «hispanohablantes» dicen miau en vez de *meow* y los pájaros pío-pío en vez de *tweet-tweet*. Algunos nombres típicos para mascotas son Colita, Mancha y Pelusa para los perros, y Michi o Michifús para los gatos.

No sé exactamente

Hablar/Escribir Tu compañero(a) te hace muchas preguntas. No estás seguro(a) de la respuesta, pero tratas de contestarle. Sigue el modelo.

modelo

¿Dónde está Ricardo? (en su cuarto)

Compañero(a): *¿Dónde estará Ricardo?*

Tú: *No sé exactamente. Estará en su cuarto.*

1. ¿Cuándo vienen los primos? (la semana que viene)

2. ¿Cuántos años tiene esa señora? (unos ochenta años)

3. ¿Qué hora es? (las diez o las once de la noche)

4. ¿Qué es esa cosa en la calle? (una bolsa de basura)

5. ¿Qué dice la profesora cuando le dices que no hiciste la tarea? (que no hay problema)

6. ¿Hay suficiente comida para todos? (más en el refrigerador)

7. ¿Dónde están mis sudaderas? (en tu cuarto)

TAMBIÉN SE DICE

Aunque en la mayoría de los países latinoamericanos se dice **sudadera**, en España se usa la palabra **chándal**.

La fiesta

Hablar Tú y tu compañero(a) van a dar una fiesta en tu casa mañana. Tu compañero(a) siempre se preocupa y se pone nervioso(a) pensando en lo que puede pasar. Te hace muchas preguntas. Contéstale. Luego cambien de papel.

modelo

Compañero(a): *¿Lloverá durante la fiesta?*

Tú: *¡No te preocupes! No va a llover durante la fiesta.*

llover
venir los invitados
haber suficiente comida
tocar muy mal los músicos
ser aburrido
irse demasiado temprano los invitados

■ MÁS COMUNICACIÓN p. R4

Refrán

Aunque la mona se vista de seda, mona se queda.

¿Qué quiere decir el refrán? ¿Crees que es posible poner demasiado énfasis en la apariencia personal? ¿Por qué?

En colores

CULTURA Y COMPARACIONES

Un gran diseñador

PARA CONOCERNOS

STRATEGY: CONNECTING CULTURES

Examine the cultural role of fashion How do fads, personal style, and high style influence your decisions when you buy clothing? Imagine you are packing for a trip to another country, another culture. How might geography, climate, or local customs influence your choice of clothing? Name an article of clothing you would take and the characteristic that influenced your choice.

Country_____

	Característica	Ropa
Geografía		
Clima		
Costumbres		
Otro		

Oscar de la Renta sabe que para el gusto se hicieron los colores. ¿Cuál es la filosofía de la moda de este gran diseñador? «El vestir[1] es una cosa muy personal; en realidad es un reflejo[2] de la imagen que quieres proyectar», nos dice de la Renta. Esta filosofía y su gran talento artístico lo han hecho uno de los grandes en el mundo de la moda.

_____
[1] dressing
[2] reflection

Oscar de la Renta ha hecho mucho por la niñez de Santo Domingo. Ha ayudado a construir una escuela y un orfelinato[3] para 350 niños, a quienes visita en las Navidades.

«Lo que se quiere es que alguien te vea a ti primero y que te encuentre bien, y que después se fije[4] en tu ropa. Lo contrario, yo creo que es negativo».

_____

[3] orphanage
[4] to look at

De la Renta nació en la República Dominicana y allí estudió pintura en la Escuela de Bellas Artes de Santo Domingo. A la edad de 18 años fue a Madrid, donde conoció al diseñador Cristóbal Balenciaga y se convirtió en su ilustrador. En 1963 fue a Nueva York. Desde entonces, de la Renta ha iniciado muchas tendencias de la moda.

¿Comprendiste?

1. ¿Qué piensa de la Renta del vestir?
2. ¿Cuándo comenzó de la Renta su carrera como diseñador en Estados Unidos?
3. Según el diseñador, ¿cómo debe uno vestirse?
4. ¿Cómo ha ayudado Oscar de la Renta a los dominicanos?

¿Qué piensas?

1. ¿Qué hay que hacer para ser diseñador de alta moda?
2. ¿Estás de acuerdo con la filosofía de la moda de Oscar de la Renta? ¿Por qué?

Hazlo tú

Muchos diseñadores hispanos han influenciado la moda, como Carolina Herrera, Paloma Picasso y Narciso Rodríguez. Busca datos y escribe un párrafo sobre uno de ellos. Si es posible, incluye en tu composición una foto o un dibujo de uno de sus modelos.

ETAPA **2**

En uso

REPASO Y MÁS COMUNICACIÓN

Now you can...

• describe fashions.

To review

• verbs like **gustar** see p. 60.

OBJECTIVES

• Describe fashions
• Talk about pastimes
• Talk about the future
• Predict actions

ACTIVIDAD **1** ¿Qué lleva?

Hablas por teléfono con un(a) amigo(a). Te pregunta qué llevan varias personas. Contesta y añade tu propio comentario con el verbo indicado.

Martín / quedar

modelo

Martín/quedar

Compañero(a): *¿Qué lleva Martín?*

Tú: *Martín lleva una camisa de un solo color.*

Compañero(a): *¿Le queda bien?*

Tú: *Sí, le queda bien. Hace juego con sus pantalones.*

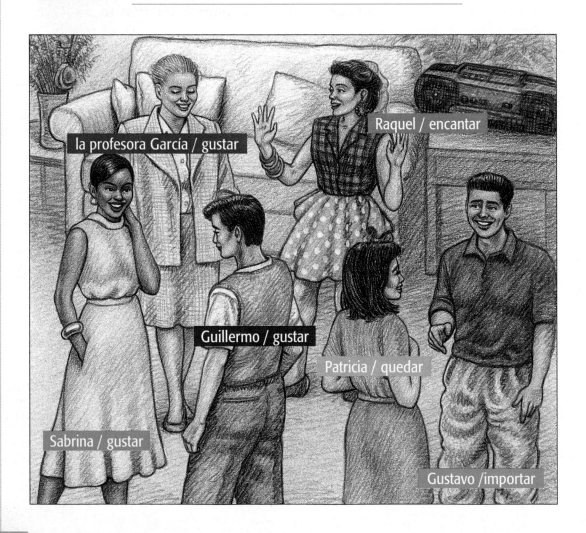

la profesora García / gustar

Raquel / encantar

Guillermo / gustar

Patricia / quedar

Sabrina / gustar

Gustavo /importar

Now you can...

• talk about pastimes.

To review

• **por** and **para**
  see p. 61.

2 Nueva York

Usa **por** y **para** y completa la nota que te escribió un amigo sobre sus planes.

> ¡Hola! Salgo _____ Nueva York el mes que viene. Voy a viajar _____ tren. Pagué cuarenta dólares _____ el boleto. Voy a visitar a mi hermano que estudia _____ ser doctor. Ha vivido en Nueva York _____ dos años. Me gustaría pasear _____ el Parque Central. También quiero ir al Museo del Barrio _____ ver la exposición de arte taíno. ¡Pero no creas que voy sólo _____ divertirme! Trabajaré _____ mi tío. Ya sabes que necesito ahorrar dinero _____ ir a la universidad. ¡Te mando una postal!

Now you can...

• talk about the future.

To review

• the future tense
  see p. 63.

3 El club de español

El club de español va a tener su reunión anual. ¿Qué harán todos?

modelo

A Mireya le gusta preparar comida dominicana.
Mireya preparará comida dominicana.

1. A todos les gusta divertirse.
2. A Susana le gusta bailar salsa.
3. A ellos les gusta sacar fotos.
4. A ti te interesa traer los refrescos.
5. A David le gusta hablar.
6. A nosotros nos gusta comer.

Now you can...

• predict actions.

To review

• the future of probability
  see p. 66.

4 ¡Haces demasiadas preguntas!

Tu hermanito(a) quiere saber cosas sobre tus vacaciones con tu amigo(a).

modelo

ir de compras sola o con su amiga

Hermanito(a): *¿Crees que irás de compras sola o con tu amiga?*
Tú: *No sé. Tal vez iré sola.*

1. comprar el equipo de acampar
2. alquilar una película
3. navegar en tabla de vela
4. volar en planeador
5. hacer alpinismo
6. pescar en alta mar

ACTIVIDAD 5 — Tu campamento

PARA CONVERSAR
STRATEGY: SPEAKING
Brainstorm to get lots of ideas What kind of camp do you want? What should the emphasis be? Sports, music, art, creative writing, math, or languages… all in the great outdoors? Vote and pick one together. What activities does your camp offer that make it special?

Trabajando en grupos, escriban un anuncio para un campamento donde se pueden hacer muchas actividades. Primero den un nombre a su campamento y escriban un lema (*slogan*) que use el futuro. Hagan dibujos para su anuncio e incluyan una lista de todas las actividades del campamento.

modelo

En el Campamento Mundo Natural usted se sentirá feliz.

ACTIVIDAD 6 — Desfile de modas

En grupos, escriban una narración para un desfile de modas de la escuela. Describan el vestuario de cuatro modelos detalladamente (*in detail*). Refiéranse a una revista de moda para buscar ideas. Luego, lean su narración a la clase.

modelo

Jim lleva pantalones anchos. Son de mezclilla. Lleva una camisa de rayas que hace juego con los pantalones.

ACTIVIDAD 7 — *En tu propia voz*

ESCRITURA ¿Qué piensas del futuro? ¿Cómo será la vida en nuestro planeta, la Tierra? ¿Cómo será tu vida? ¿Qué harás? Escribe diez predicciones para el año 2030.

modelo

Seré periodista para Internet.

No habrá periódicos.

Todos leerán las noticias en Internet.

CONEXIONES

Las matemáticas Prepara un presupuesto (*budget*) anual de lo que vas a gastar en ropa el próximo año. ¿Cuánto vas a gastar en total? ¿Qué porcentaje piensas gastar en zapatos, pantalones, joyas, etc.? Prepara una gráfica con el porcentaje que vas a gastar en cada categoría.

Zapatos 19%
Pantalones 18%
Joyería 15%
Accesorios 10%
Camisas 25%
Vestidos 12%

En resumen
REPASO DE VOCABULARIO

Fashion

destacarse	to stand out
el (la) diseñador(a)	designer
la moda	fashion, style
suelto(a)	loose
la temporada	season, period of time
único(a)	unique, only
el vestuario	wardrobe

Items

la billetera	wallet
el bolso	shoulder bag
la cadena	chain
el llavero	keychain
la medalla	medallion
el monedero	change purse
los pendientes	dangling earrings
el prendedor	pin
las sudaderas	sweats

Likes and dislikes

caer bien/mal	to like/dislike
cómodo(a)	comfortable
detestar	to hate
formidable	great
genial	wonderful
horrible	horrible
incómodo(a)	uncomfortable
pesado(a)	boring, heavy

Materials

el algodón	cotton
el color brillante	bright color
el color claro	pastel
el color oscuro	dark color
el cuero	leather
de un sólo color	solid color
estampado(a)	print
el fleco	fringe
la lana	wool
la lentejuela	sequin
los lunares	polkadots
la mezclilla	denim
el poliéster	polyester
la seda	silk

♻ Ya sabes

ancho(a)	wide
apretado(a)	tight
estrecho(a)	narrow
flojo(a)	loose
hacer juego con	to match with
oscuro(a)	dark
un par de	a pair of
las rayas	stripes
sencillo(a)	simple

Future of probability

¿Dónde **estará**?

acampar	to camp
coleccionar	to collect
escalar montañas	to mountain climb
esquiar en el agua	to waterski
hacer alpinismo	to go hiking
hacer montañismo	to go mountaineering
navegar por Internet	to surf the Internet
navegar en tabla de vela	to windsurf
pescar en alta mar	to go deep-sea fishing
pilotar una avioneta	to fly a single-engine plane
volar en planeador	to hang–glide

Future tense

Iré a la fiesta.

Juego

Sopa de letras

Pon en orden estas letras para saber qué no cambia pero sí da cambio:

R E D O N O M E

ETAPA
3

¡Hay tanto que hacer!

- Talk about household chores

- Say what friends do

- Express feelings

¿Qué ves?

Mira la foto. Contesta las preguntas.

1. ¿Qué hacen estas personas?

2. ¿A qué grupo crees que pertenecen?

3. ¿Crees que todos toman decisiones sobre el jardín? ¿Qué más pueden hacer?

4. Mira el póster. ¿Qué cosas hacen los vecinos para cuidar el jardín?

Celebra El día del jardín en el jardín comunitario de

Jamaica Plain

Siembra, cosecha y comparte con familiares, amigos y vecinos.

¡Más de 27 sembrados de flores y verduras!

Descubre

A. El prefijo Cuando una palabra empieza con el prefijo **des-**, esa palabra significa lo opuesto de la misma palabra sin el prefijo **des-**. Trata de descubrir el sentido de las siguientes palabras.

organizado = *organized*

desorganizado = _____

conectar = *to connect*

desconectar = _____

enchufar = *to plug in*

desenchufar = _____

armar = *to assemble*

desarmar = _____

B. La casa Ya sabes los nombres de los cuartos de la casa. Aquí hay dos más. ¿Tiene **sótano** tu casa? ¿**desván**?

el desván

el sótano

Manolo el imposible

Fian Arroyo es artista de Surfside, Florida. Él dibuja una tira cómica sobre el personaje de Manolo, un niño que siempre causa problemas por todo el mundo. Aquí tienes un episodio de sus aventuras.

Debo cambiar *la bombilla de la lámpara.*

También *tengo que vaciar el basurero.*

Mamá quiere que limpie los *gabinetes. Están muy desorganizados.*

¡Pero no tengo ganas! Mejor voy al jardín.

En el jardín

Tengo que **regar** las plantas.

¡Necesito **reparar** el **cortacésped**. ¡No funciona! Para repararlo, lo tengo que **desarmar**.

Debo **desyerbar** el jardín. ¡Pero hay tantas **malas hierbas**! ¡Va a tomarme horas!

¡No tengo ganas! Mejor voy a la oficina de mis padres.

En la oficina

Debo pasar la aspiradora, pero no quiero. ¡Voy a **desenchufarla**!

Si **desconecto** el teléfono, puedo ver la televisión sin interrupciones.

¡**Enchufé** el **televisor** y voy a **encenderlo**!

¡Oigo que vienen mis padres! ¡Voy a **esconderme** en el **desván**!

TAMBIÉN SE DICE

Hay varios nombres para una **bombilla** – sólo depende en qué país estás.

- **foco**
- **lamparita**
- **bombillo**
- **bujía**
- **bombita**

¿Comprendiste?

1. ¿Haces quehaceres en tu casa?
2. ¿Cuántas veces por semana tienes que ayudar en tu casa?
3. ¿Qué quehaceres te tocan a ti?
4. ¿Hay quehaceres que te gustan hacer? ¿que no te gustan hacer? ¿Por qué?
5. ¿Crees que es importante tener responsabilidades en la casa? ¿O tienes suficientes responsabilidades de la escuela?
6. Imagina que eres el jefe o la jefa de tu casa. ¿Cómo compartirías los quehaceres de tu casa?

En vivo

SITUACIONES

PARA ESCUCHAR

STRATEGY: LISTENING

Pre-listening Most of us like to live in a clean and orderly place, although not all of us like to do the necessary work. Make a list of what is necessary to do both inside and outside your home to maintain it.

Make an argument for and against hiring others to maintain a home How does your list compare with the services of Casa Limpia? Do you think those who live in the home should do the work? Do you think it's o.k. to pay others to do it? What are the reasons for and against either option?

¡Qué desastre!

Acabas de regresar de las vacaciones. Cuando vuelves, ves que tu casa es ¡un desastre! Hay muchos quehaceres que hay que hacer. Primero identifica lo que tienes que hacer. Luego llama a un servicio de limpieza para saber si te pueden ayudar.

❶ Mirar

Mira las fotos de los cuartos de esta casa desorganizada. Escribe una lista de todas las cosas que deben hacerse.

En la cocina

En la lavandería

En la sala

En el jardín

En el sótano

❷ Leer

¡Qué suerte! Ves el anuncio a la derecha en el periódico.
Claro, llamas inmediatamente.

❸ Escuchar 🎧

Antes de escuchar el mensaje de CasaLimpia, copia este
formulario en otro papel. A la izquierda, escribe la lista de
quehaceres que ya escribiste. Mientras escuchas el mensaje,
marca «sí» en tu formulario si ofrecen el servicio que
necesitas y marca «no» si no lo ofrecen.

SERVICIO DE LIMPIEZA

CasaLimpia

¡Hacemos de todo!

¡Relájese!

Limpiamos su casa, su oficina o su apartamento
mientras usted descansa.
Llame al 555-3489 para informarse sobre
nuestros servicios.
¡Llame hoy! y pronto tendrá...
CasaLimpia

Quehaceres	Servicio de limpieza CasaLimpia		Quehaceres	Servicio de limpieza CasaLimpia	
	Sí	No		Sí	No
En la cocina			**En el jardín**		
_____			_____		
_____			_____		
_____			_____		
En el sótano			**En la sala**		
_____			_____		
_____			_____		
En la lavandería					
_____					
_____					

❹ Escribir

¿Qué tengo que hacer yo? Ahora haz una lista de los
quehaceres que tendrás que hacer porque el servicio
CasaLimpia no ofrece esos servicios.

En acción
VOCABULARIO Y GRAMÁTICA

OBJECTIVES
- Talk about household chores
- Say what friends do
- Express feelings

ACTIVIDAD 1

Manolo el bueno

Leer/Escribir ¿Qué pasa? ¡Parece que Manolo ha cambiado de personalidad! Ahora quiere hacer todas las cosas que no hizo el otro día. ¿Qué dice? Completa sus oraciones con la respuesta correcta.

1. «No ha llovido en tres semanas. Necesito _____».
   a. regar las plantas
   b. desyerbar el jardín
   c. cortar el césped

2. «No puedo encender el televisor. ¡Ah! Es porque no está _____».
   a. desenchufado
   b. enchufado
   c. desconectado

3. «La lámpara no funciona; no da luz. Probablemente necesito _____».
   a. desarmar la lámpara
   b. reparar el cortacésped
   c. cambiar la bombilla

4. «Tuvimos una fiesta anoche y hoy tenemos mucha basura. Tengo que _____».
   a. organizar los gabinetes
   b. planchar la ropa
   c. vaciar el basurero

5. «Quiero cortar el césped pero no puedo porque _____ no funciona. Necesito repararlo».
   a. el televisor
   b. el cortacésped
   c. el gabinete

ACTIVIDAD 2

♻ ¡Hazlo!

Hablar/Escribir Hay muchas cosas que hacer. Dile a tu compañero(a) que las haga. Luego, cambien de papel.

vaciar

modelo

Tú: ¡Por favor! Vacía el basurero.

Compañero(a): Está bien. Lo haré inmediatamente.

1. enchufar   2. encender

3. desconectar   4. cambiar

5. desyerbar   6. reparar

- *Review: Use reflexive verbs*
- *Use reflexive verbs reciprocally*
- *Review: Use impersonal constructions with* **se**

♻ ¿Sabes?

Hablar/Escribir Hay quehaceres que no sabes hacer. Tú y tu compañero(a) conocen a varias personas que los pueden ayudar. Conversen sobre la situación.

modelo

reparar el cortacésped

Tú: *¿Sabes reparar el cortacésped?*

Compañero(a): *No, no sé hacerlo.*

Tú: *¿Conoces a Arturo?*

Compañero(a): *Sí, sí lo conozco.*

Tú: *Él sabe repararlo. Vamos a pedirle ayuda.*

Nota

Remember that you use both **saber** and **conocer** to mean *to know*. Use **saber** when someone knows facts or information. Use **conocer** to express familiarity and acquaintance with people and places.

1. desarmar el televisor
2. reparar la computadora
3. encender las luces en el desván
4. reparar la lámpara
5. apagar la calefacción
6. desarmar el lavaplatos
7. desyerbar el jardín
8. desenchufar la nevera

TAMBIÉN SE DICE Además de la palabra **césped,** hay muchas otras palabras que significan la misma cosa. Puedes usar también **hierba, pasto, zacate** o **grama** en otras partes del mundo hispanohablante.

No puedo

Hablar Quieres invitar a tu mejor amigo(a) a salir. Pero él (ella) te dice que no puede porque tiene algo que hacer en la casa. Conversen sobre la situación. Luego le toca a tu compañero(a) hacerte las preguntas.

modelo

Tú: *¿Quieres ir conmigo al cine? Hay una película nueva en el Cineplex.*

Compañero(a): *Me gustaría, ¡pero no puedo! Tengo que cortar el césped.*

Tú: *¿Por qué no lo haces mañana?*

Compañero(a): *…*

REPASO

Remember that you use **reflexive verbs** to describe a person doing something that involves himself or herself. These verbs use **reflexive pronouns** that refer to the person doing the action. Reflexive pronouns are: **me, te, se, nos** and **os**.

Andrés **se** lastimó.
*Andrés **hurt himself**.*

Lucía **se** despertó.
*Lucía **woke up**.*

You can also use most of these verbs **nonreflexively**.

nonreflexive

reflexive *matches*

Desperté a mi hermanito a las siete y media.
***I woke my little brother** up at seven thirty.*

Me desperté a las siete y media.
*I **woke up** at seven thirty.*

> Remember that the **reflexive pronoun** and the **verb** always match.

You will often use **reflexive verbs** to refer to:

- emotions
- feelings
- reactions.

....

When using a **reflexive verb**, put the **reflexive pronoun** before the **conjugated verb**.

¿Cuándo **se levantó** Marcos?
*When **did Marcos get up**?*

Todavía no **se ha levantado**.
*He **hasn't gotten up** yet.*

When you use a reflexive verb in the **infinitive**, you can put the **reflexive pronouns** either:

- before the **conjugated verb**…

No **te debes** preocupar.
***You shouldn't** worry.*

- or attach it to the end of the **infinitive**.

No **debes** preocupar**te**.

Vocabulario

Las emociones

animarse *to become encouraged, get interested*
dedicarse a *to apply oneself to something*
desanimarse *to get discouraged*
entusiasmarse *to get excited*
oponerse a *to oppose*
ponerse nervioso(a) *to get nervous*
sentirse (e→ie) frustrado(a) *to feel frustrated*

¿Cuándo te sientes así?

ACTIVIDAD 5 Gramática

♻ Un día desastroso

Escuchar/Escribir ¡Manolo tuvo un día horroroso! ¿Qué le pasó? Escucha y escribe oraciones que describen su día desastroso.

modelo

Manolo / despertarse

Manolo se despertó muy tarde.

1. Manolo / acostarse
2. Manolo / levantarse
3. la hermanita de Manolo / ducharse

4. Manolo / secarse el pelo
5. Manolo / vestirse
6. Manolo / ponerse calcetines

■ **MÁS PRÁCTICA** *cuaderno pp. 35–36*
■ **PARA HISPANOHABLANTES** *cuaderno pp. 33–34*

ACTIVIDAD 6

Un sábado en Los Ángeles

Hablar/Escribir Beatriz describe un sábado en su casa cuando todos tuvieron que ayudar con la limpieza.

modelo

Yo tuve que planchar la ropa. _Me aburrí_ al planchar la ropa. *(aburrirse)*

1. Mamá entró a la casa. _____ al ver la casa tan sucia. (desanimarse)
2. Nuestros primos vinieron a ayudarnos. Nosotros _____ cuando los vimos. (animarse)
3. Mi hermano cortó el césped. _____ mucho. (cansarse)
4. Mi hermana no nos ayudó. Papá _____ con ella. (enojarse)
5. Yo desenchufé la computadora. Mamá _____ cuando vio que la computadora no funcionaba. (ponerse nerviosa)
6. Natalia fue la primera que terminó con sus quehaceres. _____ después de acabarlos. (divertirse)

ACTIVIDAD 7

¿Cómo te sentiste?

PARA CONOCERNOS

STRATEGY: SPEAKING

Express feelings You already know many adjectives like **contento(a), nervioso(a), tímido(a)** to express feelings. Add to your "emotional" vocabulary with verbs or their past participles like **cansarse: me cansé, estaba cansado(a), me sentí cansado(a).** What other verbs express how you feel on different occasions?

Hablar Pregúntale a tu compañero(a) cómo se sintió en estas ocasiones. Luego, cambien de papel.

modelo

Tú: *¿Cómo te sentiste cuando sacaste mala nota en álgebra?*

Compañero(a): *Pues me sentí muy frustrado(a) porque estudié mucho y no pensé que iba a sacar mala nota.*

sacar mala nota en…
tener examen final en…
salir con tus amigos…
perder el partido de …
¿…?

Reflexive Verbs Used Reciprocally

▶ You can also use **reflexive verbs** to express the idea of *each other*.

> **Alicia** y **yo nos conocemos** muy bien.
> *Alicia and I **know each other** very well.*

> **Mis hermanitos se pelean** mucho.
> *My little brothers **fight with each other** a lot.*

> **Ustedes** deben **ayudarse**.
> *You ought to **help each other**.*

▶ You can also add the phrase **el uno al otro (la una a la otra)** to emphasize the reciprocal meaning:

> **Mauricio** y **Sara se saludaron.**
> *Mauricio and Sara **said hello**.*

To each other is implied, but not stated.

> **Mauricio** y **Sara se saludaron el uno a la otra.**
> *Mauricio and Sara **said hello to each other**.*

Vocabulario

Las interacciones

apoyarse *to support each other*

ayudarse *to help each other*

conocerse bien/mal
to know each other well/not very well

contarse (o→ue) secretos/chismes
to tell each other secrets/gossip

llevarse bien/mal (con) *to get along well/badly (with)*

odiarse *to hate each other*

pelearse/no pelearse frecuentemente
to fight/not to fight often

perdonarse *to forgive each other*

quejarse *to complain*

saludarse *to greet, say hello to each other*

telefonearse *to phone each other*

¿Con quién haces estas cosas?

APOYO PARA ESTUDIAR

Reflexive verbs used reciprocally

Read these examples of reciprocal use: Tú y yo nos ayudamos el uno al otro. Tú y Mauricio se entienden bien. Nuestras hermanas no se conocen bien. Why will reciprocal verbs always have a plural ending and never a singular ending?

Se llevan muy bien

Leer/Escribir Tienes un(a) amigo(a) que es muy chismoso(a). Lee sus descripciones de varias personas en la primera columna. Luego, escoge la frase de la segunda columna que mejor complete su descripción.

1. Paco y Lola son amigos desde el primer grado.

2. Chela y Juan siempre andan juntos.

3. Mari y Ana hablan todas las noches, no importa dónde están.

4. Pepe y José se mandan cartas a menudo.

5. Pedro y Alicia se hablan cuando se ven en la calle.

6. A Nando y a Berta les gusta hablar de lo que pasa en sus vidas.

7. Tomás y Chepa se pelean, pero luego se piden disculpas.

8. Quique y Rosa siempre están de acuerdo.

a. Se telefonean.

b. Se conocen muy bien.

c. No se pelean.

d. Se escriben.

e. Se saludan.

f. Se llevan muy bien.

g. Se perdonan.

h. Se cuentan todo.

NOTA CULTURAL

El compadrazgo Una persona se considera el compadre o la comadre de una familia al compartir la responsabilidad de criar *(to raise)* a un niño o una niña con los padres. El compadre o la comadre es **el padrino** o **la madrina** del niño(a), que se llama **ahijado(a)**. Generalmente, los padrinos van a todas las celebraciones importantes de su ahijado(a), incluso la graduación y la boda.

♻ Mi padrino

Escribir Tu padrino es el mejor amigo de tu papá. Para saber cómo era su relación cuando eran jóvenes, completa las oraciones de tu papá con el imperfecto del verbo entre paréntesis.

modelo

Nos apoyábamos en momentos difíciles. (apoyarse)

1. _____ con todo. (ayudarse)

2. _____ muy bien. (entenderse)

3. _____ secretos. (contarse)

4. _____ muy bien. (conocerse)

5. _____ todos los días. (hablarse)

6. _____ muy bien. (llevarse)

7. No _____ frecuentemente. (pelearse)

8. Y cuando nos peleábamos, _____. (perdonarse)

MÁS PRÁCTICA *cuaderno* pp. 37–38

PARA HISPANOHABLANTES *cuaderno* pp. 35–36

Entre nosotros

Hablar/Escribir Tú y tu compañero(a) comentan sobre las relaciones entre varios amigos y compañeros de clase. ¿Qué dicen?

modelo

Están en comunicación constante. (telefonearse)

Tú: *¿Sabías que Juan y Olga están en comunicación constante?*

Compañero(a): *Sí, se telefonean todos los días.*

1. A veces se pelean por algo muy tonto. (perdonarse)
2. Nos conocemos desde muy pequeñas. (entenderse)
3. Son amigos de correspondencia por Internet. (escribirse)
4. Casi nunca se hablan. (odiarse)
5. No somos buenos amigos. (llevarse mal)
6. Salen juntos los fines de semana. (verse)
7. No vemos las cosas de la misma manera. (pelearse)
8. Cuando necesito ayuda, yo lo llamo a él. (apoyarse)

Las relaciones

Hablar/Escribir Las relaciones son muy importantes en la vida. ¿Cómo se sienten algunas personas en tu vida hacia otras? Di cómo se sienten cuatro pares de personas y luego explica por qué se sienten así.

modelo

Mi prima y yo nos entendemos muy bien. Somos de la misma edad.

Mis hermanos se pelean frecuentemente. Siempre quieren usar la computadora al mismo tiempo.

nombre y yo
nombre y nombre

ayudarse
entenderse
escribirse
conocerse bien/mal
pelearse/no pelearse frecuentemente
quererse
telefonearse
¿ ... ?

MÁS COMUNICACIÓN p. R5

NOTA CULTURAL

El año 1998 fue uno de los más excitantes para el béisbol en Estados Unidos. Dos jugadores, Mark McGwire y **Sammy Sosa**, rompieron el récord de Roger Maris por el número más grande de jonrones durante una sola temporada (61). Aunque McGwire, del equipo St. Louis Cardinals, ganó la competencia con 70 jonrones, Sosa, un jugador dominicano de los Chicago Cubs, también rompió el récord con 66 jonrones. A pesar de jugar en equipos diferentes, los dos hombres son buenos amigos, hablándose frecuentemente y manteniéndose en contacto durante la tensión de la emocionante temporada de 1998.

Impersonal Constructions with **se**

You can use the pronoun **se** in order to avoid specifying the person who is doing the action of the **verb.**

For example, when you say:

> **Se alquila** apartamento.
> *Apartment **for rent.***

you are indicating that *someone* is renting an apartment, but that you either don't know who that person is or don't choose to identify him or her.

When you use **se**, the verb is always in the third person.

- If the **noun** that follows the verb is singular, the verb is in the **él/ella** form.

> *singular*
> Aquí **se habla** español.
> *Spanish **is spoken** here.*

> ¿Cómo **se apaga** la aspiradora?
> *How **do you** (do we, does one) **turn off** the vacuum cleaner?*

- If the **noun** that follows the verb is plural, you use the **ellos/ellas** form of the verb.

> *plural*
> Aquí **se reparan** carros.
> *Cars **are repaired** here.*

You can use this construction with **se** in all tenses. For example:

> **Se hizo** mucho.
> *A lot **was done.***

> **Se había hecho** mucho.
> *A lot **had been done.***

> **Se hará** mucho.
> *A lot **will be done.***

Chicago

Escribir Cuando caminas por el barrio (*neighborhood*) Pilsen de Chicago, ves los siguientes letreros. Completa los letreros.

modelo

vender

**se venden
CARROS USADOS**

**APARTAMENTO
DE DOS
HABITACIONES**

1. alquilar

**COMPUTADORAS
DE
TODO TIPO**

2. reparar

**PERSONAS
BILINGÜES**

3. necesitar

**SECRETARIA
EJECUTIVA**

4. buscar

**INGLÉS,
ESPAÑOL, Y FRANCÉS**

5. hablar

*clases
de
baile*

6. ofrecer

electrodomésticos

7. arreglar

**comida
típica**

8. servir

Mundo de Autos

Escuchar/Escribir Escucha el anuncio de la radio para Mundo de Autos. Luego, di si las siguientes oraciones son ciertas o falsas. Si la oración es falsa, corrígela.

1. En Mundo de Autos, sólo se venden carros domésticos.
2. Se ofrecen precios baratos.
3. La rebaja se termina en dos meses.
4. Sólo se habla inglés en Mundo de Autos.
5. Se dice que los vendedores de Mundo de Autos son los mejores de la ciudad.
6. No se reparan carros en Mundo de Autos.

MÁS PRÁCTICA *cuaderno* pp. 39–40

PARA HISPANOHABLANTES
cuaderno pp. 37–38

ACTIVIDAD 14

Turista

Hablar/Escribir Estás en Los Ángeles en un hotel donde se habla español. Le preguntas al (a la) recepcionista varias cosas. Dramatiza la conversación con un(a) compañero(a) y luego cambien de papel.

modelo

¿cómo? / llegar al banco desde el hotel

Tú: *¿Cómo se llega al banco desde el hotel?*

Compañero(a): *Salga del hotel y doble a la derecha...*

1. ¿a qué hora? / servir el desayuno
2. ¿a qué hora? / abrir el gimnasio
3. ¿a qué hora? / abrir las tiendas
4. ¿a qué hora? / cerrar las tiendas
5. ¿dónde? / comprar discos compactos mexicanos
6. ¿dónde? / alquilar videos en español
7. ¿dónde? / escuchar música mexicana tradicional
8. ¿dónde? / cambiar cheques de viajero

NOTA CULTURAL

Los Ángeles Una de las comunidades latinas más importantes de Estados Unidos se encuentra en el Este de Los Ángeles. La población de **Greater Eastside** es mayormente de origen mexicano. En las décadas de los setenta y ochenta, el Eastside creció mucho cuando vinieron muchos inmigrantes no sólo de México, sino también de países de Centroamérica como El Salvador, Guatemala y Nicaragua. En esta comunidad también viven grupos del Medio Oriente y de Asia. Es actualmente una de las zonas manufactureras e industriales más importantes de todo el país.

ACTIVIDAD 15

DiscoLandia

Hablar En grupos de tres o cuatro, hablen sobre las tiendas en su ciudad. Expresen sus opiniones.

modelo

Tú: *¿Se venden discos buenos en Música Moderna?*

Amigo(a) 1: *No. Se venden discos muy tradicionales allí.*

Amigo(a) 2: *¿Dónde se venden discos más modernos?*

Amigo(a) 3: *En DiscoLandia.*

MÁS COMUNICACIÓN p. R5

Refrán

La ocupación constante previene las distracciones.

¿Qué te sugiere el refrán sobre las veces cuando sientes aburrimiento? ¿Qué debes hacer para no aburrirte?

En voces

LECTURA

PARA LEER

STRATEGY: READING

Chart contrasts between dreams and reality in a personal narrative Maintaining a balance between dreams and reality is an important part of our growth. Do you have in your imagination a dream house or a dream room? How would you describe it? Set up two charts to compare the author's **casa de sus sueños** *(dreams)* and **la casa de Mango Street**. Consider each one from these points of view:

Interior	Exterior
Habitaciones	Patio
Tamaño	Jardín
Otro	Otro

What do both houses have in common?

LAS CASAS

la cerca	marca el límite de una propiedad
el escalón	parte de una escalera
el agua corriente	agua en casa
el ladrillo	material de construcción
mudarse	cambiar de casa
el pasto	el césped
el tubo	conductor para agua en forma de cilindro

Sobre la autora

Sandra Cisneros, la autora de *La casa en Mango Street*, nació en Chicago en 1954. Escribe ficción y poesía y vive en San Antonio, Texas.

Introducción

La casa en Mango Street es una novela que narra las experiencias de Esperanza Cordero, una chica que vive en un barrio latino de Chicago. Ella quiere tener una casa y escribir cuentos. En prosa sencilla y colorida, Sandra Cisneros describe los pensamientos de esta joven. Elena Poniatowska, una escritora mexicana famosa, tradujo esta selección del inglés al español.

La casa en Mango Street

Siempre decían que algún día nos mudaríamos a una casa, una casa de verdad, que fuera nuestra para siempre, de la que no tuviéramos que salir cada año, y nuestra casa tendría agua corriente y tubos que sirvieran[1]. Y escaleras interiores propias como las de la tele. Y tendríamos un sótano, y por lo menos tres baños para no tener que avisarle[2] a todo el mundo cada vez que nos bañáramos. Nuestra casa sería blanca, rodeada[3] de árboles, un jardín enorme y el pasto creciendo sin cerca. Ésa es la casa de la que hablaba Papá cuando tenía un billete de lotería y ésa es la casa que Mamá soñaba[4] en los cuentos que nos contaba antes de dormir.

Pero la casa de Mango Street no es de ningún modo como ellos la contaron. Es pequeña y roja, con escalones apretados al frente y unas ventanitas tan chicas que parecen guardar su respiración. Los ladrillos se hacen pedazos[5] en algunas partes y la puerta del frente se ha hinchado[6] tanto que uno tiene que empujar[7] fuerte para entrar. No hay jardín al frente sino cuatro olmos[8] chiquititos que la ciudad plantó en la banquera.

Afuera, atrás hay un garaje chiquito para el carro que no tenemos todavía, y un patiecito que luce[9] todavía más chiquito entre los edificios de los lados. Nuestra casa tiene escaleras pero son ordinarias, de pasillo, y tiene solamente un baño. Todos compartimos recámaras, Mamá y Papá, Carlos y Kiki, yo y Nenny.

---

[1] that work
[2] to announce
[3] surrounded
[4] dreamed about
[5] to fall apart
[6] has swollen
[7] to push
[8] elms
[9] appears

¿Comprendiste?

1. ¿Cómo es la casa que imaginaba Esperanza?
2. ¿Cómo es la casa de Mango Street?
3. ¿Dónde vivió Esperanza antes de mudarse a Mango Street?
4. ¿Quiénes son los miembros de la familia Cordero?

¿Qué piensas?

En tu opinión, ¿qué sentimientos tiene la narradora hacia la casa de Mango Street? Explica tus razones.

Hazlo tú

Eres novelista. Escribe los tres primeros párrafos de tu novela. Narra cómo es tu vida en la casa donde vives ahora y cómo era tu vida en la casa donde vivías antes. Luego describe a tu familia y habla un poco de tus planes e ilusiones. ¡Puedes escribir una combinación de autobiografía y ficción!

En colores

CULTURA Y COMPARACIONES

PARA CONOCERNOS

STRATEGY: CONNECTING CULTURES

Interview, report, and value musical influences

Do you know someone who has his or her own musical group? Interview that person. Take notes about instruments, influences, and the type of music they play. After reading «En colores» fill in the same information about Tito Puente.

Músico	T. Puente
Instrumentos	
Influencias	
Tipo de música	
Comentario	

El legendario rey del *mambo*

Tito Puente ha pasado casi medio siglo[1] uniendo[2] diferentes estilos y culturas musicales y produciendo música de constante calidad. Su talento es multifacético: es un experto compositor y autor de arreglos[3] musicales como los clásicos «Ran Kan Kan» y «Mambo diablo». Es también un excelente saxofonista y un experto ejecutante de muy distintos instrumentos de percusión. Además es el mejor timbalero del mundo, el patriarca de los timbales, esos tambores[4] metálicos cubanos que son el alma[5] de muchos ritmos latinos.

---

[1] century　　[3] arrangements　　[5] soul
[2] uniting　　[4] drums

Ernest Anthony Puente Jr. nació en 1923 en la ciudad de Nueva York, hijo de puertorriqueños recién emigrados a los Estados Unidos. En East Harlem, «El Barrio» de la ciudad de Nueva York, «Ernestito» creció[6] en un mundo de boleros y rumbas que se mezclaban[7] con los grandes conjuntos de swing de la época y la creciente tendencia a la improvisación en el jazz.

Con el tiempo fue reclutado por la Marina[8] de Estados Unidos y esto le dio algunos beneficios muy positivos. Una de las decisiones más acertadas[9] de su vida fue aprovechar[10] la ley de ayuda a los veteranos de guerra[11], que le permitió asistir a la Escuela de Música Juilliard, de Nueva York. Allí estudió teoría, orquestación y dirección.

Tito Puente Jr., el hijo de Tito Puente, también es músico. Sus versiones de «Oye como va» y «Azúcar» se oyen en discos alrededor del mundo.

La carrera de Tito Puente ha sido una larga lista de éxitos[12]. Además, Tito Puente da oportunidades a los jóvenes. Todos los años, el programa de becas[13] Tito Puente da a jóvenes músicos talentosos los medios para continuar sus estudios. En esos jóvenes músicos Tito Puente ve la continuación de la forma de arte que él comenzó.

---

[6] grew up	[9] right	[12] successes
[7] mixed	[10] to take advantage of	[13] scholarships
[8] Navy	[11] war	

¿Comprendiste?

1. ¿Qué instrumentos musicales toca Tito Puente?
2. ¿De dónde es Tito Puente? ¿Y su familia?
3. ¿Dónde estudió Puente música? ¿Qué clases tomó?

¿Qué piensas?

1. ¿Cómo contribuyó la vida de El Barrio a la formación musical de Tito Puente?
2. Para ti, ¿cuáles son los aspectos más admirables de la vida de Tito Puente?

Hazlo tú

Busca información sobre un(a) músico que te gusta. Escribe un breve artículo sobre la vida y la carrera del músico usando como modelo el artículo sobre Tito Puente.

En uso
REPASO Y MÁS COMUNICACIÓN

OBJECTIVES

- Talk about household chores
- Say what friends do
- Express feelings

Now you can...

- talk about household chores.

ACTIVIDAD 1 ¡Ayúdame!

Tu amigo(a) está en ciertas situaciones. Ayúdalo a resolver los problemas.

modelo

La lámpara no funciona.

Tienes que cambiar la bombilla.

1. Tuvimos una fiesta ayer y hoy hay mucha basura.
2. Me voy a volver loco. El teléfono ha estado sonando *(ringing)* todo el día.
3. El televisor no enciende. No sé por qué.
4. Mira este gabinete. ¡Qué desastre!
5. El jardín está lleno de malas hierbas.
6. Tengo que cortar el césped, pero el cortacésped no funciona.
7. ¡Las plantas están muy secas! No ha llovido en dos semanas.

Now you can...

- express feelings.

To review

- reflexive verbs see p. 82.

ACTIVIDAD 2 Un día en la casa de Alma

Alma describe cómo se sintieron varias personas de su familia el otro día. Usa los verbos de la lista.

aburrirse   cansarse   **desanimarse**   entusiasmarse

animarse   divertirse   **enojarse**   ponerse nervioso   **sentirse frustrado(a)**

preocuparse

modelo

Mi hermanito no tenía nada que hacer. (él)   *Se aburrió.*

1. Papá hizo quehaceres todo el día. (él)
2. La profesora me dijo que había hecho un buen trabajo. (yo)
3. Por la tarde, fuimos a ver una película muy divertida. (nosotros)
4. Ricardo no hizo lo que le pidió mamá. (mamá)
5. Mi mamá tenía mucho trabajo y la computadora no funcionaba. (ella)
6. Mi hermano estudió mucho y de todas maneras sacó una mala nota. (él)
7. Cuando papá dijo que íbamos a salir, nos dio mucho gusto. (nosotros)

ACTIVIDAD 3 La telenovela

Una telenovela le encanta a tu abuela y ella te cuenta sobre los personajes. Completa su descripción con los verbos de la lista. Se puede repetir el verbo.

pelearse	conocerse	hablarse	escribirse
telefonearse	odiarse	perdonarse	saludarse
contarse chismes	entenderse verse	llevarse muy mal	quererse ayudarse

Érica y Olivia siempre __1__ cuando tienen problemas. __2__ con todo, con el trabajo de la casa y de la oficina. __3__ muy bien porque han sido amigas desde pequeñas. Casi nunca __4__. Cuando __5__, __6__ de todos los vecinos.

Hay un vecino que no les gusta para nada. Se llama José. José y Érica __7__. __8__ frecuentemente sobre cosas muy tontas. Un día __9__ porque el perro de José corrió por el jardín de Érica y destruyó todas las plantas.

Olivia y José también __10__. Unos años antes, Olivia y José eran novios en la universidad y __11__ mucho. Entonces __12__ todos los días por Internet. __13__ muy bien porque los dos eran atletas y pasaban los días entrenándose. Ahora no __14__, imagínate, ¡ni una palabra! No __15__ desde que rompieron como novios. __16__ muy poco, y cuando se ven, ni __17__. ¡Ay, la juventud!

ACTIVIDAD 4 Se hace así

Tu amigo(a) quiere saber cosas sobre tus vacaciones con tu primo(a). ¿Qué te pregunta y cómo le contestas?

modelo

¿a qué hora? / servir el almuerzo (a las doce)

Tú: *¿A qué hora se sirve el almuerzo en la casa de tu primo?*

Compañero(a): *En su casa se sirve el almuerzo a las doce.*

1. ¿a qué hora? / apagar el televisor (a las ocho)
2. ¿cuándo? / hacer los quehaceres (los domingos)
3. ¿cuáles? / hablar idiomas (inglés y español)
4. ¿qué clase? / escuchar música (música clásica)
5. ¿cuándo? / hacer la tarea (temprano)
6. ¿a qué hora? / servir la cena (a las siete)

Now you can...
- say what friends do.

To review
- reflexives used as reciprocals see p. 84.

Now you can...
- say what friends do.

To review
- impersonal constructions with **se** see p. 87.

ACTIVIDAD 5 — ¿Qué te anima?

ACTIVIDAD 6 — ¡Se odian!

PARA CONVERSAR

STRATEGY: SPEAKING

Identify feelings important in a friendship
Before beginning your interview, identify for yourself those feelings you consider important in a friend. Then review the vocabulary for talking about friendship. Finally, write down the questions you really want to ask to know your classmates better, then conduct your interviews.

Quieres saber qué inspira ciertos sentimientos en tus amigos. Escribe una lista de preguntas para conocerlos mejor. Luego, haz las preguntas a cuatro o cinco compañeros. Anota sus respuestas y haz un resumen de los resultados para la clase.

modelo

Preguntas
¿Qué te pone nervioso(a)? ¿Qué te aburre? ¿Qué te anima?

Resultados
Cuatro personas se ponen nerviosas cuando tienen un examen. Tres personas se aburren en la clase de biología. Dos personas se animan cuando sacan buenas notas.

Trabajando en grupos, inventen cuatro personajes que viven en un pueblito y que tienen muchos sentimientos entre sí. Expliquen por qué se sienten así el uno hacia el otro. Escriban por lo menos seis frases que describan estas relaciones complicadas.

modelo

Marcos y Marcelo se odian porque los dos quieren a Gloria. Marcos y Marcelo se pelean frecuentemente.

ACTIVIDAD 7 — *En tu propia voz*

ESCRITURA ¡Vas a empezar tu propia compañía! Primero decide qué clase de compañía es y qué servicios va a ofrecer. Dale un nombre a tu compañía y luego escribe un anuncio para poner en el periódico.

modelo

La compañía DiseñoNet

Se ofrecen clases de Internet.

Se diseñan páginas iniciales.

TÚ EN LA COMUNIDAD

La'Donna es alumna en New Jersey. Trabaja de voluntaria en un hospital. Ella habla español con los pacientes para saber si tienen hambre, cómo llegaron al hospital, cuántos años tienen, si viven solos, etc. También habla español con su tía y a veces con sus amigos.

En resumen
REPASO DE VOCABULARIO

TALK ABOUT HOUSEHOLD CHORES

Tasks

conectar	to connect
desarmar	to take apart
desconectar	to turn off
desenchufar	to unplug
desyerbar	to weed
encender (e→ie)	to turn on
enchufar	to plug in
esconderse	to hide
regar (e→ie)	to water
reparar	to repair
vaciar	to empty

Objects

el basurero	trashcan, wastebasket
la bombilla	lightbulb
el cortacésped	lawnmower
desorganizado(a)	disorganized
el desván	attic
el gabinete	cabinet
las malas hierbas	weeds
el sótano	basement

EXPRESS FEELINGS

animarse	to get encouraged, interested
dedicarse a	to apply yourself to something
desanimarse	to get discouraged
entusiasmarse	to get excited
oponerse a	to oppose
ponerse nervioso(a)	to get nervous
sentirse (e→ie) frustrado(a)	to feel frustrated

SAY WHAT FRIENDS DO

apoyarse	to support each other
ayudarse	to help each other
conocerse bien/mal	to know each other well/ not very well
contarse (o→ue) chismes	to tell each other gossip
contarse secretos	to tell each other secrets
llevarse bien/mal	to get along well/badly with each other
odiarse	to hate each other
pelearse	to fight with each other
perdonarse	to forgive each other
quejarse	to complain
saludarse	to greet each other
telefonearse	to phone each other

Impersonal se

Se habla español.
Se venden libros.

Juego

¡Tanto que hacer!

Escribe los quehaceres indicados. Luego pon en orden las letras en los círculos para saber cuál es la última cosa que todavía queda por hacer.

1. __ ◯ __ __ __ ◯ __ EL CORTACÉSPED.
2. ◯ __ __ __ __ __ __ __ ◯ __ EL JARDÍN.
3. __ __ ◯ __ __ ◯ EL BASURERO.

noventa y siete
Etapa 3

97

En tu propia voz

ESCRITURA

Presentaciones personales

Vas a representar a tu club de español en una reunión nacional de clubes en Estados Unidos. Cada participante debe mandar una foto y preparar una descripción personal para presentarse ante los otros delegados. Tienes que escribir una descripción personal para el programa.

Propósito: Describirte

Lectores: Delegados a la reunión

Tema: Tu personalidad e intereses

Tipo de escritura: Cuadro personal

PARA ESCRIBIR • STRATEGY: WRITING

Use details to enrich a description Include in your profile a complete description with specific details and facts that communicate personality, interests, and activities. Each paragraph should begin with a clear topic sentence supported by facts and details. Others want information that shows your uniqueness!

Modelo del estudiante

> The writer included a **specific anecdote** to support his more generalized statement.

> Each paragraph is introduced by a **concise topic sentence** that defines its content.

> The author indicates a **personal preference** to add depth to his description and to support the topic sentence.

Mi descripción personal

● ¡Hola! Mi nombre es Javier Gutiérrez, pero mis parientes y amigos me llaman «Hooper» porque me encanta el baloncesto. Me puse un poco nervioso durante los partidos importantes, pero ¡todo resultó bien el año pasado cuando mi equipo ganó el campeonato del estado!

● Además de participar activamente en el club de español, soy miembro del club de ajedrez y toco el violín en la orquesta.
● Me encanta la música clásica, especialmente la de Beethoven, mi compositor favorito.

Aunque tengo muchos intereses académicos y extracurriculares, lo que más me importa es mi relación con mi familia y mis amistades. El verano pasado mis amigos y yo fuimos a las montañas para acampar. Nos divertimos pescando, haciendo montañismo y volando en planeador. Nos sentimos más unidos por la experiencia y yo los aprecio aun más que antes.

HABLA

Conferencia anual de estudiantes de español

Miami, Florida
14 al 17 de marzo

¡Bienvenido a *HABLA*!

HABLA es una conferencia para que los estudiantes de español practiquen, aprendan y disfruten juntos al compartir sus experiencias de aprendizaje y las excursiones y eventos de HABLA, nuestra organización.

Agradecemos al alcalde y la ciudad de Miami por brindarnos su hospitalidad.

Estrategias para escribir

Antes de escribir ...

Para crear una descripción completa, es necesario pensar en los detalles que debes incluir para hacerla más específica. Haz una lista de categorías, usando la lista de abajo como ejemplo. Luego usa tu lista para crear una «red de palabras» como la de la derecha. Usa el gráfico para organizar tu información en párrafos lógicos con datos interesantes y reveladores.

Música:	Me gusta la música clásica
Deportes:	Mis favoritos son…
Comida:	Prefiero comer…
Características:	Soy… pero no soy…

Revisiones

Después de escribir el primer borrador *(draft)*, compártelo con un(a) compañero(a) de clase. Pregúntale:

- *¿Qué otras ideas o datos específicos debo incluir?*
- *¿Cómo puedo mejorar la organización de las ideas?*
- *¿Cómo refleja la descripción mi personalidad, intereses y actividades?*

La versión final

Antes de crear tu versión final, léela de nuevo y repasa los siguientes puntos:

- *¿Usé **ser** y **estar** correctamente?*

Haz lo siguiente: Subraya *(Underline)* estos verbos y verifica que escogiste el verbo correcto y que la forma concuerda *(agrees)* con el sujeto.

- *¿Están correctas las formas de los verbos **gustar, encantar, interesar, importar** y otros parecidos?*

Haz lo siguiente: Subraya el sustantivo *(noun)* y el verbo para ver si concuerdan. Haz un círculo alrededor del pronombre para ver si se refiere a la persona correcta.

 Comparte tus escritos en www.mcdougallittell.com

PROOFREADING SYMBOLS

∧ Add letters, words, or punctuation marks.

∼ Switch the position of letters or words.

≡ Capitalize a letter.

/ Make a capital letter lowercase.

⌒ Take out letters or words.

Me llamo Martina Ibañez.
Soy ~~Estoy~~ de Denver, Colorado y soy estudiante. Me gustan la nieve y gusta me encanta esquiar. ~~Soy~~ muy Estoy contenta cuando estoy en las montañas…

2

¡EL MUNDO ES NUESTRO!

OBJECTIVES

ETAPA 1

Pensemos en los demás

- Say what you want to do
- Make requests
- Make suggestions

ETAPA 2

Un planeta en peligro

- Say what should be done
- React to the ecology
- React to others' actions

ETAPA 3

La riqueza natural

- React to nature
- Express doubt
- Relate events in time

MÉXICO
MARÍA IZQUIERDO (1902–1955) Es una de las artistas más importantes de México. Sus pinturas tratan costumbres y escenas rurales. ¿Qué temas de la comunidad se ven en esta pintura?

MÉXICO
MÉXICO, D.F. ★

CENTROAMÉRICA
¡PROTEGE LA SELVA TROPICAL!
Animales como éste y árboles bellos viven en la selva tropical. ¿Cómo puedes protegerlos?

¡Protege la selva tropical!

Población: de México y Centroamérica 131.276.270

Altura: 4211m sobre el nivel del mar, Volcán Tajumulco, Guatemala (punto más alto)

Clima: (más alta) 82°F (28°C) Panamá, Panamá, (más baja) 63°F (18°C) Ciudad de México, México

Comida típica: Tamales, pupusas, cebiche

Gente famosa de México y Centroamérica: María Izquierdo (artista), Oscar Arias (político), Juan José Arreola (escritor)

 Para más información sobre México y Centroamérica ve a www.mcdougallittel.com Mira el video para más información.

GUATEMALA
TEJIDOS GUATEMALTECOS Los tejidos de Guatemala se hacen desde hace cientos de años. ¿Qué aspecto de la cultura indígena crees que represente este tejido?

RUINAS DE COPÁN

HONDURAS
RUINAS DE COPÁN En el siglo XX, La O.N.U *(U.N.)* declaró que las Ruinas de Copán son «patrimonio universal de la humanidad». ¿Por qué crees que esta declaración es importante?

MÉXICO Y CENTROAMÉRICA
CEBICHE MIXTO El cebiche es un plato de camarones y pescado en salsa de limón. Mira el mapa. ¿Por qué crees que el cebiche es popular en México y Centroamérica?

GUATEMALA
GUATEMALA
★

HONDURAS
★TEGUCIGALPA

SAN SALVADOR ★
EL SALVADOR

NICARAGUA
★ MANAGUA

COSTA RICA
OSCAR ARIAS ganó un premio por trabajar para proteger el medio ambiente. ¿Qué otras personas famosas protegen el medio ambiente?

COSTA RICA
★ SAN JOSÉ ★
PANAMÁ
PANAMÁ

ETAPA

1

Pensemos en los demás

- Say what you want to do

- Make requests

- Make suggestions

¿Qué ves?

Mira la foto. Contesta las preguntas.

1. ¿Desde qué punto de vista piensas que se tomó esta foto?

2. ¿Qué clase de evento crees que es éste?

3. ¿Cómo crees que se conecta con la comunidad?

4. Lee el póster. ¿Conoces a otros artistas que hagan lo mismo?

¡joveN, ¡participa!

coNcierto de rock al aire Libre

El grupo internacional de artistas

voces deL MuNdo

presenta un concierto
para hacer de la Ciudad de
México un mejor lugar para
vivir y unir la comunidad.

¿Cuándo?
El sábado 20 de junio
a las 8:00

¿Dónde?
Ciudad de México, D.F.

Nos veMos ALLí

EL CIUDADANO
el periódico estudiantil

🔲 Descubre

A. Cognados Los cognados son palabras que se escriben más o menos igual en español y en inglés. ¿Puedes decir qué significan los siguientes cognados?

1. campaña
2. solución
3. educar al público
4. servicio social
5. donar
6. participar
7. votar
8. centro de la comunidad
9. voluntario

B. Palabras dentro de palabras A veces las palabras contienen parte de su significado. ¿Qué significan las siguientes palabras?

1. embellecer (bello = *beautiful*)
2. pobreza (pobre = *poor*)
3. ciudadano (ciudad = *city*)
4. convivir (vivir = *to live*)

Participa en la campaña para embellecer la ciudad. Puedes…

recoger basura

sembrar árboles

juntar fondos

Expresa tu opinión. ¡Vota!

¿Estás a favor de…?   ¿Estás en contra de…?

Sí
No

- comprar uniformes nuevos para el equipo de fútbol
- tener una fiesta a fines del año
- construir un parque pequeño al lado de la escuela
- ayudar a eliminar la pobreza

¿Cómo vamos a usar el dinero que juntamos este año?

¡Mantengamos nuestra ciudad limpia!

¡No seas parte del problema!

¡Sé parte de la solución!

En esta edición:

- Participa en la campaña para embellecer la ciudad.
- ¡Vota!
- Oportunidades para trabajar de voluntario(a)
- Opinión
- Discusión sobre las diferencias culturales

Éstas son las opiniones de dos estudiantes. ¿Qué piensas tú?

«Yo creo que los jóvenes no participamos mucho en la comunidad. Como parte de nuestros estudios, debemos hacer veinte horas de servicio social al mes para ser buenos ciudadanos».

«Estoy muy ocupado, con el fútbol, la tarea, los quehaceres en casa... No quiero usar mi tiempo libre para las causas de la comunidad. ¡Seré responsable cuando sea adulto!»

Oportunidades para trabajar de voluntario(a): ¿Cuál es tu talento? Puedes trabajar de voluntario(a) en...

El Centro de la Comunidad

Los ancianos valoran tu tiempo y tus atenciones. Puedes conversar, pasear, leer o jugar al ajedrez con ellos.

El Comedor de Beneficencia

La gente sin hogar también valora tu tiempo. Puedes servir la cena, donar ropa o dar clases de inglés.

Vamos a educar al público sobre:
la importancia de luchar contra el prejuicio y cómo convivir con otras culturas.

¡TODOS SOMOS IGUALES!

¿Comprendiste?

1. ¿Cómo usarías el dinero que juntaron estos estudiantes?
2. ¿Es importante hacer algo para embellecer tu ciudad?
3. ¿Hay un centro de la comunidad donde vives?
4. ¿Qué puedes hacer en el centro de beneficencia de tu comunidad?
5. ¿Qué harías para cambiar los prejuicios contra otra cultura?
6. ¿Crees que los jóvenes deben ser voluntarios unas horas al mes?

En vivo
SITUACIONES

PARA ESCUCHAR
STRATEGY: LISTENING

Pre-listening Think back to a recent local election. How did the candidates try to capture public interest? What issues did they identify? Make a list. Were they complex issues or emotional issues?

Anticipate, compare and contrast election issues Scan your list as you listen to the candidates' promises. If they mention one on your list, place a check mark beside it. How would you describe the differences between your local campaign and the one you listened to?

¡Los candidatos!

Lee sobre dos candidatos para alcalde (*mayor*). Luego escucha un debate entre los dos y decide por quién vas a votar.

❶ Leer

Lee sobre los candidatos para alcalde de tu ciudad.

Laura Chávez Ruíz

- Es médico.
- Ha trabajado por la ciudad en varias capacidades.
- Tiene mucha experiencia en las causas locales.
- La mayoría de su vida profesional la ha dedicado a los sevicios sociales y médicos.

Un voto para
Laura Chávez Ruíz
es para

- eliminar el prejuicio
- ayudar a la gente sin hogar y a los ancianos
- preservar los servicios sociales

Eduardo Herrera Garza

- Es hombre de negocios.
- Sabe juntar fondos y aumentarlos.
- Ha servido como presidente de la organización para embellecer la ciudad.

Vote por
Eduardo Herrera Garza
y tendrá

- una ciudad limpia y bella
- mejor uso de los fondos municipales
- un trabajo para cada individuo

❷ Escuchar 🎧

Ahora escucha un debate entre la señora Chávez Ruíz y el señor Herrera Garza. En una hoja aparte, anota las posiciones de los candidatos: ¿De qué cosas están a favor? y ¿de qué cosas están en contra?

Laura Chávez Ruíz

Está a favor de…   Está en contra de…

_____   _____

_____   _____

Eduardo Herrera Garza

Está a favor de…   Está en contra de…

_____   _____

_____   _____

❸ Escribir

¿Por quién quieres votar? ¿Por qué? De las causas que se mencionan en el debate, ¿por cuáles estás a favor? ¿y en contra? Haz una lista de dos cosas por las cuales estás a favor y dos cosas por las cuales estás en contra.

En acción
VOCABULARIO Y GRAMÁTICA

OBJECTIVES
- Say what you want to do
- Make requests
- Make suggestions

ACTIVIDAD 1

Las campañas

Escribir Las campañas siempre tienen un lema (*slogan*) publicitario. Escoge frases de la lista para completar los siguientes lemas.

gente sin hogar

trabajar de voluntario(a)

votar   convivir

sembrar árboles

comedores de beneficencia

1. Para embellecer la ciudad, hay que _____ .
2. Para ser buen(a) ciudadano(a), hay que _____ en las elecciones.
3. Para combatir el prejuicio, hay que _____ con vecinos de todas las culturas.
4. Para luchar contra la pobreza, hay que ayudarle a la _____ .
5. Para luchar contra el hambre, hay que construir más _____ .
6. Para apoyar al centro de la comunidad, hay que _____ .

TAMBIÉN SE DICE

Aunque la palabra **anciano** se usa en todo el mundo hispanohablante, también se utilizan las siguientes expresiones:
- **gente grande** (Argentina)
- **abuelitos** (México), aun para personas que no sean familiares

---

ACTIVIDAD 2

♻ ¿Qué vas a hacer?

Hablar/Escribir Tu compañero(a) quiere saber qué vas a hacer hoy para mejorar la comunidad. Basándote en los dibujos, dile lo qué vas a hacer. Luego, cambien de papel.

modelo

Compañero(a): ¿Qué vas a hacer hoy?

Tú: *Voy a votar.*

1.

2.

3.
DONA ROPA

4.

5.

6.

- Review: Use command forms
- Review: Use **nosotros** commands
- Review: Use the conditional tense

ACTIVIDAD 3

¿Estás a favor de...?

Hablar/Escribir Tú quieres saber si tu compañero(a) está a favor o en contra de estas cosas. ¿Qué le preguntas?

modelo

¿a favor de? / la campaña para embellecer la ciudad

Tú: *¿Estás a favor de la campaña para embellecer la ciudad?*

Compañero(a): *Sí, (No, no) estoy a favor de la campaña para embellecer la ciudad.*

1. ¿a favor de? / construir un parque
2. ¿a favor de? / tener menos horas de clase
3. ¿en contra de? / tener una sola comida en el menú de la cafetería
4. ¿en contra de? / usar uniformes para la escuela
5. ¿en contra de? / recoger basura todos los sábados por la mañana
6. ¿...? / ¿...?

ACTIVIDAD 4

Voluntarios

Hablar/Escribir Escribe dos cosas que quieres hacer en la comunidad. Luego, pide ayuda a tu compañero(a). Después, cambien de papel.

modelo

Tú: *¿Puedes hacerme un favor?*

Compañero(a): *Sí, con mucho gusto.*

Tú: *¿Podrías darme una mano con esta ropa? Voy a llevarla al centro de la comunidad.*

Compañero(a): *Lo siento mucho, pero no puedo. Hoy voy a participar en la campaña para embellecer la ciudad.*

Tú: ...

Vocabulario

Para pedir ayuda y responder

¿Cómo puedo ayudarte(lo, la)? *How can I help you?*

¿Podría(s) darme una mano? *Could you give me a hand?*

¿Puede(s) ayudarme? *Can you help me?*

¿Puede(s) hacerme un favor? *Can you do me a favor?*

Estoy agotado(a). *I'm exhausted.*

Lo siento mucho, pero... *I'm sorry, but...*

Me es imposible. *It's just not possible for me.*

No, de veras, no puedo. *No, really, I can't.*

¿Por qué no? *Sure, why not?*

Sí, con mucho gusto. *Yes, gladly.*

Si pudiera, lo haría. *If I could, I would.*

¿Cómo pides ayuda y cómo respondes?

REPASO

▶ One of the ways to tell someone to do or not to do something is to use command forms. The **Ud.** and **Uds. command forms** are all formed by taking the **yo form** of a verb, dropping the **-o** and adding the appropriate endings.

- For **Ud.** commands add:
  - **-e** for **-ar** verbs
  - **-a** for **-er** or **-ir** verbs

- For **Uds.** commands add:
  - **-en** for **-ar** verbs
  - **-an** for **-er** or **-ir** verbs

El Sr. Arroyuelo **cambia** la bombilla en el desván.
Mr. Arroyuelo is changing the lightbulb in the attic.

Sr. Arroyuelo, por favor **cambie** la bombilla.
Mr. Arroyuelo, please change the lightbulb!

> Regular
> **tú commands** look just
> like the third person
> indicative.

▶ The **tú** command has a different form for **negative** commands.

- For **negative tú** commands add:
  - **-es** for **-ar** verbs
  - **-as** for **-er** or **-ir** verbs

No **comas** ese dulce.
*Don't **eat** that candy.*

....

▶ If the stem of a verb is **irregular** in the **yo form,** it will be irregular in the command form. The endings will be the same as regular commands.

infinitive	yo form indicative	command form
seguir	si**g**o	¡Si**g**a!

Other verbs like this are: **caer, hacer, oír, poner, salir, venir, tener, traer, ofrecer.**

....

▶ Remember that verbs ending in **-car, -gar,** and **-zar** require spelling changes to keep the pronunciation consistent.

c	qu
g	gu
z	c

changes before an -e

yo bus**c**o   ¡Bus**qu**e Ud.!   ¡Bus**c**a tú!

no change before an -a

APOYO PARA ESTUDIAR

Here is an auditory way to help you remember all these commands. Tape record yourself as you carefully say each of the commands with pauses between each one. Then, using the form in Actividad 5, replay the tape. As you hear each command, check the correct form and say it. This reinforces your visual, kinesthetic and auditory memory.

ACTIVIDAD 5 · Gramática

♻ La clase de ejercicio

Escuchar/Escribir El instructor de la clase de ejercicio aconseja a personas de varias edades. Escucha sus consejos. Primero, decide si el mandato es afirmativo o negativo. Luego, decide si él usa **tú**, **usted** o **ustedes**.

modelo

afirmativo __X__ negativo _____   tú _____ usted _____ ustedes __X__

1. afirmativo _____ negativo _____	tú _____ usted _____ ustedes _____
2. afirmativo _____ negativo _____	tú _____ usted _____ ustedes _____
3. afirmativo _____ negativo _____	tú _____ usted _____ ustedes _____
4. afirmativo _____ negativo _____	tú _____ usted _____ ustedes _____
5. afirmativo _____ negativo _____	tú _____ usted _____ ustedes _____
6. afirmativo _____ negativo _____	tú _____ usted _____ ustedes _____
7. afirmativo _____ negativo _____	tú _____ usted _____ ustedes _____

▬ **MÁS PRÁCTICA** *cuaderno* p. 45

▬ **PARA HISPANOHABLANTES** *cuaderno* pp. 43–44

ACTIVIDAD 6

Tu amigo(a)

Hablar/Escribir Tienes un(a) amigo(a) que siempre te dice lo que tienes que hacer. Usa los siguientes verbos para expresar lo que te dice. Sigue el modelo.

modelo

ir   *Ve al centro de la comunidad.*

1. votar
2. donar
3. ayudar
4. recoger
5. tirar
6. reciclar
7. convivir
8. gastar

ACTIVIDAD 7

Tráemelo

Hablar/Escribir Usa los verbos a continuación para hacer preguntas a tu compañero(a). Sigue el modelo.

modelo

traer

Tú: *¿Traigo los libros?*

Compañero(a): *Sí, tráelos.* **o**
    No, no los traigas.

Nota

Remember that pronouns are attached to the end of affirmative commands. In negative commands they come before the verb.

—**Dime**, papá. ¿Traigo el periódico?

—No, gracias. **No lo traigas. Déjalo** en la sala.

llevar	vender
comprar	dar
traer	regalar
preparar	prestar

Nosotros Commands

When you want to say *let's do something* or *let's not do something* you use **nosotros commands**. Remember to start with the **yo form** of the verb, drop the **-o** and add the appropriate ending.

- **-ar** verbs end in **-emos**
- **-er** and **-ir** verbs end in **-amos**

Participemos en la campaña para mejorar nuestra ciudad.
Let's participate in the campaign to improve our city.

If a verb has an irregular **yo form** it also appears in the **nosotros command**.

Irregular yo form:

Yo siempre **digo** la verdad sobre los problemas en nuestra ciudad.
*I always **tell** the truth about the problems in our city.*

Nosotros command:

Digamos la verdad sobre los problemas en nuestra ciudad.
*Let's **tell** the truth about the problems in our city.*

Some verbs are **irregular** in the **nosotros command** form and are not created using the **yo form**.

Use the present subjunctive of the **nosotros** form for stem-changing verbs.

dar	demos
estar	estemos
saber	sepamos
ser	seamos

When you want to say *let's go*, use: **vamos**

To say *let's not go*, use: **no vay**amos

Besides the command form, you already know another way to say *let's do something:*

vamos a + **infinitive**

Vamos a luchar contra el prejuicio en nuestra sociedad.
Let's fight against prejudice in our society.

To say *let's not do something* you must use:

no + **nosotros command**

No olvidemos a los ancianos ni a los enfermos.
Let's not forget the elderly and the sick.

With **reflexive verbs,** you drop the final **s** of the **command form** before attaching the reflexive pronoun **nos** :

levantemo~~s~~ + **nos** ➝ **Levantémo**nos
Let's get up.

Notice the accent. It is added to keep the pronunciation consistent.

ACTIVIDAD 8 Gramática

Hagamos algo

Hablar/Escribir Pasas el fin de semana con un(a) amigo(a). El (Ella) quiere hacer varias cosas, pero a ti no te gustan sus ideas. Sugiere que hagan otra cosa.

modelo

ver la película romántica (la película de acción)

Compañero(a): ¿Por qué no vemos la película romántica?

Tú: No, mejor veamos la película de acción.

1. ir al museo (centro comercial)

2. comprar el helado de chocolate (de fresa)

3. jugar al tenis (al fútbol)

4. visitar a mis primos (a mis amigos)

5. preparar hamburguesas (salchichas)

6. andar por el parque (por la playa)

7. salir por la tarde (por la noche)

ACTIVIDAD 9 Gramática

El club de voluntarios

Hablar/Escribir Estás en una reunión del club de voluntarios. Todos tienen ideas diferentes de lo que deben hacer. ¿Qué dicen?

modelo

luchar contra el hambre
Luchemos contra el hambre.

1. convivir con nuestros vecinos

2. preservar los derechos humanos

3. resolver el problema de la gente sin hogar

4. consumir menos

5. conservar más

6. cuidar de los ancianos

7. hacer un esfuerzo para unir al pueblo

8. trabajar de voluntarios en el centro de rehabilitación

9. acabar con el racismo

10. crear soluciones realísticas para nuestros problemas

MÁS PRÁCTICA *cuaderno* p. 46
PARA HISPANOHABLANTES *cuaderno* p. 45

Vocabulario

En la comunidad

colaborar con *collaborate with*

conservar más *to conserve more*

consumir menos *to consume less*

crear *to create*

cuidar de *to take care of*

hacer un esfuerzo *to make an effort*

permitir *to permit*

pertenecer *to belong*

preservar *to preserve*

resolver *to resolve*

el centro de rehabilitación *rehabilitation center*

los derechos humanos *human rights*

el desarrollo *development*

la discriminación *discrimination*

los enfermos *the sick*

los minusválidos *the physically challenged*

el ser humano *human being*

¿Cómo puedes usar estas palabras para describir tus actividades?

¿Qué haremos?

Hablar/Escribir Tú y tu compañero(a) son buenos ciudadanos. Conversen sobre sus planes para servir a la comunidad.

modelo

trabajar de voluntarios

Tú: *¿Dónde debemos trabajar de voluntarios?*

Compañero(a): *Trabajemos en el centro de la comunidad.*

Tú: *No, no trabajemos en el centro de la comunidad. Mejor trabajemos en el comedor de beneficencia.*

1. luchar contra
2. hacer un esfuerzo
3. donar
4. colaborar con
5. trabajar de voluntarios
6. cuidar de
7. acabar con
8. educar al público
9. votar
10. embellecer
11. participar
12. convivir con

N O T A CULTURAL

En México se han formado recientemente grupos de jóvenes para ayudar a la comunidad. Se conocen como asociaciones de segundo piso y su propósito es establecer relaciones con hombres y mujeres de negocios para recolectar desechos (*scrap material*) y basura industriales. Luego estos grupos venden los materiales para juntar fondos para programas sociales dirigidos a los ancianos, niños y minusválidos, entre otros.

La publicidad

Escribir Estás a cargo de la publicidad para tu club de voluntarios. Escribe tres lemas publicitarios para un folleto (*brochure*) que describa los propósitos de tu club.

modelo

Donemos nuestros esfuerzos

■ **MÁS COMUNICACIÓN** p. R6

Speculating with the Conditional

To talk about what you *should, could,* or *would do,* use the **conditional tense.**

The conditional:

- helps you to talk about what would happen under certain conditions.
- is used to make polite requests.

Yo no **me quejaría** tanto. Yo **me llevaría** bien con todos.
*I **wouldn't complain** so much. I **would get along** well with everyone.*

Verbs ending with **-ar, -er** and **-ir** all have the same endings in the **conditional.** You add the endings directly to the **infinitive.**

conditional ending

infinitive +	-ía	-íamos
	-ías	-íais
	-ía	-ían

Yo **estaría** a favor de comprar árboles y flores para embellecer el centro de la comunidad.
*I **would be** in favor of buying trees and flowers to beautify the community center.*

If a verb has an **irregular stem** in the **future,** you use that same stem to form the conditional. The endings are the **same endings** as in the above chart.

infinitive	irregular future stem	conditional
decir	→ diré →	diría

Note: The conditional of **hay** is always **habría.**

infinitive	irregular stem
decir	dir-
hacer	har-
poder	podr-
poner	pondr-
querer	querr-
saber	sabr-
salir	saldr-
tener	tendr-
venir	vendr-

12 **Gramática**

♻ Costa Rica

Escuchar/Escribir Cada año, la familia de Fausto va al mismo campo en Costa Rica. Escucha su descripción de las vacaciones anteriores y las de este año. Decide si cada persona en su familia ya participó en una actividad, o si participaría en esa actividad durante el próximo viaje.

modelo

Joaquín: volar en planeador

△ *Ya voló en planeador.* ✗ *Volaría en planeador.*

1. Fausto
   △ Acampó.
   △ Acamparía.

2. Fausto y su hermana
   △ Navegaron en tabla de vela.
   △ Navegarían en tabla de vela.

3. Juan
   △ Hizo surfing.
   △ Haría surfing.

4. la mamá de Fausto
   △ Hizo alpinismo.
   △ Haría alpinismo.

5. los padres de Fausto
   △ Escalaron montañas.
   △ Escalarían montañas.

6. las hermanas de Fausto
   △ Esquiaron en el agua.
   △ Esquiarían en el agua.

7. Ana
   △ Levantó pesas.
   △ Levantaría pesas.

8. el papá de Fausto
   △ Pescó en alta mar.
   △ Pescaría en alta mar.

13 **Gramática**

La Ciudad de México

Hablar/Escribir Imagínate que vas de viaje a la Ciudad de México. ¿Qué harías allí?

modelo

visitar el Palacio de Bellas Artes

Visitaría el Palacio de Bellas Artes.

1. ir a las pirámides de Teotihuacán

2. comprar regalos en la Zona Rosa

3. escuchar música de mariachi

4. asistir a un concierto de Luis Miguel

5. comer en el restaurante del San Ángel Inn

6. mandar tarjetas postales a todos mis amigos

7. buscar el museo de Frida Kahlo

8. pasearme por el Parque de Chapultepec

MÁS PRÁCTICA *cuaderno* pp. 47–48

PARA HISPANOHABLANTES *cuaderno* p. 46

N O T A **CULTURAL**

En América Latina y España normalmente se habla a la gente mayor con mucho respeto. Sería mal educado (*impolite*) decir a alguien mayor «¡Tráigamelo!» Es más cortés decir «Por favor don Ramón, ¿puede traérmelo?» o «Don Ramón, ¿me hace usted el favor de traerlo?»

ACTIVIDAD 14 Mi comunidad

> **PARA CONVERSAR**
>
> **STRATEGY: SPEAKING**
>
> **Name social problems, then propose solutions**
> Here are a few words to help you get started.
> Issues include **pobreza, discriminación, crimen.** People who need help include **ancianos, gente sin hogar, jóvenes, refugios.** Organizations that can help include **centros de la comunidad, escuelas, servicios sociales.** One can always give **ayuda, dinero, consejos.** Add your own ideas for being a good citizen.

Hablar/Escribir Conversa con un(a) compañero(a) sobre lo que harías para la comunidad.

modelo

trabajar de voluntario(a) en...

Tú: *¿Trabajarías de voluntario(a) en un comedor de beneficencia?*

Compañero(a): *Sí, trabajaría de voluntario(a) en un comedor de beneficencia. ¿Y tú?*

Tú: *Sí, yo trabajaría de voluntario(a) en un comedor de beneficencia. o No, yo no trabajaría de voluntario(a) en un comedor de beneficencia.*

1. votar por la campaña para…
2. estar a favor de…
3. estar en contra de…
4. participar en…
5. hacer el esfuerzo para…
6. colaborar con…
7. conservar…
8. valorar…
9. cuidar de…
10. resolver…
11. ¿….?

ACTIVIDAD 15

En mis sueños

Hablar Imagínate que puedes hacer lo que quieras: que no tienes límites ni de dinero ni de tiempo. ¿Sabes lo que harías? En grupos de tres o cuatro, expresen tres cosas que harían.

modelo

Tú: *Yo pasaría más tiempo con mis amigos y mi familia.*

Amigo(a) 1: *Yo compraría una casa cerca de la playa.*

Amigo(a) 2: *Yo viajaría por toda Latinoamérica.*

Amigo(a) 3: *Yo donaría mucho dinero a las causas de mi comunidad.*

MÁS COMUNICACIÓN p. R6

Refrán

Haz bien y no mires a quién.

¿Qué quiere decir el refrán? ¿Qué harías tú para «hacer bien» sin «mirar a quién»?

En voces
LECTURA

PARA LEER
STRATEGY: READING

Comprehend complex sentences
Rigoberta Menchú is an admirable international figure. Her Spanish is complex. When reading a long, complicated sentence, look for smaller units of meaning inside it. For example, here are the meaningful units inside one of her sentences:
En primer lugar / a mí me cuesta mucho todavía hablar castellano / ya que no tuve colegio / no tuve escuela.
Focus first on the small units of meaning rather than on the entire sentence. Read the sections aloud. What words connect the units of meaning? Try this technique with other sentences so that you can understand them more easily.

NOTA CULTURAL

Rigoberta Menchú dice que le cuesta mucho **hablar castellano**. ¿Sabías que hablar castellano significa hablar español? Pues en muchos países hispanohablantes dicen hablar castellano en vez de hablar español. En América del Sur, castellano es el nombre de la materia que estudian los alumnos en la escuela.

Rigoberta Menchú

Rigoberta Menchú cuenta una historia tan extraordinaria como su vida. Ella se escapó de la represión del gobierno de Guatemala durante las décadas de los 70 y los 80, cuando muchas personas murieron, incluyendo miembros de la familia de Rigoberta.

Una de las razones de la represión fue la discriminación de la clase alta y la clase media contra los indios pobres. Estas clases discriminaron contra los indios porque muchos de ellos, que viven en las montañas, no hablan español.

Rigoberta Menchú decidió organizar a los indios para que se defendieran contra la violencia del gobierno, pero luego tuvo que irse de su país. Fue a París, donde Elizabeth Burgos, una activista de nacionalidad francesa y venezolana, la ayudó a escribir su historia. Por los esfuerzos para mejorar las condiciones de su pueblo, Rigoberta Menchú ganó el Premio Nóbel de la Paz[1] en 1992. Ella habla frecuentemente sobre la paz.

---

[1] Nobel Peace Prize

66 Construir y consolidar la paz implica[2] también contribuir a la solución política, civilizada y democrática de aquellos conflictos que pongan en peligro la convivencia armónica y pacífica. Para ello debe prevalecer[3] el diálogo y la negociación como mecanismos fundamentales 99.

En su testimonio personal, *Me llamo Rigoberta Menchú y así me nació la conciencia*, Rigoberta Menchú cuenta cómo fue la víctima del prejuicio porque no hablaba el castellano, sino la lengua india quiché, como todos los guatemaltecos indígenas de su pueblo pobre.

66 Me llamo Rigoberta Menchú. Tengo veintitrés años. Mi situación personal engloba[4] toda la realidad de un pueblo…

En primer lugar, a mí me cuesta mucho[5] todavía hablar castellano ya que no tuve colegio, no tuve escuela. No tuve oportunidad de salir de mi mundo, dedicarme a mí misma y hace tres años que empecé a aprender el español ya hablarlo; es difícil cuando se aprende únicamente de memoria y no aprendiendo de un libro. Entonces, sí, me cuesta un poco. Quisiera narrar desde cuando yo era niña 99…

---

[2] means
[3] to prevail
[4] encompasses
[5] it's hard for me

¿Comprendiste?

1. ¿Cuántos años tenía Rigoberta cuando dio su testimonio?
2. ¿Qué cosas no pudo hacer Rigoberta cuando era niña?
3. ¿Cuándo empezó a aprender el español?

¿Qué piensas?

Para Rigoberta, ¿qué relación existe entre su propia historia y la historia de su pueblo? ¿Con qué palabras expresa ella esta relación?

Hazlo tú

En un mapa de Guatemala busca el Departamento de El Quiché. Estudia los nombres de los pueblos. ¿Cuáles parecen ser de origen indígena y cuáles son nombres castellanos?

En uso
REPASO Y MÁS COMUNICACIÓN

OBJECTIVES
- Say what you want to do
- Make requests
- Make suggestions

Now you can...
- make requests.

To review
- command forms see p. 110.

ACTIVIDAD 1 En el centro de la comunidad

Trabajas de voluntario(a) en el centro de la comunidad. Hay letreros que tienen reglas para los estudiantes voluntarios y para las personas que viven allí. ¿Qué dicen?

modelo

a los residentes: no perder sus cosas.

al estudiante: ayudar con el almuerzo

a los dos: escuchar estos anuncios

1. al residente: acostarse antes de la medianoche
2. a la estudiante: llegar antes de las diez
3. a los dos: ver el video sobre el centro
4. al residente: no olvidarse de tomar su medicina
5. a los dos: salir al parque para los ejercicios
6. al estudiante: ir a la cafetería para servir el almuerzo
7. al residente: tener cuidado con el equipo deportivo
8. al estudiante: no hacer tu tarea aquí

Now you can...
- make suggestions.

To review
- **nosotros** commands see p. 112.

ACTIVIDAD 2 La reunión municipal

Varias personas en la reunión municipal expresan sus opiniones sobre temas que afectan la ciudad. ¿Qué dice cada persona?

modelo

limpiar nuestra ciudad

Limpiemos nuestra ciudad. o ¡No limpiemos nuestra ciudad!

1. abrir los brazos a la gente sin hogar
2. eliminar la discriminación
3. colaborar con los demás
4. apoyar a nuestros líderes
5. eliminar el hambre
6. participar en las actividades de la comunidad
7. ayudar a la gente sin hogar

Now you can...

• say what you want to do.

To review

• the conditional see p. 115.

3 Servicio a la comunidad

Usa la frase indicada para empezar una conversación con tu compañero(a) sobre los servicios a la comunidad.

modelo

participar en...

Compañero(a): *¿Participarías en una campaña para embellecer el centro?*

Tú: *Sí, ¿por qué no? Participaría en una campaña para embellecer el centro. **o** No, lo siento mucho pero no podría hacerlo.*

1. trabajar de voluntario(a)
2. embellecer la ciudad
3. donar ropa
4. juntar fondos para...
5. estar a favor de...
6. estar en contra de...

Now you can...

• say what you want to do.

To review

• the conditional see p. 115.

4 Reacciones

¿Qué harían las siguientes personas con una gran cantidad de dinero?

modelo

Tú: vender tu carro viejo y comprar un carro nuevo

Venderías tu carro viejo y comprarías un carro nuevo.

1. yo: poner el dinero en el banco y vivir como siempre
2. tú: gastar todo el dinero y quedarte con nada
3. él: salir todos los días y no preocuparse de nada
4. ella: empacar sus maletas y viajar a Europa
5. usted: construir una casa nueva e invitar a sus amigos
6. ustedes: seguir con sus estudios e ir a la universidad
7. nosotros: divertirnos y también tener tiempo para trabajar de voluntarios

ACTIVIDAD 5 · El club

Tú y dos amigos han decidido que van a empezar un club de voluntarios. Quieren tener la primera reunión en tu casa. Todos tienen ideas de qué se debe hacer.

modelo

Tú: *Enrique, haz una lista de las personas que vamos a invitar.*

Amigo(a) 1: *Sandra, tú y Hernán empiecen a llamar a todos en la lista.*

Amigo(a) 2: …

ACTIVIDAD 6 · En tu lugar

Imagina que tu amigo(a) es famoso(a)—puede ser actor o actriz, artista, escritor(a), atleta, presidente(a) de un país, ¡lo que sea! Trabajen en grupos de tres o cuatro. Primero decidan quién del grupo es famoso(a) y por qué. Luego, los demás dan consejos a la persona famosa empezando con la frase «En tu lugar».

modelo

escritora famosa

Amigo(a) #1: *En tu lugar, yo escribiría una novela de ciencia-ficción.*

Amigo(a) #2: *En tu lugar, yo pediría más dinero por la próxima novela.*

Amigo(a) #3: *En tu lugar, yo descansaría un rato antes de escribir otra novela.*

ACTIVIDAD 7 · En tu propia voz

ESCRITURA Inventa un producto y escribe un anuncio para venderlo. Los anuncios frecuentemente usan las formas de **usted** o **ustedes** al dar mandatos. Tu anuncio va a salir en Internet, así que asegura que sea ¡interesante y atractivo!

modelo

¡Piense en el futuro de sus hijos! ¡Compre la computadora SúperRápida!

TÚ EN LA COMUNIDAD

James es alumno en Washington. Él trabaja de voluntario con una optómetra en una misión médica en México. Da instrucciones a los pacientes, habla sobre los problemas que tienen y comunica al médico información importante. Cuando está en Washington, habla español con alumnos de otras escuelas.

En resumen
REPASO DE VOCABULARIO

Actions

colaborar con	to collaborate with
conservar más	to conserve more
consumir menos	to consume less
convivir	to live together, get along
crear	to create
cuidar de	to take care of
donar	to donate
educar al público	to educate the public
embellecer	to beautify
estar a favor de	to be for
estar en contra de	to be against
hacer un esfuerzo	to make the effort
juntar fondos	to fundraise
luchar contra	to fight against
participar	to participate
permitir	to permit
pertenecer	to belong
preservar	to preserve
recoger	to pick up
resolver (o→ue)	to resolve
sembrar (e→ie)	to plant
trabajar de voluntario(a)	to volunteer
valorar	to value
votar	to vote

People, places and things

los ancianos	elderly
los árboles	trees
la basura	garbage
la campaña	campaign
el centro de la comunidad	community center
el centro de rehabilitación	rehabilitation center
el (la) ciudadano(a)	citizen
el comedor de beneficencia	soup kitchen
los derechos humanos	human rights
el desarrollo	development
la discriminación	discrimination
los enfermos	the sick
la gente sin hogar	homeless
los jóvenes	young people
los minusválidos	physically challenged
la pobreza	poverty
el prejuicio	prejudice
el ser humano	human being
el servicio social	social service
la solución	solution

Questions

¿Cómo puedo ayudarte(lo, la)?	How can I help you?
¿Podría(s) darme una mano?	Could you give me a hand?
¿Puede(s) ayudarme?	Can you help me?
¿Puede(s) hacerme un favor?	Can you do me a favor?

Responses

Estoy agotado(a).	I'm exhausted.
Lo siento mucho, pero…	I'm sorry, but…
Me es imposible.	It's just not possible for me.
No, de veras, no puedo.	No, really, I can't.
¿Por qué no?	Sure, why not?
Sí, con mucho gusto.	Yes, gladly.
Si pudiera, lo haría.	If I could, I would.

Nosotros commands

Trabajemos de voluntario.
Ayudemos a los demás.

Juego

¿Qué podemos hacer?

Mira las fotos de varios lugares de México. ¿Qué servicio para la comunidad asocias con cada una?

1.
2.

3.

a. preservar el medio ambiente
b. sembrar árboles
c. trabajar de voluntario(a)

ETAPA

2

Un planeta en peligro

- Say what should be done

- React to the ecology

- React to others' actions

¿Qué ves?

Mira la foto. Contesta las preguntas.

1. ¿Qué cosas llevan los jóvenes? ¿En qué lugar las están usando?

2. ¿Qué hacen? ¿Crees que llevan el equipo correcto?

3. ¿Llevarías otras cosas? ¿Por qué?

4. ¿Crees que sería útil un libro como el que ves? ¿Por qué?

El Manejo de la
Iguana Verde

TOMO VIII

La Iguana Verde
en zonas
de amortiguamiento

Nuestro Planeta

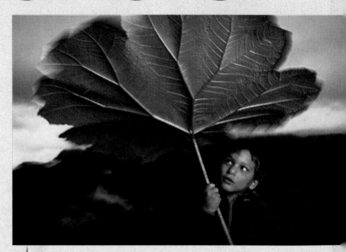

¡Es el único que tenemos!

Descubre

¿Puedes adivinar el significado de las siguientes frases? Escoge de la lista abajo. ¡Fácil!

1. la capa de ozono
2. el desperdicio
3. el derrame de petróleo
4. los recursos naturales
5. las zonas de reserva ecológica
6. la contaminación del aire

   a. *oil spill*
   b. *conservation land*
   c. *ozone layer*
   d. *air pollution*
   e. *natural resources*
   f. *waste*

A nivel personal

Problema ecológico:
la contaminación del aire

¿Qué puedes hacer tú?
➤ Compartir el carro con amigos y colegas.
➤ ¡Caminar!
➤ Usar el transporte público.

Problema ecológico:
la destrucción de la capa de ozono

¿Qué puedes hacer tú?
➤ Limitar el uso de **aerosoles**.

Problema ecológico:
el desperdicio

¿Qué puedes hacer tú?
➤ ¡No **eches** los siguientes productos a la basura!
➤ ¡Recíclalos! **Instituye** programas de **reciclaje**.

botellas de vidrio   **plástico**   **cartón**

latas

A nivel oficial

Problema ecológico:
los **derrames de petróleo**

Soluciones posibles:
➤ **Desarrollar** otras formas de energía.

Problema ecológico:
la **destrucción** de los **recursos naturales**

Soluciones posibles:
➤ Declarar **zonas de reserva ecológicas**.

➤ **Prohibir** el uso de **contaminantes**
➤ No comprar productos que usan **químicos dañinos**.

¡A todos nos toca proteger el **medio ambiente!** ¡No contamines tu **planeta!**

¿Comprendiste?

1. ¿Hay un programa de reciclaje en tu ciudad?
2. En tu casa, ¿se reciclan todos los productos de aluminio, vidrio y papel? ¿Quién lo hace? ¿Qué tienen que hacer: llevar los productos a un sitio específico o poner los productos con la basura?
3. ¿Cómo llegas al colegio? ¿Tratas de caminar o ir en bicicleta cuando puedes?
4. ¿Crees que nos toca a todos cuidar del medio ambiente?
5. ¿Crees que el gobierno está haciendo su parte para la conservación del medio ambiente? ¿Qué más crees que debe hacer?

En vivo

SITUACIONES

PARA ESCUCHAR • STRATEGIES: LISTENING

Pre-listening Are there public service campaigns about protecting the environment in your community? How do you find out about them (television? radio? posters? billboards?)

Inventory efforts to save the environment

First, make a list of efforts in your community to improve the environment. Then, check **Sí** beside those that are mentioned in the campaign in Costa Rica. Finally, comment on similarities and differences between your local campaign and the one heard in **Escuchar.** This chart will help you get started:

Problemas locales	Sí
agua	
aire	
animales	
árboles/plantas	
basura	
energía	
minerales	
tierra	

¡Viva el medio ambiente!

Trabajas en una agencia de publicidad que está creando anuncios con el fin de promover (*to promote*) la protección del ambiente. Mira las imágenes de estos anuncios. Luego, escucha los anuncios de radio y decide a qué imagen corresponden.

❶ Mirar

Éstas son seis imágenes que van a salir en los anuncios. Estúdialas y piensa sobre qué tema tratan.

¡VIVA EL MEDIO AMBIENTE!

A.

¡VIVA EL MEDIO AMBIENTE!

B.

¡VIVA EL MEDIO AMBIENTE!

C.

¡VIVA EL MEDIO AMBIENTE!

D.

¡VIVA EL MEDIO AMBIENTE!

E.

❷ Escuchar

Ahora escucha anuncios de radio que corresponden a las seis imágenes que viste. Escribe el número del anuncio que mejor va con cada imagen en la siguiente tabla.

Dibujo A _____

Dibujo B _____

Dibujo C _____

Dibujo D _____

Dibujo E _____

Dibujo F _____

❸ Hablar/Escribir

Haz una lista de cinco cosas que tú puedes hacer hoy para proteger tu ciudad y el planeta. Compara tu lista con la de dos compañeros. Conversen sobre sus ideas y traten de pensar sobre modos nuevos de proteger el medio ambiente. Si les interesa, monten una campaña ecológica para su colegio.

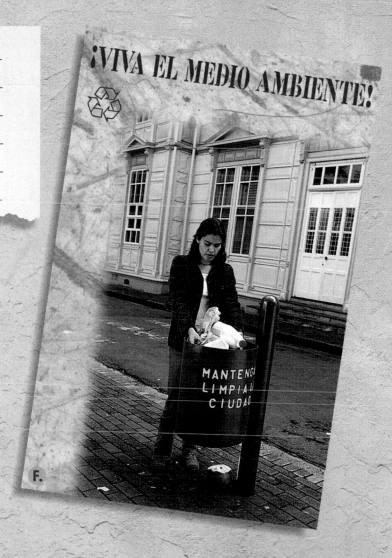

¡VIVA EL MEDIO AMBIENTE!

MANTENGA LIMPIA U CIUDAD

F.

En acción
VOCABULARIO Y GRAMÁTICA

OBJECTIVES
- Say what should be done
- React to the ecology
- React to others' actions

ACTIVIDAD 1

La composición

Escribir Andrés tuvo que escribir una composición sobre el medio ambiente. Completa su composición usando las palabras de la lista.

plástico	cartón
destrucción	contaminación del aire
✓reciclaje	botellas
latas	desarrollen
desperdicio	medio ambiente
químicos dañinos	reciclar
echar	vidrio
petróleo	capa de ozono

Hay mucho __1__ en el mundo. No deberíamos __2__ todo a la basura. Hay muchas cosas que podemos __3__: las __4__, las botellas de __5__, los productos de __6__, el __7__, los periódicos y las revistas. Si no hay un programa de __8__ en tu ciudad, debes ayudar a empezar uno.

Es importante conservar el __9__. La __10__ se puede controlar. El __11__ que usamos cuando viajamos en nuestros carros echa __12__ al aire. Esos químicos contribuyen a la __13__ de la __14__. Tenemos que pedirles a nuestros políticos y científicos que __15__ otras formas de energía.

ACTIVIDAD 2

♻ El horario de Ángela

Hablar/Escribir Ángela vio un documental sobre el medio ambiente y decidió que tenía que hacer algo cada día para conservarlo. Con un(a) compañero(a), conversen sobre su horario.

modelo

usar el metro

Tú: *¿Cuándo va a usar Ángela el metro?*

Compañero(a): *Ángela va a usar el metro para ir al colegio el lunes y el miércoles.*

lunes	
8:00	usar el transporte público para ir al colegio
martes	
4:00	trabajar de voluntaria en el programa de reciclaje
miércoles	
8:00	usar el transporte público para ir al colegio
jueves	
7:00	caminar al colegio
5:00	juntar y recoger las latas para llevarlas a reciclar
viernes	
4:00	llevar cartón, periódicos y revistas a reciclar
sábado	
10:00	pedir a los vecinos que no usen sus carros hoy
2:00	participar en la limpieza del parque municipal
domingo	
10:00	sembrar árboles en el centro
2:00	investigar la política de los candidatos sobre el medio ambiente

1. caminar
2. reciclar
3. investigar
4. hablar con los vecinos
5. participar en la limpieza
6. trabajar de voluntaria

ACTIVIDAD 3

La perezosa

Hablar/Escribir Antes, Luci no hacía mucho para cuidar del medio ambiente. Describe lo que ocurre en cada dibujo. ¿Cambió Luci su modo de pensar o no?

modelo

Tú: *Había muchas cosas en su casa que podía reciclar, pero antes Luci no lo quería hacer.*

Compañero(a): *¡Sí! Había botellas de plástico y de vidrio…*

Antes

Ahora

ACTIVIDAD 4

¿Qué podemos hacer?

Hablar Tú y tu compañero(a) hablan sobre problemas ecológicos. ¿Qué soluciones hay?

modelo

Tú: *¿Cómo podemos eliminar la contaminación del aire?*

Compañero(a): *Pues, es muy complicado. Si cada familia usa su carro solo tres veces por semana…*

destrucción de la capa de ozono

contaminación del aire

extinción de las especies

los derrames de petróleo

los combustibles

Vocabulario

El medio ambiente

el combustible *fuel*

complicado(a) *complicated*

descubrir *to discover*

los efectos *effects*

increíble *incredible*

inútil *not useful*

¡Qué lío! *What a mess!*

el permiso *permission*

la población *population*

por todas partes *all around*

proteger las especies *to protect the species*

reducir *to reduce*

respetar *to respect*

separar *to separate*

el smog *smog*

la tierra *land*

¿Cómo puedes usar estas palabras para describir un problema ecológico en tu región?

The Present Subjunctive of Regular Verbs

 ¿RECUERDAS? *pp. 110, 112*
Remember when you learned
to tell someone not to do
something using **negative
command forms?**

¡No **habl**es mucho!

¡No **habl**e mucho!

¡No **habl**emos mucho!

The same endings are used when you want to express your **opinion** or
point of view using the **subjunctive.**

Es importante que uses el transporte público.
It's important that you use public transportation.

The present subjunctive

	-ar hablar	-er comer	-ir escribir
yo	**habl**e	**com**a	**escrib**a
tú	**habl**es	**com**as	**escrib**as
él, ella, usted	**habl**e	**com**a	**escrib**a
nosotros(as)	**habl**emos	**com**amos	**escrib**amos
vosotros(as)	**habl**éis	**com**áis	**escrib**áis
ellos, ellas, ustedes	**habl**en	**com**an	**escrib**an

Remember that you have to change the spelling for some verbs to
keep the pronunciation the same.

bus**c**ar bus**qu**e   pa**g**ar pa**gu**e

cru**z**ar cru**c**e   reco**g**er reco**j**a

♻ La ecóloga

Escuchar/Escribir Escucha lo que
dice la ecóloga en la radio
sobre el medio ambiente y
qué podemos hacer para
protegerlo. Empieza tus
oraciones con las siguientes
frases.

modelo

Es triste que...

*Es triste que nosotros no respetemos
el medio ambiente.*

1. Es una lástima que…
2. Es importante que…
3. Es mejor que…
4. Es malo que…
5. Es lógico que…
6. Es necesario que…

MÁS PRÁCTICA *cuaderno p. 53*

PARA HISPANOHABLANTES
cuaderno p. 51

TAMBIÉN SE DICE

¡Hay muchos ambientes! Cuando
hables del **ambiente,** especifica a
cual te refieres.
- Si le preguntas a un(a) amigo(a)
¿cómo está el ambiente? te
refieres a la onda de un lugar.
- Ambiente también significa
atmósfera.

Protejamos el medio ambiente

Hablar/Escribir Los expertos quieren que hagamos ciertas cosas para proteger el medio ambiente. ¿Qué quieren que hagamos?

modelo

no contaminar el medio ambiente

Quieren que no contaminemos el medio ambiente.

Nota

Don't forget that verbs that end in **-uir**, like **contribuir**, include a **y** in their subjunctive form: **contribuya**, **contribuyas**, etc.

1. reciclar los productos de plástico
2. usar el transporte público
3. compartir el carro con amigos y colegas
4. no contribuir al desperdicio
5. andar en bicicleta
6. respetar el medio ambiente
7. no echar las botellas de vidrio a la basura
8. no contaminar el aire con químicos dañinos

NATURALEZA

PARQUES NACIONALES
COSTA RICA
NATIONAL PARKS

MARIO A. BOZA

GUÍAS
Periplo

INCAFO

  Tu amigo(a) perezoso(a)

PARA CONVERSAR
STRATEGY: SPEAKING
Consider the effect of words and tone of voice
What is your purpose: to persuade, irritate, prompt action, work on sense of responsibility? What is a probable response to these two sentences: **¡Es ridículo que no recicles los periódicos!** and **Es una lástima que no recicles los periódicos.** Choose your words and tone of voice to fit your purpose.

Hablar/Escribir Quieres convencer a tu amigo(a) de que debería proteger el medio ambiente. Usa las siguientes expresiones impersonales para empezar un diálogo. Luego, cambien de papel.

modelo

Tú: *¡Es ridículo que no recicles los periódicos!*

Compañero(a): *Sí, lo sé.*

Tú *¡Es importante que los recicles hoy!*

Compañero(a) *Está bien. Más tarde voy al programa de reciclaje.*

Vocabulario

 Ya sabes

es bueno que…	**es posible que …**
es importante que…	**es probable que …**
es lógico que…	**es raro que …**
es malo que …	**es ridículo que …**
es mejor que …	**es triste que …**
es necesario que …	**es una lástima que …**
es peligroso que …	

¿Qué otras opiniones puedes expresar?

REPASO

The Present Subjunctive of Irregular Verbs

 ¿RECUERDAS? *p.132* You have already learned to form the **subjunctive** of **regular verbs** to express your opinion or point of view.

Es importante que uses el transporte público.
It's important that you use public transportation.

▶ Some verbs have **irregular forms** in the **subjunctive**.

dar	estar	ir	saber	ser
dé	esté	vaya	sepa	sea
des	estés	vayas	sepas	seas
dé	esté	vaya	sepa	sea
demos	estemos	vayamos	sepamos	seamos
deis	estéis	vayáis	sepáis	seáis
den	estén	vayan	sepan	sean

Es bueno que vayas a la escuela en autobús.
It's good that you go to school by bus.

Es malo que no estén de acuerdo.
It's too bad that they don't agree.

The subjunctive of **haber** is **haya.**

Hay mucha basura.   **Es malo que haya** mucha basura.
There is a lot of trash.   *It's bad that there is a lot of trash.*

▶ Verbs with **yo forms** that end in **-go** or **-zco** in the present indicative use the same **irregular stem** in the subjunctive.

decir → digo		conocer → conozco	
diga	digamos	conozca	conozcamos
digas	digáis	conozcas	conozcáis
diga	digan	conozca	conozcan

Other verbs like these are:

caer, hacer, oír, poner, salir, venir, tener, traer, ofrecer

ACTIVIDAD 8 Gramática

Un viaje a Honduras

Hablar/Escribir Vas a ir a visitar a tus abuelos en Tegucigalpa, Honduras. Tu abuelita te da consejos. ¿Qué te dice?

modelo

hacer las reservaciones

Es importante que hagas las reservaciones.

1. tener tu pasaporte
2. salir temprano para el aeropuerto
3. estar en el mostrador dos horas antes de la salida
4. saber el número de tu vuelo
5. oír los anuncios para los vuelos
6. ser cortés con los otros pasajeros
7. traer suficiente ropa para dos semanas
8. conocer la ciudad de Tegucigalpa
9. ¡venir a vernos!

■ **MÁS PRÁCTICA** *cuaderno* p. 54

■ **PARA HISPANOHABLANTES** *cuaderno* p. 52

ACTIVIDAD 9

El guía turístico

Hablar/Escribir Un grupo de tu colegio ha viajado a Guatemala con su profesor(a) de español. El guía turístico les recomienda diferentes cosas a todos. ¿Qué les recomienda?

modelo

tú / ir al museo

Es mejor que tú vayas al museo.

1. yo/ver las pirámides
2. nosotros/ser turistas responsables
3. usted/dar una donación al pueblo
4. ustedes/estar en el hotel a las siete
5. tú/traer tu cámara para sacar fotos

 ACTIVIDAD 10

Los consejos

Hablar/Escribir Dale consejos a tu amigo(a) usando los verbos en la lista y una expresión impersonal de la página 133. ¡Trata de dar consejos útiles! Luego cambien de papel.

modelo

poner

Tú: *Es importante que conozcas los problemas ecológicos.*

Compañero(a): *Tienes razón. Buscaré información.*

1. poner	5. tener
2. ir	6. salir
3. dar	7. hacer
4. ver	8. escribir

 REPASO

The Present Subjunctive of Stem-Changing Verbs

▶ When you use the **present subjunctive** of **-ar** and **-er stem-changing verbs**, remember to make the same stem-changes as in the present indicative.

cerrar *to close*
e → ie

cierre	cerremos
cierres	cerréis
cierre	cierren

volver *to return*
o → ue

vuelva	volvamos
vuelvas	volváis
vuelva	vuelvan

▶ Notice that **-ir** verbs change their stems differently. The stem of **mentir** alternates between **ie** and **i**, and **dormir** alternates between **ue** and **u**.

mentir *to lie*
(e → ie and i)

mienta	mintamos
mientas	mintáis
mienta	mientan

dormir *to sleep*
(o → ue and u)

duerma	durmamos
duermas	durmáis
duerma	duerman

▶ The verb **pedir** also has a stem change. The stem changes from **e** to **i** in all forms in the subjunctive.

pedir *to ask for, to order*
(e → i)

pida	pidamos
pidas	pidáis
pida	pidan

ACTIVIDAD 11 · Gramática

¿Es bueno o malo?

Hablar/Escribir Tú y tu compañero(a) no siempre están de acuerdo. ¿Qué dicen? Sigan el modelo.

modelo

nosotros: pedir dinero a nuestros padres

Tú: *Es lógico que pidamos dinero a nuestros padres.*

Companero(a): *Es malo que les pidamos dinero. Es importante que ganemos nuestro propio dinero.*

1. él/ella: pensar en su novia(o) todo el tiempo
2. tú: vestirte de estilo *grunge*
3. ustedes: volver tarde a casa
4. usted: servir la cena antes de las ocho
5. los niños: jugar videojuegos todo el día
6. nosotros: acostarnos temprano

■ **MÁS PRÁCTICA** *cuaderno* p. 55

■ **PARA HISPANOHABLANTES** *cuaderno* p. 53

NOTA CULTURAL

Muchas de las unidades monetarias de Centroamérica muestran personas o cosas históricas. En Guatemala la moneda oficial es el **quetzal**, también nombre de un pájaro nativo de Centroamérica que tenía gran significado para los mayas. En Costa Rica y El Salvador se usa el **colón**, nombrado así en honor al famoso explorador Cristóbal Colón. El **balboa** es la moneda oficial de Panamá. Su nombre se refiere a Vasco Núñez de Balboa, uno de los primeros exploradores de esa región. Las otras monedas de esta región son el **peso** (México), la **córdoba** (Nicaragua) y el **lempira** (Honduras).

ACTIVIDAD 12

Consejos para proteger el planeta

Hablar/Escribir Hablas con tu primo(a) que es menor que tú. Quieres darle buenos consejos para que comience a proteger el planeta. ¿Qué le dices?

modelo

importante / empezar

Es importante que empieces a pensar en el ambiente.

1. importante/ empezar
2. bueno/ pensar
3. necesario/ entender
4. lógico/ resolver
5. mejor / pedir
6. peligroso/ perder
7. ¿...?

ACTIVIDAD 13

Recomendaciones

Hablar Tú y tu compañero(a) conversan sobre el medio ambiente. Hablen sobre los problemas que vean y algunas soluciones posibles.

modelo

Tú: *Es necesario que resolvamos el problema de la contaminación del aire. ¿No crees?*

Compañero(a): *Sí, claro. Por eso es importante que busquemos otras formas de energía. El petróleo es malo para el medio ambiente.*

■ **MÁS COMUNICACIÓN** p. R7

The Present Perfect Subjunctive

 ¿RECUERDAS? *p. 44* You have already learned how to form the **present perfect** in the **indicative**.

| **present** tense of the auxiliary verb **haber,** *to have* | + | **past participle** of the verb. |

▶ The subjunctive also has a present perfect tense. To form it you use:

| **present subjunctive** of **haber** | + | **past participle** of the verb. |

haya llegado	hayamos llegado
hayas llegado	hayáis llegado
haya llegado	hayan llegado

....

▶ You use the present perfect subjunctive to indicate that the action of the subordinate clause took place in the past. Compare these sentences.

present subjunctive

Es posible que Juan **visit**e Mitla.
*It's possible that Juan is **visiting/will visit** Mitla.*

present perfect subjunctive

Es posible que Juan **haya visit**ado Mitla.
*It's possible that Juan **has visited/visited** Mitla.*

present subjunctive

Es bueno que **hag**as eso.
*It's good that **you're doing/will do** that.*

present perfect subjunctive

Es bueno que **hay**as **hecho** eso.
*It's good that **you've done/you did** that.*

Notice how the meanings of two subjunctives contrast with each other.

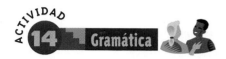

El colegio

Hablar/Escribir Todos tienen mucho que hacer para sus clases en el colegio. Tú y tu compañero(a) conversan sobre qué han hecho y no han hecho los estudiantes de su clase. ¿Qué dicen?

modelo

yo: estudiar para el examen toda la noche (es importante)

Tú: *Yo estudié para el examen toda la noche.*

Compañero(a): *Es importante que (tú) hayas estudiado para el examen toda la noche.*

1. Marta y Martín: no hacer la tarea (es increíble)
2. Pedro: no ir a la biblioteca todavía (es posible)
3. tú: trabajar toda la noche (es bueno)
4. nosotros: olvidar el examen (es malo)
5. Arturo: comprender la tarea (es importante)
6. Fumiko y Kai: no entender el capítulo (es posible)

MÁS PRÁCTICA *cuaderno* p. 56

PARA HISPANOHABLANTES *cuaderno* p. 54

El club de ecología

Escuchar/Hablar/Escribir Escucha lo que dice el presidente del club de ecología sobre lo que hizo cada miembro esta semana. Luego, di si lo que han hecho es bueno o malo. Sigue el modelo.

modelo

Armando y Laura (es bueno que)

Es bueno que Armando y Laura hayan participado en la campaña para embellecer la ciudad.

1. Juan (es bueno que)
2. Esperanza y Arnoldo (es bueno que)
3. usted (es malo que)
4. ustedes (es malo que)
5. nosotros (es bueno que)
6. tú (es malo que)

NOTA CULTURAL

El movimiento ecológico mexicano empezó en serio a principios de los años ochenta, con la constitución del **Grupo de los Cien**. Este grupo incluyó a los artistas, intelectuales, académicos y políticos más famosos de México. Actualmente existen diversos grupos ambientalistas como **Biodiversidad** y **Red Ambiental Jóven de México**.

DEPOSITE LA BASURA EN SU LUGAR

PLÁSTICO BIODEGRADABLE ALUMINIO

y si puede reciclar, ¡mejor!

Sierra Madre

Hablar/Leer Tú y tu compañero(a) ven este anuncio para la empresa Sierra Madre en una revista. Léanlo y juntos contesten las siguientes preguntas.

1. ¿Para qué trabaja el grupo Sierra Madre?
2. ¿Dónde tiene programas?
3. ¿Qué hace el grupo Sierra Madre en la sociedad?
4. ¿De qué depende en gran parte el futuro de los mexicanos?
5. Según lo que aprendiste en este capítulo, ¿qué clase de grupo es Sierra Madre?

SIERRA MADRE

TRABAJAMOS POR LA CONSERVACION DE LA NATURALEZA

Crear Conciencia en la sociedad para un manejo inteligente y duradero de los recursos naturales mexicanos, de los cuales depende en gran medida nuestro futuro.

La naturaleza

Hablar En grupos de tres o cuatro, conversen sobre la naturaleza de su pueblo. Mencionen los efectos del clima y todo lo que se relaciona con la conservación de la naturaleza.

modelo

Tú: *Por fin llovió este mes.*

Amigo(a) 1: *Sí. Es bueno que la sequía se haya acabado.*

Amigo(a) 2: *Tienes razón. El mes pasado los ríos habían bajado.*

Amigo(a) 3: *Y las plantas silvestres se estaban muriendo.*

■ **MÁS COMUNICACIÓN** p. R7

Vocabulario

Nuestro planeta

la altura *height, altitude*	**la fauna silvestre** *wild animal life*
el bosque *forest*	**la naturaleza** *nature*
el cielo *sky*	**la piedra** *rock*
el clima *climate*	**la flora silvestre** *wild plant life*
la colina *hill*	**la selva** *jungle, forest*
diverso(a) *diverse*	**la sequía** *drought*
el ecosistema *ecosystem*	**el valle** *valley*

¿Qué palabras usarías para describir la región donde vives?

Refrán

Él que planta árboles ama a otros además de a sí mismo.

¿Qué quiere decir el refrán? En tu opinión, ¿por qué es sembrar árboles un acto de beneficencia? ¿Puedes pensar en otras actividades que benefician a la comunidad y a sus ciudadanos?

En colores

CULTURA Y COMPARACIONES

UNIDOS
podemos hacerlo

Nicaragua es uno de los países más hermosos de América Central, pero ha tenido que hacer muchos cambios para avanzar su desarrollo económico. A principios de los años 80, casi 50% de los nicaragüenses no sabían leer ni escribir. Desde entonces, Nicaragua ha organizado campañas de alfabetización para enseñar a leer y escribir a sus ciudadanos. Ahora, cerca del 65% de estos saben leer.

Vas a leer una página del diario de Rafaela Dávila, una estudiante que ayudó a la comunidad sirviendo como profesora en la campaña de alfabetización[1] en Nicaragua. Ella era estudiante de preparatoria[2] en Masaya cuando pasó el verano en el pueblo de Santo Tomás del Norte, situado en las montañas cerca de Honduras.

---

[1] literacy
[2] preparatory school

Santo Tomás del Norte, martes 30 de junio

Ya llevo una semana en Santo Tomás del Norte y me encuentro muy a gusto[3] aquí. Vivo en casa de los Rodríguez, una familia que tiene cinco hijos. La señora Rodríguez, Doña Rosa, sabe leer un poco, pero el señor Rodríguez, Don Mario, no sabe ni una letra del abecedario[4]. Es carpintero y él y los otros hombres del pueblo se han juntado para reparar una vieja casa abandonada que nos servirá de[5] escuela.....

Noto que hay mucho entusiasmo en el pueblo. Esta gente nunca ha tenido la oportunidad de estudiar nada y tiene muchas ganas de aprender. Un caso en especial me pareció muy conmovedor[6]. Ayer en la calle me habló una anciana. Dicen en el pueblo que tiene ochenta y cinco años. Ella me mostró su lápiz y su cuaderno y me preguntó que si las clases comenzaban ese mismo día. Le dije que hoy no, que pasado mañana. —Bueno, me contestó con una sonrisa, —hace más de ochenta años que espero. Puedo esperar dos días más.

[3] comfortable, happy
[4] alphabet
[5] will be used as
[6] moving

Leer es poder

¿Comprendiste?

1. ¿Quién es Rafaela Dávila?
2. ¿Qué hace en Santo Tomás?
3. ¿Qué hacen los hombres de Santo Tomás del Norte para ayudar a Rafaela?
4. ¿Qué quería saber la anciana que habló con Rafaela?

¿Qué piensas?

¿Por qué están tan entusiasmados por aprender los residentes de Santo Tomás del Norte?

Hazlo tú

Piensa en lo que significa ser voluntario(a). ¿Qué conocimientos y cualidades personales debe tener esa persona? Elige un campo en el cual te interese ser voluntario(a) (la alfabetización, el servicio a la comunidad, la política, u otro). Haz un póster o escribe un anuncio para atraer a otros voluntarios.

En uso

REPASO Y MÁS COMUNICACIÓN

OBJECTIVES

• Say what should be done
• React to the ecology
• React to others' actions

Now you can...

• say what should be done.

To review

• the present subjunctive of regular verbs see p. 132.

• the present subjunctive of irregular verbs see p. 134.

ACTIVIDAD 1 ¿Crees que...?

Tu compañero(a) quiere hacerte algunas preguntas sobre el medio ambiente. ¿Qué te pregunta y cómo le respondes?

modelo

nosotros / proteger el planeta

Compañero(a): *¿Crees que nosotros debemos proteger el planeta?*

Tú: *Sí, es importante que protejamos el planeta.*

1. nosotros / ir en autobús
2. yo / reciclar las botellas de vidrio
3. las comunidades / limitar el uso de aerosoles
4. nosotros / no echar todo a la basura
5. las ciudades / instituir un programa de reciclaje
6. nosotros / no destruir la capa de ozono
7. yo / saber más sobre el medio ambiente
8. los políticos / declarar zonas de reserva ecológicas

Now you can...

• say what should be done.

To review

• the present subjunctive of regular verbs see p. 132.

• the present subjunctive of stem-changing verbs see p. 135.

ACTIVIDAD 2 ¡Un robo!

Dos personas vieron un robo. ¿Qué es necesario que hagan?

modelo

ayudar a las víctimas

Es necesario que ayuden a las víctimas.

1. llamar a la policía
2. pedir información de las víctimas
3. volver a la escena del crimen
4. no decir mentiras a la policía
5. describir a los criminales
6. recordar qué pasó

Now you can...

• react to the ecology.

To review

• the present subjunctive of regular verbs see p. 132.

• the present subjunctive of irregular verbs see p. 134.

ACTIVIDAD 3 Una entrevista

Tú eres el (la) nuevo(a) presidente(a) del club para proteger el medio ambiente. Te hacen una entrevista para el periódico de la escuela sobre tus opiniones.

modelo

¿Es necesario hacer todo lo posible para preservar nuestro planeta?

¡Claro! Es necesario que hagamos todo lo posible para preservar nuestro planeta.

1. ¿Es posible reducir la contaminación del aire?
2. ¿Es bueno reciclar los productos de plástico?
3. ¿Es importante buscar otras formas de energía?
4. ¿Es malo contaminar el aire con combustibles?
5. ¿Es lógico limitar el uso de aerosoles?
6. ¿Es malo no respetar el medio ambiente?
7. ¿Es triste no comprender la importancia de proteger la fauna silvestre?
8. ¿Es una lástima no saber conservar los recursos naturales?

EL RIO ES FUENTE DE VIDA NO CONTAMINE

Now you can...

• react to others' actions.

To review

• the present perfect subjunctive see p. 137.

ACTIVIDAD 4 Mi reacción

¿Qué piensas de las actividades de los demás? Escribe una oración que describa tu reacción.

modelo

bueno: Los científicos desarrollaron otras formas de energía.

Es bueno que los científicos hayan desarrollado otras formas de energía.

1. bueno: Tú reciclaste las latas.
2. lógico: Mis vecinos participaron en la limpieza del parque.
3. malo: Mi amigo no fue a la reunión del club de ecología.
4. lástima: Nosotros destruimos la capa de ozono.
5. triste: Ustedes contribuyeron a la contaminación del aire.
6. bueno: Las ciudades prohibieron el uso de contaminantes.
7. lógico: Los políticos instituyeron un programa de reciclaje.
8. malo: Tú echaste las revistas a la basura.

ACTIVIDAD 5

Y yo, ¿qué puedo hacer?

> **PARA CONVERSAR**
> **STRATEGY: SPEAKING**
> **Express support or lack of support** Listen to your group members plans and decide if you want to support their efforts. Use impersonal expressions (p. 133) to state your position or to ask for clarification from your classmates.

En grupos de dos o tres, conversen sobre lo que pueden hacer hoy para proteger el medio ambiente.

modelo

Tú: *Yo voy a caminar al colegio.*

Amigo(a) #1: *Yo voy a reciclar mis revistas.*

Amigo(a) #2: …

ACTIVIDAD 6

¿Cuál es el problema?

¿Cuál es el problema ambiental más grave en tu ciudad? ¿Qué sugieres para resolverlo? En grupos de dos o tres, conversen sobre los problemas en su comunidad y las soluciones posibles.

modelo

Amigo #1: *Yo creo que el desperdicio es el problema más grave que tenemos.*

Amigo #2: *Es importante que reciclemos todos los productos de plástico, papel y vidrio.*

Amigo #3: *Yo creo que la contaminación del aire es el problema más grave.*

Amigo #1: …

ACTIVIDAD 7

En tu propia voz

ESCRITURA Te han elegido para escribir y diseñar un folleto (*brochure*) que se va a distribuir en tu colegio. El propósito del folleto es educar a los estudiantes sobre el medio ambiente y cómo protegerlo. Escribe dos o tres oraciones que expliquen la importancia de proteger el medio ambiente. Ilustra tus ideas si quieres.

modelo

¿Tienes bicicleta? ¡Úsala! Las bicicletas no echan combustibles al aire. Cada vez que te subes a un carro, estás destruyendo la capa de ozono. ¿Lo sabías?

CONEXIONES

Las ciencias Haz una investigación sobre el reciclaje en tu comunidad. ¿Quién recicla y cuánto? Haz una gráfica de lo que reciclas tú y lo que reciclan tu familia, tu escuela y tu comunidad en una semana. Incluye la cantidad. Haz un reportaje de lo que aprendas. Compara el porcentaje de lo que echan a la basura y lo que reciclan. ¿Es necesario que tu escuela y comunidad hagan más? ¿Es posible que tú puedas hacer más?

El reciclaje de...	el papel/el cartón	el vidrio	las latas	el plástico
mi casa			10 latas	2 botellas de jugo
mi escuela	papel de computadora			
mi comunidad	periódicos/revistas		latas de sopa	

En resumen
REPASO DE VOCABULARIO

Environment

el combustible	fuel
el efecto	effect
el medio ambiente	environment
el planeta	planet
la población	population
por todas partes	everywhere
los recursos naturales	natural resources
la tierra	land

Problems

el aerosol	aerosol
la capa de ozono	ozone layer
complicado(a)	complicated
la contaminación del aire	air pollution
el contaminante	pollutant
dañino(a)	damaging
el derrame de petróleo	oil spill
el desperdicio	waste
la destrucción	destruction
echar	to throw away
inútil	useless
¡Qué lío!	What a mess!
el químico	chemical
el smog	smog

Solutions

¡A todos nos toca!	It's up to all of us!
la botella	bottle
el cartón	cardboard
desarrollar	to develop
descubrir	to discover
increíble	incredible
instituir	to institute
la lata	can
el permiso	permission
el plástico	plastic
el programa de reciclaje	recycling program
prohibir	to prohibit

Solutions (continued)

proteger	to protect
reducir	to reduce
respetar	to respect
separar	to separate
el vidrio	glass
las zonas de reserva ecológica	conservation land

Nature

la altura	height
el bosque	forest
el cielo	sky
el clima	climate
la colina	hill
diverso(a)	diverse
el ecosistema	ecosystem
las especies	species
la fauna silvestre	wild animal life
la flora silvestre	wild plant life
la naturaleza	nature
la piedra	rock
la selva	jungle, forest
la sequía	drought
el valle	valley

 Ya sabes

Es...

bueno que	It's good that
importante que	It's important that
lógico que	It's logical that
malo que	It's bad that
mejor que	It's better that
necesario que	It's necessary that
peligroso que	It's dangerous that
posible que	It's possible that
probable que	It's probable that
raro que	It's rare that
ridículo que	It's ridiculous that
triste que	It's sad that
una lástima que	It's a pity that

Subjunctive with regular verbs

Es malo que **contaminemos** el aire y el agua.

Subjunctive with irregular verbs

Es bueno que **sepas** más sobre el medio ambiente.

Subjunctive with stem-changing verbs

Es importante que **recuerden** que el planeta es para todos.

Present perfect subjunctive

Es lógico que **hayas empezado** un programa de reciclaje.

Juego

Sopa de letras

Pon en orden las letras siguientes para saber qué es lo que no se puede ver, pero que nos protege todos los días. (¡Ojo! Son cuatro palabras enteras.)

ETAPA

3

La riqueza natural

- React to nature

- Express doubt

- Relate events in time

¿Qué ves?

Mira la foto. Contesta las preguntas.

1. ¿Qué cosas ven los turistas?

2. ¿Dónde se encuentran?

3. ¿Cómo crees que se sentirán el chico de la mochila azul y el chico de la gorra? ¿Cómo te sentirías tú?

4. ¿Sabes de qué país viene la foto pequeña? ¿Cómo podrías averiguarlo?

BIENVENIDO
PARQUE NACIONAL VOLCAN POAS

HORARIO DE INGRESO
DE 8:00 A.M A 3:30 P.M

EcoTurista

Lo mejor de dos mundos:
la ecología y el turísmo

Seis recomendaciones para el EcoTurista
que quiere conocer CENTROAMÉRICA.

Descubre

Lee cada oración y decide qué quiere decir la frase en azul.

1. Manejar un coche cuando tienes sueño es **peligroso**.
   a. safe
   b. dangerous
   c. intelligent
2. Los lagos y ríos son de **agua dulce**; los mares son de agua salada.
   a. saltwater
   b. ice water
   c. freshwater

En COSTA RICA
Los ríos Sarapiquí, Corobicí y Pacuare Costa Rica cuenta con buenos ríos para la **navegación por rápidos**. Este deporte, a veces **peligroso**, es una aventura. El que esté atento verá iridiscentes **mariposas** azules y los colores llamativos de los **tucanes**.

En EL SALVADOR
Parque Nacional Montecristo
Si tienes suerte, aquí verás monos, **zorrillos** y **osos hormigueros**. Hay 87 especies de pájaros como los **picaflores** y los **búhos**.

En GUATEMALA
Biotopo Cerro Cahuí
Aquí verás los colores brillantes de las muchas variedades de tucanes, **loros** y **halcones**. En la selva hay más de 20 especies de animales, tales como los **monos araña**, los **venados** y los **ocelotes**. En el agua hay **tortugas** y **serpientes**.

En PANAMÁ

El Refugio de Vida Silvestre Isla Iguana

Este refugio es famoso no sólo por las **iguanas** que le dan su nombre, pero también por las **ballenas jorobadas** que visitan sus mares de junio a noviembre. En Isla Iguana puedes **bucear** y **nadar con tubo de respiración** si quieres ver los **peces** tropicales, pescar o solamente descansar en la playa.

En HONDURAS

Refugio de Vida Silvestre Cuero y Salado

En este refugio encontrarás una selva llena de animales **salvajes:** monos, **jaguares** y **boas constrictoras**. Entre las 196 especies de pájaros hay tucanes, loros y **pelícanos**.

En NICARAGUA

Isla de Ometepe

Esta isla es la más grande del mundo en un lago **de agua dulce**. Los únicos **tiburones** de agua dulce del mundo viven en el Lago de Nicaragua. ¡Atrévete!

¿Comprendiste?

1. ¿Has ido alguna vez a una reserva ecológica? ¿Cuál?
2. ¿Has visto algunos de los animales mencionados en la revista EcoTurista? ¿Cuáles?
3. ¿Te gustaría conocer uno de los lugares recomendados por la revista EcoTurista? ¿Cuál? ¿Por qué?
4. ¿Crees que serías un(a) buen(a) EcoTurista? ¿Por qué o por qué no?
5. ¿Piensas que es importante que los países protejan su flora y fauna? ¿Crees que el ecoturismo es una buena idea para realizar eso?

En vivo
SITUACIONES

PARA ESCUCHAR • STRATEGY: LISTENING

Pre-listening What memories do you have of visits to the zoo? What are the pros and cons of taking animals out of their natural habitat?

Determine your purpose for listening You will hear a guide give a tour of a zoological park. Before listening, decide whether you are on a field trip or a visit with friends. Then, make a list of listening strategies you consider most appropriate and use them while listening.

How effective were your purpose and strategies? Would a different purpose and strategies change your understanding and memory?

El Parque SalvaNatura

Estás en el Parque SalvaNatura y escuchas al guía turístico, quien explica las secciones y la vida silvestre del parque.

❶ Leer

Cuando llegas al Parque SalvaNatura, la primera cosa que te da el guía turístico es un mapa del parque. El parque tiene seis secciones que representan la flora y fauna de cada país en Centroamérica. Estudia el mapa para ver qué hay en cada uno.

❷ Escuchar

El guía turístico te explica qué animales hay
en cada sección del parque. Escucha y decide
si esos animales están (sí) o no están (no) en
cada sección.

En la sección guatemalteca

- tucanes   Sí   No
- monos araña   Sí   No
- serpientes   Sí   No

En la sección hondureña

- jaguares   Sí   No
- venados   Sí   No
- tortugas   Sí   No

En la sección salvadoreña

- boas constrictoras   Sí   No
- mariposas   Sí   No
- osos hormigueros   Sí   No

En la sección nicaragüense

- tiburones   Sí   No
- monos   Sí   No
- serpientes   Sí   No

En la sección costarricense

- mariposas   Sí   No
- loros   Sí   No
- jaguares   Sí   No

En la sección panameña

- iguanas   Sí   No
- venados   Sí   No
- jaguares   Sí   No

❸ Hablar/Escribir

Ahora tú eres el (la) guía turístico(a) de un parque zoológico. ¿Qué
animales escogerías para tu parque? Con dos o tres compañeros,
diseñen un parque, decidan qué animales traerían a su parque y dibujen
un mapa para los turistas con el país de origen de cada animal. Den un
nombre imaginativo a su parque.

En acción
VOCABULARIO Y GRAMÁTICA

OBJECTIVES
- React to nature
- Express doubt
- Relate events in time

ACTIVIDAD 1

Los animales

Hablar/Escribir ¿Qué oración describe a cada dibujo?

¡Buenos días!

a. El tucán es un pájaro con un pico de muchos colores.

b. Los jaguares son de la familia de los gatos.

c. Hay muchas mariposas en esta selva.

d. Dicen que las tortugas son muy lentas.

e. Los loros pueden imitar el habla de la gente.

f. ¡Mira la ballena jorobada! ¡Qué enorme!

ACTIVIDAD 2

El hábitat natural

Hablar/Escribir ¿Cuál es el hábitat natural de estos animales? Pregúntale a tu compañero(a).

modelo

ballena

  a. río b. mar c. tierra

Tú: *¿Cuál es el hábitat natural de la ballena?*

Compañero(a): *Las ballenas viven en el mar.*

1. venado
   a. río   b. mar   c. bosque
2. jaguar
   a. selva   b. mar   c. río
3. tortuga
   a. palmera   b. montañas   c. río
4. mono araña
   a. río   b. mar   c. selva
5. pelícano
   a. mar   b. bosque   c. montañas
6. tiburón
   a. montañas   b. mar   c. río

TAMBIÉN SE DICE

Hay muchas maneras de nombrar los animales.

• **chango**	=	mono
• **perico, cotorra**	=	loro
• **víbora**	=	serpiente
• **colibrí**	=	picaflor
• **mofeta**	=	zorrillo

• Review: Use the subjunctive with expressions of emotion
• Review: Use the subjunctive to express doubt and uncertainty
• Use the subjunctive with **cuando** and other conjunctions of time

ACTIVIDAD 3

♻ **¿Has visto...?**

Hablar/Escribir Quieres saber qué animales tu compañero(a) ha visto y qué piensa de ellos. Hazle preguntas sobre los animales en las fotos. Luego cambien de papel.

modelo

Tú: *¿Has visto un mono araña alguna vez?*

Compañero(a): *Sí, lo vi en el zoológico.*

Tú: *¿Qué piensas de los monos?*

Compañero(a): *Pues, son muy inteligentes y cómicos.*

ACTIVIDAD 4

¡Vamos a Costa Rica!

Hablar/Escribir Vas a viajar a Costa Rica. Pregúntale a tu amigo(a) costarricense dónde puedes ver las cosas que te interesan. Usa el mapa como guía. Luego, cambien de papel.

modelo

Tú: *Me interesan mucho las tortugas. ¿Adónde debo ir?*

Compañero(a): *Debes ir al Parque Nacional Tortuguero. Allí hay muchas tortugas.*

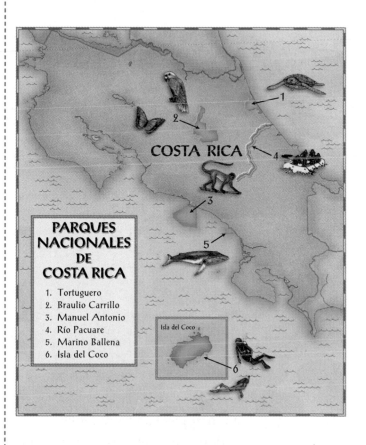

PARQUES NACIONALES DE COSTA RICA

1. Tortuguero
2. Braulio Carrillo
3. Manuel Antonio
4. Río Pacuare
5. Marino Ballena
6. Isla del Coco

The Subjunctive with Expressions of Emotion

▶ Remember that you use the **subjunctive** after expressions of emotion such as *I'm happy* and *I'm sad.*

The vocabulary box at the right lists some **expressions of emotions.**

Me alegro de que te **guste** la naturaleza.
*I'm happy that you **like** nature.*

Espero que podamos hacer algo pronto.
*I hope that we **can** do something soon.*

▶ You can use either the **present subjunctive** or the **present perfect subjunctive** after expressions of emotion. Just remember that:

• the **present subjunctive** refers to **present** or **future** time.
• the **present perfect subjunctive** refers to the **past**.

Es triste que haya tanta contaminación.
*It's sad that there **is** so much pollution.*

Sí. **Ojalá que puedan** reducirla. **Tengo miedo de que sea** muy peligrosa
*Yes. **I hope that they can** reduce it. **I'm afraid that it is** very dangerous.*

Siento que no **haga** buen tiempo.
*I'm sorry the weather **is** not good.*

Siento que no **haya hecho** buen tiempo.
*I'm sorry the weather **wasn't** good.*

Vocabulario

♻ **Ya sabes**

Es ridículo que...
Es triste que...
Es una lástima que...
Espero que...

Me alegro de que…
Ojalá que…
Siento que…
Tengo miedo de que…

N O T A CULTURAL

La Isla de Ometepe se considera una de las islas más bellas del mundo. La isla está en el Lago de Nicaragua, el octavo lago más grande del mundo. El lago es casi del mismo tamaño (*size*) del Lago Titicaca en Perú. La isla de Ometepe tiene dos grandes montañas gemelas. Los aventureros salen de las montañas en planeadores o avionetas pequeñas para ver la belleza natural de esta isla, uno de los centros turísticos más bellos de Centroamérica.

ACTIVIDAD 5 · Gramática

Reunión familiar

Hablar/Escribir Tu tía llama a toda la familia para hablar de sus esperanzas para la reunión familiar. ¿Qué le dice a cada uno?

modelo

a ustedes (llegar a tiempo)
Espero que lleguen a tiempo.

1. a ti (gustar la comida)
2. a usted (divertirse)
3. a mi prima (invitar a tu novio)
4. a mis papás (bailar mucho)
5. a mí (comer suficiente)
6. a ustedes (vestirse bien)

   ■ **MÁS PRÁCTICA** *cuaderno* p. 61
   ■ **PARA HISPANOHABLANTES**
    cuaderno p. 59

ACTIVIDAD 6

Juan

Escuchar/Escribir Escucha lo que les dice Juan a varios amigos y parientes. Luego escribe cómo se siente Juan en cada situación. Primero escucha el modelo.

modelo

Adriana

Juan espera que Adriana vaya con él a la fiesta.

ACTIVIDAD 7 · El mundo de hoy

PARA CONVERSAR • STRATEGY: SPEAKING

Gain thinking time before speaking Sometimes ideas do not come to us as quickly as we would like. One way to gain time is to restate what was just said which may in turn trigger a fresh idea. Example: **Sí, es una lástima. Espero que se proteja la selva también.**

♻ **Hablar/Escribir** Tú y tu compañero(a) hablan sobre el estado del mundo de hoy. Usa las frases de la primera columna para expresar cómo te sientes sobre alguna situación en la segunda columna.

modelo

Tú: *Es una lástima que los jaguares estén en peligro de extinción.*

Compañero(a): *Tiénes razón, es muy triste. Espero que…*

Me alegro de que…	países: (no) declarar zonas de reserva ecológicas
Siento que…	jaguares: (no) estar en peligro de extinción
Tengo miedo de que…	ciudades: (no) instituir programas de reciclaje
Es una lástima que…	gente: (no) reciclar el plástico
Ojalá que…	nosotros: (no) proteger las especies
Espero que…	nosotros: (no) destruir la capa de ozono
Es triste que…	gente: (no) respetar el planeta
Es ridículo que…	camiones: (no) contaminar el aire
	fábricas: (no) echar químicos al agua
	(no) haber derrames de petróleo
	¿…?

■ **MÁS COMUNICACIÓN** p. R6

ciento cincuenta y cinco **155**
Etapa 3

The Subjunctive to Express Doubt and Uncertainty

Remember that you use the **subjunctive** in the dependent clause after **expressions of doubt** and **uncertainty** such as those in the vocabulary box.

> **Dudo que** tus primos **quieran** acampar con nosotros.
> *I doubt that your cousins want to camp with us.*

> ¿Quién sabe? **Quizás** les **interese** la idea.
> *Who knows? Maybe the idea will interest them.*

> **No creo que** Pedro **haya visto** un animal salvaje en toda su vida.
> *I don't think that Pedro has seen a wild animal in his whole life.*

> **Tal vez** **quiera** ir con nosotros al refugio de vida silvestre.
> *Maybe he would want to come with us to the wildlife preserve.*

Vocabulario

Ya sabes

Dudo que…

No creo que…

No es cierto que…

No es seguro que…

No es verdad que…

Quizás…/ Quizá…

Tal vez…

You can use the **present subjunctive** or the **present perfect subjunctive** after **expressions of doubt** and **uncertainty.**

- the **present subjunctive** refers to **present** or **future** time

  No es cierto que Julio y Vera **naden** con tubo de respiración.
  It's not true that Julio and Vera are going to snorkel.

- the **present perfect subjunctive** refers to the **past**

  No es cierto que Julio y Vera **hayan nadado** con tubo de respiración.
  It's not true that Julio and Vera have snorkeled.

Normally, you don't use the **subjunctive** after the following expressions because they express **certainty,** not doubt.

expresses certainty

Yo **no dudo que** él ya sabe navegar por rápidos.
I don't doubt that he already knows how to white water raft.

no dudo que…

creo que…

es cierto que…

es verdad que…

es seguro que…

ACTIVIDAD 8 · Gramática

Dudo que...

Hablar/Escribir Tienes algunas dudas sobre los animales de la selva y el mar. Exprésalas.

modelo

(no) dudo que: haber / tiburones en la playa

Dudo que haya tiburones en la playa.

1. (no) creo que: las mariposas / vivir solamente en el bosque
2. (no) dudo que: el ecoturismo / resolver todos los problemas ecológicos
3. (no) es verdad que: los venados / ser peligrosos
4. (no) es seguro que: los monos / entender a los humanos
5. (no) dudo que: los tucanes / poder hablar
6. (no) creo que: las serpientes / comer peces
7. (no) es cierto que: las ballenas / existir sólo en los ríos
8. (no) es cierto que: las tortugas / estar en peligro de extinción

▐ **MÁS PRÁCTICA** *cuaderno* p. 62
▐ **PARA HISPANOHABLANTES** *cuaderno* p. 60

La Tortuga

Es uno de los animales más apreciados por el hombre, de nosotros depende su conservación. No adquiera ni consuma productos de tortuga, ayudemos a preservar con ella la biodiversidad de México.

ACTIVIDAD 9

♻ No te creo

Hablar/Escribir Tu amigo(a) siempre exagera y dice que ha hecho cosas increíbles. Tú nunca le crees. ¿Cómo le respondes cuando dice que ha hecho las siguientes cosas?

modelo

Fui a...

Amigo(a): *Fui a Centroamérica.*

Tú: *No creo que hayas ido a Centroamérica.*

1. Hice alpinismo en...
2. Navegué por rápidos en...
3. Vi un jaguar en...
4. Buceé en...
5. Nadé con tubo de respiración en...
6. Pesqué en alta mar...
7. Piloté una avioneta en...

NOTA CULTURAL

Recientemente muchos de los países de Centroamérica, particularmente Guatemala, Honduras, Nicaragua, Costa Rica y Panamá, han designado varias áreas como **reservas naturales** destinadas a la preservación de la fauna y flora de la región.

Conversaciones diarias

Hablar/Escribir A veces tenemos dudas sobre las situaciones en que nos encontramos. Con un(a) compañero(a), expresa algunas dudas que tengas usando las expresiones de la página 156. Tu compañero(a) te contesta usando tal vez o quizás. Luego, cambien de papel.

modelo

Tú: *No creo que papá esté en casa.*

Compañero(a): *Tal vez esté en la oficina.*

Compañero(a): *Dudo que mi hermana me preste el dinero.*

Tú: *¿Quién sabe? Quizás se sienta generosa.*

comprar	tener
hablar	venir
invitar	¿?

GRAMÁTICA

The Subjunctive with **cuando** and Other Conjunctions of Time

▶ You use the **subjunctive** after certain **conjunctions of time** to show that you are **not sure when** or **if** something will happen.

You use the **indicative** with the same **conjunctions of time**, if the **main clause** refers to the present or the past. Using the **indicative** shows that you are already **certain** about the outcome of the action described in the subordinate clause.

Vocabulario

El tiempo

cuando *when*

en cuanto *as soon as*

hasta que *until*

tan pronto como *as soon as*

Subjunctive
not sure of outcome

Bucearán **hasta que** anochezca.
They will scuba dive until it gets dark.

Avísame **cuando** sepas.
Let me know when you find something out.

Indicative
certain of outcome

Bucearon **hasta que** anocheció.
They were scuba diving until it got dark.

Siempre me avisas **cuando** sabes.
You always let me know when you find something out.

El Refugio

Hablar/Escribir Un grupo de tu colegio va al Refugio de Vida Silvestre Cuero y Salado en Honduras. ¿Qué dicen que van a hacer y hasta cuándo?

modelo

seguir el sendero / acabarse

Vamos a seguir el sendero hasta que se acabe.

Nota

Remember that when you form the subjunctive of verbs that end in **-cer** (such as **conocer, oscurecer, anochecer, amanecer,** etc.), the subjunctive forms include a **z**: **conozca, conozcas, conozca, conozcamos, conozcan.**

1. caminar / no haber luz
2. nadar / oscurecer
3. dormir / amanecer
4. hacer alpinismo / anochecer
5. disfrutar de la naturaleza / (nosotros) cansarse
6. observar la flora y fauna / (nosotros) tener hambre
7. buscar monos / (nosotros) ver uno
8. quedarnos / (ellos) cerrar el refugio

♻ Tan pronto como...

Hablar/Escribir Tú y tu hermano(a) menor van a acampar en un parque nacional y él (ella) te hace muchas preguntas. ¿Qué le dices?

modelo

recoger la leña

Tu hermano(a): *¿Por qué no recoges la leña?*

Tú: *Recogeré la leña tan pronto como lleguemos al campamento.*

1. hacer el fuego
2. abrir la tienda de campaña
3. acostarte en el saco de dormir
4. darme la manta
5. poner la linterna
6. abrir las latas
7. bajar la almohada del carro

MÁS PRÁCTICA *cuaderno* p. 63

PARA HISPANOHABLANTES *cuaderno* pp. 61

Vocabulario

Vamos a acampar

el abrelatas *can opener*

la almohada *pillow*

(el) amanecer *dawn; to start the day*

(el) anochecer *nightfall; to get dark*

(el) atardecer *late afternoon; to get dark*

el campamento *camp*

descubrir *to discover*

el fósforo *match*

el fuego *fire*

la leña *firewood*

la linterna *flashlight*

la luz *light*

la manta *blanket*

la navaja *jacknife*

oscurecer *to get dark*

la oscuridad *darkness*

el saco de dormir *sleeping bag*

el sendero *path*

la tienda de campaña *tent*

¿Qué objetos necesitas para acampar?

♻ Los quehaceres

Escuchar/Escribir ¡Pobre Imelda! Tiene muchos quehaceres hoy. Escucha lo que dice. Di si ya hizo el quehacer que menciona, o si todavía le falta hacerlo. Luego escribe una oración usando **en cuanto, hasta que** o **tan pronto como.**

modelo

No ha cortado el césped. Lo cortará en cuanto pueda.

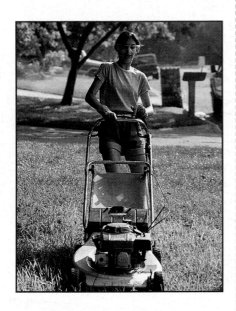

1. planchar	**5.** pasar
2. cortar	**6.** regar
3. limpiar	**7.** hacer
4. barrer	**8.** sacar

El tiempo

Hablar/Escribir Pregúntale a tu compañero(a) si quiere hacer algo para disfrutar de la naturaleza. Él (Ella) te contesta de acuerdo a cómo está el tiempo. Luego, cambien de papel.

modelo

quitar la neblina

Tú: *¿Quieres ir a pescar?* **o** *¿Quieres ir a bucear?*

Compañero(a): *Sí, vamos a pescar (bucear) en cuanto se quite la neblina.*

1. dejar de llover	**5.** irse las nubes
2. quitar la neblina	**6.** bajar la temperatura
3. salir el sol	**7.** pasar el relámpago
4. terminar el aguacero	**8.** parar la llovizna

Vocabulario

El tiempo

la nube *cloud*

el rayo *thunderbolt*

soleado *sunny*

el aguacero *downpour*	**la llovizna** *drizzle*
centígrado *centigrade*	**la neblina** *fog, mist*
húmedo(a) *humid, wet*	**el relámpago** *lightning*
el huracán *hurricane*	**el trueno** *thunder*

¿Puedes usar algunas de estas palabras para describir el tiempo hoy?

ACTIVIDAD 15

La finca de mariposas

Hablar/Leer En grupos de tres o cuatro, hablen sobre este folleto de La Finca de Mariposas en La Guácima de Alajuela, Costa Rica.

modelo

Tú: *¿Te gustan las mariposas?*

Amigo(a) 1: *Sí. Pero no sé cómo atraerlas a mi jardín.*

Amigo(a) 2: *Pues, aquí dice que …*

Amigo(a) 3: *¿Sabes cuántas especies de mariposas hay…?*

█ **MÁS COMUNICACIÓN** p. R8

Refrán

A cada pájaro le gusta oír su propio canto.

¿Qué quiere decir el refrán? ¿Estás de acuerdo? ¿Crees que preferimos las cosas que conocemos bien a las que no conocemos?

En voces

LECTURA

PARA LEER

STRATEGY: READING

Recognize uses of satire, parody, and irony What advertisements, TV shows, or movies do you see that use humor about someone or something? Their humor is often based on these three devices:

Satire: use of sarcasm to make fun of someone or something

Parody: a satirical imitation of a serious piece of writing

Irony: use of language whose meaning is the opposite of what is intended

Give examples of satire, parody, or irony in *Baby H.P.*

EN LA CASA

ama de casa	mujer que trabaja en la casa
el agobiante ajetreo	actividad energética de la casa
hogareño	
la rabieta	cuando un niño llora y grita
los vástagos	niños

Sobre el autor

Juan José Arreola, cuentista mexicano, es uno de los escritores más originales y más importantes de su generación. Nació en Ciudad Guzmán en el estado de Jalisco en 1918. Publicó sus primeros cuentos en unas revistas de Guadalajara durante los años 40. Las piezas cortas escritas por Arreola son cuentos, fábulas, viñetas o simplemente piezas cortas. Arreola se sirve del humor para satirizar ciertas características de la sociedad y del ser humano.

Introducción

«Baby H.P.», escrita en 1952, es una pieza satírica que trata del mundo de la publicidad y los anuncios. El autor parodia los anuncios dirigidos a las amas de casa, describiendo un aparato que se pone al niño para conservar su energía y convertirla después en la electricidad.

Baby H.P.

Señora ama de casa: convierta usted en fuerza motriz[1] la vitalidad de sus niños. Ya tenemos a la venta[2] el maravilloso Baby H.P., un aparato que está llamado a revolucionar la economía hogareña.

. . . .

El Baby H.P. es una estructura de metal muy resistente y ligera que se adapta con perfección al delicado cuerpo infantil, mediante cómodos cinturones, pulseras, anillos y broches[3]. Las ramificaciones de este esqueleto suplementario recogen[4] cada uno de los movimientos del niño, haciéndolos converger en una botellita de Leyden que puede colocarse en la espalda o en el pecho, según necesidad.

. . . .

De hoy en adelante usted verá con otros ojos el agobiante ajetreo de sus hijos. Y ni siquiera perderá la paciencia ante una rabieta convulsiva, pensando en que es una fuente[5] generosa de energía.

Las familias numerosas pueden satisfacer todas sus demandas de electricidad, instalando un Baby H.P. en cada uno de sus vástagos, y hasta realizar un pequeño y lucrativo negocio, transmitiendo a los vecinos un poco de la energía sobrante[6].

. . . .

Los niños deben tener puesto día y noche su lucrativo H.P. Es importante que lo lleven siempre a la escuela, para que no se pierdan las horas preciosas del recreo, de las que ellos vuelven con el acumulador[7] rebosante[8] de energía

---

[1] power, moving force
[2] for sale
[3] fasteners, clips
[4] to collect
[5] source
[6] leftover, surplus
[7] storage battery
[8] overflowing

¿Comprendiste?

1. ¿Cómo son las obras de Arreola?
2. ¿Para qué sirve el aparato Baby H.P.?
3. ¿Cómo es el aparato?
4. ¿Qué ventaja tienen las familias numerosas?

¿Qué piensas?

1. ¿Qué te parece la idea de Arreola? ¿Por qué es buena? ¿Por qué no?
2. ¿Crees que él habla en serio? ¿Por qué?

Hazlo tú

Inventa un aparato y descríbelo, imitando el estilo de Arreola. Menciona cómo es, para qué sirve y los beneficios que tiene.

En colores

CULTURA Y COMPARACIÓN

Un país de encanto

PARA CONOCERNOS

STRATEGY:
CONNECTING CULTURES
Analyze the advantages and disadvantages of ecotourism

This brochure makes ecotourism very appealing by providing new experiences for tourists and economic benefits for local citizens. Analyze the positive and possible negative consequences of ecotourism. Present your findings in a chart that might be used to inform both the Department of Tourism and the Chamber of Commerce. What is your personal position as a result of this analysis?

	ventajas	desventajas
ecoturismo	1.	1.
	2.	2.
	3.	3.

Costa Rica es muy conocido por sus parques nacionales, reservas biólogicas y refugios naturales. Miles de turistas visitan este país para conocer sus ecosistemas y disfrutar de su belleza.

Los aficionados de la naturaleza encontrarán en los bosques de Costa Rica más de 850 especies de aves[1] como halcones, tucanes y pelícanos.

Al norte de San José se encuentra el Parque Nacional Braulio Carrillo, creado para proteger el bosque tropical de la construcción de la carretera que va desde San José a Puerto Limón.

---

[1] birds

El parque tiene tres tipos de vegetación según la altura del terreno[2]
y varias especies de animales. Puedes explorar muchos senderos,
como el Sendero Botella, donde hay una hermosa catarata[3]. Allí
también viven monos, osos hormigueros, tortugas, serpientes,
jabalíes[4], una variedad de mariposas y hasta coyotes y tapires.

En la costa del Pacífico, el Parque Nacional Manuel Antonio
llama la atención por sus playas. ¡Ojo! En este parque
los monos y las iguanas no tienen miedo de la gente.
Suelen acercarse[5] a los turistas en las hermosas
playas de Espadilla Sur, Manuel Antonio y
Puerto Escondido. Pero no des de comer a
los monos porque se ponen muy pesados.
¡Hasta se meten[6] en las bolsas!

[2] altitude of terrain   [4] wild boars   [6] get into
[3] waterfall   [5] they often come up to

¿Comprendiste?

1. ¿Qué animales se pueden ver en los
   parques nacionales de Costa Rica?
2. ¿Cómo es el Parque Nacional Braulio
   Carrillo?
3. ¿Qué parque nacional tiene playas hermosas?
4. ¿Cuál de los parques tiene una catarata?
5. ¿Qué animales llaman la atención en el Parque Nacional Manuel Antonio?
   ¿Qué hacen?

¿Qué piensas?

¿Qué piensas de los parques zoológicos en contraste con los refugios de vida
silvestre? ¿Cuál prefieres? ¿Por qué?

Hazlo tú

Estudia un mapa de Costa Rica y planea una visita a unos de sus parques
nacionales. Indica lo que quieres ver en cada parque.

Now you can...

• react to nature.

To review

• subjunctive with expressions of emotion see p. 154.

En uso
REPASO Y MÁS COMUNICACIÓN

OBJECTIVES

• React to nature
• Express doubt
• Relate events in time

ACTIVIDAD 1 El fin de semana

Vas al Parque Nacional con tu familia este fin de semana. Combina las siguientes frases.

modelo

Vamos al Parque Nacional este fin de semana. Me alegro.

Me alegro de que vayamos al Parque Nacional este fin de semana.

1. Mi amigo no viene con nosotros. Es una lástima.
2. Mi hermano no tiene tiempo para acompañarnos. Siento mucho.
3. Siempre llueve durante nuestras vacaciones. Es ridículo.
4. Papá viene con nosotros. Me alegro.
5. Siempre nos perdemos en el parque. Mi hermanita tiene miedo.
6. Hay tantas especies de mariposas en el parque. Me alegro mucho.
7. Nos divertimos mucho. Ojalá.

Now you can...

• express doubt.

To review

• the subjunctive to express doubt and uncertainty see p. 156.

ACTIVIDAD 2 El campamento

Tú y tu compañero(a) están en un campamento. Él (Ella) dice algunas cosas que tú dudas. ¿Qué te dice y cómo le respondes?

modelo

¡Hay serpientes en el campamento! (no es cierto)

Compañero(a): *¡Hay serpientes en el campamento!*

Tú: *No es cierto que haya serpientes en el campamento.*

1. Veré un jaguar. (dudo que)
2. Sé hacer un fuego con leña. (no creo que)
3. No tengo fósforos. (no es verdad que)
4. Lloverá mañana. (no es seguro que)
5. Veremos un mono araña. (quizás)
6. Sacaré fotos de los osos hormigueros. (dudo que)
7. Dormiré muy bien sin saco de dormir. (no creo que)

Now you can...

• relate events in time.

To review

• the subjunctive with **cuando** and other expressions of time see p. 158.

ACTIVIDAD 3 Primera vez

Es la primera vez que Miguel va a acampar. ¿Qué dice que va a hacer? Usa **cuando** en sus oraciones.

modelo

abrir la tienda de campaña (llegar al campamento)

Abriré la tienda de campaña cuando llegue al campamento.

1. juntar leña (necesitar más)
2. empezar el fuego (tener frío)
3. abrir las latas de comida (encontrar el abrelatas)
4. guardar la comida (terminar de comer)
5. acostarme en el saco de dormir (cansarme)
6. despertarme (salir el sol)

Now you can...

• relate events in time.

To review

• the subjunctive with **cuando** and other expressions of time see p. 158.

ACTIVIDAD 4 Después de clases

Le describes a un(a) amigo(a) qué van a hacer tú y tu hermano(a) hoy después de clases. ¿Qué le dices?

modelo

ir a la biblioteca / en cuanto / salir de la última clase

Iremos a la biblioteca en cuanto salgamos de la última clase.

1. quedarse en el colegio / hasta que / venir mamá por nosotros
2. hacer la tarea / en cuanto / llegar a casa
3. preparar la cena / tan pronto como / terminar la tarea
4. encender el televisor / tan pronto como / lavar los platos
5. ver la tele / hasta que / oscurecer
6. acostarse / en cuanto / apagar el televisor
7. dormirse / tan pronto como / acostarse
8. no despertar / hasta que / amanecer

ACTIVIDAD 5 ¡Somos ecoturistas!

PARA CONVERSAR

STRATEGY: SPEAKING

Reassure others When people are planning an extensive trip together, it is important that they express hopes, feelings, concerns, and doubts. How can you reassure them? Here are some ways: **¡No te pongas triste! ¡No te preocupes! ¡Sé más optimista!** Can you think of other ways?

En grupos de dos o tres, conversen sobre un viaje que van a hacer como ecoturistas en Centroamérica. Primero decidan adónde van, y entonces digan cómo se sienten.

modelo

Tú: *Me alegro de que vayamos a acampar este fin de semana.*

Compañero(a) #1: *Es triste que Carlos no pueda venir con nosotros.*

Compañero(a) #2: *¡Sí, pobrecito! Ojalá que mañana se sienta mejor.*

ACTIVIDAD 6 Cuando haga esto...

En grupos de dos o tres, conversen sobre los planes que realizarán cuando terminen otras cosas.

modelo

Amigo(a) #1: *Yo voy a buscar trabajo en cuanto termine este año escolar.*

Amigo(a) #2: *Yo no. Yo voy a viajar por Centroamérica cuando pueda.*

Amigo(a) #3: *Yo no sé qué voy a hacer. Quizás me vaya a Nueva York.*

Amigo(a) #1: *…*

ACTIVIDAD 7 *En tu propia voz*

ESCRITURA Escoge uno de los animales de Centroamérica y haz una investigación sobre ese animal. Escribe una composición que describa el animal: cuál es su hábitat natural, qué come, cómo es, etc. Si prefieres, escribe un cuento de ficción sobre un animal centroamericano.

modelo

El jaguar vive en la selva. Sólo sale al amanecer…

CONEXIONES

Las ciencias Las selvas tropicales producen una gran parte del oxígeno que necesita el mundo para vivir. Investiga algunos productos que vienen de la selva. ¿Crees que son necesarios? ¿Cuáles son algunos cambios que podrían pasar al medio ambiente si desaparecen las selvas tropicales? Puedes buscar en la biblioteca o en Internet. Comparte tu información en un ensayo o en un póster.

En resumen

REPASO DE VOCABULARIO

REACT TO NATURE

In the wild

el agua dulce	freshwater
(el) amanecer	dawn; to start the day
(el) anochecer	nightfall; to get dark
(el) atardecer	late afternoon; to get dark
bucear	to scuba dive
el campamento	camp
descubrir	to discover
el (la) ecoturista	ecotourist
la luz	light
nadar con tubo de respiración	to snorkel
navegar por rápidos	to go whitewater rafting
oscurecer	to get dark
la oscuridad	darkness
peligroso(a)	dangerous
el refugio de vida silvestre	wildlife refuge
salvaje	wild
el sendero	path

Animals and birds

la ballena jorobada	humpback whale
la boa constrictora	boa constrictor
el búho	owl
el cocodrilo	crocodile
el halcón	falcon
la iguana	iguana
el jaguar	jaguar
el loro	parrot
la mariposa	butterfly
el mono araña	spider monkey
el ocelote	ocelot
el oso hormiguero	anteater
el pelícano	pelican
el pez	fish
el picaflor	hummingbird
la serpiente	snake
el tiburón	shark
la tortuga	turtle
el tucán	toucan
el venado	deer
el zorrillo	skunk

Camping

el abrelatas	can opener
la almohada	pillow
el fósforo	match
el fuego	fire
la leña	firewood
la linterna	flashlight
la manta	blanket
la navaja	jackknife
el saco de dormir	sleeping bag
la tienda de campaña	tent

Weather

el aguacero	downpour
centígrado	centigrade
húmedo(a)	humid, wet
el huracán	hurricane
la llovizna	drizzle
la neblina	fog, mist
la nube	cloud
el rayo	thunderbolt, flash of lightning
el relámpago	lightning
soleado(a)	sunny
el trueno	thunder

♻ Ya sabes

Es ridículo que...	It's ridiculous that...
Es triste que...	It's sad that...
Es una lástima que...	It's a shame that...
Espero que...	I hope that...
Me alegro de que...	I'm happy that...
Ojalá que...	I hope that...
Siento que...	I'm sorry that...
Tengo miedo de que...	I'm afraid that...

EXPRESS DOUBT

♻ Ya sabes

Dudo que...	I doubt that...
No creo que...	I don't think that...
No es cierto que...	It's not certain that...
No es seguro que...	It's not sure that...
No es verdad que...	It's not true that...
quizás / quizá	maybe
tal vez	perhaps

RELATE EVENTS IN TIME

cuando	when
en cuanto	as soon as
hasta que	until
tan pronto como	as soon as

Juego

La selva misteriosa

¿Qué hay en la selva? ¿Puedes encontrar dos animales cuyos nombres empiecen con la letra m?

En tu propia voz

ESCRITURA

¡A todos nos toca!

Tu amiga costarricense es candidata para presidenta de su clase. Te pide que le escribas un discurso sobre la preservación del medio ambiente. Tienes que escribir un discurso persuasivo dando tres razones por las cuales los alumnos deben votar por ella.

Propósito: Persuadir a votar **Tema:** Proteger el medio ambiente
Lectores: Los alumnos **Tipo de escritura:** Discurso persuasivo

PARA ESCRIBIR • STRATEGY: WRITING

Persuade by presenting solutions to problems A persuasive political speech convinces voters that a candidate can identify important issues, define shared goals, and offer specific solutions to problems. It also highlights the benefits of solving the problems.

Modelo del estudiante

> The writer clearly **identifies the problems** the candidate intends to solve.

> The writer involves listeners in the speech directly by using **nosotros** as opposed to **yo** forms, as well as **nosotros commands**.

> As the speech is developed, the writer **establishes a clear relationship** between the problems, the solutions, and the future benefits.

Estudiantes votantes: ¿Valoran el futuro? ¿Quieren contribuir con nuestra comunidad? Todos deseamos mejorar el mundo en que vivimos.

Sin embargo, día tras día tenemos que confrontar la creciente contaminación de nuestro aire y agua. ¿Podemos evitar los malos efectos de la destrucción de nuestras áreas verdes? ¿Es posible reducir la contaminación, consumir menos y conservar más?

¡Yo creo que sí! Si nuestra clase me elige presidenta, verán lo que puede hacer una líder dedicada a la preservación de la ecología. ¡Trabajemos juntos para luchar contra la degradación de nuestro medio ambiente! ¡Colaboremos desde nuestra escuela para nuestra comunidad!

Como presidenta de la clase, crearé y pondré en práctica programas efectivos. Les prometo organizar una campaña de sembrar árboles y flores alrededor de la escuela para embellecerla y devolver el oxígeno al aire. Lucharé por grupos de estudiantes para recoger basura, para que no se ensucie más nuestra vecindad. Organizaré un programa de reciclaje más completo para conservar papel, latas y plásticos de la escuela.

Su voto por mí es un voto por el futuro. Estar a favor de mi presidencia es estar a favor del medio ambiente. Ojalá que juntos podamos cumplir con mis esperanzas y planes para nuestra clase. ¿Me pueden ayudar? ¡Protejamos los beneficios del aire limpio, de un paisaje bello y de un futuro más seguro! No se olviden... ¡A todos nos toca!

Estrategias para escribir

Antes de escribir...

Piensa en varios problemas ecológicos que se deben mencionar. ¿Qué problemas puedes solucionar con programas en la escuela? Crea una tabla como la de la derecha. Determina qué problemas son más importantes para los alumnos e identifica soluciones generales. Después, piensa en programas que puedan implementar las soluciones de una manera concreta.

Problema general	Solución general	Programas específicos de la candidata
contaminación del aire	devolver el oxígeno	sembrar árboles y plantas
consumo de recursos naturales	conservar	reciclar papel, latas, plástico y más
una vecindad sucia	limpiar	recoger la basura

Revisiones

Después de escribir el primer borrador, pídele a un(a) compañero(a) que lo lea en voz alta. Pregúntale:

- *¿Qué más debo hacer para identificar los problemas de una manera clara?*
- *¿Cómo puedo explicar la relación entre los problemas, las soluciones y los beneficios?*
- *¿Qué más necesito hacer para que los estudiantes tomen un interés personal?*

La versión final

Antes de crear tu versión final, léela de nuevo y repasa los siguientes puntos:

- *¿Usé el subjuntivo con expresiones de duda, emoción o deseo?*

Haz lo siguiente: Subraya todas las expresiones de duda, emoción o deseo. Subraya dos veces los verbos que se usan con estas expresiones. Míralos para ver si debes usar el subjuntivo o el indicativo en cada caso. ¡Ojo! No te olvides de usar el indicativo con expresiones de certeza.

- *¿Incluí mandatos con la forma nosotros en el discurso?*

Haz lo siguiente: Haz un círculo alrededor de todos los mandatos con la forma nosotros. Míralos y corrígelos si es necesario. Recuerda que estos mandatos tienen la misma forma nosotros en el subjuntivo, con la excepción de los irregulares.

La naturaleza es la responsabilidad de todos. ¡Hacemos (Hagamos) nuestra parte! Es peligroso que no la hemos (hayamos) protegido más y que no hayamos descubierto soluciones para preservarla. ¡Tengo miedo de que la destrucción del medio ambiente va a ser (vaya a) desastroso (desastrosa) para todos! Es evidente que tengamos (tenemos) que sacrificar y conservar para mantener el equilibrio ecológico. ¡No contaminemos! ¡Sobrevivamos!

 Comparte tus escritos en www.mcdougallittell.com

UNIDAD 3

OBJECTIVES

ETAPA 1

¡Al fin la graduación!

- Describe personal celebrations
- Say what people want
- Link events and ideas

ETAPA 2

¡Próspero Año Nuevo!

- Talk about holidays
- Hypothesize
- Express doubt and disagree
- Describe ideals

ETAPA 3

Celebraciones de patria

- Describe historic events
- Make suggestions and wishes
- Express emotion and doubt
- State cause and effect

CELEBRACIÓN DE MI MUNDO

FLORIDA

CUBA

CUBA
LOS MUÑEQUITOS DE MATANZAS
Este grupo de música afrocubana utiliza tradiciones e instrumentos de África. También cantan en yoruba, un lenguaje africano. ¿En cuáles otros países del Caribe se puede ver la influencia africana?

OCÉANO ATLÁNTICO

EL CARIBE
MARACAS Este instrumento de percusión es muy popular en el Caribe. Es de origen africano. ¿Qué otros instrumentos conoces de origen africano?

Población total de P.R., D.R., y Cuba: 22.696.278

Altura: 3175 m sobre el nivel del mar (punto más alto: Pico Duarte, República Dominicana)

Clima: 80°F (27°C) San Juan (Temp. más alta); 77°F (25°C) Habana (Temp. más baja)

Comida típica: chicharrones, sancocho, tostones

Gente famosa del Caribe: Pablo Casals (músico), José Martí (político), Pedro Martínez (atleta)

 Para más información sobre el Caribe, ve a www.mcdougallittell.com

 Mira el video para más información.

EL CARIBE
FRUTAS TROPICALES Las guayabas, quenepas y piñas son algunas de las frutas que se cultivan en el clima tropical del Caribe. Se hacen muchos dulces y refrescos con éstas. ¿Conoces otras frutas que vienen de un clima tropical?

BAHAMAS

PUERTO RICO
ROSARIO FERRÉ (b. 1942) es una de las escritoras más prominentes de América Latina. Ha escrito y publicado libros en inglés y español. ¿Cómo crees que la historia de Puerto Rico ha influido en esto?

LA REPÚBLICA DOMINICANA
JUAN LUIS GUERRA Este músico es uno de los grandes del merengue. El merengue es la música más popular de la República Dominicana. Es conocida a través del mundo latinoamericano. ¿Sabes qué otra cosa significa merengue?

HAITÍ **REPÚBLICA DOMINICANA**

★
SANTO DOMINGO

SAN JUAN
★
PUERTO RICO

PUERTO RICO
PARQUE CEREMONIAL TAÍNO, UTUADO
Los taínos, las personas que vivían en Puerto Rico cuando llegaron los españoles, celebraban el batey o juego de pelota en este parque ceremonial. Según la foto, ¿a qué deporte crees que se parece este juego?

Utuado, P.R.

ETAPA

1

¡Al fin la graduación!

- Describe personal celebrations

- Say what people want

- Link events and ideas

¿Qué ves?

Mira la foto de la celebración. Contesta las preguntas.

1. ¿Qué se está celebrando?

2. ¿Quiénes son las personas en la foto?

3. ¿Dónde es la celebración?

4. Según el diploma, ¿en qué país sucede este evento?

El día de mi graduación

Descubre

Adivina el significado de las palabras en azul según el contexto.

1. Estás en una ceremonia de graduación. Ahora entra el **desfile de graduandos**.

2. En su **discurso** el profesor les dice algunas palabras a los graduandos.

3. Les **desea mucho éxito** a todos los estudiantes.

4. Los padres del graduando están muy **orgullosos** de él.

5. El graduando ha **llevado a cabo** sus estudios.

6. Antes de comer hay un **brindis** por el graduando.

7. El graduando les da las gracias a sus padres y a sus **padrinos** por su ayuda.

8. Les dice «**se la agradezco** mucho».
   a. wishes them success
   b. toast
   c. speech
   d. accomplished
   e. procession of graduates
   f. is grateful to them
   g. proud
   h. godparents

Estamos entrando al auditorio en el desfile de graduandos. ¡Todos estamos muy emocionados! Es un día muy importante para nosotros. ¡Por fin vamos a graduarnos!

Entrada de los graduandos

El profesor Julio Capetillo León dio la bienvenida. Su discurso fue muy inspirador. Sus últimas palabras fueron: «Les deseo mucho éxito a todos los graduandos. Espero que disfruten de la vida y que su educación los lleve a lo mejor que la vida puede ofrecer».

La ceremonia de graduación

¡Aquí estoy yo con mi diploma! Me veo muy sofisticada en mi toga y birrete. ¡Estoy lista para conquistar el mundo!

El diploma

Aquí estoy con mis padrinos. Nos damos la enhorabuena. ¡Qué felices estamos, y qué orgullosos! ¡Por fin! En este momento podemos ver que vale la pena trabajar duro y seguir nuestros sueños.

¡Felicitaciones!

La celebración entre familia

Luego todos fuimos a casa para celebrar. En esta foto brindamos por mi graduación y futuro. Yo pude apreciar el apoyo que me ha dado mi familia: «Mil gracias por su generosidad. Se la agradezco mucho. Verdaderamente han sido muy generosos. Por esto voy a poder llevar a cabo mis sueños.»

Centro de Estudios José Reyes

Ceremonia de graduación
4 de junio
Auditorio Duarte

¿Comprendiste?

1. ¿Alguien en tu familia se ha graduado de la secundaria? ¿Quién?
2. ¿Has ido a una ceremonia de graduación? ¿Dónde fue?
3. ¿Hubo discursos? ¿Qué pensaste de ellos?
4. ¿Hubo una celebración después? ¿Qué hicieron?
5. ¿Cómo se sintieron los padres del graduando?
6. ¿Esperas tu día de graduación con emoción? ¿Cómo crees que te vas a sentir ese día? Explica.

En vivo
SITUACIONES

PARA ESCUCHAR

STRATEGY: LISTENING

Pre-listening Think ahead to your own graduation. What are the main parts of the ceremony? What events do you think family members might videotape?

Listen and recognize major transitions As Jorge narrates his sister's graduation, how does he indicate changes of activity and location? Write a title for each scene he describes.

La graduación de Rosanna

Jorge, el hermano de Rosanna, grabó *(taped)* la graduación de su hermana con una videocámara. Vas a ver unas imágenes del video. Luego escucha la narración de Jorge durante ese día especial.

❶ Mirar

Estudia las siguientes imágenes del video que hizo Jorge de la graduación de Rosanna.

❷ Escuchar

Primero, estudia el programa de la ceremonia. Luego, escucha la narración de Jorge mientras describe lo que está grabando. Decide si las siguientes oraciones son ciertas o falsas. Si son falsas, corrígelas.

1. La ceremonia de graduación es en el gimnasio.

2. Hay mucha gente en el auditorio.

3. Los graduandos entran con sus padres.

4. Jorge graba a Rosanna mientras entra con sus padrinos.

5. Tocan el Himno Nacional después del primer discurso.

6. Jorge decide que no va a grabar el discurso del profesor Julio C. León.

7. Jorge no graba el momento cuando su hermana recibe el diploma.

8. Jorge está orgulloso de su hermana.

9. Rosanna no quiere hablar ante la cámara.

❸ Hablar/Escribir

¿Piensas mucho en el día de tu graduación? Con dos o tres compañeros, conversen sobre ese día futuro. Hagan planes detallados para todo el día, desde por la mañana hasta por la noche.

PROGRAMA

1.- Entrada de graduandos junto con sus padrinos.

2.- Himno Nacional.

3.- Bienvenida y presentación, a cargo del Prof. Julio C. León.

4.- Palabras a cargo del presidente Luis Rivas

5.- Acto de investidura:
   a) Entrega de Diplomas a los graduandos.
   b) Juramento de graduandos.
   c) Recibimiento de graduandos.

6.- Reconocimiento a la directiva y profesores.

7.- Palabras de gracias a cargo del relacionador Jhonson Morillo.

8.- Despedida de la Promoción (Comité Pro-Graduación)

9.- Acto sorpresa a cargo del Grupo los Magníficos.

10.- Himno Nacional

En acción
ACTIVIDADES Y GRAMÁTICA

OBJECTIVES
- Describe personal celebrations
- Say what people want
- Link events and ideas

ACTIVIDAD 1

¡Qué emoción!

Escribir Rosanna le escribió esta carta a su prima Cristina en Nueva York para describir su ceremonia de graduación. Completa la carta con las siguientes palabras.

aprecio	toga	graduación
desfile	discurso	generosidad
me gradué	birrete	orgulloso
felicitar	diploma	llevado a cabo
graduandos	generosa	se emocionaron
mil gracias	éxito	

Querida Cristina,

¡Qué emoción! Ayer fue mi ceremonia de __1__. ¿Puedes creerlo? Por fin __2__ de la secundaria. Me hubieras visto en mi __3__. ¡Me veía muy intelectual! Mis padres __4__ mucho al verme recibir mi __5__.

Déjame describirte todo. Primero hicimos el __6__ de __7__. Entonces el profesor León dio un __8__ muy inspirador. Él nos deseó mucho __9__ en nuestras carreras y dijo que estaba muy __10__ de todos los graduandos.

¡__11__ por el regalo que me mandaste! Siempre has sido muy __12__: no sabes cuánto __13__ tu __14__. Por favor escríbeme y dime cómo fue tu graduación. Te quiero __15__ por haber __16__ tu educación secundaria.

Cuídate y muchos abrazos,

tu prima Rosanna

ACTIVIDAD 2

¡Enhorabuena!

Hablar/Escribir Tu compañero(a) te lee una oración. Decide cuál dibujo está describiendo.

> *modelo*
>
> **Tú:** «¡Enhorabuena, hija! Te felicitamos».
>
> **Compañero(a):** *Es el dibujo f.*

1. «Mis padrinos brindaron porque me gradué segunda en mi clase».
2. «Los graduandos llevan toga y birrete».
3. «¡Los discursos me aburren! ¡Qué fatal»!
4. «Fuimos a la ceremonia de graduación de Rosanna. ¡Qué bonito estuvo todo»!
5. «¡Mira! Puse mi diploma en la pared para que lo vieran todos».

- Review: Use the subjunctive for expressing wishes
- Use the subjunctive with conjunctions
- Use the imperfect subjunctive

ACTIVIDAD 3

Mi graduación

Hablar/Escribir Imagina que te vas a graduar de la secundaria. Usa las siguientes palabras para dramatizar esta situación con tu compañero(a). Luego, cambien de papel.

modelo

Tú: *Hoy es la ceremonia de mi graduación.*

Compañero(a): *¡Te felicito!*

Tú: *Mil gracias, te lo agradezco.*

> graduando
> toga y birrete
> diploma
> generosidad
> desfile
> felicitar
> brindar
> graduarse
> desfilar
> apreciar
> enhorabuena
> emocionarse
> llevar a cabo
> mil gracias
> ceremonia de graduación
> Te lo agradezco.
> Te deseo mucho éxito.
> ¿...?

ACTIVIDAD 4

Un día importante

Hablar/Escribir Conversa con un(a) compañero(a) sobre lo que ocurre en cada dibujo. Describan cada escena con todo el detalle que puedan.

modelo

Tú: *Es una ceremonia de graduación.*

Compañero(a): *Sí. Los graduandos llevan togas y birretes.*

Tú: *Están entrando en el desfile de graduandos...*

The Subjunctive for Expressing Wishes

Remember that you learned to use the subjunctive with **impersonal expressions** such as **es importante que** and **es necesario que**.

You know how to use the subjunctive after verbs like **querer que** and **preferir que** to indicate that one person wants someone else to do something.

> Rosanna **quiere que** sus padrinos la **acompañen**.
> *Rosanna **wants** her godparents to **accompany** her.*

You also use the subjunctive after other verbs, like the ones below, that express wishes.

> Rosanna **espera que** no **llueva**.
> *Rosanna **hopes** it **doesn't rain**.*

You only use the subjunctive with these **verbs** when there is a change of **subject**.

Compare the following sentences.

> Yo **quiero que** tú **asistas** a la ceremonia.
> *I want **you** to attend the ceremony.*

> Yo **quiero asistir** a la ceremonia.
> *I want to attend the ceremony.*

When there is no change of **subject**, you use the **infinitive** instead of the subjunctive.

Vocabulario

Otros verbos

dejar *to allow*
exigir *to demand*
insistir en *to insist*
oponerse a *to oppose*
prohibir *to prohibit*
rogar (o→ue) *to beg*
suplicar *to ask, plead*

♻ **Ya sabes**

aconsejar
desear
esperar
mandar
pedir (e→i)
permitir
querer (e→ie)
recomendar (e→ie)
sugerir (e→ie)

Pedro

Hablar/Escribir Hoy es el día de graduación de Pedro. Su madre le dice que quiere que haga ciertas cosas. ¿Qué le dice?

modelo

querer que / estar listo a las cinco

Quiero que estés listo a las cinco.

Nota

Verbs that end in **-ger** change **g** to **j** in the subjunctive: **exija, exijas,** etc.

1. insistir que / cortarse el pelo
2. recomendar que / comprar zapatos nuevos
3. sugerir que / recoger tu cuarto
4. esperar que / sentirse orgulloso
5. rogar que / no ponerse esa camisa
6. pedir que / llegar a tiempo

MÁS PRÁCTICA *cuaderno* p. 69

PARA HISPANOHABLANTES *cuaderno* p. 67

Consejos a los graduandos

Escuchar/Escribir ¿Qué consejos tienen los amigos y familiares de los graduandos? Escucha y escribe cada consejo.

modelo

Armando y Nydia   Les sugiero que vayan a la universidad.

1. Ana Luisa	5. Eduardo
2. Juan y María	6. Joaquín
3. Arturo	7. Lisa y Dina
4. Martín y Laura	8. Rogelio

PARA CONVERSAR

SPEAKING STRATEGY

Accept or Reject Advice Here are ways to respond to well-meant advice or requests:

a. Accept and seek more information or show a positive reaction: **¿Cuándo? Me alegro que…**

b. Indicate uncertainty or a condition: **Dudo que… Puedo salir en cuanto…**

c. Reject and give reasons: **No puedo… Es imposible que… No es lógico que…**

Hablar/Escribir Es la última semana antes de la graduación y quieres que tu compañero(a) haga ciertas cosas contigo. ¿Qué le dices y cómo te responde? Usa los verbos de la lista. Luego, cambien de papel.

modelo

querer que

Tú: *Quiero que estudies conmigo para los exámenes finales.*

Compañero(a): *Está bien. ¿Qué vamos a estudiar?*

desear que
sugerir que
suplicar que
aconsejar
insistir que
mandar que
rogar que
recomendar que
prohibir que
pedir que

REPASO

 ¿RECUERDAS? *p. 158* Remember that you use the subjunctive with **cuando** and **conjunctions of time** in order to express that you are not sure when or if something will happen.

The following **conjunctions** also express degrees of doubt or certainty about events.

> Iremos a la fiesta **a menos que** no nos **inviten**.
> *We will go to the party **unless** they **don't invite us**.*

> Vendrán a la fiesta **con tal de que** **bailen**.
> *They will come to the party **as long as** they **can dance**.*

> Trae el mapa en caso de que **nos perdamos**.
> *Bring the map in case **we get lost**.*

> Acérquense todos **para que** **brindemos**.
> *Come close **so that** we **can make a toast**.*

Vocabulario

Conjunciones

a menos que *unless*

con tal (de) que *provided that, as long as*

en caso de que *in case*

para que *so that*

 Ya sabes: antes (de) que

With most conjunctions, when you are certain of the outcome, you drop **que**, and use the **infinitive** of the verb instead of the **subjunctive**. Compare these sentences.

> Yo necesito felicitar al graduando **antes de que** él **salga**.
> *I need to congratulate the graduate before **he** leaves.*

> Yo necesito felicitar al graduando **antes de salir**.
> *I need to congratulate the graduate before **I** leave.*

One exception is **a menos que** which always requires the subjunctive.

NOTA CULTURAL

En la República Dominicana, como en muchos países de Latinoamérica, existe la tradición de que grupos de amigos hagan juntos un viaje de graduación después de la ceremonia formal de la graduación. Por lo regular, si viven en pueblos del interior o de la costa, van a las ciudades principales como Santo Domingo, Santiago o Puerto Plata. Si son de las ciudades, van a la costa o al campo. Para conseguir dinero para el viaje, hacen rifas *(raffles)* y fiestas durante el año escolar.

ACTIVIDAD 8 Gramática

Para que...

Hablar/Escribir Todos van a hacer algo para que otros puedan hacer otra cosa. ¿Qué van a hacer?

modelo

Tú vas a llamar a tus amigos. (ellos venir a tu casa)

Tú vas a llamar a tus amigos para que ellos vengan a tu casa.

1. Yo voy a comprar los boletos. (ustedes ir al concierto)
2. Ricardo va a preparar una paella. (nosotros probarla)
3. Mis hermanos van a salir a jugar. (yo poder estudiar)
4. Nosotros lavaremos el coche. (papá sentirse orgulloso)
5. Pepe va a escribir a sus padres. (ellos saber que está bien)
6. María va a hablar con el profesor. (él explicarle la tarea)

■ **MÁS PRÁCTICA** *cuaderno* p. 70

■ **PARA HISPANOHABLANTES** *cuaderno* p. 68

ACTIVIDAD 9

¿Cuándo?

Hablar/Escribir Pregunta a tu compañero(a) cuándo va a hacer ciertas cosas. Él o ella responde usando **antes de que** o **después de que** con el subjuntivo. Luego, cambien de papel.

modelo

Tú: ¿Cuándo vas a hacer la tarea?

Compañero(a): Voy a hacer la tarea antes de que limpie mi cuarto.

limpiar	llamar a
estudiar	felicitar
cenar	agradecer
comprar	¿...?
salir a	

ACTIVIDAD 10

Mis opiniones

Escribir Piensa en una celebración personal reciente. ¿Qué opiniones tienes sobre el evento? Escribe cuatro oraciones usando las siguientes frases.

modelo

Me encantan las fiestas de cumpleaños con tal de que pueda comer pastel.

a menos que

con tal de que

en caso de que

para que

■ **MÁS COMUNICACIÓN** p. R9

The Imperfect Subjunctive

You already know the present and present perfect subjunctive. There are also past forms of the subjunctive. Use the imperfect subjunctive instead of the present subjunctive when the context of the sentence is in the past.

Compare the following pairs of sentences.

Present context	Past context
Los padrinos quieren que felicitemos al graduando. *The godparents **want** us to **congratulate** the graduate.*	Los padrinos querían que felicitáramos al graduando. *The godparents **wanted** us to **congratulate** the graduate.*
La madre de la graduanda sugiere que hagamos un brindis. *The mother of the graduate **suggests** we **make** a toast.*	La madre de la graduanda sugirió que hiciéramos un brindis. *The mother of the graduate **suggested** we **make** a toast.*

You form the imperfect subjunctive by removing the -ron ending of the ellos/ellas/Uds. form of the preterite and adding a special set of endings. The endings are the same for -ar, -er, and -ir verbs.

hablar ⟶ hablaron ⟵ endings
ron
ron

hablara	habláramos
hablaras	hablárais
hablara	hablaran

Notice the accent in the **nosotros** and **vosotros** forms.

Los padres de la graduanda querían que nosotros comiéramos con ellos.
*The graduate's parents **wanted** us **to eat** with them.*

Los padrinos querían mucho que Rosanna recibiera su diploma.
*The godparents really **wanted** Rosanna **to receive** her diploma.*

If a verb is **irregular** in the **ellos/ellas/Uds.** form of the preterite, like the verb **ir (fueron)**, it will also be irregular in the imperfect subjunctive **(fuera)**.

Los padres

Hablar/Escribir Los padres siempre quieren que los hijos sean perfectos. ¿Qué querían los padres de Alma que hicieran ella y sus hermanos?

modelo

estudiar mucho

Querían que estudiaran mucho.

1. sacar buenas notas en todas las clases
2. no salir mucho
3. llegar temprano
4. limpiar sus cuartos
5. poner su educación ante todo
6. entender la importancia de una buena educación
7. darles las gracias a sus abuelos por su apoyo
8. ser estudiantes modelos

MÁS PRÁCTICA *cuaderno* pp. 71–72
PARA HISPANOHABLANTES *cuaderno* pp. 69–70

¿En qué insistían?

Escuchar/Escribir Estos estudiantes acaban de llegar a la universidad. Están en una reunión y leen apuntes sobre su niñez. ¿En qué insistían sus padres? Completa las oraciones según lo que dicen.

modelo

Mi papá insistía en que yo <u>fuera a la universidad</u>.

1. Mi mamá insistía en que mis hermanos y yo _____.
2. Mi papá insistía en que yo _____.
3. Mi mamá insistía en que mis hermanos y yo _____.
4. Mis padres insistían en que mis hermanos y yo _____.
5. Mi papá insistía en que yo _____.
6. Mi mamá insistía en que mis hermanos _____.
7. Mis padres insistían en que mis hermanos y yo _____.
8. Mis padres insistían en que mis hermanos _____.
9. Mi papá insistía en que yo _____.

UNA INVITACIÓN ESPECIAL
Querido _Pedro_
Te invito a ti y a tu familia a que vengan a la
FIESTA DE GRADUACIÓN.
DÓNDE: Salón principal,
Hotel Mar Azul, Santo Domingo
CUÁNDO: domingo 13 de mayo
12:00 p.m. a 7:00 p.m.
Habrá baile y comida.
¡Te espero allí!
Un abrazo y felicidades.
Tu amiga, Estefanía

ACTIVIDAD 13

♻ Los chismes

Hablar/Escribir Hablas con un(a) amigo(a) y le cuentas los chismes que otro(a) amigo(a) te contó la semana pasada. Tu compañero(a) sabe lo que ocurrió en realidad y te dice la verdad sobre la situación. Sigue el modelo y usa las siguientes expresiones.

modelo

comprar un coche nuevo

Tú: *Me dijo que se compró un coche nuevo.*

Compañero(a): *¡No es cierto que se comprara un coche nuevo!*

No es cierto	Dudo que
No creo que	No es verdad que
No es seguro que	

1. conocer a Michael Jordan
2. ganar la lotería
3. ir de viaje a Nepal
4. leer cien libros en una semana
5. escribir una composición de quinientas páginas
6. actuar en un programa de televisión
7. aprender a hacer alpinismo en una hora
8. llegar a casa a las siete todos los sábados

ACTIVIDAD 14

♻ Permiso

Hablar/Escribir Necesitamos el permiso de nuestros padres para participar en varias actividades. En grupos de tres o cuatro, conversen sobre sus planes para la semana después de la graduación. Digan qué piensan sus padres.

Tú: *¿Van a poder salir esta noche?*

Amigo(a) 1: *Mi papá se opuso a que yo saliera esta noche.*

Amigo(a) 2: *Mi mamá me pidió que yo volviera temprano.*

Amigo(a) 3: *Mi papá recomendó que mejor saliéramos el viernes.*

1. patinar sobre ruedas   2. remar

3. esquiar en el agua   4. ir al teatro

5. acampar   6. hacer alpinismo

Camino al éxito

Leer/Escribir Lee la introducción en el programa de la graduación de Rosanna Lisette Cruz de la Rosa. Luego contesta las preguntas.

1. ¿Quién crees que camina hacia el futuro?
2. ¿Importa su posición social o económica?
3. Al avanzar, ¿de qué están seguros los graduandos?
4. ¿Cuáles necesidades vencen siempre?
5. ¿Qué sienten al avanzar?
6. ¿Cuál es la gran satisfacción que obtienen?
7. ¿Cómo siguen adelante?
8. ¿Hacia qué siguen avanzando?
9. ¿Crees que la introducción inspira a los graduandos? ¿Por qué?

Vocabulario

El futuro

avanzar *to advance*
el camino *path*
imponer *to impose*

el orgullo *pride*
el tropiezo *setback*
vencer *to defeat, triumph*

 Ya sabes: la meta

¿Relacionas estas palabras con tu futuro?

INVITACIÓN Y PROGRAMA
ACTO DE INVESTIDURA

PROMOCIÓN
"EXITUS 00"
"CAMINO AL ÉXITO"

INTRODUCCIÓN

Cuando caminamos hacia el futuro, sin importar nuestra posición social o económica, avanzamos con la seguridad de llegar a nuestras metas, sin importar los tropiezos y obstáculos que encontremos en el camino.

Venciendo siempre las necesidades que nos impone la sociedad y la vida misma, como pago a nuestro esfuerzo y al de nuestros padres; por eso siempre seguiremos adelante sin importar las barreras de la vida, ni los derrumbes de vicios que obstaculizan nuestro camino, avanzando con orgullo y con la frente en alto, para obtener la gran satisfacción que sentimos al llegar a la meta deseada y seguir adelante con respeto, disciplina, trabajo y esfuerzo, para seguir avanzando...camino al éxito.

J. H. M. A.

■ **MÁS COMUNICACIÓN** p. R9

Refrán

La prosperidad hace amigos, pero la adversidad los prueba.

¿Qué quiere decir el refrán? ¿Crees que si alguien no está a tu lado durante los tiempos difíciles es verdaderamente un(a) amigo(a)? ¿Por qué? ¿Cuáles son algunas características de un(a) buen(a) amigo(a)?

PARA LEER • STRATEGY: READING

Interpret metaphors A metaphor is an implicit comparison between two things, such as "a sea of troubles." It may also be a symbol in which one thing represents another. **Ébano** *(Ebony)* is defined as **un árbol cuya madera es dura y negra.** **Real** can mean both royal and real. Read **"Ébano real"** and listen to it read aloud. What do you think this tree represents to the poet?

EL ÁRBOL

duro	muy denso
el ébano	tipo de árbol de color muy oscuro
la madera	material que viene del árbol
el tronco	parte vertical del árbol

Sobre el autor

Nicolás Guillén tal vez sea el poeta cubano más conocido. Nació en Camagüey, Cuba, en 1902 y viajó a México y luego a España. En aquel entonces era prohibido tocar el son, un tipo de música que combina baile y cantos de estilo africano con romances castellanos de España. Guillén adoptó los ritmos[1] del son en sus poemas, creando un estilo nuevo de poesía que honra la cultura de sus compatriotas afroamericanos. Se llama «poesía negra» a la poesía de Guillén y otros poetas del Caribe. Esta poesía se basa en los ritmos y los temas folklóricos de la gente de descendencia africana.

Introducción

En el poema «Ébano real», Guillén describe un árbol viejo y majestuoso. La repetición de las frases y las palabras con sonidos africanos, como **arará** y **sabalú**, contribuyen a la musicalidad del son cubano en los versos.

---

[1] rhythms

Ébano real

Te vi al pasar, una tarde,
ébano, y te saludé;
duro entre todos los troncos,
duro entre todos los troncos,
tu corazón[2] recordé.

    Arará, cuévano,
    arará, sabalú.

—Ébano real[3], yo quiero un barco,
ébano real, de tu negra madera…
Ahora no puede ser,
espérate, amigo, espérate,
espérate a que me muera.

    Arará, cuévano,
    arará, sabalú.

—Ébano real, yo quiero un cofre[4],
ébano real, de tu negra madera…
Ahora no puede ser,
espérate, amigo, espérate,
espérate a que me muera.

    Arará, cuévano,
    arará, sabalú.

—Ébano real, yo quiero un techo[5],
ébano real, de tu negra madera…
Ahora no puede ser,
espérate, amigo, espérate,
espérate a que me muera.

    Arará, cuévano,
    arará, sabalú.

—Quiero una mesa cuadrada
y el asta[6] de mi bandera[7];
quiero mi pesado lecho[8]
quiero mi lecho pesado,
ébano, de tu madera…
Ahora no puede ser,
espérate, amigo, espérate,
espérate a que me muera.

    Arará, cuévano,
    arará, sabalú.

Te vi al pasar, una tarde,
ébano, y te saludé;
duro entre todos los troncos,
duro entre todos los troncos,
tu corazón recordé.

---

[2] heart   [5] roof   [7] flag
[3] royal   [6] flagpole   [8] heavy bed
[4] chest

¿Comprendiste?

1. ¿Qué relación tiene la forma musical del son con la poesía de Guillén?
2. ¿Qué protesta la poesía de Guillén?
3. ¿Qué cosas le pide el autor al árbol?

¿Qué piensas?

¿Cuáles son las palabras repetidas del poema? ¿Qué efecto tienen?

Hazlo tú

Piensa en una cosa que ves a menudo. ¿Qué palabras puedes usar para «saludarla»? Describe qué representa este objeto para ti en unos versos.

En uso
REPASO Y MÁS COMUNICACIÓN

OBJECTIVES

- Describe personal celebrations
- Say what people want
- Link events and ideas

Now you can...

- describe personal celebrations.

To review

- the subjunctive for expressing wishes see p. 182.

ACTIVIDAD 1 Sugiero que...

Tu compañero(a) hace el papel del graduando en su día de graduación. Tú haces el papel de su mamá o de su papá. ¿Qué le dices?

modelo

(sugerir que) llegar temprano a la ceremonia de graduación

Tú: *Sugiero que llegues temprano a la ceremonia de graduación.*

Compañero(a): *Está bien, mamá (papá). Te prometo que llegaré temprano.*

---

1. (querer que) vestirse bien
2. (querer que) darles las gracias a tus padrinos
3. (recomendar que) dar un discurso inspirador
4. (sugerir que) no emocionarse demasiado
5. (aconsejar que) no ponerse la toga y el birrete antes de la ceremonia
6. (sugerir que) felicitar a tus compañeros
7. (esperar que) disfrutar de la ceremonia

Now you can...

- say what people want.

To review

- the subjunctive for expressing wishes see p. 182.

ACTIVIDAD 2 Mi familia

Las familias siempre tienen mucho que decir sobre las actividades de los familiares jóvenes. Haz oraciones que expresan estos deseos usando frases de las dos columnas.

modelo

---

mi madre quiere / yo asistir a la ceremonia de graduación

Mi madre quiere que yo asista a la ceremonia de graduación.

---

1. mis abuelos esperar / mis hermanos saludar a los padrinos
2. mi tío prohibir / mi prima salir con los amigos después de la celebración
3. mi padre insistir en / yo agradecer la generosidad de los invitados
4. mis primos pedir / mis hermanos y yo llegar temprano a la fiesta
5. mi madre exigir / yo vestirme muy elegante

Now you can...
- link events and ideas.

To review
- the subjunctive with conjunctions see p. 184.

ACTIVIDAD

3 ¡Ay, abuela!

Hoy es tu día de graduación y tu abuela tiene muchas cosas que decirte. ¿Qué te dice?

modelo

(tú: ir con tus amigos) Ven conmigo a la ceremonia a menos que _____.

Ven conmigo a la ceremonia a menos que pienses ir con tus amigos.

1. (el discurso: ser largo) Voy a hacer un video de toda la ceremonia a menos que _____.

2. (tú: olvidarse) Aquí está tu bolso antes de que _____.

3. (la ceremonia: no terminar muy tarde) Vamos a quedarnos hasta el final con tal de que _____.

4. (tú: ponerse la toga) Péinate antes de que _____.

5. (tú: recibir el diploma) Mira la cámara antes de que _____.

6. (llover) La ceremonia va a ser en el auditorio en caso de que _____.

7. (tú: decidir acompañarme) Voy a esperarte después en caso de que _____.

8. (tú: necesitarme) Voy a estar allí en caso de que _____.

9. (tú: descansar) Siéntate un rato para que _____.

Now you can...
- say what people want.

To review
- the imperfect subjunctive see p. 186.

ACTIVIDAD

4 El profesor

Tu profesor favorito dio un discurso a la clase de graduandos antes de la ceremonia. ¿Qué les dijo a ustedes?

modelo

no ponerse nerviosos

Nos dijo que no nos pusiéramos nerviosos.

1. disfrutar del tiempo libre
2. brindar con nuestros padres
3. sentirse orgullosos
4. apreciar a nuestros profesores
5. apoyarse el uno al otro
6. dedicarnos a nuestros estudios
7. dar las gracias a nuestra familia
8. felicitar a nuestros compañeros de clase
9. llevar a cabo nuestros sueños
10. avanzar hacia nuestras metas

ACTIVIDAD 5 · El (La) graduando(a)

PARA CONVERSAR

STRATEGY: SPEAKING

Give advice and best wishes Think of the different suggestions and recommendations you might make to the graduate. You can offer the usual phrases, be socially correct, or you might capture the graduate's attention by saying something unusual and unorthodox. Use your imagination!

En grupos de tres o cuatro, escojan a una persona que sea el (la) graduando(a). Los demás deben hacer el papel de parientes y felicitarlo(la) y darle consejos.

modelo

Tú: *¡Te felicito en tu graduación!*

El graduando: *Muchas gracias, se lo agradezco.*

Amigo(a) 1: *¡Enhorabuena, hijo! Estamos muy orgullosos de ti.*

Amigo(a) 2: *Te deseo mucho éxito, y sugiero que…*

ACTIVIDAD 6 · En tu propia voz

ESCRITURA Imagina el día de tu graduación. ¿Cómo va a ser? ¿Cómo te vas a sentir? ¿A quiénes vas a invitar? ¿Dónde y cómo van a celebrar? Escribe tres leyendas detalladas para tu álbum de fotos.

TÚ EN LA COMUNIDAD

Jordan es alumno en Arkansas. Su familia vivió en la República Domincana por diez años y todos aprendieron a hablar español. Jordan trabaja en un restaurante de Arkansas. Habla español con los clientes que no hablan inglés y les ayuda a pedir la comida. También habla español con sus compañeros de la escuela de vez en cuando. ¿Hablas español cuando tienes la oportunidad?

En resumen
REPASO DE VOCABULARIO

DESCRIBE PERSONAL CELEBRATIONS

Graduation

agradecer	to thank
el apoyo	support
apreciar	to appreciate
el birrete	cap
brindar	to make a toast
el brindis	toast
la ceremonia de graduación	graduation ceremony
el desfile	parade, procession
el diploma	diploma
el discurso	speech
emocionarse	to be thrilled, touched
la enhorabuena	congratulations
el éxito	success
felicitar	to congratulate
la generosidad	generosity
generoso(a)	generous
el (la) graduando(a)	graduate
llevar a cabo	to accomplish
Mil gracias	Many thanks
orgulloso(a)	proud
los padrinos	godparents
la toga	gown
valer la pena	to be worthwhile

The future

avanzar	to advance
el camino	path, road
imponer	to impose
el orgullo	pride
el tropiezo	setback
vencer	to defeat, overcome

SAY WHAT PEOPLE WANT

The subjunctive for expressing wishes

dejar	to allow
exigir	to demand
insistir en	to insist on
oponerse a	to oppose
prohibir	to prohibit
rogar (o→ue)	to beg
suplicar	to ask, plead

♻ Ya sabes

aconsejar	to advise
desear	to want
esperar	to hope, wait
mandar	to order, send
pedir (e→i)	to request
permitir	to permit
querer (e→ie)	to want
recomendar (e→ie)	to recommend
sugerir (e→ie)	to suggest

LINK EVENTS AND IDEAS

Conjunctions

a menos que	unless
con tal de que	provided that, as long as
en caso de que	in case
para que	so that

♻ Ya sabes

antes (de) que	before

Juego

Consejos para el graduando

¿Cuál de estas palabras no se aplica al dibujo?

a. emocionarse
b. prohibir
c. felicitar
d. llevar a cabo

UNIDAD 3

ETAPA

2

¡Próspero Año Nuevo!

- Talk about holidays

- Hypothesize

- Express doubt and disagree

- Describe ideals

¿Qué ves?

Mira la foto. Contesta las preguntas.

1. ¿Qué observas en la foto?

2. ¿Crees que es una noche regular o una noche especial en este lugar? ¿Por qué?

3. ¿Qué época del año es? ¿Cómo te sientes durante esa época del año?

4. ¿Qué otras cosas puede decir la tarjeta?

Radioemi...
KQ 10

Despúes una limosina l...
Morro, donde verán un *sh*...
de **fuegos artificiales**. ¡Qu...
cohetes! Y la gente tamb...

A la medianoche la ...
en el Viejo San Juan. Allí s...
uvas tradicionales: tienen...
por una sincronizadas co...
de la Catedral. No se olv...
un **¡Próspero Año Nuevo!**...

En la **madrugada**, la p...
del Condado para ver e...
es el amanecer puertorri...

¡Aníma...
¡Participa...
concurso de...

Gánate una despedida...
inolvidable cortesía de...
favorita, **KQ 102**.

¡Próspero
Año
Nuevo!

En

¡Gán

Descubre

Decide Usa tu intuición y lo que ya sabe[s] para unir cada palabra en **azul** con su significado en la columna derecha.

1. La persona que da la fiesta es el **anfitrión** o la **anfitriona**.
2. La **radioemisora patrocina** eventos como concursos de baile.
3. La **pareja** participa en el concurso de baile.
4. Los amigos se juntan para **festejar**.
5. A las doce, la **campana** toca doce veces. Cada vez es una **campanada**.
6. Los **cohetes** hacen mucho **ruido**.
7. Ver los fuegos artificiales es una experiencia **inolvidable**.

a. to celebrat[e]
b. unforgetta[ble]
c. host, host[ess]
d. radio stati[on] sponsors
e. bells, tollin[g] of the bell[s]
f. couple
g. firecracke[r] noise

En vivo
SITUACIONES

PARA ESCUCHAR

STRATEGY: LISTENING

Pre-listening Do you listen to or watch talk-show interviews? How does the host move the conversation along and keep it interesting? What kinds of questions does he/she ask?

Observe interview techniques As you listen to the winners' responses, notice the kinds of questions Milton Canales asks. Check the frequency with which he uses these question types:

Tipo de pregunta	Muchas veces	A veces	Casi nunca
sí/no			
dos respuestas			
respuesta corta			
varias respuestas			

Which one elicits the most interesting information?

RESTAURANTE EL COQUÍ

¡GRACIAS POR SU VISITA!

¡Próspero Año Nuevo!

Estás en casa y ves un anuncio en el periódico sobre el concurso de salsa y la pareja ganadora. Luego, escuchas una entrevista entre ellos y el disc jockey de KQ102, Milton Canales.

❶ Leer

Lee el anuncio de KQ102 en el periódico.

LA PAREJA GANADORA DEL CONCURSO DE SALSA DE

KQ 102

EMILIA RUEDAS Y ALEX ORTIZ

¿Cómo pasaron la despedida de año Emilia y Alex?

Si quieres saber, pon la radio en tu estación favorita, **KQ102** a las doce en punto. Milton Canales va a entrevistar a la pareja ganadora.

EL MORRO

② Escuchar

Milton Canales, el disc-jockey de KQ102, habla con Emilia Ruedas y Alex Ortiz, la pareja ganadora del concurso de salsa. Escucha y escoge la respuesta correcta.

1. La despedida de año
  a. Lo pasaron muy bien.
  b. Fue una despedida de año horrible para la pareja.

2. La orquesta de Gilberto Santa Rosa
  a. Alex cree que Gilberto Santa Rosa no es buen músico.
  b. Alex cree que Gilberto Santa Rosa es excelente.

3. La cena
  a. La pareja comió muy bien.
  b. La pareja no disfrutó de la cena.

4. Los fuegos artificiales
  a. Emilia dice que El Morro no es un buen sitio para ver los fuegos artificiales.
  b. Emilia dice que no hay otro lugar como el Morro para ver los fuegos artificiales.

5. Las campanadas
  a. Se pudieron comer las uvas a tiempo con cada campanada.
  b. No pudieron comerse las uvas a tiempo con cada campanada.

6. El amanecer
  a. La pareja cree que el amanecer en la playa Condado es ordinario.
  b. La pareja cree que el amanecer en la playa Condado es inolvidable.

③ Hablar

En grupos de dos o tres, conversen sobre la despedida de año ideal. ¿Qué harían? ¿Adónde irían? ¿Dónde cenarían? ¿Les gustaría pasar la despedida de año en Puerto Rico? Comparen las celebraciones en Estados Unidos con la celebración de la pareja ganadora en San Juan, Puerto Rico.

En acción
VOCABULARIO Y GRAMÁTICA

OBJECTIVES
- Talk about holidays
- Hypothesize
- Express doubt and disagree
- Describe ideals

ACTIVIDAD 1

¿Quién habla?

Hablar/Escribir Lee las oraciones. ¿Quién habla: el anfitrión de una celebración, un huésped, o cualquiera de los dos?

modelo

Bienvenidos, pasen, pasen. Denme sus abrigos.

el anfitrión

1. Su casa es bella, señora Ruíz.
2. Gracias por venir a festejar con nosotros.
3. Un brindis para nuestros invitados de honor.
4. La orquesta es buenísima, ¿no crees?
5. Le traje un regalito. Espero que le gusten las rosas.
6. ¡Buen provecho! Ojalá les guste el lechón asado.
7. Lo pasamos muy bien. Gracias por invitarnos.
8. Es medianoche. ¡Próspero Año Nuevo!

ACTIVIDAD 2

¿Cuál es?

Hablar/Escribir Lee una oración a tu compañero(a). Él (Ella) te va a decir cuál dibujo describes. Luego, cambien de papel.

modelo

Tú: *Dicen que ese cantante es increíble.*

Compañero(a): *Estás describiendo el dibujo e.*

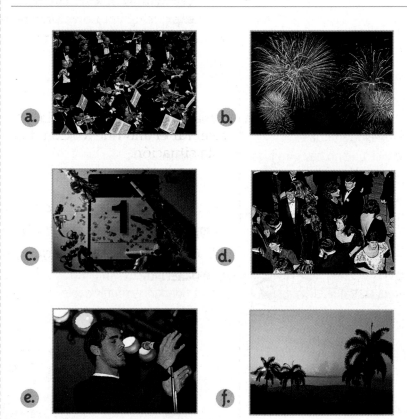

1. La gente lo está pasando muy bien en la gala.
2. ¡Próspero Año Nuevo!
3. ¡Mira los fuegos artificiales! ¡Qué bonitos!
4. Es la madrugada. ¡No hay nada como el amanecer!
5. Es la orquesta más famosa de San Juan.

- Review: Use the subjunctive with nonexistent and indefinite
- Review: Use the subjunctive for disagreement and denial
- Use conditional sentences

ACTIVIDAD 3

No hay de qué

Hablar/Escribir Habla con tu compañero(a) sobre el año nuevo.

modelo

el Año Nuevo

Tú: *Gracias por venir a celebrar el Año Nuevo con nosotros.*

Compañero(a): *No hay de qué, es un placer para mí.*

Tú: *Espero que lo pases muy bien.*

1. orquesta
2. músico
3. festejar
4. fuegos artificiales
5. pasteles
6. fiesta continua

Vocabulario

Dar las gracias

Muy amable. *That's kind of you.*
No hay de qué. *It's nothing.*

 Ya sabes

De nada.
Es un placer…
Gracias.
Mil gracias.
Se lo agradezco.

¿Cuándo usas estas frases?

ACTIVIDAD 4 ¡Bienvenidos!

PARA CONVERSAR • STRATEGY: SPEAKING

Socialize as host or guest As the host at your own party, you will want to suggest choices of food, drink, or entertainment. (**Tú podrás…, Recomiendo…, Sugiero…, ¿Te gustaría…?, Sería buena idea…, Quizás…**) As a guest you will want to accept or decline by expressing your own preferences. (**Prefiero…, Es posible…, Me gustaría…, Quisiera…, Se puede…**)

Hablar/Escribir Tú eres el (la) anfitrión(a) de una gala para celebrar el año nuevo. Con dos o tres compañeros, dramaticen esta situación.

modelo

Tú: *Pasen, pasen. Bienvenidos a mi casa.*

Compañero(a): *Gracias, muy amable.*

Tú: *Hay mucho que hacer. Si tienen ganas de bailar…*

Compañero(a): *…*

Subjunctive with Nonexistent and Indefinite

If you want to say that something **may not exist,** you use the **subjunctive.**

may not exist

No hay orquesta que me **guste.**
There is no orchestra that I like.

The thing or person probably doesn't exist: there is no orchestra…

may not exist

No conozco a nadie que lo **pase** bien.
I don't know anyone who is having a good time.

Expressions that trigger this use of the **subjunctive** include:

No hay… que ~~existir…~~

No hay nadie que…

No hay nada que…

No hay ningún/ninguna… que…

A related way to use the **subjunctive** is in subordinate clauses that are **indefinite** or **uncertain:**

Uncertain: we don't know if these musicians exist or not.

subordinate clause

Buscamos músicos **que sepan** tocar música bailable.
We're looking for musicians who know how to play dance music.

Words and **expressions** that trigger this use of the **subjunctive** include:

Buscar/Querer/Necesitar… que

¿Hay algo/alguien que… ?

¿Conoces a alguien que… ?

¿Tienes algo que… ?

♻ En la comunidad

Escribir Quieres saber quién participa en actividades para la comunidad. Escribe diez preguntas que puedes hacerle a tu clase.

modelo

participar en la campaña para embellecer la ciudad

¿Hay alguien que participe en la campaña para embellecer la ciudad?

Nota

Remember that **sembrar** is an **e→ie** stem-changing verb. **Recoger** and **educar** have spelling changes in most of their subjunctive forms; **g→j** and **c→qu** respectively.

1. trabajar de voluntario(a) en un comedor de beneficiencia
2. juntar fondos para la comunidad
3. estar en contra de los servicios sociales
4. donar ropa a la gente sin hogar
5. sembrar árboles en la comunidad
6. recoger basura en el vecindario
7. pasar tiempo con ancianos
8. educar al público sobre los problemas sociales

MÁS PRÁCTICA *cuaderno* p. 77

PARA HISPANOHABLANTES
cuaderno p. 75

¿Existe o no?

Escuchar/Escribir Copia la siguiente tabla y escucha las oraciones de varias personas. Si la persona o cosa indicada existe en la vida de la persona que habla, marca **sí**. Si en este momento esa cosa o persona no existe, marca **no.**

modelo

alguien que sabe reparar computadoras	Sí	No
	x	

¿Existe…?	Sí	No
1. un señor que habla francés		
2. alguien que puede tocar la guitarra		
3. una orquesta que no cuesta mucho		
4. un músico que canta muy bien		
5. un apartamento que tiene jardín		
6. unos estudiantes que pueden trabajar los fines de semana		
7. unos amigos que saben bailar salsa		
8. una radio que funciona		

¿Conoces a alguien…?

Hablar/Escribir Pregunta a tu compañero(a) si él (ella) conoce a varias personas que puedan hacer las cosas indicadas. Luego, cambien de papel.

modelo

Tú: *¿Conoces a alguien que celebre el Año Nuevo con sus padres?*

Compañero(a): *Sí, conozco a alguien que celebra el año nuevo con sus padres.* **o** *No, no conozco a nadie que celebre el año nuevo con sus padres.*

---

bailar muy bien

tocar en una orquesta

ser músico

saber preparar comida puertorriqueña

tener una limosina

querer comprar un vestido muy elegante

dar clases de salsa

NOTA CULTURAL

Salsa En Puerto Rico, la música **salsa** tiene muchos entusiastas y grandes exponentes como Tito Puente y Willie Colón. A través de toda la isla, hay salones de baile donde los **salseros** (los entusiastas de la salsa) pueden bailar y divertirse.

REPASO

The Subjunctive for Disagreement and Denial

▶ Another way to use the **subjunctive forms** you have already learned is to express **doubt** or **disagreement**. You already know many ways to express doubt or to disagree with someone.

Jorge: ¿Sabes si Mamá invitó a doña Laura?
Do you know if Mom invited doña Laura?

Rosanna: Yo creo que sí, pero **es improbable que venga.** Está enferma.
*I think so, but **it's unlikely that** she **will come.** She's sick.*

Vocabulario

 Ya sabes

Dudar que…	No es seguro que…
Es imposible que…	No es verdad que…
Es improbable que…	no estar seguro (de) que…
no creer/no pensar (e→ie)	no opinar que…
No es cierto que…	

ACTIVIDAD 8 | **Gramática**

Las dudas de Enrique

Hablar/Escribir Enrique, tu mejor amigo, siempre duda de lo que dices. ¿Qué le dices y cómo te responde?

modelo

los García: dar una gala

Tú: *Yo creo que los García van a dar una gala.*

Enrique: *Dudo que los García den una gala.*

1. mis papás: festejar hasta la madrugada
2. nosotros: pasarlo muy bien en esa fiesta
3. Andrés: ponerse un traje
4. la orquesta: ser muy buena
5. los fuegos artificiales: ser magníficos
6. la fiesta: acabarse a la medianoche

MÁS PRÁCTICA *cuaderno* p. 78

PARA HISPANOHABLANTES *cuaderno* p. 76

NOTA CULTURAL

En Puerto Rico se celebran muchos días festivos. Por ser un Estado Libre Asociado, muchos de esos días son los mismos que se celebran en Estados Unidos, como el Día de la Independencia de Estados Unidos (4 de julio) y el Día del Trabajo (5 de septiembre). Además se celebran fiestas nacionales como el Descubrimiento de Puerto Rico (19 de noviembre), el Día de la Abolición de la Esclavitud (22 de marzo), y el nacimiento de héroes de la independencia puertorriqueña, como Eugenio María de Hostos (10 de enero), y de poetas, como Luis Muñoz Rivera (18 de julio).

No estoy seguro(a)

Hablar/Escribir Tú y tu amigo(a) comentan sobre una fiesta, pero él (ella) no está seguro(a) de lo que tú dices. Dramaticen la situación.

modelo

Tú: *La música es divertida.*

Compañero(a): *No estoy seguro(a) de que la música sea divertida.*

1. Los huéspedes se divierten.
2. La anfitriona cocina muy bien.
3. La orquesta toca toda la noche.
4. Los fuegos artificiales hacen mucho ruido.
5. Oímos las campanadas de la catedral a la medianoche.
6. ¿…?

¡Es imposible!

Hablar/Escribir Le sugieres ideas a tu padre para celebrar el Año Nuevo. ¿Cómo te responde?

modelo

Tú: *Papá, ¿por qué no damos una gala para despedir el año?*

Papá: *¡Es imposible que demos una gala!*

1. invitar
2. cocinar
3. buscar
4. celebrar
5. aprender
6. comprar
7. festejar
8. ir

Los días festivos

Hablar/Escribir Usa palabras de la lista y comenta sobre cómo van a celebrar los días festivos.

modelo

la Navidad

Dudo que celebremos la Navidad en casa de mis tíos.

1. el día de Acción de Gracias
2. la quinceañera
3. el día de las Madres o de los Padres
4. el día de la Amistad
5. el día de la Raza
6. el día de la Independencia

no pensar	no es seguro
no es cierto	es improbable
no creer	dudar

Vocabulario

Los días festivos

el día de Acción de Gracias *Thanksgiving*

el día de la Amistad *Valentine's Day*

el día de la Independencia *Independence Day*

el día de las Madres / los Padres *Mother's / Father's Day*

el día de la Raza *Columbus Day*

Hanuka *Hanukkah*

la Navidad *Christmas*

las Pascuas *Easter*

la quinceañera *fifteenth birthday*

¿Cómo celebras estos días festivos en casa?

MÁS COMUNICACIÓN p. R10

Conditional Sentences

In Spanish, many sentences are composed of a si-clause (*if-clause*) and a main clause .

To predict a future result based on an initial action, use:

the present tense in the si-clause and the future in the main clause .

present tense → **si-clause** **main clause** ← **future tense**

Si **vienes,** lo **pasarás** bien.
*If you **come**, **you will have** a good time.*

In order to say what things would be like if circumstances were different, you use:

the imperfect subjunctive in the si-clause and the conditional in the main clause .

imperfect subjunctive → **si-clause** **main clause** ← **conditional**

Si **vinieras,** lo **pasarías** bien.
*If you **came (could come), you would have** a good time.*

Compare these two sentences.

In the first example, your friend might come to the party. So her **future** (*having a good time*) will happen based on her initial action (*coming to the party*).

Si **vienes,** lo **pasarás** bien.
*If you **come, you will have** a good time.*

In the second, you know that your friend is probably not coming to the party. If circumstances were different, (*if she came*) you want her to know **what it would be like** (*she'd have a good time*).

Si **vinieras,** lo **pasarías** bien.
*If you **came, you would have** a good time.*

In both of these cases, the order of the clauses can be switched.

Lo **pasarás** bien si **vienes.**

Lo **pasarías** bien si **vinieras.**

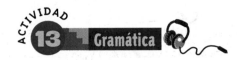

Los sueños

Hablar/Escribir Todos tenemos sueños de qué haríamos bajo ciertas condiciones. ¿Qué dicen las siguientes personas?

modelo

hablar francés (viajar a Francia)

Si hablara francés, viajaría a Francia.

1. ser actor o actriz (irse para Los Ángeles)
2. estar en la universidad (estudiar informática)
3. trabajar (guardar mi dinero)
4. tener mucho dinero (no trabajar)
5. poder hacerlo todo (conocer a Europa)
6. manejar (comprar un carro deportivo)
7. vivir en Puerto Rico (vivir en San Juan)
8. saber tocar un instrumento (tocar en una orquesta)

NOTA CULTURAL

Chayanne Nacido en Río Piedras, Puerto Rico, este joven es uno de los cantantes más populares de Latinoamérica. Ganó un premio en el Festival de la Canción de Viña del Mar, en Chile, quizá el concurso más importante de música popular de Latinoamérica.

¿Qué va a hacer?

Escuchar/Escribir Gustavo dice que va a hacer algunas cosas y también dice que haría otras cosas si pudiera. Di bajo qué condiciones haría esas cosas.

modelo

Comprar un traje.

a. *Lo va a hacer.*

b. *Lo haría si* tuviera dinero*.*

1. Ir a una gala.
   a. Lo va a hacer.
   b. Lo haría si _____.
2. Preparar un lechón asado.
   a. Lo va a hacer.
   b. Lo haría si _____.
3. Empezar un grupo musical.
   a. Lo va a hacer.
   b. Lo haría si _____.
4. Participar en un concurso de baile.
   a. Lo va a hacer.
   b. Lo haría si _____.
5. Ir a ver los fuegos artificiales.
   a. Lo va a hacer.
   b. Lo haría si _____.
6. Ir a ver el amanecer en la playa.
   a. Lo va a hacer.
   b. Lo haría si _____.

MÁS PRÁCTICA *cuaderno* pp. 79–80

PARA HISPANOHABLANTES *cuaderno* pp. 77–78

♻ Las profesiones

Hablar/Escribir Tú y tu compañero(a) conversan sobre sus planes para después de la graduación. Di qué harían si estuvieran en ciertas profesiones.

modelo

Compañero(a): *Si fuera músico(a), escribiría mis propias canciones.*

Tú: *Si yo fuera músico(a), escribiría canciones románticas.*

actor (actriz)
cantante
escritor
artista
doctor(a)
mesero
director(a)
dipendiente
profesor(a)

vender
servir
actuar
hacer
empezar
irse
cantar
enseñar
curar
jugar

¿?

TAMBIÉN SE DICE

Puerto Rico también se conoce por el nombre **Borinquen o Boriquén**, el nombre taíno de la isla. Los taínos vivían en la región al llegar los españoles. Algunos puertorriqueños también usan la palabra **boricua** para indicar que son de Puerto Rico.

¿Qué harías?

Hablar/Escribir En grupos de tres o cuatro, conversen sobre qué harían en ciertos días festivos.

modelo

Tú: *¿Qué harías si fuera la quinceañera de tu prima?*

Amigo(a) 1: *Si fuera la quinceañera de mi prima, iríamos a la casa de mis abuelos.*

Amigo(a) 2: *Nosotros iríamos a una gala en un hotel elegante.*

Amigo(a) 3: *Mi familia y yo compraríamos regalos como….*

1. 2. 3. 4. 5. 6. 7. 8.

ACTIVIDAD 16

¿Qué pedirías?

Leer/Escribir Lee el menú de Casa Borinquen, un restaurante en San Juan. Escribe al menos cuatro oraciones sobre qué pedirías si fueras a comer en este restaurante.

modelo

Si yo fuera a la Casa Borinquen, yo pediría el tembleque.

Si yo tuviera mucha hambre, pediría el lechón asado.

Vocabulario

Comidas típicas

el arroz con dulce *dessert dish of rice, cinnamon, and coconut milk*

el arroz con gandules *rice and pigeon peas*

el arroz con leche *dessert dish of sweet rice and milk*

el budín *pudding*

el coquito *eggnog with coconut and condensed milk*

los guineítos en escabeche *small green bananas in a garlic, vinegar, and oil sauce with red pepper*

el lechón asado *suckling pig*

los pasteles *tamale-like item of plantain, yuca, and meat*

el pavo *turkey*

el tembleque *coconut-milk custard*

¿Incluyes algunas de estas comidas en tu dieta?

CASA BORINQUEN

Platos principales
Lechón asado
Pavo
Arroz con gandules
Pasteles
Guineítos

Bebidas
Coquito
Refrescos
Batidos de fruta

Postres
Arroz con dulce
Arroz con leche
Budín
Tembleque

■ **MÁS COMUNICACIÓN** p. R10

Refrán

Este mundo es un fandango y, bien o mal, hay que bailarlo.

En tu opinión, ¿qué dice este refrán sobre la vida y las celebraciones? ¿Crees que si tienes que hacer algo por lo menos debes divertirte? ¿Por qué?

En colores

CULTURA Y COMPARACIONES

Una tradición de Puerto Rico

PARA CONOCERNOS

STRATEGY: CONNECTING CULTURES

Recognize and describe uses of disguise As children, did you and your friends like to take on new identities by disguising yourselves? What did you do to change your appearance? How did this change make you feel?

Where in the adult world do you find disguises? Masks are one type of disguise. Think of social events, holidays, characters in literature. Make a list of examples. How long a list can you make?

EVENTOS SOCIALES	FIESTAS	LITERATURA
	carnaval	

En Puerto Rico, la fabricación y el uso de máscaras [1] es una importante tradición que continúa hasta hoy. Según la mayor parte de los antropólogos, el uso de las máscaras en el Puerto Rico de hoy viene de las tradiciones españolas de la Edad Media. Las máscaras se usaban en las fiestas religiosas.

En Puerto Rico la manera de hacer máscaras varía de una ciudad a otra. La ciudad de Ponce, ubicada [2] en la costa sur de la Isla, se conoce por las máscaras de cartón que se fabrican allí. Estas caretas [3] se ponen para Carnaval y se admiran por su brillante colorido.

---

[1] masks
[2] located
[3] masks

para la temporada de Carnaval. Los mascareros aprenden el arte de sus padres y abuelos y transmiten su arte a sus hijos. Hoy día muchos de estos mascareros gozan de[8] prestigio y fama en Puerto Rico y fuera de la Isla. Las máscaras no sólo se usan para Carnaval. También se venden en las galerías de arte, los museos y las tiendas especializadas y turísticas. Se consideran objetos de arte popular que tienen valor histórico y decorativo.

Niñas en el Taller de Máscaras del Residencial Roosevelt, Mayagüez, Puerto Rico

[8] enjoy, have

Los mascareros[4] hacen las caretas del carnaval ponceño con papel, pintura[5] y engrudo. El engrudo es una pasta blanca que se consigue al cocinar harina de trigo[6] con agua.

Pocos artesanos se dedican a la fabricación de estas caretas a tiempo completo[7]. Muchos trabajan en otro oficio y fabrican las máscaras

[4] maskmakers
[5] paint
[6] wheat flour
[7] full time

Máscaras en una tienda en Bayamón

¿Comprendiste?

1. ¿Cuál es el origen del uso de las máscaras en Puerto Rico?
2. ¿Para qué se usan las máscaras en Puerto Rico?
3. ¿Es igual la manera de fabricar máscaras en toda la isla? ¿Qué ciudad se conoce por sus máscaras?
4. ¿Ha cambiado el modo de trabajar de los mascareros?

¿Qué piensas?

¿Por qué crees que las máscaras tienen valor histórico y decorativo?

Hazlo tú

¿En qué fiestas norteamericanas se usan máscaras? ¿Qué máscara crearías tú para esa fiesta? ¿Con qué materiales la fabricarías? Dibuja la máscara y explica lo que representa.

En uso
REPASO Y MÁS COMUNICACIÓN

OBJECTIVES

- Talk about holidays
- Hypothesize
- Express doubt and disagree
- Describe ideals

ACTIVIDAD 1 La gala

Todos están haciendo planes para una gala que van a dar para el Año Nuevo. ¿Qué buscan o necesitan?

modelo

nosotros: buscar unos músicos / saber tocar salsa

Buscamos unos músicos que sepan tocar salsa.

1. nosotros: buscar un lugar / no costar mucho para alquilar
2. yo: necesitar una limosina / ser bastante grande para todos los invitados
3. Marta y Juan: buscar unos cohetes / no ser caros
4. nosotros: necesitar un cocinero / preparar lechón asado
5. yo: necesitar un camarógrafo / hacer un video de la gala
6. Elena: buscar unos fuegos artificiales/ no hacer mucho ruido
7. nosotros: buscar un lugar donde / poderse ver el amanecer
8. yo: buscar un cantante / tener una voz fenomenal

ACTIVIDAD 2 ¡Es muy improbable!

Le dices a tu compañero(a) qué harás con otras personas. Él (Ella) no te cree. ¿Qué le dices y cómo te responde?

modelo

Voy a celebrar el día de Acción de Gracias en San Juan. (dudar que)

Compañero(a): *Dudo que celebres el día de Acción de Gracias en San Juan.*

1. Le voy a comprar un carro a mi novio(a). (es improbable que)
2. Mis hermanos y yo le daremos un viaje a Puerto Rico a nuestro papá. (no es seguro que)
3. Mi hermana y yo limpiaremos la casa. (no creer que)
4. Mi familia y yo invitaremos a cien personas a casa. (es imposible que)
5. Yo voy a festejar las Pascuas con mis primos en España. (dudar que)
6. Yo tendré una fiesta para mi cumpleaños. (es improbable que)
7. Mis primos no van al colegio el Día de la Raza. (es imposible que)

Now you can...

- describe ideals.

To review

- the subjunctive with nonexistent and indefinite see p. 204.

Now you can...

- express doubt and disagree.

To review

- the subjunctive for disagreement and denial see p. 206.

Now you can...

• hypothesize.

To review

• conditional
  sentences
  see p. 208.

3 Si fuera verdad

Eres muy imaginativo(a) y estás pensando en una fiesta que quisieras dar. Pero lamentablemente las cosas no son como las sueñas. Di cómo serían las cosas bajo ciertas condiciones.

modelo

Va a haber una fiesta. Yo voy a preparar los pasteles.

Si hubiera una fiesta, yo prepararía los pasteles.

1. Vamos a ser los anfitriones. Vamos a invitar a muchas personas.
2. Tengo que traer un postre. Voy a traer budín.
3. Nydia sabe cocinar. Va a hacer unos guineítos en escabeche.
4. Vamos a invitar a todas las clases de español. Nos vamos a divertir mucho.
5. Mucha gente va a venir a la fiesta. Vamos a comprar mucha comida.
6. Vamos a probar el lechón asado. Probablemente nos va a gustar.
7. Los chicos pueden tocar salsa. Los vamos a invitar a tocar en la fiesta.
8. Las chicas van a festejar hasta la madrugada. Pueden ver el amanecer.

Now you can...

• talk about holidays.

To review

• the subjunctive
  with nonexistent
  and indefinite
  see p. 204.

• the subjunctive
  with disagreement
  and denial see
  p. 206.

4 Los días festivos

Ya sabes mucho de cómo se celebran los días festivos, pero todavía quieres saber más. Usando frases de las dos columnas, haz oraciones que expresen lo que dudas o lo que te gustaría saber.

modelo

Las Pascuas / organizar un concurso de salsa

No creo que nadie organice un concurso de salsa para las Pascuas. **o:**
¿Hay alguien aquí que organice un concurso de salsa para las Pascuas?

1. las Pascuas / desyerbar el jardín
2. el día de Acción de Gracias / hacer un viaje en limosina
3. el día de la Amistad / tener una orquesta formal en casa
4. el día de la Independencia / preparar una cena para cien invitados
5. el día de las Madres/ los Padres / volar en planeador sobre el océano
6. el día de la Raza / comer dos lechones asados
7. la quinceañera / cantar una ópera entera con los amigos

ACTIVIDAD 5 — ¿Hay alguien que...?

Van a dar una fiesta para celebrar un día festivo en su clase de español. Tienen que decidir cómo van a participar todos. En grupos de tres o cuatro, conversen sobre los varios talentos de todos los estudiantes. Claro, ¡siempre hay personas que dudan de los demás!

modelo

Tú: *¿Hay alguien aquí que sepa cocinar comida puertorriqueña?*

Amigo(a) 1: *Dudo que haya alguien en la clase que sepa hacerlo.*

Amigo(a) 2: *¡Yo sé preparar arroz con gandules!*

Amigo(a) 3: *¡No es cierto que sepas preparar arroz con gandules!*

ACTIVIDAD 6 — Para celebrar

Pregunta a tu compañero(a) qué hizo para celebrar varios días festivos. Luego pregúntale qué haría si pudiera hacer lo que quisiera. Después, cambien de papel.

modelo

Tú: *¿Qué hiciste para celebrar el Año Nuevo?*

Compañero(a): *Me quedé en casa y vi unos videos.*

Tú: *¿Qué harías si pudieras hacer lo que quisieras?*

Compañero(a): *Si alguien me invitara, iría a una gala.*

ACTIVIDAD 7 — En tu propia voz

ESCRITURA Eres el (la) publicista para la radioemisora KQ102. Escribe un anuncio para un concurso de salsa. La pareja ganadora va a celebrar el día de la Independencia en tu ciudad. Describe en mucho detalle cómo van a festejar ese día. Inventa por lo menos cuatro actividades.

modelo

¡Participa en el concurso de salsa! Si ganas, viajarás a...

CONEXIONES

El arte Crea una tarjeta para desear a un(a) amigo(a) un Próspero Año Nuevo. Investiga el arte del Caribe y haz una tarjeta con arte al estilo caribeño. Explica a la clase cómo tu tarjeta representa el arte caribeño.

En resumen
REPASO DE VOCABULARIO

TALK ABOUT HOLIDAYS

Actions

festejar	to celebrate
pasarlo bien	to have a good time
patrocinar	to sponsor

Expressions

¡Buen provecho!	Enjoy! (your meal)
¡Próspero Año Nuevo!	Happy New Year!

Give thanks

Muy amable.	That's kind of you.
No hay de qué.	It's nothing.

Foods

el arroz …	
con dulce	rice-coconut milk dessert
con gandules	rice and pigeon peas
con leche	sweet rice-milk dessert
el budín	pudding
el coquito	eggnog
los guineítos en escabeche	small green bananas in garlic vinegar, red pepper and oil
el lechón asado	roast suckling pig
el pastel	tamale-like mixture of plantain, yuca and meat
el pavo	turkey
el tembleque	coconut-milk custard

Holidays

El día de …	
Acción de Gracias	Thanksgiving
la Amistad	Valentine's Day
la Independencia	Independence Day
las Madres / de los Padres	Mother's / Father's Day
la Raza	Columbus Day
la Hanuka	Hanukkah
la Navidad	Christmas
las Pascuas	Easter
la quinceañera	fifteenth birthday

People and things

el anfitrión	host
la anfitriona	hostess
el Año Nuevo	New Year
la campana	bell
la campanada	tolling of the bell
el cohete	firecracker
el concurso	contest
la despedida del año	New Year's Eve
la fiesta continua	party in stages
la gala	big, formal party
inolvidable	unforgettable
la madrugada	early morning, dawn
el motivo	purpose
el (la) músico(a)	musician
la orquesta	orchestra
la radioemisora	radio station
el ruido	noise
típico(a)	typical, regional

 Ya sabes

De nada.	You're welcome.
Es un placer…	It's a pleasure…
Gracias.	Thank you.
Mil gracias.	Many thanks.
Se lo agradezco.	It's really appreciated.

HYPOTHESIZE

Use conditional sentences

Si vas a la fiesta, te divertirás.
Si fueras a la fiesta, te divertirías.

EXPRESS DOUBT AND DISAGREE

 Ya sabes

dudar que	to doubt that
Es dudoso que	It's doubtful that
Es imposible que	It's impossible that
Es improbable que	It's improbable that
no creer que	to not think that
no es verdad que	it's not true that
no estar seguro(a) (de) que	to not be sure that
no opinar que	to not be of the opinion that
no pensar (e → ie) que	to not think that

DESCRIBE IDEALS

Ya sabes

buscar	to look for
no hay nada	there is nothing
no hay nadie	there is nobody
¿Hay algo…?	Is there anything…?
¿Hay alguien…?	Is there anyone…?

Juego

¿Qué hay en la mesa? ¿Puedes encontrar dos tipos de comida cuyos nombres empiecen con la letra **p**?

ETAPA

3

Celebraciones de patria

- Describe historic events

- Make suggestions and wishes

- Express emotion and doubt

- State cause and effect

¿Qué ves?

Mira la foto. Contesta las preguntas.

1. ¿Quiénes son estas personas? ¿Cómo crees que se sienten?

2. ¿Qué celebración crees que sea? ¿Has estado en celebraciones parecidas?

3. Mira el sello. ¿Cómo puedes averiguar en qué país están?

EL DIARIO   23-30 marzo

Dos ensayos patrióticos

Estos chicos caribeños participaron en una competencia de ensayos patrióticos. Tuvieron que escribir un breve ensayo que describe el día festivo que tiene más importancia en su familia.

Día de la Abolición de la Esclavitud en Puerto Rico

PRIMER LUGAR

Descubre

Usa tu intuición y lo que ya sabes para decidir el significado de cada palabra. Escoge del segundo grupo de palabras.

1. costumbre	a. fight, struggle
2. acudir	b. ancestors
3. antepasados	c. custom
4. lucha	d. to honor
5. enfrentar	e. essays
6. honrar	f. slaves
7. esclavos	g. to commemorate
8. conmemorar	h. to confront
9. competencia	i. to attend
10. ensayos	j. contest

22 de marzo

El Día de la Abolición de la Esclavitud es un día muy solemne para mi familia porque algunos de nuestros antepasados fueron esclavos en aquel entonces. Tenemos varias costumbres para honrar su memoria. Empezamos el día con unos momentos de silencio alrededor de la mesa. Papá dice unas palabras sobre la injusticia que sufrieron nuestros antepasados y la lucha que enfrentaban todos los días contra el opresor. Este día fue una victoria justa contra los proponentes de la esclavitud.

Luego vamos al Parque de Bombas para celebrar. Me gusta ir a la Plaza para oír la bomba y plena que tocan los conjuntos afrocaribeños. Allí todos compartimos y recordamos juntos. Es una ocasión alegre.

Emilio Hernández de la Cruz

Monumento a la Abolición de la Esclavitud, Ponce, Puerto Rico

Pleneros celebran El Día de la Abolición

Día de la Raza en la República Dominicana

El día en que Cristóbal Colón descubrió las Américas.

Los dominicanos tienen una relación especial con la familia Colón. El **Almirante** Cristóbal fue el primer europeo que llegó a la isla en diciembre de 1492. El hermano de Cristóbal, Bartolomé, fundó Santo Domingo poco después de la fundación de una colonia española en la isla. Y el hijo de Cristóbal, Diego, se estableció en Santo Domingo por unos años.

En la zona colonial de Santo Domingo hay varios monumentos históricos para **conmemorar** el **descubrimiento** de las Américas. Cada 12 de octubre, miles de estudiantes dominicanos **acuden** a estos monumentos para celebrar el día de la Raza. Hay **procesiones** de estudiantes y **bandas** y **suenan** las campanas de las iglesias. En general, es un día de mucha alegría.

Las escuelas organizan desfiles por la zona colonial de Santo Domingo y en el **Faro** de Colón, con **banderas** dominicanas y con flores de diversos tipos, sobre todo rosas. Es un día que no olvido, no importa en donde esté. En Nueva York o en Santo Domingo, el 12 de octubre será un día en el cual siempre estaré consciente de mi herencia. ¡Dominicana hoy y siempre!

Angela Beatriz Corona

Monumento a Colón, Santo Domingo, República Dominicana

Colón llega al Caribe

¿Comprendiste?

1. ¿Hay un día festivo que tiene importancia especial en tu familia?
2. Algunos días festivos celebran relaciones personales, como el Día de las Madres y de los Padres, o el día de la Amistad. Pero otros conmemoran días nacionales, como el día de la Independencia. ¿Cuál prefieres? ¿Por qué?
3. ¿Piensas mucho en tu nacionalidad? ¿Hay días festivos en los cuales piensas más en tu nacionalidad que en otros?
4. ¿Crees que es importante tener días festivos nacionales? ¿Por qué?
5. ¿Qué sabes de Cristóbal Colón? ¿Tienes la misma relación con él y su familia cómo la que tiene Ángela? ¿Por qué?

PARA ESCUCHAR

STRATEGY: LISTENING

Pre-listening Here you will listen to a formal presentation about Columbus. What differences do you anticipate between an oral report and an informal conversation?

Listen and take notes Quick comprehension of numbers is often one of the last listening skills we master. Write down each date when you hear it. Afterward, go back and jot down what happened on that date.

Los viajes del Almirante

Estudias los viajes de Cristóbal Colón en tu clase de historia. Primero vas a mirar un mapa de sus viajes y luego escucharás a un compañero dominicano que da un informe oral sobre Colón.

❶ Mirar

Estudia el mapa que sigue los viajes de Cristóbal Colón en el año 1492.

El Viaje de Colón

Océano Atlántico

Guanahani

Cuba

La Española

❷ Escuchar

En tu clase de historia, Miguel, un estudiante dominicano, escribió su ensayo sobre Cristóbal Colón. Primero, lee las oraciones a continuación. Luego, escucha mientras Miguel lee su ensayo. Ordena las oraciones según la información que da Miguel.

_____ Colón establece la primera ciudad española y la nombra «La Isabela».

_____ Los monarcas Fernando e Isabel le dieron el dinero a Colón para hacer su viaje.

_____ Colón murió en España, convencido de que su expedición llegó a las Indias.

_____ El tres de agosto, 1492, la expedición de Colón salió de España en la Niña, la Pinta y la Santa María.

_____ Colón llegó a una bella isla que nombró «La Española».

_____ Colón llegó a una isla llamada Guanahaní.

_____ El hermano menor de Colón, Bartolomé, fundó Santo Domingo.

❸ Hablar/Escribir

En grupos de dos o tres, conversen sobre la vida de Cristóbal Colón. ¿Creen que su descubrimiento fue importante? ¿Saben algo más sobre sus viajes? ¿Pueden añadir información al ensayo de Miguel? Busquen más información sobre Colón en Internet o en una enciclopedia. Cada persona del grupo debe traer un dato importante sobre el hombre.

En acción
VOCABULARIO Y GRAMÁTICA

OBJECTIVES

• Describe patriotic events
• Make suggestions and wishes
• Express emotion and doubt
• State cause and effect

ACTIVIDAD 1

Descripciones

Leer/Escribir Lee las descripciones. Decide qué oración mejor describe cada foto.

a.

b.

c.

d.

1. La procesión de los estudiantes a la estatua de Colón es una costumbre del día de la Raza.

2. El día de los Veteranos es un día solemne en el cual honramos la memoria de los soldados de nuestro país.

3. La bandera es un símbolo que representa la historia de un país.

4. Muchas personas acudieron para apoyarla en su discurso.

ACTIVIDAD 2

El ensayo patriótico

Hablar/Escribir Completa las oraciones con las palabras de la lista.

acuden   banda   costumbres   antepasados   ensayo patriótico   injusticia   honrar

1. Voy a escribir un _____ sobre la lucha para nuestra independencia.

2. En los desfiles, siempre hay una _____ que toca el himno nacional.

3. En mi familia tenemos varias _____ para celebrar el día de la Raza.

4. Durante el día de la Raza, miles de personas _____ a la plaza central de la ciudad para oír discursos y celebrar el descubrimiento de las Américas.

5. Es importante _____ a los héroes que dieron sus vidas para luchar contra la esclavitud.

6. No debemos tolerar la _____ contra las personas sin hogar.

7. Nuestros _____ lucharon para nuestra independencia, algo que se nos olvida fácilmente.

ACTIVIDAD 3

Conversación

Hablar/Escribir Quieres saber qué cosas tu compañero(a) ha hecho o visto relacionadas con el patriotismo. Conversen sobre los temas a continuación.

modelo

ensayo patriótico

Tú: *¿Has escrito un ensayo patriótico alguna vez?*

Compañero(a): *Sí, lo escribí sobre el día de la Independencia de Estados Unidos.*

---

procesión patriótica

enfrentar una injusticia

celebrar una victoria

conmemorar antepasados

bailar bomba y plena

una banda en desfile

costumbres de la familia para el día de...

Vocabulario

El orgullo nacional

la patria *mother country*

el (la) patriota *patriot*

patriótico(a) *patriotic*

el patriotismo *patriotism*

¿Crees que tenemos mucho patriotismo en este país? ¿Por qué?

ACTIVIDAD 4 — Las costumbres

PARA CONVERSAR

STRATEGY: SPEAKING

Describe celebrations There are many aspects in a description of a celebration: **el lugar, la gente, la ropa, la comida, las acciones**. Think also about the time frame you want to use: **Por lo general, vamos a... vemos a..., llevamos..., comemos..., hacemos...**. What if you changed the time frame? What tenses would you use if you said: **Pero el año pasado...** or **Cuando era niño(a)...**

♻ **Hablar** Quieres saber si tu compañero(a) tiene algunas costumbres para ciertos días festivos. Conversen sobre dos o tres días festivos de su ciudad, estado o país. Mira la página 207 para repasar los días festivos.

modelo

Tú: *¿Cómo celebran el día de Acción de Gracias en tu familia?*

Compañero(a): *Pues, tenemos varias costumbres. Primero... Y tu familia, ¿cómo celebra el día de... ?*

Tú: *Pues nosotros...*

Summary of the Subjunctive (Part 1)

As you have learned, you use the **subjunctive** in Spanish in subordinate clauses when the **main clause** expresses…

- **wishes:** querer, recomendar, insistir en, aconsejar, etc.

  Queremos que vengas a la procesión.
  We want you to come to the procession.

  ¿Qué recomienda Ud. que hagamos?
  What do you recommend that we do?

- **emotion:** alegrarse, sentir, esperar, ojalá, es bueno/malo/ mejor que, etc.

  Me alegro de que Uds. conozcan la bomba y plena.
  I am happy that you know the bomba and plena.

- **doubt, disagreement,** and **denial:** no creer/pensar, dudar, no es cierto/verdad que, etc.

  Dudábamos de que ellos enfrentaran el problema.
  We doubted that they would face the problem.

When you have a sentence with a subordinate clause and the subjunctive is required, the main clause will be in the indicative and the subordinate clause in the subjunctive. The tense you use in the main clause will help you determine which tense to use in the subordinate clause.

Main Clause Indicative	Subordinate Clause Subjunctive
if **present, future, present perfect**	use **present**
	Siento que **termine** la celebración. *I'm sorry that the celebration is ending.*
if **present**	use **present perfect** (if action has taken place)
	Siento que **se haya terminado** la celebración. *I'm sorry that the celebration has ended.*
if **preterite, imperfect, conditional, past perfect**	use **imperfect**
	Sentía que **terminara** la celebración. *I was sorry that the celebration was ending.*

El desfile

Escuchar/Escribir Tu familia te habla sobre el desfile que van a ver hoy. Escucha y di qué quieren que tú hagas.

modelo

mi abuela / ir al desfile

Mi abuela quiere que yo vaya al desfile con ella.

1. mi abuela / ponerse ropa de verano
2. mi abuela / llegar al desfile temprano
3. mi abuela / traer una silla
4. mi papá / invitar a dos amigos
5. mis papás / venir a la casa dos horas antes del desfile
6. mis hermanos / quedarse en el parque todo el día

APOYO PARA ESTUDIAR

Tenses of the subjunctive

This chart will help you remember what tenses to use:

Main Clause Indicative	Subordinate Clause Subjunctive
present, future, present perfect	present
present	present perfect (if action has taken place)
preterite, imperfect, conditional, past perfect	imperfect

ACTIVIDAD 6 Gramática

¡Me alegro!

Escribir Vas a ir a la República Dominicana para celebrar el día de la Raza con tu amiga dominicana Susana. Ella te escribe esta carta. Completa la carta con la forma correcta de los verbos indicados.

Nota

Don't forget that verbs that end in **-cer** add a **z** to their subjunctive forms. Verbs that end in **-gar** add a **u** to their subjunctive forms.

Querido(a) amigo(a),

¡No puedo creer que la próxima semana vas a estar aquí en Santo Domingo! Ya sabes que vamos a ir a la celebración del día de la Raza el sábado. Me alegro de que tú ___1___ (querer) venir con nosotros. Quiero que tú ___2___ (ver) como celebramos nosotros los dominicanos. No es cierto que ___3___ (ser) un día solemne. Hay muchas cosas divertidas que hacer. Siento que tu hermana no ___4___ (poder) venir contigo. Dudo que (nosotros) ___5___ (quedarse) todo el día, porque queremos llegar a casa antes de que ___6___ (oscurecer). ¡Espero que ___7___ (divertirse)! Recomiendo que tú ___8___ (llegar) a nuestra casa como a las diez de la mañana. ¡Qué lindo será verte!

Un abrazo,

Susana

■ **MÁS PRÁCTICA** *cuaderno* pp. 85–86
■ **PARA HISPANOHABLANTES** *cuaderno* pp. 83–84

ACTIVIDAD 7

♻ Santo Domingo

Hablar Tu compañero(a) va a celebrar el día de la Raza en Santo Domingo. ¿Qué le recomiendas?

modelo

Compañero(a): *Voy a celebrar el día de la Raza en Santo Domingo.*

Tú: *¡Recomiendo que hagas tus reservaciones hoy!*

Compañero(a): *Pienso viajar en avión.*

Tú: *Recomiendo que…*

Nota

Remember that verbs that end in **-ger** change the **g** to a **j** in some of their subjunctive forms.

---

hacer tus reservaciones

comprar tus boletos

llamar a la agencia de viajes

escoger un hotel cerca del centro

llevar ropa de verano

comprar cheques de viajero

no ir solo(a)

visitar los monumentos históricos

ser parte del desfile estudiantil

ACTIVIDAD 8

¡Vamos a celebrar!

Hablar/Escribir Ayer fue el día de la Raza en Santo Domingo. ¿Qué querían todos que hicieras?

modelo

Compañero(a): ¿Qué querían tus padres que hicieras?

Tú: Mis padres querían que fuera al desfile con mi hermana.

tu mejor amigo(a)

tu tío(a)

tu profesor(a)

tu primo(a)

tu hermano(a)

tus amigos(as)

NOTA CULTURAL

El naufragio de la Santa María
En diciembre de 1492, la Santa María, uno de los tres barcos de Colón, naufragó (*shipwrecked*) cerca de la isla La Española. Con la madera y otros materiales rescatados del naufragio, Colón y sus acompañantes construyeron un fuerte al que dieron el nombre de La Navidad. En su segundo viaje, en 1493, Colón llegó al fuerte que encontró vacío. Abandonó el fuerte y estableció la colonia de Isabela cerca del Cabo Isabela en lo que hoy se conoce como la República Dominicana.

REPASO

Summary of the Subjunctive (Part 2)

▶ You have also learned to use the **subjunctive** after the **nonexistent** or **indefinite** antecedents:

No hay discurso **que me interese.**
There's no speech that interests me.

Busco una banda **que sepa tocar** el himno nacional.
I'm looking for a band that knows how to play the national anthem.

No hay nada/nadie que…
No tengo… que…
Busco/Necesito/Quiero… algo/alguien que…
¿Hay algo/alguien que… ?

▶ Use the **subjunctive** with these **conjunctions of time,** but only if the main clause has a **command** or refers to the **future:**

Nos iremos cuando termine la fiesta.
We'll leave when the party ends.

Quédense aquí **hasta que empiece** el desfile.
Stay here until the parade begins.

cuando
en cuanto
después (de) que
tan pronto como
hasta que

▶ You do not use the subjunctive if the **conjunction** is in a **past-tense** context.

Estaba lloviendo cuando empezó el discurso.
It was raining when the speech began..

▶ Use the **subjunctive** with these **conjunctions of time,** in all situations:

Te lo digo/Te lo diré para que te des cuenta del problema.
I'm telling you/I will tell you so that you'll realize the problem.

Te lo dije para que te dieras cuenta del problema.
I told you so that you'd realize the problem.

antes (de) que
con tal (de) que
a menos que
para que
en caso (de) que

♻ **La comunidad**

Leer/Escribir Eres el (la) presidente(a) del comité para mejorar la ciudad. Creas varios pósters que pones por toda la ciudad. Le explicas a un(a) compañero(a) el propósito (*purpose*) de cada cartel. ¿Qué le dices?

modelo

buscar voluntarios / mantener limpia la ciudad

Buscamos voluntarios que mantengan limpia la ciudad.

l. *buscar / músicos hacer audición para…*

2. *necesitar / candidato ser conservador*

3. *querer / voluntarios para mantener…*

4. *buscar / personas luchar contra…*

5. *querer / ciudadanos respetar leyes de la ciudad*

6. *necesitar / personas resolver problemas…*

ACTIVIDAD 10 — Gramática

El gobierno

Hablar/Escribir La política es muy complicada. ¿Qué necesitan los ciudadanos y las personas en el poder?

1. pueblo / querer / alcalde / entender los problemas de la ciudad
2. monarquía / insistir en que / ciudadanos / obedecer las leyes
3. gente / querer / gobierno / ser democrático
4. país / querer / presidente(a) / tener una ideología honorable
5. gente / querer / líder / saber tomar decisiones

modelo

gente / insistir en / gobierno / escribir leyes justas

La gente insiste en que el gobierno escriba leyes justas.

6. alcalde / necesitar / ciudadanos / apoyarlo
7. estado / querer / gobernador(a) / no olvidar sus responsabilidades
8. rey / buscar / ejército / estar siempre listo

MÁS PRÁCTICA *cuaderno* pp. 85–86

PARA HISPANOHABLANTES *cuaderno* pp. 83–84

Vocabulario

La política

el (la) alcalde(sa) *mayor*
conservador(a) *conservative*
la constitución *constitution*
la democracia *democracy*
democrático(a) *democratic*
el derecho *the (legal) right*
el ejército *army*
el (la) gobernador(a) *governor*
el gobierno *government*

la ideología *ideology*
la ley *law*
el (la) líder *leader*
liberal *liberal*
la monarquía *monarchy*
el poder *power*
el/la presidente(a) *president*
la reina *queen*
el rey *king*

el presidente

¿Qué tipo de gobierno tenemos en este país? En tu opinión, ¿cómo es? ¿Quiénes son los líderes más importantes? ¿Cómo son?

ACTIVIDAD 11

Las celebraciones

Hablar/Escribir ¿Qué hacen todos antes y después de la celebración? Combina palabras y frases de las dos columnas para explicarlo. Usa el adverbio **cuando** y los detalles que necesites en tus oraciones.

modelo

Ellos se irán a casa cuando termine la celebración.

Nota

Remember that verbs that end in **-zar** change the **z** to a **c** in their subjunctive forms.

yo	terminar la celebración
tú	empezar el desfile
él/ella	subir la bandera
ellos	visitar el monumento
nosotros(as)	tocar el himno nacional
todos	sonar las campanas
	acabarse el discurso

ACTIVIDAD 12

¿Qué van a hacer?

Hablar/Escribir Tú quieres saber qué van a hacer tu compañero(a) y sus amigos para celebrar ciertos días festivos. ¿Qué le preguntas y cómo te responde? Conversen sobre todas las posibilidades, usando la frase **con tal de que** y siguiendo el modelo.

modelo

Tú: *¿Van a participar en el desfile?*

Compañero(a): *Sí. Vamos a participar en el desfile con tal de que no tome mucho tiempo.*

■ **MÁS COMUNICACIÓN** p. R11

TAMBIÉN SE DICE

A los dominicanos también se les llama **quisqueyanos.**

NOTA CULTURAL

El Himno Nacional de la República Dominicana fue escrito en 1883. El poeta y educador Emilio Prud'homme compuso la letra y el maestro José Reyes la música. Reyes vio el himno de Argentina en un periódico parisino y decidió escribir uno para la República Dominicana. Invitó a su amigo Prud'homme a escribir la letra. El himno fue usado como himno nacional por primera vez en febrero de 1884 al llevar a la República los restos de Juan Pablo Duarte, el libertador del país, quien murió en 1876.

El Himno Nacional

Quisqueyanos valientes, alcemos Nuestro canto con viva emoción, Y del mundo a la faz ostentemos Nuestro invicto.

¡Salve! el pueblo que, intrépido y fuerte. A la guerra a morir se lanzó, Cuando en bélico reto de muerte sus cadenas de esclavo rompió.

Gramática
Subjunctive vs. Indicative

▶ Use the **subjunctive**:

- after expressions of **doubt**

  No creo que sepan
  la respuesta.
  I don't think that they know the answer.

- to make **suggestions** or **recommendations**

  Marta dijo que viéramos
  fuegos artificiales.
  *Marta said **we should see** the fireworks.*

Use the **indicative**:

- to express **certainty**

  Creo que saben
  la respuesta.
  I think they know the answer.

- to **report** actions

  Marta dijo que vimos
  fuegos artificiales.
  *Marta said **we saw** the fireworks.*

Vocabulario

♻ **Ya sabes**

dudar

no creer

es dudoso

es improbable

no estoy seguro(a)

pensar

creer

es cierto

es verdad

estoy seguro(a)

Opiniones opuestas

Hablar/Escribir Di si estás de acuerdo con estas ideas.

modelo

ese candidato: ser liberal

Creo que ese candidato es liberal.

No creo que ese candidato sea liberal.

1. el gobierno:
   ser democrático

2. el alcalde: tener dinero

3. el desfile: ser solemne

4. el (la) presidente(a):
   dar un discurso

5. el (la) gobernador(a):
   venir a la celebración

6. la ley: ser justa

7. el (la) presidente(a):
   llegar temprano

▪ **MÁS PRÁCTICA** *cuaderno* pp. 87–88.

▪ **PARA HISPANOHABLANTES** *cuaderno* pp. 85–86.

El (La) dudoso(a)

Escuchar/Escribir Escucha las oraciones y di lo que dudas.

modelo

Dudo que el presidente sea eficiente.

ACTIVIDAD
15

¿Qué dijo?

Hablar/Escribir Tu hermano fue a una celebración nacional y te contó todo lo que pasó. Ahora le cuentas los eventos a tu compañero(a). Primero habla sobre los discursos de los políticos durante la celebración y luego cuenta qué pasó, según tu hermano. Sigue el modelo.

modelo

el alcalde / ver la bandera

Compañero(a): *¿Qué dijo el alcalde que hicieran?*

Tú: *Dijo que viéramos la bandera.*

Compañero(a): *¿Qué dijo tu hermano que hicieron?*

Tú: *Dijo que vieron la bandera.*

el alcalde	ver la bandera
la gobernadora	celebrar el día de la Raza
el presidente	subir la bandera
el político liberal	tocar el himno nacional
la político conservadora	luchar por la independencia
	ver el desfile del ejército
	sonar las campanas

ACTIVIDAD
16

La entrevista

Tú eres reportero(a) y dos o tres de tus compañeros son candidatos para alcalde de la ciudad. Hazles preguntas sobre sus campañas.

modelo

Tú: *¿Por qué quiere ser alcalde?*

Compañero(a) 1: *Es importante que participemos en la política de la ciudad.*

Compañero(a) 2: *Yo también voy a hacer campaña. Yo creo que es necesario que…*

MÁS COMUNICACIÓN p.R11

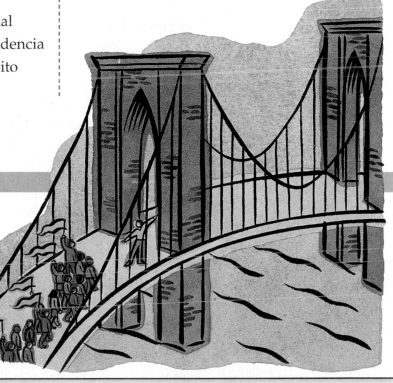

Refrán

El que quiere ser cabeza, que sea puente.

¿Qué quiere decir el refrán?
¿Crees que los políticos pueden juntar varios grupos de gente? En tu opinión, ¿es mejor ser el (la) líder o parte del grupo? ¿Quién debe establecer las metas para todos?

En voces
LECTURA

PARA LEER

STRATEGY: READING

Observe what makes poetry Poems are meant to be spoken and are often sung. Here is a poem in which the language is simple but the thought and form are complex. Four basic characteristics of a poem are: rhythm, rhyme, metaphor, and inverted word order.

Rhythm Read the poem aloud. Can you tap a steady beat?

Rhyme Scan the sounds of the last word of each line. Is there a pattern?

Metaphor Find a comparison between two things or a person and a thing. For example in line 8, Martí says «**En los montes, monte soy.**» What do you think he means?

Inverted word order To make everything work together, sometimes the poet changes natural word order. Can you find an example?

LA NATURALEZA

las alas	lo que usa el pájaro para volar
el alma	el espíritu
crecer	vivir y florecer
la lumbre	luz
las yerbas	el césped

Sobre el autor

José Martí, poeta, escritor y patriota cubano, nació en La Habana en 1853 cuando Cuba era todavía una colonia española. Escribió y habló a favor de la independencia de Cuba y fue exiliado a España por sus actividades revolucionarias. Luego fundó el Partido Revolucionario Cubano en 1892 y murió en una batalla por la independencia de Cuba ese mismo año. Martí murió como vivió, al servicio de la libertad de su patria.

Introducción

La poesía de Martí es directa y sincera. Entre sus poesías más famosas se destacan los *Versos libres* e *Ismaelillo*, escritos alrededor de 1882. Aquí tienes unos versos de su libro más conocido, *Versos sencillos*, escrito en 1891.

NOTA CULTURAL

El poema «Versos sencillos» fue la inspiración para la famosa canción **Guantanamera**. ¿La conoces?

de *Versos sencillos:* I.

Yo soy un hombre sincero
De donde crece la palma,
Y antes de morirme quiero
Echar[1] mis versos del alma.

Yo vengo de todas partes,
Y hacia todas partes voy:
Arte soy entre las artes,
En los montes, monte soy.

Yo sé los nombres extraños[2]
De las yerbas y las flores,
Y de mortales engaños[3],
Y de sublimes dolores[4].

Yo he visto en la noche oscura
Llover sobre mi cabeza
Los rayos de lumbre[5] pura
De la divina belleza.

Alas nacer vi en los hombros
De las mujeres hermosas:
Y salir de los escombros[6],
Volando las mariposas.

Todo es hermoso y constante,
Todo es música y razón,
Y todo, como el diamante,
Antes que luz es carbón.

[1] to send out

[2] strange
[3] tricks, deceits
[4] pains
[5] light

[6] rubble, debris

¿Comprendiste?

1. ¿Cómo participó Martí en la lucha para la independencia de Cuba?
2. ¿Cuáles son las imágenes que usa Martí? ¿Qué piensas de ellas?
3. ¿En qué líneas del poema habla Martí de su origen?

¿Qué piensas?

1. ¿Cómo trata Martí los temas de la naturaleza y el patriotismo?
2. ¿Qué significan estos versos en el contexto de la poesía?
 a. Yo vengo de todas partes / Y hacia todas partes voy.
 b. Y todo, como el diamante, / Antes que luz es carbón.

Hazlo tú

Escribe un poema parecido a éste. Empieza con **yo soy...**, **de donde...**,
y antes de morirme....

En colores
CULTURA Y COMPARACIONES

Una historia única

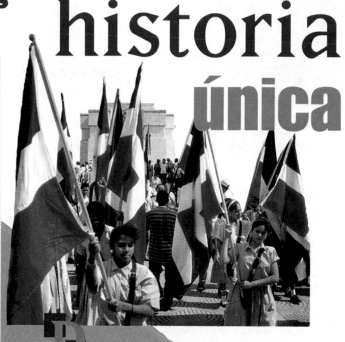

PARA CONOCERNOS
STRATEGY: CONNECTING CULTURES
Analyze national celebrations You have both read about and experienced national celebrations. Pick a particular celebration, perhaps July 4 in the United States. What did the celebration originally represent? What has it become in popular culture? Make a chart to compare your observations:

DÍA DE LA INDEPENDENCIA EE.UU.

Importancia histórica	Cómo lo conmemoramos
1.	1.
2.	2.
Etc.	Etc.

What conclusions would you make about your observations?

Desfiles, disfraces[1], festejos… El día de la Independencia en la República Dominicana es una ocasión especial por su historia única.

Historia

En 1492, Cristóbal Colón llegó a una isla que llamó La Española. Los españoles luego se instalaron en la parte este de la isla, pero en la parte oeste, los franceses crearon la colonia de Haití. En 1804, los haitianos ganaron su independencia de Francia y en 1822 ocuparon la ciudad española de Santo Domingo.

---

[1] costumes

Independencia

Después de la ocupación, el patriota dominicano Juan Pablo Duarte fundó un movimiento de resistencia. La noche del 27 de febrero de 1844, los dominicanos declararon la independencia de Haití. Poco después, los haitianos tuvieron que irse de la nueva nación, la República Dominicana.

Celebraciones

En la República Dominicana hay eventos oficiales durante este día patriótico y también hay eventos populares. El 27 de febrero, la gente disfruta del comienzo del Carnaval disfrazándose de payaso[2], animal u otras cosas. En Santo Domingo, orquestas tocan música bailable a lo largo del hermoso malecón[3] de la capital. Los dominicanos celebran hasta altas horas de la noche, conmemorando el día de la Independencia con la alegría del Carnaval.

[2] clown
[3] boardwalk

¿Comprendiste?

1. ¿Qué dos países colonizaron La Española?
2. ¿Qué día se celebra la independencia dominicana? ¿Qué evento histórico conmemora?
3. ¿Qué hacen los dominicanos en el malecón en la noche del 27 de febrero?

¿Qué piensas?

1. ¿Cuáles son los dos elementos que dan a la celebración del Día de la Independencia de la República Dominicana un aspecto especial?
2. Compara esta celebración con la de Estados Unidos. ¿Qué elementos comparten?¿Cómo son diferentes?

Hazlo tú

Escribe una breve descripción del día de la Independencia de Estados Unidos. ¿Qué eventos históricos conmemora? ¿Cómo celebra el pueblo estadounidense su independencia? ¿Cómo celebran el día tú y tu familia?

En uso

REPASO Y MÁS COMUNICACIÓN

OBJECTIVES

• Describe historic events
• Make suggestions and wishes
• Express emotion and doubt
• State cause and effect

Now you can...

• describe historic events.

• make suggestions and wishes.

To review

• the subjunctive, see pp. 226, 228.

ACTIVIDAD

1 **La celebración**

Vas a tener una celebración para el día de la Raza, pero tienes muchos problemas. Conversa con un(a) compañero(a) sobre qué necesitan para la celebración.

modelo

El conjunto no sabe tocar bomba y plena.

Tú: *Tenemos un problema.*

Compañero(a): *¿Qué?*

Tú: *Necesitamos un conjunto que sepa tocar bomba y plena.*

1. La banda no toca el himno nacional.
2. El cocinero no prepara comida dominicana.
3. Los músicos no cantan canciones tradicionales.
4. La candidata no quiere dar un discurso patriótico.
5. Los estudiantes no quieren participar en el desfile.
6. El lugar no es grande.

Now you can...

• make suggestions and wishes.

To review

• the subjunctive, see pp. 226, 228.

ACTIVIDAD

2 **Santo Domingo**

Piensas visitar a tu amigo(a) dominicano(a). Él te escribe una carta con sus planes. Complétala con el subjuntivo de los verbos entre paréntesis para saber qué te dice.

Querido Esteban:

Siento que se _____ (haber terminado) el verano pero me alegro de que _____ (venir) a visitarme a Santo Domingo. Yo dudaba de que _____ (poder) venir. Quiero que _____ (conocer) nuestras playas. Voy a llamar a alguna amiga que _____ (saber) bailar merengue para que te _____ (enseñar). No dejaré que _____ (regresar) a Boston hasta que _____ (aprender). Cuando _____ (bailar) como yo, serás casi dominicano. Para que te _____ (dar cuenta), aquí baila todo el mundo.

Hasta pronto,

Rubén

Now you can...

• express emotion and doubt.

To review

• subjunctive vs. indicative, see p. 232.

ACTIVIDAD 3 El debate

Tú y tu compañero(a) siempre tienen opiniones opuestas sobre la política. ¿Qué le dices y cómo te responde?

modelo

alcalde: ser conservador

Tú: *Pienso que el alcalde es conservador.*

Compañero(a): *Dudo que el alcalde sea conservador.*

1. la gobernadora: tener mucho poder
2. el presidente: resolver los problemas de los ciudadanos
3. todos los países: necesitar un ejército
4. el rey: colaborar con la gente

5. el gobierno: preservar los derechos humanos
6. la constitución: necesitar cambios
7. la presidenta: apoyar el desarrollo de los países pobres
8. la reina: tener una ideología liberal

Now you can...

• state cause and effect.

To review

• the subjunctive, see pp. 226, 228.

ACTIVIDAD 4 Con tal de que...

Tú dices que vas a hacer algo bajo ciertas condiciones. ¿Qué dices?

modelo

Voy a votar por el candidato liberal con tal de que _____ (resolver los problemas de la ciudad)

Voy a votar por el candidato liberal con tal de que resuelva los problemas de la ciudad.

1. Voy a donar mucho dinero a esa organización con tal de que _____ (honrar la memoria de los veteranos)
2. Vamos a visitar a ciertos países con tal de que _____ (tener un gobierno democrático)
3. Vamos a apoyar a ese gobierno con tal de que _____ (colaborar con los gobiernos de otros países)

4. Voy a votar por el candidato liberal con tal de que _____ (organizar a la gente del pueblo)
5. Voy a participar en la campaña para juntar fondos con tal de que _____ (usarse para mantener limpia la ciudad)
6. Voy a trabajar de voluntario(a) para esa organización con tal de que _____ (luchar contra la pobreza)

ACTIVIDAD 5 **Mi comunidad**

ACTIVIDAD 6 **Vamos a celebrar**

PARA CONVERSAR

STRATEGY: SPEAKING

Express yourself In this discussion of politics, express your wishes, hopes, emotions, doubts, uncertainties, and concerns about the actions of your political leaders. How can you use what you have learned in this unit?

En grupos de dos o tres, conversen sobre los políticos de su ciudad, su estado y su país. Si es necesario, lean sobre los políticos en el periódico para saber más de su ideología.

modelo

Tú: *El alcalde de mi ciudad es bastante liberal. Apoya los servicios sociales y …*

Amigo 1: *La gobernadora de mi estado es conservadora…*

Amigo 2: *El presidente de nuestro país es…*

En grupos de dos o tres, planeen una celebración para un día patriótico o histórico. Primero, escojan un día que quieran celebrar. Luego, preparen los planes para la fiesta.

modelo

Tú: *¿Por qué no celebramos el día cuando fundaron nuestra ciudad?*

Amigo 1: *Buena idea. Podemos buscar datos…*

Amigo 2: *Y luego podemos…*

ACTIVIDAD 7 *En tu propia voz*

ESCRITURA Imagínate que estás en Puerto Rico para el día de la Abolición de la Esclavitud. Escribe una tarjeta postal a tu familia describiendo qué hiciste y qué viste.

CONEXIONES

Los estudios sociales En Estados Unidos celebramos nuestra independencia de Inglaterra el 4 de julio. Escoge tres países hispanohablantes y haz una investigación para descubrir lo siguiente: ¿Celebra el país un día de la independencia? Si lo celebra, de quién ganó la independencia y cuándo se celebra? Si no celebra un día de la independencia, ¿por qué no? Escribe un reportaje y compara los resultados con dos o tres compañeros de la clase.

En resumen
REPASO DE VOCABULARIO

Columbus Day

acudir a	to attend
el (la) almirante	admiral
la banda	band
la bandera	flag
el descubrimiento	discovery
el faro	lighthouse
la procesión	procession
sonar (o-ue)	to sound, ring

Abolition of slavery

los antepasados	ancestors
la bomba	Afro-Caribbean dance
el conjunto	musical group
conmemorar	to commemorate
la costumbre	custom
el día de la Abolición de la Esclavitud	Abolition Day
enfrentar	to confront
el (la) esclavo(a)	slave
honrar	to honor
la injusticia	injustice
justo(a)	just, fair
la lucha	fight
el (la) opresor(a)	oppressor
la plena	Afro-Caribbean dance
el (la) proponente	supporter
solemne	solemn
la victoria	victory

Government

conservador(a)	conservative
la constitución	constitution
la democracia	democracy
democrático(a)	democratic
el derecho	right
el ejército	army
el gobierno	government
la ideología	ideology
la ley	law
liberal	liberal
la monarquía	monarchy
el poder	power

Leaders

el (la) alcalde(sa)	mayor
el (la) gobernador(a)	governor
el (la) líder	leader
el (la) presidente(a)	president
la reina	queen
el rey	king

Patriotism

la competencia	competition
el ensayo	essay
la patria	country
el (la) patriota	patriot
patriótico(a)	patriotic
el patriotismo	patriotism

 Ya sabes

dudar	to doubt
es cierto	it's certain
es dudoso	it's doubtful
es improbable	it's improbable
es verdad	it's true
estoy seguro(a)	I'm sure
no estoy seguro(a)	I'm not sure
no creer	to not believe
creer	to believe
pensar (e→ie)	to think

The subjunctive

Vamos a la celebración a menos que no **haya** tiempo.
Podemos quedarnos hasta que la banda **empiece** a tocar.

The subjunctive

Busco un conjunto que **sepa** tocar la plena y la bomba.
El gobernador quiere que **participemos** en la procesión.

Juego

Saludo a la gente pero no tengo manos. Me comunico con la gente pero no tengo boca. Soy alto pero no necesito ropa especial.
Doy apoyo y protección a la gente.
¿Qué soy?

En tu propia voz

ESCRITURA

¡Les deseamos mucho éxito!

¡Felicitaciones! Te vas a graduar este año y tu clase quiere expresar sus deseos para los estudiantes del futuro. Están preparando una «cápsula de tiempo» donde van a incluir una carta dirigida a estos estudiantes.

Propósito: Expresar deseos

Lectores: Estudiantes del futuro

Tema: Deseos para el futuro

Tipo de escritura: Una carta personal

PARA ESCRIBIR • STRATEGY: WRITING

Use transitions to make text flow smoothly Using transition words helps you organize the major points of your letter and move logically from one point to another. Some Spanish transition words are **primero, segundo, tercero, al principio, entonces, luego, además, por último,** and **también.**

Modelo del estudiante

> The salutation for a personal letter usually begins with **Querido(a)** and ends with a comma.

> **Primero** signals a list of ideas.

> **Para concluir** indicates that you have reached the concluding paragraph.

Queridos estudiantes del futuro,

Estamos a punto de graduarnos y pensamos en el futuro. ¡Ojalá que pudiéramos ver esta escuela en 100 años y hablar con los estudiantes del siglo veintidós! Tenemos muchas esperanzas para el futuro.

Primero, ¡sería mejor que en el futuro los estudiantes no tuvieran que pasar tanto tiempo haciendo la tarea! ¿No sería mucho mejor si tuvieran más tiempo para las actividades y para estudiar para exámenes?

Segundo, nos gustaría que hubiera unos cambios en nuestra comunidad. ¿No sería buena idea permitir a los jóvenes conducir un coche a la edad de catorce años en vez de a los dieciséis? ¡Entonces los otros miembros de la familia no tendrían que gastar su tiempo llevándonos a nuestras actividades!

También, esperamos que en el futuro las posibilidades de empleo sean mejores para todos los estudiantes. ¡Necesitamos más oportunidades!

Para concluir, ¡les deseamos todo lo bueno de nuestra época y esperamos que todo lo malo haya mejorado al llegar a la suya!

Sinceramente,

Los estudiantes del siglo veintiuno

> Typical closings for a personal letter are **Sinceramente, Cordialmente, un abrazo,** etc., followed by a comma and a signature.

Estrategias para escribir

Antes de escribir...

Mira la red de ideas. En el centro, escribe el tema principal de la carta. Luego escribe las ideas principales de los tres párrafos en tres círculos. En los otros círculos pon las oraciones que dan información sobre el tema de cada párrafo. Las líneas entre los párrafos son palabras transicionales que establecen una relación entre las ideas principales. Piensa en un tema para tu carta a los estudiantes del futuro y haz una red de ideas.

Revisiones

Después de escribir el primer borrador, pídele a un(a) compañero(a) que la compare con su red de ideas. Pregúntale:

- *¿Cuáles son las palabras y expresiones transicionales que usé para establecer una relación entre los tres párrafos?*
- *¿Cuál es la relación entre cada párrafo y el tema principal?*
- *¿Cómo se relacionan las oraciones de cada párrafo con la idea principal del párrafo?*

La versión final

Para completar tu carta, léela de nuevo y repasa los siguientes puntos:

- *¿Usé alguna expresión de duda, incertidumbre, juicio, no-existencia o emoción que requiere el subjuntivo?*

Haz lo siguiente: Subraya los verbos en el presente del indicativo o en el subjuntivo. Determina por qué el contexto requiere estos tiempos. Corrige los verbos.

- *¿Usé el tiempo verbal condicional correctamente?*

Haz lo siguiente: Confirma la aplicación apropiada del condicional. Haz un círculo alrededor de los verbos y las formas. ¿Está conjugado correctamente el verbo condicional? ¿Deberías usar subjuntivo para expresar una situación hipotética?

> Espero que los estudiantes del
> siglo veintiuno ~~tienen~~ tengan mucho éxito.
> Primero, quiero que disfruten de
> los años de estudio en la escuela
> superior. ¡Se van muy rápido!
> Después
> ∧~~Antes~~, no pueden olvidarse de sus
> amigos. Los amigos son una parte
> importante de la vida

 Comparte tus escritos en www.mcdougallittell.com

UNIDAD 4

OBJECTIVES

ETAPA 1

El próximo paso

- Describe your studies
- Ask questions
- Say what you are doing
- Say what you were doing

ETAPA 2

¿Cuál será tu profesión?

- Talk about careers
- Confirm and deny
- Express emotions
- Hypothesize

ETAPA 3

Un mundo de posibilidades

- Learn about Latin American economics
- Clarify possession
- Express possession
- Express past probability

UN FUTURO BRILLANTE

A N T O N I O   B E R N I

ARGENTINA
ANTONIO BERNI (1905–1981) Muchas veces, decidimos nuestro futuro durante nuestra niñez. Este pintor argentino celebra estos momentos en su pintura *El club atlético de Chicago,* 1937. Según lo que ves, ¿qué serán estos niños en el futuro?

URUGUAY
RAFAEL GUARGA inventó un método eficaz para proteger las frutas en Uruguay de las temperaturas frías. ¿Qué datos crees que tomó en cuenta para su invención?

ALMANAQUE

Población total del Cono Sur: 59.228.484

Altura: 6.962 m sobre el nivel del mar, Cerro Aconcagua (punto más alto)

Temperatura: (más alta) 74°F (24°C) Asunción, Paraguay. (más baja) 48°F (11°C) Bariloche, Argentina

Comidas: mate, parrillada, dulce de leche, puchero

Gente Famosa: Isabel Allende (escritora), Gabriel Baltistuta (futbolista), Mario Benedetti (poeta), Adolfo Perez Esquivel (pacifista)

  Para más información sobre el Cono Sur, ve a www.mcdougallittell.com

Mira el video para más información.

CONO SUR
MATE El mate es un té que se toma en estos países. Se toma en un envase (*container*) también llamado mate con un objeto especial llamado bombilla. ¿Conoces otras comidas o bebidas de América del Sur?

CONO SUR
EL ARPA ANDINA El arpa andina es uno de los instrumentos de la música de los Andes, conocida como andina. ¿Qué cultura crees que desarrolló este instrumento?

OCÉANO PACÍFICO

CHILE

PARAGUAY

★ ASUNCIÓN

ARGENTINA

URUGUAY

★ MONTEVIDEO

OCÉANO ATLÁNTICO

BUENOS AIRES ★ ★

★ SANTIAGO

CHILE
LA UNIVERSIDAD DE CHILE es una de las más prestigiosas en América del Sur. ¿Qué cosas crees que se estudian allí?

ARGENTINA
LA BOLSA Éste es uno de los centros de comercio principales en Latinoamérica. ¿Qué países crees que participan en ella?

ETAPA 1

El próximo paso

- Describe your studies

- Ask questions

- Say what you are doing

- Say what you were doing

¿Qué ves?

Mira la foto. Contesta las preguntas.

1. ¿En qué clase estarán estos estudiantes? ¿Cómo lo sabes?

2. ¿Tienen esta clase en tu escuela? ¿La has tomado?

3. ¿Cómo crees que se sienten los estudiantes? ¿Por qué?

TODOS JUNTOS

Nº10   Revista escolar   marzo

EL FUTURO ES NUESTRO

Dirección General de Escuelas
Escuela 208   Buenos Aires

¿Qué quieres hacer?

Descubre

Usa tu intuición y lo que ya sabes para decidir el significado de cada palabra. Escoge de la segunda columna.

1. administración de empresas
2. contabilidad
3. informática
4. mercadeo
5. campo de estudio
6. ventas
7. ingeniería

a. engineering
b. management
c. sales
d. marketing
e. computer science
f. accounting
g. field of study

Es importante pensar en tu futuro. ¿Qué campo de estudio te interesa después del colegio?

Administración de empresas

Agronomía

Administración de empresas
Te llevas bien con la gente. Crees que podrías manejar el personal de un negocio.

Comercio
Quieres ser un hombre o mujer de negocios para ver cómo funcionan los negocios grandes.

Contabilidad
Tienes gran habilidad para las matemáticas. ¡Lo cuentas todo!

Finanzas
Lo que más te interesa es cómo aumentar fondos.

Informática
¡Quieres hacer que la computadora haga lo que tú quieras!

Mercadeo
Te gustaría saber qué estrategias convierten un producto en un éxito.

Ventas
¡Tienes poder de persuasión! Convences a los consumidores sobre los productos que deben comprar.

Agronomía
Te interesa cultivar vegetales, frutas, o cualquier producto de la tierra.

Educación

Siempre has querido ser maestro o maestra. Te encantaría enseñar a otros todo lo que sabes.

Humanidades

Te interesa todo lo que tiene que ver con la gente y la cultura: la filosofía, la literatura, las bellas artes.

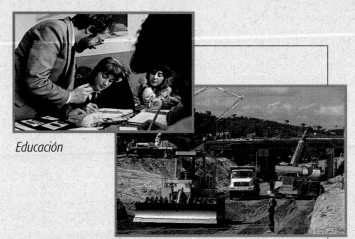

Educación

Ingeniería civil

Diseño

Eres muy creativo(a) y artístico(a). Ya sean libros o revistas o anuncios, tú los quieres diseñar.

Publicidad

Tú quieres crear los anuncios que atraen la atención del público.

Relaciones públicas

Para tener una buena relación con el público, las compañías emplean a gente que se dedica solamente a eso.

Dibujo técnico

Te gusta dibujar y eres muy exacto(a). Te encanta pasar horas dibujando con mucha precisión.

Ingeniería civil

¿Cómo se construyen las ciudades? Quieres diseñar y construir **carreteras** y puentes.

Ingeniería mecánica

Este campo se dedica a la producción, el diseño y el uso de las máquinas.

Diseño

¿Comprendiste?

1. ¿Qué campo te interesa? ¿Por qué?
2. ¿Qué tienen en común los campos de publicidad, mercadeo y ventas?
3. ¿Te interesa seguir la profesión de alguien que conoces? ¿Por qué?
4. ¿En qué campo de estudio crees que podrías desarrollar tus habilidades y talentos?
5. ¿Explorarás varios campos antes de seguir uno? ¿Sabes cuál vas a seguir? Explica.

En vivo

SITUACIONES

PARA ESCUCHAR

STRATEGIES: LISTENING

Pre-listening Scan the fields of study on p. 249. In addition to knowledge, each one requires certain personal qualities. Which ones require the ability to get along with others? Which ones are best suited for those who think for themselves and set personal goals?

Evaluate recommendations: Read **Datos personales** and analyze Emilio's interests and skills. What courses would you recommend for him? Then listen to his interview with the counselor. How does your suggestion compare with hers? How do you explain the differences?

¡Eso sí me interesa!

Esperas hablar con la consejera del colegio y ves el formulario de otro estudiante. Luego, escuchas una entrevista entre este estudiante y la consejera sobre los planes que él tiene para el futuro.

❶ Leer

Encuentras este formulario en la oficina mientras estás esperando a la consejera. Estúdialo para saber más sobre el estudiante que lo dejó.

DATOS PERSONALES

Nombre: _Emilio García Ávila_

Dirección: _____

No. de teléfono: _____ **Fecha de nacimiento** _____

Marca los campos de estudio que te interesan:

☐ Agri~~c~~ultura   *Me parece un poco aburrido...*

☐ Administración de empresas

☐ Comercio

☐ Contabilidad

☑ Dibujo técnico

☐ Diseño

☐ Educación

☐ Finanzas

☐ Hum~~an~~idades

☐ Informática   *¡Eso no es para mí!*

☐ Ingeniería civil

☐ Ingeniería mecánica

☐ Mercadeo

☐ Publicidad   *Soy demasiado tímido para trabajar con la gente. ¡Olvida Ventas y Relaciones públicas!*

☐ Rela~~c~~iones públicas

☐ V~~e~~ntas

---

❷ Escuchar

Emilio está en la oficina de la consejera para hablar con ella de los campos de estudio que le interesan. Escucha la entrevista. Marca **sí** si el campo de estudio le interesa a Emilio. Marca **no** si no le interesa. Marca **no se menciona** si ese campo de estudio no se menciona en la entrevista.

	Sí	No	No se menciona
Agricultura	○	○	○
Comercio	○	○	○
Contabilidad	○	○	○
Dibujo técnico	○	○	○
Diseño	○	○	○
Educación	○	○	○
Finanzas	○	○	○
Humanidades	○	○	○
Ingeniería civil	○	○	○
Ingeniería mecánica	○	○	○
Mercadeo	○	○	○
Publicidad	○	○	○
Relaciones públicas	○	○	○
Tecnología	○	○	○

❸ Hablar

En grupos de dos o tres, conversen sobre los campos de estudio que más les interesan. Hablen de sus talentos y habilidades. Escojan dos o tres campos y digan por qué les interesan ésos. Luego escojan otros dos o tres campos y digan por qué no les interesan ésos.

En acción
VOCABULARIO Y GRAMÁTICA

OBJECTIVES
- Describe your studies
- Ask questions
- Say what you are doing
- Say what you were doing

ACTIVIDAD 1

El (La) consejero(a)

Escribir Eres el (la) consejero(a) de un colegio. Varios estudiantes quieren tu opinión. Según sus intereses, diles qué deberían estudiar.

Diseño   Informática   Finanzas

Comercio   Educación   Publicidad

Ingeniería mecánica   Relaciones públicas

1. Quiero ser maestro en una escuela secundaria.
2. Soy muy social. Quiero un puesto en algo que tenga que ver con la gente.
3. Me fascinan las máquinas. Me gusta desarmarlas para ver cómo funcionan.
4. Soy muy artística. Me gustaría diseñar libros.
5. El mundo de los negocios me interesa mucho.
6. ¡Quiero hacerme rico! Saber invertir el dinero es muy importante para vivir bien.
7. Soy muy creativa. Creo que puedo inventar anuncios para la tele.
8. Tengo tres computadoras. ¡No puedo vivir sin mis computadoras!

ACTIVIDAD 2

La especialización

Hablar/Escribir Quieres saber en qué se especializaron las siguientes personas. Sigue el modelo.

hermano mayor

> **modelo**
>
> **Tú:** *¿En qué se especializó tu hermano(a) mayor?*
>
> **Compañero(a):** *Se especializó en dibujo técnico.*

1. Luis Pablo
2. Tío Ernesto

3. prima Aurora
4. Mercedes

5. doña Carmen
6. Rodolfo

- *Review: Interrogative words*
- *Review: The present progressive tense*
- *The progressive with **ir**, **andar**, and **seguir***
- *The past progressive tense*

ACTIVIDAD 3

La solicitud

Hablar/Escribir Tú y tu compañero van a llenar una solicitud de empleo para los siguientes departamentos de una empresa. Hablen sobre la información que tienen que dar usando expresiones del vocabulario.

modelo

mercadeo

Tú: *En la solicitud preguntan para qué estás capacitado(a).*

Compañero(a): *Me especialicé en mercadeo. Me gusta tomar decisiones. ¿Y tú?…*

1. relaciones públicas
2. finanzas
3. educación
4. diseño

Vocabulario

Tus habilidades

adaptarse *to adapt oneself*

capacitado(a) *qualified*

correr riesgos *to take risks*

desempeñar un cargo *to carry out a responsibility*

emprendedor(a) *enterprising*

encargarse de *to be in charge of*

especializarse *to specialize*

estar dispuesto(a) a *to be willing to*

la formación *training, education*

superarse *to get ahead, excel*

tomar decisiones *to make decisions*

¿Qué palabras usarías para describirte?

ACTIVIDAD 4

¿Cuál te interesa?

Hablar/Escribir Quieres saber qué campo de estudio le interesa a tu compañero(a) y cuáles son las habilidades que tiene para ese campo. Luego, él (ella) quiere saber lo mismo sobre ti.

modelo

Tú: *¿Qué campo de estudio te interesa?*

Compañero(a): *Me interesa mucho la ingeniería mecánica.*

Tú: *¿De veras? ¿Por qué?*

Compañero(a): *Desde niño(a) me han fascinado las máquinas. También quiero diseñar equipo mecánico.*

REPASO

There are many words you can use to ask questions. Many of the ones you already know are reviewed in the vocabulary box below.

When you ask someone to repeat what they just said, use **¿Cómo?** rather than **¿Qué?** It is more polite.

—Mañana no hay clases.
Tomorrow there are no classes.

—¿Cómo?
What *(did you say)?*

As you know, the meaning of **¿Cómo?** changes depending on whether you use it with **ser** or **estar**:

asks about appearance, character, and personality

asks about her health

¿Cómo es Laura?
What *does Laura look like?*
What *is Laura like?*

¿Cómo está Laura?
How *is Laura?*

Don't forget to write Spanish question words with an **accent mark**.

Vocabulario

♻ Ya sabes

¿Adónde?
¿A quién(es)?
¿Cómo?
¿Cuál(es)?
¿Cuándo?
¿Cuánto(s)/Cuánta(s)?
¿De dónde?

¿De quién(es)?
¿Dónde?
¿Para qué?
¿Por qué?
¿Qué?
¿Quién(es)?

ACTIVIDAD 5 Gramática

Preguntón

Hablar/Escribir Estás sentado(a) en el jardín de la Universidad de Chile. Un estudiante te ve y empieza a hacerte muchas preguntas. ¿Qué te pregunta? Usa las palabras interrogativas del vocabulario para completar sus preguntas.

modelo

Yo soy de Santiago.
*Y tú, ¿**de dónde** eres?*

1. ¿_____ te graduaste de la secundaria?

2. ¿_____ es tu clase favorita?

3. ¿_____ te gusta la ingeniería mecánica?

4. ¿_____ libros necesitas comprar para esa clase?

5. ¿_____ es tu profesor de dibujo mecánico?

6. ¿_____ aprendiste a dibujar tan bien?

7. ¿Ya te vas? ¿_____ vas?

8. ¿_____ está la biblioteca?

9. ¿_____ es esa bicicleta?

10. ¿Tomaste apuntes en clase? ¿_____ le prestaste tus apuntes?

MÁS PRÁCTICA *cuaderno* p. 94

PARA HISPANOHABLANTES
cuaderno p. 92

Los datos

Escuchar/Escribir Escucha una entrevista entre la señora Madrigal y un empleado de la universidad. Luego completa el formulario.

Solicitud de empleo

Nombre: _____ Fecha de nacimiento: _____

Estado civil: _____ Campo de estudio: _____

Educación:

Licenciatura: _____ Maestría: _____ Doctorado: _____

Fecha de solicitud: _____

Vocabulario

Dar información por escrito

el currículum vitae *resumé*

los datos *facts; information*

el doctorado *doctorate*

el estado civil *civil status (married, divorced, single)*

la estatura *height*

la fecha de nacimiento *date of birth*

la firma *signature*

la licenciatura *university degree*

la maestría *master's degree*

el paquete *package*

el sobre *envelope*

solicitar *to request, to apply for*

la solicitud *application*

¿Qué información has dado por escrito y para qué?

Un(a) nuevo(a) amigo(a)

PARA CONVERSAR

STRATEGY: SPEAKING

Establish closer relationships In developing a new friendship, you not only want to find out biographical information, but also know about that person's plans, hopes, beliefs, and feelings. These verbs will help you: **pensar, esperar, creer, sentirse.**

Hablar/Escribir Imagina que tú y tu compañero(a) se acaban de conocer. Hazle preguntas primero. Luego, cambien de papel.

modelo

Tú: ¡Hola! Yo me llamo… Y tú, ¿cómo te llamas?

Compañero(a): Me llamo… ¿De dónde eres tú?

Tú: Yo soy de….

¿Adónde? ¿Para qué?

¿Cuánto?/¿Cuántos?

¿Dónde? ¿Cuánta?/¿Cuántas?

¿De dónde? ¿Por qué? ¿Qué?

¿Cuál?/¿Cuáles? ¿Quién?/¿Quiénes?

¿Cómo? ¿De quién?/¿De quiénes?

¿A quién?/¿A quiénes? ¿Cuándo?

■ **MÁS COMUNICACIÓN** p. R12

The Present Progressive

The **present progressive** tense is only used for an action that is going on at the time of the sentence. The present progressive is like the **-ing** form (gerund) of a verb in English.

> *What are you do**ing**?*
> *I am study**ing**.*

To form the **present progressive tense** use:

present tense of estar + **present participle**

You already know the forms of **estar**. To form the **present participle,** drop the ending of the infinitive and add the appropriate ending.

-ar verbs **estudiar** + **ando** ➞ **estudiando**
ar

-er, ir verbs **comer** + **iendo** ➞ **comiendo**
er

leer, oír, creer **leer** + **yendo** ➞ **leyendo**
er

—Buenas tardes, señora. ¿José Antonio **está comiendo**?
*Good afternoon, Ma'am. **Is** José Antonio **eating** (now)?*

—No, ya comió. **Está estudiando**.
*No, he already ate. **He's studying** (at this moment).*

When you have **object pronouns** or **reflexive pronouns** with the present progressive, you can either:

- place the **pronouns** before **estar**

  before

  Los estudiantes **se están adaptando** a la vida universitaria.
  *The students **are adapting** to university life.*

- or attach them to the **present participle.**

  attaches

  Los estudiantes **están adaptándose** a la vida universitaria.
  *The students **are adapting** to university life.*

When you attach the **pronouns,** you add an **accent mark** to the **a** or **e** before **-ndo.**

♻ Las llamadas

Hablar/Escribir Haces unas llamadas para hablar con varios amigos. Pero no pueden hablar contigo porque están haciendo otra cosa. ¿Qué están haciendo?

modelo

Ariel / ducharse

Tú: *¿Puedo hablar con Ariel?*

Compañero(a): *No, lo siento. Se está duchando. (Está duchándose.)*

Nota

-er/-ir stem-changing verbs change **e → i** and **o → u** in the present participle.

v**e**stirse → v**i**stiéndose

d**o**rmir → d**u**rmiendo

1. Esteban: afeitarse
2. Mónica: arreglarse el pelo
3. Arturo: bañarse
4. Marta: correr
5. Cristina: maquillarse
6. Armando: peinarse
7. Raquel: vestirse
8. Beto: secarse el pelo
9. Joaquín: escribir una carta
10. Jimena: acostarse

MÁS PRÁCTICA *cuaderno* p. 96
PARA HISPANOHABLANTES *cuaderno* p. 91

ACTIVIDAD 9

♻️ La limpieza

Escribir La familia Márquez está muy ocupada hoy. Es el primer fin de semana de la primavera y ya es hora de hacer la limpieza anual. ¿Qué están haciendo?

modelo

El Sr. Márquez está barriendo el suelo.

ACTIVIDAD 10

¡No puede!

Hablar/Escribir Buscas a varias personas para salir. ¡Pero nadie puede porque todos están ocupados! Pregunta a tu compañero(a) dónde están cinco amigos. Luego, él (ella) te pregunta por otros cinco. Sigue el modelo.

modelo

Tú: *¿Dónde está Miguel? ¿Puede ir al cine con nosotros?*

Compañero(a): *No, no puede. Está estudiando para el examen de español.*

■ **MÁS COMUNICACIÓN** p. R12

N O T A CULTURAL

Estados Unidos: «¡Excelente!»
Uruguay: «O.K.»

Estados Unidos: «O.K.»

Uruguay: «Lo dudo.»

The Progressive with **ir**, **andar**, and **seguir**

 ¿RECUERDAS? *p. 256* You already know that you use the **present progressive** tense to say what you are doing right now. You can also use the verbs **ir, andar,** and **seguir** instead of **estar** with the **present participle.**

Each of these verbs has a special meaning in progressive constructions.

ir + present participle

Anita **se va adapt**ando a su puesto.
Anita is (slowly but surely) adjusting to her job.

andar + present participle

Isabel **anda busc**ando trabajo.
Isabel is going around looking for work.

seguir + present participle

Isabel **sigue busc**ando trabajo.
Isabel is still looking for work.

SPMNET

Ingeniero Suárez Santini

Calle Mar de Plata
#167890 Unidad 28
1040 Buenos Aires

tel. 1/788-5468
fax 1/788-5788

Un amigo de Paraguay

Hablar/Escribir Ramiro, tu amigo de Paraguay, está hablando por teléfono con sus padres. Les está contando cosas de su vida en Estados Unidos. ¿Qué les dice?

modelo

estudiar tres horas al día

Sigo estudiando tres horas al día.

1. trabajar los fines de semana
2. aprender más idiomas
3. tocar la guitarra
4. correr por las mañanas
5. hacer ejercicio todos los días
6. buscar un carro barato
7. correr riesgos en mi trabajo
8. tomar decisiones para mi futuro
9. superarse en mi campo de estudio
10. adaptarse a las costumbres norteamericanas

MÁS PRÁCTICA *cuaderno* p. 95

PARA HISPANOHABLANTES *cuaderno* p. 93

TAMBIÉN SE DICE
El **mercadeo** también se llama:
- mercadotecnia
- marketing

ACTIVIDAD 12

¿Es cierto?

Escuchar/Escribir Ruíz, el gerente, habla sobre la vida de sus empleados. Di si las oraciones son ciertas o falsas según Ruíz.

modelo

Gómez trabaja en la compañía.

Cierto.

1. Ribeira sigue superándose en su puesto.

2. Escobar nunca comparte sus ideas con otros compañeros de trabajo.

3. Prado va perdiendo mucho dinero.

4. Durán sigue estudiando mercadeo y relaciones públicas.

5. Vega no se está adaptando bien a la vida profesional.

6. Silva anda corriendo riesgos innecesarios.

N O T A CULTURAL

En Estados Unidos es común llamar a alguien por su nombre de pila *(first name)*. En la mayoría de los países hispanohablantes se usa el título y el apellido. Por ejemplo, «Sr. Blázquez, ¿está listo el folleto?» Solamente familia, buenos amigos o niños usan el nombre de pila.

ACTIVIDAD 13

¿Qué sabes de...?

Hablar/Escribir Con un(a) compañero(a), hablen sobre amigos que acaban de ver. Haz una lista de cinco amigos. Usa la construcción progresiva con **ir, andar** o **seguir**. ¡Sé creativo(a)!

modelo

Tú: *Oye, ¿has hablado con Enrique? ¿Qué sabes de él?*

Compañero(a): *Sí, hablé con él el otro día. Anda disfrutando de las vacaciones. ¿Viste a Marta? Vino a visitar a sus padres ayer.*

Tú: *Sí, la vi. Me dice que está estudiando mucho.*

---

acostumbrarse a las tradiciones de...

adaptarse a su puesto

buscar trabajo

correr riesgos sin tener por qué

darse cuenta de que [campo de estudio] no es nada fácil

decidir su carrera

disfrutar de las vacaciones

inventar proyectos para el verano

preocuparse más y más sobre...

prepararse para la universidad

tomar decisiones sin pensar

tratar de convencer a sus padres de que...

vender su carro

ACTIVIDAD 14

Verano

Hablar/Escribir Conversa con un(a) compañero(a) sobre lo que estás haciendo en el verano. Luego, escribe tus ideas.

modelo

Tú: *¿Sigues buscando trabajo para el verano?*

Compañero(a): *Sí, estoy entrevistándome en varias compañías.*

GRAMÁTICA

The Past Progressive

You use the **past progressive** to emphasize that an action was in progress at a particular time in the past. It is usually formed by using:

The action was in progress at a specific time in the past.

imperfect form of estar + **present participle**

—¿Qué estabas **hac iendo** a las nueve de la mañana?
*What **were you doing** at nine A.M.?*

—Estaba **desayun ando** y **estudi ando** para el examen de mercadeo.
*I **was eating breakfast** and **studying** for the marketing exam.*

You can also use the **past progressive** to emphasize that an action continued in the past for a specific period of time until it came to an end. To form this use of the past progressive use:

preterite of estar + **present participle**

It is clear that the action has ended.

Estuvimos **escrib iendo** toda la mañana.
***We were writing** all morning. (**We spent** the whole morning **writing**.)*

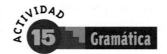

Ayer ellos estuvieron...

Hablar/Escribir ¿Qué estuvieron haciendo ayer?

modelo

Gabriel: escribir un ensayo para la clase
Gabriel estuvo escribiendo un ensayo para la clase.

1. yo: diseñar un folleto
2. Paula y Carlos: hacer un dibujo mecánico
3. Herlinda: leer para la clase de educación
4. Gustavo: hacer ventas por teléfono
5. Clara: leer la sección de negocios
6. María y Consuelo: escribir un programa

MÁS PRÁCTICA *cuaderno p. 96*
PARA HISPANOHABLANTES *cuaderno p. 94*

A las dos, a las tres, etc.

Hablar/Escribir Conversen sobre lo que tú y tu compañero(a) estaban haciendo a ciertas horas ayer.

modelo

Tú: *Ayer a las dos, yo estaba tomando el examen de informática. ¿Qué estabas haciendo tú?*

Compañero(a): *Yo estaba estudiando en la biblioteca.*

tomar el examen de...
enviar mi solicitud
llenar el formulario para el puesto de...
escribir un trabajo para la clase de...
trabajar en la oficina de...
hacer la tarea para la clase de...

Paramedia

Leer/Escribir Lee el folleto de la compañía Paramedia y contesta las preguntas.

1. ¿Qué clase de compañía es Paramedia?
2. ¿Cuáles son las cuatro áreas en que se especializa Paramedia?
3. ¿Hacen anuncios publicitarios? ¿Para qué medios de comunicación?
4. ¿En qué países tienen contactos?
5. Si eres artístico(a), ¿en qué área trabajarías?
6. Si te gusta escribir, ¿en qué área trabajarías?
7. Si estudiaste relaciones públicas, ¿dónde crees que te pondrían a trabajar?
8. ¿Te gustaría trabajar para Paramedia? ¿Por qué? ¿Qué les dirías de tus habilidades para que te dieran un puesto?

AUDIOVISUAL

Especializados en Spots publicitarios de 35 mm. Realizadores nacionales e internacionales. Equipos de producción. Proyectos multimedia. Vídeo interactivo, corporativo e industrial. Posproducciones digitales y grafismo electrónico. Fotografía. Contactos en Francia, Italia, Finlandia, Holanda, Inglaterra y Estados Unidos.

COMUNICACIÓN

Transmita lo que desee, cuando y como precise, a quien usted quiera. Estrategias planificadas. Convocatorias informativas. Presencia en los medios: Prensa, radio, TV... Convenciones y presentaciones. Relaciones públicas. Desde el posicionamiento hasta el target, cuidamos su imagen y su proyección corporativa.

EDITORIAL

De la concepción y gerencia del producto a la entrega del mismo totalmente acabado. Diseño, diagramación, maquetación. Selección de soportes y artes gráficas. Libros, revistas, posters, folletos, catálogos, papelería corporativa. A la vanguardia en la utilización de papeles especiales para todos los sistemas de impresión.

CREATIVIDAD

Manuales de Identidad Corporativa. Logotipos y aplicaciones. Arte publicitario. Bocetos, ilustraciones, grafismo, dibujo. Entorno Macintosh. Artes finales. Maquetas en volumen. Aerografía. Desde el concepto hasta su desarrollo y total ejecución. Contamos con elementos humanos y técnicos para hacer realidad su mejor idea.

PARAMEDIA

- CREATIVIDAD
- EDITORIAL ●
- AUDIOVISUAL
- COMUNICACIÓN ●

❸

Refrán

Con paciencia se gana lo imposible.

¿Qué quiere decir el refrán? ¿Puedes pensar en una situación en que tuviste que tener mucha paciencia? En tu opinión, ¿es importante tener paciencia?

En voces
LECTURA

PARA LEER
STRATEGY: READING
Analyze the role of identity and fantasy Movies and television often tell stories about people who are uncertain about their identity. Think about a T.V. story or movie where you have seen this theme. What elements does the character see as fact? Which ones does she or he see as fiction? After the reading, list the elements from Borges' life that he uses in his works. Why do you think he chose those? Would you choose the same? Explain.

EL AUTOR

el hogar	lugar donde uno vive
el tigre	gato salvaje
mudarse	cambiarse de casa
por su cuenta	por sí mismo
paterno(a)	del padre
materno(a)	de la madre
reconocido(a)	famoso(a)

NOTA CULTURAL

Borges pasó los últimos años de su vida casi ciego, pero su ceguera *(blindness)* no le impidió seguir escribiendo. Contó con el apoyo de su esposa, María Kodama, quien lo ayudó mucho. Ella hacía los trabajos que él no podía.

Jorge Luis Borges

Los laberintos y sueños[1], la fantasía, las identidades misteriosas y la suspensión del tiempo… todos son temas importantes en las obras de Jorge Luis Borges, uno de los autores latinoamericanos más reconocidos del siglo XX.

Borges nació en Buenos Aires en 1899 y vivió allí hasta 1914. Comenzó a escribir a la edad de nueve años, cuando publicó una traducción al español del cuento *The Happy Prince* de Oscar Wilde. Muchas de sus primeras lecturas fueron en inglés porque su hogar era bilingüe, ya que su abuela era inglesa. A los trece años, publicó su primer cuento original sobre tigres. Desde entonces, los tigres fueron un símbolo importante en la obra de Borges.

En 1914, su familia se mudó a Suiza y en 1919, se trasladó[2] a España, donde Borges publicó «Himno al mar», su primer poema en español. Regresó a Buenos Aires en 1921, fundó revistas y publicó su primera colección de poemas, *Fervor de Buenos Aires* (1923). Publicó poesía a lo largo de[3] su vida.

---

[1] dreams   [2] moved   [3] throughout

Elogio de la sombra (1969), *El oro de los tigres* (1972) y *La rosa profunda* (1975) son otros libros de poemas conocidos. En estos libros, Borges trata los temas de la historia de su familia, una que participó en varias etapas de la historia de Argentina. Su abuelo paterno participó en la guerra civil de Argentina; su abuelo materno también fue soldado. Borges se veía muy distinto a ellos, como dice en «Soy», un poema de *La rosa profunda*:

> 66 Soy… él que no fue una espada [4] en la guerra 99.

Borges no luchó con una espada de verdad, pero libró batallas de la imaginación [5] que resultaron en una obra voluminosa. Además de poemas, publicó varias colecciones de cuentos. Entre las más importantes se encuentran *Ficciones* (1944) y *El Aleph* (1949). En sus cuentos, Borges explora el límite entre la realidad y la fantasía y cómo a veces estas cosas se confunden en nuestras vidas.

El sentido del ser—quiénes somos y cómo formamos nuestra identidad—es otro de los temas importantes en la obra de Borges. Él veía su identidad como escritor aparte de su identidad como hombre. Pero Borges el escritor es el que captura finalmente la esencia de Borges el hombre. Hablando de sí mismo como escritor dijo:

> 66 …todas las cosas quieren perseverar en su ser [6]; la piedra eternamente quiere ser piedra y el tigre un tigre. Yo he de quedar en Borges, no en mí (si es que alguien soy) 99 ….

---

[4] sword
[5] fought battles of the imagination
[6] persevere in being themselves

¿Comprendiste?

1. ¿Cómo comenzó la carrera literaria de Borges? ¿Qué lo hizo famoso?
2. ¿Cuáles son unos temas importantes de sus obras?
3. ¿Qué tipos de obras literarias escribió Borges? ¿Cómo es el estilo de Borges?

¿Qué piensas?

1. ¿Cómo crees que la historia de la familia de Borges influyó sus escritos?
2. ¿Por qué crees que la naturaleza forma una parte importante de la obra de Borges?

Hazlo tú

Piensa en las personas y cosas que hacen que tú seas la persona que eres: tu familia, el lugar donde vives, tus intereses, las cosas que has estudiado y tus sueños para el futuro. Luego, escribe un poema o cuento que incluya aspectos importantes de tu relación con estas personas o cosas. También puedes buscar otro poema o cuento de Borges y escribir una opinión corta.

En uso

REPASO Y MÁS COMUNICACIÓN

OBJECTIVES

• Describe your studies
• Ask questions
• Say what you are doing
• Say what you were doing

Now you can...

• describe studies.

• ask questions.

To review

• interrogative words see p. 254.

ACTIVIDAD 1 Inés

Completa las preguntas para saber más sobre la amiga de tu compañero(a).

modelo

Tú: *¿Quién es tu amiga?*

Compañero(a): *¿Ella? Es Inés de la Cruz.*

1. —¿_____ estudia Inés? —Estudia en la Universidad de Buenos Aires.
2. —¿_____ estudia Inés? —Estudia publicidad.
3. —¿_____ estudia publicidad? —Trabajará en una agencia de publicidad.
4. —¿_____ toma clases? —Toma clases de lunes a viernes.
5. —¿_____ es su clase favorita? —Es «Publicidad para la televisión».
6. —¿_____ es el profesor de esa clase? —El señor Chávez.
7. —¿_____ estudiantes hay en esa clase? —Hay sesenta estudiantes.
8. —¿_____ clases toma por semestre? —Toma seis clases por semestre.

Now you can...

• say what you are doing.

To review

• the present progressive see p. 256.

ACTIVIDAD 2 Los estudiantes

En este momento todos los estudiantes están haciendo algo para sus clases. ¿Qué están haciendo?

modelo

Ángela: estudiar para su examen de comercio
Está estudiando para su examen de comercio.

1. Tito: diseñar un folleto publicitario
2. Berta: entrevistar a un candidato
3. Enrique: enviar un paquete
4. Alicia: escribir un ensayo para la clase de humanidades
5. Clara: hablar con su profesor de dibujo técnico
6. Tomás: ver un video para su clase de publicidad
7. Bárbara: tratar de hacer una venta
8. Eliseo: completar la solicitud para el puesto

Now you can...

• say what you are doing.

To review

• the progressive with **ir**, **andar**, and **seguir** see p. 258.

ACTIVIDAD 3 La familia

Algunos miembros de tu familia están en varias situaciones en sus carreras. Explica sus situaciones. Sigue el modelo.

modelo

mi hermana Eugenia: ir / prepararse para la universidad
Mi hermana Eugenia se va preparando para la universidad.

1. mi primo Hernán: seguir / pensar en ser ingeniero
2. mi prima Amelia: ir / adaptarse a su puesto en la agencia de publicidad
3. mi tío: ir / acostumbrarse a la vida de un ingeniero civil
4. mi tía: seguir / trabajar en relaciones públicas
5. mi hermano menor: andar / tratar de decidir en su carrera
6. mi primo Rolando: seguir / enviar solicitudes a varias compañías

Now you can...

• say what you were doing.

To review

• the past progressive see p. 260.

ACTIVIDAD 4 ¿Qué estabas haciendo?

Ésta es la agenda de Lorena. Ayer pasó el día investigando varios campos de estudio en la universidad. Di qué estaba haciendo a ciertas horas.

modelo

8:00 / revisar el folleto de la universidad
Tú: *¿Qué estabas haciendo a las ocho de la mañana?*
Compañero(a): *Estaba revisando el folleto de la universidad.*

◆◆◆◆	miércoles ◆◆◆◆
9:00	llegar a la universidad
10:00	entrevistarse con el profesor de contabilidad
10:30	ver los anuncios publicitarios en la clase de diseño
12:00	almorzar con un estudiante de informática
4:00	leer varios ensayos para la clase de educación
5:00	completar la solicitud para el programa de verano
7:00	visitar la clase de ventas
7:30	regresar a la casa

ACTIVIDAD 5 — A mí me interesa...

PARA CONVERSAR

STRATEGY: SPEAKING

Extend a conversation By now, you have had lots of experience in brief question-and-answer conversations. Here you can put together all that you know in discussing different areas of study. You can state opinions and preferences, give reasons, ask clarifying questions, give personal or emotional reactions, express doubts or concerns. These are what you have been learning and practicing!

En grupos de dos o tres, conversen sobre los campos de estudio que les interesan y los que no les interesan.

modelo

Tú: *A mí me interesa la finanza. Creo que es importante saber manejar el dinero.*

Amigo(a) 1: *Yo quiero estudiar la publicidad porque me encantaría hacer anuncios para la tele.*

Amigo(a) 2: ...

ACTIVIDAD 6 — Su propia compañía

En grupos de tres, imaginen que van a tener su propia compañía. Primero decidan qué tipo de compañía será. Luego, decidan quién se encarga de cada departamento y por qué.

modelo

Amigo 1: *¿Por qué no hacemos una compañía de publicidad?*

Amigo 2: *Buena idea. Tenemos que darle un nombre.*

Amigo 3: *Y tenemos que decidir quién se encarga de las finanzas...*

ACTIVIDAD 7 — *En tu propia voz*

ESCRITURA Imagínate que eres el (la) gerente de una empresa. Vas a tener que entrevistar a varias personas para un puesto en tu compañía. Escribe seis preguntas para los candidatos. Luego, hazles la entrevista a dos compañeros.

modelo

- ¿En qué se especializó?
- ¿Cuáles son sus habilidades?
- ¿Por qué cree que usted sería el mejor candidato para este puesto?
- ¿...?

TÚ EN LA COMUNIDAD

Toño es alumno en Wisconsin. Trabaja en una compañía de equipo médico. A veces se comunica en español con los clientes hispanohablantes. También trabaja de voluntario con un niño hispanohablante. Lo ayuda con su tarea y también habla con los padres del niño, que no hablan inglés. ¿Usas tu español para ayudar a los demás?

En resumen
REPASO DE VOCABULARIO

DESCRIBE YOUR STUDIES

Coursework

la administración de empresas	business administration
la agronomía	agronomy
el campo de estudio	field of study
la carretera	road, highway
el comercio	business
la contabilidad	accounting
el dibujo técnico	technical drawing
el diseño	design
la educación	education
las finanzas	finance
las humanidades	humanities
la informática	computer science
la ingeniería civil	civil engineering
la ingeniería mecánica	mechanical engineering
el mercadeo	marketing
la publicidad	publicity
las relaciones públicas	public relations
las ventas	sales

Abilities and experience

adaptarse	to adapt oneself
capacitado(a)	qualified
correr riesgos	to take risks
desempeñar un cargo	to carry out a responsibility
emprendedor(a)	enterprising
encargarse de	to take charge of
especializarse	to specialize
estar dispuesto(a) a	to be willing to
la formación	training, education
superarse	to get ahead, excel
tomar decisiones	to make decisions

Written information

el currículum vitae	resumé
los datos	facts, information
el doctorado	doctorate
el estado civil	civil status
la estatura	height
la fecha de nacimiento	date of birth
la firma	signature
la licenciatura	university degree
la maestría	master's degree
el paquete	package

ASK QUESTIONS

♻ **Ya sabes**

¿Adónde?	Where to?
¿Dónde?	Where?
¿De dónde?	From where?
¿Cómo?	How?
¿Cuándo?	When?
¿Cuánto(s)/Cuánta(s)?	How much/many?
¿Cuál(es)?	Which? (choosing items)
¿Para qué?	For what purpose?
¿Por qué?	Why?
¿Qué?	What?
¿Quién(es)?	Who?
¿A quién(es)?	Whom?
¿De quién(es)?	Whose?

SAY WHAT YOU ARE DOING

The Present Progressive Tense

En este momento **estoy estudiando** para el examen.
Mi hermano **sigue buscando** trabajo.

SAY WHAT YOU WERE DOING

The Past Progressive Tense

El viernes a las ocho **estábamos asistiendo** a la clase.

Juego

¡A trabajar!

¿Qué oración va mejor con el dibujo? ¿Por qué?

1. A Magda le gusta trabajar en una oficina.

2. A Magda le gusta correr riesgos.

3. Magda no presta atención a su trabajo.

ETAPA

2

¿Cuál será tu profesión?

- Talk about careers

- Confirm and deny

- Express emotions

- Hypothesize

¿Qué ves?

Mira la foto. Contesta las preguntas.

1. ¿Qué detalles te dan una clave del lugar donde están estas personas?

2. ¿Crees que son amigos o trabajan juntos? ¿Por qué?

3. ¿Qué cosas crees que hace el chico?

4. ¿Qué conocimientos crees que necesitas para ser un(a) diseñador(a) gráfico web?

SPMNET

DISEÑADOR(A) GRÁFICO WEB

☑ Empresa líder en Internet SPMNET requiere personas con conocimientos sobre Internet.

☑ Experiencia en diseño y páginas Web. Plataforma Mac o PC.

Llamar a Raúl Cerviño, tel. 1/788-9140, fax 1/788-9158

La décima reunión

¡Qué gusto ver a todos! Dicen que yo—Maité Martínez—lleno el requisito perfecto para escribir un resumen de las noticias—¡Soy la más chismosa de todos!

Descubre

Usa las palabras dentro de las palabras para adivinar las profesiones. Mira los dibujos y escoge el equivalente.

1. **deportista** (deporte)
2. **bailarina** (bailar)
3. **diseñador(a) gráfico** (diseño)
4. **cartero** (carta)

Josefina Álvarez es abogada en un bufete en Buenos Aires. Nos presentó a su esposo que también es abogado. Son empleados en la misma oficina. ¡Felicidades, Josefina!

¡No van a creer quién se hizo bailarín! Jorge Valdez me contó que ahora vive en la gran ciudad de Montevideo donde es miembro del grupo de ballet del Teatro Solís.

¿Qué noticias tenemos de la famosa deportista de nuestra clase? Andrea, la gran tenista de Santiago de Chile, viaja por todo el mundo con su raqueta.

La arquitecta Ramona Díaz me contó que ha diseñado varios edificios comerciales en la ciudad de Bariloche.

Lorenzo Godoy ahora es agricultor en su ciudad natal en la pampa argentina. En las Granjas Godoy, se producen todo tipo de vegetales y granos. ¡Qué delicia!

Le pregunté al cartero Víctor Benedetti si había notado alguna disminución en el número de cartas a causa de Internet, ¡pero parece que él todavía tiene mucho que hacer!

¿Se acuerdan como Tito Villarreal le cortaba el pelo a todo el mundo? Ahora es peluquero con un salón exclusivo en Buenos Aires. ¡Pasen a verlo y saldrán con un elegante corte de pelo!

A Carmen Rossi siempre le han encantado los coches, así que no me sorprendió nada saber que ahora es mecánica en varios talleres de reparación de autos en la ciudad de Valparaíso. ¡Tiene conocimiento de todo tipo de coche!

Elsa Jiménez tiene el puesto de diseñadora gráfica web. Me parece muy natural... siempre estaba haciendo dibujos en la computadora. ¡Y lo sigue haciendo!

¿Y yo? ¿Qué hago yo? Soy secretaria ejecutiva bilingüe para una empresa multinacional muy importante. ¡Aprender inglés fue la mejor decisión de mi carrera!

Abrazos y saludos a todos.
¡Hasta la próxima!

Maité

¿Comprendiste?

1. De todas las profesiones, ¿cuál te interesa más? ¿Por qué?
2. ¿Conoces a alguien que esté en una de las profesiones que menciona Maité? ¿Quién? ¿Le gusta su trabajo?
3. ¿Qué habilidades crees que debería tener una persona que quiere ser abogado(a)? ¿deportista? ¿diseñador(a) gráfico(a)? ¿agricultor(a)?
4. ¿Has pensado en tu futuro? ¿Crees que es importante saber cuál profesión te interesa antes de la graduación? ¿Por qué?

PARA ESCUCHAR

STRATEGY: LISTENING

Pre-listening Have you ever applied for a job? What information did the employer want? Write down some key words.

Identify key information for careers Employment ads have two purposes: (1) to encourage qualified applicants, and (2) to discourage unqualified applicants. List the information that should be included to attain those goals.

Información a incluir
1.
2.
3.
etc.

Listen to the radio job bank and decide if the announcements meet your guidelines. Are there major differences?

Y yo, ¿qué quiero ser?

Estás buscando trabajo en Buenos Aires. Vas a ver unos anuncios clasificados y luego escucharás un programa de radio que describe trabajos posibles.

➊ Leer

Ves estos anuncios clasificados en el periódico *La Nación*. Léelos.

SE BUSCA ABOGADO(A)

- **Edad de 25 a 35 años**
- **Dispuesto a viajar por todo el país**

Interesados llamar al 1/312-3612 para pedir solicitud y dirección. Deben presentarse con currículum vitae y foto.

MULTINACIONAL

SE SOLICITAN

AUXILIARES DE CONTABILIDAD
Departamento de Ventas

Requisitos:

- Licencia en contabilidad
- Mínimo de 2 años de experiencia
- Edad de 23 a 28 años

 INBURSA

Favor de comunicarse con el 1/371-2939 o presentarse en Lavalle 1444 con su currículum vitae entre las 8.00-14.00 horas.

SPMNET

DISEÑADOR(A) GRÁFICO WEB

☑ Empresa líder en Internet SPMNET requiere personas con conocimientos sobre Internet.

☑ Experiencia en diseño y páginas Web. Plataforma Mac o PC.

Llamar a Raúl Cerviño, tel. 1/788-9140, fax 1/788-9158

---

❷ Escuchar

Después de leer los anuncios en el periódico, pones la radio. Escuchas un programa que se dedica a dar anuncios clasificados para las empresas que buscan empleados. Copia la tabla siguiente. Luego, escucha los anuncios. Para cada uno, completa la tabla con la información que falta. Si el anuncio no da esa información, déja el espacio en blanco.

Anuncio:	
Puesto:	
Compañía:	
Años de experiencia:	
Edad:	
Requisitos:	
Número de teléfono:	

❸ Hablar/Escribir

En grupos de dos o tres, conversen sobre las profesiones que les interesan. ¿Tienes alguna idea de qué quieres ser? Pregúntales a tus compañeros si ellos saben a qué profesión quieren entrar. Hagan una lista de posibilidades y comparen sus listas con los otros grupos en la clase. ¿Cuántas personas en su clase quieren ser abogados? ¿secretarios? ¿diseñadores? Den los resultados al (a la) profesor(a).

SECRETARIOS(A) EJECUTIVOS(A) BILINGÜES

Requisitos:

- inglés 80%
- presencia excelente
- manejar computadora ambiente Windows
- experiencia mínima de 5 años
- carrera comercial

Empresa Internacional

Interesados favor de llamar al 1/806-2433

En acción
VOCABULARIO Y GRAMÁTICA

OBJECTIVES

• Talk about careers
• Confirm and deny
• Express emotions
• Hypothesize

ACTIVIDAD 1

Deberías ser...

Hablar/Escribir Tu compañero(a) no sabe qué quiere ser. ¿Qué le dirías si te dijera estas cosas?

modelo

Compañero(a): *Me gusta hablar con la gente y andar por los barrios de la ciudad. No me importa el mal tiempo.*

Tú: *Deberías ser cartero(a).*

1. La música me encanta. Siempre quiero bailar cuando oigo música.

2. Me gusta el arte. También me encanta organizar elementos visuales para crear un concepto total.

3. Me fascinan los edificios: las casas, los edificios de apartamentos, los edificios comerciales.

4. Practico varios deportes: el fútbol, el béisbol, el tenis y el golf.

5. Me encanta desarmar los motores de los carros, encontrar el problema y armarlos de nuevo.

6. Mi familia ha tenido granjas desde hace muchos años. Cultivamos vegetales, granos y frutas.

ACTIVIDAD 2

¿Cuál es su profesión?

Hablar/Escribir Tus padres tienen amigos en varias profesiones. ¿Cuáles son sus profesiones?

modelo

La señora Ibáñez trabaja en un bufete donde protegen los derechos legales de la gente.

La señora Ibáñez es abogada.

1. El señor Gómez trabaja en una compañía que diseña páginas para la red.

2. La señorita Campoy hace planos para edificios nuevos.

3. La señora Botero trabaja en un taller donde se reparan automóviles.

4. El señor Varo crea peinados muy modernos. También se especializa en teñir el pelo.

- Review: Use affirmative and negative expressions
- Use the past perfect subjunctive tense
- Use the conditional perfect tense

ACTIVIDAD 3

¿Qué quieres ser?

Hablar/Escribir Habla con un(a) compañero(a) sobre qué les gustaría ser y por qué. Luego, cambien de papel.

modelo

Tú: ¿Qué quieres ser? ¿Por qué?

Compañero(a): ¿Yo? Yo quiero ser abogado(a). Me gustaría ayudar a las personas con problemas legales.

Profesiones	¿Por qué?
abogado(a)	ayudar a las personas con problemas legales
arquitecto(a)	diseñar edificios y supervisar la construcción
niñero(a)	cuidar a los niños pre-escolares
peluquero(a)	saber cortar el pelo al estilo preferido
técnico de sonido	trabajar en una radioemisora
veterinario(a)	trabajar con animales
otra	¿…?

Vocabulario

Más profesiones

- el (la) **artesano(a)** artisan
- el (la) **asistente** assistant
- el (la) **bombero(a)** firefighter
- el (la) **contador(a)** accountant
- el (la) **dueño(a)** owner
- el (la) **entrevistador(a)** interviewer
- el (la) **gerente** manager
- el (la) **ingeniero(a)** engineer
- el (la) **jardinero(a)** gardener
- el (la) **juez(a)** judge
- el (la) **niñero(a)** baby sitter
- el (la) **obrero(a)** worker
- el (la) **operador(a)** operator
- el (la) **taxista** taxi driver
- el (la) **técnico** technician
- el (la) **veterinario(a)** veterinarian

¿Conoces a personas que tengan estas profesiones?

ACTIVIDAD 4

La agencia de empleos

PARA CONVERSAR

STRATEGY: SPEAKING

Anticipate what others want to know Rehearse in order to be well-prepared and confident for a job interview. Here are some areas you should be ready to talk about: **intereses, estudios, trabajos, cualidades personales y ambiciones para el futuro.**

Hablar/Escribir Una agencia de empleos te entrevista. Tu compañero(a) hace el papel del agente. Luego, cambien de papel.

modelo

Compañero(a): ¿En qué se especializó?

Tú: En diseño gráfico.

Compañero(a): ¿Qué experiencia tiene?

Tú: He trabajado en una agencia de publicidad por tres años. **o** No tengo experiencia todavía, pero aprendo rápidamente.

REPASO

Affirmative and Negative Expressions

You have learned many words that you can use in **negative** and **affirmative** sentences. Here are some you already know in addition to a few more.

• Remember that Spanish uses a **double negative:** when a **negative** word follows the **verb,** use **no** before the **verb.**

follows the verb

No estoy haciendo **nada** ahora.
*I'm **not** doing **anything** now.*

• But when you use a **negative** word before the **verb,** omit **no:**

before the verb

Nunca trabajo los domingos.
*I **never** work on Sundays.*

Affirmative and **negative adjectives** agree with the nouns that they modify.

agrees   *agrees*

algunas empres**as**   **ninguna** muchach**a**

Alguno and **ninguno** change to **algún** and **ningún** when they come before a **masculine singular noun.**

Estoy buscando **algún** trabaj**o,** pero no encuentro **ninguno.**
*I'm looking for **some kind of** a job, but I'm **not** finding **one.***

Vocabulario

Palabras afirmativas y negativas

a menudo, muchas veces *often*

a veces *sometimes*

ni…ni *neither…nor*

o…o *either…or*

 Ya sabes

algo	nada
alguien	nadie
alguno(a)	ninguno(a)
siempre	nunca, jamás
también	tampoco

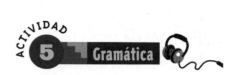

ACTIVIDAD 5 Gramática

Preguntas

Escuchar/Escribir Elena, la nueva amiga argentina de Jorge, quiere saber más sobre su pasado. Escucha sus preguntas y escoge la palabra o frase que mejor describe la respuesta de Jorge.

modelo

☒ *alguna vez*   ❑ *nunca*

1. ❑ alguna vez
   ❑ nunca
2. ❑ algo
   ❑ nada
3. ❑ alguien
   ❑ nadie
4. ❑ siempre
   ❑ nunca
5. ❑ también
   ❑ tampoco
6. ❑ alguna idea
   ❑ ninguna idea

■ **MÁS PRÁCTICA** *cuaderno* p. 102

■ **PARA HISPANOHABLANTES**
cuaderno p. 100

TAMBIÉN SE DICE

Cuando una persona se gradúa se dice que recibe su **diploma** o su **título.** En Colombia también se dice que recibe su **cartón.**

♻ Necesitas saber

Hablar/Escribir Es tu primer día en la Universidad de Buenos Aires. Le haces muchas preguntas a tu nuevo(a) amigo(a) argentino(a). Conversa con tu compañero(a) sobre los temas en la lista. Luego cambien de papel.

modelo

Tú: ¿Conoces a alguien que estudie diseño?

Compañero(a): No, no conozco a nadie que estudie diseño. **o** Sí, sí conozco a alguien que estudia diseño.

---

conocer a alguien que estudia diseño

estudiar finanza alguna vez

saber mucho del mercadeo

tener algún interés en estudiar dibujo técnico

conocer a alguien que estudia ingeniería

saber algo de informática

ver algún anuncio publicitario para la educación

¿…?

El día de profesiones

Hablar/Escribir Tú y tus compañeros(as) forman parte de un comité que organizará el día de las profesiones en su escuela. Ustedes van a decidir a quiénes van a invitar. Primero, investiguen las profesiones que les interesan a sus compañeros de clase. Entonces, decidan a qué profesionales van a invitar.

modelo

¿Hay alguien en la clase que quiera ser abogado?

sí_____   no___ ⊮⊮ ||||

No hay nadie en la clase que quiera ser abogado.

¿Hay alguien en la clase que sepa algo de informática?

sí___ ⊮⊮ |___   no___ |||___

Hay seis personas en la clase que saben algo de informática.

■ **MÁS COMUNICACIÓN** p. R13

Gabriela Columbaro

Calle 9 N° 380, (1900) La Plata, Pcia. de Buenos Aires
Tel./Fax: (021) 89-8783
e-mail: gcolumbaro@edu.com

EXPERIENCIA
- **Médica general,** *Hospital de Emergencias de La Plata* (1996 / Presente)
- **Asistente del Departamento de Psiquiatría,** *Clínica Dr. Eugenio, Necochea* (Abril 1993 / 1996).
- **Asistente médica,** *Seguro de Salud Cruz Azul, Buenos Aires* (1990 / 1993)
- **Empleada administrativa,** *Clínica Yoli, Salto* (1988 / 1990)

ESTUDIOS
- **Universidad de La Plata:** Doctorado en medicina general (1993)
- **Universidad de Belgrano:** Curso: Investigación en psiquiatría (1992)
- **Cruz Roja Argentina:** Curso: Primeros auxilios (1990)

CONOCIMIENTOS
- Computación: procesador de textos y base de datos.
- Idiomas: Inglés, italiano y francés.

PASATIEMPOS
- Lectura, música, turismo.

Referencias disponibles.

NOTA CULTURAL

La escuela secundaria es el equivalente del *high school* estadounidense. Al finalizar el último año de estudios secundarios, el (la) estudiante recibe un diploma, con el cual puede conseguir trabajo y seguir sus estudios universitarios. En la mayoría de los países latinoamericanos los estudiantes toman un examen de aptitud para poder entrar en la universidad. Algunas escuelas secundarias requieren un año de clases adicionales. De esta manera, los estudiantes aseguran su plaza universitaria sin tener que tomar el examen de aptitud.

GRAMÁTICA ◆ Past Perfect Subjunctive

▶ You can use the **past perfect subjunctive** to say that you wish that things had happened differently than they did. For example, use it after **ojalá que** to express a wish about something that didn't happen:

Ojalá que hubiera **llamado.**
I wish I had called. (But I didn't.)

▶ To form the **past perfect subjunctive** use:

past subjunctive of **haber**	+	**past participle** of the verb.

hub**iera** **llamado**	hub**iéramos** **llamado**
hub**ieras** **llamado**	hub**ierais** **llamado**
hub**iera** **llamado**	hub**ieran** **llamado**

▶ Here are some **irregular past participles:**

abrir → **abierto,** cubrir → **cubierto,** decir → **dicho,** escribir → **escrito,** hacer → **hecho,** morir → **muerto,** poner → **puesto,** resolver → **resuelto,** romper → **roto,** ver → **visto,** volver → **vuelto.**

....

▶ You can also use the **past perfect subjunctive,** like the present perfect subjunctive, to say that one action took place before another action. You use the **past perfect subjunctive** when the verb of the main clause is in the **imperfect** or the **preterite.**

Compare these sentences:

Espero que te hayan dado el puesto.
*I **hope** they gave you the job.*

> I don't know if they did.

Esperaba que te hubieran d**ado** el puesto.
*I **hoped** they **had given** you the job.*

> I had hoped they would have given you the job, but they didn't.

🔄 La celebración

Hablar/Escribir Hubo una celebración para el Año Nuevo. Todos tuvieron experiencias distintas esa noche. Describe qué hicieron según las indicaciones. Luego, tu compañero(a) te contesta. Cambien de papel.

modelo

yo: *no ir a la gala*

Tú: *No fui a la gala.*

Compañero(a): *Ojalá que hubieras ido.*

1. nosotros: no festejar el Año Nuevo
2. tú y Paulina: no ver los fuegos artificiales
3. nosotros: no dar las gracias a la anfitriona
4. tú: no volver temprano
5. nosotros: no celebrar hasta la madrugada
6. tú y Aída: no pasarlo bien en la fiesta
7. yo: no gustar el lechón asado

Después de la entrevista

Hablar/Escribir Tuviste una entrevista para un puesto que querías conseguir. Estás nervioso(a) después de la entrevista y le cuentas a tu madre cómo te fue. ¿Cómo te responde ella?

modelo

Mamá, no me dijeron los requisitos para el puesto antes de la entrevista.

Esperaba que te los hubieran dicho.

Nota

Remember that when you have both **direct** and **indirect object pronouns**, the indirect object pronoun goes first.

Esperaba que te los hubieran dicho.

1. Mamá, no me hicieron muchas preguntas.
2. Mamá, no me pidieron el currículum vitae.
3. Mamá, no me pidieron recomendaciones.
4. Mamá, no me preguntaron sobre mi licenciatura.
5. Mamá, no me ofrecieron entrenamiento.
6. Mamá, no me explicaron los beneficios.
7. Mamá, no me dijeron el resultado de la entrevista.
8. Mamá, no sé si me dieron el puesto.

Vocabulario

Un puesto nuevo

aumentar *to increase*	**jubilarse** *to retire*
los beneficios *benefits*	**la puntualidad** *punctuality*
el contrato *contract*	**requerir (e→ie)** *to require*
el entrenamiento *training*	**el seguro (médico)** *(health) insurance*
las habilidades *capabilities*	**el sueldo** *salary*

MÁS PRÁCTICA *cuaderno* p. 104

PARA HISPANOHABLANTES *cuaderno* p. 102

¿Supiste?

Hablar/Escribir Pasaron muchas cosas en el trabajo y se las cuentas a tu compañero(a). Di lo que pasó para que él (ella) te responda. Luego, cambien de papel.

modelo

dar el contrato

Tú: *¿Supiste que me dieron el contrato?*

Compañero(a): *Sí, me alegré muchísimo de que te hubieran dado el contrato.*

---

aumentar el sueldo

dar el contrato

dar recomendaciones positivas

jubilarse (mi jefe)

ofrecer beneficios muy buenos

ofrecer entrenamiento

pagar ayer

¿...?

Las reacciones de la familia

Escribir Andas buscando trabajo y pasas por muchas experiencias buenas y también difíciles. ¿Cómo reacciona tu familia? Primero escribe cinco cosas que te pasaron (te fue bien/mal en la entrevista, te dieron o no te dieron el puesto, etc.). Luego, para cada cosa que te pasó, escribe una oración describiendo las reacciones de tu familia. Usa los verbos de la lista.

modelo

No me dieron el puesto.

Papá dudaba que me hubieran dado el puesto. **o**
Abuela sentía que no me hubieran dado el puesto. **o**
Mi hermana esperaba que me hubieran dado el puesto.

---

alegrarse de que

esperar que

sentir que

ojalá que

dudar que

■ **MÁS COMUNICACIÓN** p. R13

NOTA CULTURAL

Las carreras tradicionales en los países hispanos siempre fueron medicina, abogacía y administración de empresas. Por lo general, las carreras humanísticas, como arte o lenguaje, han estado en segundo lugar. En los últimos años, la computación es muy popular y muchas personas se dedican a estudiarla. Es necesaria para conseguir trabajo.

The Conditional Perfect Tense

▶ You use the **conditional perfect** to say that you *would have done* something:

Yo **habría trabajado**.
I would have worked.

Le **habría ofrecido** el puesto.
I would have offered him (her) the job.

To form the **conditional perfect** tense use:

conditional of **haber** + **past participle** of the verb.

habría trabajado	**habríamos** trabajado
habrías trabajado	**habríais** trabajado
habría trabajado	**habrían** trabajado

▶ The **conditional perfect** is most commonly used with a **si clause** to say what might have been if things had been different. In these sentences you use the **past perfect subjunctive** and the **conditional perfect** together.

Si **hubieras sabido** hablar español, **te habrían dado** el puesto.
*If **you had known** how to speak Spanish, **they would have given** you the job.*

Habríamos podido trabajar en finanzas si **hubiéramos estudiado** economía.
*We **would have been able** to work in finance if **we had studied** economics.*

▶ Contrast the meaning of the three types of sentences with **si clauses** that you have learned:

present tense → *future tense*

Si **solicitas** el empleo, lo **conseguirás**.
*If **you apply** for the job **you will get** it.*

imperfect subjunctive → *conditional*

Si **solicitaras** el empleo, lo **conseguirías**.
*If **you were to apply** for the job (which you aren't), **you would get** it.*

past perfect subjunctive → *conditional perfect*

Si **hubieras solicitado** el empleo, lo **habrías conseguido**.
*If **you had applied** for the job **you would have gotten** it.*

ACTIVIDAD 12 · Gramática

Tampoco o también

Hablar/Escribir Muchos de tus amigos están tomando decisiones en relación a sus carreras. Di qué habrías o no habrías hecho tú en las mismas circunstancias. Sigue el modelo.

modelo

Juan no estudió para ser abogado.

Yo tampoco habría estudiado para ser abogado.

1. María no aceptó el trabajo a tiempo parcial.
2. Joaquín cambió de carrera.
3. Arturo no quería un trabajo a tiempo completo.
4. Ana buscó trabajo en publicidad.
5. El señor Miranda no se jubiló hasta que cumplió setenta años.
6. Hernán llegó a todas sus entrevistas a tiempo.

Vocabulario

El trabajo

la carrera *career*

la desventaja *disadvantage*

emplear *to employ*

el empleo *job*

ganarse la vida *to earn a living*

el trabajo a tiempo completo *full-time work*

el trabajo a tiempo parcial *part-time work*

la ventaja *advantage*

¿Puedes usar algunas de estas palabras y frases para describir tu empleo, si tienes uno?

ACTIVIDAD 13 · Gramática

¡Por eso!

Escuchar/Escribir El consejero de la agencia de empleos les habla a varias personas para explicar por qué no tuvieron éxito en sus entrevistas. Escucha lo que dice para luego decir lo mismo de una manera más cortés.

modelo

¡No sabes hablar español! Por eso no te dieron el puesto.

Si hubieras sabido hablar español, te habrían dado el puesto.

1. Si hubieras tenido las destrezas necesarias, te _____.
2. Si hubieras llegado a la entrevista a tiempo, te _____.
3. Si hubieras llevado tu currículum vitae, te _____.
4. Si hubieras pedido recomendaciones, _____ ese puesto.
5. Si hubieras estudiado ingeniería, _____ el puesto.
6. Si te hubieras puesto una corbata, _____ una buena impresión.

■ **MÁS PRÁCTICA** *cuaderno* p. 103

■ **PARA HISPANOHABLANTES** *cuaderno* p.101

TAMBIÉN SE DICE

Aunque **trabajo a tiempo parcial** es la frase más común en el mundo hispanohablante, también se utilizan las siguientes expresiones:

- **trabajo de medio tiempo** (Argentina)
- **trabajo de media jornada** (España)

ACTIVIDAD 14

Cómo prepararse

Hablar/Escribir Estudia los dibujos. Con un(a) compañero(a), conversen sobre los chicos en los dibujos. ¿Cómo crees que les va a ir en la entrevista? Den todo el detalle que puedan.

modelo

Tú: *Si el chico se hubiera acostado temprano, habría llegado a la entrevista a tiempo.*

Compañero(a): *Es verdad. Probablemente le van a dar el puesto a la chica porque ella llegó a tiempo.*

Cómo prepararse para la entrevista

Cómo vestirse para la entrevista

Cómo comportarse en la entrevista

ACTIVIDAD 15

Operadores telefónicos

Hablar/Escribir En grupos pequeños, hablen del siguiente puesto. ¿Les interesa? ¿Qué requisitos se necesitan? ¿Cómo se puede solicitar?

modelo

Tú: *Ofrecen trabajos a tiempo completo o parcial.*

Compañero(a) 1: *Me interesan trabajos a tiempo parcial.*

MERKNTEL

Empresa solicita
Operadores (as)
Telefónicos (as)

Requisitos
- Edad mínima de 20 años
- Preparatoria o equivalente; aceptamos estudiantes de licenciatura
- Buena presentación, excelente ortografía y conocimiento de PC

Ofrecemos
- Sueldo base más bonos
- Trabajos a tiempo completo o parcial
- Ambiente agradable de trabajo
- Capacitación desde tu ingreso

Favor de comunicarse de 9 a 14 y de 16 a 19 horas o presentarse en:
Rambla O'Higgins 5306, Montevideo

2 / 9 7 7 6 5

Refrán

El mal obrero culpa las herramientas.

¿Qué quiere decir el refrán? Cuando hay problemas con un proyecto, ¿dónde crees que está la causa del problema?

En colores
CULTURA Y COMPARACIONES

Los jóvenes y el futuro

PARA CONOCERNOS
STRATEGY: CONNECTING CULTURES

Formulate plans for the future Think about your future after high school, then write down what you need to do to meet your goals: **escribir, estudiar, ganar, preparar, solicitar, tomar decisiones,** etc. Also acknowledge your feelings: **alegre, dudoso(a), frustrado(a), nervioso(a), preocupado(a), seguro(a)** about each task.

Mis metas:

Para hacer	Lo que siento
1.	
2.	
3.	

With which person in *Los jóvenes y el futuro* do you most identify?

Chile

Ana María Ibáñez, 16 años

Yo estudio en un colegio de monjas[1]. Es un internado — eso significa que las chicas viven allí. Ahora estoy cursando[2] mi último año y preparándome para la Prueba de Aptitud Académica, que también se llama la P.A.A. Quiero estudiar en la Universidad Católica, pero para eso necesito sacar más de 740 en la P.A.A. Me interesa estudiar ingeniería comercial. Pero me da un poco de miedo dejar el colegio. ¡Creo que voy a echarlo de menos[3]!

---

[1] nuns
[2] I'm enrolled in, I'm taking
[3] to miss it

Paraguay

Alfredo Zubizarreta,
17 años

Estoy en el último año de colegio y pienso mucho en el futuro. Quiero ir a la universidad, pero tengo que pasar el examen de ingreso[4]. Tengo buenas notas, sobre todo en castellano y en literatura, pero dicen que ese examen es muy difícil. Hay pocos puestos en la universidad y muchos estudiantes que quieren estudiar. Por eso algunos salen del país. Si me aceptan en la universidad aquí, voy a estudiar derecho[5], ¡porque los abogados ganan un buen sueldo!

[4] entrance, admission
[5] law

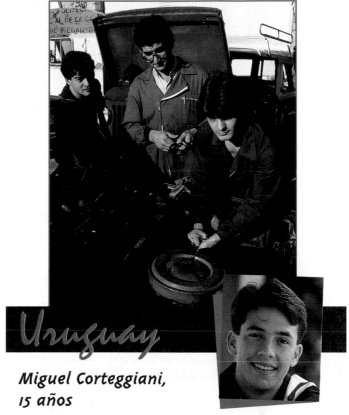

Uruguay

Miguel Corteggiani,
15 años

Estudio en un colegio público. El año que viene será el último año de secundaria. Mis padres quieren que vaya a la universidad pero yo dudo que vaya. Preferiría estudiar en una escuela técnica. Me fascinan los carros y me interesa mucho ser mecánico. Algún día quisiera tener mi propio taller. Yo creo que uno tiene que seguir sus intereses. ¿No estás de acuerdo?

¿Comprendiste?

1. ¿En qué tipo de colegio estudia Ana María Ibáñez?
2. ¿Por qué no sabe Alberto Zubizarreta si podrá estudiar en la universidad?
3. ¿Qué campo le interesa a Miguel Corteggiani? ¿Qué piensan sus padres?

¿Qué piensas?

Estos estudiantes no están completamente seguros de sus decisiones. ¿Por qué?

Hazlo tú

Compara las dudas y los miedos de estos jóvenes sudamericanos con los de los jóvenes norteamericanos. ¿Comprendes estos sentimientos? ¿Los tienes también? Escribe un ensayo sobre tus planes para el futuro.

En uso

REPASO Y MÁS COMUNICACIÓN

Now you can...

- talk about careers.

- confirm and deny.

To review

- affirmative and negative expressions see p. 276.

ACTIVIDAD 1 Algún día

Íñigo va a graduarse pronto y no sabe qué quiere estudiar. Completa esta entrada en su diario con las palabras afirmativas o negativas apropiadas.

algo   jamás   nada   ni...ni   nunca

alguien   ninguno(a)

algún   nadie   tampoco

algunos(as)   siempre

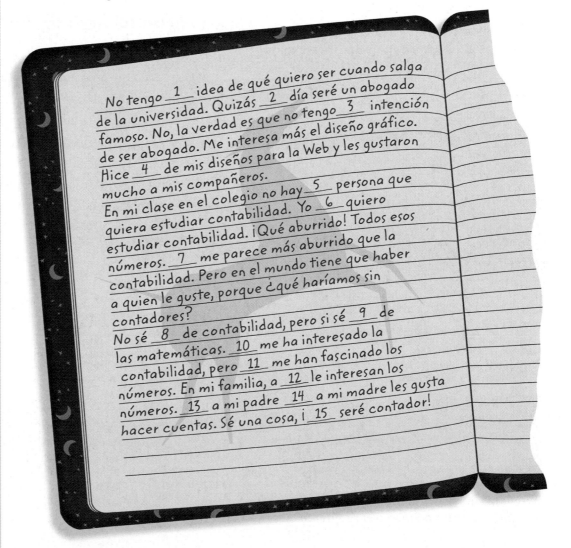

No tengo __1__ idea de qué quiero ser cuando salga de la universidad. Quizás __2__ día seré un abogado famoso. No, la verdad es que no tengo __3__ intención de ser abogado. Me interesa más el diseño gráfico. Hice __4__ de mis diseños para la Web y les gustaron mucho a mis compañeros.

En mi clase en el colegio no hay __5__ persona que quiera estudiar contabilidad. Yo __6__ quiero estudiar contabilidad. ¡Qué aburrido! Todos esos números. __7__ me parece más aburrido que la contabilidad. Pero en el mundo tiene que haber a quien le guste, porque ¿qué haríamos sin contadores?

No sé __8__ de contabilidad, pero sí sé __9__ de las matemáticas. __10__ me ha interesado la contabilidad, pero __11__ me han fascinado los números. En mi familia, a __12__ le interesan los números. __13__ a mi padre __14__ a mi madre les gusta hacer cuentas. Sé una cosa, ¡ __15__ seré contador!

Now you can...

• express emotions.

To review

• past perfect subjunctive see p. 278.

ACTIVIDAD 2 Después de la reunión

Vas a una reunión de tu clase y tienes algunas opiniones de la gente que ves allí. Después de la reunión, le escribes a tu mejor amigo sobre cada una de las personas que viste. Cambia los verbos para expresar tus opiniones. Sigue el modelo.

modelo

Yo espero que Felipe haya viajado por todo el mundo.

Yo esperaba que Felipe hubiera viajado por todo el mundo.

1. No estoy seguro(a) de que él haya estudiado arquitectura.
2. Espero que Juan Felipe haya ido a la universidad.
3. No creo que Julia haya sacado su licencia en ingeniería.
4. Ojalá que Teresa y su novio se hayan casado.
5. No creo que Pedro se haya graduado de la universidad.
6. Dudo que Vanessa haya querido hacerse bombera.
7. Espero que Sara se haya preparado para ser veterinaria.
8. Dudo que José Armando haya tenido su propio negocio.

Now you can...

• hypothesize.

To review

• conditional perfect see p. 281.

ACTIVIDAD 3 Las posibilidades

Siempre pensamos en lo que pudo ser pero no fue. Un(a) amigo(a) te dice qué habría pasado si hubieras hecho las cosas de otra manera. ¿Qué te dice?

modelo

No tenía experiencia. No me dieron el puesto.

Si hubieras tenido experiencia, te habrían dado el puesto.

1. No fui a la universidad. No recibí la licenciatura.
2. No estudié finanzas. No he ganado mucho dinero.
3. No trabajé a tiempo parcial. Tuve tiempo para mis estudios.
4. No trabajé a tiempo completo. No recibí un buen sueldo.
5. No leí el contrato. No sé qué beneficios me ofrecían.
6. No recibí el entrenamiento. No pude hacer el trabajo.
7. No tenía el conocimiento necesario. No me gustó el trabajo.

ACTIVIDAD 4 · El cuestionario

PARA CONVERSAR

SPEAKING STRATEGY

Conduct an interview How can you handle the social and emotional aspects of an interview? One way is to ask a few open-ended questions that encourage personal expression by the person you are interviewing:

Dígame algo de…

¿Por qué se interesa en…?

¿Qué haría si…?

Si tuviera la oportunidad de…

Remember to use the **usted** form.

En grupos de tres o cuatro, escriban un cuestionario para entrevistar a unos candidatos para un puesto. Primero, decidan cuál es el puesto, los requisitos, etc. Luego, háganse la entrevista. Usen estas ideas.

- puesto
- requisitos
- habilidades
- trabajo a tiempo completo o parcial
- recomendaciones
- sueldo
- beneficios

ACTIVIDAD 5 · *En tu propia voz*

ESCRITURA Escribe un anuncio clasificado para un puesto. Primero decide qué ofrece tu compañía. Decide cuál es el puesto y escribe una lista de requisitos. También decide lo que ofrece tu compañía para los empleados (sueldo, horas, beneficios, etc.) ¡Sé creativo(a)!

Empresa solicita

TÉCNICO DE COMPUTADORAS

Requisitos:

✓ mínimo de experiencia: 5 años

✓ conocimiento de varios sistemas

✓ buena presencia y habilidad para trabajar con departamentos distintos

Ofrecemos:

✓ beneficios y salario competitivo

✓ horarios flexibles

✓ bonos

Interesados favor de llamar al 1/495-98710 o enviar su currículo a

Técnicos S.A.

Calle Tapes 98 Montevideo, Uruguay

CONEXIONES

Los estudios sociales ¿Cuáles son las profesiones que te interesan? En tu escuela, entrevista a tres maestros(as) que enseñan tres materias diferentes. Pregunta sobre las profesiones en las cuales hay que saber mucho de las mátematicas (o el arte, las ciencias, etc.). Pregunta también cómo saber español te ayudaría en esa profesión.

Comparte lo que descubres con la clase.

En resumen
REPASO DE VOCABULARIO

Professions

el (la) abogado(a)	lawyer
el (la) agricultor(a)	farmer
el (la) arquitecto(a)	architect
el (la) artesano(a)	craftsperson
el (la) asistente	assistant
el bailarín/ la bailarina	dancer
el (la) bombero(a)	firefighter
el (la) cartero(a)	mail carrier
el (la) contador(a)	accountant
el (la) deportista	athlete
el (la) dueño(a)	owner
el (la) empleado(a)	employee
el (la) entrevistador(a)	interviewer
el (la) gerente	manager
el (la) ingeniero(a) civil	civil engineer
el (la) jardinero(a)	gardener
el (la) juez(a)	judge
el (la) mecánico(a)	mechanic
el (la) niñero(a)	baby sitter
el (la) operador(a)	operator
el (la) peluquero(a)	hairstylist
el (la) secretario(a)	secretary
el (la) taxista	taxi driver
el (la) técnico	technician
el (la) veterinario(a)	veterinarian

Personal background

el conocimiento	knowledge
el entrenamiento	training
las habilidades	abilities
la puntualidad	punctuality

In the workplace

aumentar	to increase
los beneficios	benefits
el bufete	office
la carrera	career
el coche	car
chismoso(a)	gossipy
el contrato	contract
la desventaja	disadvantage
el empleo	job
la empresa	business
ganarse la vida	to earn a living
jubilarse	to retire
el puesto	position
requerir (e→ie)	to require
el requisito	requirement
el sueldo	salary
el seguro médico	medical insurance
trabajo a tiempo…	
completo	full-time job
parcial	part-time job
la ventaja	advantage

Affirmative/Negative expressions

a menudo, muchas veces	often
a veces	sometimes
ni…ni	neither…nor
o…o	either…or

♻ Ya sabes

algo	something
alguien	someone, somebody
alguno(a)	some
jamás	never
nada	nothing
nadie	no one, nobody
ninguno(a)	no, not any
nunca	never
siempre	always
también	also
tampoco	neither

Past perfect subjunctive

Sentía que no me **hubieran ofrecido** el puesto.

Conditional perfect

Si tuviera el entrenamiento, me **habrían ofrecido** el puesto.

Juego

Completa las frases con las palabras apropiadas. Luego pon en orden las letras de los círculos para saber qué es lo bueno de envejecer.

Después de trabajar toda la vida, Carlos quiere

◯ __ __ __ __ ◯◯ __ __ .

Él va a recibir muchos

◯ __ ◯ __ __ __ __ __ ◯ .

La cantidad de dinero que recibe va a

◯ __ __ __ __ ◯ __ ◯ con los años.

ETAPA 3

Un mundo de posibilidades

- Learn about Latin American economics

- Express possession

- Clarify possession

- Express past probability

¿Qué ves?

Mira la foto. Contesta las preguntas.

1. ¿Qué cosas ves en la foto?

2. ¿Crees que es un lugar divertido o serio? ¿Cómo lo sabes?

3. ¿Por qué iría alguien a un lugar como éste?

4. ¿Cuáles son algunos(as) profesionales que podrían trabajar aquí?

Muchos Países, UN MUNDO

Descubre

A. Los cognados Adivina el significado de los cognados.

1. perfil económico
2. petróleo
3. turismo
4. exportación
5. importación
6. textiles
7. productos forestales
8. principal

B. Palabras similares Ya sabes muchas palabras que terminan en -ía: **frutería, heladería, juguetería, carnicería, panadería.** ¿Qué crees que quieren decir las siguientes palabras?

1. industria pesquera
2. refinería
3. minería
4. ganadería

El representante

¡Hola! Soy Ramón Fuentes del Castillo y voy a representar al colegio en el Comité de Economía y Desarrollo Social de la NUMAS (Naciones Unidas Modelo de América del Sur). Represento a Argentina, Chile, Paraguay y Uruguay.

La investigación

Creo que NUMAS va a ser interesante. Puedes conocer a mucha gente... pero antes ¡hay que estudiar mucho! La economía internacional no es un tema de todos los días, al menos que no seas un presidente o algo así. Investigué el **perfil económico** de cada país para los debates del comité: las **industrias**, los **productos principales de importación** y **exportación**, las **unidades monetarias...**

Unidades monetarias: Las unidades monetarias de los países que represento son el peso argentino, el peso chileno, el guaraní y el peso uruguayo.

Una vez en la conferencia...

¡Suerte que llevaré una computadora! Así puedo estudiar la información
que aprendimos en la clase de geografía…

| Regresar | Adelantar | Inicio | | Recargar | Imágenes | Abrir | Imprimir | Buscar | | Finalizar |

Dirección: http://www.ElConoSur.com

| ¿Novedades? | | ¿Interesante? | | Búsqueda | | Directorio | | Software |

El Cono Sur

ARGENTINA: En Argentina las industrias principales son la **agricultura, ganadería, minería** y la industria del **petróleo**. Si imaginas que las exportaciones vienen de estas industrias, tienes razón. El **trigo** y los **cereales** son dos productos de exportación importantes.

CHILE: La **industria pesquera**, las **telecomunicaciones** y la minería son las industrias principales de Chile.

Hay muchas **refinerías** de petróleo y también **se exportan** el **hierro** y el **cobre**.

PARAGUAY: Entre otras cosas, Paraguay exporta madera de construcción y **maíz**.

¿Cuáles son sus industrias principales? Los **productos forestales** y la agricultura, claro.

URUGUAY: El **ganado** y los **textiles** están entre las industrias más importantes de Uruguay.

El **turismo** es tan importante aquí como en Paraguay, Chile y Argentina.

En el próximo número:
La conferencia.

¿Comprendiste?

1. ¿Qué categorías puedes incluir en una descripción del perfil económico de Estados Unidos?
2. Indica dos industrias de cada país mencionado.
3. ¿Han trabajado tú o tu familia en una de estas industrias? Da todos los detalles que puedas.
4. ¿Qué problemas debatirías en un club modelo de las Naciones Unidas? ¿Por qué?

En vivo

SITUACIONES

¡Encuéntralo por Internet!

Tienes que escribir un informe sobre la producción mundial (*worldwide*) de varios productos. Encuentras información en Internet. Primero ves la información en la página-web. Luego escuchas más información por audio.

❶ Leer

Encontraste esta página en Internet. Lee la página para saber qué tipo de información tiene.

| Regresar | Adelantar | Inicio | Recargar | Imágenes | Abrir | Imprimir | Buscar | Finalizar |

Dirección: http://www.mundial.com

| ¿Novedades? | ¿Interesante? | Búsqueda | Directorio | Software |

LA PRODUCCIÓN MUNDIAL

Agricultura   Minería   Telecomunicaciones

Ganadería   Petróleo   Textiles

Maderas   Industria pesquera   Turismo

❷ Escuchar

Tienes que informarle a la clase cuáles países del mundo son los que producen la mayor cantidad de ciertos productos. Escucha la información de la página-web «La producción mundial» y escribe los países en el orden correcto.

AGRICULTURA: maíz

País #1: _____
País #2: _____
País #3: _____
País #4: _____
País #5: _____

GANADERÍA: vacas

País #1: _____
País #2: _____
País #3: _____
País #4: _____
País #5: _____

MINERÍA: cobre

País #1: _____
País #2: _____
País #3: _____
País #4: _____
País #5: _____

PETRÓLEO CRUDO

País #1: _____
País #2: _____
País #3: _____
País #4: _____
País #5: _____

INDUSTRIA PESQUERA

País #1: _____
País #2: _____
País #3: _____
País #4: _____
País #5: _____

TURISMO

País #1: _____
País #2: _____
País #3: _____
País #4: _____
País #5: _____

❸ Hablar/Escribir

En grupos de dos o tres, conversen sobre el perfil económico de su ciudad, estado o país. ¿Cuál es la industria más importante de su estado o región? ¿Conocen a alguien que trabaje en esa industria? Entrevisten a esa persona o busquen datos por Internet o en la biblioteca. Escriban un informe en español que explique la importancia de esa industria en su región. También incluyan ideas sobre el desarrollo futuro de sus regiones.

En acción
VOCABULARIO Y GRAMÁTICA

OBJECTIVES

- Learn about Latin American economics
- Clarify possession
- Express possession
- Express past probability

ACTIVIDAD 1

Las compañías

Hablar/Escribir Tu compañero(a) quiere saber a qué se dedican varias compañías en Buenos Aires. Como sabes un poco de Argentina, tú le contestas sus preguntas.

modelo

Compañero(a): ¿A qué se dedica esa compañía?

Tú: Esa compañía se dedica a la industria pesquera.

1.

2.

3.

4.

5.

6.

ACTIVIDAD 2

Los productos

Escribir En tu clase de geografía, tienes que hacer una tabla que indica los productos que van bajo cada categoría. Copia la tabla y complétala.

Agricultura	cereales		
Ganadería			
Minería			
Industria pesquera			
Textiles			

aceitunas	lana
algodón	maíz
arroz	oro
atún	ovejas *(sheep)*
caballos	pieles de cuero
cabras *(goats)*	plata
café	ropa
calamares	seda
cereales	suéteres
cobre	toallas
frutas	trigo
gallinas	trucha *(trout)*
hierro	vacas

- Review: Use subject and stressed object pronouns
- Review: Use possessive pronouns
- Use the future perfect tense

ACTIVIDAD 3

♻ Internet

Leer/Hablar Conversa con tu compañero(a) sobre las estadísticas sobre los visitantes a las páginas web de cada país.

modelo

Tú: *Este año, la página de Paraguay recibió un millón doscientos mil visitantes.*

Compañero(a): *De esos visitantes, casi la mitad fue hispanohablante.*

Estadisticas sobre los visitantes

Paraguay: 1.200.000 visitantes
Edad promedio: 32
Hispanohablantes: 50%
Inglés: 25%
Otros idiomas: 25%

Chile: 1.500.800 visitantes
Edad promedio: 25
Hispanohablantes: 33%
Inglés: 33%
Otros idiomas: 33%

Argentina: 2.350.700 visitantes
Edad promedio: 22
Hispanohablantes: 20%
Inglés: 40%
Otros idiomas: 40%

Uruguay: 850.000 visitantes
Edad promedio: 45
Hispanohablantes: 70%
Inglés: 10%
Otros idiomas: 20%

Vocabulario

Comparaciones numéricas

comparar *to compare*
las estadísticas *statistics*
mil millones *a billion*
un millón de millones *a trillion*
la mitad de *one half of*
el por ciento *percent*
el porcentaje *percentage*
el promedio *average*
el quinto *one fifth*

sumar *to add*
el tercio *one third*

♻ Ya sabes

un cuarto
un décimo
la mayoría
medio(a)

¿Puedes usar estas palabras para hablar sobre tu ciudad o estado?

ACTIVIDAD 4 — Tu estado

Hablar Tú y tu compañero(a) tienen que preparar un reporte sobre tu estado para la clase de estudios sociales. Antes de ir a la biblioteca tienen que decidir qué tipo de información económica necesitan buscar.

modelo

Tú: *La agricultura es muy importante para la economía de Texas.*

Compañero(a): *Tienes razón. También necesitamos información sobre la ganadería.*

REPASO

Subject and Stressed Object Pronouns

Most of the time you do not use **subject pronouns** in Spanish, because the verb ending shows who the subject is. When you do include them it is because you wish to add emphasis, clarify, or make a contrast.

- to show emphasis

  Yo le di las estadísticas, no Roberto.
  I gave him the statistics, not Roberto.

- to make a comparison or clarify

  Él salió. Ella se quedó en casa.
  He went out. She stayed home.

You use the prepositional **a** + **subject pronouns** to clarify who the object of a sentence is, except in the case of **yo** and **tú**. Here **special object pronouns** are used (**mí, ti**).

El profesor dio el reportaje **a ellos.**
*The teacher gave the report **to them.***

No me lo dio **a mí.**
*He didn't give it **to me.***

Vocabulario

♻ Ya sabes

Subject	a + Subject Pronoun
yo	a mí
tú	a ti
usted	a usted
él	a él
ella	a ella
nosotros	a nosotros
vosotros	a vosotros
ustedes	a ustedes
ellos	a ellos
ellas	a ellas

♻ ¿Quién?

Escuchar/Escribir Estás en una reunión familiar. Contesta las preguntas de tu tío sobre los intereses de todos.

modelo

¿Quién es abogado? él

¿Quién es médica? ella

1. ¿Quién estudió ingeniería? _____

2. ¿Quién quiere ser veterinario? _____ ¿Y bombero? _____

3. ¿Quién fue a la Universidad de Buenos Aires? _____ ¿Quién fue a la Universidad de Chile? _____

4. ¿Quién estudió para ser arquitecto? _____ ¿E ingeniera? _____

5. ¿A quién le interesa el mercadeo? _____ ¿A quién le interesa la publicidad? _____

6. ¿Quién es bailarina? _____ ¿Quién es deportista? _____

■ **MÁS PRÁCTICA** *cuaderno* pp. 109–110

■ **PARA HISPANOHABLANTES** *cuaderno* p. 107

TAMBIÉN SE DICE

Trabajar y **trabajo** son términos universales en todo el mundo de habla española. Pero en México y Colombia se dice también **chambear** y **chamba** para referirse al trabajo. En Puerto Rico se usa la palabra **chiripa** para referirse a un trabajo pequeño.

ACTIVIDAD 6

Ganándose la vida

Hablar/Escribir Conversa con tu compañero(a) sobre las profesiones de las personas de la lista y de otras personas que conocen. ¿Cómo se ganan la vida?

Buenos días, Buon giorno, Guten Tag

modelo

la Sra. Martínez

Tú: *¿Cómo se gana la vida la Sra. Martínez?*

Compañero(a): *Ella es intérprete.*

1. el Sr. Martínez

2. Ángel

3. el Sr. Beltrán

4. Susana

5. los Sres. Gutiérrez

6. el Sr. Henares

7. un(a) amigo(a)

8. un(a) pariente

9. un(a) vecino(a)

10. tú

Vocabulario

Carreras con el español

el (la) académico(a) *academic*

el (la) agente de ventas *sales agent*

el (la) banquero(a) *banker*

el (la) bibliotecario(a) *librarian*

el (la) corresponsal *correspondent*

el (la) diplomático(a) *diplomat*

el (la) financiero(a) *financial expert*

el (la) intérprete *interpreter*

el (la) trabajador(a) social *social worker*

el (la) traductor(a) *translator*

¿Conoces a alguien que trabaje en una de estas profesiones?

ACTIVIDAD 7

¿Los conoces?

Hablar/Escribir Un alumno nuevo acaba de llegar a tu escuela. Te toca informarle sobre la escuela y los otros alumnos. Están en la clase de español y él te pregunta sobre los alumnos y el (la) maestro(a).

modelo

Compañero(a): ¿Quién es él?

Tú: Él es el maestro de español.

Compañero(a): ¿Y aquellos muchachos allí?

Tú: Él es Toño y ella es Ryoko.

▪ **MÁS COMUNICACIÓN** p. R14

REPASO

Possessive Pronouns

▸ You use **possessive adjectives** and **pronouns** to express possession.

Possessive adjective:

Aquí están **mis** datos.
*Here are **my** facts.*

Aquí esta **mi** reportaje.
*Here is **my** report.*

Allí está **tu** reportaje.
*There is **your** report.*

Possessive pronoun:

Los **míos** están en el libro.
Mine are in the book.

El **mío** está en la mesa.
Mine is on the table.

Ese reportaje es el **tuyo**.
*That report is **yours**.*

▸ Note that **possessive adjectives** are used with **nouns**, while **possessive pronouns** replace them:

replaced with

Tu carrera es interesante.
Your career is interesting.

Sí, pero **la tuya** es más interesante que **la mía**.
*Yes, but **yours** is more interesting than mine.*

Vocabulario

♻ **Ya sabes**

mi	mío(a)
tu	tuyo(a)
su	suyo(a)
nuestro(a)	nuestro(a)
vuestro(a)	vuestro(a)
su	suyo(a)

NOTA CULTURAL

En Latinoamérica, buscar y conseguir trabajo no es tan fácil como en Estados Unidos. Si se encuentra un anuncio interesante en el periódico, se debe ir a

una entrevista para presentar el currículum personalmente. Frecuentemente hay muchas personas esperando turno y es necesario esperar mucho. Luego se espera la confirmación telefónica y puede haber otra entrevista antes de obtener el trabajo.

ACTIVIDAD 8 Gramática

Los productos de América Latina

Hablar/Escribir Tú y tu compañero(a) compraron varios productos y comidas de América Latina. Compara tus productos con los de tu compañero(a).

modelo

Tú: *Mi anillo es de oro. ¿Y el tuyo?*

Compañero(a): *El mío es de plata.*

oro/plata

1. *Colombia/Oaxaca*

2. *cuero/lana*

3. *cobre/plata*

4. *Perú/México*

5. *cuero*

6. *madera*

MÁS PRÁCTICA *cuaderno* p. 111

PARA HISPANOHABLANTES *cuaderno* p. 108

ACTIVIDAD 9

♻ ¿De Argentina o de Chile?

Hablar/Escribir Entre tus amigos, todos compraron estas cosas en Argentina o en Chile. ¿De qué país son las cosas que compraron?

modelo

la chaqueta (yo: Argentina; tú: Chile)

La mía es de Argentina.

La tuya es de Chile.

1. los zapatos (yo: Argentina; ella: Chile)
2. el collar (ella: Argentina; tú: Chile)
3. los muebles (nosotros: Argentina; tú: Chile)
4. la camisa (él: Argentina; ella: Chile)
5. las sillas (nosotros: Argentina; ellos: Chile)
6. ¿...?

ACTIVIDAD 10

¿Y el tuyo?

Hablar/Escribir Tú y tus compañeros tienen que hacer un informe sobre la economía latinoamericana, pero nadie puede escoger el mismo tema. En grupos de tres o cuatro, hablen del tema que va a tratar el reporte de cada uno.

modelo

Tú: *El informe de Ricardo es sobre la ganadería en Argentina. ¿Y los suyos?*

Compañero(a): *El mío es sobre el turismo en Chile...*

Mi favorito(a)

Hablar/Escribir Comenta tus preferencias con tu compañero(a) mientras él (ella) te pregunta sobre las tuyas. Escoge de la lista o usa tus propias ideas.

modelo

Tú: *Mi clase favorita es el dibujo técnico. ¿Y la tuya?*

Compañero(a): *La mía es la informática porque…*

pasatiempo

poema

estrella de cine

cantante

película

clase

campo de estudio

programa de televisión

libro

¿…?

GRAMÁTICA

The Future Perfect Tense

▸ You use the **future perfect tense** to express what will have happened by a certain time. To form this tense use:

future of **haber** + **past participle** of the verb

habré terminado	habremos terminado
habrás terminado	habréis terminado
habrá terminado	habrán terminado

—Llegaremos a las dos.
We will arrive at two.

—Pero a esa hora, nosotros ya **habremos** salido.
*But at that time, we **will have** already **left**.*

—Pasaré para recoger el informe a las tres.
I'll come by to pick up the report at three.

—No sé si **habré** terminado.
*I don't know if **I will have finished** (by then).*

▸ The **future perfect tense** is often used with **dentro de** + **time**.

Dentro de tres años, me **habré** graduado.
*In three years, **I will have graduated**.*

▸ You also use the **future perfect** to speculate about something that may have happened in the past.

—Todavía no han llegado tus primos.
Your cousins haven't arrived yet.

—Se **habrán** perdido.
*They **probably got lost**.*

—Miguel está deprimido. ¿Qué le **habrá** pasado?
*Miguel is depressed. What **could have happened** to him?*

—No sé. No le **habrán** dado el puesto que quería.
*I don't know. **Perhaps they didn't give him** the job he wanted.*

¡Pobre Carlos!

Escuchar/Escribir Carlos tuvo un día malísimo. Dos de sus amigos comentan sobre lo que le pasó o lo que le habrá pasado. Primero, copia la siguiente tabla. Luego escucha la conversación. Si la persona sabe lo que le pasó a Carlos, marca «sabe». Si la persona está especulando sobre lo que le habrá pasado, marca «no sabe».

	sabe	no sabe
1.		
2.		
3.		
4.		
5.		
6.		

TAMBIÉN SE DICE

Para referirse a los distintos tipos de industrias, no siempre se usan las mismas expresiones. Por ejemplo, se habla de **la industria ganadera** o de **la ganadería**; de **la industria petrolera** o de **la industria del petróleo**; de **la industria agrícola** o de **la agricultura**. Además, las fábricas también se conocen como **factorías** y la bolsa de valores se nombra familiarmente como **la bolsa**.

La economía chilena

Hablar/Escribir Los chilenos miran con optimismo el futuro económico de Chile. ¿Qué habrá pasado antes del año 2005?

modelo

economía chilena / florecer (to flourish)

Antes del año 2005, la economía chilena habrá florecido.

1. las fábricas / aumentar en número
2. las compañías multinacionales / incorporar el uso de las telecomunicaciones
3. la industria del turismo / aumentar dramáticamente
4. la ganadería / crecer
5. los productos / exportarse en cantidades más grandes
6. los precios / bajar
7. la industria del petróleo / desarrollarse
8. la inflación / controlarse

MÁS PRÁCTICA *cuaderno* p. 112

PARA HISPANOHABLANTES *cuaderno* pp. 109–110

Vocabulario

Tipos de compañías

la bolsa de valores *stock exchange*

la fábrica *factory*

el laboratorio *laboratory*

la multinacional *multinational business*

la sociedad anónima (S.A.) *corporation (Inc.)*

¿Puedes usar estas palabras para describir empresas locales?

¿Qué habrá pasado?

Hablar/Escribir Imagina qué habrá pasado en el mundo económico y profesional al final del día. Contesta las siguientes preguntas.

modelo

¿Cómo se comunicaron?

No sé. ¿Se habrán comunicado por Internet?

1. ¿Qué pasó hoy con la bolsa de valores?
2. ¿Descubrieron algo los científicos?
3. ¿Cuántos boletos vendió el agente de viajes?
4. ¿Quién tradujo las conversaciones diplomáticas?
5. ¿Qué manejaron los banqueros?
6. ¿A quiénes ayudaron los trabajadores sociales?

NOTA CULTURAL

En muchos países de Latinoamérica, la gente tiene una forma especial de ahorrar dinero. Van a una casa de cambio o a un banco y compran dólares estadounidenses. Cuando necesitan usar el dinero, cambian los dólares nuevamente.

El año 2025

Hablar/Escribir En grupos de tres o cuatro, hablen sobre el futuro. ¿Pueden imaginar cómo será la vida entonces? ¿Cómo será tu rutina diaria? ¿Cómo será tu familia? ¿Tu trabajo?

modelo

Tú: *Para el año 2025, habremos construido casas en el planeta Marte.*

Compañero(a) 1: *No, yo no lo creo. Para el año 2025, habremos curado todas las enfermedades.*

Compañero(a) 2: *No, yo no lo creo. Lo que yo creo es que para el año 2025, habrán inventado carros que pueden volar.*

Amigo(a) 3: *No, yo no lo creo. Lo que yo creo es que para el año 2025…*

Wifredo Lam, Cuba, La Ventana

ACTIVIDAD 16

Los bosques

Leer/Escribir Lee la tabla sobre los bosques de Latinoamérica (Iberoamérica) y contesta las preguntas.

1. ¿Qué porcentaje de la tierra paraguaya está cubierta de bosques?

2. ¿Hasta qué año fue la madera el producto principal de exportación en Paraguay?

3. ¿Cuál país de Iberoamérica tiene el área más grande de bosques? ¿el segundo? ¿el tercero?

4. ¿Cuántas especies de árboles tiene Paraguay que son comercialmente explotables? ¿Cuántas de ésas se exportan?

5. PNB quiere decir «Producto Nacional Bruto».¿Sabes cómo se dice eso en inglés?

MÁS COMUNICACIÓN p. R14

Fuente de divisas

Un tercio de la tierra paraguaya es boscosa. Hasta 1959, la madera fue el principal producto de exportación del país, y aunque actualmente su contribución al PNB es pequeña, representa una fuente importante de divisas. Unas cuarenta y cinco especies de árboles de los bosques de Paraguay son comercialmente explotables y siete se exportan.

BOSQUES DE IBEROAMÉRICA

PAÍS	ÁREA (1000 Ha)	TASA ANUAL DE CAMBIO
Costa Rica	1,456	2.44
El Salvador	127	1.85
Guatemala	4,253	1.58
Honduras	4,608	1.94
México	48,695	1.21
Nicaragua	6,027	1.69
Panamá	3,123	1.70
Cuba	1,960	0.19
Rep. Dominicana	1,084	2.43
Argentina	34,436	0.57
Chile	8,033	0.07
Uruguay	813	0.12
Bolivia	49,345	1.12
Brasil	566,007	0.58
Colombia	54,190	0.62
Ecuador	12,007	1.65
Paraguay	12,868	2.38
Perú	68,090	0.37
Venezuela	45,943	1.13

Refrán

Promete poco y haz mucho.

¿Qué quiere decir el refrán? En tu opinión, ¿por qué es mejor decir poco y dejar que tus acciones muestren tus intenciones?

«Prometo que lo hago más tarde.»

«¡Gracias! ¡Qué sorpresa magnífica!»

En voces

LECTURA

EL TRABAJO

a cargo de tener responsabilidad por algo
asomar tras un vidrio verse por un cristal
el canal la compañía de televisión
el guión las palabras de un programa
las orejas una manera de decir "personas"
la pantalla por donde se ve la televisión
puntual a tiempo
el vacío donde no hay nadie

Sobre la autora

Isabel Allende, novelista chilena, nació en Lima, Perú, en 1942. Su familia tuvo que exiliarse de Chile cuando su tío Salvador Allende, el presidente del país, fue obligado a renunciar por una junta militar en 1973. Isabel Allende empezó a escribir a la edad de diecisiete años y escribió su primera novela, *La casa de los espíritus*, en 1982. También ha trabajado como periodista y en la televisión.

Introducción

Allende comenzó a escribir su libro autobiográfico *Paula* mientras su hija estaba muy enferma. Es una historia que ofrece mucha información y varias anécdotas sobre la familia de Allende y sobre la historia y la política de Chile. En la selección que vas a leer, Allende le habla a su hija sobre su trabajo en Chile.

Paula

A comienzo de los años sesenta mi trabajo
había progresado de las estadísticas forestales
a unos tambaleantes inicios[1] en el periodismo,
que me condujeron por casualidad a la televisión.

....

Fue así como terminé a cargo de un
programa en el cual me tocaba hacer desde el
guión hasta los dibujos de los créditos. El trabajo
en el Canal consistía en llegar puntual, sentarme
ante una luz roja y hablar al vacío; nunca tomé
conciencia de que al otro lado de la luz un millón
de orejas esperaban mis palabras y de ojos
juzgaban mi peinado[2], de ahí mi sorpresa[3]
cuando desconocidos[4] me saludaban por la calle.
La primera vez que me viste aparecer en la
pantalla, Paula, tenías un año y medio y el susto[5]
de ver la cabeza decapitada de tu mamá
asomando tras un vidrio, te dejó un buen rato[6]
en estado catatónico… Me convertí en la persona
más conspicua del barrio, los vecinos me
saludaban con respeto y los niños me señalaban[7]
con el dedo… (Michael y yo) conseguimos un
par de becas[8], partimos a Europa y llegamos a
Suiza contigo de la mano, tenías casi dos años y
eras una mujer en miniatura.

---

[1] shaky beginning   [2] judged my hairdo   [3] surprise
[4] strangers   [5] shock, fright   [6] quite a while
[7] gestured to me   [8] scholarships

¿Comprendiste?

1. ¿En qué campos trabajaba Isabel Allende?
2. ¿En qué consistía su trabajo en la televisión?
3. ¿Por qué se fue la escritora de Chile?
4. ¿De qué se trata el libro *Paula*?

¿Qué piensas?

1. ¿Cómo se explica la reacción de Paula al ver
   a su madre en la televisión?
2. ¿Por qué crees que Isabel Allende comenzó
   a escribir su autobiografía en 1992 a la edad
   de 50 años?

Hazlo tú

¿Te parece interesante trabajar en la televisión?
Si pudieras trabajar en la televisión, ¿qué harías
— noticias, pronóstico del tiempo, telenovelas,
o programas para niños? Explica tu preferencia.

En colores
CULTURA Y COMPARACIONES

México
NÁHUATL

Algunas palabras del náhuatl son:
aguacate
cacahuete
chocolate
nopal

Guatemala
El Salvador
Honduras
Nicaragua

PARA CONOCERNOS
STRATEGY: CONNECTING CULTURES

Observe how language reflects culture Each language reveals the background of the people who speak it. For example, arithmetic is derived from Latin and mathematics from Greek. There is not one English language but several, including Australian, Canadian, British, and American versions. Think about these examples and conjecture what events and experiences cause language to evolve. Organize your ideas in a chart.

Cosas que cambian un idioma
1.
2.
3.

Which of your ideas are represented in S*e hablan… ¡muchos idiomas!*?

Se hablan... ¡muchos idiomas!

País Vasco
VASCUENCE

Galicia
GALLEGO

Cataluña
CATALÁN

ESPAÑA

El español o castellano es el idioma oficial de los países hispanohablantes, pero también se hablan otros idiomas. ¡A ver cuáles son!

España

El castellano, que también se conoce como español, se originó en España. En el este de España también se habla el **catalán** y en el noroeste, el **gallego**. El **euskera**, o **vascuence**, se habla en el País Vasco desde antes que llegaran los romanos a España en 202 antes de Cristo[1].

---

[1] before the Christian era

TAÍNO

Mar Caribe

Costa Rica
Panamá

Venezuela

Colombia

Ecuador

Río Amazonas

Perú

Brasil

QUECHUA

Bolivia

Paraguay

Río de la Plata

Uruguay

Chile

Argentina

Océano
Pacífico

Océano Atlántico

Algunas palabras del taíno son:
canoa
hamaca
huracán
maíz
tiburón

Algunas palabras del quechua son:
cóndor
llama
pampa
papa

Latinoamérica

Huracán, chocolate, pampa: son palabras que nos hablan de la historia y el presente de Latinoamérica. En el mapa, puedes ver éstas y otras palabras que pasaron al español del **taíno, náhuatl** y **quechua,** algunos de los idiomas que hablaban los habitantes de América al llegar los españoles. Algunos de estos idiomas todavía se hablan en Latinomérica.

El taíno era el idioma de los indígenas [2] del Caribe, también llamados taínos. En México y en Centroamérica los aztecas hablaban el náhuatl y los mayas el **maya-quiché**. El **miskito** se hablaba en Nicaragua. En la capital del Imperio Inca en Cuzco, Perú, se usaba el quechua.

El náhuatl, el maya-quiché y el quechua todavía se hablan hoy en día en México, Guatemala y Perú respectivamente. El país donde mejor se ha conservado un idioma indígena es el Paraguay, donde el **guaraní** es tan oficial como el español.

---

[2] indigenous, indigenous peoples

¿Comprendiste?

1. ¿Qué otros idiomas se hablan en España?
2. ¿Qué idiomas indígenas se hablaban en las Américas al llegar los españoles? ¿Cuáles se hablan todavía?
3. Da ejemplos de diez palabras indígenas. Menciona el idioma del cual viene cada palabra.

¿Qué piensas?

Observa las palabras que pasaron al español. ¿Qué categorías hay? ¿En qué situaciones crees que los españoles aprendieron estas palabras?

Hazlo tú

Busca palabras de origen español en inglés. ¿Por qué crees que tenemos estas palabras?

En uso
REPASO Y MÁS COMUNICACIÓN

OBJECTIVES

- Learn about Latin American economics
- Avoid redundancy
- Express possession
- Express past probability

Now you can...

- discuss Latin American economics.

1 La población

Estás creando una encuesta para buscar unas estadísticas demográficas. Primero escribe preguntas y luego contéstalas con la información indicada.

modelo

porcentaje de la población (¿habla español?): $\frac{1}{5}$

Compañero(a): *¿Qué porcentaje de la población habla español?*

Tú: *Un quinto de la población habla español.*

1. porcentaje de la población (¿de habla hispana?): $\frac{1}{3}$
2. edad promedio: 25
3. porcentaje de la población (¿vivir en la ciudad?): 50%
4. porcentaje de la población (¿vivir en el campo?): 50%
5. parte de la población (¿graduarse de la universidad?): la mayoría
6. parte de la población (¿trabajar en la ganadería?): la menor parte

Now you can...

- avoid redundancy.

To review

- subject and stressed object pronouns see p. 298.

2 ¿Él o ella?

Conoces a varias parejas que trabajan en industrias diferentes. Di en qué trabaja él y en qué trabaja ella.

modelo

Los Sres. Mendoza: una compañía multinacional de turismo / una compañía multinacional de petróleo

Él trabaja en una compañía multinacional que se dedica al turismo. Ella trabaja en una compañía multinacional de petróleo.

1. Los Sres. Moré: un laboratorio / una agencia de viajes para ejecutivos
2. Los Sres. Valdés: una fábrica de textiles / una compañía de telecomunicaciones
3. Los Sres. Puente: una compañía de exportaciones / un banco
4. Los Sres. Colón: un taller de artesanías / la bolsa de valores
5. Los Sres. Prado: un laboratorio / una refinería de petróleo

Now you can...

• express possession.

To review

• possessive pronouns see p. 300.

ACTIVIDAD 3 ¡No!

Estás en una fiesta y ahora tú y tus amigos se están despidiendo de la anfitriona. Ella trata de devolverte cosas que no son tuyas. También trata de devolverles cosas a tus amigos que no son suyas. ¿Cómo le respondes?

modelo

tu paraguas: negro
Anfitriona: *Ten, aquí está tu paraguas.*
Tú: *No, ése no. El mío es negro.*

1. tu abrigo: azul
2. la mochila de Hernán: verde
3. la bolsa de Mariluz: amarilla
4. el sombrero de Juan: rojo
5. los platos de Minerva: nuevos
6. los zapatos de tenis de Arnoldo: viejo
7. tu chaqueta: de cuero

Now you can...

• express past probability.

To review

• the future perfect see p. 302.

ACTIVIDAD 4 Para ese entonces

Tu abuelo(a) está pensando en el futuro de su familia. ¿Qué cree que va a pasar en veinte años? Sigue el modelo.

modelo

(tú) comprar una casa
Para ese entonces, habrás comprado una casa.

1. (nosotros) viajar a Argentina
2. (tú) empezar tu carrera en la industria del petróleo
3. (Enrique y Elena) casarse
4. (Anilú) graduarse de la universidad
5. (Rudi y Luisa) empezar una familia
6. (Felipe) hacerse banquero
7. (ustedes) ahorrar mucho dinero
8. (tú) realizar tus sueños

ACTIVIDAD 5 — ¿Dónde está Gerardo?

PARA CONVERSAR

STRATEGY: SPEAKING

Speculate about the past When the unexpected occurs, it is natural to express opinions about what may have happened. Your conjecture about Gerardo's absence can be humorous, pleasant, logical or illogical: **¿Por qué no vino Gerardo? Se habrá perdido en el parque zoológico.** Be inventive!

Hablar/Escribir Gerardo prometió que iba a venir a la reunión del consejo estudiantil. ¡Pero no llegó! Todos tienen ideas de por qué no vino. Dramaticen esta situación.

modelo

Tú: ¿Pero dónde está Gerardo? Dijo que iba a venir.

Compañero(a) 1: Se le habrá olvidado.

Compañero(a) 2: Se habrá acostado muy tarde y no se despertó a tiempo.

Compañero(a) 3: No, no es eso. Yo creo que…

ACTIVIDAD 6 — El mío es de…

En grupos de dos o tres, conversen sobre las cosas que tengan y de qué tienda son.

modelo

Tú: Yo compré mi chaqueta de piel en Ropafina.

Compañero(a) 1: ¿Ah, sí? La mía es de Ropafina también.

Compañero(a) 2: Yo no tengo una chaqueta de piel, pero mi collar de oro es de la tienda en la plaza.

Tú: El mío es de la misma tienda.

ACTIVIDAD 7 — En tu propia voz

ESCRITURA Escribe un informe sobre el perfil económico de tu estado. Destaca el producto de más importancia. Las siguientes categorías pueden ayudarte a comenzar. Si quieres, incluye fotos en tu informe.

Mi estado:	El petróleo:
Capital:	Los productos forestales:
Unidad monetaria:	La minería:
Perfil económico:	El turismo:
Productos de exportación:	La industria pesquera:
La agricultura:	Las telecomunicaciones:
La ganadería:	Los textiles:

CONEXIONES

Los estudios sociales ¿Qué sabes de la ONU (Organización de las Naciones Unidas)? ¿Has oído alguna vez de la OEA (Organización de los Estados Americanos)? ¿Cuál es el propósito de estas dos organizaciones internacionales? ¿Quiénes son los miembros? Busca la información por Internet o en la biblioteca y escribe un reporte. Comparte tu reporte con la clase.

En resumen

REPASO DE VOCABULARIO

Careers in Spanish

el (la) académico(a)	academic
el (la) agente de ventas	sales agent
el (la) banquero(a)	banker
el (la) bibliotecario(a)	librarian
el (la) corresponsal	correspondent
el (la) diplomático(a)	diplomat
el (la) financiero(a)	financial expert
el (la) intérprete	interpreter
el (la) trabajadora social	social worker
el (la) traductor(a)	translator

♻ Ya sabes

el (la) agente de viajes	travel agent
el (la) editor(a)	editor
el (la) enfermero(a)	nurse
el (la) maestro(a)	teacher
el (la) médico(a)	doctor
el (la) profesor(a)	professor

Industries

la agricultura	agriculture
los cereales	grains
el cobre	copper
la exportación	export
exportar	to export
la ganadería	cattle-raising
el ganado	livestock
el hierro	iron
la industria	industry
el maíz	corn
la minería	mining
el perfil económico	economic profile
la industria pesquera	fishing industry
el petróleo	petroleum
principal	principal
los productos forestales	forestry products
la refinería	oil refinery
las telecomunicaciones	tele-communications
los textiles	textiles
el trigo	wheat
la unidad monetaria	currency

Statistics

comparar	to compare
las estadísticas	statistics
mil millones de	billion
un millón de millones	trillion
la mitad de	one half of
por ciento	percent
el porcentaje	percentage
el promedio	average
el quinto	one fifth
sumar	to add
el tercio	one third

♻ Ya sabes

un cuarto	one fourth
un décimo	one tenth
la mayoría	majority
medio(a)	half
un millón	million

Types of companies

la bolsa de valores	stock exchange
la fábrica	factory
el laboratorio	laboratory
la multinacional	multinational
la sociedad anónima (S.A.)	corporation (Inc.)

♻ Ya sabes

a mí	to me
a ti	to you
yo	I
tú	you (fam.)
usted	you (for.)
él	he
ella	she
nosotros(as)	we
vosotros(as)	you (fam. pl.)
ustedes	you (for. pl.)
ellos	they
ellas	they (fem.)

♻ Ya sabes

mi/mío(a)	my/mine
tu/tuyo(a)	your (fam.)/yours (fam.)
su/suyo(a)	your (for.), his, her/ yours (for.), his, hers
nuestro(a)	our/ours
vuestro(a)	your (pl. fam.)/yours (pl. fam.)
su/suyo(a)	your (pl. for.), their/ yours (pl. for.), theirs

The future perfect tense

No sé donde está Élmer. Fue a la oficina y tal vez **habrá encontrado** más trabajo allí.

Juego

¿Cuál es tu profesión?

¿Puedes encontrar en el dibujo dos profesiones cuyos nombres empiecen con la letra **a**?

En tu propia voz

ESCRITURA

Una carrera: ¿Dónde empezar?

Una empresa local busca internos para su programa de entrenamiento. El conocimiento del español es esencial y también una familiaridad con administración de empresas, economía, humanidades o matemáticas. Tu carta adjunta (*cover letter*) debe resumir tus experiencias escolares.

Propósito: Dar una buena primera impresión

Lector: Jefe potencial

Tema: Relación entre tu educación, experiencia y habilidad

Tipo de escritura: Carta adjunta

PARA ESCRIBIR • STRATEGY: WRITING

Use cause and effect to demonstrate ability A good cover letter highlights the relationship between your education and experiences (cause) and your ability to do the job (effect). You must impress the potential employer and show that you can handle the position by applying your knowledge to the work.

Modelo del estudiante

> A salutation in a business letter is formal, using **Estimado(a)** and the person's title, and ending with a colon.

> The phrase **por eso** indicates the connection between the writer's coursework and her ability to contribute to the company.

> The expression **así que** points out the relationship between the writer's previous experience and her understanding of the needs for the current position.

Estimado Licenciado Ramírez:

El motivo de la presente es solicitar el puesto de interno en su compañía. Actualmente estoy tomando cursos en mercadeo y economía en mi escuela secundaria. También estoy estudiando español y pienso participar en un programa de estudios en el extranjero el año que viene. Tengo buenas notas en estos cursos y por eso creo que tengo la educación y las habilidades necesarias para contribuir al éxito de su distinguida compañía.

El verano pasado trabajé en el departamento de ventas y mercadeo de una compañía multinacional. Estaba trabajando directamente con el gerente del departmento, así que entiendo bien las responsabilidades de un interno internacional. El gerente me escribió una carta de recomendación diciendo que siempre desempeñé todos mis cargos de una manera excelente.

Adjunto mi currículum vitae. Espero que me encuentre bien capacitada para servirle.

Atentamente,

Karen Willis

Karen Willis

> Typical closings to business letters include **Atentamente** and **Le saluda muy atentamente.**

Estrategias para escribir

Antes de escribir...

Piensa en las calificaciones que necesita un(a) candidato(a) para un trabajo que conoces. Considera la educación, experiencia y las habilidades que se requieren. Inventa un(a) candidato(a) perfecto(a) y crea su perfil. Crea una tabla como la de la derecha para analizar la calificación del (de la) candidato(a).

Revisiones

Después de escribir el primer borrador de la carta adjunta, trabajen en grupos de cuatro para intercambiar las cartas y leerlas en voz alta. Decidan qué aspectos de cada carta son más efectivos. Revisen cada carta en grupo para incorporar las técnicas más eficientes y convincentes.

- *¿Qué expresiones usaron para demostrar la conexión entre las calificaciones y la capacidad de hacer el trabajo?*
- *¿Qué datos mencionaron para indicar lo que ha hecho el (la) candidato(a) y lo que está haciendo para desarrollar sus habilidades?*

La versión final

Para completar tu carta, léela de nuevo y repasa los siguientes puntos:

- *¿Usé bien el **potencial compuesto** (conditional perfect) o el **pluscuamperfecto de subjuntivo** (past perfect subjunctive)?*

Haz lo siguiente: Subraya los verbos en estos tiempos. ¿Usaste la forma correcta de **estar**? ¿Del presente participio?

- *¿Usé bien el **potencial compuesto** (conditional perfect) o el **pluscuamperfecto de subjuntivo** (past perfect subjunctive)?*

Haz lo siguiente: Repasa las conjugaciones de **haber** en estos tiempos. Haz un círculo alrededor de estos verbos. ¿Está conjugado correctamente **haber** y está seguido por un participio pasado correcto?

Sr. Gerente:

Le escribo para solicitar un puesto de trabajo en su compañía editorial. Acabo de terminar mis estudios de periodismo y quisiera trabajar para usted. Además, estoy tomando clases de francés e italiano. Habría estudiando alemán si no habría tenido que viajar a Europa a hacer una entrevista. He trabajado en algunos periódicos y revistas y quisiera tener una entrevista con usted para ofrecerle mis servicios.

 Comparte tus escritos en www.mcdougallittell.com

UNIDAD 5

ARTES EN ESPAÑA Y LAS AMÉRICAS

OBJECTIVES

ETAPA 1
Tradiciones españolas
- Identify and specify
- Request clarification
- Express relationships
- Discuss art forms

ETAPA 2
El Nuevo Mundo
- Refer to people and objects
- Express relationships
- Make generalizations
- Describe arts and crafts

ETAPA 3
Lo mejor de dos mundos
- Talk about literature
- Talk about film
- Avoid redundancy

MÉXICO

CUBA

REPÚBLICA DOMINICANA

PUERTO RICO

GUATEMALA HONDURAS
EL SALVADOR NICARAGUA

COSTA RICA

PANAMÁ

VENEZUELA

COLOMBIA

ECUADOR

PERÚ

BOLIVIA

PARAGUAY

CHILE

URUGUAY

ARGENTINA

COLOMBIA
FERNANDO BOTERO
Nació en 1932 en Medellín, Colombia y tal vez sea el artista latinoamericano de más fama internacional. Sorprende como utiliza la proporción de las cosas. Al observar la imagen, ¿qué ideas crees que impulsaron los cambios de forma que ves en la pintura?

ESPAÑA Y LATINOAMÉRICA
CHOCOLATE Y CHURROS
¿Por qué crees que esta combinación es tan popular en el mundo hispano-hablante? ¡Muestra la mezcla de sabores entre España y Latinoamérica!

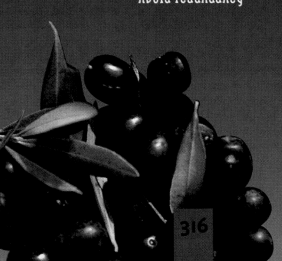

ALMANAQUE

Población de España: 39.107.912

Altura: 3718 m sobre el nivel del mar (Pico del Teide, Islas Canarias)

Temperatura: 66°F (20°C) Sevilla (temp. promedio más alta); 57°F (25°C) Madrid (temp. promedio más baja)

Comida típica: paella, zarzuela de mariscos, tortilla española, cochinillo

Gente famosa: Julio Iglesias (cantante), Andrés Segovia (músico), Pablo Casals (músico), Sus Majestades Juan Carlos y Sofía (rey y reina), Adolfo Domínguez (diseñador)

 Para más información sobre España, ve a www.mcdougallitell.com

Mira el video para más información.

ESPAÑA

ESPAÑA
LA REINA ISABEL (1451–1504) fue la esposa de Fernando V. Apoyó el viaje de Cristóbal Colón. ¿Qué argumentos crees que utilizó Colón para convencerla de que apoyara su viaje?

ESPAÑA
LOS CANTOS GREGORIANOS son la música en este disco compacto muy popular. Hace más de 1.500 años que los monjes de la orden benedictina de Santo Domingo de Silos en España cantan estas melodías. ¿Qué adjetivos puedes relacionar con esta música?

ARGENTINA
TEATRO COLÓN Ecléctico, histórico y super elegante: el Teatro Colón en Buenos Aires impresiona por la calidad de los espectáculos que se han presentado allí desde que se construyó en el siglo XVIII. ¿Qué te sugieren los detalles del edificio sobre el intercambio de la cultura europea y latinoamericana?

ESPAÑA
SALVADOR DALÍ Junto a Pablo Picasso y Joan Miró, Dalí es uno de los artistas españoles más importantes del siglo XX. Es uno de los mayores exponentes del surrealismo. Observa la pintura. ¿Qué crees que la hace surrealista?

Salvador Dalí, *La persistencia de la memoria,* (1931)

UNIDAD 5

ETAPA 1

Tradiciones españolas

- Identify and specify

- Request clarification

- Express relationships

- Discuss art forms

¿Qué ves?

Mira la foto. Contesta las preguntas.

1. ¿Qué están haciendo las personas en la foto?

2. ¿Cómo puedes describir a las personas que están allí?

3. ¿Crees que es una celebración? ¿Por qué?

4. Mira el póster. ¿Crees que hay una conexión entre el baile mostrado ahí y la foto? ¿Cuál?

318

España para jóvenes

MADRID: EL MUSEO DEL PRADO

¡Hola! Soy Miguel Antonio Ramírez Benavente. Bienvenidos al Museo del Prado, uno de mis lugares preferidos. Quiero ser artista y por eso paso muchas horas aquí. Este museo tiene obras de varias escuelas de pintura europea de los siglos XII al XIX.

Descubre

Lee las siguientes definiciones. ¿Puedes adivinar el significado de las palabras en azul?

1. Un **siglo** es un espacio temporal de cien años.
2. Un **cuadro** es lo mismo que una pintura.
3. Un **autorretrato** es un retrato de una persona hecho por ella misma.
4. Se dice que una imagen está al **fondo** de una pintura cuando ocupa el punto más distante de la **perspectiva.**
5. Una imagen ocupa el **primer plano** cuando ocupa el punto más cercano de la perspectiva.
6. Un **tapiz** es un cuadro grande de lana o seda, hecho algunas veces con oro y plata.
7. El **bailaor** de flamenco ejecuta el **zapateado** – unos ruidos rítmicos – cuando **da golpes** en el suelo con los zapatos rápidamente al **compás** de la música.

Diego de Velázquez (1599–1660)

Si pasas por El Prado, tienes que ver a Diego de Velázquez. Él es uno de los maestros de la perspectiva. *Las meninas* es su obra más importante. Te recomiendo que vengas temprano para ver este cuadro al óleo. ¡Siempre hay mucha gente!

Las meninas, 1656, Diego de Velázquez

Las figuras del rey Felipe IV y de la reina Mariana se ven en el espejo al fondo, como si posaran para su retrato.

Y por supuesto, el autorretrato de Velázquez es una de las cosas que más me gusta de esta pintura.

La Infanta Margarita está en primer plano con sus cortesanas, las meninas.

Francisco de Goya, 1746–1828

Francisco de Goya es otro pintor que yo estudio mucho. Cuando Goya comenzó a pintar se especializó en diseños para tapices y luego en la decoración de iglesias con frescos. En 1799 se hizo el pintor de la corte de Carlos V y luego de Fernando VII.

La Lechera de Burdeos (c. 1825–1827), Francisco de Goya

España para jóvenes

El flamenco y otros bailes típicos

¡Saludos! Soy María del Pilar Arriaga Méndez y me dedico al flamenco. Lo he estudiado desde niña.

En un tablao, generalmente hay por lo menos cuatro personas en el tablado:

El flamenco es una expresión artística. Aunque se interpreta por toda España, este baile se asocia con Andalucía, que está en el sur. Hay muchos estilos de cante, el tipo de canción con que se acompaña el flamenco. El cante es una parte integral del flamenco.

el guitarrista
el cantaor

el bailaor o
la bailaora

el vestido
tradicional de lunares

las que dan palmadas

El cante jondo es el cante más serio y más apasionado. Tiene un compás muy marcado. Otro estilo de cante, la saeta, es el único que no tiene compás fijo. Los bailaores siguen el ritmo de la guitarra y del momento. La coreografía es espontánea. La guitarra, las palmas y el zapateado del bailaor crean el compás del flamenco.

Otros bailes típicos

La jota es un baile de Aragón, pero también se interpreta en otras regiones españolas.

La sardana es el baile tradicional de Cataluña.

¿Comprendiste?

1. ¿Te gustan los museos? ¿Te gusta admirar y analizar las pinturas en los museos? ¿Por qué sí o por qué no?
2. ¿Qué piensas de la pintura *Las meninas* de Velázquez? ¿Por qué crees que el artista se incluyó en el retrato?
3. ¿Alguna vez has visto un espectáculo de flamenco? ¿Qué pensaste? Si nunca lo has visto, ¿crees que te gustaría? ¿Por qué?

En vivo

SITUACIONES

Un paseo por El Prado

Estás en el Museo del Prado en Madrid, España. Como vas a ir por el museo en grupo, primero miras el mapa del museo. Luego escuchas a la guía turística mientras habla del museo y de las obras de arte que se encuentran allí.

1 Mirar

Antes de entrar al Museo del Prado, estudia el mapa de la planta baja del museo. ¿Qué tipo de arte vas a ver?

PLANTA BAJA

ESCUELA ESPAÑOLA: Pintura Medieval
Salas 49, 50 y 51C.
ESCUELA ESPAÑOLA: Siglo XVI
Salas 55, 55B, 56, 56B, 57 y 57B.
EL GRECO
Salas 64, 65 y 66.

ESCUELA FLAMENCA: Siglos XV y XVI
Salas 55A, 56, 56A, 57A, 58 y 58A.
ESCUELA ALEMANA
Sala 54.
ESCUELA HOLANDESA
Sala 59.

ESCUELA FLAMENCA: Siglo XVII
Salas 60, 60A, 61, 61A, 62, 62A, 63A y 75.
PINTURAS NEGRAS DE GOYA
Salas 51A y 51B.
ESCULTURA CLÁSICA
Salas 47, 67, 71, 72, 73 y 74.
ESCUELA ITALIANA: Pintura Veneciana Siglo XVI
Salas 61B, 62B, 63 y 63B.

MUSEO DEL PRADO

❷ Escuchar 🎧

La guía española les da una breve introducción al museo y las obras que se encuentran allí. Escucha su narración y decide si las oraciones que siguen son ciertas o falsas. Si la oración es falsa, cámbiala para que sea cierta.

1. El Museo del Prado es el museo más importante de México.
2. Carlos III mandó a construir el museo como Museo de Ciencas Naturales.
3. Napoleón inauguró el museo en el año 1819.
4. Las obras de arte del museo eran de las colecciones de los reyes y reinas de España de los tres siglos anteriores.
5. Las escuelas de arte representadas en el Museo del Prado son la norteamericana, la argentina y la chilena.
6. El Prado posee la colección más grande de pintura española que existe.
7. De las treinta mil pinturas, casi una quinta parte es de la escuela española.
8. Francisco de Goya expresó mucha alegría en las obras de los últimos años de su vida.
9. El Greco es de origen español.
10. Las obras de El Greco tratan de temas religiosos y míticos.

❸ Hablar 👥

En grupos de dos o tres, conversen sobre la obra de Velázquez, *Las meninas*. ¿Qué ven en la obra? Nombren todo lo que puedan detalladamente. Vayan a la biblioteca y busquen un libro sobre algún (alguna) artista que les interese. Cada uno debe escoger una obra favorita y compartir con sus compañeros tres observaciones sobre la obra.

MUSEO DEL PRADO
Precio de entrada
250 ptas: Estudiante

En acción
VOCABULARIO Y GRAMÁTICA

OBJECTIVES
• Identify and specify
• Request clarification
• Express relationships
• Discuss art forms

ACTIVIDAD 1

Las meninas

Escribir Acabas de estudiar la pintura más famosa de Velázquez. Completa las oraciones con estas palabras.

retrato

escuela

la lista

figura

perspectiva

al óleo

siglo

en primer plano

fondo

1. Diego de Velázquez es un pintor de la _____ española.

2. Las pinturas de Velázquez son del _____ XVII.

3. *Las meninas* es una pintura _____.

4. En *Las meninas*, Velázquez pintó a la Infanta Margarita _____.

5. El rey y la reina se pueden ver reflejados en el espejo al _____ de la pintura.

6. La _____ de Velázquez también se puede ver en el cuadro.

7. La _____ de la pintura parece ser del rey y la reina, donde posan para su _____.

ACTIVIDAD 2

El flamenco

Leer/Escribir Querías saber más sobre el flamenco y le pediste a Isabel, tu amiga andaluza, que te lo explicara. Ella te escribió una carta para contestar tus preguntas. Completa su carta con las palabras de la lista.

cantaor golpes interpreta tablao

bailaores palmadas zapateado cante jondo

Querido(a) amigo(a):

Para contestarte, el flamenco es el baile tradicional de Andalucía que se __1__ de muchas maneras. Hoy en día puedes ver el espectáculo de flamenco en un __2__ flamenco en muchas partes de España, incluso en Madrid, donde lo bailan unos de los mejores __3__ del mundo.

El __4__ tiene que cantar con una voz dura y vibrante. El __5__ es el cante más serio y más apasionado de todos los cantes flamencos.

Los bailaores, al darle __6__ al tablado con los zapatos, ejecutan lo que se llama el __7__. Las personas que dan __8__ también contribuyen al compás del zapateado. ¡Tienes que venir a España a disfrutar de este espectáculo magnífico!

Abrazos,

Isabel

- Review: Use demonstrative adjectives and pronouns
- Use **¿qué?** vs. **¿cuál?**
- Use relative pronouns

ACTIVIDAD 3

En el museo

Hablar Pasaste el día en El Prado donde viste la obra a la derecha. Al otro día le explicas a tu compañero(a) por qué te gustó.

modelo

Compañero(a): *¿Hay figuras en la pintura?*

Tú: *Sí, hay seis figuras en la pintura.*

- ¿De qué siglo es el cuadro?
- ¿Dónde están las figuras? ¿En el fondo o en primer plano?
- ¿Qué hacen las figuras?
- ¿Qué tipo de cuadro es?
- ¿De quién es la perspectiva?
- ¿Qué pasa en el cuadro?
- ¿…?

La defensa de Cádiz contra los ingleses, Francisco Zurbarán, 1634

TAMBIÉN SE DICE

Cuando se habla de flamenco, se usa la palabra **bailaor** o **bailaora** en vez de **bailador** o **bailadora**. Esto se debe a un modo de hablar en Andalucía, España, donde el flamenco tiene su origen. Cuando pronuncian una palabra que contiene una **d** entre dos vocales, quitan la **d;** entonces, **bailador** se convierte en **bailaor**.

Vocabulario

La pintura

el cuadro histórico *historical painting* **el paisaje** *landscape*

la naturaleza muerta *still-life*

♻ Ya sabes

el bote	**el ejército**	**luchar contra**
el océano	**el opresor**	**la orilla**

¿Cuál es tu estilo de pintura preferido?

REPASO

Demonstrative Adjectives and Pronouns

You use **demonstrative adjectives** to point out specific things and to show the distance between the speaker and the item.

Demonstrative pronouns are used in place of the adjective and noun. Their forms are the same as demonstrative adjectives, but they have an **accent** over the first **e**.

	masculine singular	masculine plural	feminine singular	feminine plural	
this, these *near the speaker*	este	estos	esta	estas	*adjectives*
	éste	éstos	ésta	éstas	*pronouns*
that, those *near the person spoken to*	ese	esos	esa	esas	
	ése	ésos	ésa	ésas	
that, those *not associated with either the speaker or the person spoken to*	aquel	aquellos	aquella	aquellas	
	aquél	aquéllos	aquélla	aquéllas	

Remember that **demonstrative** adjectives and pronouns agree in gender and number with the nouns to which they refer.

agrees

Regina: **Esta** novela me gustó mucho.
*I liked **this** novel very much.*

agrees

Carolina: Sí, **ese** libro es excelente.
*Yes, **that** book is excellent.*

Remember that there are also **demonstrative pronouns** that refer to ideas or unidentified things that do not have a specific gender.

esto   eso   aquello

Don't put an **accent** mark on these words.

—Marcos faltó otra vez.
Marcos was absent again.

—**Esto** me preocupa.
***This** worries me.*

ACTIVIDAD 4 · Gramática

Los turistas

Escuchar/Escribir En el museo, oyes si los cuadros están próximos, cerca o lejos. Escribe **este** si está próximo; **ese** si está cerca o **aquel** si está lejos.

modelo

«¿Ves el cuadro de Goya? ¡Qué belleza!»

<u>aquel cuadro</u>

1. el cuadro de Velázquez
2. el cuadro que quiero ver
3. el cuadro detrás de la gente
4. el cuadro de El Greco
5. el cuadro sin detalle

■ **MÁS PRÁCTICA** *cuaderno* pp. 117–118

■ **PARA HISPANOHABLANTES** *cuaderno* pp. 115–116

Vista de Toledo, El Greco

Los intrumentos musicales

Hablar/Escribir Tú y tu amigo están en una tienda de música. Le dices a tu amigo(a) qué instrumento te gustaría comprar. Usa **este** si está próximo, **ese** si está cerca y **aquel** si está lejos. Luego cambien de papel.

modelo

Tú: *Creo que voy a comprar este violín.*

Compañero(a): *Yo prefiero aquel violín.*

Vocabulario

La música

el arpa *harp*	**las maracas** *maracas*	**el tambor** *drum*
las castañuelas *castanets*	**la pandereta** *tambourine*	**la trompeta** *trumpet*
¿Sabes tocar alguno de estos instrumentos?		**el violín** *violin*

¿Qué te parece?

Hablar/Escribir Tú y tu compañero tienen opiniones sobre varias obras de arte. Conversen sobre sus opiniones.

modelo

Tú: ¿Qué te parece aquel cuadro histórico?

Compañero(a): ¿Aquél? Me parece que es demasiado serio y le falta luz.

1. el autorretrato
2. el paisaje
3. los cuadros al óleo
4. las figuras
5. la naturaleza muerta

GRAMÁTICA

¿Qué? vs. ¿Cuál?

▶ Both **qué** and **cuál** can be used to express *what* in English. **Cuál** is also used to express *which*.

¿Qué quieres ver en el museo?
What do you want to see in the museum?

¿Cuál de los cuadros te interesa más?
Which of the paintings are you more interested in?

▶ You use **qué** to ask someone to *define* or *describe* something. Use **cuál** if you are asking someone to *select* or *make a choice,* and to *identify* or *name* something.

¿Qué es un fresco?
What is a fresco?

¿Cuál es el nombre de la obra que vamos a ver?
What is the name of the play that we are going to see?

¡Viva la música!

Hablar/Escribir A tu compañero(a) le fascina la música contemporánea y ustedes hablan mucho de ella. Él (Ella) te hace una pregunta con **¿qué?** Tú contestas la pregunta y le haces otra pregunta con **¿cuál?** Sigue el modelo.

modelo

la guitarra / el tambor

Compañero(a): *¿Qué instrumento prefieres, la guitarra o el tambor?*

Tú: *Pues, yo prefiero el tambor. Y a ti, ¿cuál te gusta más?*

1. la letra de una canción de rock / la letra de una canción de hip-hop
2. un concierto de rock / un recital de música clásica
3. el repertorio de un conjunto de rock / el repertorio de una orquesta
4. los conjuntos de salsa / los conjuntos de rock
5. el son del piano / el son de la trompeta
6. el ritmo de la música rock / el ritmo de la rap

MÁS PRÁCTICA *cuaderno* p. 119
PARA HISPANOHABLANTES *cuaderno* p. 117

Vocabulario

La música

la letra *lyrics*	**el recital** *recital*	**el son** *sound*
la melodía *melody*	**el repertorio** *repertoire*	

¿Cuál te importa más– la melodía o la letra? ¿Por qué?

Las respuestas

Hablar/Escribir Arturo estudia para el examen de geografía. Tú le haces preguntas para ayudarlo a estudiar. Usa **¿qué?** y **¿cuál?**

modelo

La Pampa es una región de Argentina donde hay mucha agricultura.

Tú: *¿Qué es La Pampa?*

1. La industria más importante para la economía de Argentina es la industria ganadera.
2. 9,7% de las exportaciones de Argentina van destino a Estados Unidos.
3. El sector más rico de la economía chilena es el minero.
4. La unidad monetaria de Paraguay es el guaraní.
5. En Chile se producen muchas frutas como las guayabas, uvas, manzanas, peras y papayas.
6. Paraguay tiene más bosques que los otros países sudamericanos.

Cinco siglos

Leer/Hablar/Escribir Estás en Valencia y ves este artículo en una revista. Contesta las preguntas.

Aquellos maravillosos años

CINCO SIGLOS DE PINTURA VALENCIANA

El Museo de Bellas Artes de Valencia ha organizado una de sus muestras más ambiciosas de los últimos meses. Su objetivo: ofrecer al visitante un pausado recorrido por más de Cinco Siglos de Pintura Valenciana a través de las obras más representativas de los artistas que han configurado el panorama cultural de esta región entre los siglos XIV y XIX. Un total de 70 pinturas y 30 dibujos ilustran esta brillante exposición antológica, que arranca en el Gótico y concluye en el XIX, con el panorama cultural de grandes artistas como Sorolla, Pinazo, Degrain y Agrasot. *Valencia: Museo de Bellas Artes. Hasta el 30 de septiembre.*

Museo de Bellas Artes de Valencia

---

1. ¿Cuál institución está al centro del artículo?

2. ¿Qué se presenta en ese museo?

3. ¿Cuáles obras se presentan?

4. ¿De qué siglos son las pinturas?

5. ¿Cuántas pinturas y dibujos se muestran en esta exposición?

6. ¿Qué artistas se mencionan en el artículo?

7. ¿En qué fecha termina la exposición?

■ **MÁS COMUNICACIÓN** p. R15

En el Prado

PARA CONVERSAR

STRATEGY SPEAKING

Discuss a painting For a discussion about a painting, you can talk about **lo que veo, lo que siento, pienso que significa…** and artistic elements that support your ideas: **color, luz y sombra, figuras, perspectiva, etc.**

Hablar/Escribir Usa la siguiente lista y escribe seis preguntas para el guía turístico del Museo del Prado. Usa **¿qué?** o **¿cuál(es)?** Luego, discute las preguntas con un(a) compañero(a).

modelo

aspecto de las figuras de El Greco

Tú: *¿Qué aspectos te gustan más de la obra de El Greco?*

Compañero(a): *Me gustan sus figuras largas y también sus colores intensos.*

diferencia entre un tapiz y un cuadro

escuela de arte más reconocida

la definición de naturaleza muerta

la figura del artista en *Las meninas* **(¿hacer?)**

la definición de autorretrato

la obra más famosa de Goya

GRAMÁTICA

Relative Pronouns

♻ **¿RECUERDAS?** *p. 132* When you learned the subjunctive, you combined two sentences using the relative pronoun **que**.

Relative pronouns are used to link information found in different parts of a sentence. The **relative clause** provides additional information about the person or thing mentioned in the first part of the sentence.

relative pronoun   *relative clause*

Quiero ir al **museo que está cerca del centro**.
*I want to go to the museum **that** is near the center of town.*

You introduce a **relative clause** with a **relative pronoun**. The most common **relative pronoun** in Spanish is **que**. You can use it to refer to both people and things.

refers to a person, the artist

el **artista que pintó este cuadro**
*the artist **who** painted this painting*

refers to a thing, a play

una **obra** teatral **que divierte a todo el mundo**
*a theater play **that** entertains everyone*

Quien (and the plural **quienes**) is the **relative pronoun** that is used to refer to people. It is usually used after a **preposition**.

la **cantante con quien** hablé
*the singer **with whom** I spoke*

los **pintores de quienes** te hablé
*the painters **of whom** I spoke*

> There is no accent mark on **quien/quienes** when you use them as **relative pronouns**.

Conversaciones

Escuchar/Escribir Estás en un museo y te sientas a descansar. Oyes varias conversaciones. Escribe de nuevo lo que dicen las personas en una oración que usa **que**.

modelo

Escuchas: *Ese cuadro lo pintó mi vecino, el artista.*

Escribes: *El artista que pintó ese cuadro es mi vecino.*

1. El escultor _____.
2. Las pinturas _____.
3. El profesor _____.
4. No me gustan las obras _____.
5. El cantaor _____.
6. Las pinturas _____.

NOTA CULTURAL

El famoso Museo del Prado tiene un origen un poco curioso. Cuando el rey Fernando VII empezó a cambiar las decoraciones del Palacio Real en 1818, quería instalar papel tapiz (*wallpaper*) francés, que no hacía juego con los cuadros grandes de Velázquez y Tiziano en las paredes del palacio. Además, el estilo de estas pinturas había pasado de moda y el rey y la reina ya no querían exhibirlas. Entonces el rey integró estos cuadros con los de las colecciones de Carlos III, Carlos V, Felipe II, Felipe IV y Felipe V y creó lo que hoy es el Museo del Prado en un edificio aparte.

¿Qué es eso?

Hablar/Escribir Le preguntas a tu amigo(a) español(a) sobre varias cosas y personas. Cuando trate de una persona, usa **quien** y no **que**. ¿Cómo te responde?

modelo

escritora (estudié)

Tú: ¿Quién es ella?

Compañero(a): Es la escritora con quien estudié.

1. cuento (leí en la clase de literatura)
2. actor (hablé después de la producción)
3. cuadro (pinté en la clase de arte)
4. obra de teatro (estamos leyendo en la clase de drama)
5. pintor (más admiro)
6. novela (compré el otro día)
7. autobiografía (quiero leer)
8. biografía (te hablé el otro día)

■ **MÁS PRÁCTICA** cuaderno p. 120
■ **PARA HISPANOHABLANTES** cuaderno p. 118

Vocabulario

La literatura

la autobiografía autobiography   **la ficción** fiction

la biografía biography   **la poesía** poetry

el cuento short story   **la producción** production

el drama drama

♻ **Ya sabes:**   **el ensayo**   **la novela**   **la obra teatral**   **el poema**

¿Qué tipo de literatura disfrutas más?

♻ Los artistas

Hablar/Escribir En grupos de tres o cuatro, escojan una identidad artística: alguien es un(a) pintor(a), un(a) bailador(a), un(a) escritor(a), un(a) actor (actriz), etc. Imaginen que están en una fiesta hablando de su trabajo, sus obras o las obras de los demás.

modelo

escritor

Tú: ¿Quién es ese señor?

Compañero(a): 1: ¿Ése? Es el escritor que escribió El mundo del artista.

Compañero(a): 2: ¿No te acuerdas de esa novela? Es la novela de que te hablé el otro día.

Compañero(a): 3: …

1. escritor(a)   5. novela
2. pintor(a)   6. drama
3. bailador(a)   7. cuento
4. actor (actriz)   8. producción

Mi colección privada

Hablar En grupos de tres o cuatro, conversen sobre la colección que se ofrece en este anuncio. Hablen sobre las pinturas que les gustan o que no les gustan, por qué, si les interesa la oferta, etc.

Los más bellos cuadros del arte tradicional de España

Ahora las obras de los grandes pintores españoles están reunidas en una colección única: «*Obras Maestras de los Grandes Pintores Españoles*». Admirará retratos, paisajes, naturalezas muertas… todos en reproducciones de alta calidad.

modelo

Tú: *¿Cuál pintura te gusta más?*

Compañero(a): 1: *¿A mí? Me gusta la de Zurbarán.*

Compañero(a): 2: *Tiene que ser la de Goya. No hay nadie que pinte como él.*

■ **MÁS COMUNICACIÓN** p. R15

Refrán

De músico, poeta y loco, todos tenemos un poco.

¿Qué quiere decir el refrán? ¿Crees que es verdad? ¿Cuál de las características que se mencionan te parece más importante? ¿Por qué?

En voces

LECTURA

Miguel de Unamuno

Miguel de Unamuno, escritor español, nació en Bilbao en 1864 y fue uno de los autores más importantes del siglo XIX. Tuvo una gran conciencia social y se preocupó mucho por la identidad y el futuro de España, como otros autores de su generación, que se llama «La Generación del '98».

Unamuno además pensaba mucho sobre cuestiones filosóficas de la vida y de la inmortalidad. Cultivó todos los géneros literarios, pero sus ensayos y novelas son los más famosos.

Unamuno escribió sobre su amor a España y los problemas políticos del país durante un período de cambio violento. De él es la cita conocida:

¡ ❝ Me duele España ❞ !

Durante esa época, una guerra civil empezó en España. Unamuno se opuso a Francisco Franco, el general derechista. Por esto, las fuerzas de Franco mantuvieron a Unamuno bajo arresto a domicilio. Unamuno murió el último día de 1936—el primer año de la guerra—sin cambiar su opinión política. Dijo:

❝ Venceréis pero no convenceréis ❞.

PARA LEER

STRATEGY: READING

Compare famous authors Unamuno and Matute share a love of Spain. How else are they alike or different? Use this chart to make your comparisons:

	Unamuno	Matute
fechas importantes		
eventos influyentes		
preocupaciones		
¿?		

What emotions does each express in the excerpts you read?

LA IDENTIDAD ESPAÑOLA

la guerra   lucha entre dos fuerzas

derechista   conservador en extremo

posguerra   después de la guerra

vencer   conquistar

Ana María Matute

Ana María Matute, novelista española contemporánea, nació en Barcelona en 1926. Tenía diez años cuando comenzó la guerra civil y su familia se mudaba de Madrid a Barcelona para escaparse de la violencia. El punto de vista triste de sus novelas refleja[1] la desilusión que ella sintió durante la guerra civil y los años de represión que la siguieron. Ella dice:

> Todo era injusto e incomprensible. El mundo no era tal y como nos lo habían explicado. Yo creo que nuestra generación dio tantos grandes escritores porque fuimos víctimas de un trauma muy fuerte. No se podía hacer ni decir nada. De ahí nació un sentimiento de rebeldía que creo aún mantengo **.**

A pesar de sus experiencias traumáticas de niña, Matute ha tenido un éxito extraordinario con su producción literaria. Además de ser una de los autores más importantes de la narrativa de posguerra española, es la única mujer en la Real

[1] reflect

Academia de España. Entre sus novelas más conocidas están *Los Abel, Los hijos muertos, La trampa, El río* y *Olvidado Rey Gudú,* su última obra.

Ella reconoce la dificultad de escribir novelas. Dice:

> Quien diga lo contrario o miente[2], ¡o es un genio[3] o es un desastre **!**

[2] is lying
[3] genius

¿Comprendiste?

1. ¿A qué generación literaria pertenece Unamuno?
2. ¿Cuál es la actitud de Unamuno hacia Francisco Franco y sus fuerzas?
3. ¿Cómo influyó la guerra civil de España en el pensamiento y la vida de Matute?
4. Según Matute, ¿por qué hay tantos escritores buenos en su generación?

¿Qué piensas?

1. ¿Qué quiere decir el comentario famoso de Unamuno: «¡Me duele España!»?
2. En tu opinión, ¿qué significa el comentario de Matute sobre la dificultad de escribir novelas?

Hazlo tú

Haz una investigación sobre la guerra civil española y escribe un ensayo breve sobre ella. Explica sus causas, quiénes participaron, etc. O escoge un cuento, una película o un libro que tenga una guerra como tema y escribe un ensayo sobre éste.

En uso

REPASO Y MÁS COMUNICACIÓN

OBJECTIVES

• Identify and specify
• Request clarification
• Express relationships
• Discuss art forms

 1 Hoy

Completa varias conversaciones que escuchaste hoy con las formas correctas de las palabras entre paréntesis.

Conversación No. 1 (ese)

José:	*¿Ves __1__ guitarra?*
María:	*¿__2__ guitarra en la mesa?*
José:	*Sí, __3__ ¡La acabo de comprar!*

Conversación No. 2 (este)

Ana:	*__4__ cuadro es muy interesante.*
Irma:	*¿__5__? No me gusta.*
Ana:	*¿De veras? Yo pienso que __6__ cuadro es el mejor en el museo.*

Conversación No. 3 (aquel)

Andrés:	*__7__ muchachos son artistas.*
Beto:	*¿Estás seguro? ¿__8__?*
Andrés:	*Sí. El muchacho de la camisa azul pintó __9__ cuadro.*

2 La clase de arte

Estás en la clase de arte. Durante la clase, tu compañero(a) te pregunta varias cosas. Primero, escribe preguntas para cada tema y luego contéstalas.

modelo

autorretrato
¿Qué es un autorretrato?
Un autorretrato es un retrato de una persona hecho por ella misma.

tapiz o pintura al óleo
¿Cuál te gusta más: el tapiz o la pintura al óleo?
A mí me gusta más el tapiz.

1. naturaleza muerta o paisaje
2. tapiz
3. escuela española o escuela flamenca
4. naturaleza muerta
5. los cuadros de Goya o los cuadros de Velázquez
6. el primer plano

Now you can...

• discuss art forms.

• identify and specify.

To review

• demonstrative adjectives and pronouns see p. 326.

Now you can...

• request clarification.

To review

• ¿qué? vs. ¿cuál? see p. 328.

Now you can...

• request clarification.

To review

• **¿qué?** vs. **¿cuál?**
see p. 328.

ACTIVIDAD 3 La profesora de música

Tomas una clase de música y tu profesora quiere saber más sobre tus intereses. Completa sus preguntas con **¿qué?** o **¿cuál(es)?**

modelo

¿ _Qué_ instrumento quieres aprender a tocar?

1. ¿_____ crees es más fácil de aprender, la guitarra o el violín?
2. ¿_____ clase de música quieres aprender?
3. ¿_____ de las canciones quieres aprender primero?
4. ¿_____ son tus grupos musicales favoritos?
5. ¿_____ estudiaste en el colegio?
6. ¿_____ entrenamiento musical has tenido?

Now you can...

• express relationships.

To review

• relative pronouns
see p. 331.

ACTIVIDAD 4 La reunión

Estás en una reunión estudiantil en Madrid con tu amigo(a) madrileño(a). Pregúntale a tu compañero(a) quiénes son las personas que ves, basándote en los dibujos y las siguientes palabras.

modelo

¿él?

Tú: ¿Quién es él?

Compañero(a): ¿Él? Es el estudiante que toca la trompeta.

pintar   tocar   bailar jota   escribir   marcar el compás

1. ¿ella? 2. ¿él? 3. ¿ella? 4. ¿ella? 5. ¿él? 6. ¿él?

ACTIVIDAD 5   Investigación

Organize ideas for research Good research begins with good questions, but first categorize the areas to investigate. Where do you want to begin? Use the following chart to ask questions that will direct your research.

Francisco de Goya
¿Cuándo empezó a pintar?
¿Dónde vivía?
¿Cuántos años vivió?
¿Cuántos cuadros pintó?
¿A quiénes conocía?

En grupos de dos o tres, escriban seis preguntas sobre los grandes pintores españoles. Busquen las respuestas en una enciclopedia o en Internet.

modelo

Tú: *Yo quiero saber cuándo y por qué empezó a pintar Francisco de Goya.*

Compañero(a) 1: *Yo quiero saber cuántas obras pintó Goya durante su vida y cuántos años vivió.*

Compañero(a) 2: ...

ACTIVIDAD 6   *En tu propia voz*

ESCRITURA Trabajas como crítico(a) de arte para el periódico estudiantil. Usa la pintura aquí o busca otra pintura de uno de los grandes pintores españoles y escribe un breve ensayo. Incluye observaciones sobre lo siguiente:

Pablo Picasso, Las meninas, 1957

- cómo te hace sentir
- colores
- figuras
- escuela
- tipo de pintura
- algún detalle de la vida del pintor
- ¿...?

modelo

Usando Las meninas *de Velázquez como modelo, Picasso recrea el cuadro en su propio estilo, usando técnicas modernas de composición y color.*

CONEXIONES

Los estudios sociales La guerra civil de España fue un evento muy importante en la vida de la gente española. Esta tragedia también tuvo una gran influencia sobre algunos de los artistas y autores más conocidos de España. ¿Por qué empezó la guerra civil? ¿Cómo terminó? Crea una cronología *(timeline)* de la época, incluyendo por lo menos diez eventos importantes de la guerra. Describe en una o dos oraciones la importancia de cada evento.

1923	1931
General Primo de Rivera establece una dictadura militar.	Elecciones municipales

En resumen
REPASO DE VOCABULARIO

Art and paintings

al óleo	oil (painting)
el autorretrato	self-portrait
el cuadro	painting
el cuadro histórico	historical painting
la escuela	school (of art)
la figura	figure
el fondo	background
el fresco	fresco
la naturaleza muerta	still life
el paisaje	landscape
la perspectiva	perspective
el primer plano	foreground
el siglo	century
el tapiz	tapestry

Ya sabes

el bote	boat
el ejército	army
luchar contra	to fight against
el océano	ocean
el opresor	oppressor
la orilla	shore

Dance

el (la) bailaor(a)	flamenco dancer
el (la) cantaor(a)	flamenco singer
el cante	flamenco song
el cante jondo	tragic flamenco song
dar palmadas	to clap hands
el flamenco	flamenco-style dancing
interpretar	to interpret
la jota	Aragonese folk dance
la saeta	Andalusian song
la sardana	Catalan folk dance
el tablado	stage floor
el tablao	flamenco group
el zapateado	rhythmic heel tapping

Literature

la autobiografía	autobiography
la biografía	biography
el cuento	short story
el drama	drama
la ficción	fiction
la poesía	poetry
la producción	production

Music

el compás	rhythm, beat
la letra	lyrics
la melodía	melody
el repertorio	repertoire
el ritmo	rhythm
el son	sound, rhythm

Musical instruments

el arpa	harp
las castañuelas	castanets
las maracas	maracas
la pandereta	tambourine
el tambor	drum
la trompeta	trumpet
el violín	violin

Ya sabes

cantar	to sing
el concierto	concert
la música	music
la guitarra	guitar
el piano	piano
tocar	to play

Ya sabes

el ensayo	essay
la novela	novel
el poema	poem
la obra teatral	theatrical work, play

Ya sabes

este, esta, estos, estas
éste, ésta, éstos, éstas
ese, esa, esos, esas
ése, ésa, ésos, ésas
aquel, aquella, aquellos, aquellas
aquél, aquélla, aquéllos, aquéllas
esto, eso, aquello

¿qué? vs. ¿cuál?

¿Qué es el cante jondo?
¿Cuál prefieres, el flamenco o la jota?

Relative pronouns

Ésta es la bailaora que vimos anoche.
Aquél es el cantaor con quien hablamos.

Juego

Sopa de letras
¡Nunca tuve vida pero ahora estoy muerta! ¿Qué soy?

ETAPA

2

El Nuevo Mundo

- Refer to people and objects

- Express relationships

- Make generalizations

- Describe arts and crafts

¿Qué ves?

Mira la foto. Contesta las preguntas.

1. ¿En qué lugar de América Latina se encuentran los estudiantes?

2. ¿Cómo puedes describir la escena?

3. ¿Qué crees que existía en este lugar? ¿Por qué?

Las civilizaciones precolombinas

Descubre

En español, como en inglés, hay verbos que tienen la misma raíz que el sustantivo que les corresponde. Si sabes qué quiere decir el verbo, puedes adivinar qué quiere decir el sustantivo. Primero decide cuál es el significado del verbo, y luego da el significado del sustantivo.

construir → construcción

to construct → construction

1. civilizar → **civilización**
2. creer → **creencia**
3. descender → **descendencia**
4. descifrar → **cifra**
5. **reflejar** → reflejo

Se encuentran dos mundos

El año es 1518 en el calendario europeo. Barcos misteriosos llegan a la costa atlántica de México. Un indio sale para dar las noticias a su emperador, Moctezuma. Él gobierna al imperio azteca, una de las civilizaciones precolombinas de América.

Ha llegado a México Hernán Cortés (1485–1547), un conquistador español. Él sigue el ejemplo de Cristóbal Colón, quien abrió el paso entre Europa y América en 1492. Bernal Díaz del Castillo (1492–1580), un conquistador joven, viene con Cortés. Para Bernal y los demás europeos, están en un Nuevo Mundo. Éste es el nombre que los europeos le dan a América.

Hernán Cortés (centro)

Tenochtitlán

Bernal, que también es cronista, escribe:
«Que por una parte había grandes ciudades…
Y en la laguna otras muchas, y veíamoslo todo
lleno de canoas… Y por delante estaba la gran
Ciudad de México».

Los españoles quedaron impresionados al ver la ciudad azteca de Tenochtitlán. Cuando Moctezuma y los aztecas recibieron a los españoles, los llevaron al Templo Mayor. El Templo tenía varias pirámides

grandes. Pero la amistad entre los españoles y los aztecas no duró mucho. Pronto hubo una guerra y los españoles conquistaron a los aztecas. Después de la conquista española, Tenochtitlán desapareció debajo de los edificios europeos. En 1978, se encontraron las ruinas del Templo Mayor, que hoy se pueden ver en la Ciudad de México.

Los libros mayas

Al mismo tiempo, en la península de Yucatán y por Centroamérica, los hombres religiosos de los mayas escribieron los libros *Chilam Balam* y *Popol Vuh*. Utilizaron jeroglíficos, un sistema complicado de escritura. Con los jeroglíficos narraron la historia de casi tres mil años del pueblo maya y también sus creencias. Hoy, los arqueólogos continúan descifrando la escritura jeroglífica con sus cifras misteriosas.

Las tejedoras de Los Altos de Chiapas

Los textiles son una tradición indígena. Las mujeres de decendencia maya han mantenido viva esta tradición. Ellas aprenden las técnicas para hacer los textiles de sus madres y las enseñan a sus hijas. Las imágenes en sus tejidos reflejan diseños mayas de casi 1200 años.

Los incas

Los incas, otra civilización indígena avanzada, establecieron un imperio en la costa del Pacífico de América del Sur. En la década de 1530, Atahualpa era el Inca, el título del gobernante que significa «hijo del sol». Francisco Pizarro (1492–1541) y otros conquistadores llegaron hasta Cuzco. Ellos lucharon por el oro y objetos prehispánicos preciosos, que los incas hicieron antes de la llegada de los españoles. Los incas construyeron ciudades como Machu Picchu, una obra maestra de arquitectura precolombina.

¿Comprendiste?

1. ¿Te interesan la historia y el arte precolombino? ¿Qué te interesa más, la arquitectura, el arte o los textiles? ¿Por qué?
2. ¿Qué piensas de las ruinas de Tenochtitlán?
3. La escritura jeroglífica de los mayas no se ha descifrado por completo. ¿Qué te parece la invención de una forma de escribir tan complicada?
4. Las pirámides en México y en Perú son obras de arquitectura que no se pueden reproducir hoy. ¿Cómo crees que se construyeron estos edificios enormes sin la ayuda de máquinas?

En vivo

SITUACIONES

Una visita virtual

Estás en la biblioteca buscando información para tu curso sobre el arte y la historia precolombina de las Américas. Mientras lees, oyes cuatro estudiantes españoles conversando. Por casualidad, hablan del mismo tema — las contribuciones artísticas de las civilizaciones indígenas precolombinas.

❶ Leer

Has encontrado una página-web que ofrece «una visita virtual» al mundo del arte y de la historia precolombina de América Latina.

| Regresar | Adelantar | Inicio | Recargar | Imágenes | Abrir | Imprimir | Buscar | Finalizar |

Dirección: http://www.arteprecolombino.com

UNA VISITA VIRTUAL AL
ARTE PRECOLOMBINO

GUATEMALA
El Templo del Jaguar en Tikal en la región del Petén

MÉXICO
Teotihuacán, «la ciudad de los Dioses» cerca de la Ciudad de México, la Pirámide del Sol y la Pirámide de la Luna

Un ejemplo de los textiles mayas tejidos por las tejedoras de los Altos de Chiapas

PERÚ
Machu Picchu, las ruinas de la antigua ciudad inca, a unos 90 kilómetros de Cuzco

PANAMÁ
La mola es el arte tradicional de los indígenas Kuna Yala de Panamá.

COLOMBIA
El arte «quimbaya» se distingue por el detalle de la ornamentación de las piezas, como se puede ver en esta máscara de oro.

❷ Escuchar

Mientras estudias, escuchas la conversación de cuatro estudiantes españoles que están sentados en la mesa junto a la tuya. Decide si mencionan cada objeto, tema o concepto en la siguiente lista.

arqueología
MEXICANA M.R.

LOS MAYAS
· VIDA COTIDIANA

VOL. V · NÚM. 28 $ 35

1. la escritura jeroglífica
   ❏ La mencionan.
   ❏ No la mencionan.

2. los chibchas
   ❏ Los mencionan.
   ❏ No los mencionan.

3. las creencias mayas sobre el cosmos
   ❏ Las mencionan.
   ❏ No las mencionan.

4. las tejedoras mayas
   ❏ Las mencionan.
   ❏ No las mencionan.

5. Tenochtitlán
   ❏ La mencionan.
   ❏ No la mencionan.

6. las pirámides de Teotihuacán
   ❏ Las mencionan.
   ❏ No las mencionan.

7. la joyería de oro precolombina
   ❏ La mencionan.
   ❏ No la mencionan.

8. el descubrimiento del Nuevo Mundo
   ❏ Lo mencionan.
   ❏ No lo mencionan.

9. las molas
   ❏ Las mencionan.
   ❏ No las mencionan.

10. los incas
   ❏ Los mencionan.
   ❏ No los mencionan.

❸ Hablar/Escribir

Escoge una de las culturas precolombinas mencionadas en esta lección y haz una investigación sobre la arquitectura, el arte o los textiles de esa cultura. Escribe tres cosas que no sabías antes de hacer la investigación. Trae tus observaciones a la clase. En grupos de tres o cuatro, comparen los resultados de sus investigaciones. Hagan una lista de los aspectos de las culturas que son similares y los aspectos que son diferentes.

En acción
VOCABULARIO Y GRAMÁTICA

OBJECTIVES
- Refer to people and objects
- Express relationships
- Make generalizations
- Describe arts and crafts

ACTIVIDAD 1

El examen

Escribir Mario tuvo un examen sobre la historia precolombina de las Américas. Completa las oraciones que él tuvo que completar para su examen.

a. descendencia
b. ruinas
c. pirámides
d. civilización
e. precolombinos
f. cronista
g. escritura jeroglífica

1. En el centro de la Ciudad de México, encontraron las _____ de una _____ muy avanzada.

2. Bernal Díaz de Castillo era un conquistador y _____ español.

3. Las tejedoras de los Altos de Chiapas son de _____ maya.

4. En el centro de Tikal se encuentran dos _____; la primera se llama El Templo del Gran Jaguar.

5. La _____ de los mayas narra la historia del pueblo.

6. En las excavaciones del Templo Mayor, se encontraron objetos _____ de mucho valor.

TAMBIÉN SE DICE

Como aprendieron en la Unidad 4, al llegar los españoles al Nuevo Mundo encontraron gente que hablaba lenguas desconocidas para ellos. Así entraron al español muchas palabras indígenas, como las siguientes.

- **huracán** (taíno) • **tomate** (náhuatl) • **papa** (quechua)

ACTIVIDAD 2 **Comentarios**

PARA CONVERSAR
STRATEGY: SPEAKING
Maintain a discussion In a serious discussion, words may be used that are not known to everyone. Ask for a definition or be prepared to give one. Example: **¿Qué es precolombina? — La cultura que existía en América antes de los viajes de Colón.**

Hablar/Escribir Tú y tu compañero(a) comentan sobre las civilizaciones precolombinas de las Américas. Conversen sobre los siguientes temas.

modelo

el sistema de escritura de los mayas: escritura jeroglífica

Tú: *El sistema de escritura de los mayas era muy complicado.*

Compañero(a): *Sí, la escritura jeroglífica de los mayas es tan complicada que los arqueólogos siguen tratando de descifrarla.*

los cronistas españoles: crónicas

las técnicas para construir pirámides: olvidarse

los mayas: extenso conocimiento de ingeniería y matemáticas

los tejidos: expresión artística

las tradiciones de los mayas: pasar siglo tras siglo

las civilizaciones precolombinas: avanzadas

las pirámides: obras de arquitectura

ACTIVIDAD 3

Teotihuacán

Hablar/Escribir Elena y Enrique fueron a Teotihuacán, «la ciudad de los dioses». Imagina y escribe la conversación que tienen los dos compañeros. Luego, léelo en voz alta.

Direct Object Pronouns

You use **direct object pronouns** in Spanish to refer to items or people that have already been mentioned.

Direct Object Pronouns

me	nos
te	os
lo/la	los/las

becomes

—¿Has visto **las ruinas** en Chichén Itzá?
*Have you seen **the ruins** at Chichen Itzá?*

—Sí, **las** vi el verano pasado.
*Yes, I saw **them** last summer.*

▶ Third-person direct object pronouns (**lo, la, los, las**) refer to **usted** and **ustedes** as well as to **él, ella, ellos,** and **ellas.**

Perdón señora. No **la** vi.
*I'm sorry ma'am. I didn't see **you.***

▶ **Direct object pronouns** go before the conjugated verb except in **affirmative commands**, where you attach them.

Alfredo y Marta no saben que Uds. van a la exhibición de máscaras. **Invíten**los. *attaches*
*Alfredo y Marta don't know that you are going to the mask exhibit. **Invite them.***

▶ **Direct object pronouns** come before **conjugated verbs** or attached to **infinitives** and **-ndo forms**.

—Esta novela es muy buena. ¿Quieres **leer**la? *attaches* ←→ ¿**La quieres** leer?
*This novel is very good. Do you want to read **it**?* / *Do you want to read **it**?*

—Mira. Estoy **leyéndo**la. *attaches* ←→ **La estoy** leyéndo.
*Look. I'm reading **it**.* / *I'm reading **it**.*

¿Lo conoces?

Escuchar/Escribir Escucha las conversaciones de varias personas. Di si la persona que contesta conoce o no las cosas mencionadas.

modelo

No las conoce.

1. _____
2. _____
3. _____
4. _____
5. _____
6. _____

MÁS PRÁCTICA *cuaderno* p. 125

PARA HISPANOHABLANTES *cuaderno* p. 123

ACTIVIDAD 5

Los bailes

Hablar/Escribir Tú y tu compañero(a) quieren saber si el otro (la otra) sabe bailar varios bailes. Pregúntale a tu compañero(a) si sabe bailarlos y luego, él (ella) te pregunta a ti.

modelo

Tú: *¿Sabes bailar el mambo?*

Compañero(a): *Sí, (No, no) sé bailarlo.*

1. el mambo
2. la cumbia
3. el merengue
4. la habanera
5. el tango
6. el jarabe tapatío
7. la bamba
8. ¿…?

Vocabulario

Bailes típicos

el jarabe tapatío

la bamba *Mexican dance from Veracruz*

el baile folklórico *folk dance*

la danza *dance*

la habanera *habanera*

el mambo *mambo*

el merengue *merengue*

el tango

¿Conoces a algunos músicos que tocan este tipo de música?

ACTIVIDAD 6

Mi primo(a) panameño(a)

Hablar/Escribir Tu primo(a) de Panamá vino a visitarte y quieres hacerle muchas preguntas. Primero tu compañero(a) hace el papel del (de la) primo(a). Luego, cambien de papeles. Usen las ideas de la lista o inventen otras.

modelo

Tú: *¿Viste la película nueva de Ben Affleck?*

Compañero(a): *No, no la he visto.*

MÁS COMUNICACIÓN p. R16

ver (la película nueva de…)
leer (la última novela de…)
escribir (la tarjeta postal para tu…)
escuchar (el nuevo CD de…)
limpiar (tu cuarto)
hacer (los quehaceres)
visitar (a tu familia)
mandar (la carta por Internet)

NOTA CULTURAL

Parece que cada región de América Latina tiene su propio baile típico. Estos bailes muestran una mezcla de tradiciones precolombinas, africanas y europeas. Además de los mencionados a la izquierda, aquí hay otros muy conocidos:

• **el candombe** (Uruguay)

• **la cueca** (Chile)

• **la marinera** (Perú)

• **la cumbia** (Colombia)

• **la bachata** (República Dominicana)

REPASO

Indirect Object Pronouns

You use **indirect object pronouns** in Spanish to refer to the person who is **receiving the action** of the verb.

Indirect Object Pronouns

me	nos
te	os
le	les

Mandé las fotos a María.
I sent the photos to María.

Le mandé las fotos.
*I sent **her** the pictures.*

Indirect object pronouns, like the direct object pronouns, precede the **conjugated verbs**.

—¿Qué **le regalaste**?
*What (gift) did you give **her**?*

—**Le regalé** una pulsera de jade.
*I gave **her** a jade bracelet.*

Remember that sometimes you use **a + person** to clarify to whom the indirect object pronouns **le** and **les** are referring.

—¿**Les escribes a tus amigos**?
Do you write to your friends?

—**A Magdalena le escribo** mucho.
I write to Magdalena a lot.

You attach **indirect object pronouns** to **affirmative commands** just like you do with direct object pronouns.

Préstame tu libro de arquitectura.
Lend me your architecture book.

You can attach **indirect object pronouns** to **infinitives** and **progressive tenses** or you can put them before the **conjugated verbs**.

¿Puedes **prestar**le tu libro a José también? ⟷ ¿**Le puedes** prestar tu libro a José también?
Can you lend your book to José also?

¿Estás **prestándo**le tu libro a Luisa? ⟷ ¿**Le estás** prestando tu libro a Luisa?
Are you lending your book to Luisa?

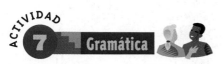

ACTIVIDAD 7 — Gramática

♻ Después de la entrevista

Hablar/Escribir Tu compañero(a) hace el papel de supervisor(a) y tú le hablas sobre una entrevista que hiciste. Luego, cambien de papel.

modelo

pedir los datos

Tú: ¿Le pediste los datos?

Compañero(a): *Sí, señor(a), le pedí los datos.*

1. pedir la solicitud
2. explicar el puesto
3. explicar los beneficios
4. contestar sus preguntas
5. informar del sueldo
6. pedir tres recomendaciones

■ **MÁS PRÁCTICA** *cuaderno* p. 126

■ **PARA HISPANOHABLANTES** *cuaderno* p. 124

NOTA CULTURAL

El Inca Garcilaso de la Vega, hijo del español Garcilaso de la Vega y la princesa india Isabel Chimpu Ocllo, escribió sus *Comentarios reales del Perú* dando los detalles de la vida diaria de los incas. Se considera uno de los textos claves para entender la sociedad inca precolombina, ya que describe la conquista desde la perspectiva indígena.

♻ El viaje (primera parte)

Hablar/Escribir Vas de viaje a México y Guatemala con tu familia. Piensan visitar las ruinas de algunas civilizaciones precolombinas. Conversa con tu compañero(a) sobre lo que quieres ver. Usa ideas de la lista si es necesario.

modelo

Compañero(a): *¿Te interesan las ruinas de Tenochtitlán?*

Tú: *Sí, hombre, ¡me fascinan! Me gustaría pasar más tiempo estudiando las civilizaciones precolombinas.*

interesar
fascinar
gustar
parecer
explicar
¿...?

la escritura jeroglífica
los tejidos de las mujeres mayas
las ruinas de Tenochtitlán
las pirámides de Tikal
el Templo Mayor
los objetos precolombinos de jade
las blusas bordadas de Guatemala
las tradiciones de los mayas
las creencias sobre el cosmos
los objetos de piedra labrada
¿...?

Vocabulario

Las artesanías

bordado(a)

el mural

tallado(a)

decorado(a) *decorated* **labrado(a)** *worked, cut*

el jade *jade* **el (la) muralista** *muralist*

¿Comprarías algún objeto así? ¿Por qué?

El viaje (segunda parte)

Hablar Sigues hablando con tu compañero(a) sobre tu viaje a México y Guatemala. Él (Ella) te hace muchas preguntas sobre lo que compraste, lo que viste, lo que le preguntaste al guía turístico, etc. Usen los verbos de la lista si quieren.

modelo

Compañero(a): *¿Qué le compraste a tu mamá?*

Tú: *Le traje una blusa bordada muy bonita de Guatemala.*

Compañero(a): *¿Qué le preguntaste al guía turístico?*

Tú: *Le pregunté en qué año se habían descubierto las pirámides de Teotihuacán.*

comprar	leer
contestar	llevar
dar	mandar
decir	pedir
escribir	preguntar
prestar	traer
hablar	servir

More on Relative Pronouns

 ¿RECUERDAS? *p. 331* You have already learned to use the **relative pronouns** que or quien to provide additional information about people or things already mentioned in a sentence.

You can also use the **relative pronouns,** el que and el cual, in the same way, but to show a stronger relationship or provide greater emphasis.

	singular		plural	
masculine	el cual	el que	los cuales	los que
feminine	la cual	la que	las cuales	las que

You will often use el que, el cual, etc. after prepositions where you wish to show a stronger relationship or greater emphasis than que or quien would provide.

agrees

un templo en el que hay jeroglíficos
a temple in which there are hieroglyphics

agrees

la guitarrista sin la cual no podemos tocar
the guitarist without whom we can't play

> Notice that these forms agree in gender and number with the person, place or thing to which they refer.

Note that in formal uses, such as writing, it is more common to use el cual instead of el que.

informal

Hablé con el que llegó tarde.
I spoke with the one who arrived late.

formal

Cristóbal Colón fue un explorador famoso, el cual "descubrió" las Américas.
Christopher Columbus was a famous explorer who "discovered" the Americas.

The **relative pronoun** cuyo means *whose*. Remember to make it agree in gender and number with the noun that follows:

agrees

el pintor cuyos cuadros nos gustaron
the painter whose paintings we liked

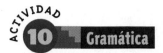

México

Escribir Tu amigo(a) te escribe y te cuenta todo lo que hizo y vio en sus viajes a México. Completa sus oraciones con la forma correcta de **el que**.

1. Vimos un templo en _____ hay jeroglíficos.

2. Entramos a las pirámides en _____ enterraban (*buried*) a los reyes mayas.

3. Visitamos los templos en _____ encontraron los objetos de arte precolombino.

4. Leí la crónica de Colón en _____ escribió sobre el descubrimiento de las Indias.

5. Caminamos por el centro en _____ encontraron las ruinas del Templo Mayor.

6. Vi unas piedras en _____ están escritas las historias de los reyes mayas.

MÁS PRÁCTICA *cuaderno p. 125*

PARA HISPANOHABLANTES *cuaderno p. 127*

ACTIVIDAD 11

Revisiones

Hablar/Escribir Escribiste un ensayo pero hay unas oraciones que quieres cambiar. Sigue el modelo.

modelo

La escritura jeroglífica es un sistema de escritura pictórica. Todavía no se ha descifrado por completo.

La escritura jeroglífica, la cual todavía no se ha descifrado por completo, es un sistema de escritura pictórica.

1. Las composiciones jeroglíficas también contenían sus creencias sobre el cosmos. Narraban la historia del pueblo.

2. Bernal Díaz del Castillo escribió una descripción de Tenochtitlán en su crónica. Era cronista español.

3. Cristóbal Colón murió sin saber qué había descubierto. Abrió el paso entre Europa y las Américas.

4. Los mayas construyeron grandes pirámides. Tenían un conocimiento de ingeniería extenso.

5. La cultura mexica no desapareció. Dejó su influencia en el mundo del arte y de la arquitectura.

ACTIVIDAD 12

El Templo Mayor

Leer/Hablar Lee la información de un folleto del Templo Mayor. Hazle tres preguntas a tu compañero(a). Luego cambien de papel.

modelo

Tú: *¿Qué se encuentra en 1790?*

Compañero(a): *En 1790 se encuentran la Coatlicue y la Piedra del Sol, las cuales actualmente pueden verse en el Museo Nacional.*

■ **MÁS COMUNICACIÓN** p. R16

Principales excavaciones realizadas en el Templo Mayor

1790 El 13 de agosto y el 17 de diciembre se encuentran la Coatlicue y la Piedra del Sol, respectivamente. Actualmente pueden verse en el Museo Nacional de Antropología.

1901 Se encuentran escalinatas, una gran cabeza de serpiente y el *ocelotl-cuauxicalli*, una enorme escultura que representa un jaguar que actualmente está a la entrada de la sala Mexica del Museo Nacional de Antropología.

1913– 1914 Don Manuel Gamio excava y encuentra restos de la esquina suroeste del Templo Mayor, así como una de las cabezas de serpiente del extremo sur de la escalinata de Huitzilopochtli.

1964 Eduardo Matos Moctezuma realiza el rescate de un adoratorio decorado con mascarones del dios Tlaloc, al norte de la calle de Justo Sierra.

1978– 1982 Desde el 20 de marzo de 1978 hasta noviembre de 1982, un equipo de especialistas realizan el Proyecto Templo Mayor, que da por resultado el descubrimiento del principal templo de los mexicas y de edificios aledaños al mismo.

Lo que

The relative phrase **lo que** means *what* or *that which*. You use it when there is no direct person, place or thing in the main clause to which you are referring. It refers to a more generalized idea or concept.

No comprendo **lo que** quieres decir.
*I don't understand **what** you mean.*

¿Por qué no me dices **lo que** piensas?
*Why don't you tell me **what** you think?*

▶ When you use **lo que** after **todo** it means *all that, everything that.*

Tienes que decirme **todo lo que** sabes.
*You have to tell me **everything that** you know.*

Nos dieron **todo lo que** tenían.
*They gave us **everything that** they had.*

NOTA CULTURAL

Uno de los lugares más importantes para visitar son las ruinas de Tikal, en Guatemala. En ese sitio se levantaba la antigua ciudad maya del mismo nombre. Tikal está considerado como uno de los sitios arqueológicos más importantes de Mesoamérica. Esta imagen nos muestra el Templo del Jaguar, animal que representaba la sabiduría maya.

ACTIVIDAD 13 Gramática

Efraín

Escuchar/Escribir Efraín hizo un viaje educativo a Guatemala para estudiar la historia maya del período clásico. Escucha lo que dice de su viaje y escribe una oración que haga un resumen de cada cosa mencionada. Sigue el modelo.

modelo

el período clásico de los mayas

Lo que aprendió fue sobre el período clásico de los mayas.

1. las pirámides de Tikal
2. la historia maya
3. la escritura jeroglífica
4. los objetos de arte
5. la historia maya
6. unos tejidos

■ **MÁS PRÁCTICA** *cuaderno* p. 128

■ **PARA HISPANOHABLANTES**
   cuaderno p. 126

Lo que quieren es...

Hablar/Escribir Estás de viaje con tu clase de español. Todo el mundo quiere hacer algo diferente. Hablas con tu compañero(a) sobre lo que quieren hacer todos.

modelo

Ernesto prefiere ver el Templo Mayor.

Lo que Ernesto prefiere es ver el Templo Mayor.

1. Javier necesita más tiempo para ver las ruinas.
2. Elena quiere comprar una camisa bordada.
3. El Sr. Quintana quiere descifrar los jeroglíficos.
4. A Daniela le gustaría subir las pirámides.
5. Juan Felipe prefiere ir a Teotihuacán.
6. Amalia quiere ver los murales en el museo.

Un viaje ideal

Hablar En grupos de tres o cuatro, conversen sobre un viaje imaginario que hicieron. ¿Qué vieron? ¿Qué les gustó? Usen la construcción **lo que**.

modelo

Tú: *Dime todo lo que viste en tu viaje a…*

Compañero(a) 1: *Lo que me gustó más fue…*

Compañero(a) 2: *Lo que quiero saber yo es…*

Refrán

Lo que fue y no es ya, menos es que lo que será.

¿Qué quiere decir el refrán? ¿Estás de acuerdo o no? ¿Por qué? ¿Piensas que el futuro siempre es mejor que el pasado? ¿Crees que nuestras civilizaciones van mejorándose?

En colores

CULTURA Y COMPARACIONES

Un Arquitecto y sus obras

Un estilo cultural: Ricardo Legorreta

¿Qué espacios ves cuando piensas en los edificios de México? ¿Pirámides? ¿Plazas? ¿Espacios de colores vivos? El arquitecto Ricardo Legorreta usa elementos arquitectónicos[1] de éstos para crear estructuras como las que ves a la derecha.

Legorreta fue alumno de Luis Barragán (1902–1988), sin duda el arquitecto mexicano más importante del siglo XX. Barragán buscó las huellas[2] de su propia cultura para dar lugar a una obra muy personal en la que la tradición combina con la modernidad.

Instituto Salk, Luis Barragán
(La Jolla, California)

La vegetación y el agua son componentes esenciales de la arquitectura de Barragán. La presencia del agua es especialmente expresiva en La Jolla, California. Allí, la contribución de Barragán al Instituto Salk de Louis Kahn fue la plaza creada entre las dos grandes alas[3] de hormigón[4] y separada por un canal de agua, que simboliza el límite entre el continente y el océano.

---

[1] architectural   [3] wings
[2] footprints, impressions   [4] concrete

Ricardo Legorreta es el arquitecto más importante de México hoy en día. Su padre apoyó el interés que sintió desde niño por los pueblos y las ciudades de México. En oposición a Barragán, Legorreta da énfasis a la belleza de las cosas ordinarias, que tras el proceso de la arquitectura se convierten en extraordinarias.

AUTOMEX, Ricardo Legorreta
(Toluca, México)
El primer gran proyecto de Legorreta fue la Fábrica de Automóviles Automex. «Cuando diseñé Automex fue como un gran grito[7]: ¡Viva México! ¡Viva Automex!»

Hotel Camino Real, Ricardo Legorreta
(Cancún, México)
En los hoteles que ha construído Legorreta, el agua parece fluir[5] a través de estos edificios y la luz solar proyecta sombras espectaculares sobre las baldosas[6]. Los tonos azulados, rosas y el amarillo tostado nos recuerdan al sol, al cielo y a las buganvillas, invitándonos a disfrutar y relajarnos.

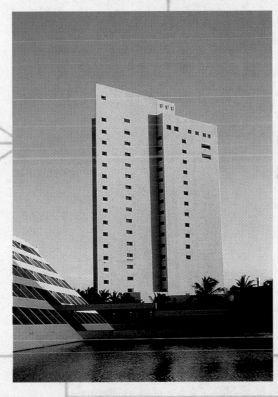

¿Comprendiste?

1. ¿Qué distingue la obra de Luis Barragán?
2. ¿Qué elementos son esenciales en la arquitectura de Barragán? Da un ejemplo de un edificio donde los utiliza.
3. ¿Qué crees que representa el edificio de Automex para Ricardo Legorreta?
4. ¿Qué sugieren los colores de Legorreta?

¿Qué piensas?

¿Cuáles elementos crees que comparten los edificios de Barragán y Legorreta? ¿Cuáles crees que son distintos?

Hazlo tú

¡Diseña tu casa ideal! Al pensar en el diseño, piensa en el lugar donde la construirás, si utilizarás colores vivos u oscuros, cuánta luz quieres, la forma de las habitaciones, cuántas tendrá, y si pondrás árboles y agua en los jardines. Puedes dibujar la casa o describirla. Usa estas imágenes o revistas para inspirarte.

[5] to flow
[6] paving stones, tiles
[7] shout

Now you can...

• describe arts and crafts.

To review

• direct object pronouns see p. 348.

En uso
REPASO Y MÁS COMUNICACIÓN

OBJECTIVES

• Refer to people and objects
• Express relationships
• Make generalizations
• Describe arts and crafts

ACTIVIDAD 1 ¿Qué viste?

Acabas de regresar de un viaje a México donde viste cosas muy interesantes. Tu compañero(a) quiere saber qué viste. Contéstale.

1. el Templo Mayor
2. los jeroglíficos en el Templo de las Inscripciones
3. la Pirámide del Sol

4. un mural de Diego Rivera
5. los tejidos de las mujeres mayas
6. las ollas prehispánicas en el Museo de Antropología

modelo

las ruinas

Compañero(a): *¿Viste las ruinas?*

Tú: *Sí, sí las vi.*   **o** *No, no las vi.*

Now you can...

• refer to people and objects.

To review

• indirect object pronouns see p. 350.

ACTIVIDAD 2 Mi amiga española

Tu compañero(a) fue a España y se hizo amigo(a) de una joven española. Tú le haces muchas preguntas. Sigue el modelo.

modelo

¿regalar / a ella?

Tú: *¿Qué le regalaste?*

Compañero(a): *Le regalé una pulsera de jade.*

1. ¿traer de España / a ti?

2. ¿mandar / a ustedes?

3. ¿pedir / a ella?

4. ¿llevar / a ella?

5. ¿dar / a ti?

6. ¿prestar / a ti?

Now you can...

• express relationships.

To review

• relative pronouns see p. 352.

 Natalia

Tu amiga mexicana Natalia te escribió esta carta. Complétala con las formas correctas de **el que, el (la) cual** o **cuyo** para aprender más sobre los mayas.

Hola,

Como me fascina la historia maya, es el tema sobre __1__ escribí para la clase de cultura. Te voy a contar algunas de las cosas que aprendí. La civilización maya, __2__ era muy avanzada, tenía un calendario muy preciso. También entendían el concepto del cero, __3__ nos sorprende porque en esos tiempos el cero todavía no se usaba en el sistema europeo. Muchas de las técnicas de los mayas se han perdido, pero la tradición de los textiles es una de __4__ no ha desaparecido. Linda Schiele, una arqueóloga __5__ estudios de los mayas son mundialmente reconocidos, ha descubierto muchas cosas fascinantes sobre esta cultura precolombina. Sin embargo, los arqueólogos no saben por completo las condiciones bajo __6__ despareció el pueblo de los mayas. Te escribo después.

Abrazos,

Natalia

Now you can...

• make generalizations.

To review

• uses of **lo que** see p. 354.

 Lo que...

Tienes un(a) amigo(a) que acaba de volver de Centroamérica. Le escribes para preguntarle lo que hizo. Escribe seis preguntas que le quieres hacer en tu carta.

modelo

¿hacer?

¿Hiciste lo que querías hacer?

1. ¿ver?
2. ¿comprar?
3. ¿aprender?
4. ¿visitar?
5. ¿traer?
6. ¿llevar?

ACTIVIDAD 5 — Los bailes latinoamericanos

PARA CONVERSAR

STRATEGY: SPEAKING

Discuss Latin American dance Dance is an important part of Latin culture. But how do you discuss and demonstrate musical and physical events? You can tell the place of origin **(origen)**, musical terms **(compás, ritmo, melodía)**, steps **(pasos)**. If you can dance it, teach it to others.

En grupos de tres o cuatro, escojan el baile latinoamericano que más les interesa. Busquen información sobre el baile por Internet o en la biblioteca. Traigan un casete o un CD de música y traten de aprender a bailarlo. Cuando sepan más, hagan una presentación para la clase.

modelo

Tú: *A mí me encanta el merengue.*

Compañero(a) 1: *¿Por qué no buscamos un CD de Juan Luis Guerra en la biblioteca?*

Compañero(a) 2: …

ACTIVIDAD 6 — En tu propia voz

ESCRITURA Escoge una civilización precolombina que te interese (los mayas, los incas, los aztecas u otra). Prepara una gráfica para organizar tus ideas en una hoja grande de papel. Escribe el nombre de la civilización en el centro. Luego añade palabras que se asocian con la primera. Estudia el modelo antes de empezar. Después de acabar con la gráfica, escribe un párrafo breve que describa la civilización que investigaste.

modelo

LOS MAYAS
1. Período Clásico: 300 - 900 d.C.
2. escritura
3. textiles
4. pirámides
5. ¿…?

CONEXIONES

Las matemáticas Los mayas tenían un sistema de matemática diferente al nuestro. Busca información sobre su sistema en la biblioteca o por Internet. Crea un póster con los «números» entre 0 y 20. Incluye también algunos números más grandes como tu fecha de nacimiento y cualquier otro número que tenga importancia para ti.

NUMERACIÓN MAYA

- CERO
- UNO
- DOS
- TRES
- CUATRO
- CINCO
- SEIS
- SIETE
- OCHO
- NUEVE

En resumen

REPASO DE VOCABULARIO

Crafts

el bordado	embroidery,
bordado(a)	embroidered
decorado(a)	decorated
el jade	jade
labrado(a)	worked, cut
el mural	mural
el (la) muralista	muralist
precioso(a)	precious, valuable
el tallado	carving
tallado(a)	carved
el tejido	weaving
tejido(a)	woven

Dances

el baile folklórico	folk dance
la bamba	dance from Veracruz
la cumbia	cumbia
la danza	dance
la habanera	habanera
el jarabe tapatío	dance from Guadalajara
el mambo	mambo
el merengue	merengue
el tango	tango

The New World

abrir el paso	to open the way
avanzado(a)	advanced
la cifra	number, numeral
la civilización	civilization
el conquistador	conqueror
la creencia	belief
el cronista	chronicler
la descendencia	descendence
descifrar	to decipher
los jeroglíficos	hieroglyphics
el Nuevo Mundo	the New World
la pirámide	pyramid
precolombino(a)	pre-Columbian
reflejar	to reflect
las ruinas	ruins
la técnica	technique
el templo	temple
la tradición	tradition

Direct objects

—¿Viste el Templo Mayor cuando fuiste a México?
—Sí, **lo** vi.

Indirect objects

—¿Qué **te** puedo traer de Chiapas?
—¿**Me** puedes traer un tejido tradicional?

Relative pronouns

Ésta es la Pirámide del Sol, **la que** visitamos cuando fuimos a México.

Lo que

Para las culturas precolombinas, **lo que** consideramos el «descubrimiento» del Nuevo Mundo no fue un descubrimiento verdadero.

Juego

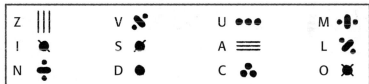

Los jeroglíficos

Usa la siguiente clave *(key)* para descifrar este mensaje de cuatro palabras que está escrito en jeroglíficos de una civilización desconocida.

ETAPA

3

Lo mejor de dos mundos

- **Talk about literature**

- **Talk about film**

- **Avoid redundancy**

¿Qué ves?

Mira la foto. Contesta las preguntas.

1. ¿Dónde están estas personas?

2. ¿Qué cosas están mirando?

3. ¿Quiénes de la foto se ven más interesados? ¿Por qué?

4. Mira el folleto. ¿Qué anuncia? ¿Has visto folletos así en tu ciudad?

LIBROS
de
MADRID

EDICIONES LA LIBRERÍA
MAYOR, 80 – 28013 MADRID
Telf.: (91) 541 71 70 - Fax: (91) 559 42 49

363

mayo

Trayendo a los chicos y chicas contemporáneos lo mejor de su mundo

Un talento deslumbrante por Pepe A. Álvarez Gómez

LECTORES DE LA ONDA: En esta edición, les traigo una entrevista con Josefina Teresa Almodóvar Pérez, la joven **poeta, cuentista** y más recientemente **novelista** de 17 años que ha causado una sensación increíble entre los **críticos** literarios al publicar su novela *Bajo otro cielo*.

Encontré a Josefina en el balcón de su casa, descansando después del trabajo que ha **culminado** en un éxito absoluto. Josefina se ha hecho famosa de la noche a la mañana; **sin embargo,** se mantiene amistosa y no se olvida de sus compañeros de clase.

Descubre

A. Los cognados De todas las palabras en azul en el artículo, haz una lista de cognados y sus equivalentes en inglés.

B. Palabras en contexto Ahora lee el artículo. Trata de decidir el significado de las palabras que no son cognados según el contexto.

I. trama	a. praise
2. personaje	b. dazzling
3. cibernético	c. character
4. elogian	d. plot
5. dentro del alcance	e. relating to cyberspace
6. deslumbrante	f. predictable
7. amenazadores	g. within reach
8. predecible	h. threatening
9. sin embargo	i. blind
10. ciega	j. nevertheless

TAMBIÉN SE DICE

Un dos por tres Josefina dice que los protagonistas no se enamoraron en **un dos por tres.** Es una manera de decir que no se enamoraron muy rápido.

La Onda: Josefina, es un placer conocerte. ¿Te gusta ser famosa?

Josefina: Pues Pepe, es **emocionante,** pero también estoy muy ocupada con las ventas de mi novela y pensando en la próxima.

La Onda: ¡En la próxima! ¿No es demasiado pronto?

Josefina: (ríe) Parece **irónico,** ¿no? Cuando escribo algo, siempre estoy pensando en otra cosa. Aunque *Bajo otro cielo* ha tenido mucho éxito y sé que los críticos la **elogian** en la prensa, estoy lista para intentar otros **géneros** y **estilos.** Además quiero seguir mejorando mi **prosa.**

La Onda: ¿Qué puedes decirnos sobre *Bajo otro cielo*?

Josefina: Es una novela **contemporánea** de **personajes** que luchan por sus vidas respectivas en lugares distintos del planeta. Margarita Buscasueños y Joaquín Esperanzado—los **protagonistas**— viven en Europa y en Estados Unidos. Parte de la **trama** se desarrolla en aeropuertos, cuando Joaquín se lleva por equivocación las maletas de Margarita y regresa a España. Al abrir las maletas, encuentra el libro de direcciones de Margarita y le escribe por correo electrónico…

La Onda: Eso de las maletas me parece muy interesante. ¿Hay algún **simbolismo** en esa confusión?

Josefina: Puede ser. Hay objetos en la vida de uno que tienen un significado especial, que llegan a ser un símbolo.

La Onda: Volvamos a Margarita, Joaquín y a los aeropuertos. ¿Le das una **interpretación innovadora** a eso de que el amor es **ciego**?

Josefina: No, Pepe. Eso sería bastante **predecible.** No, el encuentro de Joaquín y Margarita es hasta cierto punto una **sátira** de las novelas de amor populares durante el **romanticismo,** y también populares ahora, donde un chico y una chica se conocen y en un dos por tres se enamoran. Esto es un poco más complicado. Cuando Joaquín comienza a escribirle a Margarita, ella lo encuentra **amenazador;** él, al ver la reacción que ella tiene, cree que ella es paranoica.

La Onda: El **clímax** de la novela es mucho más emocionante. ¿Cómo es que Joaquín y Margarita descubren a los terroristas?

Josefina: Me gusta mucho esa parte también, pero mejor es que los lectores la lean.

La Onda: *Bajo otro cielo* es una historia que sin duda está **dentro del alcance** de muchos gustos. ¿Tienes un título para tu próxima novela?

Josefina: No sé cómo se llamará, pero tratará algún tema **cibernético** siguiendo el estilo del **realismo mágico,** que mezcla la realidad y la fantasía.

La Onda: Te acabas de ganar el Premio del Escritor Joven del Año. ¿Quisieras ganarte el **Premio Nóbel** alguna vez?

Bajo otro cielo

Josefina Teresa Almodóvar Pérez

Josefina: ¡Qué pregunta, Pepe! Pero no escribo porque quiero ganarme premios. Escribo porque me gusta, porque no me imagino la vida sin escribir.

La Onda: Creo que nuestra entrevista está llegando a su **final.** ¿Tienes algún consejo para nuestros lectores?

Josefina: Bueno, que disfruten la vida y que lean, claro.

La Onda: Te deseamos mucho éxito y será hasta la próxima.

¿Comprendiste?

1. ¿Has pensado alguna vez en hacerte famoso(a) haciendo algo creativo? ¿Qué has querido hacer?
2. ¿Cuál es el (la) cuentista, novelista o poeta que más te gusta? ¿Por qué?
3. ¿Qué preguntas le harías tú a un(a) escritor(a) famoso(a)?
4. ¿Qué clase de libros te gusta leer? ¿Cuál es tu estilo preferido?
5. ¿Crees que los temas cibernéticos van a ser más o menos importantes en el futuro? ¿Por qué?

En vivo

SITUACIONES

PARA ESCUCHAR

STRATEGY: LISTENING

Pre-listening Write down terms you use in English class to discuss literature. Then scan the seven words listed under **Escuchar.** What words on your list mean the same? Finally, define each of the Spanish words not found on your list.

Evaluate discussions Group discussions cover many topics. Here four people are discussing a new novel. After listening, decide:

1. About what do they agree?

2. About what do they disagree?

3. What do you consider is the value of a discussion like this?

El club de cine

Estás en el club de cine de la escuela, donde un grupo de estudiantes se reúne para discutir ideas para la próxima película que van a hacer.

❶ Leer

En esta reunión, hablan de hacer una película sobre la novela de Josefina Teresa Almodóvar Pérez. Lee la cubierta (*cover*) del libro.

Margarita Buscasueños es una muchacha luchadora y Joaquín Esperanzado vive para un mundo mejor. Su amistad virtual comienza a través de una equivocación, cuando Joaquín se lleva las maletas de Margarita. Al principio ella cree que él es un tipo amenazador, pero luego llega a saber la verdad. Lo que comienza como conflicto termina en una gran amistad *Bajo otro cielo.*

«Dramático. Alucinante. No me pude acostar hasta que leí la última página de *Bajo otro cielo*». Arturo Costas, *Nuestro País*

«¡Qué delicia! Por fin, una novela sin trama predecible. Cada página es una sorpresa y una lección inolvidable sobre la psicología de los ciber-fanáticos». Alma Reyes, *Ser es Leer*

«¿Qué pasa cuando el realismo mágico se une con el romanticismo? *Bajo otro cielo*, ¡por supuesto! Si lee sólo un libro este año, tiene que ser éste». Rosalinda Salinas, *Opiniones Literarias*

Josefina Teresa Almodóvar Pérez

ISBN 0-385-47137-8

Bajo otro cielo

Josefina Teresa Almodóvar Pér

② Escuchar

Escucha la discusión del club de cine. Decide cuál(es) de estas palabras se usa(n) para describir el concepto en **negrilla**. ¡OJO! A veces se mencionan dos palabras y en otras sólo una.

1. la protagonista:	❏ inocente	❏ inteligente	❏ cómica
2. el simbolismo:	❏ profundo	❏ emocionante	❏ absurdo
3. la sátira:	❏ deslumbrante	❏ cómica	❏ emocionante
4. la autora:	❏ talento	❏ Premio Nóbel	❏ innovadora
5. el estilo:	❏ complicado	❏ predecible	❏ claro
6. el género:	❏ simbolismo	❏ romanticismo	❏ realismo mágico
7. el final:	❏ irónico	❏ profundo	❏ emocionante

③ Hablar/Escribir

En grupos de tres o cuatro, hagan una lista de cinco novelas favoritas del grupo. Hagan una tabla con los cinco títulos de las novelas. Bajo cada título, escriban el nombre del autor y el género. Luego, para cada novela, escriban una oración sobre una de las siguientes cosas.

- la trama
- el protagonista
- el simbolismo
- la sátira
- el estilo
- el final

Hablen entre sí sobre sus opiniones antes de escribir las oraciones finales. Compartan sus tablas con la clase.

En acción
VOCABULARIO Y GRAMÁTICA

OBJECTIVES
- Talk about literature
- Talk about film
- Avoid redundancy

ACTIVIDAD 1

La librería

Hablar/Escribir Vas a la librería a comprar varios libros. Le pides ayuda al dependiente. ¿Qué le dices?

> **modelo**
>
> Balance total *por Aída Estrada*
>
> *¡La mejor novela del año!*
>
> *Busco una novela que se titula Balance total. La novelista se llama Aída Estrada.*

1. *Avenida nueve de julio* por Marcos Ybarra

¡Una colección de cuentos inolvidable!

2. *El jaguar en mi corazón* por Sonia Cisneros

Una colección de poemas para el romántico

3. *Siete años en Costa Rica* por Andrés Gutiérrez

Con esta colección de ensayos, conozca Costa Rica por dentro y por fuera.

4. *Una vida artística: La vida de Pablo Pérez* por Amalia de la Rosa

La biografía de un artista sin límites

ACTIVIDAD 2

Los críticos

Escribir Cada semana lees las opiniones de los críticos en el periódico. Escoge la palabra de la lista que mejor define o explica lo que dice cada crítico.

> **modelo**
>
> *«Es un tema que trata de la vida moderna».*
>
> **f.** *contemporáneo*

a. estilo
b. romanticismo
c. realismo mágico
d. sátira
e. clímax
f. contemporáneo
g. personaje

1. «El trama se concentra en un romance misterioso».

2. «Hay escenas que convierten la realidad en algo mágico».

3. «La protagonista es una persona muy inteligente».

4. «La novela pone en ridículo a los cibernéticos».

5. «La autora escribe oraciones muy claras y sencillas».

6. «La novela culmina en una escena muy explosiva».

ACTIVIDAD 3

El grupo de lectores

Hablar/Escribir Tú y tu compañero(a) son miembros de un grupo de lectores que analiza una novela cada mes. Háganse preguntas y expresen sus opiniones sobre alguna novela que hayan leído recientemente.

modelo

Tú: ¿Qué pensaste de la trama de Mi doble vida?

Compañero(a): Pensé que la trama era predecible.

---

trama (complicada, innovadora, formulista…)

estilo del autor (claro, expresivo, creativo…)

final (emocionante, irónico, predecible…)

protagonista (inocente, inteligente, valiente…)

novela (dramática, deslumbrante, contemporánea, inolvidable, impresionante…)

Vocabulario

La literatura

creativo(a) *creative*

derivado(a) *derivative, unoriginal*

dramático(a) *dramatic*

expresivo(a) *expressive*

formulista *formulaic*

impresionante *impressive*

original *original*

simbólico(a) *symbolic*

titularse *to be titled*

el título *title*

tratarse de (¿De qué se trata?) *to be about*

¿Puedes usar algunas de estas palabras para describir algo que has leído reciéntemente?

ACTIVIDAD 4 — La clase de literatura

PARA CONVERSAR

STRATEGY: SPEAKING

Discuss a novel Sharing and discussing a book can be as rewarding as reading it. Here are some topics for the discussion: **lo que me gustó más, lo que me molestó, lo que no comprendí, el personaje más interesante, el mensaje del autor, cómo se compara con otras novelas del mismo autor, el valor de la novela.** Encourage others to talk by asking their opinions.

Hablar En la clase de literatura, tú y tu compañero(a) tienen que analizar su novela favorita. Escriban cinco opiniones sobre varios aspectos de la novela: el tema, la trama, el protagonista, el clímax y el estilo.

modelo

Tú: ¿Cuál es tu novela favorita?

Compañero(a): Pues, me gustan muchas, pero creo que la que más me afectó fue The Great Gatsby de F. Scott Fitzgerald.

Tú: ¿De qué se trata?

Compañero(a): Pues, el protagonista, Jay Gatsby, es un hombre muy rico pero misterioso...

Double Object Pronouns

¿RECUERDAS? *pp. 348, 350* You have already learned to use **direct** and **indirect** **object pronouns** to avoid redundancy and to say who an action affects.

You can also use these two kinds of object pronouns together. When you do, you put the **indirect** object **before** the **direct** object.

Ya tengo el libro de cuentos. **Me lo** prestó mi amiga Julia.
*I already have the book of short stories. My friend Julia lent **it** to **me**.*

Comprendemos los poemas porque **nos los** explicó
el profesor.
*We understand the poems because the teacher explained **them** to **us**.*

There is a special rule for verbs with two pronouns when both are **third person:** change the **indirect** object pronoun to **se**.

le + lo = se lo

¿**Le** mostraste el dibujo a Carlos?   Sí, **se lo** mostré.
Did you show the drawing to Carlos?   *Yes, I showed **it** to **him**.*

¿**Les** diste el guión a las actrices?   Sí, **se lo** di.
Did you give the script to the actresses?   *Yes, I gave **it** to **them**.*

Don't forget to put **object pronouns** before all **conjugated verbs** except **affirmative commands**, where you attach them. When you attach them, put an accent mark on the verb.

Mauricio quiere usar nuestro carro.   **Préstenselo**.
Mauricio wants to use our car.   *Lend **it** to **him**.*

Remember that when you use **object pronouns** with **infinitives** and the **-ndo forms**, you can put the pronouns either before or after the verb.

Me gusta esa computadora.   Me gusta esa computadora.
Me la quiero comprar.   Quiero **comprármela**.
*I like that computer. I want to buy **it***   *I like that computer. I want to buy **it***
*for **myself**.*   *for **myself**.*

Mamá **nos los está**   Mamá está
preparando.   **preparándonoslos**.
*Mom is preparing **them** for **us**.*   *Mom is preparing **them** for **us**.*

370   trescientos setenta
Unidad 5

TAMBIÉN SE DICE

Hay muchas maneras de decir que algo no es interesante—¡es aburrido!

- **¡Qué lata!**
  (la mayoría de los países hispanohablantes)

- **¡Qué plomo!**
  (España, Argentina)

- **Es denso**
  (Argentina)

- **¡Qué barro! / ¡Qué charro!**
  (Colombia)

- **¡Qué pejiguera! /
  ¡Qué hartero!**
  (Puerto Rico)

- **¡Qué palo! / ¡Qué rollo!**
  (España)

♻ El (La) presidente(a)

Hablar/Escribir Tú eres el (la) secretaria del club literario. El (la) presidente(a) te pregunta si has hecho varias cosas que te había pedido. ¿Cómo le respondes?

modelo

¿Compraste el libro de poemas para Marta?

Sí, yo se lo compré. **o** *No, no se lo compré.*

1. ¿Prestaste la colección de ensayos a Miguel?
2. ¿Regalaste la biografía de Pablo Neruda a Carlos?
3. ¿Devolviste el guión a Anilú?
4. ¿Diste el libro de cuentos a Marcelo?
5. ¿Recomendaste esa novela a Juan?
6. ¿Mandaste la colección de obras teatrales a Lisa?

MÁS PRÁCTICA *cuaderno* pp. 133–134

PARA HISPANOHABLANTES *cuaderno* pp. 131–132

NOTA CULTURAL

Muchas de las películas y programas de televisión producidos en Estados Unidos son populares en los países de habla española. En algunas ocasiones, los títulos en inglés pueden ser traducidos literalmente al español. Pero en otras ocasiones las traducciones al español no son tan exactas, y a veces completamente diferentes. Por ejemplo, la película americana *It Could Happen to You*, con Nicolas Cage, Bridget Fonda y Rosie Pérez, en español se llama «La lotería del amor». Otros títulos diferentes son:

- *Ghost*: «La sombra del amor»
- *Star Trek*: «Viaje a las estrellas»
- *A River Runs Through It*: «Nada es para siempre»

Después de clase

Hablar/Escribir Estás hablando con tu mejor amigo(a) después de clase. Usando elementos de las tres columnas, hazle preguntas sobre varias acciones. Sigue el modelo.

modelo

Tú: *¿Le diste el disco compacto a Mireya?*

Compañero(a): *Sí, se lo di ayer.*

Tú: *¿Le comentaste el simbolismo del poema a Martín?*

Compañero(a): *Sí, se lo comenté anoche.*

Acción	Objetos/ Conceptos	Persona
dar	novela(s)	¿a quién?
mostrar	colección de poemas	
prestar	disco(s) compacto(s)	
comentar	juego(s) electrónico(s)	
mandar	película(s)	
recomendar	video(s)	
hablar de	carta(s)	
devolver	tarjeta(s) postal(es)	
	poema	
	trama	
	sátira	
	simbolismo	
	...	

ACTIVIDAD 7

El cumpleaños

Hablar Muchos de tus amigos y parientes cumplen años este mes. Conversa con tu compañero(a) sobre tus ideas para varios regalos. Menciona cinco regalos para cinco personas. Luego, cambien de papel.

modelo

Tú: *Quiero comprarle una novela latinoamericana a mi novio(a) para su cumpleaños.*

Compañero(a): *Pues, ¡cómprasela!*

APOYO PARA ESTUDIAR

Negative command

Remember that in a negative command, object pronouns precede the verb. So you can advise against an action (**¡No se la compre!**), but you should give a reason why (**porque ella prefiere la poesía**).

GRAMÁTICA

Nominalization

If you want to avoid repeating the same word over again in a sentence, you can use **nominalization.**

You can **drop the noun** if it's used with an adjective and use just the adjective and article instead.

drop the noun

el libro nuevo ➡ **el nuevo**

the new book

becomes the noun

the new one

las películas cómicas ➡ **las cómicas**

the comic films

the comic ones

Me gusta **la camisa amarilla.** No me pondría **la roja.**
*I like the **yellow shirt**. I wouldn't wear the **red one**.*

You know that the **red one** is referring to the **red shirt.**

This structure also works with **indefinite articles, demonstrative adjectives,** and **numbers.**

No quiero un carro viejo. Quiero **uno nuevo.**
*I don't want an old car. I want **a new one**.*

Esas novelas realistas no son muy buenas. **Estas simbólicas** son mejores.
*Those realist novels aren't very good. **These symbolic ones** are better.*

Necesito cajas para enviar regalos. Quiero **tres cuadradas** y **dos redondas.**
*I need boxes to send gifts. I want **three square ones** and **two round ones**.*

8 Gramática

♻ Los actores

Hablar/Escribir Paco y Elena son dos actores que se están vistiendo para una obra. Eligen ropa distinta para sus personajes. ¿Qué dice cada uno sobre las piezas de ropa?

modelo

Elena (jeans azules); yo (jeans negros)

Elena se puso los jeans azules.

Yo me puse los negros.

1. Elena (zapatos marrones); yo (zapatos blancos)

2. Paco (bufanda a cuadros); yo (bufanda verde)

3. Paco (chaqueta anaranjada); yo (chaqueta amarilla)

4. Elena (blusa púrpura); yo (camisa roja)

5. Paco (chaleco de piel); yo (chaleco blanco)

6. Elena (sandalias cafés); yo (sandalias negras)

9 Gramática

Ana y Manuel

Escuchar/Escribir Ana y Manuel han sido novios por muy poco tiempo, por eso no conocen los gustos del otro muy bien todavía. Escucha su conversación y di cuál de las cosas mencionadas prefiere cada uno.

modelo

Ana: Prefiere la romántica.

Manuel: Prefiere la cómica.

1. Ana:
Manuel:

2. Ana:
Manuel:

3. Ana:
Manuel:

4. Ana:
Manuel:

5. Ana:
Manuel:

MÁS PRÁCTICA
cuaderno pp. 135–136

PARA HISPANOHABLANTES
cuaderno pp. 133–134

Los gustos

Hablar/Escribir Acabas de conocer a un(a) amigo(a) nuevo(a). Quieres saber más sobre sus gustos. Hazle cinco preguntas a tu nuevo(a) amigo(a), y él (ella) te hace cinco preguntas a ti. Usa ideas de las dos columnas. Estudia los modelos.

modelo

Tú: *¿Cuáles botas te gustan más?*

Compañero(a): *Me gustan las negras.*

Tú: *¿Cuál película te gustó más, la de Argentina o la de España?*

Compañero(a): *Me gustó más la española.*

ropa	obra de arte
accesorios	color
persona	nacionalidad
objeto	número

Eva Luna

Leer/Hablar/Escribir Con tu compañero(a), lee el artículo sobre la novela *Eva Luna* de Isabel Allende. Juntos escriban cinco preguntas sobre el director, el cineasta, la novela, la novelista, la protagonista, el guión o el guionista. Usando sus preguntas, conversen sobre el artículo.

modelo

Tú: *¿Quién va a ser el director de Eva Luna?*

Compañero(a): *El británico Michael Radford.*

Tú: *¿Cuáles otras películas ha dirigido?*

Compañero(a): *...*

Radford adapta novela de Allende
EFE. Santiago de Chile.

El británico Michael Radford, director de *Il Postino*, basado en una novela del escritor chileno Antonio Skármeta, se encuentra en Chile trabajando en la adaptación de una novela de Isabel Allende al cine.

Eva Luna, la obra de la chilena Isabel Allende que relata la vida de una huérfana que de la miseria pasa a la fama y fortuna, es el proyecto del director.

«Originalmente el guión lo escribiría Laura Esquivel, pero ella no estaba disponible y yo sugerí que lo hiciera Antonio».

La cinta sobre *Eva Luna* será en inglés, «con un presupuesto de Hollywood»

y tendrá ciertas licencias sobre el escrito original a fin de «rejuvenecerlo» y «rescatar la riqueza de sus personajes distintivamente sudamericanos».

Radford sostuvo que la adaptación de la obra implica «un enorme reto por la envergadura de la historia» y anticipó que su filmación no será en Chile, debido a requerimientos del libro, que exigen paisajes selváticos que no se encuentran en el país.

MÁS COMUNICACIÓN p. R17

Vocabulario

Las películas

el (la) cineasta *filmmaker*

el (la) cinematógrafo(a) *cinematographer*

el (la) director(a) *director*

dirigir *to direct*

el guión *script*

el (la) guionista *scriptwriter*

hacer el papel *to play the role*

More on Nominalization

 ¿RECUERDAS? *p. 372* You have already learned some ways to use **nominalization** in order to shorten sentences and reduce redundancy. Here are some other uses of nominalization.

▶ With possessives:

la fiesta **de Ana María** ⟶ **la** de Ana María

los cuentos **de este autor** ⟶ **los** de este autor

Me interesan las películas de Saura, pero me gustan más **las** de **Almodóvar.**

*I'm interested in Saura's films, but I like **Almodóvar's** better.*

El bordado de tu mamá es más bonito que **el de la señora Vélez.**

*Your mother's embroidery is prettier than **Mrs. Vélez's.***

···

▶ With other phrases beginning with **de**:

Hay muchas películas latinoamericanas en el Festival: cuatro **de** México y dos **de** Argentina.

*There are many Latin American films at the Festival: **four Mexican ones** and **two Argentinean**.*

Hay muchos abrigos en esta tienda. Los **de** cuero son más caros que los **de** lana.

*There are many coats in this store. The leather **ones** are more expensive than the woolen **ones**.*

···

▶ To shorten clauses:

la fiesta **que vimos** ⟶ **la** que vimos

el programa **que mencioné** ⟶ **el** que mencioné

Vimos dos películas la semana pasada. La **que vimos** el lunes era mucho mejor que la **que vimos** el martes.

*We saw two movies last week. **The one** we saw on Monday was much better than **the one** we saw on Tuesday.*

···

▶ **Lo de** is a phrase that doesn't refer to any specific noun. You use it to mean "the matter of," "the news about," etc.

Lo **del Premio Nóbel** es muy interesante.

*That **business about** the Nobel Prize is very interesting.*

Clarificaciones

Hablar/Escribir Tu compañero(a) acaba de regresar de un viaje a México. Tú le haces muchas preguntas sobre su viaje y él (ella) te pide clarificaciones. Sigue el modelo.

modelo

subir (pirámide: está al sur / está al norte)

Tú: *¿Subiste la pirámide?*

Compañero(a): *¿Cuál? ¿La que está al sur o la que está al norte?*

1. ver (objeto de arte precolombino: está hecho de jade / está hecho de oro)
2. gustar (mural: pintó Diego Rivera / pintó David Alfaro Siqueiros)
3. visitar (ruinas: están en el centro de la ciudad / están más lejos del centro)
4. interesar (tradiciones: de los mayas / de los mexica)
5. gustar (blusa: está bordada / tiene diseños mayas)
6. gustar (CD: de música mariachi / de salsa)

ACTIVIDAD 13 Gramática

Lo contemporáneo

Escuchar/Escribir Estás en una clase en la cual van a estudiar la literatura y el cine contemporáneo de España y Latinoamérica. Escucha y escribe lo que pregunta el profesor a los estudiantes.

modelo

El profesor les pregunta a los estudiantes si prefieren estudiar los cuentos de Borges o los de Allende.

1. El profesor les pregunta a los estudiantes si prefieren estudiar _____.
2. El profesor les pregunta a los estudiantes si prefieren estudiar _____.
3. El profesor les pregunta a los estudiantes si prefieren estudiar _____.
4. El profesor les pregunta a los estudiantes si prefieren estudiar _____.
5. El profesor les pregunta a los estudiantes si prefieren estudiar _____.
6. El profesor les pregunta a los estudiantes si prefieren estudiar _____.

■ **MÁS PRÁCTICA** *cuaderno* pp. 135–136

■ **PARA HISPANOHABLANTES** *cuaderno* pp. 133–134

ACTIVIDAD 14

¿Cuál?

Hablar/Escribir Pregúntale a tu compañero(a) sobre varios libros que ha leído y sobre algunas películas que ha visto. Luego, cambien de papel. Traten de expresar de una forma clara y precisa por qué les gustó alguna obra más que otra.

modelo

Tú: *¿Cuál te gustó más, la novela de García Márquez o la de Esquivel?*

Compañero(a): *Me gustó más la de Esquivel.*

Tú: *¿Por qué?*

Compañero(a): *…*

Ideas:
		✔
1	la colección de cuentos de …	
2	la colección de poemas de …	
3	la colección de ensayos de …	
4	la novela de …	
5	la autobiografía de …	
6	la biografía de …	
7	la película de …	

NOTA CULTURAL

La casa de la laguna (1997) es una de las obras más famosas de la escritora puertorriqueña Rosario Ferré (1942). Como hizo con su primer cuento importante «La muñeca menor» (1979), ella ha traducido esta novela al inglés. En su obra, Rosario Ferré observa el impacto que han tenido las relaciones de Puerto Rico con España y con Estados Unidos. Como otros escritores latinoamericanos, ella utiliza la historia y las tradiciones de Puerto Rico para darle un contexto a sus personajes.

ACTIVIDAD 15

Comentarios literarios

Hablar/Escribir En grupos de tres o cuatro, lean la información que viene de la cubierta de la novela *Como agua para chocolate*. Luego, conversen sobre la autora, la novela o la película según lo que aprendieron.

modelo

Tú: *¿Leíste la novela* Como agua para chocolate*?*

Compañero(a) 1: *No, pero vi la película.*

Compañero(a) 2: *¿Quién es la protagonista?*

Compañero(a) 3: *Tita, la tía de la narradora.*

Tú: *¿Qué sabes de la autora, Laura Esquivel?*

■ **MÁS COMUNICACIÓN** p. R17

Como agua para chocolate

Como agua para chocolate, el libro de mayor venta en México en 1990, es una novela romántica e intensa, condimentada con momentos dulces y agrios. Parecida en su estructura a *How To Make An American Quilt*, a «Tampopo» en su celebración de la comida, y a «Heartburn» en su ironía y agudeza, *Como agua para chocolate* es una historia animada y divertida sobre la vida familiar en México a principios de siglo.

Tita, la tía de la narradora, es la más joven de las hijas de Mamá Elena, la tiránica dueña del rancho de la familia De la Garza. Al crecer, Tita se convirtió en una cocinera extraordinaria. Cada capítulo comienza con una receta de Tita y sus esmeradas instrucciones de preparación.

En ciertas familias mexicanas la tradición determina que la hija menor no puede casarse ya que debe permanecer en el hogar al cuidado de su madre. Tita se enamora de Pedro, pero Mamá Elena decide respetar la tradición y arregla que Pedro se case con la hermana mayor.

La voz de Laura Esquivel es directa, simple y fascinante. Ella ha escrito una novela fresca e innovadora, brindando su inimitable talento a una clásica historia de amor.

Laura Esquivel se inició como guionista. Su guión *Chido One* fue nominado al premio «Ariel» que otorga la Academia Mexicana de Ciencias y Artes Cinematográficas. Este año, la versión fílmica de *Como agua para chocolate*, arrasó con los premios ganando un total de diez «Arieles,» incluyendo el de mejor guión para Laura Esquivel, quien vive en la Ciudad de México acompañada de su esposo e hija.

ISBN 0-385-47137-8

Refrán

La imaginación hace cuerpo de lo que es visión.

¿Qué quiere decir el refrán? En tu opinión, si tienes una idea, ¿qué más necesitas para realizarla? ¿Cuál es más importante — la visión original o la imaginación para darle vida?

En voces

🎧 LECTURA

PARA LEER

STRATEGY: READING

Interpret a drama Reading a play requires the interpretation of characters, their motivations, even their movements and gestures. In a novel those elements are often described. Imagine yourself as the director of «La casa de Bernarda Alba». First read the entire scene; then read the lines of each character separately, ignoring all others. How would you advise each actress to play her role?

Cómo hacer el papel de…

- Magdalena
- Martirio
- Amelia

EL AMOR Y EL MATRIMONIO

buen mozo	guapo
emisario	representante
pretender	venir en busca de una novia
pretendiente	el que busca una novia
rondar la casa	visitar frecuentemente
soltero	no se ha casado
tener buenas condiciones	ser rico

Sobre el autor

Federico García Lorca nació en Granada en 1898. Vivió durante la Guerra Civil en España, período turbulento, y murió a manos del ejército del General Francisco Franco. García Lorca es famoso por su poesía lírica y sus obras teatrales. Tal vez sea mejor conocido por su gran trilogía de dramas: *Bodas de sangre*, *Yerma* y *La casa de Bernarda Alba*.

Introducción

La casa de Bernarda Alba, «Drama de mujeres en los pueblos de España», tiene tres actos. Vas a leer unas líneas de una escena del primer acto. Tres hijas de Bernarda Alba discuten sobre el pretendiente de su hermana Angustias. Hablan Magdalena, que tiene 30 años, Martirio, de 24 años y Amelia, de 27 años.

La casa de Bernarda Alba

MAGDALENA ¡Ah! Ya se comenta por el pueblo. Pepe el Romano viene a casarse con Angustias. Anoche estuvo rondando la casa y creo que pronto va a mandar un emisario.

MARTIRIO Yo me alegro. Es buen mozo.

AMELIA Yo también. Angustias tiene buenas condiciones.

MAGDALENA Ninguna de las dos os alegráis.

MARTIRIO ¡Magdalena! ¡Mujer!

MAGDALENA Si viniera por el tipo de Angustias, por Angustias como mujer, yo me alegraría; pero viene por el dinero. Aunque Angustias es nuestra hermana, aquí estamos en familia y reconocemos que está vieja, enfermiza[1], y que siempre ha sido la que ha tenido menos méritos de todas nosotras. Porque si con veinte años parecía un palo[2] vestido, ¡qué será ahora que tiene cuarenta!

MARTIRIO No hables así. La suerte viene a quien menos la aguarda[3].

AMELIA ¡Después de todo dice la verdad! ¡Angustias tiene todo el dinero de su padre, es la única rica de la casa y por eso ahora que nuestro padre ha muerto y ya se harán particiones[4] viene por ella!

MAGDALENA Pepe el Romano tiene veinticinco años y es el mejor tipo de todos estos contornos[5]. Lo natural sería que te pretendiera a ti, Amelia, o a nuestra Adela, que tiene veinte años, pero no que venga a buscar lo más oscuro[6] de esta casa, a una mujer que, como su padre, habla con las narices.

MARTIRIO ¡Puede que a él le guste!

MAGDALENA ¡Nunca he podido resistir[7] tu hipocresía!

---

[1] sickly
[2] stick
[3] luck comes to he who least expects it
[4] the inheritance will be divided up
[5] surrounding area
[6] the least desirable
[7] to stand, put up with

¿Comprendiste?

1. ¿Cuál es la actitud de cada una de las hermanas en cuanto al novio de Angustias?
2. ¿Quién es Adela? ¿Cuántos años tiene? ¿Quién es Pepe el Romano?
3. ¿Cómo es Angustias, según Magdalena?

¿Qué piensas?

1. ¿A quién se refiere Magdalena cuando habla de la hipocresía?
2. ¿Crees que las hermanas Alba tienen motivos que no se expresan? ¿Qué podrán ser?

Hazlo tú

1. Representen la escena para la clase.
2. Imagina los motivos de Pepe el Romano en pretender a Angustias y escribe una escena entre Pepe el Romano y su mejor amigo en la cual hablan de estos motivos.

En colores

CULTURA Y COMPARACIONES

TRES DIRECTORES

PARA CONOCERNOS

STRATEGY: CONNECTING CULTURES

Reflect on the international appeal of movies
In many ways the director is the "author" of a movie using the skill and art of writers, actors, and camera person to form a finished work. What film directors can you name? Here you will read about directors of international fame. What aspects of a film help or hinder its international appeal?

Influencias	Para un interés internacional
Lengua	
Aspectos visuales	
Guión -original -basado en novela	
Renombre -de actores -de director	
¿?	

¡Luces, cámara, acción! ¿Alguna vez has querido actuar o dirigir una película? ¿Y una película en español? Entonces, te presentamos a este grupo de directores. Carlos Saura, Fina Torres y Maria Luisa Bemberg son tres de los directores más famosos del mundo hispanohablante. Si te gusta el cine, ¡estás en buena compañía!

Carlos Saura

Carlos Saura es el director clásico del cine español moderno. Una de sus primeras películas, *La caza* (1965), se considera el modelo del «nuevo cine español», un período entre 1960 y 1975. Otras películas importantes de Saura son *La prima Angélica* (1973), *Cría cuervos* (1975) y *Mamá cumple cien años* (1979).

La prima Angélica (1973)

Fina Torres

Fina Torres, directora venezolana de cine, ha vivido en París desde los años '70. *Oriana* (1985), su primera película, ganó el premio la Cámara de Oro en el Festival de Cannes. *Mecánicas celestes* (1996), su segunda película, es una versión moderna y romántica del cuento de la Cenicienta[1]. Fue presentada en el Festival de Sundance en 1996 y premiada como mejor película en el Festival de Cine Venezolano.

_____

[1] Cinderella

Mecánicas celestes (1996)

María Luisa Bemberg

María Luisa Bemberg, directora argentina, escribió obras de teatro y guiones de película. También produjo, escribió y dirigió muchas películas: *Momentos* (1981), *Miss Mary* (1986), *Yo, la peor de todas* (1990), y *De eso no se habla* (1993), su última película. Muchas películas suyas son obras de comentario político y social, como su película más famosa, *Camila* (1984), que fue nominada al Oscar.

Miss Mary (1986)

¿Comprendiste?

1. ¿Qué importancia tiene *La caza* de Carlos Saura?
2. ¿Cuándo pasó el cine español por un período de transición? ¿Qué director se asocia con esta época?
3. ¿Qué tema trata la película *Mecánicas celestes* de Fina Torres?
4. ¿Qué fama tiene *Camila*? ¿Quién la dirigió?

¿Qué piensas?

1. ¿Crees que las películas deben tratar temas realistas o románticas?¿Por qué?
2. ¿Cuál de estos directores te interesa más? ¿Y de las películas?

Hazlo tú

Escribe un ensayo sobre tu director(a) favorito(a). Di qué películas ha hecho, qué premios ha ganado, cuál película te gusta más y cómo es su estilo.

En uso
REPASO Y MÁS COMUNICACIÓN

OBJECTIVES

- Talk about literature
- Talk about film
- Avoid redundancy

Now you can...

- talk about literature.

To review

- double object pronouns see p. 370.

1 Los regalos

Tu compañero(a) quiere saber qué les regalaste a varias personas y cuál fue la ocasión. Sigan el modelo.

___

modelo

Elvira (una colección de poemas / las Navidades)

Compañero(a): *¿Qué le regalaste a Elvira?*

Tú: *Le regalé una colección de poemas.*

Compañero(a): *¿Cuándo se la regalaste?*

Tú: *Se la regalé en las Navidades.*

___

1. Diana (un libro de cuentos / su cumpleaños)
2. Antonio (unos libros de poemas / las Navidades)
3. Marta (una novela latinoamericana / su cumpleaños)
4. Tomás (una colección de ensayos / el día de la Amistad)
5. Marcos (una biografía / la Hanuka)
6. Inés (una autobiografía / su cumpleaños)

Now you can...

- avoid redundancy.

To review

- double object pronouns see p. 370.

2 El profesor de literatura

Joaquín describe su clase de literatura. Completa las oraciones para saber qué piensa Joaquín de la clase y de su profesor.

___

modelo

«El profesor nos explicó el simbolismo. Nos lo explicó de una manera muy original».

___

1. «Nos recomendó la última novela de Laura Esquivel. _____ _____ recomendó enfáticamente».
2. «Nos mostró la cubierta. _____ _____ mostró durante la clase».
3. «Nos devolvió los exámenes. _____ _____ devolvió ayer».
4. «Me dio una nota muy buena. _____ _____ dio porque contesté todas las preguntas correctamente».
5. «Me prestó su diccionario. _____ _____ prestó porque no sabía algunas palabras».

Now you can...
- talk about literature.
- talk about film.

To review
- nominalization
- see pp. 372, 375.

Now you can...
- avoid redundancy.

To review
- nominalization
- see pp. 372, 375.

ACTIVIDAD 3 · Preferencias

Tú y tu amigo(a) tienen preferencias diferentes. Explica.

modelo

la novela romántica / la novela cómica

Yo prefiero la novela romántica. Mi amigo(a) prefiere la cómica.

1. la película romántica / la película cómica
2. la pintura realista / la pintura abstracta
3. el último libro de Esquivel / el primer libro de Esquivel
4. los poemas largos de Neruda / los poemas cortos de Neruda
5. los dos murales de Rivera / los dos murales de Orozco
6. el guión dramático / el guión cómico

ACTIVIDAD 4 · ¿Cuál compraste?

Fuiste de compras con tu compañero(a), pero tuviste que irte antes de que él (ella) terminara sus compras. Lo (La) ves después y quieres saber qué decidió comprar. Sigan el modelo.

modelo

¿color claro o color oscuro?

Tú: *¿Compraste el chaleco de color claro o el de color oscuro?*

Compañero(a): *Compré el de color oscuro.*

1. ¿verde o azul?

2. ¿estampado(a) o a rayas?

3. ¿de tacón alto o tacón bajo?

4. ¿azul o gris?

5. ¿oro o plata?

6. ¿de lunares o de un solo color?

ACTIVIDAD 5 · Mi película favorita

PARA CONVERSAR

STRATEGY: SPEAKING

Critique a film In what ways can you share your enthusiasm about a movie with others who may or may not have seen it? Give as much information as possible about the plot, director, actors, and script. Tell what impressed you, and tell just enough to build interest and curiosity. If everyone has seen your favorite, different opinions may be expressed.

En grupos de dos o tres, conversen sobre sus películas favoritas. Hablen sobre el director, la trama, los protagonistas, el clímax, los actores, el guión, etc. Expliquen por qué la película es su favorita.

modelo

Tú: *Mi película favorita es …*

Compañero(a) *¿Quién fue el director?*

ACTIVIDAD 6 · *En tu propia voz*

ESCRITURA ¡Tú eres crítico(a) para una revista! Escribe una crítica de un libro o de una película. Antes de empezar a escribir, organiza tus ideas en un esquema. Da por lo menos tres opiniones para cada categoría.

Nombre de la película
(o del libro)

El (La) director(a) (o el (la) autor(a))
Los actores
Los protagonistas
La trama
El final
¿…?

TÚ EN LA COMUNIDAD

Laura es alumna en Maryland. Ayuda a su hermano, quien está aprendiendo hablar español. Laura trabaja en un restaurante y ayuda a los clientes que están aprendiendo inglés a pedir la comida. Laura también traduce para su madre. Su madre es enfermera y frecuentemente trata con hispanohablantes en su trabajo.

En resumen
REPASO DE VOCABULARIO

Literature

el clímax	climax
el (la) cuentista	short story writer
el estilo	style
el final	ending
el género	genre
el (la) novelista	novelist
el personaje	character
el (la) poeta	poet
la prosa	prose
el (la) protagonista	protagonist
la sátira	satire
titularse	to be called
el título	title
la trama	plot
tratarse	to be about

Literary criticism

amenazador(a)	threatening
cibernético(a)	relating to cyber space
ciego(a)	blind
contemporáneo(a)	contemporary
creativo(a)	creative
el (la) crítico(a)	critic
culminar	to end, culminate
dentro del alcance	within reach
derivado(a)	derivative, unoriginal
deslumbrante	dazzling
dramático(a)	dramatic
elogiar	to praise
emocionante	exciting
expresivo(a)	expressive
formulista	formulaic
impresionante	impressive
innovador(a)	innovative
irónico(a)	ironic
original	original
predecible	predictable
el Premio Nóbel	the Nobel Prize
el realismo mágico	magical realism
el romanticismo	romanticism
simbólico(a)	symbolic
el simbolismo	symbolism
sin embargo	nevertheless

Films

el (la) cineasta	filmmaker
el (la) cinematógrafo(a)	cinematographer
el (la) director(a)	director
dirigir	to direct
el guión	script
el (la) guionista	scriptwriter
hacer el papel	to play the role

Double object pronouns

—¿Tienes la revista de arte para Marisol?
—No, ya **se la** di.

Nominalization

—¿Cuál de los libros prefieres — **el de Matute** o **el de Lorca**?
—Prefiero **el de Lorca**.
—¿Y entre las novelas contemporáneas y **las tradicionales**?
—Me gustan más **las contemporáneas**.

Refrán

La creación literaria

¿Cuál de estas palabras no se relaciona con el dibujo?

a. el autor   **b.** el crítico   **c.** la protagonista   **d.** el título

LA SELVA OSCURA

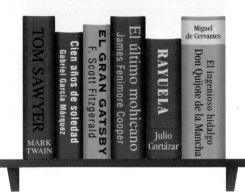

En tu propia voz

ESCRITURA

Mitos, leyendas, ficciones

La Nación, un periódico español, ha organizado un concurso literario para jóvenes estadounidenses. Tienen que escribir reseñas breves de sus novelas favoritas. Las mejores reseñas se publicarán en una edición especial. Piensa en una obra que te guste. Luego escribe un resumen breve con tu propio punto de vista.

Propósito: Escribir una reseña y ganar el concurso

Lectores: Lectores del periódico

Tema: Una novela favorita

Tipo de escritura: Una reseña

PARA ESCRIBIR • STRATEGY: WRITING

Support an opinion with facts and examples A good review begins with a thesis statement that clearly gives your opinion. Support that opinion with facts and examples from the work reviewed, and supply a brief plot summary for readers who have not read the work.

Modelo del estudiante

> The writer includes a **clear thesis statement**, identified as personal opinion.

Ryan Michael Erlinger
Sioux City High School
La Casa en Mango Street por Sandra Cisneros

En mi opinión, la historia de Esperanza Cordero es una de las historias inmigrantes que forman parte de la narrativa nacional de Estados Unidos. La experiencia de Esperanza en un barrio hispano de Chicago es particular y también es una con la cual muchos lectores pueden identificarse.

> The writer includes a **brief summary** of the book's content.

La familia de Esperanza llega a vivir a Mango Street cuando Esperanza tiene doce años. Desde ese momento, Esperanza se ve obligada a analizar sus sueños en un ambiente nuevo. Se siente decepcionada cuando sus padres la llevan a la casa. «La casa de Mango Street no es de ningún modo como ellos la contaron».

Este tono de desilusión continúa durante la primera parte del libro. Pero, poco a poco, Esperanza descubre que la realidad que la rodea es tan interesante como su mundo interior. Observa de cerca a su familia, a sus amigos y a sus vecinos y escribe las historias que los unen a todos.

> The writer **supports his opinion** with a scene from the book.

Sus descripciones tienen un lenguaje detallado y colorido. El retrato de su casa ideal es un ejemplo: «Nuestra casa sería blanca, rodeada de árboles, un jardín enorme»... Además de las descripciones detalladas, Esperanza escribe experiencias, como la vez que se disgusta con su mejor amiga.

Para Esperanza, la casa en Mango Street es un lugar desagradable al principio. Al final, pasa a ser el lugar donde una familia hace su vida y trabaja para tener una vida mejor.

Estrategias para escribir

Antes de escribir...

Usa la tabla de la derecha para ayudarte a
escoger una tésis. Puedes analizar la novela
que escogiste e identificar las cosas que te
gustaron (P: positivo), las que no te gustaron
(N: negativo) y las interesantes (I: interesante).
Así puedes organizar tus reacciones e identificar
una opinión que te puede servir de tésis. Luego
busca ejemplos y datos específicos del libro que
apoyen esta opinión.

Nombre: Ryan Michael Erlinger	
Libro: _La Casa en Mango Street_ por Sandra Cisneros	
P (+)	• La personalidad de Esperanza
	• La amistad de Esperanza y su mejor amiga
	• La trama
N (-)	• Los episodios a veces no dan muchos detalles
	• Todo se ve a través de los ojos de un personaje
I (¿?)	• La experiencia de cambiar de hogar
	• Una protagonista de dos culturas
	• El plan que tiene Esperanza para lograr su casa ideal
	• Las diferencias y las cosas en común que tiene la familia de Esperanza con otras familias en Estados Unidos

Revisiones

Después de escribir el primer borrador de la reseña,
pídele a un(a) compañero(a) que la lea y comente sobre
la tésis y los ejemplos que la apoyan. Tienes que seleccionar
y resumir solo los ejemplos importantes para apoyar tu
perspectiva. Pregúntale:

- *¿Cuál es la tésis? ¿Fue fácil o difícil identificarla?*
- *¿Cuáles son los ejemplos de libro que apoyan la tésis?*
- *¿Cómo la apoyan? ¿Hay otros ejemplos que serían mejores? ¿Cuáles?*

La versión final

Para completar tu reseña, léela de nuevo y repasa los
siguientes puntos:

- *¿Usé **la nominalización** para hablar de cosas e ideas que mencioné?*

Haz lo siguiente: Subraya todos los ejemplos de la
nominalización. Luego busca la idea o cosa a la que se
refiere. ¿Usaste correctamente los artículos o pronombres?

- *¿Usé **lo** + adjetivo o **lo que** para referir a ideas o conceptos abstractos?*

Haz lo siguiente: Repasa el uso de **lo** y **lo que**. Haz un círculo
alrededor de la palabra **lo**. ¿Has usado **lo** de una manera apropiada?

> La casa en Mango St. es un
> ~~cuento que~~ narra la historia de
> Esperanza Cordero. (Lo) que me
> impresionó es que el nombre de
> Esperanza tiene mucho significado.
> ~~La chica llamada~~ Esperanza vive
> con la ilusión de vivir en una casa
> grande. La que alquila es pequeña
> ^
> la familia

 Comparte tus escritos en www.mcdougallittell.com

UNIDAD 6

¡YA LLEGÓ EL FUTURO!

OBJECTIVES

ETAPA 1

¿Qué quieres ver?

- Narrate in the past
- Express doubt and certainty
- Report what others say
- Talk about television

ETAPA 2

Aquí tienes mi número

- Talk about technology
- State locations
- Make contrasts
- Describe unplanned events

ETAPA 3

¡Un viaje al ciberespacio!

- Compare and evaluate
- Express precise relationships
- Navigate cyberspace

Maloka ciencia y tecnología interactiva

COLOMBIA
PARQUE DE CIENCIA Y TECNOLOGÍA MALOKA ¿Un parque de atracciones dedicado a la ciencia y la tecnología? Lo puedes encontrar en Colombia— es el único parque de este tipo en América Latina. ¿Qué clase de atracciones crees que tiene?

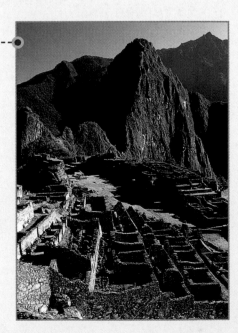

PERÚ
MACHU PICCHU
Los incas usaron tecnologías nuevas para construir sus templos y ciudades. ¿Puedes pensar en otras tecnologías del pasado que cambiaron la forma de hacer las cosas?

ALMANAQUE

Población: Total de estos países: 105.163.613

Altura: 6882 m sobre el nivel del mar (Cerro Illimani, Bolivia)

Clima: 84°F (29°C) Maracaibo, Venezuela, 46°F (10°C) La Paz, Bolivia

Comida típica: locro, llapingachos, ocopa, carapulcra, chuao, arepa, hallaca, sancocho de sábalo, rendón, asado de llama, chuñia, salteños

Gente famosa: Gabriel García Márquez (escritor), Jaime Freire (escritor), Simón Bolívar (político), Fina Torres (directora), María Reiche (estudiosa de los misterios de Nazca, Perú)

INTERNET Para más información sobre esta región, ve a www. mcdougallittell.com

Mira el video para más información.

CARACAS
VENEZUELA

BOGOTÁ
★

COLOMBIA

QUITO
★
ECUADOR

PERÚ

LIMA
★

BOLIVIA

★ **LA PAZ**

★ **SUCRE**

VENEZUELA
ARMANDO REVERÓN Este artista usa la realidad y lo moderno como inspiración para sus obras de arte. En tu opinión, ¿qué comentario hace esta escultura sobre la tecnología?

VENEZUELA
SIMÓN BOLÍVAR (1783-1830) nació en Venezuela y se llama «El Libertador de América» por sus esfuerzos para la independencia de América Latina. Se compara con figuras históricas de EE.UU. ¿Quiénes serán?

VENEZUELA, COLOMBIA Y ECUADOR
PLÁTANOS FRITOS Éste es un plato típico que sirve para acompañar casi todas las comidas de estos países. Es muy sabroso y se destaca por la combinación del sabor dulce de los plátanos con el sabor característico del aceite. ¿Qué otras comidas como ésta conoces?

ECUADOR
EL TELÉFONO CELULAR En la Etapa 2 vas a ver que el teléfono celular tiene una importancia especial para las áreas remotas de América Latina. ¿Puedes adivinar qué es?

ETAPA
1

¿Qué quieres ver?

- Narrate in the past

- Express doubt and certainty

- Report what others say

- Talk about television

¿Qué ves?

Mira la foto. Contesta las preguntas.

1. ¿Qué cosas en la foto te dicen dónde están los actores?

2. ¿Cuál es la actitud del hombre? ¿Y de la mujer?

3. Mira la revista. ¿De qué crees que se trata? ¿Cómo sabes?

Recomendaciones para la semana

TELE-GUÍA: PROGRAMACIÓN TV-CABLE UNIVISA

DOCUMENTAL
Las Islas Galápagos: Paraíso biológico
CANAL 5   DOMINGO 14:00h
Viajen con un científico y una bióloga a las islas que siguen fascinando al mundo científico. **Apto para toda la familia.**

CIENCIA FICCIÓN
CINE: Los robots humanos
CANAL 6   JUEVES 20:00h
Unos robots extraterrestres eligen un pueblo venezolano como su próxima base. **Se recomienda discreción.**

COMEDIA
TELESERIE Los líos de Olivia
CANAL 3   MARTES 18.00h
En este **episodio**, Olivia hace el papel de Cupido y le presenta su mejor amiga a su agente. El instante que se conocen, ¡se odian!, pero Olivia no lo quiere dejar así. Apto para toda la familia.

MISTERIO
CINE: Mi tío, el ladrón
CANAL 3   DOMINGO 16.00h
El tío del narrador tiene una falta pequeña: por las noches es ladrón. Pero no sabe lo que hace –todo ocurre mientras camina dormido. Apto para toda la familia.

MISTERIO
CINE: La vida secreta del gobernador
CANAL 5   VIERNES 22.30h
El gobernador tiene un secreto que sólo su **guardaespaldas** sabe. ¿Qué hace el empleado leal con la información explosiva? **Prohibido para menores**.

HORROR
CINE: Vino del lago

CANAL 6   **DOMINGO 16.30h**

Un animal acuático misterioso sale del lago para aterrorizar un pueblo ecuatoriano. Se recomienda discreción.

DRAMA
TELEDRAMA: *El pasado perdido*

CANAL 3   **DOMINGO 15.00h**

El protagonista pierde la memoria en un accidente automovilístico. Cuando sale del coma, no conoce ni a su familia ni a sus amistades.

AVENTURA
Héroe sin hogar

CANAL 5   **DOMINGO 16.30h**

Un agente del gobierno descubre prácticas ilegales. En vez de ser elogiado, huye por su vida. Se recomienda discreción.

ACCIÓN
Alarma nuclear

CANAL 6   **DOMINGO 14.00h**

Dos pilotos norteamericanos tienen que desarmar unos misiles nucleares. Prohibido para menores.

DIBUJOS ANIMADOS
Thumbelina

CANAL 5   **SÁBADO 10.00h**

Este clásico infantil es la historia de una niña que se despierta y encuentra que es tan pequeña como un dedo. Apto para toda la familia.

CONCURSO
Inteligencia

CANAL 3   **LUNES 9.00h**

Tendrás la oportunidad de mostrar tu inteligencia mientras ganas premios valiosos.

PROGRAMA DE ENTREVISTAS
ROSIE O'GORMAN

CANAL 3   **LUNES 11.00h**

En vivo y directo desde Nueva York, Rosie habla con los miembros de la obra teatral «Titanic», la actriz puertorriqueña Rita Moreno y el cantante Luis Miguel.

¿Comprendiste?

1. ¿Vas al cine a menudo? ¿Cuántas veces al mes? ¿O prefieres ver películas en casa: en la tele, o en video? ¿Tienen cable en tu casa?
2. ¿Qué clase de película o programa te interesa más? ¿Por qué? ¿Hay algunos actores que se asocian con ese tipo de película o programa? Nombra dos o tres.
3. ¿Cómo se decide en tu casa qué programa van a poner? ¿Es fácil o difícil que los miembros de tu familia se pongan de acuerdo?
4. Escoge una película o teleserie de la tele-guía en esta sección y convence a tus compañeros que es el programa que deben ver. Explica por qué te parece interesante.

En vivo

SITUACIONES

¿Qué vamos a ver?

Estás en Quito, Ecuador. Pasas un domingo con los Domínguez, una familia que conoces desde chico(a). Todos quieren ver la tele y miran la Tele-Guía para ver qué programas hay. Luego hablan de lo que quieren ver.

❶ Mirar

Estudia la siguiente programación que salió en la edición del domingo en la TeleGuía.

TELE– GUÍA domingo   **C11**

Programas en la tarde   domingo, 13 de marzo

Acción	**Teledrama**	**Documental**	**Horror**	**Misterio**
Alarma nuclear	*El pasado perdido*	*Las Islas Galápagos: Paraíso biológico*	*Vino del lago*	*Mí tío, el ladrón*

Acción
Alarma nuclear

14.00h CANAL 6

Dos pilotos norteamericanos tienen que desarmar unos misiles nucleares. Prohibido para menores.

Teledrama
El pasado perdido

15.00h CANAL 3

El protagonista pierde la memoria en un accidente automovilístico. Cuando sale del coma, no conoce ni a su familia ni a sus amistades.

Documental
Las Islas Galápagos: Paraíso biológico

14.00h CANAL 5

Viajen con un científico y una bióloga a las islas que siguen fascinando al mundo científico. Apto para toda la familia.

Horror
Vino del lago

16.30h CANAL 6

Un animal acuático misterioso sale del lago para aterrorizar un pueblo ecuatoriano. Se recomienda discreción.

Misterio
Mí tío, el ladrón

16.00h CANAL 3

El tío del narrador tiene una falta pequeña: por las noches es ladrón. Pero no sabe lo que hace —todo ocurre mientras camina dormido. Apto para toda la familia.

❷ Escuchar

Escucha la conversación entre los Domínguez. Copia la siguiente tabla y marca **sí** junto a los programas que deciden ver, y **no** junto a los que no deciden ver. Luego, escribe la hora de los programas que van a ver este domingo.

	Sí	No	Hora
acción			
ciencia ficción			
comedia			
dibujos animados			
documental			
teledrama			
horror			
misterio			

❸ Hablar

En grupos de tres o cuatro, comenten sobre las decisiones de los Domínguez. Traigan una tele-guía de su periódico a la clase. Comparen los programas de su periódico con los de los Domínguez. Escojan un día de programación y decidan qué verían si estuvieran en la misma situación que los Domínguez.

EL COMERCIO Domingo 12 de julio

Infor...

Infraestructura · Técnicos y empresarios rev...
La telefonía necesita

En el Austro, ante la proximidad del cambio de Gobierno, el debate sobre las alternativas de ...ización para Andinatel

crear normas que permitan la libre competencia; cambiar el marco jurídico para la participación de un socio estratégico; o consultar un operador que maneje la empresa sin aportar capital.

La alternativa más viable, según algunos analistas, es insistir en otra subasta conducida por el próximo Gobierno. Ello significa una nueva calificación de oferentes con reglas de juego atractivas. Esto deberá complementarse con una política de Estado de largo plazo para el sector, sostuvo Fabián Jaramillo, presidente del Colegio de Ingenieros Eléctricos y Electrónicos del Azuay.

Está opinión es compartida por Carlos Ramírez, ex presidente ejecutivo de Pacifictel, quien añade que se debe impedir la injerencia política en las empresas...

... ción Cuenca

... los sectores ... Azuay, las autoridades de telecomunicaciones con cuatro posi... ... la modernización ...ones.

...úñoz, técnico del ... de Modernización ...ativas son: calificar ... subastar las acciones...

...o · Se pide auditoría.

RT-J550C

NUE...

...aro de Cemento n salidas

...os trabajadores de la Cemento Chimborazo plantearon el pasado jueves que las FF. AA. deben realizar una auditoría especializada del manejo de los estados financieros durante la última administración de la empresa. Además, ese día se reunieron con el Superintendente de Compañías, Ignacio Vidal, para explicarle los problemas de la empresa.

Según Mario Ortiz, secretario general del Comité de Empresa de los trabajadores, "el paro de la cementera no terminará, sino hasta que se destituya a Teodoro Gallegos de la presidencia del Directorio". Además, sostuvo que existe "una campaña sucia, liderada por Gallegos, para que no termine la medida de hecho y la empresa no pueda volver a funcionar".

Por otro lado, se mostró partidario para que el vocal de las FF. AA., en el directorio del Banco Nacional de Fomento (BNF), Telmo Sandoval asuma la presidencia del Directorio. Expuso, que el banco como máximo accionista "debe realizar una auditoría general, exigir el detalle de gastos durante la última administración y verificar quién pago los extensos espacios en los medios de comunicación, durante la temporada de paro de la Cemento".

No obstante, el Directorio del BNF parece estar resuelto a terminar con el paro de la Cemento en esta administración. En la última sesión extraordinaria resolvió volver a convocar a la Junta de accionistas de la cementera para el próximo martes 21 de julio.

Según fuentes del BNF las dificultades legales que atribuyó la Superintendencia de Compañías, para que no se realice el pasado 6 de julio, se sustentan en que no se convocatoria no fue anunciada con 8 días de ...d y tampoco se presentó el libro que re...los los accionistas. Pero para la próxima reu... de Compañías. Pero para la normativa de rigor"... ...mplirá con toda la normativa de rigor"... ...adores expresaron que "esconder ese libro ... ...estrategia para alargar el proceso"...

Mariquit...
PLANTAIN...
100% NATURAL

En acción
VOCABULARIO Y GRAMÁTICA

OBJECTIVES

- Narrate in the past
- Express doubt and certainty
- Report what others say
- Talk about television

ACTIVIDAD 1

♻ ¿Por qué no...?

Hablar/Escribir Estás en Bogotá con tu compañero(a) y quieren ir al cine. Tú le sugieres una película a tu compañero(a) y él (ella) te dice si la película es buena o mala.

modelo

Tú: *¿Por qué no vemos esa película de acción?*

Compañero(a): *Recibió tres estrellas. Quiere decir que es una película buena.*

1/2★	MALA	★★★	BUENA
★	REGULAR	★★★★	MUY BUENA
★★	INTERESANTE	★★★★★	LO MEJOR

¡Escape!
★★★

1. ¡Qué confusión!
★★★★

2. *Los mayas*
★★★

3. *La familia*
★★

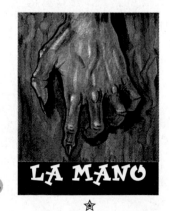
4. LA MANO
★

ACTIVIDAD 2

Quiero ver...

Hablar/Escribir Tus padres salieron y tú tienes que cuidar a tu hermanito(a) de ocho años. Él (Ella) quiere ver ciertas películas. Tú le tienes que decir si puede verlas, según los índices de audiencia.

modelo

Blancanieves (G)

Compañero(a): *Quiero ver la película Blancanieves.*

Tú: *Está bien. Puedes verla. Es «apta para toda la familia».*

1. «Aladín» (G)
2. «Los robots humanos» (PG-13)
3. «Alarma nuclear» (R)
4. «La bella y la bestia» (G)

TAMBIÉN SE DICE

En español se usa la palabra **televisor** para referirse al aparato que transmite programas. La palabra **televisión** se refiere a la programación de los varios canales. Muchos hispanohablantes usan la palabra **tele** para hablar de la televisión: «Voy a ver la tele». o «Vamos a mirar la televisión». Los dos verbos, **mirar** y **ver,** pueden usarse igualmente para hablar de esta actividad.

• Review: Use the preterite and the imperfect
• Review: Use the indicative and the subjunctive
• Review: Use reported speech
• Use sequence of tenses

La tele-guía

Hablar/Escribir Tu mejor amigo(a) ha venido a tu casa a pasar unas horas hablando y viendo la tele contigo. Tienen que decidir qué van a ver. Conversen sobre las selecciones en la tele-guía.

modelo

Tú: *¿Qué hay en la tele?*

Compañero(a): *A ver, hay un documental sobre los misterios del universo en el canal 2 a las 9 de la noche.*

Tú: *No quiero ver un documental. ¿Qué más hay?*

Compañero(a): *…*

¡No! ¡Mejor ésta!

Hablar Con la tele-guía del periódico o la de «En contexto» elige un programa y convence a tu compañero(a) de que deben verlo.

modelo

Tú: *Esta película se ve interesante y recibió cuatro estrellas.*

Compañero(a): *¿A qué hora es?*

Tú: *A las tres de la tarde.*

Compañero(a): *¡Ay, no! Yo quería ver ésta…*

8.05

La historia del béisbol
¡desde los comienzos de este deporte excitante!

9 Muzzik
9.50 Itzhak Perlman: En casa del violinista **10.50** Mozart, por Natalie Dessay **12.30** E. Ansermet dirige la O.S.R.: Overtura op. 115 de Beethoven **12.45** E. Ansermet dirige la O.S.R.: El vals de Ravel **13.25** Cierre

50 Documanía
8.00 Microdocus: Misterios del universo **9.05** Explorer: Rastreadores de tiburones **9.50** Nova: Hawai, nacida del fuego **10.45** Explorer: Carreras de submarinos **11.30** Agencia Capa: Los marinos de Cronstadt/ La ciudad de la alegría **12.25** Explorer: Pirañas **13.20** El siglo del cine: El cine ruso según…**14.15** Explorer: Frailecillo, un pájaro viajero **15.00** Nova: Rescatando crías de ballena **16.20** Explorer: Fotógrafos de acción **17.05** Agencia Capa: Barcelona por Javier Mariscal **20.05** Explorer: Inteligencia animal **21.00** Microdocus: Misterios del universo **21.05** National Geographic **2.10** Cierre

60 Estaciones
13.15 Miles de palomas en el País Vasco 2/2 **13.55** Las crónicas de Walker's Cay: Lo mejor de Walker's Cay **14.15** Pesca mayor: Guadalupe y sus marlines azules **15.35** Terra animae: Arrecifes de coral **16.25** La gran enciclopedia de la caza: Caza y gastronomía **16.50** Temporada no 25 **17.55** El mercado del hurón **18.55** Cazas del mundo: Gansos silvestres de Patagonia **20.20** Cuando despiertan las marmotas **20.50** Serie Brasil: Pesca del tucunare Açu **21.35** La afición de la pesca: El gave se rebela **22.00** Truchas arco iris del lago Washington **22.30** Pez vela de Costa Rica **1.20** Cierre

Preterite vs. Imperfect

Remember there are two different tenses to speak about the past, the **preterite** and the **imperfect**.

Use the **preterite**: • to describe a past action with a **specific beginning and ending**.

Encendí la tele, **vi** las noticias y luego la **apagué.**
*I **turned on** the TV, **saw** the news, and then **turned** it **off.***

Use the **imperfect**: • to talk about past actions **without saying when they began or ended.**

Eran las once de la mañana y **llovía.**
*It **was** eleven o'clock in the morning and it **was raining.***

> You use the **imperfect** to talk about time and describe weather in the past.

• to describe **habitual** or **repeated**, or two **simultaneous** actions in the past.

Cuando **éramos** chicos, **mirábamos** los dibujos animados.
*When we **were** children, we **used to watch** cartoons.*

When you use the imperfect and preterite together, use the **imperfect** to tell what was **going on** in the background and the **preterite** to express **what happened**.

Cuando **vi** que **transmitían** un programa que no me **interesaba, cambié** de canal.
*When I **saw** that they **were broadcasting** a program that **didn't interest** me, I **changed** channels.*

Some verbs have different meanings in the **preterite** and **imperfect.**

	preterite	imperfect
saber	**supe** *I found out*	**sabía** *I knew*
conocer	**conocí** *I met*	**conocía** *I knew, used to know (a person/place)*
querer	**quise** *I tried to*	**quería** *I wanted*
no querer	**no quise** *I refused to*	**no quería** *I didn't want*
poder	**pude** *I could (and did)*	**podía** *I was able to (but didn't necessarily do it)*
tener	**tuve** *I got*	**tenía** *I had*

La escritora

Escuchar/Escribir Estás viendo un documental sobre escritores famosos. Escucha la entrevista con la escritora. Decide si ella siempre hacía las cosas indicadas, o si las hizo solo una vez.

modelo

ir al cine los domingos

Siempre lo hacía.

1. ver una comedia nueva
2. enfermarse
3. escribir un guión
4. escribir por horas
5. decirles a sus padres que iba a ser famosa
6. darse cuenta de que iba a ser escritora

MÁS PRÁCTICA *cuaderno* p. 141

PARA HISPANOHABLANTES
cuaderno p. 139

Cuando era niño(a)

Escribir Quieres comparar tus hábitos relacionados a la tele cuando eras pequeño(a) con tus hábitos de hoy. Escribe dos oraciones: en la primera, emplea el imperfecto y en la segunda emplea el pretérito. Sigue el modelo.

modelo

Cuando era niño(a), veía los dibujos animados el sábado por la mañana. Este sábado por la mañana vi videos musicales.

ver los dibujos animados

ir al cine a ver películas de horror

pasar horas enfrente de la tele

hacer la tarea antes de encender la tele

participar en los concursos en la tele

pelearse por el control remoto

¿...?

El (La) guionista

Escribir Eres el (la) guionista de un documental sobre una persona que admiras mucho. ¿Sobre quién es el documental? En la primera escena cuenta la historia de su vida. ¿Cómo era cuando era joven? ¿Qué pasó para cambiar su vida? Escribe la narración de la primera escena. Usa tu imaginación.

modelo

Adela Quiñones era una muchacha sencilla, de una familia muy unida. Cuando tenía diez años, pensaba que el mundo era como una película. Pensaba que los finales siempre serían felices. Pero entonces, un día, todo cambió...

MÁS COMUNICACIÓN p. R18

Indicative vs. Subjunctive

▶ You can use the **indicative** or the **subjunctive** after some conjunctions or verbs, depending on what you want to express.

Use the **indicative** after these phrases: | Use the **subjunctive** after these phrases:

- when the outcome of the action is **certain**.

- when the outcome of the action is **uncertain** or after a **command**.

cuando   tan pronto como   en cuanto

después (de) que   hasta que

Esperaron **hasta que** terminó la fiesta.
*They waited **until** the party ended.*

Te **llamaré** **cuando** vengan nuestros amigos.
*I'll call you **when (as soon as)** our friends come.*

- after verbs and phrases that indicate certainty or opinion.

  No dudo que quieren venir.
  I don't doubt that they want to come.

- after verbs and phrases that indicate **doubt** or **disbelief**.

  Es dudoso que puedan venir.
  It's doubtful they'll be able to come.

▶ You use the **subjunctive** after **aunque,** *although,* if you are **not sure** about whether the action of the subordinate clause is happening or not.

indicative: **I know it's bad.**

Tengo que salir **aunque** hace mal tiempo.
*I have to go out even though the weather **is bad.***

subjunctive: **I'm not sure if it's bad.**

Tengo que salir **aunque** haga mal tiempo.
*I have to go out even though the weather **may be bad.***

NOTA CULTURAL

Las telenovelas son muy populares en Latinoamérica. México, Venezuela y Argentina son los productores principales de este tipo de programación, que además de verse en su país de origen, se exporta a otros países. Las de mayor éxito pueden llegar a los canales hispanos de Estados Unidos, como por ejemplo «La dueña», «Alondra», «Amor mío» y «Dos mujeres, un camino». Al contrario de las telenovelas americanas, la mayoría de las telenovelas en español tienen un comienzo, un desarrollo y un final, ¡generalmente feliz!

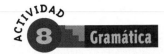

ACTIVIDAD 8 — Gramática

Mis amigos venezolanos

Hablar/Escribir Estás en casa de unos amigos venezolanos. Oyes comentarios sobre varias cosas. Completa las oraciones con el indicativo o el subjuntivo según el contexto.

modelo

yo: *tener el dinero*

«*Compraré una videocasetera tan pronto como tenga el dinero.*»

1. nosotros: terminar la cena
   «Pondré la tele tan pronto como _____».
2. yo: encontrar el video
   «Grabaré el programa tan pronto como _____».
3. nosotros: pedir el servicio de televisión por cable
   «No necesitamos la antena parabólica después de que _____».
4. ellos: encontrar un programa de dibujos animados
   «Los niños no estarán felices hasta que _____».
5. sus padres: llegar a casa
   «Apagaron el televisor cuando _____».
6. el programa: empezar
   «Cambiaré de canal en cuanto _____».

■ **MÁS PRÁCTICA** *cuaderno* p. 142
■ **PARA HISPANOHABLANTES** *cuaderno* p. 140

Vocabulario

La televisión

la antena parabólica *satellite dish*

cambiar de canal *to change channels*

grabar *to tape record*

la televisión por cable *cable television*

la televisión por satélite *satellite television*

la videocasetera *video cassette recorder*

¿Cuáles de estos aparatos tienes en casa?

el control remoto *remote control*

♻ ¡Es dudoso!

Hablar/Escribir Tú y tu compañero(a) nunca están de acuerdo en sus opiniones sobre las novelas que han leído o las películas que han visto. Sigan el modelo.

modelo

ser buena novelista

Tú: *Es buena novelista.*

Compañero(a): *Dudo que sea buena novelista.*

1. final ser predecible
2. tener un estilo moderno
3. escribir prosa buena
4. ser su primera película como director
5. tener que filmar esa escena otra vez
6. ¿…?

ACTIVIDAD 10

Los hermanos Saldívar

PARA CONVERSAR

STRATEGY: SPEAKING

Negotiate Negotiation is the art of reaching an agreement in which everyone wins. In order to resolve the agreement, set conditions for doing something later that both want: **Te daré el control remoto tan pronto como empiece nuestro programa favorito.**

Hablar Los hermanos Saldívar se pelean siempre porque cada uno quiere quedarse con el control remoto. Con un compañero(a), haz el papel de los hermanos. ¡Sean creativos!

modelo

Tú: *Dame el control remoto.*

Compañero(a): *Te daré el control remoto en cuanto termines la tarea.*

REPASO

Reported Speech

You have learned two ways to indicate what someone is saying:

Direct quote: Carlos: «No salgo».
Carlos: "I'm not going out."

Reported Speech: Carlos **dice que** no sale.
*Carlos **says** he's not going out.*

You use the **indicative** to summarize what someone said.

• When you report what someone said (*dijo*), you use one of the **past tenses** or the **conditional**.

Carlos **dijo que** **no salía.**
*Carlos **said** he wasn't going out.*

Carlos **dijo que** **no saldría.**
*Carlos **said** he wouldn't go out.*

• When you report what someone says or is saying (*dice*), you use the **present tense**, **future tense** or **ir + a + infinitive**.

Carlos **dice que** **no saldrá.**
*Carlos **says** he won't go out.*

Carlos **dice que** **no va a salir.**
*Carlos **says** he is not going out.*

Remember that if you are using **decir** to indicate what someone tells another person to do, you use the **subjunctive** to express that idea.

Carlos **dice que** **no salgas.**
*Carlos **is telling you** not to go out.*

ACTIVIDAD 11 — Gramática

Jorge

Escuchar/Escribir Escuchas la conversación de Jorge. Mientras escuchas, tu hermanita te pregunta qué dice Jorge. Más tarde, tu hermanito te pregunta qué dijo Jorge.

modelo

¿Qué dice? Dice que irá al cine esta tarde.

¿Qué dijo? Dijo que iría al cine esta tarde.

---

1. ¿Qué dice? / ¿Qué dijo?
2. ¿Qué dice? / ¿Qué dijo?
3. ¿Qué dice? / ¿Qué dijo?
4. ¿Qué dice? / ¿Qué dijo?

MÁS PRÁCTICA *cuaderno* p. 143

PARA HISPANOHABLANTES *cuaderno* p. 141

ACTIVIDAD 12

Tu papá dijo...

Hablar/Escribir Estás cuidando a tu primito(a) de nueve años y le dices las instrucciones que le dijo su papá.

modelo

Tu papá me dijo que te acostarás a las nueve.

hacer la tarea

cepillarte los dientes

(no) hablar por teléfono con tus amigos antes de cenar

(no) navegar por Internet

(no) ver esa película prohibida para menores esta noche

obedecerme todo el tiempo

ACTIVIDAD 13

Mi novio(a)

Hablar Hablas por teléfono con tu novio(a). Tu mejor amigo(a) quiere saber lo que te está diciendo. Cuenta a tu amigo(a) qué te dice tu novio(a).

modelo

Compañero(a): *¿Qué dice?* **o** *¿Qué dijo?*

Tú: *Dice que vendrá a verme esta tarde.* **o**
Dijo que vendría a verme esta tarde.

comprarme   invitarme a...

conseguir boletos para ...

ir al (a la) ...

¿...?

llevarme al (a la)...

GRAMÁTICA

▲ Sequence of Tenses

You have already learned a number of indicative and subjunctive tenses in Spanish. Here's a guide to how they work together.

Indicative verb in the main clause: **Subjunctive** verb in the subordinate clause:

With		use
present	**Quiero** que **cambies** de canal.	**present subjunctive** or
present perfect	**He dicho** que no **mires** ese programa.	**present perfect**
	Me alegro de que **hayas grabado** el programa.	**subjunctive**

With		use
preterite	Te **dije** que **cambiaras** de canal.	**imperfect subjunctive**
imperfect	**Quería** que **miraras** ese programa.	or
past perfect	Te **había dicho** que no **miraras** ese programa.	**past perfect subjunctive**
conditional	**Preferiría** que no **hubieras grabado** el programa.	

Abuelo

Hablar/Escribir Tu primo viene de visita. Cree que no oyes lo que te pide. ¿Qué te dice?

modelo

¡Cambia de canal!

He dicho que cambies de canal.

---

1. ¡Apaga la tele!
2. ¡No veas ese programa sensacionalista!
3. ¡Dame el control remoto!
4. ¡Pide el servicio de televisión por satélite!
5. ¡No manipules a tus hermanos!
6. ¡No discutas conmigo!
7. ¡Pon otro programa!
8. ¡No le hagas caso a la crítica!

Vocabulario

La crítica

controlar *to control*

entretenido(a) *entertaining*

influir *to influence*

manipular *to manipulate*

la percepción *perception*

el público *audience*

la reacción crítica *critical response*

sensacionalista *sensationalized*

¿Crees que la televisión nos influye mucho? ¿Por qué?

El (La) directora

Hablar/Escribir Eres crítico(a) de cine para una revista boliviana. Le haces una entrevista a un(a) director(a) que acaba de salir con una película muy bien recibida. Dramatiza la situación con tu compañero(a).

modelo

Tú: *La película le gustó al público.*

Compañero(a): *Me alegro de que la película le haya gustado al público.*

---

1. La reacción de los críticos ha sido muy positiva.
2. El público ha dicho que la película es entretenida.
3. El público ha comparado su trabajo al de Bergman.
4. Por fin usted ha completado su obra maestra.
5. A usted lo han invitado al festival de cine en Cannes.
6. La película ha recibido diez nominaciones para el premio Óscar.

MÁS PRÁCTICA *cuaderno* p. 144

PARA HISPANOHABLANTES *cuaderno* p. 142

NOTA CULTURAL

Cuando le haces una invitación a otra persona, debes usar la frase «Te invito». Por ejemplo, si haces una fiesta en tu casa, puedes decir «Te invito a mi fiesta». Y si quieres invitar a alguien a comer, debes decir, «Te invito a comer...» Pero... ¡cuidado! En los países de habla hispana, si «invitas» a alguien a comer o a tomar un refresco, tú debes pagar.

El documental

Hablar/Leer Están reunidos para estudiar juntos y ven que hay un documental en la televisión. En grupos de tres o cuatro lean la descripción del documental. Hablen de por qué quisieran verlo o no usando frases como **pienso que, dudo que, tan pronto como, en cuanto, hasta que** y **después de que.**

modelo

Tú: *Pienso que si viera el documental de los osos polares, no podría terminar mi trabajo a tiempo. No lo quiero ver.*

Compañero(a) 1: *Yo lo voy a ver en cuanto termine de leer este capítulo.*

Compañero(a) 2: *No creo que puedas terminar tu trabajo sin ver el documental…*

J4
Documentales

Osos polares, los señores del Ártico

El mayor carnívoro del mundo tiene su reducto en al Ártico, en las regiones polares del norte del planeta. Durante más de 100 mil años los osos polares han sido los señores supremos de esta tierra de hielo y nieve, pero su señorío acaba donde comienza la aldea de Churchill, en Canadá.

J4 17.44

Mis reacciones

Hablar En grupos de tres o cuatro, hablen sobre alguna película o teleserie que hayan visto recientemente. Hablen sobre los temas en la lista y los que les interesen.

modelo

Tú: *¿Viste la película* Mi tío, el ladrón?

Compañero(a) 1: *Sí, claro, ¿quién no la ha visto?*

Compañero(a) 2: *Es una comedia muy buena.*

Compañero(a) 3: *¿Qué pensaste de…?*

> el género (acción, drama, etc.)
> la reacción crítica (¿cuántas estrellas?)
> la percepción del público
> los actores
> ¿…?

MÁS COMUNICACIÓN p. R18

Refrán

Lo futuro aún no ha llegado y lo presente es casi pasado.

¿Qué quiere decir el refrán? En tu opinión, ¿qué comentario hace sobre el tiempo? ¿Crees que el tiempo pasa rápido para personas de todas edades? ¿Pasa más rápido cuando uno es joven o mayor (o adulto)?

En voces

PARA LEER • **STRATEGY: READING**

Distinguish facts from interpretations Magazine articles offer both factual information and the author's interpretations. Based on your reading of *Brillo afuera, oscuridad en casa*, decide which of these are fact and which are interpretation.

1. El autor representa una perspectiva venezolana.
2. «Amor mío» es más popular en EE.UU. que en Venezuela.
3. La población hispana en EE.UU. ha aumentado. Por eso, la popularidad de programas hispanos ha aumentado también.
4. Tres programas venezolanos están entre los diez primeros espacios en popularidad.
5. Era inevitable que «Amor mío» tuviera éxito internacional.
6. Es mejor tener éxito internacional que éxito doméstico.

Use the text of the article to justify your choices.

PROGRAMAS DE TELEVISIÓN

actual	en este momento, presente
brillar	iluminar
el brillo	una luz brillante
los creadores del dramático	escritores de obras dramáticas
creciente	va aumentando
emanar	tener origen en
idolatrados	admirados, populares

Farándula es una revista sobre la programación de televisión en Venezuela. Esta revista también ofrece artículos sobre actores populares de Venezuela, de toda América Latina, de Estados Unidos y Europa.

Introducción

Vas a leer un artículo sobre una telenovela que se llama «Amor mío», uno de los programas de origen venezolano más populares en Estados Unidos.

Brillo afuera, oscuridad en casa

«Amor mío»: Si bien en nuestra tierra esta telenovela pasó por debajo de la mesa[1], en los Estados Unidos brilla como un sol, al estar en el primer lugar de los veinte programas más vistos de ese país. Astrid Gruber y Julio Pereira (sus protagonistas) consiguieron fuera el éxito que nunca encontraron en casa….

Los programas de habla hispana son cada vez más populares en Estados Unidos. Al parecer, la creciente población latina de ese país es la razón principal. Pero lo importante de todo esto es que en esta área le llevamos ventaja a muchas naciones, pues nuestra televisión es una de las más vistas.

Es así como en los actuales momentos, según el *ranking* que incluyen los veinte primeros espacios[2] de la televisión emanados de la Nielsen Hispanic Televisión, tenemos tres muy buenas posiciones. «Sábado sensacional», por su parte, ocupa el puesto número siete, «Maite» está en el puesto tres y, como gran victoria, encontramos a la novela «Amor mío» en el primer lugar.

Sus protagonistas, Astrid Gruber y Julio Pereira, son idolatrados (como nunca aquí) en los Estados Unidos al igual que los creadores del dramático que son Isamar Hernández, Ricardo García y Manuel Manzano.

Ahora sí pueden cantar victoria y no pasar por debajo de la mesa. Por tanto, demostramos que, una vez más, existe brillo afuera y oscuridad en casa.

---

[1] went unnoticed
[2] television programs

¿Comprendiste?

1. ¿Por qué son cada vez más populares en Estados Unidos los programas en español?
2. ¿Qué programas venezolanos son más populares entre los televidentes hispanos? ¿Cómo lo sabes?
3. Según el artículo, el éxito de «Amor mío» demuestra que «existe brillo afuera y oscuridad en casa». ¿Qué quiere decir?

¿Qué piensas?

1. ¿Qué clase de programa será «Sábado sensacional»? ¿Y «Maite»?
2. ¿Por qué es «Amor mío» más popular afuera de Venezuela?

Hazlo tú

Tú eres creador(a) de una telenovela. Escribe una escena de la telenovela. Escribe cómo se titula, de qué se trata, cómo se llaman los actores y los personajes, cuál es el tema y dónde y cuándo sucede la acción.

En uso
REPASO Y MÁS COMUNICACIÓN

OBJECTIVES

- Narrate in the past
- Express doubt and certainty
- Report what others say
- Talk about television

Now you can...

- narrate in the past.

To review

- preterite vs. imperfect, see p. 398.

 ACTIVIDAD 1 **El viaje inolvidable**

Viste una película venezolana en la tele titulada El *viaje inolvidable.* Completa la narración de la película para saber cómo se sintió la protagonista de la película. Usa el pretérito o el imperfecto de los verbos entre paréntesis.

Cuando ___1___ (ser) chica, mis padres ___2___ (decidir) que ___3___ (ir) a vivir en Venezuela. ¡Yo ___4___ (estar) aterrorizada! No ___5___ (saber) hablar español y tampoco ___6___ (querer) dejar atrás mis amiguitos de clase.

___7___ (Ser) un día muy bonito cuando nos ___8___ (despedir) de los vecinos y de la familia. Yo ___9___ (estar) muy triste. No ___10___ (poder) imaginar cómo ___11___ (ir) a ser mi nueva vida.

Pero en fin, no ___12___ (tener) de qué preocuparme. Me ___13___ (encantar) Venezuela y ahora como adulta no puedo imaginar cómo hubiera sido mi vida sin ese viaje inolvidable.

Now you can...

- express doubt and certainty.

To review

- indicative vs. subjunctive, see p. 400.

ACTIVIDAD 2 **La conversación telefónica**

Hablas con un(a) amigo(a) colombiano(a) por teléfono. Completa sus oraciones para saber qué te dijo. Usa el indicativo o el subjuntivo de los verbos entre paréntesis.

modelo

«Te llamé tan pronto como   supe   que iban a dar esa película que querías ver. ¿Por qué no hacemos planes para ir a verla?» (yo: saber)

1. «Mis primos van a venir tan pronto como _____ la tarea». (terminar)
2. «Primero tenemos que comer así que iremos al cine después de que _____ el almuerzo». (tomar)
3. «Invita a tus hermanos. No dudo que _____ venir». (querer)
4. «Nos quedaremos en el centro comercial hasta que mamá _____ por nosotros». (venir)
5. «Mamá nos llevará a la discoteca después de que nos _____». (reunir)
6. «La semana pasada, fuimos a comer después de que _____ de la discoteca». (nosotros: salir)

Now you can...

• talk about television.

To review

• sequence of tenses, see p. 403.

ACTIVIDAD 3 Entre hermanos

Mario y Miguel son hermanos. ¡Siempre se pelean! Completa su diálogo con la forma correcta de los verbos entre paréntesis para ver quién se quedó con el control remoto.

Mario: Quiero que __1__ de canal, por favor. (cambiar)

Miguel: Pero yo quiero ver este programa.

Mario: ¡Te dije que __2__ de canal! (cambiar)

Miguel: ¡Yo tengo el control remoto y digo que no!

Mario: He dicho que me __3__ el control remoto. (dar)

Miguel: Preferiría que te __4__ a tu cuarto. (ir)

Mario: Voy a llamar a papá.

Miguel: Llámalo. He dicho que te __5__ a tu cuarto. (ir)

Papá: Bien. Denme el control remoto. No va a haber televisión por tres días.

Mario: ¡Te dije que __6__ caso! (hacerme)

Now you can...

• report what others say.

To review

• reported speech, see p. 402.

ACTIVIDAD 4 El (La) hermano(a) mayor

Los padres de Antonio salieron a cenar con unos amigos y lo dejaron a él en casa. Ahora él te cuenta todo lo que dijo su mamá.

modelo

«*Mamá dijo que no trabajara en la computadora*».

1.   2.   3.

4.   5.   6.

ACTIVIDAD 5 — Programas de ayer y hoy

PARA CONVERSAR • STRATEGY: SPEAKING

Retell memories Reminiscences are memories of the past relived in the present. Tell about your childhood preferences and experiences relating to television. **(Me encantaban los dibujos animados, pero mis padres me decían que no podría verlos antes de acostarme.)** Then contrast those memories with your current tastes, experiences, and what others say to you about them. **(Anoche los ví otra vez. No me gustaron tanto.)**

En grupos de dos o tres, conversen sobre los tipos de programas que les gustaban cuando eran chicos. Compárenlos a los que les gustan ahora.

modelo

Tú: *Cuando era chico(a), me encantaban los dibujos animados.*

Compañero(a) 1: *Y, ¿ahora?*

Tú: *Ahora prefiero las películas de acción. El otro día vi una película que se titulaba...*

ACTIVIDAD 6 — En tu propia voz

ESCRITURA Vas a inventar tu propia película o teleserie. Primero decide las siguientes cosas:

• ¿género? (aventura, acción, etc.)

• ¿título?

• ¿trama?

Ahora escribe una descripción breve de la película o teleserie. Cuando estés satisfecho(a) con tu descripción, haz un póster de tu programa. Usa fotos o dibujos para ilustrar tu concepto. Si quieres, puedes escribir un lema *(slogan)* para el programa.

TÚ EN LA COMUNIDAD

Lucille es alumna en Florida. Habla español con su familia. También hablaba español en su trabajo de voluntaria en un hospital. Cuando no habían enfermeras que hablaran español, ella traducía. Lucille siempre ofrece su ayuda cuando está en una tienda y ve a turistas hispanohablantes que no hablan inglés.

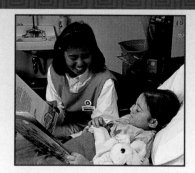

En resumen

REPASO DE VOCABULARIO

Equipment

la antena parabólica	satellite dish
cambiar de canal	to change channels
el control remoto	remote control
grabar	to record
la televisión por cable	cable television
la televisión por satélite	satellite television
la videocasetera	video cassette recorder

Programs

los dibujos animados	cartoons
el documental	documentary
el drama	drama
en vivo y directo	live programming
el episodio	episode
el (la) guardaespaldas	bodyguard
el programa de acción	action program
el programa de ciencia ficción	science fiction program
el programa de concurso	game show
el programa de entrevistas	talk show
el programa de horror	horror program
el programa de misterio	mystery program
la tele-guía	television guide
el teledrama	mini-series
la teleserie	TV series

Reactions

apto(a) para toda la familia	G-rated
controlar	to control
entretenido(a)	entertaining
influir	to influence
manipular	to manipulate
la percepción	perception
prohibido(a) para menores	R-rated
el público	audience
la reacción crítica	critical response
se recomienda discreción	PG-13 rated
sensacionalista	sensationalized

Preterite vs. imperfect

Eran las seis de la tarde cuando **nos sentamos** para ver el documental.

Subjunctive vs. indicative

Veremos la teleserie en cuanto **lleguen** los abuelos.
Vimos los dibujos animados tan pronto como **llegaron** los primos.

Reported speech

Mamá **nos dijo que el documental empezaba** a las diez.
Mamá **nos dijo que no miráramos** la película prohibida para menores.

Juego

¿Qué vamos a ver?

Completa las frases con las palabras apropiadas. Luego pon en orden las letras de los círculos para saber qué es lo que todo el mundo quiere tener cuando mira la tele.

A Marisol le gustan mucho las sorpresas y lo desconocido. Por eso, siempre mira los ___ ___ ⊖ — ⊖

— ⊖ — — — ⊖ —

⊖ — ⊖ — — ⊖

A Jorge le gusta obtener nueva información. Así que él prefiere ver ◯◯ — ◯◯ ◯

◯◯◯ — ◯ — ◯ .

Respuesta: ___ ___ ___ ___ ___ ___

___ ___ ___ ___ ___

ETAPA

2

Aquí tienes mi número...

- Talk about technology

- State locations

- Make contrasts

- Describe unplanned events

¿Qué ves?

Mira la foto. Completa las preguntas.

1. ¿En qué lugares puedes encontrar esta clase de tienda?

2. ¿Qué cosas comprarías?

3. ¿Cómo crees que se sienten estos amigos?

4. Mira el anuncio. ¿Conoces otras tiendas que venden lo mismo?

413

Descubre

En ElectroMundo Estás en el almacén ElectroMundo y escuchas estas conversaciones. ¿Puedes adivinar qué quieren decir las palabras en azul?

1. Tengo un radio **portátil** y una computadora **portátil**. Los puedo llevar adondequiera.

2. Es difícil decidir qué **marca** debo comprar. ¡Hay tantas **marcas** de todos los productos!

3. Dice el anuncio que están ofreciendo un **descuento** de 10 por ciento. ¡Puedo ahorrar mucho dinero!

4. Quiero un teléfono **inalámbrico** porque quiero hacer mis llamadas de cualquier sitio.

5. Compré este modelo de fax por su **durabilidad**. Tengo un amigo que ha tenido el mismo fax por cinco años.

6. Esta computadora tiene una **garantía** de dos años. Si le pasa algo dentro de dos años, me la componen gratis.

   a. *cordless*
   b. *brand*
   c. *portable*
   d. *guarantee*
   e. *discount*
   f. *durability*

ELECTROMUNDO

Donde la tecnología existe solamente para ti. ¿Quieres tener a la mano la última tecnología personal? ¡Ven a ElectroMundo! Puedes contar con la durabilidad de las marcas más conocidas y los descuentos más bajos. Ofrecemos garantías de un año para todos los productos electrónicos. ¡Ven hoy a ElectroMundo! ¡Hay una tienda accesible cerca de ti!

Radio portátil

14.000 B
Ahora 12.790 B

Equipo estereofónico

113.900 B
Ahora 85.390 B

Walkman™ con audífonos

25.600 B
Ahora 20.500 B

Altoparlantes

102.500 B
Ahora 82.000 B

¡REBAJA!

Videocámara

284.800 B
Ahora 242.100 B

Televisor portátil

56.900 B
Ahora 48.400 B

Teléfono celular

19.900 B
Ahora 17.900 B

Contestadora automática

(Espacio para dos horas de **telemensajes**)
69.000 B
Ahora 48.400 B

Teléfono con identificador de llamadas

153.800 B
Ahora 115.300 B

Teléfono inalámbrico

22.700 B
Ahora 15.900 B

Pilas/Baterías

2.800-8.500 B
Ahora 2.200-6.800 B

Asistente electrónico

512.600 B
Ahora 435.800 B

Beeper

42.700 B
(servicio17.000 B/mes)
Ahora 36.300 B
(servicio 14.500 B/mes)

Fax multi–funcional

(fax, impresora y fotocopiadora)
125.000 B
Ahora 112.800 B

Computadora portátil

1.196.000 B
Ahora 957.012 B

¡Todos los sábados, descuentos de 10% a 30% para ciertos modelos! Precios razonables todos los días.

Centro Comercial Chacaíto, Chuao, Caracas
tel. 02/959-3824

¿Comprendiste?

1. ¿Cuántos de estos productos tienes tú en casa? ¿Cuáles te gustaría tener? ¿Por qué?
2. ¿Tienes una computadora portátil? Si tuvieras una, ¿adónde la llevarías?
3. ¿Qué tres productos electrónicos han cambiado tu vida? Di cómo era tu vida antes de haber comprado cada producto y cómo cambió después de haberlo comprado.
4. ¿Crees que es importante siempre comprar la marca más conocida de un producto? ¿Por qué?
5. Algunos creen que la vida se ha complicado mucho con la tecnología personal. Hay otros que piensan que se ha hecho más sencilla y más fácil. ¿Qué opinas tú? Explica.

En vivo
SITUACIONES

PARA ESCUCHAR

STRATEGY: LISTENING

Analyze the appeal in radio ads Commercials contain a double appeal: one is monetary, the other psychological. First listen to and identify what is being sold and at what discount. Then listen again to determine in what other ways the ad appeals to potential customers. Check which elements you believe are present:

	sí	no
Comunicación con otros		
Conveniencia personal		
Necesidad personal		
Personas famosas lo usan		
Reputación del producto		

Which ad appeals to you most? Why?

¡Grandes rebajas!

Estás en Caracas, Venezuela y ves este anuncio en el periódico. Luego, escuchas un anuncio de radio para saber más sobre los descuentos que se ofrecen.

❶ Leer

Quieres comprar algunos productos electrónicos, pero primero quieres saber qué descuentos se ofrecen. Lee el anuncio de ElectroMundo y haz una lista de todos los productos en el anuncio.

ELECTROMUNDO

¡Venga el sábado para ahorrar con nuestros súper descuentos! Ofrecemos descuentos sensacionales de ciertos productos populares.

¡Escuche WVZA-109 FM a las diez de la mañana para saber cuáles son y cuánto va a ahorrar!

❷ Escuchar

Pones la radio a las diez de la mañana y escuchas el anuncio del almacén ElectroMundo. Si el anuncio ofrece un descuento para el producto, escribe **sí** y el porcentaje del descuento en la lista que hiciste en la Actividad 1. Si el anuncio no ofrece un descuento para ese producto, escribe **no** junto a ese producto.

❸ Hablar

En grupos de tres o cuatro, comenten sobre los productos electrónicos que usan todos los días. ¿Cuánto les costaron? ¿Dónde los compraron? ¿Recibieron un descuento? ¿Hay algunos que siempre han tenido? Inventen un producto electrónico que no existe todavía pero que tendría usos importantes para el estudiante de hoy.

En acción

VOCABULARIO Y GRAMÁTICA

OBJECTIVES
• Talk about technology
• State locations
• Make contrasts
• Describe unplanned events

ACTIVIDAD 1

La tecnología personal

Escribir Estás en Colombia en una fiesta con tus amigos. Todos comentan las ventajas de sus productos electrónicos. Completa sus comentarios.

> a. baterías
> b. teléfono celular
> c. computadora portátil
> d. altoparlantes
> e. Walkman™
> f. grabadora
> g. contestadora automática

1. «Viajo mucho y necesito trabajar en el avión. Por eso compré una _____».

2. «Cuando hago ejercicio, me gusta oír música. Siempre llevo mi _____ al gimnasio».

3. «El radio no funciona. Creo que tengo que comprar unas _____.

4. «Tengo un equipo estereofónico pero me faltan los _____».

5. «Para mi proyecto quiero entrevistar a los miembros de mi familia. ¿Me prestas tu _____?

6. «Viajo mucho por la noche en el coche. Por eso quiero comprar un _____, en caso de emergencia».

ACTIVIDAD 2

♻ ¡Voy a ElectroMundo!

Hablar/Escribir Quieres ir a ElectroMundo para aprovechar (*take advantage of*) los descuentos. Invita a tu compañero(a). Dile qué vas a comprar y por qué necesitas ese producto. Luego, cambien de papel.

modelo

Tú: *Voy a ElectroMundo. ¿Quieres ir conmigo(a)?*

Compañero(a): *Sí, claro. ¿Qué vas a comprar?*

Tú: *Me gustaría comprar una videocámara. Quiero grabar mi fiesta de cumpleaños.*

• Review: Use conjunctions
• Review: Use prepositions and adverbs of location
• Use **pero** and **sino**
• Use **se** for unplanned occurrences

ACTIVIDAD **3**

El (La) vendedor(a)

Hablar Estás en un almacén que vende productos electrónicos. Quieres comprar un identificador de llamadas. Tu compañero(a) hace el papel del (de la) vendedor(a) y trata de convencerte de que compres El Óptimo. Luego, cambien de papel.

modelo

Tú: *Quiero comprar un identificador de llamadas.*

Compañero(a): *Déjeme mostrarle El Óptimo de ComSinc.*

Tú: *¿Cuáles son las ventajas de Él Óptimo?*

Compañero(a): …

ComSinc anuncia El Óptimo

¿Quieres saber quién te llama cuando no estás en casa? ¿O saber quién es antes de contestar el teléfono? Con el servicio Identificador de Llamadas ComSinc tendrás la seguridad de siempre saber quien llama.

CAPACIDAD

➤• Registra el número de quien llama, su nombre, la fecha y la hora
➤• Guarda hasta 60 números
➤• Puedes borrar los números en la memoria de uno en uno o todos a la vez
➤• Se usa con cualquier sistema telefónico

TECNOLOGÍA

➤• Tecnología FLEX.
➤• La pantalla electrónica con mayor nitidez.
➤• Y a un PRECIO accesible.

Todas estas ventajas, respaldadas por el servicio, confiabilidad y profesionalismo que sólo ComSinc le puede ofrecer.

Ventas: • D.F.: 221-7569 • Guadalajara: 667-0568 • Monterrey: 310-0700 • Llamada sin costo: 01-800-92-304 00 ó consulte a su Distribuidor Autorizado.

ComSinc®

Vocabulario

De compras

la confiabilidad *reliability, dependability*

convencer *to convince*

devolver *to return something*

distinguir entre *to distinguish between*

equivocarse *to make a mistake*

estar descompuesto(a)/roto(a) *to be broken*

fijarse en *to notice*

(no) funcionar *to (not) work*

inigualable *unequalled*

la nitidez *clarity, sharpness*

respaldado(a) *supported (by); backed (by)*

tomar en cuenta *to take into account*

¿Cuáles de estas palabras puedes usar para decir lo que más te importa al momento de comprar?

REPASO

Conjunctions

 ¿RECUERDAS? *pp. 158, 184, 228* You have already learned some **conjunctions** you can use to relate events in time or to express cause-and-effect relationships.

▶ Always use the **subjunctive** after these **conjunctions** listed in the vocabulary box at the right.

▶ You can use either the **subjunctive** or the **indicative** after the following **conjunctions**:

cuando   en cuanto   hasta que
tan pronto como

• Use the **subjunctive** if the outcome of the action is **uncertain** or after a **command**.

Lo veré cuando entre.
I'll see him when he comes in.

Dime cuando entre.
Tell me whenever he comes in.

• Use the **indicative** if the outcome of the action is **certain**.

Lo vi cuando entró.
I saw him when he came in.

. . . .

▶ You use the **indicative** after **aunque** *(although, even though, even if)* if the action of the subordinate clause is a **fact**. Use the **subjunctive** if it is just a **possibility**.

It is a possibility that it may be expensive.

Voy a comprar esa computadora aunque sea cara.
I'm going to buy that computer even if it's expensive.

It is a fact that it's expensive.

Voy a comprar esa computadora aunque es cara.
I'm going to buy that computer although it's expensive.

Vocabulario

♻ Ya sabes

a menos que
antes (de) que
con tal (de) que
en caso (de) que
para que
sin que

¿Para qué?

Hablar/Escribir Tu hermanito(a) siempre quiere saber para qué quieres ciertas cosas. Dile tus razones. Primero tu compañero(a) hará el papel de tu hermanito(a). Luego, cambien de papel.

modelo

videocámara: grabar la boda de nuestro primo

Tú: *¿Para qué quieres la videocámara?*

Compañero(a): *La quiero para que pueda grabar la boda de nuestro primo.*

1. Walkman™: escuchar música mientras hacer ejercicio
2. teléfono celular: llamar del carro si hay una emergencia
3. contestadora automática: recibir telemensajes
4. identificador de llamadas: saber quién llama sin contestar
5. radio portátil: oír música en la playa
6. computadora portátil: trabajar en el avión

MÁS PRÁCTICA *cuaderno* p. 149

PARA HISPANOHABLANTES
cuaderno p. 147

ACTIVIDAD 5

Aunque

Hablar/Escribir Estás seguro(a) de que quieres comprar ciertos productos aunque existan razones para no comprarlos. Di que vas a comprar cuatro productos y menciona la razón contraria. Usa la conjunción **aunque** en tus oraciones.

modelo

Voy a comprar un teléfono celular aunque no lo necesite.

no necesitarlo(la)	no ofrecer descuento
ser caro(a)	no tener garantía
ya tener uno (una)	no ser la marca que quiero
no gustarme	¿...?

ACTIVIDAD 6

¿Lo vas a comprar?

Hablar Estás de compras en una tienda de equipo electrónico con un(a) amigo(a). Tu amigo(a) no ha decidido(a) qué va a comprar. Conversen sobre el producto y usen las frases de la lista.

modelo

Tú: ¿Vas a comprar la computadora portátil?

Compañero(a): Sí, la voy a comprar a menos que cueste demasiado.

a menos (de) que · con tal (de) que · antes (de) que · sin que · aunque · para que · en caso (de) que

■ MÁS COMUNICACIÓN p. R19

REPASO

Prepositions and Adverbs of Location

▶ You can indicate one object's relation to another by using **adverbs** and **prepositions** of location.

Use **de** only when the phrase is followed by a specific location.

Adverb: Mi hermano salía de la casa mientras yo todavía estaba **dentro.**
Not clear where, just inside.
*My brother was leaving the house while I was still **inside**.*

Preposition: El televisor está **dentro de** la casa.
Exact: Inside the house.
*The television set is **inside** the house.*

Vocabulario

Adverbs/Prepositions of location

afuera *outside*
al lado (de) *next to*
atrás *in back, behind*
detrás (de) *behind*
enfrente (de) *in front of*

♻ **Ya sabes**

abajo	**encima (de)**
debajo (de)	**frente (a)**
delante (de)	**fuera (de)**
dentro (de)	**junto (a)**

ACTIVIDAD 7 Gramática

En mi cuarto

Hablar/Escribir Le vas a prestar varios objetos a tu mejor amigo(a). Le tienes que decir dónde están esos objetos porque va a ir a recogerlos cuando tú no estás. ¿Qué le dices?

modelo

La cámara está al lado del televisor.

◼ **MÁS PRÁCTICA** *cuaderno* p. 150

◼ **PARA HISPANOHABLANTES** *cuaderno* p. 148

ACTIVIDAD 8

¿Dónde está?

Hablar/Escribir Tú y tu compañero(a) quieren saber dónde están varias personas, cosas y mascotas. Háganse preguntas y contesten lógicamente.

modelo

Tú: *¿Dónde está tu gato?*

Compañero(a): *Está afuera.*

Tú: *Y tu perro, ¿dónde está?*

Compañero(a): *Está adentro de la casa.*

¿adentro?   ¿atrás?   ¿afuera?

¿abajo?   ¿...?   ¿enfrente?

ACTIVIDAD 9

Perdido

Hablar Nunca puedes encontrar tus cosas. Le preguntas a tu hermano(a) si ha visto ciertas cosas. Tu compañero(a) hace el papel de tu hermano. Pregúntale dónde están cuatro objetos perdidos y luego cambien de papel.

modelo

Tú: *He buscado por dondequiera y no puedo encontrar mi asistente electrónico. ¿Lo has visto?*

Compañero(a): *Sí, claro, lo vi por la mañana.*

Tú: *¿Dónde lo viste?*

Compañero(a): *Estaba debajo del periódico en la mesa del comedor.*

◼ **MÁS COMUNICACIÓN** p. R19

GRAMÁTICA

Pero vs. Sino

You know that the word **pero** is usually the equivalent of the English conjunction *but*. However, there is another word in Spanish, **sino**, that also means *but*. It is used in situations where the idea being conveyed is *not this*, **but** *rather that*.

No vamos a comer carne, **sino** pescado.
*We're not going to eat meat, **but** (rather) fish.*

No debes vender la computadora vieja, **sino** repararla.
*You shouldn't sell the old computer, **but** (rather) fix it.*

You can also use **sino** with:

no sólo… **sino también**…
*not only… **but** also…*

Compró **no sólo** una computadora portátil, **sino también** un teléfono inalámbrico.
*He bought **not only** a laptop, **but** a cordless phone **too**.*

When there is a **conjugated verb** in the second part of the sentence you use **sino que** instead of **sino**.

No sólo escribe cartas **sino que también manda** correo electrónico.
*He doesn't only write letters **but he** also **sends** e-mail.*

No vendí la computadora vieja, **sino que** la **reparé**.
*I didn't sell the old computer, **but** (instead) **I fixed** it.*

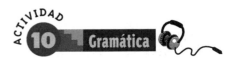

ACTIVIDAD 10 · Gramática

Alma

Escuchar/Escribir Alma salió con Juan anoche. Escucha su descripción de lo que pasó y decide si la palabra que le falta a las oraciones es **pero** o **sino**.

modelo

Alma iba a salir con Julio __pero__ cambió de opinión y salió con Juan.

1. Alma y Juan no fueron al cine _____ al restaurante.
2. Alma no comió pescado _____ carne.
3. Alma pidió un café _____ le trajeron un refresco.
4. Alma pidío un postre _____ no le gustó.
5. Juan no pagó con tarjeta de crédito _____ en efectivo.
6. Juan no dejó propina _____ le dio las gracias al camarero.

MÁS PRÁCTICA *cuaderno* p. 151

PARA HISPANOHABLANTES *cuaderno* p. 149

TAMBIÉN SE DICE
Hay varias maneras de hablar de las computadoras en los países hispanohablantes.
- **computador** (Latinoamérica)
- **computadora** (Latinoamérica)
- **ordenador** (España)

¿Qué vieron por fin?

Hablar/Escribir Tu amigo(a) estuvo en tu casa anoche, pero tuvo que salir antes de que decidieran qué película iban a ver. Al día siguiente, te pregunta qué vieron por fin. Dramaticen la situación y cambien de papel.

modelo

Compañero(a): ¿Qué película vieron por fin?

Tú: No vimos la película de acción, sino la de misterio.

acción
misterio
drama
comedia
documental
ciencia ficción
concurso
programa de entrevistas
dibujos animados
¿...?

¿Qué regalo compraré?

Escribir Estás tratando de decidir si debes comprarte un teléfono celular u otro producto electrónico. Lee el anuncio y decide si lo vas a comprar o no. Escribe cuatro oraciones explicando por qué no te lo debes comprar.

modelo

Quiero comprarme un teléfono celular, pero de veras no lo necesito.

No quiero comprarme un teléfono celular sino…

Se for Unplanned Occurrences

You can use a special construction with **se** to indicate that an action was unplanned or unexpected.

Se le cayeron los libros.
She (He, You form.) dropped the books.

Se me rompieron los anteojos.
I (accidentally) broke my glasses.

Se nos acaba la leche.
We're running out of milk.

• Notice that the **verb** is always in either the **third-person singular** or **third-person plural**.

• You use an **indirect object pronoun** to say to whom the action occurred.

• To emphasize this relationship, you can also add a phrase consisting of **a + the person** (noun or pronoun).

A mí se me perdieron los audífonos y a Luisa **se le** perdieron las pilas.
I lost my earphones and Luisa lost her batteries.

Vocabulario

Unplanned events

acabársele (a uno) *to run out of*

caérsele (a uno) *to drop*

descomponérsele (a uno) *to break down, malfunction*

ocurrírsele (a uno) *to dawn on, to occur to*

olvidársele (a uno) *to forget*

perdérsele (a uno) *to lose something*

quedársele (a uno) *to leave something behind*

rompérsele (a uno) *to break*

¿Te ha pasado alguna de estas cosas recientemente?

NOTA CULTURAL

A diferencia de Estados Unidos, en Latinoamérica y España, los programas de concursos son muy populares y cuentan con miles de televidentes. Algunos de los programas más populares son «Sorpresa y media» (Argentina), «La noche del domingo» (Argentina) y «¿Quiere cacao?» (Colombia; «cacao» quiere decir «ayuda».) Generalmente los participantes tienen que cantar, responder a preguntas o participar en diversos concursos para ganar los premios.

Las excusas

Escuchar/Escribir Hubo una fiesta y todos explicaron luego por qué no pudieron ir. Escribe las excusas de cada persona.

modelo

Marcela no pudo ir a la fiesta porque se le descompuso el coche.

1. Joaquín no fue a la fiesta porque _____.
2. Norma nunca llegó a la fiesta porque _____.
3. Arturo llegó tarde porque _____.
4. Sandra no fue a la fiesta porque _____.
5. Ileana nunca llegó porque _____.

MÁS PRÁCTICA *cuaderno* p. 152

PARA HISPANOHABLANTES *cuaderno* p. 150

Lo inesperado

Hablar/Escribir A menudo hay ocasiones en las cuales ocurren cosas inesperadas y uno tiene que explicar por qué no ha ocurrido lo que todo el mundo esperaba. Ahora tú estás en esa situación. Explica qué pasó.

modelo

¡Ay! ¡No te compré un regalo porque se me olvidó que hoy era tu cumpleaños!

perder
• las llaves
• los libros

descomponer
• la computadora portátil
• el equipo estereofónico

acabar
• la leche
• la gasolina

olvidar
• comprar un regalo
• mandar una tarjeta

 ¡Perdona!

PARA CONVERSAR • STRATEGY: SPEAKING

Make excuses When making an apology, you have the choice of giving a short answer: **Se me olvidó.** But consider telling the whole story that led up to your having forgotten: **Todo empezó cuando fui al centro.**

Hablar A menudo tenemos que pedir perdón cuando no cumplimos nuestras promesas. Con tu compañero(a), inventa cuatro situaciones en las cuales tienes que pedir perdón.

modelo

Tú: *¿Por qué no me llamaste anoche?*

Compañero(a): *¡Se me acabaron las baterías del teléfono celular! Y cuando por fin llegué a casa, ya era muy tarde.*

ACTIVIDAD 16

El fax multifuncional

Hablar/Escribir En grupos de tres o cuatro, conversen sobre los modelos de fax diferentes que se ofrecen en el anuncio. Escojan el fax que comprarían si pudieran. Hagan una lista de las ventajas y desventajas.

modelo

Tú: *Yo creo que debemos comprar el fax que tiene copiadora a color.*

Compañero(a) 1: *¡Eso no importa! Lo que importa es que tenga un centro de mensajes.*

Compañero(a) 2: ...

Es un tren . . .
Es un avión . . .
¡Es . . . FAX ZIP!

El fax más rápido del mundo

Fax Zip cuenta con todos los avances tecnológicos que harán de su fax un placer

► Impresora de alta resolución–¡no más cartas ilegibles!
► Centro de mensajes–¡ningún recado perdido!
► Escáner–¡imágenes claras!
► Función computarizada de teléfono–¡una conexión asegurada y rápida!

FAX MULTIFUNCTIONAL 3X2Y
• Función computarizada de teléfono

FAX MULTIFUNCTIONAL 7Z9T
• Impresora/copiadora a colores
• Centro de mensajes

FAX CONTESTADOR 9P3S
• Impresora/copiadora a colores
• Centro de mensajes
• Función computarizada de teléfono

FAX MULTIFUNCTIONAL 4J6P
• Impresora/copiadora a colores
• Centro de mensajes

Llame a su distribuidor más cercano para conseguir un catálogo.

Refrán

No hay cosa de más saber que a sí mismo conocer.

¿Qué quiere decir el refrán? En tu opinión, ¿qué es más importante, saber muchos datos o conocerse a sí mismo? ¿Por qué?

En colores
CULTURA Y COMPARACIONES

¿Un aparato democrático?

A todas horas y en todo lugar se puede contar con el timbre[1] del más moderno de los aparatos telefónicos— el teléfono celular. En muchos países de Sudamérica, este aparato está convirtiéndose en un elemento esencial de la comunicación… y no hay duda de que el uso del celular aumentará porque los precios están bajando, la competencia está aumentando y los servicios que se ofrecen están multiplicándose.

[1]ring

Este aparato tiene mucha importancia en Sudamérica, sobre todo en los países andinos, porque el terreno[2] de estas regiones remotas ha dificultado mucho la expansión del sistema tradicional de teléfonos. El servicio telefónico en casa es caro, a veces no muy bueno y difícil de conseguir.

El teléfono celular transmite mensajes por medio de las ondas[3] de radio. Los abonados[4] usan aparatos móviles que les dan la oportunidad de comunicarse con cualquier otro usuario[5] desde cualquier lugar. Así que es posible que el teléfono celular pueda lograr[6] lo que hasta ahora nadie ha podido hacer— ¡democratizar las comunicaciones y unir zonas remotas del continente!

El teléfono celular ofrece muchas posibilidades para comunicación y la participación en la red mundial[7] de comunicaciones. No sorprende que en América Latina el teléfono celular sea un servicio que todo el mundo desea tener.

[2] terrain, landscape
[3] waves
[4] subscribers
[5] users
[6] to achieve
[7] worldwide web

¿Comprendiste?

1. ¿Por qué está aumentando el uso del teléfono celular en América Latina?
2. ¿Qué ventajas tiene el teléfono celular sobre el teléfono tradicional?
3. ¿Qué es posible que pueda lograr el teléfono celular? ¿Por qué?

¿Qué piensas?

1. ¿Puedes pensar en otros tipos de tecnología que sirven para unir regiones remotas?
2. ¿Cuáles son otros obstáculos físicos que la tecnología tal vez pueda superar (*overcome*)?

Hazlo tú

Busca información sobre el uso del teléfono celular en Estados Unidos y haz una presentación de lo que descubras.

En uso
REPASO Y MÁS COMUNICACIÓN

OBJECTIVES

• Talk about technology
• State locations
• Make contrasts
• Describe unplanned events

Now you can...

• talk about technology.

To review

• conjunctions, see p. 420.

ACTIVIDAD **1** ¡Sí, claro!

Tu compañero(a) quiere saber si vas a comprar varios productos electrónicos. Tú le dices que sí, bajo ciertas condiciones. ¿Qué le dices?

modelo

computadora portátil (en cuanto yo tener el dinero)

Compañero(a): *¿Vas a comprar una computadora portátil?*

Tú: *Sí, claro, en cuanto tenga el dinero.*

1. contestadora automática (cuando tener mi propio teléfono)
2. beeper (para que tú poder encontrarme a cualquier hora)
3. asistente electrónico (para que yo no olvidar tu número de teléfono)
4. teléfono celular (en caso de que haber una emergencia)

Now you can...

• state location.

To review

• prepositions and adverbs of location, see p. 421.

ACTIVIDAD **2** El cuarto de Gloria

El cuarto de Gloria es un desastre. Su mamá entra a su cuarto y no puede creer lo que ve. ¿Qué le dice a Gloria?

modelo

las camisetas

¡Ay, hija! ¡Las camisetas están encima de la computadora!

1. los zapatos
2. los periódicos
3. los discos compactos
4. la raqueta de tenis
5. las pelotas de tenis
6. la guitarra

Now you can...

- make contrasts.

To review

- **pero** vs. **sino**, see p. 423.

3 CompuVisión

Ricardo fue con su mamá a CompuVisión para hacer unas compras. Completa sus oraciones con **sino**, **pero** o **sino que** para saber cómo les fue.

modelo

No fuimos a ElectroMundo __sino__ *a CompuVisión.*

1. No fuimos por la mañana _____ por la tarde.
2. Yo iba a comprar una computadora portátil _____ no lo hice.
3. Mamá quería un televisor portátil _____ no tenían la marca que quería.
4. No compramos el teléfono celular _____ el inalámbrico.
5. Papá no fue con nosotros _____ se quedó en casa.
6. Yo quería comprar muchas cosas _____ no tenía suficiente dinero.

Now you can...

- describe unplanned events.

To review

- **se** for unplanned occurrences, see p. 425.

4 El aeropuerto

La familia Núñez acaba de llegar al aeropuerto para empezar sus vacaciones en Perú. ¡Pero a todos se les olvidó algo! ¿Qué se les olvidó?

modelo

señor Núñez

Al señor Núñez se le olvidó el pasaporte.

1. señores Núñez

2. señor Núñez

3. Miguelito

4. Arturo y Alejandra

5. señora Núñez

6. Miguelito

ACTIVIDAD 5 — El almacén

PARA CONVERSAR
STRATEGY: SPEAKING

Consider the factors for or against an electronic purchase For some purchases, it is useful to plan what you want to know before talking with the salesperson. Think about your personal needs and finances, and ask for information about these: **las mejores marcas, diferencias entre marcas, descuentos, rebajas, garantía, durabilidad, ventajas y desventajas de uso.**

En grupos de tres o cuatro, dramaticen la siguiente situación. Dos o tres amigos van al almacén a comprar varios productos electrónicos. Tienen muchas preguntas sobre los varios modelos y marcas. El (La) dependiente contesta sus preguntas y trata de convencerlos que compren un producto bastante caro.

modelo

Vendedor(a): *¿En qué puedo servirles?*

Compañero(a) 1: *Pues, yo buscaba un televisor.*

Vendedor(a): *Muy bien. Aquí tenemos el modelo Q2010…*

Compañero(a) 2: *…*

ACTIVIDAD 6 — En tu propia voz

ESCRITURA Escoge un producto electrónico o inventa uno. Luego, escribe un anuncio para el periódico que convenza al público que es el mejor modelo de ese tipo que se vende hoy día. Asegúrate que contestaste las siguientes preguntas en tu anuncio.

- ¿Qué hace el producto?
- ¿Para quién es el producto?
- ¿Por qué es el mejor?
- ¿Cuáles son las ventajas de este modelo?
- ¿Es el precio razonable?
- ¿Se ofrece un descuento?

CONEXIONES

El arte Usando la información que sacaste de la Actividad 6, diseña un anuncio para un producto electrónico. Toma en cuenta que un anuncio debe tener mucho impacto y no puede tener demasiado texto. ¿Cuáles son los puntos más importantes que quieres comunicar? Tal vez tendrás que cortar el texto que escribiste. ¿Necesitas un lema publicitario? ¿Qué tipo de foto o dibujo necesitas para acompañar el texto? Haz un póster o diseña el anuncio en la computadora si prefieres. Piensa bien en la importancia de los colores y el diseño que escoges. Explica a la clase por qué elegiste los elementos en tu anuncio.

Surfea la red por medio de la **Onda Cibernética**

El mejor proveedor de Internet en Caracas

En resumen
REPASO DE VOCABULARIO

Equipment

el altoparlante	speaker
el asistente electrónico	electronic assistant
los audífonos	headphones
la batería	battery
el beeper	beeper
el identificador de llamadas	caller identification
la computadora portátil	laptop computer
la contestadora automática	answering machine
el equipo estereofónico	stereo equipment
el fax multifuncional	multifunctional fax machine
la grabadora	tape recorder
la pila	battery
el radio portátil	portable radio
el teléfono celular/ inalámbrico	cellular / cordless telephone
el telemensaje	voice mail
el televisor portátil	portable television
la videocámara	videocamera
el Walkman™	walkman™

Shopping

accesible	available, accessible
la confiabilidad	reliability,
convencer (zo)	to convince
el descuento	discount
devolver (ue)	to return
distinguir entre	to distinguish
la durabilidad	durability
equivocarse	to make a mistake
estar descompuesto(a)	to be broken
estar roto(a)	to be broken
fijarse en	to notice
la garantía	guarantee
inigualable	unequalled
la marca	brand name
la nitidez	clarity, sharpness
(no) funcionar	to (not) work
respaldado(a)	backed (by)
tomar en cuenta	take into account

♻ Ya sabes

la calidad	quality
el (la) cliente	customer
el (la) dependiente	store clerk
la desventaja	disadvantage
en oferta	on sale
escoger	to choose
¿Me puede atender?	Can you help me?
el precio	price
la rebaja	reduction, sale price
la ventaja	advantage

♻ Ya sabes

a menos que	unless
antes (de) que	before
con tal (de) que	as long as
cuando	when
en caso (de) que	in case (of)
en cuanto	as soon as
hasta que	until
para que	so that
sin que	without
tan pronto como	as soon as

Juego

Sopa de letras

¡Tengo mucha energía pero nunca hago ejercicio! ¿Qué soy?

A U N A B
  E A Í
T   A R

Adverbs/prepositions of location

afuera	outside
al lado (de)	next to
atrás	in back, behind
detrás (de)	behind
enfrente (de)	in front of

♻ Ya sabes

abajo	below
alrededor (de)	around
debajo (de)	underneath
delante (de)	in front of
dentro (de)	inside
encima (de)	on top of
frente (a)	facing
fuera (de)	outside of
junto (a)	next to

Accidents

acabársele (a uno)	to run out of
caérsele (a uno)	to drop
descomponérsele (a uno)	to break down, malfunction
ocurrírsele (a uno)	to dawn on, to occur to
olvidársele (a uno)	to forget
perdérsele (a uno)	to lose something
quedársele (a uno)	to leave something behind
rompérsele (a uno)	to break

ETAPA

3

¡Un viaje al ciberespacio!

- Compare and evaluate

- Express precise relationships

- Navigate cyberspace

¿Qué ves?

Mira la foto. Contesta las preguntas.

1. ¿Qué tipo de lugar es este?

2. ¿Qué clase de productos crees que tienen?

3. ¿Qué cosas crees que podrá hacer el chico de la mochila roja?

4. ¿Qué te dice la página-web de los servicios que ofrecen en este sitio?

Monkey on line
internet- phone

HAPPY HOUR
1/2 Price 9to10am
1hour 10,000

CYBER
CAFE

E-Mail
Gratis

Premio sorpresa
Si traes un AMIGO

Tfno USA
1000/min

Happy Hour 5 to 6 pm

Foofix and the Monkey join together
Watch the World Cup at Monkey on line
Happy Hour 9 to 10 a.m.

| Regresar | Adelantar | Inicio | | Recargar | Imágenes | Abrir | Imprimir | Buscar | | Finalizar |

Dirección: http://www.altesa.net/monkeyonline

| ¿Novedades? | ¿Interesante? | Búsqueda | Directorio | Software |

CYBER
MONKEY
CAFE on line

INFORMACIÓN IMPORTANTE

Artesanía

Espectáculos

"El mono" será tu guía.

Venga a la selva cibernética
del mono y descubra un
mundo lleno de aventura.

Agencias de viaje

espanol

Aprenda español

Agencias de viaje   Aprenda español   Artesanía   Espectáculos

■ ———— J O V E N E T

Descubre

A. Las relaciones entre palabras
Adivina el significado de las palabras en **azul** basándote en el significado de los verbos.

1. usar: **usuario**
2. ampliar: **ampliable**
3. configurar: **configuración**
4. calcular: **hoja de cálculo**
   a. spreadsheet
   b. user
   c. expandable
   d. configuration

B. Cognados falsos En español hay palabras que se parecen mucho a palabras en inglés, pero que no tienen el mismo significado. ¿Puedes adivinar qué significa **la red mundial**? ¡No es un color!

Perfil

de nuestros lectores #11: Jimena Villaroel

Hablamos con Jimena, una joven estudiante peruana, sobre su sistema ultra-moderno.

¡Hola! Yo soy Jimena Villarroel, una estudiante de colegio en Lima, Perú. Me fascinan las computadoras— ¡mi cuarto es un verdadero laboratorio de computación! Tengo todo ordenado según mi propia configuración. También tengo mi propia página–web en la red mundial. Si quieren, ¡escríbanme para decirme qué piensan de mi sistema! Mi dirección electrónica es jimenav@colcen.edu.

Creo que nosotros, los usuarios, debemos tener los últimos y mejores programas de software disponibles para aprovechar los sistemas. Yo tengo:
- Programas anti-virus
- Juegos interactivos
- Hojas de cálculo
- Base de datos

HARDWARE

- Doce discos GRATIS
- 32 MB de memoria, ampliable a 256 MB
- Fax/Módem 56K externo/interno
- Tarjeta de sonido
- Tarjeta gráfica
- Micrófono Multimedia

Altoparlantes Multimedia

Un disco GRATIS

Microprocesador

Monitor a color, tamaño 25"

Disco duro de 1.2 GB

CD-ROM 16X

Ratón de tres botones

Impresora a color

Teclado profesional expandido de 105 teclas

¿Comprendiste?

1. ¿Te interesan las computadoras? ¿Tienes una?

2. ¿Para qué usas tu computadora? ¿Para hacer la tarea? ¿Para jugar juegos? ¿Para navegar por Internet? ¿Alguna otra cosa?

3. ¿Cuáles opciones tiene tu computadora? ¿Cuáles no tiene que quisieras que tuviera?

4. ¿Crees que las computadoras son un implemento importante para los estudios? ¿Para tu carrera? ¿Para el entretenimiento? ¿Para la comunicación entre personas, países y gobiernos? Explica por qué sí o por qué no.

En vivo
SITUACIONES

El mejor sistema

Eres el (la) asistente del señor Martínez, un hombre de negocios con una oficina en La Paz, Bolivia. Él quiere comprar un sistema de computación nuevo para la oficina y quiere tus consejos.

❶ Leer

Para poder darle buenos consejos a tu jefe, decides visitar la página-web de OficinaNet, una compañía que se especializa en sistemas de computación.

| Regresar | Adelantar | Inicio | | Recargar | Imágenes | Abrir | Imprimir | Buscar | | Finalizar |

Dirección: http://www.OficinaNet.com

| ¿Novedades? | ¿Interesante? | Búsqueda | Directorio | Software |

OficinaNet

Bienvenidos a OficinaNet, donde diseñamos el sistema de computación que necesite usted para su oficina.

- **Computadoras**
- **Monitores**
- **Impresoras**
- **Discos duros**

- **Módem/fax**
- **Multimedia**
- **Software**
- **Juegos**

Para ordenar   Preguntas comunes del cliente   Servicios para el cliente

❷ Escuchar

El señor Martínez te describe el sistema de computación que quiere para la oficina. Escucha lo que dice e identifica las categorías que tienes que investigar en la página-web de OficinaNet, según sus necesidades.

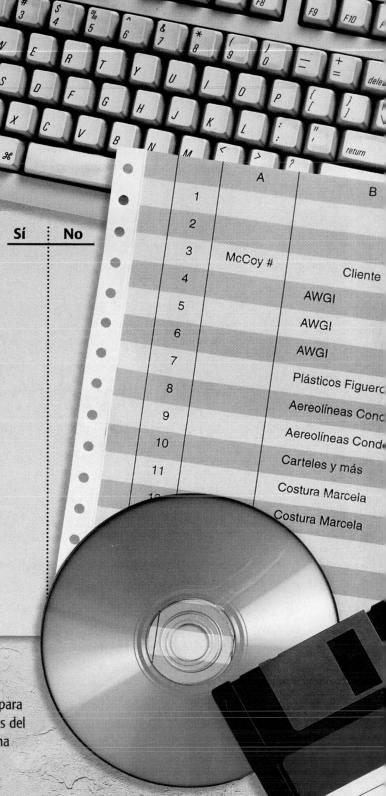

	Sí	No		Sí	No
Computadoras			**Módem/fax**		
Marca y modelo			Externo		
Precio			Interno		
Velocidad			**Software**		
Memoria			Hojas de cálculo		
Portátiles			Base de datos		
Monitores			Programas anti-virus		
Tamaño			Otros		
Resolución máxima			**Multimedia**		
Impresoras			Altoparlantes		
Impresoras láser			Tarjeta gráfica		
Tamaño máximo			Tarjeta de sonido		
Resolución máxima			CD-ROM		
Discos duros			**Juegos**		
1.2 GB a 3.2 GB			Edades 8-14		
Más de 3.2 GB			Edades 12-16		
			Juegos para adultos		

❸ Hablar/Escribir

En grupos de dos o tres, diseñen el sistema de computación ideal para los estudiantes. Hagan una lista o un dibujo de todos los accesorios del sistema. Expliquen la función de cada accesorio. Luego, diseñen una página-web para vender el sistema ideal que inventaron.

En acción
VOCABULARIO Y GRAMÁTICA

OBJECTIVES

- Compare and evaluate
- Express precise relationships
- Navigate cyberspace

ACTIVIDAD 1

El cuarto de Esteban

Escribir A Esteban le encanta su computadora y siempre lo encuentras en su cuarto navegando por Internet. Escribe los nombres de los objetos en su escritorio.

TAMBIÉN SE DICE

Hay varias palabras que se usan en vez de **altoparlante**, entre las cuales están:

- **bocina** (general)
- **parlante** (general)
- **altavoz** (general)
- **caja acústica** (España)
- **gabinete acústico** (México)
- **bafle** (Argentina)

ACTIVIDAD 2

Quiero comprar...

Hablar/Escribir Tú y tu compañero(a) quieren comprar varios accesorios para su sistema de computación. Usando palabras de las dos columnas, pregúntense qué quieren comprar y por qué.

modelo

Tú: *Necesito comprar un módem externo.*

Compañero(a): *¿No tienes uno?*

Tú: *Sí, pero es muy lento y para navegar por Internet necesito uno más rápido.*

módem externo	muy lento
monitor	pantalla más grande
computadora portátil	viajar
disco duro	más memoria
programa anti-virus	proteger mis programas
hoja de cálculo	para las matemáticas
juego interactivo	para divertirse
CD-ROM	usar un programa de multimedia
tarjeta de sonido	¿...?
tarjeta gráfica	
¿...?	

- Review: Use comparatives and superlatives
- Use prepositions
- Use verbs with prepositions

ACTIVIDAD 3

La nueva computadora

Hablar Estás pensando que te quieres comprar la nueva computadora de Xilo. Tu compañero(a) quiere saber por qué. Conversen sobre las ventajas de la computadora según el anuncio.

modelo

Tú: *Me interesa mucho la nueva Xilo.*

Compañero(a): *¿Ah, sí? ¿Por qué?*

Tú: *Pues, mira el anuncio. Es un equipo totalmente multimedia.*

Compañero(a): *…*

Con la **NUEVA** **computadora**

Conecta a tu familia

$13,999.00*

Porque la nueva computadora de **XILO** es la computadora para el hogar, que ha logrado integrar todo lo que cada miembro de tu familia estaba esperando.

La Computadora de **XILO** es mucho más que una computadora. Es un equipo totalmente multimedia, capaz de reconocer la voz, tomar llamadas y recados con alta fidelidad y consultar información por Internet. Con el microprocesador podrás jugar en tercera dimensión, consultar alguna de sus múltiples enciclopedias o trabajar en su procesador de textos, su hoja de cálculo o cualquiera de sus herramientas de productividad. No le falta nada.

XILO creó esta computadora porque piensa en tu familia.

XILO Computadoras

*Precio en pesos más I.V.A. Cambios sujetos a la fluctuación del dólar.

Comparatives and Superlatives

▶ You use the words **más, menos,** and **tan** to make **comparisons.**

- **más + adjective** or **adverb + que**
  more… than

  > Este programa es **más interesante** que el otro.
  > *This program is **more interesting than** the other one.*

- **menos + adjective** or **adverb + que**
  less… than

  > Este programa es **menos interesante** que el otro.
  > *This program is **less interesting than** the other one.*

- **tan + adjective** or **adverb + como**
  as… as

  > Este programa es **tan interesante** como el otro.
  > *This program is **as interesting as** the other one.*

▶ To form the **superlative** in Spanish (*the biggest, the greatest,* etc.), you use:

- **definite article + más/menos + adjective**

  > Este programa es **el** más **interesante.**
  > *This program is **the most interesting** one.*

  > Este programa es **el** menos **interesante.**
  > *This program is **the least interesting** one.*

▶ The adjectives **bueno** and **malo** have irregular **comparative** and **superlative** forms:

	comparative	superlative
bueno	**mejor, mejores**	**el/la… mejor, los/las… mejores**
malo	**peor, peores**	**el/la… peor, los/las… peores**

▶ When the **comparative word** comes before the noun, you use the same constructions except that **tan** becomes **tanto/tanta/tantos/tantas** to agree with the noun that follows.

> Yo preparé **menos documentos** que Pedro.
> *I prepared **fewer documents than** Pedro.*

> *matches*

> Yo preparé **tantos documentos** como Pedro.
> *I prepared **as many documents as** Pedro.*

☘ Comparaciones

Hablar/Escribir Todos tienen diferentes opiniones sobre el objeto que es más importante o necesario para la vida moderna. Escribe tus opiniones sobre las siguientes cosas. Sigue el modelo.

modelo

«*El teléfono celular es más necesario que el asistente electrónico*».

(+) *necesario*

1. (+) importante

2. (-) útil

3. (+) necesario

4. (+) cara

5. (=) importantes

6. (-) divertido

■ **MÁS PRÁCTICA** *cuaderno* pp. 157–158

■ **PARA HISPANOHABLANTES** *cuaderno* pp. 155–156

☘ Marcos

Escuchar/Escribir Estás en CompuVisión, un almacén de productos electrónicos, con tu amigo venezolano Marcos. Él tiene unas opiniones muy fuertes sobre varias cosas que quieres comprar. Escucha a Marcos y escribe su opinión sobre los objetos indicados.

modelo

esta computadora/ésa

Esta computadora tiene tanta memoria como ésa.

1. este juego interactivo/ése
2. este programa anti-virus
3. este módem
4. esta marca de computadora
5. esta hoja de cálculo/ésa
6. el descuento
7. el precio

Internet

Hablar/Escribir Tú y tu compañero(a) navegan por Internet y ven varias cosas que les gustan y otras que no. Comparen las cosas que encuentran en Internet.

modelo

Tú: ¿Te gusta esta página-web?

Compañero(a): Sí, es más interesante que la otra.

Vocabulario

La red mundial

el buzón electrónico *electronic mailbox*

conectarse a/ *to connect to /*
desconectarse de *disconnect from*

la contraseña *password*

el correo electrónico *e-mail*

en línea *online*

el enlace *link*

el grupo de conversación *chat group*

el grupo de noticias *news group*

hacer clic/doble clic *click/double click*

el icono del programa *program icon*

el Localizador Unificador de Rescursos (LUR) *URL*

el servicio de búsqueda *search engine*

el sitio *site*

correo electrónico

¿Cuáles de estas cosas ves con frecuencia cuando navegas por Internet?

Grupo de conversación

PARA CONVERSAR
SPEAKING STRATEGY
Compare and evaluate films in a chat group You can compare recent films based on their story (**guión, personajes, trama, climax, final**), expertise of those involved (**cinematógrafo, director, actores, actrices**), and emotions they create (**emociones, sentimientos**). Can you decide which are the best or the worst (**la mejor, la peor película**)?

Hablar/Escribir Participas en un grupo de conversación por Internet. ¿Cuál es el tema principal del grupo? ¿Cuál es la edad promedio de los participantes? Escribe una conversación entre los miembros de tu grupo de conversación.

modelo

Grupo de conversación: Películas recientes

Tú: *A mí me encantan las películas de acción. ¿Has visto la última de Bruce Willis?*

Compañero(a) 1: *No, porque no me gusta ver tanta violencia. Prefiero…*

TAMBIÉN SE DICE Cuando navegas por Internet puedes ir a muchos sitios. En algunos verás que se habla de **la Internet**, ya que la palabra *net* significa *red* en español, una palabra femenina (la red). En otros casos te encontrarás con **el Internet**, porque se refiere al sistema de comunicación (masculino). Y otras veces verás simplemente **Internet**, sin artículo. ¡No te preocupes! Todas son correctas y puedes usar la que más te guste.

Prepositions

You use **prepositions** to clarify locations and to show relationships among people, places, and things.

Use the preposition **a** to express:

- **motion toward** a **place**

  Vamos **al cine/a Venezuela.**
  *We're going **to the movies/to Venezuela.***

- how **far away** something is in space or time

  Adela vive **a tres cuadras del colegio.**
  *Adela lives **three blocks from the school.***

  Caracas está **a tres horas de mi ciudad.**
  *Caracas is **three hours (away) from my city.***

- a **point in time**

  Se fue **a las ocho y media.**
  *He left **at eight-thirty.***

- units of **measurement**

  Viajábamos **a 50 millas por hora.**
  *We were traveling **at 50 miles per hour.***

Use the preposition **en** to express:

- **position** or **location**

  Trabaja **en este edificio.**
  *He works **in this building.***

  Están **en Bogotá.**
  *They're **in Bogotá.***

- a **period of time**
  (as opposed to a specific point of time)

  Vuelvo **en una semana.**
  *I'll be back **in a week.***

  Terminamos **en una hora.**
  *We'll finish **in an hour.***

You have already used **de** to express **possession.** You can also use the preposition **de:**

- to form **compound nouns**

  el banco de datos
  database

  la hoja de cálculo
  spreadsheet

- to mark a **characteristic feature**

  un niño **de tres años**
  *a **three-year-old** child*

Use **con** to express the idea of **accompaniment.**

Alfredo sale **con** Anita.
*Alfredo is going out **with** Anita.*

Tomo café **con** leche.
*I have coffee **with** milk.*

ACTIVIDAD 8 Gramática

Ana

Hablar/Escribir Estás en casa de tu amiga ecuatoriana, Ana. Ella te enseña a navegar por Internet en la computadora de su padre. Para saber lo que te dice, completa sus oraciones con **a**, **con**, **de** o **en**.

modelo

«La computadora de mi padre es nueva».

1. «La computadora vino _____ tarjeta de sonido y tarjeta gráfica».
2. «Primero voy a hacer doble clic _____ el icono del programa».
3. «_____ este módem puedes conectarte rápidamente a Internet».
4. «¡Mira! Tengo seis mensajes _____ mi buzón electrónico».
5. «Voy a copiar _____ mi amigo en ese mensaje».
6. «Voy a tratar de responder _____ el correo electrónico de hoy».
7. «Más tarde podemos ir al grupo _____ conversación para estudiantes de español».
8. «Este grupo empieza _____ las ocho».
9. «Quiero ver la página-web _____ OficinaNet».
10. «_____ el servicio de búsqueda, es fácil encontrar lo que quieras en Internet».
11. «Ahora me voy a desconectar _____ Internet».

ACTIVIDAD 9 Gramática

Entrevista en las noticias

Hablar/Escribir Ves las noticias en la tele. Completa lo que dicen la reportera y el chico con las preposiciones **a**, **con**, **de** o **en**.

Reportera:

¡Buenas tardes! Soy Ana de la Cruz y les hablo hoy desde el Café Ciberespacio __1__ el centro de Caracas. Como ya saben, Internet ha cambiado la vida __2__ todos. No podemos salir __3__ la casa sin que alguien nos hable __4__ la red mundial. Hay de todo __5__ la red: juegos, grupos de conversación y páginas-web __6__ muchas compañías e individuos. Estoy aquí __7__ Joaquín. ¿Joaquín, cuánto tiempo navegas por Internet?

Chico:

La verdad es que navego por Internet todos los días __8__ las tres. __9__ mi casa hay tres computadoras: la mía, la __10__ mi hermano y una para mis papás. Los mejores sitios son los grupos de conversación __11__ otros jóvenes.

MÁS PRÁCTICA *cuaderno* pp. 157–158

PARA HISPANOHABLANTES *cuaderno* p. 157

La verdad es que navego por Internet todos los días.

¡Hola! Soy Ana de la Cruz y les hablo hoy desde el Café Ciberespacio.

ACTIVIDAD 10

¿Adónde vas?

Hablar/Escribir Conversa con tu compañero(a) sobre lo que va a hacer después de clases. Usa las ideas de la lista.

modelo

Tú: *¿Adónde vas?*

Compañero(a): *Voy al Café Ciberespacio.*

Tú: *¿Con quién vas?*

Compañero(a): *Voy con un amigo de la clase de español.*

a (lugar)	de (persona)
a (distancia)	de (edad)
a (tiempo)	con (persona)
en (lugar)	con (objeto)
en (tiempo)	¿...?

ACTIVIDAD 11

Mis planes

Escribir Escribe un párrafo describiendo tus planes para el resto de la tarde. Trata de usar las preposiciones **a**, **con**, **de** y **en**.

modelo

Voy a la casa de mi amigo Arturo a las cuatro de la tarde. Vamos a navegar por Internet con unos amigos.

MÁS COMUNICACIÓN p. R20

GRAMÁTICA

Verbs with Prepositions

▶ Many verbs require the use of a certain **preposition.** With verbs of **motion** such as **bajar, entrar, ir, salir, subir, venir, volver,** etc., you use the preposition **a** when the verb is followed by an **infinitive.** The same preposition is used with the verbs in the left column in the box below.

Vinimos a **la casa.**
We came to the house.

Entramos al **cibercafé.**
We went into the cybercafé.

▶ Other verbs like those in the right column in the box below require the use of the preposition **de** as part of their essential meaning.

Tratamos de **crear** una página-web.
We're trying to create a web page.

Ahora **se acuerdan** de la contraseña.
Now they remember the password.

▶ After **insistir** you use the preposition **en.**

Insisto en que me mandes un mensaje.
I insist that you send me a message.

▶ Remember that **tener que** means *to have to do something* and that **hay que** means *one must, you should.*

Hay que tener correo electrónico.
You should (It's a necessity to) have e-mail.

Entonces, **tengo que** comprarme un módem.
Then I have to buy a modem.

Vocabulario

 Ya sabes

aprender a	acabar de
ayudar a	acordarse de (ue)
comenzar a (ie)	dejar de
empezar a (ie)	olvidarse de
enseñar a	tener ganas de
invitar a	tratar de
prepararse a	

Conversación telefónica

Hablar/Escribir Alberto y Herlinda son amigos peruanos. Alberto quiere aprender más sobre cómo usar la computadora y navegar por Internet. Completa la conversación telefónica entre ellos usando los verbos de la lista y las preposiciones apropiadas.

preparar

aprender

invitar

tener muchas ganas

ir

acabar

enseñar

ayudar

Alberto: Quiero __1__ usar la hoja de cálculo.

Herlinda: Yo te __2__ a usarla.

Alberto: ¿También me puedes __3__ usar Internet?

Herlinda: ¡Sí, claro! Pero __4__ desconectarme de Internet.

Alberto: ¡Perfecto! __5__ aprender a navegar por Internet.

Herlinda: Mira, __6__ salir para clases ahora, pero vuelvo a las cinco. ¿Por qué no vienes a casa a las siete?

Alberto: ¡Me parece perfecto! Te __7__ tomar un café después de que acabemos.

Herlinda: ¡De acuerdo! ¡__8__ divertirte mucho! Internet es muy divertido.

La página-web

Escuchar/Escribir Escucha lo que le pasó a Eduardo cuando él y sus amigos decidieron crear una página-web. Completa las oraciones para describir su situación.

modelo

Él y sus amigos trataron de crear una página-web.

1. Ellos _____ las ocho de la mañana.
2. Son las ocho de la noche y apenas _____ terminarla.
3. Ricardo _____ ayudarlos.
4. Para crear una página-web interesante, _____ saber muchas cosas.
5. Eduardo _____ irse.
6. Eduardo _____ la cita con su novia.
7. Eduardo _____ ella cuando vio su reloj.
8. Su novia _____ él sea puntual.

MÁS PRÁCTICA *cuaderno* p. 160

PARA HISPANOHABLANTES *cuaderno* p. 158

NOTA CULTURAL

Cuando quieres navegar por Internet y encontrar sitios en español, debes empezar tu búsqueda escribiendo lo que quieres encontrar en español. También será mucho más fácil si incluyes la palabra «español». Por ejemplo, puedes buscar «música en español» y encontrarás muchísimos sitios. Muchos de los servicios de búsqueda te dan la opción de escoger el idioma que quieres usar.

¡Tengo ganas de...!

Hablar/Escribir Es el fin de semana. Tú y tu compañero(a) quieren hacer varias cosas, pero también tienen otras obligaciones. Conversen sobre lo que quieren hacer y por qué no pueden. Usen los verbos de la lista.

modelo

Tú: *Tengo ganas de navegar por Internet.*

Compañero(a): *¿No te acuerdas de la tarea para la clase de español?*

Tú: *La haré más tarde.*

acordarse de
aprender a
ayudar a
dejar de
enseñar a
invitar a
olvidarse de
tener ganas de
tratar de
¿...?

Libros de informática

Hablar/Escribir En grupos de tres o cuatro, lean las descripciones de los libros de informática a continuación. Conversen sobre los temas y sobre los libros que les interesarían a todos.

modelo

Tú: *A mí me gustaría saber cómo proteger mi sistema de un virus.*

Compañero(a) 1: *Pues, entonces debes comprar el libro* Virus Informático.

Compañero(a) 2: *Creo que es uno de los mejores.*

Compañero(a) 3: *Sí. Habla de…*

¿Qué es un virus? ¿Cómo funciona? ¿Cómo se protege de ellos? Este libro responde de forma sencilla y completa.

Ayuda al usario a obtener el máximo partido del disco duro de su ordenador y resolver muchos problemas.

Explica con claridad los conceptos utilizados en el ámbito de la microinformática y otras disciplinas afines.

MÁS COMUNICACIÓN p. R20

Refrán

El que sabe dos lenguas vale por dos.

¿Qué quiere decir el refrán? ¿Por qué crees que es importante hablar más de una lengua? ¿Crees que esta habilidad será más o menos importante en el futuro? ¿Por qué?

En voces
LECTURA

PARA LEER
STRATEGY: READING

Monitor comprehension A good self-check is to restate (paraphrase) what each paragraph is about with a phrase or short sentence. If you can't, then reread, identify what seems unclear, and ask questions. Jot down a brief paraphrase of each paragraph as you read. You can then use those notes to write a brief summary about **el autor, su vida y su obra**. This will help you start:

1. La lectura empieza con unacita de una novela de García Márquez.
2.
3.

LA LITERATURA

los acontecimientos	eventos
cotidiano(a)	diario(a)
entretejer	combinar

NOTA CULTURAL

Macondo es el lugar imaginario donde suceden muchas de las obras de García Márquez. Los personajes allí viven en un ambiente misterioso y mágico. Este pueblo apareció por primera vez en *La hojarasca*, luego en *Los funerales de la Mamá Grande*, y por último en la famosa novela *Cien años de soledad*.

Gabriel García Márquez

" Muchos años después, ante el pelotón de fusilamiento[1], el coronel Aureliano Buendía había de recordar aquella tarde remota en que su padre lo llevó a conocer el hielo[2] ".

Así comienza *Cien años de soledad* (1967), la novela más conocida de Gabriel García Márquez, uno de los escritores principales de las Américas en el siglo XX. Se ha dicho que dentro de la literatura latinoamericana, *Cien años de soledad* tiene tanta importancia como *El Quijote* de Cervantes.

Como en muchas de las obras de García Márquez, esta novela entreteje las historias de individuos con la historia de su pueblo. En *Cien años de soledad*, el pueblo es Macondo y los individuos son los miembros de la familia Buendía. García Márquez narra los acontecimientos de la historia del pueblo y de la familia Buendía utilizando un estilo conocido como realismo mágico. Este estilo combina la realidad con elementos fantásticos.

[1] firing squad   [2] ice

El escritor insiste en que el realismo mágico no es una combinación de elementos reales y fantásticos, sino que es la manera en que sucede la vida cotidiana de Colombia. García Márquez nació en ese país en 1928 y se crió[3] con sus abuelos hasta la edad de ocho años. Los cuentos que le hacía su abuela influyeron sus escritos.

Cuando era joven, García Márquez se dedicó al periodismo. Publicó su primera novela, *La hojarasca*, en 1955. En *El coronel no tiene quien le escriba* (1957), García Márquez siguió utilizando la historia de Colombia como marco de referencia para sus protagonistas. Su fama aumentó con *El otoño del patriarca* (1975) y *Crónica de una muerte anunciada* (1981). En 1982, García Márquez ganó el Premio Nóbel de Literatura. Continúa escribiendo novelas y guiones para películas.

Sin duda, García Márquez es una de las voces más potentes de América Latina. Su visión sugiere que el individuo es protagonista de dos historias: la de su vida y la de su pueblo. Al leer la obra de García Márquez, vemos que a veces no es fácil saber dónde comienza una historia y termina la otra. Nuestra inquietud[4] no es confusión, sin embargo: es el comienzo de la búsqueda[5] intrépida de quiénes somos y seremos en el lugar donde nos ha tocado vivir[6], sea en Macondo o Main Street.

---

[3] was raised   [5] search
[4] uncertainty   [6] where it is our fate to live

¿Comprendiste?

1. ¿Quiénes son los protagonistas de *Cien años de soledad*? ¿Dónde sucede?
2. ¿Qué es el realismo mágico? ¿Qué combina?
3. ¿Qué influencia de la niñez de García Márquez aparece en sus obras?
4. ¿Qué papel juega la historia de un pueblo en la obra de García Márquez?

¿Qué piensas?

¿Por qué crees que un escritor como García Márquez puede afectar cómo vemos la historia?

Hazlo tú

Elige un lugar en tu estado o ciudad e investiga algún evento que te llame la atención. Luego, inventa un nombre ficticio para el lugar e imagina qué personajes (tanto reales como ficticios) participaron en ese evento. Si quieres, escribe un cuento corto o dibuja tus personajes y el lugar.

En colores

CULTURA Y COMPARACIONES

Bolivia

PARA CONOCERNOS

STRATEGY: CONNECTING CULTURES

Evaluate the Internet as a means of developing cultural knowledge and understanding You have learned about Latin cultures through many media (print, video, conversations, Internet). These media cover social and business interactions, traditions, history, geography, contributions in literature, fine arts, social, economic, and political institutions. Out of these general topics, think of three personal cultural goals. Then evaluate whether the Internet is high, medium, or low as a means of helping you reach those goals. Give reasons. Use **"Bolivia en la red"** plus your own knowledge to guide your thinking.

Metas	Evaluación	Comentario
1.		
2.		
3.		

¡**C**onoce Bolivia por Internet! Un viaje virtual puede darte mucha información y ayudarte a planificar un viaje verdadero.

Tú, como usuario(a) de Internet, puedes acceder a la página-web de Bolnet, el sitio oficial de Bolivia, y escoger entre las posibilidades del menú. Puedes explorar varios aspectos de la sociedad boliviana (educación, gobierno, el mundo de los negocios, etc.) usando los enlaces de la página. Puedes leer la prensa[1] del país en tu pantalla, conversar con abonados[2] de Bolnet o escuchar un cuento.

[1] press [2] subscribers

Regresar | Adelantar | Inicio | Recargar | Imágenes | Abrir | Imprimir | Buscar | Finalizar

Dirección: http://www.lostiempos.com

¿Novedades? | ¿Interesante? | Búsqueda | Directorio | Software

Los Tiempos digital
www.lostiempos.com

Ediciones Anteriores

Cochabamba, Viernes 4 de Diciembre de 1998

Gobierno tiene política económica poco realista
Detalle

Sarampión ataca con fuerza a Cochabamba
Detalle

Almada pide al juez extraditar a Banzer
Detalle

Secciones

452

en la red

Otro servicio boliviano de Internet, Bolivianet, ofrece a sus miembros una guía de correo electrónico, que es una lista de las direcciones electrónicas de casi dos mil personas, bolivianas en su mayoría. Esta guía existe con el fin[3] de unir a los bolivianos a través del mundo. ¡Es una guía telefónica para la edad de Internet!

[3] exists with the goal

¿Quisieras hacer un viaje a Bolivia? Toda la información que necesites está disponible[4] en la red mundial. Con una página como ésta puedes conocer las regiones del país, leer una descripción de cada una, ver fotos de los lugares de interés turístico y obtener una lista de hoteles. ¡Incluso puedes reservar tu habitación de hotel por Internet! ¿No ves? Un viaje a Bolivia puede empezar con un viaje por el ciberespacio.

[4] available

| Regresar | Adelantar | Inicio | Recargar | Imágenes | Abrir | Imprimir | Buscar | Finalizar |

Dirección: http://www.bolivianet.com/turismo/pantanal/panta2.htm

| ¿Novedades? | ¿Interesante? | Búsqueda | Directorio | Software |

Ecoturismo

Mientras el mundialmente famoso Pantanal brasileño es visitado anualmente por cientos de biólogos y miles de ecoturistas atraídos por la vida silvestre, la porción boliviana del Pantanal sigue siendo prácticamente inaccesible y desconocida debido a la falta de infraestructura hotelera y de transporte.

Existe, sin embargo, un gran potencial para el desarrollo turístico que, cuidadosamente controlado, podría ser de gran beneficio para la economía de la región.

El establecimiento de una red de reservas y un gran parque nacional podrían hacer posible la protección de una gran parte de la biodiversidad.

Aguapés en el Canal de la Laguna Mandioré. Fotografía: Jorge Morató

¿Comprendiste?

1. ¿Qué es Bolnet?
2. ¿Cómo nos ayuda Internet a conocer Bolivia?
3. ¿Qué es la guía de correo electrónico? ¿Para qué sirve?
4. ¿Qué utilidad tiene Internet para el (la) turista que quiere viajar por Bolivia?

¿Qué piensas?

1. Da un ejemplo de cómo Internet facilita el contacto entre personas.
2. ¿Qué aspectos de Internet te parecen más útiles para conocer los países hispanoamericanos?

Hazlo tú

Usa un servicio de búsqueda para encontrar otras páginas sobre Bolivia o los otros países de esta unidad. Explora los enlaces de las páginas que visites y prepara un resumen de lo que se puede aprender sobre el país usando Internet.

En uso

REPASO Y MÁS COMUNICACIÓN

Now you can...

- navigate cyberspace.

To review

- superlatives, see p. 442.

 ACTIVIDAD

1 **El mejor**

Tu amigo(a) ecuatoriano(a) pregunta qué piensas sobre cosas que encuentras en Internet. Escríbele para contestar sus preguntas.

modelo

¿Qué piensas de esta página-web? (interesante)

Esta página-web es la más (la menos) interesante de todas.

1. ¿Qué piensas de este grupo de conversación? (divertido)
2. ¿Qué piensas de este grupo de noticias? (útil)
3. ¿Qué piensas de este servicio de búsqueda? (mejor/peor)
4. ¿Qué piensas de este sitio? (mejor/peor)
5. ¿Qué piensas de este enlace? (mejor/peor)

Now you can...

- compare and evaluate.

To review

- comparatives, see p. 442.

 ACTIVIDAD

2 **Opiniones**

Tú y dos compañeros están en CompuVisión y comparan varios productos. Los tres tienen opiniones diferentes. ¿Qué dicen?

modelo

complicado

Tú: *Este programa de software es más complicado que el otro.*

Compañero(a) 1: *No, no, éste es menos complicado.*

Compañero(a) 2: *Pienso que ése es tan complicado como el otro.*

1. claro   **2.** expandido   **3.** rápido   **4.** útil

Now you can...

• express precise relationships.

To review

• prepositions, see p. 445.

3 La carta

Elena le escribió una carta a su mejor amiga, María. Completa la carta con las preposiciones **a**, **de**, **con** y **en** para saber qué le pasó el otro día.

Querida María,

El otro día, navegué por Internet ___1___ mi hermano ___2___ quince años. Como él quería comprar una computadora, fuimos ___3___ la página-web ___4___ OficinaNet. En la página-web vimos que la compañía está ___5___ el centro de Caracas. Está ___6___ tres cuadras de mi colegio. ___7___ las dos de la tarde fuimos ___8___ la oficina para ver los sistemas de computación. Hablamos con la señora Villarreal, la dueña ___9___ la compañía. Ella convenció a mi hermano que la computadora que le gustaba era la computadora ___10___ sus sueños. Antes de que decidiera qué iba a hacer, yo le dije a la señora Villarreal «Volvemos ___11___ una semana». Saqué a mi hermano y le dije «¿Qué estabas pensando? No tienes el dinero para comprar esa computadora!».

Abrazos,

Elena

Now you can...

• express precise relationships.

To review

• verbs with prepositions, see p. 447.

4 El diario

Lee la entrada del 11 de mayo en el diario de Abigaíl. Completa la entrada con las preposiciones apropiadas.

11 de mayo

Por fin aprendí ___1___ navegar por Internet. Empecé ___2___ conectarme cuando me di cuenta de que no podía acordarme ___3___ mi contraseña. En ese momento, mi hermanita entró ___4___ ver qué estaba haciendo. En vez de ayudarme ___5___ recordar mi contraseña, empezó ___6___ reírse. «Deja ___7___ reírte de mí», le dije, enojada. «Estoy tratando ___8___ aprender algo nuevo y tú, ¡burlándote de mí!» Trató ___9___ pedirme perdón pero yo no tenía ganas ___10___ perdonarla. «Insisto ___11___ que salgas de aquí inmediatamente», le grité. «Vas ___12___ quedarte tranquila», me respondió y se fue ___13___ decirles a mis padres que ¡yo la había insultado a ella! ¡Imagínate!

ACTIVIDAD 5 — CompuVisión

PARA CONVERSAR • **STRATEGY: SPEAKING**

Compare and evaluate computer configurations Judging the value of technology involves comparing performance in relation to cost. Securing the knowledgeable opinions of others also helps. Consider: **hardware (tamaño, color, memoria, velocidad, resolución); software (usos, resultados); necesidades y preferencias personales; precio, descuento, garantía**

Hablar/Escribir Están en CompuVisión. Examinen todas las configuraciones y hablen sobre ellas. Conversen sobre las ventajas y desventajas de todas las computadoras que ven. Dramaticen esta situación en grupos de dos o tres.

modelo

Tú: *¿Qué te parece esta computadora?*

Compañero(a) 1: *No sé. ¿Cuánta memoria tiene?*

Compañero(a) 2: …

ACTIVIDAD 6 — En tu propia voz

ESCRITURA ¡Diseña tu propia página-web! Primero decide qué quieres incluir en tu página. Luego haz dibujos y escribe narraciones que pondrías en tu página–web.

- Nombre
- Mis actividades
- Mis películas
- Mis deportes
- Mis clases
- ¿…?

CONEXIONES

La tecnología La escuela piensa comprar una computadora nueva para el salón de tu clase de español. Te toca a ti escribir los requisitos. Habla con el (la) profesor(a) y los otros alumnos y averigua para qué piensan usar la computadora. Tomando en cuenta esta información, decide qué tipo de sistema necesitan. Puedes consultar con el (la) profesor(a) de informática para ver si tienes toda la información que necesitas.

En resumen
REPASO DE VOCABULARIO

NAVIGATE CYBERSPACE

Computer equipment

ampliable	expandable
la configuración	configuration
el disco	disk
el disco duro	hard drive
disponible	available
externo(a)	external
el fax	fax
el hardware	hardware
interno(a)	internal
la memoria	memory
el micrófono	microphone
el microprocesador	microprocessor
el módem	modem
el monitor	monitor
el tamaño	size
la tarjeta gráfica	graphics card
la tarjeta de sonido	sound card
la tecla	key
el teclado	keyboard
el (la) usuario(a)	user

Cyberspace

el buzón electrónico	electronic mailbox
conectarse a	to connect to
la contraseña	password
el correo electrónico	e-mail
desconectarse de	to disconnect from
la dirección electrónica	e-mail address
en línea	online
el enlace	link
el grupo de conversación	chat group
el grupo de noticias	news group
hacer (doble) clic	to (double) click
el icono del programa	program icon

Cyberspace (continued)

el Localizador Unificador de Recursos (LUR)	URL
la página-web	web page
la red mundial	World Wide Web
el servicio de búsqueda	search engine
el sitio	site

Software

la base de datos	database
la hoja de cálculo	spreadsheet
el juego interactivo	interactive game
el programa anti-virus	anti-virus program
el software	software

COMPARE AND EVALUATE

Comparatives and superlatives

Este juego es **más** interesante **que** el otro.
Aquel programa es **el menos** interesante.
Yo preparé **tantos** documentos **como** Pedro.

EXPRESS PRECISE RELATIONSHIPS

Prepositions

Voy **a** comprar un sistema **de** computación.
Quiero uno **con** base de datos.
Pienso comprarlo **en** una semana.

 Ya sabes

acabar de	to finish doing something
acordarse de (ue)	to remember
aprender a	to learn
ayudar a	to help
comenzar a (ie)	to begin
dejar de	to stop doing something
empezar a (ie)	to begin
enseñar a	to show something to someone
invitar a	to invite
olvidarse de	to forget
prepararse a	to prepare for
tener ganas de	to feel like
tratar de	to try

Juego

¿Quién ganó la computadora?

El premio del concurso de ElectroMundo fue una computadora. Mira esta información para saber quién ganó.

- Roberto tiene una tarjeta de sonido.
- El (La) ganador(a) es miembro de un grupo de conversación en la red mundial.
- Carmen tiene varios juegos interactivos para su computadora.
- A Carmen le gusta hablar con otras personas usando Internet.
- Roberto quiere comprarse un fax/módem para navegar en Internet.

En tu propia voz

ESCRITURA

La tecnología del mundo de hoy

Tú eres reportero(a) del periódico de tu escuela. Tienes que escribir un artículo para la próxima edición sobre algún evento escolar relacionado con la tecnología. Recuerda que tus lectores son estudiantes como tú, así que escoge un tema que les interese. En tu artículo, escribe un resumen dando detalles del evento y citas de los participantes.

Propósito: Dar un resumen
Lectores: Estudiantes

Tema: Visita de estudiantes colombianos
Tipo de escritura: Artículo periodístico

PARA ESCRIBIR • STRATEGY: WRITING

Prioritize information in order of importance When writing a journalistic article, identify the most important facts and summarize them first. (These basic facts should answer the "who, what, when, where, why" questions of the reader.) Then present additional facts of secondary importance. Next, give information that is least important to a general understanding of the event, but that provides color or background.

Modelo del estudiante

Visita de estudiantes colombianos

> The first paragraph gives a **complete summary** of the most important aspects of the event.

El martes pasado un grupo de quince estudiantes colombianos vinieron a nuestra escuela para visitar el nuevo laboratorio de computadoras y conocer la nueva tecnología que ofrece, ya que es la más avanzada de la región.

Primero disfrutaron una recepción en su honor en el auditorio. Después, el maestro Stan Smith, especialista en computadoras y tecnología, hizo una presentación breve sobre el hardware y software que hay en el laboratorio, sus capacidades y los programas que utilizamos más frecuentemente.

> The **secondary facts** provide more details about the information in the first paragraph and break it down into smaller pieces.

Después de la presentación todos los participantes fueron al laboratorio para que los estudiantes colombianos tuvieran la oportunidad de ver y usar nuestro equipo.

Exploramos juntos en Internet y nos divertimos mucho con los programas de realidad virtual y los videojuegos.

Cuando los estudiantes tuvieron que salir, el maestro Smith propuso una visita de estudiantes de nuestra escuela a la suya, diciendo, «Ojalá que puedan regresar algún día o, aún mejor, que nosotros podamos ir a Colombia y visitarlos a Uds. la próxima vez».

> The next level of information includes a **quotation** with a hope about a future related event.

La visita terminó con sonrisas por todas partes. Los estudiantes colombianos no estaban acostumbrados al tiempo de aquí, que es mucho más frío que el de Colombia. Pero todos parecían muy entusiasmados con la visita. Guillermo Díaz, un estudiante de Bogotá, comentó, «Nos alegramos de estar aquí... ¡a pesar del frío increíble que hace!» y todos nos reímos.

> The final level of information provides some **colorful information** about the event, focusing on a funny quotation.

Estrategias para escribir

Antes de escribir ...

Piensa en un suceso reciente que quieras describir. Para organizar la información según el nivel (level) de importancia, usa una gráfica como la de la derecha. La información más importante va primero; luego la información que da más detalles. Al final escribes datos que presenten información adicional.

el martes pasado, estudiantes colombianos, visita a la escuela, conocer la nueva tecnología

recepción en el auditorio, presentación sobre la tecnología, visita al laboratorio

despedida, sugerencia del maestro Smith sobre una visita a su escuela

todos muy animados, quejas sobre el frío de aquí

Revisiones

Después de escribir el primer borrador de tu artículo, compártelo con un compañero de clase. Pregúntale:

- ¿Cuál es la información más importante del artículo?
- ¿Dónde está la información que amplifica la idea central? ¿Cuál es?
- ¿Qué efecto tienen los comentarios de los participantes sobre el tono del artículo?

La versión final

Antes de crear tu versión final, léela de nuevo y repasa los siguientes puntos:

- ¿Usé bien el **pretérito** y el **imperfecto**?

Haz lo siguiente: Subraya todos los verbos y determina si se debe usar el imperfecto o el pretérito. Repasa el uso del pretérito y del imperfecto.

- ¿Usé **formas comparativas y superlativas** para añadir más información a los datos del artículo?

Haz lo siguiente: Haz un círculo alrededor de las expresiones comparativas o superlativas. ¿Concuerda el artículo definido con el sustantivo relacionado? ¿Concuerdan los adjetivos con los sustantivos?

El mes pasado, hice un proyecto de investigación por Internet. Buscaba Busqué artículos periodísticos y escribí informes sobre ciudades latinoamericanas. Aprendía Aprendí a usar los servicios de búsqueda. Escogía Escogí estudiar la ciudad de Bogotá porque es la ciudad más poblada de Colombia. a

 Comparte tus escritos en www.mcdougallittell.com

RECURSOS

Más comunicación   R2

To help in the management of these paired activities,
the Student A cards have been printed upside-down.

Juegos – respuestas   R21

Gramática – resumen   R22

Glosario

español–inglés   R37

inglés–español   R61

Índice   R85

Créditos   R93

1 Etapa preliminar p. 13
¿Qué hizo ayer?

2 Etapa preliminar p. 25
¡Qué cita!

8:00	
10:00	Planché la ropa.
12:00	
2:00	Comí con mi familia.
4:00	
6:00	Vi una película cómica.
8:00	
10:00	Me acosté.

modelo

Estudiante A: ¿Qué hizo a las ocho de la mañana?

Estudiante B: A las ocho se despertó en su cuarto.

Estudiante A Marcela escribió todo lo que hizo ayer en su diario. Tú tienes parte de la información y tu compañero(a) tiene la otra parte. Juntos(as) describan las actividades que hizo Marcela ayer y traten de imaginar dónde las hizo.

Estudiante A Antonio hizo seis dibujos de lo que le pasó ayer. Tú tienes la mitad de los dibujos y tu compañero(a) tiene los demás. Usa el pretérito para poner los dibujos en orden sin mirar los de tu compañero(a).

Estudiante B Marcela escribió todo lo que hizo ayer en su diario. Tú tienes parte de la información y tu compañero(a) tiene la otra parte. Juntos(as) describan las actividades que hizo Marcela ayer y traten de imaginar dónde las hizo.

modelo

Estudiante A: ¿Qué hizo a las ocho de la mañana?

Estudiante B: A las ocho se despertó en su cuarto.

8:00	Me desperté.
10:00	
12:00	Jugué al fútbol.
2:00	
4:00	Compré una blusa nueva.
6:00	
8:00	Visité a un amigo enfermo.
10:00	

Estudiante B Antonio hizo seis dibujos de lo que le pasó ayer. Tú tienes la mitad de los dibujos y tu compañero(a) tiene los demás. Usa el pretérito para poner los dibujos en orden sin mirar los de tu compañero(a).

3 Unidad 1 Etapa 1 p. 39
Cita a ciegas

Estudiante A Tu compañero(a) te quiere arreglar una cita a ciegas (blind date). Hazle preguntas para saber más de la cita. Luego cambien de papel y contesta las preguntas de tu compañero(a) con la siguiente información.

modelo

Estudiante A: ¿De dónde es?

Estudiante B: Es de Seattle.

sociable y atrevido(a)   una fiesta en casa
moreno y lacio   de Carlota
grandes y negros   el 14 de septiembre
Miami   a la una de la tarde

Origen: _____ Personalidad: _____
Cabello: _____ Ojos: _____
Fecha y hora de la cita: _____
Lugar de la cita: _____

---

4 Unidad 1 Etapa 1 p. 43
Antes y ayer

Estudiante A Tú y tu compañero(a) quieren saber qué hicieron estas personas ayer y en su niñez (antes). Trabajen juntos(as) para completar la tabla.

modelo

Estudiante B: ¿Michalín compartió sus cosas ayer?

Estudiante A: No, no compartió sus cosas ayer. ¿Compartía sus cosas antes?

Nombre	Actividad	Antes	Ayer
Michalín	compartir sus cosas	sí	
Joaquín	respetar a sus maestros	sí	
Tú	discutir con tu hermano(a)		
Tu compañero(a)	hacerles caso a sus padres		

Estudiante B Tu compañero(a) te pregunta sobre la persona que le buscaste para una cita a ciegas (blind date). Contéstale con la siguiente información. Luego cambien de papel.

modelo

Estudiante A: ¿De dónde es?

Estudiante B: Es de Seattle.

verdes   Seattle
el cine Estrella   rojizo y ondulado
considerado(a)   el 15 de septiembre
  y cómico(a)   a las 7 de la tarde

Origen: _____ Personalidad: _____

Cabello: _____ Ojos: _____

Fecha y hora de la cita: _____

Lugar de la cita: _____

Estudiante B Tú y tu compañero(a) quieren saber qué hicieron estas personas ayer y en su niñez (antes). Trabajen juntos(as) para completar la tabla.

modelo

Estudiante B: ¿Michalín compartió sus cosas ayer?

Estudiante A: No, no compartió sus cosas ayer. ¿Compartía sus cosas antes?

Nombre	Actividad	Antes	Ayer
Michalín	compartir sus cosas	sí	
Joaquín	respetar a sus maestros	sí	
Tú	discutir con tu hermano(a)		
Tu compañero(a)	hacerles caso a sus padres		

Left column — Activity 5

Activity 5 (Estudiante A — printed inverted)

• navegar en tabla de vela
• no describirte sus talentos
• poder hacer todo lo que quiere
• coleccionar tarjetas de los jugadores
4. A Francisca le interesan las computadoras.
3. Chalo es atrevido.
2. Cristina es descarada.
1. A Norberto le encantan las montañas.

modelo

Estudiante A: *Olivia detesta andar en bote.*
Estudiante B: *No pescará en alta mar.*

Estudiante A Descríbele a las siguientes personas a tu compañero(a), usando las oraciones que aparecen a continuación. Entonces tu compañero(a) te dice lo que dice cada persona hará según sus gustos y personalidad. Luego cambien de papel y contéstale a tu compañero(a), usando las frases de abajo.

Activity 5 (Estudiante B)

Estudiante B Tu compañero(a) va a describir a varias personas. ¿Qué crees que harán las personas mencionadas según sus gustos y personalidad? Escoge actividades lógicas de la lista. Luego cambien de papel y usa las oraciones de abajo para describirle a las personas indicadas a tu compañero(a).

modelo

Estudiante A: *Olivia detesta andar en bote.*
Estudiante B: *No pescará en alta mar.*

• no hacerles caso a sus padres
• navegar por Internet
• volar en planeador
• hacer alpinismo
5. Cecilia es aficionada al béisbol.
6. Virginia es modesta.
7. A Andrés le fascinan los deportes de agua.
8. Jaime es mimado.

Activity 6 (Estudiante A — printed inverted)

4. a acampar
2. una boda

3. la playa
1. el gimnasio

Estudiante A: *Marta va a un concierto.*
Estudiante B: *Llevará su blusa de lunares.*

modelo

Estudiante A: Dile a tu compañero(a) adónde va Marta. Él (Ella) te va a decir qué ropa llevará. Luego cambien de papel y dile qué que llevará Pedro. Sigan el modelo.

Activity 6 (Estudiante B)

Estudiante B: Tu compañero(a) te dice adónde va Marta. Dile qué ropa llevará. Luego cambien de papel y dile adónde va Pedro. Sigan el modelo.

modelo

Estudiante A: *Marta va a un concierto.*
Estudiante B: *Llevará su blusa de lunares.*

a.

c.

b.

d.

5. la escuela
6. un restaurante elegante
7. una competencia de ciclismo
8. una fiesta de los setenta

7 ¡Adivinen!

(The following portion is printed upside-down for Estudiante A.)

4. Luci y Ana **se ayudan** con la tarea.   **2.** Elvira y su vecina **se pelean**.

3. Carlos y Anita se **quieren**.   **1.** David y su primo **se telefonean**.

¡Se conocen bien!

Estudiante B: ¿Se llevan bien?… ¿Se saludan?…

Bárbara va a decir…

Frecuentemente Martina sabe lo que

Hace muchos años que son amigas…

Estudiante A: Martina y Bárbara se hablan de todo…

Martina y Bárbara **se conocen** bien.

modelo

Estudiante A Da pistas (*clues*) para que tu compañero(a) adivine (*guess*) el verbo en negrita de cada oración. ¡Ojo! No puedes usar ese verbo en tu descripción. Luego, cambien de papel y trata de adivinar los verbos de tu compañero(a).

Estudiante B Trata de adivinar las actividades que hacen varias personas según las pistas (*clues*) de tu compañero(a). Luego, cambien de papel y da pistas para que tu compañero(a) adivine (*guess*) el verbo en negrita de cada oración de abajo. ¡Ojo! No puedes usar ese verbo en tu descripción.

modelo

*Martina y Bárbara **se conocen** bien.*

Estudiante A: *Martina y Bárbara se hablan de todo…*
Hace muchos años que son amigas…
Frecuentemente Martina sabe lo que
Bárbara va a decir…

Estudiante B: *¿Se llevan bien?… ¿Se saludan?…*
¡Se conocen bien!

5. David y Lola **se cuentan** chismes.

6. Jovita y su abuela **se escriben**.

7. Los padres de César **se perdonan**.

8. Los estudiantes **se quejan**.

8 ¿Cuáles son las diferencias?

(The following portion is printed upside-down for Estudiante A.)

cierra el…?

Unidos y otra de México…¿A qué hora

Estudiante B: Aquí se ven dos banderas, una de Estados

Estudiante A: Veo una bandera de Estados Unidos…

modelo

los dos dibujos. ¡Buena suerte!

dibujos para identificar siete diferencias entre

preguntas sobre los diferentes objetos de sus

Estudiante A Con tu compañero(a), háganse

Estudiante B Con tu compañero(a), háganse preguntas sobre los diferentes objetos de sus dibujos para identificar siete diferencias entre los dos dibujos. ¡Buena suerte!

modelo

Estudiante A: *Veo una bandera de Estados Unidos…*

Estudiante B: *Aquí se ven dos banderas, una de Estados Unidos y otra de México…¿A qué hora cierra el…?*

9 Unidad 2 Etapa 1 p. 114
¿Me puedes ayudar?

Estudiante A Mira los dibujos y pide a tu compañero(a) que te ayude con las actividades. Él (Ella) te puede ayudar o te dará una excusa. Luego, cambien de papel. Sigan el modelo.

modelo

sembrar árboles

Estudiante A: ¿Podrías darme una mano? Voy a sembrar árboles hoy.

Estudiante B: Sí, con mucho gusto. ¡Sembremos árboles! o Si pudiera, lo haría, pero tengo que ayudar a mi mamá.

Estudiante B: Tu compañero(a) te pide ayuda con las actividades mostradas en los dibujos. Dile que sí o dale una excusa. Luego, cambien de papel. Sigan el modelo.

modelo

sembrar árboles

Estudiante A: ¿Podrías darme una mano? Voy a sembrar árboles hoy.

Estudiante B: Sí, con mucho gusto. ¡Sembremos árboles!

o Si pudiera, lo haría, pero tengo que ayudar a mi mamá.

10 Unidad 2 Etapa 1 p. 117
¿Qué harías?

Estudiante A Conversa con un(a) compañero(a) sobre lo que harían en cada situación. Pueden usar las siguientes ideas para preguntar y responder. Sigan el modelo.

modelo

luchar contra el racismo

Estudiante A: ¿Cómo lucharías contra el racismo?

Estudiante B: Educaría al público.

Para preguntar
1. mejorar tu escuela
2. conservar el agua
3. buscar trabajo después de la graduación

Para responder
4. darle dinero / ser voluntario(a) en…
5. buscar una que ofrezca clases de … / escoger una que tenga un buen programa de deportes
6. visitarlos / ayudarlos a ir de compras

Estudiante B Conversa con un(a) compañero(a) sobre lo que harían en cada situación. Pueden usar las siguientes ideas para preguntar y responder. Sigan el modelo.

modelo

luchar contra el racismo

Estudiante A: ¿Cómo lucharías contra el racismo?

Estudiante B: Educaría al público.

Para responder
1. ser voluntario en…
2. reciclar / educar al público sobre…
3. buscar un trabajo donde pueda ganar más dinero / buscar algo que me importe

Para preguntar
4. ayudar a la gente sin hogar
5. escoger una universidad
6. ayudar a los ancianos

11 Unidad 2 Etapa 2 p. 136
Treinta segundos

Estudiante A Menciona uno de estos lugares a tu compañero(a). Él (Ella) tiene 30 segundos para hacer todas las oraciones que pueda. Tiene que incluir el lugar, las expresiones impersonales y los verbos de su lista. Luego, cambien de papel.

modelo

Estudiante A: *Estás en la clase de español.*

Estudiante B: *No es bueno que la maestra les dé mucha tarea a los estudiantes de la clase de español. Es importante que tú no salgas temprano de la clase de español…*

entender	vestirse	pensar
ser	pedir	decir	hacer
estar	empezar	ir	cerrar	repetir

1. el centro de la comunidad
2. la escuela
3. el parque
4. el restaurante

Estudiante B Tu compañero(a) te menciona un lugar. ¿Cuántas oraciones puedes hacer en 30 segundos? Incluye el lugar, las expresiones impersonales y los verbos de la lista en tu respuesta. Luego, cambien de papel.

modelo

Estudiante A: *Estás en la clase de español.*

Estudiante B: *No es bueno que la maestra les dé mucha tarea a los estudiantes de la clase de español. Es importante que tú no salgas temprano de la clase de español…*

dar	mentir	jugar	saber	volver	seguir
ver	servir	conocer	dormir	reír	salir

5. el cine
6. en casa
7. en la clase
8. en una tienda

12 Unidad 2 Etapa 2 p. 139
¿Bueno o malo?

Estudiante A Lee las situaciones en la primera lista. Imagina quién las hizo y dónde ocurrieron. Cuéntasela a tu compañero(a) para saber su opinión. Sigue el modelo. Luego, cambien de papel y opina sobre los comentarios de tu compañero(a) usando las opciones de la segunda lista.

modelo

ir a España

Estudiante A: *Mi maestra de historia fue a España.*

Estudiante B: *Es bueno que tu maestra haya visitado ese país.*

1. haber una sequía (¿dónde?)
2. echar químicos en el aire

• ayudar a proteger la capa de ozono
• no reciclar
• trabajar de voluntario(a)
• juntar fondos para una buena causa

Estudiante B Tu compañero(a) te cuenta unas situaciones. ¿Qué opinas? Usa las ideas de la primera lista para responder. Sigue el modelo. Luego, cambien de papel. Imagina cómo pasaron las situaciones en la segunda lista. ¿Quién las hizo y dónde ocurrieron? Cuéntaselas a tu compañero(a).

modelo

ir a España

Estudiante A: *Mi maestra de historia fue a España.*

Estudiante B: *Es bueno que tu maestra haya visitado ese país.*

• no llover bastante
• embellecer la tierra
• visitar ese país
• contaminar

3. echar botellas y latas en el basurero
4. no usar aerosoles

13 — Chisme

Unidad 2 Etapa 3 p. 155

Estudiante A Dile a tu compañero(a) algo extraordinario que sepas o puedas inventar acerca de las siguientes personas. El (Ella) te va a dar su opinión. Luego cambien de papel. ¿Qué opinas? Responde con una expresión de emoción de la segunda.

modelo

el jugador de béisbol

Estudiante A: ¿Sabes que Mark McGwire tiene el récord de jonrones?

Estudiante B: ¡Me alegro de que él disfrute de ese honor!

1. el (la) presidente de...
2. el actor...
3. la cantante...
4. el (la) autor(a)...

- Espero que...
- Me alegro de que...
- Siento que...
- Es triste que...
- Ojalá que...

Estudiante B Tu compañero(a) te va a contar ciertas cosas extraordinarias de varias personas. ¿Qué opinas? Escoge una expresión de emoción de la primera lista para responder. Luego cambien de papel y dile a tu compañero(a) algo extraordinario que sepas o puedas inventar acerca de las personas de la segunda lista. Él (Ella) te va a dar su opinión.

modelo

Me alegro de que…

Estudiante A: ¿Sabes que Mark McGwire tiene el récord de jonrones?

Estudiante B: Me alegro de que él disfrute de ese honor.

5. el (la) cantante…
6. uno(a) de los profesores…
7. la actriz…
8. el (la) deportista…

- Es ridículo que…
- Ojalá que…
- Espero que…
- Es una lástima que…
- Me alegro de que…

14 — ¡Vacaciones ideales!

Unidad 2 Etapa 3 p. 161

Posada en Las Montañas
...¡actividades para todo el mundo!

Estudiante A Pregunta a tu compañero(a) si podrás hacer estas actividades durante tus vacaciones. El (Ella) te responde después de consultar el folleto turístico. Sigan el modelo. Luego, cambien de papel.

modelo

andar en bicicleta

Estudiante A: ¿Voy a andar en bicicleta?

Estudiante B: Dudo que andes en bicicleta allí. o Creo que vas a andar en bicicleta allí.

1. alquilar videos
2. hacer montañismo
3. navegar en tabla de vela
4. esquiar en el agua

Estudiante B Tienes el folleto turístico de las vacaciones de tu compañero(a). Mira el folleto y contesta sus preguntas sobre las actividades que podrá hacer. Sigan el modelo. Luego, cambien de papel.

modelo

andar en bicicleta

Estudiante A: ¿Voy a andar en bicicleta?

Estudiante B: Dudo que andes en bicicleta allí. o Creo que vas a andar en bicicleta allí.

5. pescar en alta mar
6. esquiar
7. escalar montañas
8. volar en planeador

Club Maracaibo
...vida de reyes

15 Unidad 3 Etapa 1 p. 185 — Según ciertas condiciones

Estudiante A Pregunta a tu compañero(a) sobre las siguientes actividades. Luego contesta sus preguntas escogiendo una de las opciones de la segunda lista. Sigan el modelo.

modelo

ir al teatro

Estudiante A: ¿Vas al teatro?

Estudiante B: Voy con tal de que vea una comedia. o Voy con tal de que vea un musical.

1. hablar en clase
2. ir a fiestas
3. cantar
4. esquiar

• con tal de que (ser por correo electrónico / ¿?)
• con tal de que (ser interesante / ¿?)
• antes de que (salir de casa / ¿?)
• a menos que (ser deportes individuales / ¿?)

Estudiante B Tu compañero(a) te va a hacer preguntas. Contéstalas con oraciones escogiendo una de las opciones de la primera lista. Luego cambien de papel.

modelo

con tal de que (un musical / ¿?)

Estudiante A: ¿Vas al teatro?

Estudiante B: Voy con tal de que vea un musical. o Voy con tal de que vea una comedia.

• a menos que (estar cansado(a) / ¿?)
• con tal de que (ir mis amigos / ¿?)
• con tal de que (hacer buen tiempo / ¿?)
• para que (todos saber mis opiniones / ¿?)

5. trabajar
6. practicar deportes
7. hacer la tarea
8. escribir cartas

16 Unidad 3 Etapa 1 p. 188 — ¿Qué querían?

Estudiante A Las personas que aparecen a continuación querían que otras personas hicieran algo. Pregúntale a tu compañero(a) qué querían. Luego cambien de papel y contesta las preguntas de tu compañero(a), usando la segunda lista.

modelo

los músicos

Estudiante A: ¿Qué querían los músicos?

Estudiante B: Deseaban que la gente bailara la bomba.

1. la madre de Hernán • la profesora no dar un examen difícil
2. el graduado • las fotos salir bien
3. la camarera • a su hija gustarle su regalo
4. el presidente de la compañía • los estudiantes entrenarse todos los días

---

Estudiante B Contesta las preguntas de tu compañero(a) usando la información de la primera lista. Luego cambien de papel y pregunta a tu compañero(a) qué querían estas personas. Sigan el modelo.

modelo

la gente bailar la bomba

Estudiante A: ¿Qué querían los músicos?

Estudiante B: Deseaban que la gente bailara la bomba.

• los clientes dejar una buena propina
• su hijo hacer la limpieza
• los empleados trabajar más rápidamente
• todos sus parientes y amigos venir a su fiesta

5. los padrinos de la graduada
6. la profesora de educación física
7. los estudiantes de español
8. el fotógrafo

17 — Unidad 3 Etapa 2 p. 207
Anuncios personales

HOMBRE
Trabajo de voluntario después de la escuela. Los fines de semana juego al fútbol. Si te gustan hacer esas actividades, llama al 2-53-56-52.

HOMBRE
Soy una persona muy honesta y fiel. Si buscas a una persona así, llámame al 5-35-98-80.

MUJER
Soy una persona positiva y me río mucho. Me gusta bailar y salir con amigos. ¿Tienes interés? Mi número: 7-74-80-34.

MUJER
En mi tiempo libre hago esculturas. También escribo poemas. Si tenemos algo en común, llámame al 7-74-12-38.

4. Cristóbal / sociable
2. Perla / activo
3. Javier / cómica
1. Manolo / intelectual

Mensaje: «Soy una mujer atleta interesada en una persona a quien le gusta entrenarse».

Estudiante B: Recomiendo que llame al número 3–34–61–57.
Estudiante A: Cristina busca a alguien que sea atleta.

Cristina/atleta

modelo

Estudiante A Busca un(a) amigo(a) para estas personas. Lee las características que busca y tu compañero(a) leerá los anuncios. ¿A qué número debe llamar? Escriban un mensaje para cada una.

Estudiante B Tu compañero(a) te lee las características de personas que buscan amigos. Decide a qué número debe llamar la persona. Escriban un mensaje para cada una.

modelo

Cristina / atleta

Estudiante A: *Cristina busca a alguien que sea atleta.*
Estudiante B: *Recomiendo que llame al número 3–34–61–57.*
Mensaje: *«Soy una mujer atleta interesada en una persona a quien le gusta entrenarse».*

5. Julieta / activo
6. Víctor / divertida
7. Nadia / sincero
8. Jesús / creativa

MUJER.
Me encanta conocer a otra gente. Voy a fiestas y bailes con frecuencia. Si te gusta charlar, me puedes llamar al 5-22-47-34.

MUJER.
Paso mucho tiempo leyendo. Me fascinan las matemáticas y algún día quiero desubrir una fórmula nueva. Si quieres conocerme, llama al 3-23-40-68.

HOMBRE.
Mis pasatiempos incluyen volar en planeador y escalar montañas. Si te gusta la aventura, soy la persona que buscas. Marca el 8-98-14-15.

MUJER.
Conmigo, todo el mundo se ríe. Dicen que cuento los mejores chistes...pero siempre son de buen gusto. Llámame al 6-77-71-52.

---

18 — Unidad 3 Etapa 2 p. 211
¡Delicioso!

4. comer / ser las 10:00 de la noche
3. tomar / comer pastel de chocolate
2. servir / celebrar la fiesta de Navidad
1. pedir / tener mucha hambre

Estudiante B: Comería mucho queso y helado.
Estudiante A: ¿Qué comerías si quisieras ser más grande?

comer / querer ser más grande

modelo

Estudiante A Pregunta a tu compañero(a) qué comería en estas ocasiones. Luego, cambien de papel y responde a sus preguntas basándote en el dibujo.

Estudiante B Tu compañero(a) quiere saber qué comerías en estas ocasiones. Usa el dibujo para responder a sus preguntas. Luego, cambien de papel.

modelo

comer / querer ser más grande

Estudiante A: *¿Qué comerías si quisieras ser más grande?*
Estudiante B: *Comería mucho queso y helado.*

5. pedir / querer ser más delgado(a)
6. beber / tener mucha sed
7. servir / celebrar una fiesta de graduación
8. comer / estar en la casa de mis abuelos

19 — Unidad 3 Etapa 3 p. 231 — ¡A jugar!

Estudiante A Juega a esto con tu compañero(a). El objeto es que tu compañero(a) adivine quiénes son las personas que tú describes. ¡Ojo! Sólo puedes describir los deseos de la persona. Sigue el modelo. ¿Cuántas personas puede adivinar en cuatro minutos? Luego, cambien de papel y trata de adivinar quiénes son las personas que describe tu compañero(a).

modelo

Estudiante A: *Insiste en que los escritores terminen su trabajo a tiempo. Quiere que no haya errores en el libro… Desea que muchas personas compren el libro…*

Estudiante B: *¿El maestro?… ¡La editora!*

policía	agente de viajes
peatón(a)	**piloto**
reina	**novio(a)**
actor	**estudiante**

Estudiante B Adivina quiénes son las personas que describe tu compañero(a). Tienes cuatro minutos para adivinarlas. Luego cambien de papel y describe a las personas a continuación. ¡Ojo! Sólo puedes contar a tu compañero(a) los deseos de la persona. Sigue el modelo.

modelo

Estudiante A: *Insiste en que los escritores terminen su trabajo a tiempo. Quiere que no haya errores en el libro… Desea que muchas personas compren el libro…*

Estudiante B: *¿El maestro?… ¡La editora!*

doctor(a)	**bebé**
presidente	**maestro(a)**
pintor(a)	**comediante**
mesero(a)	**ladrón**

20 — Unidad 3 Etapa 3 p. 233 — ¿Verdad o mentira?

Estudiante A Di algo cierto o inventa algo falso sobre las siguientes personas. ¿Lo cree tu compañero(a)? Si no te cree, te va a responder con una expresión de duda. Si te cree, responderá con una expresión positiva. ¿Puedes engañarlo(la)? Luego, cambien de papel.

modelo

tus tíos / verdad

Estudiante A: *Mis tíos tienen nueve hijos.*

Estudiante B: *Dudo que tus tíos tengan nueve hijos.* **o:** *Pienso que tus tíos tienen nueve hijos.*

Estudiante A: *¡Tienes razón! Es verdad que tienen nueve hijos.* **o:** *¡Te engañé!*

1. tu madre / verdad
2. tu mejor amigo(a) / verdad
3. tu primo(a) / mentira
4. un(a) maestro(a) / mentira

Estudiante B Tu compañero(a) te va a decir algo cierto o inventar algo falso. Si le crees, responde con una expresión positiva. Si no, responde con una expresión de duda. ¿Puede engañarte? Luego, cambien de papel y usa la siguiente lista.

modelo

tus tíos / verdad

Estudiante A: *Mis tíos tienen nueve hijos.*

Estudiante B: *Dudo que tus tíos tengan nueve hijos.* **o:** *Pienso que tus tíos tienen nueve hijos.*

Estudiante A: *¡Tienes razón! Es verdad que tienen nueve hijos.* **o:** *¡Te engañé!*

5. tu(s) hermano(s) / mentira
6. un actor (una actriz) / mentira
7. tus padres / verdad
8. tu abuelo(a) / verdad

MÁS COMUNICACIÓN

21 — Una solicitud

(Estudiante A — texto invertido)

Nombre: _____
Fecha de solicitud: 25-4-00
Teléfono: 9-76-42-98
Fecha de nacimiento: _____
Ciudadanía _____
Estado civil: soltera
Educación: licenciatura
Campo de estudio: _____
Sueldo corriente: _____
Recomendación: José Cruz

modelo

Estudiante A: ¿Cómo se llama?

Estudiante B: …

Estudiante A Con tu compañero(a), completa la información en la solicitud. Usa palabras interrogativas para obtener la información necesaria.

Estudiante B Con tu compañero(a), completa la información en la solicitud. Usa palabras interrogativas para obtener la información necesaria.

modelo

Estudiante A: ¿Cómo se llama?

Estudiante B: Se llama Juana Aiken.

Nombre: Juana Aiken
Fecha de solicitud: _____
Teléfono: _____
Fecha de nacimiento: 21-3-78
Ciudadanía argentina
Estado civil: _____
Educación: _____
Campo de estudio: informática
Sueldo: $30.000
Recomendación: _____

22 — Piccionario

(Estudiante A — texto invertido)

Está buceando.
Está volando en planeador.
Está escribiendo.
Está haciendo alpinismo.
Está corriendo.
Está dibujando.

modelo

(Está cantando.)

Estudiante A: *(Dibuja a una persona cantando.)*

Estudiante B: Está hablando… Está gritando… ¡Está cantando!

Estudiante A Juega a esto con tu compañero(a). Haz dibujos para comunicar las siguientes acciones y tu compañero(a) va a adivinarlas. Luego cambien de papel y adivina las acciones que dibuja tu compañero(a).

Estudiante B Juega a esto con tu compañero(a). Él (Ella) va a hacer dibujos para representar a varias acciones. Adivina lo que está pasando. Luego cambien de papel y haz dibujos para comunicar las siguientes acciones a tu compañero(a).

modelo

(Está cantando.)

Estudiante A: *(Dibuja a una persona cantando.)*

Estudiante B: Está hablando… Está gritando… ¡Está cantando!

Está comiendo.
Está bailando.
Está durmiendo.
Está estudiando.
Está lloviendo.
Está graduándose.

23 ¿Qué hay?

Estudiante A ¿Son iguales los dibujos que tienen tú y tu compañero(a)? Hazle preguntas a tu compañero(a) para saber más de su dibujo. Después contesta sus preguntas sobre la escena que ves. Sigan el modelo.

modelo

Estudiante A: *¿Hay algún anuncio publicitario en la puerta?*

Estudiante B: *No hay ningún anuncio publicitario en la puerta.*

Estudiante B ¿Son iguales los dibujos que tienen tú y tu compañero(a)? Contesta las preguntas de tu compañero(a) sobre la escena que ves. Luego hazle preguntas para saber más sobre su dibujo. Sigan el modelo.

modelo

Estudiante A: *¿Hay algún anuncio publicitario en la puerta?*

Estudiante B: *No hay ningún anuncio publicitario en la puerta.*

---

24 ¿Ideas diferentes?

Estudiante A Aquí ves las profesiones de varias personas. Pregúntale a tu compañero(a) si son las profesiones que los padres de las personas habían querido para sus hijos. Luego cambien de papel y contesta las preguntas de tu compañero(a), usando la información de abajo.

modelo

Emilio/artista

Estudiante A: *Emilio es deportista.*

Estudiante B: *Sus padres querían que hubiera sido artista.*

1. Bárbara / maestra
2. Óscar / mecánico
3. Lola / abogada
4. Miguel / ingeniero

Estudiante B Tu compañero(a) te va a decir las profesiones que escogieron varias personas. ¿Es lo que querían sus padres? Usa la siguiente información para contestar. Luego cambien de papel y describe a tu compañero(a) las profesiones de las personas de abajo.

modelo

Emilio/artista

Estudiante A: *Emilio es deportista.*

Estudiante B: *Sus padres querían que hubiera sido artista.*

5. Chela / arquitecta
6. Paco / intérprete
7. Félix / juez
8. Diana / taxista

25 Unidad 4 Etapa 3 p. 300 — Estadísticas

Estudiante A Tu compañero(a) tiene estadísticas sobre las carreras de varios estudiantes bilingües que acaban de graduarse de la universidad. Pregunta cuáles son los datos para las siguientes carreras. Luego cambien de papel y contesta las preguntas de tu compañero(a), usando los datos de la gráfica de abajo.

modelo
intérprete

Estudiante A: ¿Cuántos son intérpretes?

Estudiante B: Un quinto de ellos son intérpretes. **o**
El veinte por ciento de ellos son intérpretes.

1. académicos
2. agentes de viajes
3. corresponsales
4. financieros

(Gráfica de barras: 0%, 25%, 50%, 75%, 100% — trabajadores sociales, banqueros, traductores, diplomáticos)

Estudiante B Tu compañero(a) busca estadísticas sobre las carreras de estudiantes bilingües que acaban de graduarse de la universidad. Contesta sus preguntas basándote en la información de la siguiente gráfica. Luego cambien de papel y pregunta cuáles son los datos para las siguientes carreras.

modelo
intérprete

Estudiante A: ¿Cuántos son intérpretes?

Estudiante B: Un quinto de ellos son intérpretes. **o**
El veinte por ciento de ellos son intérpretes.

5. diplomáticos
6. trabajadores sociales
7. traductores
8. banqueros

agentes de viajes
intérpretes
académicos
financieros
corresponsales

26 Unidad 4 Etapa 3 p. 305 — ¿Cuándo?

OCTAVIO

5 años	10 años	15 años	20 años
trabajar de voluntario en otro país	hacer un doctorado	tener dos hijos	trabajar para una compañía multinacional

Estudiante A Pregunta a tu compañero(a) cuándo Estela habrá hecho estas cosas. ¿Y él (ella)? Luego, cambien de papel y contesta las preguntas de tu compañero(a) según las metas de Octavio.

modelo
viajar a muchos países

Estudiante A: ¿Cuándo habrá viajado Estela a muchos países?

Estudiante B: Habrá hecho eso dentro de cinco años. ¿Y tú?…

1. casarse
2. graduarse de la escuela
3. jubilarse
4. ser diplomática

Estudiante B Contesta las preguntas de tu compañero(a) sobre Estela. Luego, pregunta cuándo Octavio habrá hecho estas cosas y cuándo las hará tu compañero(a).

modelo
viajar a muchos países

Estudiante A: ¿Cuándo habrá viajado Estela a muchos países?

Estudiante B: Habrá hecho eso dentro de cinco años. ¿Y tú?…

graduarme — viajar a muchos países — casarme — ser diplomática — jubilarme

1 año	5 años	10 años	15 años	30 años

ESTELA

5. hacer un doctorado
6. tener dos hijos
7. trabajar para una compañía multinacional
8. trabajar de voluntario en otro país

27 Unidad 5 Etapa 1 p. 330
¿Cuántas diferencias?

Estudiante A Hay algunas diferencias entre tu dibujo y el de tu compañero(a). Hazle preguntas y contesta las preguntas de tu compañero(a) para determinar cuántas diferencias hay.

modelo

¿cuál? / nombre

Estudiante A: *¿Cuál es su nombre?*

Estudiante B: *No sé cuál es su nombre. ¿Cuál es el nombre de la joven?*

1. ¿qué? / primer plano
3. ¿cuál? / diferencia / panderetas
5. ¿qué? / instrumentos
7. ¿?

Estudiante B

Hay algunas diferencias entre el dibujo que tienes y el de tu compañero(a). Hazle preguntas usando la siguiente lista y contesta las preguntas de tu compañero(a) para determinar cuántas diferencias hay.

modelo

¿cuál? / nombre

Estudiante A: *¿Cuál es su nombre?*

Estudiante B: *No sé cuál es su nombre. ¿Cuál es el nombre de la joven?*

2. ¿qué? / fondo
4. ¿qué? / hacer
6. ¿qué? / tocar
8. ¿?

---

28 Unidad 5 Etapa 1 p. 333
Intereses personales

Estudiante A Pregúntale a tu compañero(a) sobre sus intereses, usando la lista de la parte A. Luego contesta las preguntas de tu compañero(a), basándote en la lista de la parte B. Sigue el modelo.

modelo

literatura (cómica / ciencia ficción)

Estudiante A: *¿Qué tipo de literatura te interesa?*

Estudiante B: *Me interesa la literatura que sea muy cómica.*

A	B
1. música / interesar	4. (incluye / no incluye) letra
2. pintores / admirar	5. darme (risa / miedo)
3. bailarines / gustar mirar	6. ser (siglo 17 / siglo 20)

Estudiante B

Tú y tu compañero(a) quieren conocerse mejor. Contesta las preguntas de tu compañero(a) basándote en la información de la lista A. Sigue el modelo. Luego hazle preguntas a tu compañero(a) usando la lista B.

modelo

literatura (cómica / ciencia ficción)

Estudiante A: *¿Qué tipo de literatura te interesa?*

Estudiante B: *Me interesa la literatura que sea muy cómica.*

A	B
1. darme (ánimo / tranquilidad)	4. música / escuchar más
2. pintar (naturalezas muertas / cuadros históricos)	5. obras teatrales / preferir ver
3. bailar (el tango / el flamenco)	6. estilo de cuadros / interesar más

29 Unidad 5 Etapa 2 p. 349
¿Lo hizo?

Estudiante A Tu compañero(a) escribió una lista de actividades. Pregúntale si ya las hizo, usando la siguiente información. Luego cambien de papel e imagínate que la lista en el cuaderno es tuya. Una marca indica que cumpliste la actividad. Sigue el modelo.

modelo

pintar la máscara

Estudiante A: ¿Pintaste la máscara?

Estudiante B: Sí, la pinté.

1. hacer los quehaceres
2. escuchar salsa
3. escribir el ensayo
4. navegar por Internet para buscar información

✓ tarea
animales
regalo para mamá
✓ instrumento

Estudiante B Imagínate que la lista en el cuaderno es tuya. Una marca indica que hiciste la actividad indicada. Contesta las preguntas de tu compañero(a) según la lista. Luego cambien de papel y pregúntale a tu compañero(a) si hizo cada una de las siguientes actividades.

modelo

Pintar la máscara

Estudiante A: ¿Pintaste la máscara?

Estudiante B: Sí, la pinté.

1. bañar los perros
2. leer la biografía
3. practicar el violín
4. comprar el tejido

✓ nuevo disco compacto
tarea
✓ limpiar
✓ computadora

30 Unidad 5 Etapa 2 p. 351
¿Quién es?

Estudiante A Juega a esto con tu compañero(a). Para cada categoría de la siguiente lista, escoge un ejemplo y escríbelo en una hoja aparte. Dale pistas (clues), usando la forma correcta de **el que** o **el cual**, para que tu compañero(a) lo adivine. Sigue el modelo. Luego, cambien de papel y trata de adivinar los ejemplos de tu compañero(a).

modelo

jueza

Estudiante A: Ésta jueza es la que fue la primera mujer en la Corte Suprema de Estados Unidos.

Estudiante B: ¡Sandra Day O'Connor!

1. político
2. actriz
3. conquistador
4. artista
5. monumento
6. película

Estudiante B Juega a esto con tu compañero(a). Tu compañero(a) te va a dar pistas (clues) para ver si puedes adivinar una cosa o una persona que él (ella) ha escrito en otra hoja de papel. Sigue el modelo. Luego cambien de papel. Para cada categoría de la siguiente lista, escoge un ejemplo y escríbelo en una hoja aparte. Dale pistas a tu compañero(a), usando la forma correcta de **el que** o **el cual**, para que tu compañero(a) lo adivine.

modelo

jueza

Estudiante A: Ésta jueza es la que fue la primera mujer en la Corte Suprema de Estados Unidos.

Estudiante B: ¡Sandra Day O'Connor!

7. músico o conjunto
8. explorador
9. actor
10. libro
11. país
12. deportista

Right margin: **MÁS COMUNICACIÓN**

31 — Unidad 5 Etapa 3 p. 374 — ¡No repitas!

Estudiante A Entrevista a tu compañero(a), usando las siguiente opciones. Luego cambien de papel y contesta las preguntas de tu compañero(a). Cuando contestes, no repitas el sustantivo. Sigan el modelo.

modelo

comer comidas (picantes / blandas)

Estudiante A: ¿Prefieres comer las comidas picantes o las comidas blandas?

Estudiante B: Me gustan más las picantes.

1. comprar un carro (nuevo / usado)
2. tomar una clase (fácil / interesante)
3. ver finales (feliz / irónico)
4. leer novelas (innovador / tradicional)
5. hacer deportes (individuales / en equipo)

Estudiante B Tu compañero(a) te va a entrevistar. Cuando contestes sus preguntas, no repitas el sustantivo. Sigan el modelo. Luego cambien de papel y entrevista a tu compañero(a), usando las opciones de la siguiente lista.

modelo

comer comidas (picantes / blandas)

Estudiante A: ¿Prefieres comer las comidas picantes o las comidas blandas?

Estudiante B: Me gustan más las picantes.

6. ver una película (creativo / dramático)
7. escuchar una canción (expresivo / divertido)
8. mirar a modelos (rubio / pelirrojo)
9. llevar la ropa (clásico / original)
10. hacer los papeles (romántico / cómico)

32 — Unidad 5 Etapa 3 p. 377 — ¿De quién?

Oprah Winfrey   Elvis Presley
Tiger Woods   Laura Esquivel

Estudiante A A ti y a tus amigos siempre les fascinan las personas famosas. Dile a tu compañero(a) la actividad que hiciste y él (ella) tiene que identificar a la persona famosa relacionada con la actividad. Sigue el modelo. Luego cambien de papel.

modelo

visitar una compañía de tecnología fenomenal

Estudiante A: Visité una compañía de tecnología fenomenal.

Estudiante B: Ah, visitaste la de Bill Gates.

1. mirar una película de ciencia ficción
2. leer un libro sobre la esclavitud
3. estudiar el cubismo
4. coleccionar tarjetas de un atleta

Estudiante B A ti y a tus amigos siempre les fascinan las personas famosas. Tu compañero(a) te dice la actividad que hizo y tienes que identificar a la persona famosa relacionada con la actividad. Sigue el modelo. Luego cambien de papel.

modelo

visitar una compañía de tecnología fenomenal

Estudiante A: Visité una compañía de tecnología fenomenal.

Estudiante B: Ah, visitaste la de Bill Gates.

Michael Jordan   George Lucas
Pablo Picasso   Toni Morrison

5. visitar una casa famosa llamada «Graceland»
6. leer una novela que en cada capítulo describe cómo preparar comida
7. ver un programa de tele con una anfitriona que también es actriz
8. mirar partidos de golf increíbles

33 — Unidad 6 Etapa 1 p. 399
El perro, el gato y el ratón

Estudiante A: ¿Cuál es el primer dibujo?

Estudiante B: Pues, el gato…

modelo

Estudiante A Los dibujos representan lo que pasó en un dibujo animado, pero no aparecen en el orden correcto. Hay seis dibujos en total. Junto a tu compañero(a), determinen el orden lógico de los dibujos. ¡Ojo! No mires los dibujos de tu compañero(a).

Estudiante B Los dibujos representan lo que pasó en un dibujo animado, pero no aparecen en el orden correcto. Hay seis dibujos en total. Junto a tu compañero(a), determinen el orden lógico de los dibujos. ¡Ojo! No mires los dibujos de tu compañero(a).

modelo

Estudiante A: ¿Cuál es el primer dibujo?

Estudiante B: Pues, el gato…

---

34 — Unidad 6 Etapa 1 p. 405
¿Qué dijo?

«Es el mejor guión que
he escrito.»

• «No miren esa película
porque es prohibida
para menores.

• «Queremos mirar los
dibujos animados.»
4. la deportista

• «Es bastante difícil dirigir
un programa en vivo
y directo.»
3. los padres

2. la crítica

1. el actor

el sábado.

Estudiante B: Dijeron que iban a alquilar un video para

Estudiante A: ¿Qué dijeron los jóvenes?

los jóvenes   «Vamos a alquilar un video para el sábado.»

modelo

Estudiante A Pregúntale a tu compañero(a) qué dijeron las siguientes personas. Luego, cambien de papel y escoge una de las opciones de la derecha para contestar lógicamente las preguntas de tu compañero(a).

Estudiante B Tu compañero(a) quiere saber qué dijeron varias personas. Escoge una de las siguientes opciones para contestar sus preguntas lógicamente. Luego, cambien de papel y pregúntale qué dijeron las personas de la lista de la derecha.

modelo

los jóvenes   «Vamos a alquilar un video para el sábado.»

Estudiante A: ¿Qué dijeron los jóvenes?

Estudiante B: Dijeron que iban a alquilar un video para el sábado.

• «Todos deben ir a ver esta película de cuatro estrellas.»

• «Ojalá que alguien grabe el partido.»

• «Quiero hacer el papel de Juan Carlos.»

• «No miren la tele antes de hacer la tarea.»

5. los niños

6. el guionista

7. los padres

8. la directora

35 Unidad 6 Etapa 2 p. 421
¿Qué quieres?

Estudiante A Pregúntale a tu compañero(a) si quiere las siguientes cosas. Luego, cambien de papel y contéstale sus preguntas, usando las expresiones de la lista a la derecha.

modelo

radio portátil   en cuanto

Estudiante A: ¿Te gustaría comprar un radio portátil?

Estudiante B: Sí, voy a comprar uno en cuanto tenga bastante dinero.

1. videocámara	• hasta que
2. contestadora automática	• aunque
3. asistente electrónico	• para que
4. beeper	• con tal que

Estudiante B Cuando tu compañero(a) te pregunte si quieres varias cosas, usa las siguientes expresiones para contestar. Luego, cambien de papel y pregúntale a él (ella) si quiere las cosas de la lista a la derecha.

modelo

radio portátil   en cuanto

Estudiante A: ¿Te gustaría comprar un radio portátil?

Estudiante B: Sí, voy a comprar uno en cuanto tenga bastante dinero.

• a menos que	5. audífonos
• tan pronto como	6. computadora portátil
• para que	7. telemensaje
• en caso de que	8. equipo estereofónico

36 Unidad 6 Etapa 2 p. 422
Dibujos con acción

Estudiante A Dibuja las siguientes cosas. Tu compañero(a) describe cada objeto y su posición en la escena. Luego, cambien de papel y adivina (describe) lo que dibuja tu compañero(a). ¿Quién adivina más rápido?

1. El teléfono inalámbrico está delante de la computadora portátil.
2. El beeper está encima de la contestadora automática.
3. Los audífonos están alrededor del radio portátil.
4. La grabadora está arriba de la mesa.

Estudiante B Tu compañero(a) te va a dibujar cuatro escenas. ¿Puedes describir cada objeto y su posición en la escena? Luego, cambien de papel y dibuja las siguientes escenas para tu compañero(a). ¿Quién adivina más rápido?

5. La pila está junto a la videocámara.
6. El equipo estereofónico está abajo.
7. El teléfono celular está dentro del carro.
8. El televisor portátil está frente al altoparlante.

Estudiante A Cuatro de tus amigos van a viajar este verano. Trabajando junto a tu compañero(a), completa la tabla con la información que falta para saber más sobre los viajes.

modelo

Estudiante A: ¿Cuál es la hora de salida de Esteban?

Estudiante B: La hora de salida de Esteban es las 13:15.

	Esteban	Jesús	Emilia	Dani
destinación	Cali		Ponce	
distancia		675 mi.		1800 mi.
hora de salida		14:30		8:45
duración del viaje	7 días		15 días	

Estudiante B Cuatro de tus amigos van a viajar este verano. Trabajando junto a tu compañero(a), completa la tabla con la información que falta para saber más sobre los viajes.

modelo

Estudiante A: *¿Cuál es la hora de salida de Esteban?*

Estudiante B: *La hora de salida de Esteban es las 13:15.*

	Esteban	Jesús	Emilia	Dani
destinación		Mérida		Madrid
distancia	850 mi.		540 mi.	
hora de salida	13:15		14:30	
duración del viaje		12 días		5 días

Estudiante A Juega a esto con tu compañero(a). Da pistas para que tu compañero(a) adivine el verbo y la preposición en negrita de cada una de las siguientes oraciones. ¡Ojo! No puedes usar esas palabras en tu descripción. Luego cambien de papel y trata de adivinar las expresiones de tu compañero(a).

modelo

*El niño **viene con** su mamá.*

Estudiante A: *El niño acompaña a su mamá... Él llega acompañado por ella... Su mamá lo trae...*

Estudiante B: *El niño va con su mamá... sale con su mamá... ¡**Viene con** su mamá!*

1. La niña **tiene que** comprar un disco.
2. El estudiante **aprende a** crear una página-web.
3. La secretaria **se olvida de** enviar el fax.
4. El programador **acaba de** limpiar la pantalla.

Estudiante B Juega a esto con tu compañero(a). Trata de adivinar las expresiones según las pistas de tu compañero(a). Luego cambien de papel y da pistas para que tu compañero(a) adivine la expresión en negrita de cada una de las siguientes oraciones. ¡Ojo! No puedes usar esas palabras en tu descripción.

modelo

*El niño **viene con** su mamá.*

Estudiante A: *El niño acompaña a su mamá... Él llega acompañado por ella... Su mamá lo trae...*

Estudiante B: *El niño va con su mamá... sale con su mamá... ¡**Viene con** su mamá!*

5. El programa **insiste en** que uses la contraseña.
6. **Hay que** hacer doble clic.
7. La profesora **comienza a** participar en un grupo de conversación.
8. **Tengo ganas de** navegar por Internet.

MÁS COMUNICACIÓN

Juegos—respuestas

UNIDAD 1

Etapa 1   p. 51: c. descarado

Etapa 2   p. 73: monedero

Etapa 3   p. 97: reparar, desyerbar, vaciar, descansar

UNIDAD 2

Etapa 1   p. 123: 1. c, 2. b, 3. a

Etapa 2   p. 145: la capa de ozono

Etapa 3   p. 169: mono, mariposa

UNIDAD 3

Etapa 1   p. 195: b. prohibir

Etapa 2   p. 217: pavo, pastel

Etapa 3   p. 241: faro

UNIDAD 4

Etapa 1   p. 267: 2

Etapa 2   p. 289: jubilarse, beneficios, aumentar, no trabajar

Etapa 3   p. 313: académico, agente de ventas

UNIDAD 5

Etapa 1   p. 339: una naturaleza muerta

Etapa 2   p. 361: Somos una civilización avanzada.

Etapa 3   p. 385: b. el crítico

UNIDAD 6

Etapa 1   p. 411: programas de misterio, los documentales, control remoto

Etapa 2   p. 433: una batería

Etapa 3   p. 457: Carmen

Gramática-resumen

Grammar Terms

Adjective (p. 326): a word that describes a noun
*A Francisco le gustan las pinturas **modernas.***

Adverb (p. 421): a word that modifies a verb, an adjective, or another adverb
*Puerto Rico es **muy** bonito, **especialmente** la playa.*

Article: a word that identifies the class of a noun: masculine or feminine, singular or plural
***El** Yunque es **un** bosque tropical. **El** perfume de **las** orquídeas es muy agradable.*

Auxiliary Verb (pp. 44, 137): a secondary verb that is used with a main verb
*Nuestra visita al Prado **ha** sido increíble y ya **estamos** pensando ir otra vez.*

Command (pp. 110, 112): a verb form used to tell someone to do something
***Haga** ejercicio para bajar el estrés.*

Comparative (p. 442): a phrase that compares two different things
*El teatro español es **más divertido que** el cine.*

Conditional Tense (pp. 115, 208, 281, 402): a verb form that indicates that the action in a sentence could happen at a future time
*¿Te **gustaría** proteger el medio ambiente?*

Conditional Perfect Tense (p. 281): a verb form that expresses actions that would have been done if something else had been true
***Habríamos trabajado** en finanzas si hubiéramos estudiado economía.*

Conjugated verb (pp. 350, 370): a verb whose endings reflect person and number (as opposed to an infinitive)
*Muchas personas **quieren** prepararse para carreras en tecnología.*

Conjunction (pp. 158, 184, 228, 400, 420, 423): a word that acts as a connector between words, phrases, clauses, or sentences
*También queremos ir al Parque Nacional Volcán Póas, **pero** no pensamos que haya tiempo.*

Demonstrative (pp. 326, 372): an adjective or a pronoun that points out someone or something
*Francisco, ¿escribiste **este** poema?–¿**Éste?** Sí, lo escribí.*

Direct Object (pp. 44, 256, 298, 348, 370): a noun or pronoun that receives the action of the main verb in a sentence
*La mesera puso **la mesa** con cubiertos. **La** puso con cubiertos.*

Future Tense (pp. 63, 66, 115): a tense that indicates that the action in a sentence will happen in the future
*Francisco **escribirá** un artículo sobre la conservación de la naturaleza.*

Future Perfect Tense (p. 302): a verb form that expresses what will have happened by a certain time
*A las dos, ya **habremos salido.***

Gender: a term that categorizes a noun or pronoun as masculine or feminine
*Laura no quiere **el azúcar** en **la sopa.***

Imperfect Tense (pp. 40, 41, 260, 278, 398): a verb form that notes incomplete or repeated actions or states with reference to the past
***Juntábamos** fondos para el centro de la comunidad cuando supimos cuántos servicios **se ofrecían** allí.*

Indicative Mood (pp. 232, 400, 402, 403, 420): the mood of the verb used for statements that report what is/was and for questions (as opposed to the subjunctive mood)
***Voy** a celebrar el día de la Independencia en Puerto Rico. ¿Adónde **vas** tú?*

Indirect Object (pp. 44, 60, 350, 370): a noun or pronoun that tells to or for whom/what the action is done
*Catalina recomendó el libro a sus **amigos.** Catalina **les** recomendó el libro.*

Infinitive: the basic form of a verb that ends in **-ar, -er, -ir.**
*Susana quiere **ser** una estrella.*

Interrogative (pp. 254, 328): a word that asks a question
*¿**Qué** te gusta hacer durante las vacaciones?*

Main Clause (pp. 44, 137, 204, 208, 226, 228, 278, 354, 403): in a sentence with two clauses, the main clause is the one that can function alone as a complete sentence
*Con tal de que haya buen tiempo, **vamos a hacer alpinismo este fin de semana.***

Negative Command (p. 110): a verb form used to tell someone not to do something
*Alejandro, **no vayas** al campamento hasta mañana.*

Nominalization (pp. 372, 375): to use another part of speech (such as an article, an adjective or a pronoun) instead of a noun
*Esta computadora es increíble, pero **la tuya** es mejor. **La suya** es **la más impresionante**.*

Noun: a word that names a person, animal, place, or thing
***Frida Kahlo**, una **pintora** muy famosa, pintó **pinturas** sobre su **vida** en **México**.*

Number: a term that categorizes a noun or pronoun as singular or plural
*Donde hay **una piñata**, hay **una fiesta**. Hay **muchas fiestas** en **México**.*

Past Participle (pp. 44, 137, 278, 281, 302): a verb form that indicates past action but does not specify person or number; used in the present and past perfect tenses; also is used as an adjective
*La impresora está **rota**. La hemos **comprado** hace sólo dos semanas. Hemos **vendido** la otra.*

Past Perfect Tense (p. 44): a verb form that focuses on actions that were completed before others in the past, consisting of an auxiliary verb and the past participle
*Ya **habíamos regado** las plantas cuando empezó a llover.*

Past Progressive Tense (p. 260): a verb form that describes an action that was in progress in the past at a certain point in time
***Estábamos mirando** un espectáculo de flamenco cuando Mario tuvo que irse.*

Possessive (pp. 300, 375): an adjective or a pronoun that tells to whom the noun it describes belongs
*Don Miguel dice que son **sus** marionetas. Son las marionetas*

*suyas. **Las suyas** son muy comunes en México.*

Preposition (pp. 61, 331, 421, 445): a word that shows the relationship between its object and another word
***Por** su segundo álbum Cristian Castro ganó un premio.*

Present Participle (p. 44): the **-ando/-endo/-iendo** form of a verb
*Estamos **regando** las plantas.*

Present Perfect Tense (p. 44): a verb form that indicates that the action in a sentence has been done in the past
*¡Me **ha gustado** tanto Ecuador!*

Present Progressive Tense (pp. 256, 258): a verb form that indicates that an action is in progress at this very moment
*Alicia **está preparándose** para su entrevista.*

Present Tense (pp. 4, 8, 256): a verb form that indicates that the action is happening now, does happen, or will happen in the near future.
*Antonio Banderas **participa** en películas en inglés y español.*

Preterite Tense (pp. 12, 16, 20, 24, 41, 260, 278, 398): a verb form that indicates that the action in a sentence happened at a particular time in the past
*¿Cuándo **se inventó** la guitarra eléctrica?*

Pronoun (pp. 82, 256, 298, 300, 326, 348, 350, 352, 354, 370): a word that takes the place of a noun
*Catalina siempre compra el periódico. **Ella** siempre **lo** compra.*

Reciprocal Verb (p. 84): verb that expresses actions that people do for or to each other
*Marta y Fernanda **se escriben** todos los días y **se hablan** por teléfono una vez a la semana.*

Reflexive Verb (pp. 82, 84, 87): a verb for which the subject receives the action
*Las letras D.F. **se refieren** a la Ciudad de México.*

Relative Clause (p. 331): a subordinate clause that is introduced by a relative pronoun
*Quiero ir al museo **que está cerca del centro**.*

Relative Pronoun (pp. 331, 352, 354): a pronoun that refers to something that has been mentioned previously
*Esa celebración patriótica, **la cual** te describí antes, es famosa por todo el mundo.*

Sí Clause (p. 208): a clause that expresses a hypothetical or contrary-to-fact situation
Si tenemos tiempo, vamos a ver una película de Carlos Saura.

Stem (p. 20): the part of the infinitive that remains after the **-ar, -er,** or **-ir** ending is deleted
*Para formar el futuro del verbo **hablar,** hay que añadir las terminaciones a la forma **habl-.***

Subject: the noun or noun phrase in a sentence that tells who or what does the action
***Isabel** saltaba la cuerda cuando era niña.*

Subjunctive Mood (pp. 132, 134, 135, 137, 154, 156, 158, 182, 184, 186, 204, 206, 208, 226, 228, 232, 278, 400, 402, 403, 420): a verb form in a dependent clause that indicates that a sentence expresses doubt, emotion, opinion or an unlikely happening (as opposed to the indicative mood)
*Francisco no cree que **vaya** a nevar.*

Subordinate Clause (pp. 44, 137, 204, 226, 403, 420, 423): in a sentence with two clauses, this clause is incomplete and cannot function as a sentence on its own
***Además de ser atrevida,** Manuela también es muy independiente.*

Superlative (p. 442): a phrase that describes which item has the most or least of a quality
*¡Isabel y Andrea van a ser **las más elegantes** de todas las chicas en la fiesta!*

Tense: the conjugated form of a verb whose endings follow a pattern
*Soy muy creativo. **Creo** que **puedo** inventar anuncios para la tele.*

Verb: a word that expresses action or a state of being
*Don Miguel **viene** al parque con sus marionetas.*
Está** contento cuando los niños **se sonríen.

Nouns, Articles, and Pronouns

Nouns

Nouns identify people, animals, places, or things. Spanish nouns are either **masculine** or **feminine**. They are also either **singular** (identifying one thing) or **plural** (identifying more than one thing). **Masculine nouns** usually end in **-o** and **feminine nouns** usually end in **-a**.

To make a noun **plural,** add **-s** to a word ending in a vowel and **-es** to a word ending in a consonant. When a noun ends in **z,** change the **z** to **ces** to form the plural: *acrtiz, actrices.* Generally, the same syllable carries the force of pronunciation in plural and in singular forms: *lápiz, lápices; pantalón, pantalones; joven, jóvenes.*

Singular Nouns		Plural Nouns	
Masculine	**Feminine**	**Masculine**	**Feminine**
amigo	amiga	amigos	amigas
chico	chica	chicos	chicas
hombre	mujer	hombres	mujeres
suéter	blusa	suéteres	blusas
zapato	falda	zapatos	faldas

Articles

Articles identify the class of a noun: masculine or feminine, singular or plural. **Definite articles** are the equivalent of the English word *the*. **Indefinite articles** are the equivalent of *a*, *an*, or *some*.

Definite Articles		
	Masculine	**Feminine**
Singular	**el** amigo	**la** amiga
Plural	**los** amigos	**las** amigas

Indefinite Articles		
	Masculine	**Feminine**
Singular	**un** amigo	**una** amiga
Plural	**unos** amigos	**unas** amigas

Pronouns

A **pronoun** can take the place of a noun. The choice of pronoun is determined by how it is used in the sentence.

Subject Pronouns	
yo	nosotros(as)
tú	vosotros(as)
usted	ustedes
él, ella	ellos(as)

Pronouns Used After Prepositions	
de **mí**	de **nosotros(as)**
de **ti**	de **vosotros(as)**
de **usted**	de **ustedes**
de **él**, de **ella**	de **ellos(as)**
After **con, mí** and **ti** become **conmigo, contigo.**	

Direct Object Pronouns	
me	nos
te	os
lo, la	los, las

Indirect Object Pronouns	
me	nos
te	os
le	les

Reflexive Pronouns	
me	nos
te	os
se	se

Demonstrative Pronouns	
éste(a), esto	éstos(as)
ése(a), eso	ésos(as)
aquél(la), aquello	aquéllos(as)

Adjectives

Adjectives describe nouns. In Spanish, adjectives must match the **number** and **gender** of the nouns they describe. When an adjective describes a group with both genders, the masculine form is used. To make an adjective plural, apply the same rules that are used for making a noun plural. Most adjectives are placed after the noun.

Adjectives		
	Masculine	**Feminine**
Singular	el chico **guapo**	la chica **guapa**
	el chico **paciente**	la chica **paciente**
	el chico **fenomenal**	la chica **fenomenal**
	el chico **trabajador**	la chica **trabajadora**
Plural	los chicos guapo**s**	las chicas guapa**s**
	los chicos paciente**s**	las chicas paciente**s**
	los chicos fenomenal**es**	las chicas fenomenal**es**
	los chicos trabajador**es**	las chicas trabajadora**s**

Adjectives cont.

Sometimes adjectives are placed before the noun and **shortened. Grande** is shortened before any singular noun. Several others are shortened before a masculine singular noun.

Shortened Forms			
alguno	**algún** chico	primero	**primer** chico
bueno	**buen** chico	tercero	**tercer** chico
malo	**mal** chico	grande	**gran** chico(a)
ninguno	**ningún** chico		

Possessive adjectives identify to whom something belongs. They agree in gender and number with the possessed item, not with the person who possesses it. These forms always come before nouns.

Possessive Adjectives				
	Masculine		**Feminine**	
Singular	**mi** amigo	**nuestro** amigo	**mi** amiga	**nuestra** amiga
	tu amigo	**vuestro** amigo	**tu** amiga	**vuestra** amiga
	su amigo	**su** amigo	**su** amiga	**su** amiga
Plural	**mis** amigos	**nuestros** amigos	**mis** amigas	**nuestras** amigas
	tus amigos	**vuestros** amigos	**tus** amigas	**vuestras** amigas
	sus amigos	**sus** amigos	**sus** amigas	**sus** amigas

Demonstrative adjectives point out which noun is being referred to. Their English equivalents are *this*, *that*, *these,* and *those*.

Demonstrative Adjectives		
	Masculine	**Feminine**
Singular	**este** amigo	**esta** amiga
	ese amigo	**esa** amiga
	aquel amigo	**aquella** amiga
Plural	**estos** amigos	**estas** amigas
	esos amigos	**esas** amigas
	aquellos amigos	**aquellas** amigas

Interrogatives

Interrogatives		
¿Adónde?	¿Cuándo?	¿Por qué?
¿Cómo?	¿Cuánto(a)? ¿Cuántos(as)?	¿Qué?
¿Cuál(es)?	¿Dónde?	¿Quién(es)?

Comparatives

Comparatives are used when comparing two different things.

Comparatives		
más (+) **más** interesante **que…** Me gusta correr **más que** nadar.	menos (−) **menos** interesante **que…** Me gusta nadar **menos que** correr.	tan(to) (=) **tan** interesante **como…** Me gusta leer **tanto como** escribir.

There are a few irregular comparatives:
•When talking about people, use **mayor** and **menor.**

•**Mejor** and **peor** are the comparative forms of **bueno(a)** and **malo(a).**

•When talking about numbers, use **de** instead of **que.**

        más de cien…

        menos de cien…

Age	Quality
mayor menor	mejor peor

Superlatives

Superlatives are used to distinguish one item from a group. They describe which item has the most or least of a quality.

The ending **-ísimo(a)** can be added to an adjective to form a superlative.

Irregular comparatives are also irregular as superlatives.

Use "de" after a superlative:
El más alto de la clase

Superlatives		Masculine	Feminine
Singular		**el** chico **más** alto **el** chico **menos** alto	**la** chica **más** alta **la** chica **menos** alta
Plural		**los** chicos **más** altos **los** chicos **menos** altos	**las** chicas **más** altas **las** chicas **menos** altas
Singular		mole buen**ísimo**	pasta buen**ísima**
Plural		frijoles buen**ísimos**	enchiladas buen**ísimas**

Prepositions and Adverbs of Location

Prepositions and Adverbs of Location					
abajo (de) afuera al lado (de)	alrededor (de) atrás debajo (de)	delante (de) dentro (de) detrás (de)	encima (de) enfrente (de) frente (a)	fuera (de) hacia hasta	junto (a) sobre

Affirmative and Negative Words

Affirmative	Negative
a menudo	jamás
algo	nada
alguien	nadie
algún (alguna)	ningún (ninguna)
alguno(a)	ninguno(a)
muchas veces	rara vez
o… o…	ni… ni…
siempre	nunca
también	tampoco

Adverbs

Adverbs modify a verb, an adjective, or another adverb. Many adverbs in Spanish are made by changing an existing adjective.

Adjective	→	Adverb
reciente	→	reciente**mente**
frecuente	→	frecuente**mente**
fácil	→	fácil**mente**
normal	→	normal**mente**
especial	→	especial**mente**
feliz	→	feliz**mente**
cuidadoso(a)	→	cuidadosa**mente**
rápido(a)	→	rápida**mente**
lento(a)	→	lenta**mente**
tranquilo(a)	→	tranquila**mente**

Verbs

Simple Tenses

		Indicative					Subjunctive	
		Present	**Imperfect**	**Preterite**	**Future**	**Conditional**	**Present**	**Imperative**
Infinitive *Present Participle* *Past Participle*	habl**ar** habl**ando** habl**ado**	habl**o** habl**as** habl**a** habl**amos** habl**áis** habl**an**	habl**aba** habl**abas** habl**aba** habl**ábamos** habl**abais** habl**aban**	habl**é** habl**aste** habl**ó** habl**amos** habl**asteis** habl**aron**	hablar**é** hablar**ás** hablar**á** hablar**emos** hablar**éis** hablar**án**	hablar**ía** hablar**ías** hablar**ía** hablar**íamos** hablar**íais** hablar**ían**	habl**e** habl**es** habl**e** habl**emos** habl**éis** habl**en**	habl**a** **no** habl**es** habl**e** habl**en**
Infinitive *Present Participle* *Past Participle*	com**er** com**iendo** com**ido**	com**o** com**es** com**e** com**emos** com**éis** com**en**	com**ía** com**ías** com**ía** com**íamos** com**íais** com**ían**	com**í** com**iste** com**ió** com**imos** com**isteis** com**ieron**	comer**é** comer**ás** comer**á** comer**emos** comer**éis** comer**án**	comer**ía** comer**ías** comer**ía** comer**íamos** comer**íais** comer**ían**	com**a** com**as** com**a** com**amos** com**áis** com**an**	com**e** **no** com**as** com**a** com**an**
Infinitive *Present Participle* *Past Participle*	viv**ir** viv**iendo** viv**ido**	viv**o** viv**es** viv**e** viv**imos** viv**ís** viv**en**	viv**ía** viv**ías** viv**ía** viv**íamos** viv**íais** viv**ían**	viv**í** viv**iste** viv**ió** viv**imos** viv**isteis** viv**ieron**	vivir**é** vivir**ás** vivir**á** vivir**emos** vivir**éis** vivir**án**	vivir**ía** vivir**ías** vivir**ía** vivir**íamos** vivir**íais** vivir**ían**	viv**a** viv**as** viv**a** viv**amos** viv**áis** viv**an**	viv**e** **no** viv**as** viv**a** viv**an**

Perfect Tenses

Perfect Tenses		
Present Perfect	**Present Perfect Subjunctive**	**Future Perfect**
he has ha hemos habéis han } hablado comido vivido	haya hayas haya hayámos hayáis hayan } hablado comido vivido	habré habrás habrá habremos habréis habrán } hablado comido vivido
Past Perfect	**Past Perfect Subjunctive**	**Conditional Perfect**
había habías había habíamos habíais habían } hablado comido vivido	hubiera hubieras hubiera hubiéramos hubierais hubieran } hablado comido vivido	habría habrías habría habríamos habríais habrían } hablado comido vivido

Progressive Tenses

Progressive Tenses			
Present Progressive	**Present Participle**	**Past Progressive**	**Present Participle**
estoy estás está estamos estáis están	hablando comiendo viviendo	estaba estabas estaba estábamos estabais estaban	hablando comiendo viviendo

Stem-Changing Verbs

Infinitive in -ar	Present Indicative	Present Subjunctive
cerrar **e→ie**	cierro cierras cierra cerramos cerráis cierran	cierre cierres cierre cerremos cerréis cierren
probar **o→ue**	pruebo pruebas prueba probamos probáis prueban	pruebe pruebes pruebe probemos probéis prueben
jugar **u→ue**	juego juegas juega jugamos jugáis juegan	juegue juegues juegue juguemos juguéis jueguen
like **cerrar:** comenzar, despertar(se), empezar, merendar, nevar, pensar, recomendar, sentar(se) like **probar:** acostar(se), almorzar, contar, costar, encontrar(se), mostrar, recordar, volar		

Infinitive in -er	Present Indicative	Present Subjunctive
perder e→ie	pierdo pierdes pierde perdemos perdéis pierden	pierda pierdas pierda perdamos perdáis pierdan
volver o→ue	vuelvo vuelves vuelve volvemos volvéis vuelven	vuelva vuelvas vuelva volvamos volváis vuelvan

like **perder:** atender, entender, querer
like **volver** (past participle: vuelto)**:** devolver (devuelto), doler, llover, mover, poder, resolver (resuelto)

Infinitive in -ir	Indicative		Subjunctive
	Present	**Preterite**	**Present**
pedir e→i	pido pides pide pedimos pedís piden	pedí pediste pidió pedimos pedisteis pidieron	pida pidas pida pidamos pidáis pidan
dormir o→ue, u	duermo duermes duerme dormimos dormís duermen	dormí dormiste durmió dormimos dormisteis durmieron	duerma duermas duerma durmamos durmáis duerman
sentir e→ie, i	siento sientes siente sentimos sentís sienten	sentí sentiste sintió sentimos sentisteis sintieron	sienta sientas sienta sintamos sintáis sientan

like **pedir:** competir, despedir(se), reír(se), repetir, seguir, servir, sonreír(se), vestir(se)
like **dormir(se):** morir (past participle: **muerto**)
like **sentir:** divertir(se), mentir, preferir, requerir, sugerir

Spell-Changing Verbs

buscar

Preterite: bus**qu**é, buscaste, buscó, buscamos, buscasteis, buscaron
Present Subjunctive: bus**que**, bus**ques**, bus**que**, bus**que**mos, bus**qué**is, bus**que**n

like **buscar:** marcar, pescar, sacar, secar(se), tocar

conducir

Present Indicative: condu**zco**, conduces, conduce, conducimos, conducís, conducen
Preterite: condu**je**, condu**jiste**, condu**jo**, condu**jimos**, condu**jisteis**, condu**jeron**
Present Subjunctive: condu**zca**, condu**zcas**, condu**zca**, condu**zca**mos, condu**zcá**is, condu**zca**n

like **conducir:** producir, reducir, traducir

conocer

Present Indicative: cono**zco**, conoces, conoce, conocemos, conocéis, conocen
Present Subjunctive: cono**zca**, cono**zcas**, cono**zca**, cono**zca**mos, cono**zcá**is, cono**zca**n

like **conocer:** crecer, nacer, ofrecer, pertenecer

conseguir

Present Indicative: cons**i**go, cons**i**gues, cons**i**gue, conseguimos, conseguís, cons**i**guen
Present Subjunctive: cons**i**ga, cons**i**gas, cons**i**ga, cons**i**gamos, cons**i**gáis, cons**i**gan

like **conseguir:** seguir

construir

Present Indicative: constru**yo**, constru**yes**, constru**ye**, construimos, construís, constru**yen**
Preterite: construí, construiste, constru**yó**, construimos, construisteis, constru**yeron**

creer

Preterite: creí, creíste, cre**yó**, creímos, creísteis, cre**yeron**
Present Participle: cre**yendo**
Past Participle: creído

like **creer:** leer

cruzar

Preterite: cru**cé**, cruzaste, cruzó, cruzamos, cruzasteis, cruzaron
Present Subjunctive: cru**ce**, cru**ces**, cru**ce**, cru**ce**mos, cru**cé**is, cru**ce**n

like **cruzar:** almorzar (o→ue), comenzar (e→ie), empezar (e→ie)

escoger

Present Indicative: esco**jo**, escoges, escoge, escogemos, escogéis, escogen
Present Subjunctive: esco**ja**, esco**jas**, esco**ja**, esco**ja**mos, esco**já**is, esco**ja**n

like **escoger:** proteger

esquiar

Present Indicative: esqu**í**o, esqu**í**as, esqu**í**a, esquiamos, esquiáis, esqu**í**an
Present Subjunctive: esqu**í**e, esqu**í**es, esqu**í**e, esquiemos, esquiéis, esqu**í**en

llegar

Preterite: lle**gué**, llegaste, llegó, llegamos, llegasteis, llegaron
Present Subjunctive: lle**gue**, lle**gues**, lle**gue**, lle**gue**mos, lle**gué**is, lle**gue**n

like **llegar:** apagar, jugar, pagar

Irregular Verbs

andar

Preterite: anduve, anduviste, anduvo, anduvimos, anduvisteis, anduvieron

caber

Present Indicative: quepo, cabes, cabe, cabemos, cabéis, caben

Preterite: cupe, cupiste, cupo, cupimos, cupisteis, cupieron

Present Subjunctive: quepa, quepas, quepa, quepamos, quepáis, quepan

Commands: cabe (tú), no quepas (neg. tú), quepa (Ud.), quepan (Uds.)

caer

Present Indicative: caigo, caes, cae, caemos, caéis, caen

Preterite: caí, caíste, cayó, caímos, caísteis, cayeron

Present Subjunctive: caiga, caigas, caiga, caigamos, caigáis, caigan

Present Participle: cayendo

Past Participle: caído

dar

Present Indicative: doy, das, da, damos, dais, dan

Preterite: di, diste, dio, dimos, disteis, dieron

Present Subjunctive: dé, des, dé, demos, deis, den

Commands: da (tú), no des (neg. tú), dé (Ud.) den (Uds.)

decir

Present Indicative: digo, dices, dice, decimos, decís, dicen

Preterite: dije, dijiste, dijo, dijimos, dijisteis, dijeron

Future: diré, dirás, dirá, diremos, diréis, dirán

Conditional: diría, dirías, diría, diríamos, diríais, dirían

Present Subjunctive: diga, digas, diga, digamos, digáis, digan

Commands: di (tú), no digas (neg. tú), diga (Ud.), digan (Uds.)

Present Participle: diciendo

Past Participle: dicho

estar

Present Indicative: estoy, estás, está, estamos, estáis, están

Preterite: estuve, estuviste, estuvo, estuvimos, estuvisteis, estuvieron

Present Subjunctive: esté, estés, esté, estemos, estéis, estén

haber

Present Indicative: he, has, ha, hemos, habéis, han

Preterite: hube, hubiste, hubo, hubimos, hubisteis, hubieron

Future: habré, habrás, habrá, habremos, habréis, habrán

Conditional: habría, habrías, habría, habríamos, habríais, habrían

Present Subjunctive: haya, hayas, haya, hayamos, hayáis, hayan

hacer

Present Indicative: hago, haces, hace, hacemos, hacéis, hacen

Preterite: hice, hiciste, hizo, hicimos, hicisteis, hicieron

Future: haré, harás, hará, haremos, haréis, harán

Conditional: haría, harías, haría, haríamos, haríais, harían

Present Subjunctive: haga, hagas, haga, hagamos, hagáis, hagan

Commands: haz (tú), no hagas (neg. tú), haga (Ud.), hagan (Uds.)

Past Participle: hecho

ir

Present Indicative: voy, vas, va, vamos, vais, van

Imperfect: iba, ibas, iba, íbamos, ibais, iban

Preterite: fui, fuiste, fue, fuimos, fuisteis, fueron

Present Subjunctive: vaya, vayas, vaya, vayamos, vayáis, vayan

Commands: ve (tú), no vayas (neg. tú), vaya (Ud.), vayan (Uds.)

Present Participle: yendo

oír

Present Indicative: oigo, oyes, oye, oímos, oís, oyen
Preterite: oí, oíste, oyó, oímos, oísteis, oyeron
Present Subjunctive: oiga, oigas, oiga, oigamos, oigáis, oigan
Present Participle: oyendo

poder

Present Indicative: puedo, puedes, puede, podemos, podéis, pueden
Preterite: pude, pudiste, pudo, pudimos, pudisteis, pudieron
Future: podré, podrás, podrá, podremos, podréis, podrán
Conditional: podría, podrías, podría, podríamos, podríais, podrían
Present Subjunctive: pueda, puedas, pueda, podamos, podáis, puedan
Present Participle: pudiendo

poner

Present Indicative: pongo, pones, pone, ponemos, ponéis, ponen
Preterite: puse, pusiste, puso, pusimos, pusisteis, pusieron
Future: pondré, pondrás, pondrá, pondremos, pondréis, pondrán
Conditional: pondría, pondrías, pondría, pondríamos, pondríais, pondrían
Present Subjunctive: ponga, pongas, ponga, pongamos, pongáis, pongan
Commands: pon (tú), no pongas (neg. tú), ponga (Ud.), pongan (Uds.)
Past Participle: puesto

like **poner:** valer

querer

Present Indicative: quiero, quieres, quiere, queremos, queréis, quieren
Preterite: quise, quisiste, quiso, quisimos, quisisteis, quisieron
Future: querré, querrás, querrá, querremos, querréis, querrán
Conditional: querría, querrías, querría, querríamos, querríais, querrían
Present Subjunctive: quiera, quieras, quiera, queramos, queráis, quieran

saber

Present Indicative: sé, sabes, sabe, sabemos, sabéis, saben
Preterite: supe, supiste, supo, supimos, supisteis, supieron
Future: sabré, sabrás, sabrá, sabremos, sabréis, sabrán
Conditional: sabría, sabrías, sabría, sabríamos, sabríais, sabrían
Present Subjunctive: sepa, sepas, sepa, sepamos, sepáis, sepan
Commands: sabe (tú), no sepas (neg. tú), sepa (Ud.), sepan (Uds.)

salir

Present Indicative: salgo, sales, sale, salimos, salís, salen
Future: saldré, saldrás, saldrá, saldremos, saldréis, saldrán
Conditional: saldría, saldrías, saldría, saldríamos, saldríais, saldrían
Present Subjunctive: salga, salgas, salga, salgamos, salgáis, salgan
Commands: sal (tú), no salgas (neg. tú), salga (Ud.), salgan (Uds.)

ser

Present Indicative: soy, eres, es, somos, sois, son
Imperfect: era, eras, era, éramos, erais, eran
Preterite: fui, fuiste, fue, fuimos, fuisteis, fueron
Present Subjunctive: sea, seas, sea, seamos, seáis, sean
Commands: sé (tú), no seas (neg. tú), sea (Ud.), sean (Uds.)

tener

Present Indicative: tengo, tienes, tiene, tenemos, tenéis, tienen
Preterite: tuve, tuviste, tuvo, tuvimos, tuvisteis, tuvieron
Future: tendré, tendrás, tendrá, tendremos, tendréis, tendrán
Conditional: tendría, tendrías, tendría, tendríamos, tendríais, tendrían
Present Subjunctive: tenga, tengas, tenga, tengamos, tengáis, tengan
Commands: ten (tú), no tengas (neg. tú), tenga (Ud.), tengan (Uds.)

traer

Present Indicative: traigo, traes, trae, traemos, traéis, traen
Preterite: traje, trajiste, trajo, trajimos, trajisteis, trajeron
Present Subjunctive: traiga, traigas, traiga, traigamos, traigáis, traigan
Present Participle: trayendo
Past Participle: traído

venir

Present Indicative: vengo, vienes, viene, venimos, venís, vienen
Preterite: vine, viniste, vino, vinimos, vinisteis, vinieron
Future: vendré, vendrás, vendrá, vendremos, vendréis, vendrán
Conditional: vendría, vendrías, vendría, vendríamos, vendríais, vendrían
Present Subjunctive: venga, vengas, venga, vengamos, vengáis, vengan
Commands: ven (tú), no vengas (neg. tú), venga (Ud.), vengan (Uds.)
Present Participle: viniendo

ver

Present Indicative: veo, ves, ve, vemos, veis, ven
Preterite: vi, viste, vio, vimos, visteis, vieron
Imperfective: veía, veías, veía, veíamos, veíais, veían
Past Participle: visto

GLOSARIO
español-inglés

This Spanish-English glossary contains all of the active vocabulary words that appear in the text as well as passive vocabulary from readings and culture sections. Most inactive cognates have been omitted. The active words are accompanied by the number of the unit and etapa in which they are presented. For example, **la autobiografía** can be found in **5.1** *(Unidad **5**, Etapa **1**)*. The roman numerals **I** and **II** indicate words that were taught in Levels 1 and 2.

a to, at **I**
  a la(s)… at … o'clock **I**
  a continuación next **II**
  a la derecha (de)
    to the right (of) **I**
  a la izquierda (de)
    to the left (of) **I**
  a menos que unless **3.1**
  a menudo often **4.2**
  a pie on foot **I**
  ¿A qué hora es…?
    (At) What time is…? **I**
  a tiempo on time **II**
  A todos nos toca…
    It is up to all of us… **II**
  a veces sometimes **I, II, 4.2**
abajo below, down **I, II**
el abecedario alphabet
abierto open **I, II**
el (la) abogado(a) lawyer **II, 4.2**
el (la) abonado(a) subscriber
abordar to board (a plane) **II**
el abrazo hug **II**
el abrelatas can opener **II, 2.3**
el abrigo coat **I**
abril April **I**
abrir to open **I, 5.2**
la abuela grandmother **I**
el abuelo grandfather **I**
los abuelos grandparents **I**

aburrido(a) boring **I**
aburrir(se) to be bored **II**
acá here **I**
acabar de to have just **I**
acabársele (a uno) to run out of **6.2**
el (la) académico(a) academic **4.3**
acampar to camp **II, 1.2**
accesible available, accessible **6.2**
acechar to lie in wait for
el aceite oil **I, II**
las aceitunas olives **I**
la acera sidewalk **II**
acertado(a) right
aconsejar to advise **II**
acordarse (ue) de to remember
acostar(se) (ue) to lie down **I, II**
el (la) actor/actriz actor/actress **II**
la actuación performance **II**
actualmente nowadays **I**
acudir a to attend **3.3**
acuerdo
  estar de acuerdo to agree **I, II**
el acumulador battery
adaptarse to adapt oneself **4.1**
adentro inside **II**
Adiós. Good-bye. **I**
la administración de empresas
  business administration **4.1**
adónde (to) where **I**
los adornos decorations **II**
la aduana customs **II**
la aerolínea airline **II**
el aeropuerto airport **I**
el aerosol aerosol **2.2**

afeitarse to shave oneself **I**
afuera outside **II, 6.2**
el (la) agente de viajes
  travel agent **II, 4.3**
agosto August **I**
agotado
  Estoy agotado(a).
    I'm exhausted. **2.1**
agradecer to thank **3.1**
el (la) agricultor(a) farmer **II, 4.2**
la agricultura agriculture **4.3**
la agronomía agronomy **4.1**
el agua (fem.) water **I**
  el agua de coco coconut milk **II**
  el agua dulce fresh water **2.3**
  esquiar en el agua
    to waterski **1.2**
el aguacero downpour **II, 2.3**
ahora now **I**
  ¡Ahora mismo! Right now! **I**
el aire air **I**
  al aire libre outdoors **I**
  la contaminación del aire
    air pollution **I, 2.2**
el aire acondicionado air
  conditioning **II**
el ajedrez
  jugar al ajedrez to play chess **II**
al to the **I**
  al aire libre outdoors **I**
  al contrario on the contrary **II**
  al lado (de) beside, next to **I, 6.2**
el ala wing
el (la) alcalde mayor **3.3**

alegrar(se) de que
to be happy that **II**
alegre happy **I**
la alfabetización literacy
el (la) alfarero(a) potter **I**
algo something **I**
el algodón cotton **1.2**
alguien someone **I**
conocer a alguien to know, to
be familiar with someone **I**
alguno(a) some **I**
la alimentación nourishment **II**
el alimento food **II**
allá there **I**
allí there **I**
el alma soul
el almirante admiral **3.3**
la almohada pillow **II, 2.3**
almorzar (ue) to eat lunch **I, II**
el almuerzo lunch **I**
alquilar to rent **I**
alquilar un video
to rent a video **I**
alrededor around **II**
alto(a) tall **I**
el (la) altoparlante speaker **6.2**
la altura altitude, height **II, 2.2**
la altura del terreno
altitude of terrain
el aluminio aluminum **II**
amable nice **II**
Muy amable.
That's kind of you. **3.2**
el amanecer dawn **2.3**
amanecer to start the day **2.3**
amarillo(a) yellow **I**
la ambulancia ambulance **II**
amenazador(a) threatening **5.3**
el (la) amigo(a) friend **I**
la amistad acquaintance, friend **II**
el amor love **II**
ampliable expandable **6.3**
anaranjado(a) orange **I**
ancho(a) wide **I, II**
los ancianos elderly **2.1**
andar to walk **II**
andar en bicicleta
to ride a bike **I**
andar en patineta
to skateboard **I**
el (la) anfitrión(a) host(ess) **3.2**
el anillo ring **I**
animado(a) animated **II**

el animal animal **I**
animarse to get encouraged,
interested **1.3**
el aniversario anniversary **II**
anoche last night **I, II**
el anochecer nightfall **2.3**
anochecer to get dark **2.3**
anteayer day before yesterday **I, II**
la antena parabólica
parabolic antenna **6.1**
los anteojos glasses **1.1**
los antepasados ancestors **I, 3.3**
antes (de) before **I**
antiguo(a) old **I, II**
el anuncio commercial **II**
el año year **I**
el Año Nuevo New Year **3.2**
el año escolar the school year **II**
el año pasado last year **I**
¿Cuántos años tiene…?
How old is…? **I**
¡Próspero Año Nuevo!
Happy New Year! **3.2**
Tiene… años.
He/She is… years old. **I**
apagar to turn off **I, II**
apagar la luz
to turn off the light **I**
el apartamento apartment **I**
aparte separate **I**
Es aparte. Separate checks. **I**
el apellido last name, surname **I**
apenas scarcely **II**
apoyarse to support each other **1.3**
el apoyo support **3.1**
apreciar to appreciate **3.1**
aprender to learn **I**
apretado(a) tight **II**
aprovechar to take advantage of
apto(a) para toda la familia
G-rated (movie) **6.1**
aquel(la) that (over there) **I, 5.1**
aquél(la) that one (over there) **I, 5.1**
aquello that (over there) **I, 5.1**
aquí here **I**
el árbol tree **I, 2.1**
trepar a un árbol
to climb a tree **II**
la arena sand **II**
el arete earring **I**
Argentina Argentina **I**
argentino(a) Argentine **II**
el armario armoire **I, II**

el arpa (fem.) harp **5.1**
el (la) arquitecto(a)
architect **I, II, 4.2**
arquitectónico(a) architectural
la arquitectura architecture **I**
arreglar(se) to get ready; to get
dressed up **II**
el arreglo arrangement
arriba up, above **I, II**
el arroz rice **I**
el arroz con dulce dessert of
rice, cinnamon, and coconut
milk **3.2**
el arroz con gandules
rice and pigeon peas **3.2**
el arroz con leche dessert of
sweet rice and milk **3.2**
el arte art **I**
la artesanía handicraft **I**
el (la) artesano(a) artisan,
craftsperson **I, II, 4.2**
el artículo article **II**
los artículos de cuero
leather goods **I**
el (la) artista artist **II**
asado(a) roasted **I**
el ascensor elevator **II**
así fue que and so it was that **II**
el asiento seat **II**
la asignatura subject, course **II**
el (la) asistente assistant **II**
el asistente electrónico
electronic assistant **6.2**
asistir (a) to attend **II**
la aspiradora vacuum cleaner **I**
pasar la aspiradora
to vacuum **I, II**
la aspirina aspirin **II**
la asta flagpole
asustar to frighten
asustar(se) (de)
to be scared of **II**
el atardecer late afternoon **2.3**
atardecer to get dark **2.3**
el atletismo athletics **II**
atrás in back, behind **6.2**
atrevido(a) daring **1.1**
el atún tuna **II**
los audífonos headphones **6.2**
el auditorio auditorium **I**
aumentar to increase **4.2**
aunque even though **II**
la autobiografía autobiography **5.1**

el **autobús** bus **I**
el (la) **autor(a)** author **II**
el **autorretrato** self-portrait **5.1**
el (la) **auxiliar de vuelo**
    flight attendant **II**
avanzado(a) advanced **5.2**
avanzar to advance **3.1**
el **ave** bird
la **avenida** avenue **I**
las **aventuras** adventures **II**
el **avión** airplane **I**
    pilotear una avioneta to fly a
        single-engine plane **1.2**
avisar to announce
ayer yesterday **I, II**
ayudar (a) to help **I**
    ¿Cómo puedo ayudarte?
        How can I help you? **2.1**
    ¿Me ayuda a pedir?
        Can you help me order? **I**
ayudar(se) to help (each other) **1.3**
el **azúcar** sugar **I**
azul blue **I**

el (la) **bailador(a)** dancer **5.1**
bailar to dance **I**
el (la) **bailarín/bailarina**
    dancer **II, 4.2**
el **baile folklórico** folk dance **5.1**
bajar (por) to go down,
    to descend **II**
    bajar un río en canoa to go
        down a river in a canoe **II**
bajo(a) short (height) **I**
balanceado(a) balanced **II**
el **balde** bucket **II**
la **baldosa** paving stone, tile
la **ballena jorobada**
    humpback whale **2.3**
el **ballet** ballet **5.1**
el **balón** soccer ball **1.1**
el **baloncesto** basketball **I**
la **bamba** Mexican dance from
    Veracruz **5.2**
el **banco** bank **I**
la **banda** band **3.3**
la **bandera** flag **3.3**
el (la) **banquero(a)** banker **4.3**
bañarse to take a bath **I, II**

la **bañera** bathtub **II**
el **baño** bathroom **I, II**
barato(a) cheap, inexpensive **I**
la **barba** beard **1.1**
el **barco** ship **I**
barrer to sweep **I**
    barrer el piso
        to sweep the floor **II**
el **barrio** district **I**
el **barro** clay **I**
el **base de datos** database **6.3**
bastante enough **II**
la **basura** trash, garbage **I, 2.1**
    sacar la basura
        to take out the trash **I**
el **basurero** trash can,
    wastebasket **II, 1.3**
el **bate** bat **I**
la **batería** battery **6.2**
la **batida** milkshake **II**
el (la) **bebé** baby **II**
beber to drink **I**
    Quiero beber…
        I want to drink… **I**
    ¿Quieres beber…?
        Do you want to drink…? **I**
la **bebida** beverage, drink **I**
la **beca** scholarship
el **beeper** beeper **6.2**
el **béisbol** baseball **I**
Belice Belize **I**
las **bellas artes** fine arts **II**
la **belleza** beauty **II**
los **beneficios** benefits **II, 4.2**
el **beso** kiss **II**
la **biblioteca** library **I**
el (la) **bibliotecario(a)** librarian **4.3**
la **bicicleta** bike
    andar en bicicleta
        to ride a bike **I**
bien well **I**
    (No muy) Bien, ¿y tú/usted?
        (Not very) Well, and you? **I**
el **bienestar** well-being **II**
bienvenido(a) welcome **I**
el **bigote** mustache **1.1**
la **billetera** wallet **1.2**
la **biografía** biography **5.1**
la **biología** biology **II**
el **birrete** cap **3.1**
el (la) **bisabuelo(a)**
    great grandfather/
    great grandmother **II**

el **bistec** steak **I**
blanco(a) white **I**
la **blusa** blouse **II**
el **boa constrictor**
    boa constrictor **2.3**
la **boca** mouth **I**
    lavarse la boca
        to brush one's teeth **II**
la **boda** wedding **II**
la **bola** ball **I**
el **boleto** ticket **II**
Bolivia Bolivia **I**
boliviano(a) Bolivian **II**
la **bolsa** bag **I**
la **bolsa de valores**
    stock exchange **4.3**
el **bolso** shoulder bag **1.2**
la **bomba**
    Afro-Caribbean dance **3.3**
el (la) **bombero(a)**
    firefighter, fireman **I, II, 4.2**
la **bombilla** lightbulb **1.3**
bonito(a) pretty **I**
el **bordado** embroidery **5.2**
bordado(a) embroidered **5.2**
el **borrador** eraser **I**
el **bosque** forest **I, 2.2**
las **botas** boots **I**
el **bote** boat **II**
la **botella** bottle **I, II, 2.2**
el **brazo** arm **I, II**
brindar to make a toast **3.1**
el **brindis** toast **3.1**
el **broche** fastener, clip
el **bronceador** suntan lotion **I**
el **budín** pudding **3.2**
bueno(a) good **I**
    ¡Buen provecho!
        Enjoy! (your meal) **3.2**
    Buenas noches.
        Good evening. **I, II**
    Buenas tardes.
        Good afternoon. **I, II**
    Buenos días.
        Good morning. **I, II**
    Es bueno que…
        It's good that… **II**
    Hace buen tiempo.
        It is nice outside. **I**
    lo bueno the good thing **1.1**
la **bufanda** scarf **I**
el **búho** owl **2.3**
buscar to look for, to search **I**

la **búsqueda** search
  el **servicio de búsqueda**
    search engine **6.3**
el **buzón** mailbox II
  el **buzón electrónico**
    electronic mailbox **6.3**

el **caballo** horse I
el **cabello** hair **1.1**
caber (quepo) to fit II
la **cabeza** head I, II
  lavarse la cabeza
    to wash one's hair I
cada each, every I
la **cadena** chain **1.2**
caer(se) (me caigo) to fall down II
  caer bien/mal
    to like/dislike II, **1.2**
  caérsele (a uno) to drop **6.2**
el **café** café, coffee I
la **cafetería** cafeteria, coffee shop I
la **caja registradora** cash register II
el **cajero automático**
  ATM machine II
el **(la) cajero(a)** cashier II
los **calamares** squid I
el **calcetín** sock I
la **calculadora** calculator I
la **calefacción** heat, heating II
la **calidad** quality I
caliente hot, warm I
¡Cállate! Be quiet! I
la **calle** street I
el **calor**
  Hace calor. It is hot. I
  tener calor to be hot I
la **caloría** calorie II
calvo(a) bald **1.1**
la **cama** bed I, II
  hacer la cama to make the bed I
la **cámara** camera I, II
cambiar to change, to exchange I
  cambiar de canal
    to change channels (TV) **6.1**
el **cambio**
  change, money exchange I
caminar to walk
  caminar con el perro
    to walk the dog I

el **camino** path, road I, **3.1**
la **camisa** shirt I
la **camiseta** t-shirt I
el **campamento** camp II
la **campana** bell **3.2**
la **campanada** tolling of the bell **3.2**
la **campaña** campaign **2.1**
el **campo**
  field, countryside, country I
  el **campo de estudio**
    field of study **4.1**
canadiense Canadian II
el **canal** channel II
la **cancha** court I
el **cangrejo** crab
cansado(a) tired I
cansar(se) to get tired II
el **(la) cantante** singer II
el **(la) cantador(a)** singer **5.1**
cantar to sing I
  cantar en el coro
    to sing in the chorus II
el **cante**
  el **cante jondo**
    flamenco song **5.1**
la **capa de ozono** ozone layer II, **2.2**
capacitado(a) qualified II, **4.1**
la **capilla** chapel
la **cara** face I, II
el **caracol** shell II
la **careta** mask
la **carne** meat I
  la **carne de res** beef I, II
la **carnicería** butcher's shop I
caro(a) expensive I
  ¡Es muy caro(a)!
    It's very expensive! I
la **carpeta** folder II
la **carrera** career II, **4.2**
la **carretera** road, highway I, **4.1**
el **carro** car I
la **carta** letter I
  mandar una carta
    to send a letter I
la **cartera** wallet I
el **(la) cartero(a)**
  mail carrier I, II, **4.2**
el **cartón** cardboard, cardboard
  box, carton II, **2.2**
la **casa** house I
casar(se) to get married II
el **casco** helmet I
el **casete** cassette I

casi almost II
castaño(a) brown (hair) I
las **castañuelas** castanets **5.1**
catorce fourteen I
la **causa** cause II
la **cebolla** onion I, II
celebrar to celebrate I, II
la **cena** supper, dinner I
cenar to eat dinner I, II
Cenicienta Cinderella
el **centígrado** centigrade II, **2.3**
el **centro** center, downtown I
  el **centro comercial**
    shopping center I
  el **centro de la comunidad**
    community center **2.1**
  el **centro de rehabilitación**
    rehabilitation center **2.1**
cepillar(se) el pelo
  to brush one's hair II
el **cepillo** hairbrush I, II
el **cepillo (de dientes)**
  brush (toothbrush) I, II
la **cerámica** ceramics I
cerca (de) near I
la **cerca** fence I
el **cerdo** pig I
el **cereal** cereal I, II
los **cereales** grains **4.3**
la **ceremonia de graduación**
  graduation ceremony **3.1**
la **cereza** cherry II
cero zero I, II
cerrado(a) closed I, II
cerrar (ie) to close I
el **chaleco** vest II
el **champú** shampoo I, II
Chao. Good-bye. II
la **chaqueta** jacket I
los **cheques** checks II
  los **cheques de viajero**
    travelers' checks II
chévere awesome I
  ¡Qué chévere! How awesome! I
los **chicharrones** pork rinds I
  comer chicharrones
    to eat pork rinds I
el **(la) chico(a)** boy/girl I
Chile Chile I
chileno(a) Chilean II
chino(a) Chinese II
chismoso(a) gossipy **4.2**
el **chorizo** sausage I

el (la) cibernético(a)
cyber fanatic 5.3
el ciclo level of high school
curriculum
ciego(a) blind 5.3
el cielo sky 2.2
cien one hundred I
la ciencia ficción science fiction II
las ciencias science I
cierto(a) certain
Es cierto. It's certain.
No es cierto que...
It is not certain that... I
la cifra number, numeral 5.2
cinco five I, II
cincuenta fifty I
el cine movie theater I
ir al cine to go to the movies I
el (la) cineasta filmmaker 5.3
el (la) cinematógrafo(a)
cinematographer 5.3
el cinturón belt I
la cita appointment I
la ciudad city I
la ciudadanía citizenship II
el (la) ciudadano(a) citizen 2.1
la civilización civilization 5.2
claro clear
¡Claro que sí! Of course! I
la clase class, classroom I
el (la) cliente customer II
el clima climate II, 2.2
el clímax climax 5.3
el cobre copper 4.3
la cocina kitchen I, II
cocinar to cook I
el (la) cocinero(a) chef I
el cocodrilo crocodile 2.3
el codo elbow II
el cofre chest
el cohete firecracker 3.2
la cola de caballo ponytail 1.1
colaborar con
to collaborate with 2.1
coleccionar to collect 1.2
el colegio school I
la colina hill II, 2.2
el collar necklace I
Colombia Colombia I
colombiano(a) Colombian II
el color color I
¿De qué color...?
What color...? I

el color brillante bright color 1.2
el color claro pastel 1.2
el color oscuro dark color 1.2
de un sólo color solid color 1.2
el columpio de mimbre
wicker rocking chair
el combustible fuel II, 2.2
el(la) comediante
comedian/comedienne II
el comedor dining room I, II
el comedor de beneficencia
soup kitchen 2.1
comenzar (ie) to begin II
comer to eat I, II
comer chicharrones
to eat pork rinds I
darle(s) de comer to feed I
Quiero comer...
I want to eat... I
¿Quieres comer...?
Do you want to eat...? I
el comercio business 4.1
cómico(a) funny, comical I
la comida food, meal I
como like, as I
cómo how I
Perdona(e), ¿cómo llego a...?
Pardon, how do I get to...? I
¿Cómo es?
What is he/she like? I
¿Cómo está usted?
How are you? (formal) I
¿Cómo estás?
How are you? (familiar) I
¿Cómo me veo?
How do I look? II
¡Cómo no! Of course! I
¿Cómo se llama?
What is his/her name? I
¿Cómo se va a...?
How do you get to...? II
¿Cómo te llamas?
What is your name? I
¿Cómo te queda?
How does it look on you? II
¿Cómo te va? How's it going?,
How are you? II
cómodo(a) comfortable II, 1.2
el (la) compañero(a) companion II
la compañía company I
comparar to compare 4.3
compartir to share I, 1.1
el compás rhythm, beat 5.1

la competencia competition 3.3
competir (i) to compete II
complicado(a) complicated II, 2.2
comprar to buy I
comprender to understand I
comprensivo(a) understanding 1.1
la computación
computer science I, II
la computadora computer I
la computadora portátil
laptop computer 6.2
común common II
tener en común
to have in common 1.1
la comunidad community II
con with I
con rayas striped I
con tal de que
provided that, as long as 3.1
el concierto concert I
el concurso contest I, II, 3.2
conducir to drive II
el (la) conductor(a) driver II
conectar to connect 1.3
conectarse de to connect to 6.3
la confiabilidad reliability,
dependability 6.2
la configuración configuration 6.3
el congelador freezer I
el conjunto musical group 3.3
conmemorar to commemorate 3.3
conmigo with me I
conmovedor(a) moving
conocer to know, to be familiar
with I, II
conocer a alguien to know, to
be familiar with, someone I
conocerse bien(mal) to (not)
know each other well 1.3
el conocimiento knowledge 4.2
el conquistador
conqueror, ladykiller 5.2
conseguir (i) to obtain II
el consejo advice II
conservador(a) conservative 3.3
conservar to conserve II, 2.1
considerado(a) considerate 1.1
la constitución constitution 3.3
construir to construct II
la consulta consultation II
el consultorio office (doctor's) II
consumir to consume 2.1
la contabilidad accounting 4.1

el (la) contador(a) accountant II, 4.2
la contaminación pollution II
    la contaminación del aire
      air pollution I, 2.2
el contaminante pollutant 2.2
contaminar to pollute II
contar (ue)
    to count, to tell or retell I
    contar chistes to tell jokes II
    contarse chismes
      to tell each other gossip 1.3
    contarse secretos
      to tell each other secrets 1.3
contemporáneo(a)
    contemporary 5.3
contento(a)
    content, happy, pleased I
la contestadora automática
    answering machine 6.2
contestar to answer I
contigo with you I
el contorno surrounding area
la contraseña password 6.3
el contrato contract II, 4.2
el control remoto
    remote control 6.1
controlar to control 6.1
convencer to convince 6.2
la conversación
    el grupo de conversación
      chat group 6.3
convivir
    to live together, to get along 2.1
el coquito eggnog 3.2
el corazón heart I
el corral corral, pen I
el correo post office I
    el correo electrónico e-mail 6.3
correr to run I
    correr riesgos to take risks 4.1
el (la) corresponsal
    correspondent 4.3
el cortacésped lawnmower 1.3
cortar el césped to cut the grass II
cortar(se) to cut one's self II
corto(a) short (length) I
la cosa thing I
Costa Rica Costa Rica I
costar (ue) to cost I
    a mí me cuesta mucho
      it's hard for me
    ¿Cuánto cuesta(n)…?
      How much is (are)…? I

costarricense Costa Rican II
la costumbre custom 3.3
crear to create II, 2.1
creativo(a) creative 5.3
crecer to grow II
la creencia belief 5.2
creer to think, to believe I
    Creo que sí/no.
      I think so. I don't think so. I
    ¿Tú crees? Do you think so? II
la crema cream II
criar to raise
la crítica criticism II
el (la) crítico(a) critic 5.3
el (la) cronista chronicler 5.2
el cruce crossing II
cruzar to cross I
el cuaderno notebook I
la cuadra city block I
cuadrado(a) square 1.1
el cuadro painting 5.1
    el cuadro histórico
      historical painting 5.1
cuál(es) which (ones), what I
    ¿Cuál de tus clases te interesa
      más? Which of your classes
      interests you most? II
    ¿Cuál es la fecha?
      What is the date? I
    ¿Cuál es tu teléfono? What is
      your phone number? I, II
cuando when, whenever I, 2.3
    cuando era niño(a) when
      I/he/she was young II
cuánto how much I
    ¿A cuánto está(n)…?
      How much is (are)…? I
    ¿Cuánto cuesta(n)…?
      How much is (are)…? I
    ¿Cuánto es? How much is it? I
    ¿Cuánto le doy de propina?
      How much do I tip? I
    ¿Cuánto tiempo hace que…?
      How long is it since…? I
    cuántos(as) how many I
    ¿Cuántos años tiene…?
      How old is…? I
cuarenta forty I
el cuarto room I; quarter II
    limpiar el cuarto
      to clean the room I, II
cuarto(a) quarter, fourth I, II
    y cuarto quarter past I

cuatro four I, II
cuatrocientos four hundred I, II
Cuba Cuba I
cubano(a) Cuban II
los cubiertos utensils II
la cuchara spoon I
el cuchillo knife I
el cuello neck II
la cuenta bill, check I, II
    La cuenta, por favor.
      The check, please. I
    la cuenta de ahorros
      savings account II
el (la) cuentista
    short-story writer 5.3
el cuento short story 5.1
la cuerda rope I
    saltar la cuerda to jump rope II
el cuero leather I, 1.2
    los artículos de cuero
      leather goods I
el cuerpo body I, II
cuidado
    tener cuidado to be careful I, II
cuidadosamente carefully I
cuidadoso(a) careful I
cuidar de to take care of I, 2.1
culminar to end, to culminate 5.3
la cumbia cumbia (Latin music) 5.2
el cumpleaños birthday I
el (la) cuñado(a)
    brother-in-law/sister-in-law II
el currículum
    résumé, curriculum vitae II, 4.1
cursar to enroll in, to take

D

dañino(a) damaging 2.2
la danza dance 5.1
dar (doy) to give I
    dar una vuelta to take a walk,
      stroll, or ride II
    dar(se) cuenta de to realize II
    darle(s) de comer to feed I
los datos facts; information II, 4.1
de of, from I
    de buen humor
      in a good mood I
    de cuadros plaid, checkered I
    de la mañana in the morning I

de la noche at night I
de la tarde in the afternoon I
de mal humor in a bad mood I
de maravilla marvelous II
De nada. You're welcome. I
de repente suddenly
¿De veras? Really? II
de vez en cuando
    once in a while I
debajo (de) below, underneath I, II
deber should, ought to I
decidir to decide I
décimo(a) tenth I, II
decir (digo) to say, to tell I, II
decisiones
    tomar decisiones
        to make decisions **4.1**
decorado(a) decorated **5.2**
dedicarse a to apply oneself to
    (something) **1.3**
los dedos fingers, toes II
dejar to leave (behind) I;
    to allow **3.1**
    dejar un mensaje
        to leave a message I
    dejar la propina to leave the tip I
    Deje un mensaje después del
        tono. Leave a message after
        the tone. I
    Le dejo… en…
        I'll give…to you for… I
    Quiero dejar un mensaje
        para… I want to leave a
        message for… I
dejar de to stop doing something
del from the I
delante de in front of II
delgado(a) thin I
delicioso(a) delicious I
demasiado(a) too much I, II
la democracia democracy **3.3**
democrático(a) democratic **3.3**
dentro (de) inside (of) I
    dentro del alcance
        within reach **5.3**
el (la) dependiente(a)
    salesperson II
el deporte sport I
    practicar deportes
        to play sports I
el (la) deportista sportsman,
    sportswoman II; athlete **4.2**
deprimido(a) depressed I

la derecha right I
    a la derecha (de) to the right (of) I
derecho straight ahead I
el derecho law; right **3.3**
    los derechos (humanos)
        (human) rights **2.1**
derivado(a) derivative,
    unoriginal **5.3**
el derrame de petróleo oil spill **2.2**
desafortunadamente
    unfortunately II
desagradable unpleasant **1.1**
desanimarse to get discouraged **1.3**
desaparecer to disappear
    desapareció la censura
        the censorship disappeared
desarmar to take apart **1.3**
desarrollar to develop **2.2**
el desarrollo development II, **2.1**
desayunar to have breakfast I, II
el desayuno breakfast I
descansar to rest I
descarado(a) insolent, shameless **1.1**
la descendencia descendants **5.2**
descifrar to decipher **5.2**
descomponérsele (a uno)
    to break down, malfunction **6.2**
descompuesto
    estar descompuesto(a)
        to be broken **6.2**
desconectar to turn off **1.3**
    desconectarse de
        to disconnect from **6.3**
los desconocidos strangers
el descubrimiento discovery **3.3**
descubrir to discover II, **2.2**
el descuento discount **6.2**
desde from I
    desde allí from there II
desear to desire II
desempeñar un cargo
    to carry out a responsibility **4.1**
desenchufar to unplug **1.3**
el desfile parade, procession I, **3.1**
el desierto desert I
deslumbrante dazzling **5.3**
el desodorante deodorant II
desorganizado(a) disorganized **1.3**
la despedida good-bye **3.2**
despedir(se) (i) to say good-bye II
el desperdicio waste **2.2**
el despertador alarm clock I, II
despertarse (ie) to wake up I

después (de) after, afterward I
destacarse to stand out **1.2**
la destrucción destruction II, **2.2**
el desván attic **1.3**
la desventaja disadvantage II, **4.2**
desyerbar to weed **1.3**
el detalle detail II
detestar to hate **1.2**
detrás (de) behind I
devolver (ue) to return I, **6.2**
el día day I, II
    Buenos días. Good morning. I
    el día de Acción de Gracias
        Thanksgiving Day **3.2**
    el día de la Abolición de
        Esclavitud Abolition Day **3.3**
    el día de la Amistad
        Valentine's Day **3.2**
    el día de la Independencia
        Independence Day **3.2**
    el día de la Madre/del Padre
        Mother's/Father's Day **3.2**
    el día de la Navidad
        Christmas Day **3.2**
    el día de la Raza
        Columbus Day **3.2**
    el día de las Pascuas Easter **3.2**
    Tal vez otro día.
        Maybe another day. I
    todos los días every day I
    ¿Qué día es hoy?
        What day is today? I
diario(a) daily II
dibujar to draw II
el dibujo drawing
    el dibujo técnico
        technical drawing **4.1**
    los dibujos animados
        cartoons **6.1**
el diccionario dictionary I
diciembre December I
diecinueve nineteen I
dieciocho eighteen I
dieciséis sixteen I
diecisiete seventeen I
el diente tooth I, II
    lavarse los dientes
        to brush one's teeth I
la dieta diet II
diez ten I
diferencia
    a diferencia de
        as contrasted with **1.1**

difícil difficult, hard I
el dinero money I
el diploma diploma 3.1
el (la) diplomático(a) diplomat 4.3
la dirección address, direction I
   la dirección electrónica
      e-mail address 6.3
el (la) director(a) director 5.3
dirigir (dirijo) to direct 5.3
el disco disk 6.3
   el disco compacto
      compact disc I
   el disco duro hard drive 6.3
la discriminación
   discrimination 2.1
disculpar(se) to apologize II
   disculpe(me) excuse (me) II
el discurso speech 3.1
discutir to discuss, to argue 1.1
el (la) diseñador(a) designer 1.2
el diseño design 4.1
el disfraz costume
disfrutar con los amigos
   to enjoy time with friends II
disponible available 6.3
dispuesto
   estar dispuesto(a)
      to be willing to 4.1
la distancia distance II
distinguir entre
   to distinguish between 6.2
diverso(a) diverse II, 2.2
divertido(a) enjoyable, fun,
   entertaining I, II
divertir(se) (ie) to enjoy oneself II
doblar to turn I
doce twelve I
la docena dozen I
el (la) doctor(a) doctor II
el doctorado doctorate 4.1
el documental documentary 6.1
el dólar dollar I
doler (ue) to hurt II
el dolor pain
   el dolor de cabeza headache II
domingo Sunday II
dominicano(a) Dominican II
don/doña Mr./Mrs. I, II
donar to donate 2.1
dónde where I
   ¿De dónde eres?
      Where are you from? I

¿De dónde es?
   Where is he/she from? I
¿Dónde tiene lugar?
   Where does it take place? II
dormir (ue) to sleep I
   el saco de dormir
      sleeping bag II, 2.3
dormirse (ue) to fall asleep I
dos two I
doscientos two hundred I, II
el drama drama 5.1
dramático(a) dramatic 5.3
ducharse to take a shower I, II
dudar que... to doubt that... II
   Es dudoso que...
      It's doubtful that...
el (la) dueño(a) owner II, 4.2
dulce sweet I
la durabilidad durability 6.2
durante during I
duro(a) hard, tough I

echar to throw out, away; to send
   out II, 2.2
echar de menos to miss
el ecosistema ecosystem 2.2
el (la) ecoturista ecotourist 2.3
Ecuador Ecuador I
ecuatoriano(a) Ecuadorian II
la edad age I
la edición edition II
el edificio building I
el (la) editor(a) editor I, II
la educación education II, 4.1
   la educación física
      physical education I
educar al público
   to educate the public 2.1
el efectivo cash I
el efecto effect II, 2.2
el ejercicio exercise I
   hacer ejercicio to exercise I
el ejército army
él he I
la electricidad electricity II
elegante elegant II
ella she I
ellos(as) they I
elogiar to praise 5.3

embellecer to beautify 2.1
emocionado(a) excited I
emocionante exciting 5.3
emocionarse
   to be thrilled, touched 3.1
empezar (ie) to begin I, II
el (la) empleado(a) employee 4.2
el empleo employment, job I, II, 4.2
emprendedor(a) enterprising 4.1
la empresa
   business, company II, 4.2
empujar to push
en in I
   en caso de que in case 3.1
   en cuanto as soon as 2.3
   en línea on-line 6.3
   en oferta on sale
   en seguida at once I
   en vez de instead of I
   en vivo y en directo
      live (programming) 6.1
enamorar(se) de to fall in love II
Encantado(a). Delighted/Pleased
   to meet you. I
encantar to delight II
encargarse de to take charge of 4.1
encender (ie) to turn on 1.3
la enchilada enchilada I
enchufar to plug in 1.3
encima (de) on top (of) I, II
encontrar (ue) to find, to meet I
el encuentro meeting I
la encuesta survey I
la energía energy II
enero January I
la enfermedad sickness II
el (la) enfermero(a) nurse II
enfermizo(a) sickly
enfermo(a) sick I
los enfermos the sick 2.1
enfrentar to confront 3.3
enfrente (de) in front (of) I, 6.2
el engaño trick, deceit
englobar to encompass
enhorabuena congratulations 3.1
el enlace link 6.3
enojado(a) angry I
enojar(se) con to get angry with II
enorme huge, enormous I, II
la ensalada salad I
el ensayo essay 3.3
enseñar to teach I
entender (ie) to understand I

entonces then, so **I**
entrar (a, en) to enter **I**
entre between **I**
el entrenamiento training **II, 4.2**
entrenar(se) to train **II**
entretenido(a) entertaining **6.1**
la entrevista interview **I, II**
el (la) entrevistador(a)
    interviewer **II, 4.2**
entusiasmarse to get excited **1.3**
envidia
    tener envidia to be envious **II**
el episodio episode **6.1**
la época period **I**
el equipaje luggage **II**
el equipo team **I**
el equipo estereofónico
    stereo equipment **6.2**
equivocarse to make a mistake **6.2**
esbelto(a) slender **1.1**
escalar montañas
    to mountain climb **II, 1.2**
la escalera stairs **II**
la escena scene **II**
el esclavo slave **3.3**
escoger (escojo) to choose **II**
los escombros rubble, debris
esconder(se) to hide **II, 1.3**
escribir to write **I, II**
el (la) escritor(a) writer **I, II**
el escritorio desk **I**
escuchar to listen (to) **I**
la escuela school **I, 5.1**
el (la) escultor(a) sculptor **II**
la escultura sculpture **II**
ése(a) that one **I, 5.1**
ese(a) that **I, 5.1**
esencial
    es esencial que…
        It's essential that… **II**
el esfuerzo
    hacer el esfuerzo
        to make the effort **2.1**
eso that **I, 5.1**
el espacio de la televisión
    television program
España Spain **I**
el español Spanish (language) **I**
el (la) español(a) Spaniard **II**
especial special **I**
la especialidad de la casa
    specialty of the house **II**

especialmente
    specially, especially **I, II**
las especies species **2.2**
el espejo mirror **I, II**
esperar to wait for, to expect,
    to hope **I, II**
    Esperar que… to hope that… **I**
la esposa wife **I**
el esposo husband **I**
esquiar to ski **I**
    esquiar en el agua
        to waterski **1.2**
la esquina corner **II**
la estación de autobuses
    bus station **I**
el estacionamiento
    parking space **II**
las estaciones seasons **I**
el estadio stadium **I**
las estadísticas statistics **4.3**
el estado civil
    civil status (married, divorced,
    or single) **4.1**
Estados Unidos United States **I**
estadounidense
    person from the U.S. **II**
estampado(a) embossed (fabric) **1.2**
estar (estoy) to be **I, II**
    estar a favor de to be for **2.1**
    estar bien informado(a)
        to be well informed
    estar de acuerdo to agree **I, II**
    estar descompuesto(a)
        to be broken **6.2**
    estar dispuesto(a) a
        to be willing to **4.1**
    estar en contra de
        to be against **2.1**
    estar harto(a) de
        to be fed up with
    estar resfriado to have a cold **II**
    estar roto(a) to be broken **6.2**
    no estar seguro(a) (de) que
        not to be sure that **3.2**
    ¿A cuánto está(n)…?
        How much is (are)…? **I**
    ¿Cómo está usted?
        How are you? (formal) **I**
    ¿Cómo estás?
        How are you? (familiar) **I**
    ¿Está incluido(a)…?
        Is… included? **I**
la estatura height **II, 4.1**

el este east **II**
este(a) this **I, 5.1**
éste(a) this one **I, 5.1**
el estilo style **5.3**
estirar(se) to stretch **II**
esto this **I, 5.1**
el estómago stomach **I, II**
estrecho(a) narrow **I, II**
la estrella star **I**
el estreno new release **II**
el estrés stress **I, II**
el (la) estudiante student **II**
estudiar to study **I**
    estudiar las artes marciales
        to study martial arts **II**
los estudios sociales
    social studies **I**
la estufa stove **I, II**
el examen test **I**
el exceso de equipaje
    excess luggage **II**
exclamar to exclaim **II**
exigir (exijo) to demand **3.1**
el éxito success **I, 3.1**
    tener éxito to be successful **II**
explicar to explain **II**
la exportación exportation **4.3**
exportar to export **4.3**
la exposición exhibit **II**
expresivo(a) expressive **5.3**
externo(a) external **6.3**
el(la) extranjero(a) foreigner **II**
extraño(a) strange

la fábrica factory **4.3**
fácil easy **I**
fácilmente easily **II**
la facultad faculty
la falda skirt **I**
faltar to lack **II**
la familia family **II**
la farmacia pharmacy, drugstore **I**
el faro lighthouse **3.3**
fascinar to fascinate **II**
la fauna silvestre
    wild animal life **2.2**
favorito(a) favorite **I**

el fax fax **6.3**
   el fax multifuncional
     multifunctional
     fax machine **6.2**
febrero February **I**
la fecha date **I**
   la fecha de nacimiento
     date of birth **II, 4.1**
   ¿Cuál es la fecha?
     What is the date? **I**
la felicidad happiness **II**
felicidades congratulations **I**
felicitar to congratulate **3.1**
feliz happy **I**
felizmente happily **I**
feo(a) ugly **I**
feroz ferocious **II**
festejar to celebrate **3.2**
la ficción fiction **5.1**
la fiebre fever **II**
fiel faithful **1.1**
la fiesta party **I, II**
   la fiesta continua
     party in stages **3.2**
la figura figure **5.1**
fijarse en to notice **6.2**
Filipinas Philippines **I**
el fin end **I**
   el fin de semana weekend **I**
el final ending **5.3**
el (la) financiero(a)
   financial expert **4.3**
las finanzas finance **4.1**
la firma signature **II, 4.1**
el flamenco
   flamenco-style dancing **5.1**
el flan caramel custard **I**
el fleco fringe **1.2**
el flequillo bangs **1.1**
flojo(a) loose **II**
la flor flower **I**
   la flora silvestre
     wild plant life **2.2**
fluir to flow
la fogata campfire **II**
el fondo background **5.1**
la formación training, education **4.1**
formal formal **I, II**
formidable great **1.2**
formuláico(a) formulaic **5.3**
el fósforo match **II, 2.3**

la foto photo, picture **I**
   sacar fotos
     to take photos, pictures **I**
el (la) fotógrafo(a)
   photographer **I, II**
el francés French (language) **II**
francés(esa) French **II**
frecuente frequent **I**
frecuentemente
   often, frequently **I, II**
frente a in front of, opposite **II**
la fresa strawberry **II**
el fresco fresco (art) **5.1**
fresco(a) fresh, cool **I**
   Hace fresco. It is cool. **I**
el frigorífico refrigerator **I**
los frijoles beans **II**
frío cold **I**
   Hace frío. It is cold. **I**
   tener frío to be cold **I**
la fruta fruit **I**
fue cuando it was when **II**
el fuego fire **I, 2.3**
la fuente source
fuera (de) outside (of) **I**
fuerte strong **I**
la fuerza motriz
   power, moving force
funcionar to work, to run **II, 6.2**
el fusilamiento firing squad
el fútbol soccer **I**
el fútbol americano football **I**

el gabinete cabinet **1.3**
las gafas glasses **I**
   las gafas de sol sunglasses **I**
la gala big, formal party **3.2**
la galería gallery **II**
la galleta cookie, cracker **I, II**
la gallina hen **I**
el gallo rooster **I**
la ganadería cattle-raising **4.3**
el (la) ganadero(a) farmer **I**
el ganado livestock **4.3**
el (la) ganador(a) winner **I, II**
ganar to win **I**
   ganar(se) la vida
     to earn a living **II, 4.2**

ganas
   tener ganas de... to feel like... **I**
la ganga bargain **II**
el garaje garage **II**
la garantía guarantee **6.2**
la garganta throat **II**
la gasolina gasoline **II**
gastar to spend **II**
los gastos expenses **II**
el (la) gato(a) cat **I**
la gaviota seagull
los (las) gemelos(as) twins **II**
el género genre **5.3**
la generosidad generosity **3.1**
generoso(a) generous **3.1**
genial wonderful **1.2**
el genio genius
la gente people **I**
   la gente sin hogar homeless **2.1**
el (la) gerente manager **I, II, 4.2**
gestionar to arrange for
el gimnasio gymnasium **I**
girar to turn **II**
los globos balloons **II**
el (la) gobernador(a) governor **3.3**
el gobierno government **I, 3.3**
el gol goal **I**
gordo(a) fat **I**
la gorra baseball cap **I**
el gorro cap **I**
gozar de to enjoy, to have
la grabadora tape recorder **I, 6.2**
grabar to record **6.1**
Gracias. Thank you. **I, II**
   Gracias, pero no puedo.
     Thanks, but I can't. **I**
   Mil gracias. Many thanks.
el grado degree **I**
el (la) graduando(a) graduate **3.1**
el gramo gram **I, II**
grande big, large **I**
la granja farm **I**
la gripe flu **II**
gris gray **I**
gritar to scream **II**
el grito shout
grueso(a) heavy **1.1**
el grupo group
   el grupo de conversación
     chat group **6.3**
   el grupo de noticias
     news group **6.3**
Guam Guam **I**

el guante glove I
guapo(a) good-looking I
el (la) guardaespaldas
    bodyguard **6.1**
guardar to save I, II
Guatemala Guatemala I
guatemalteco(a) Guatemalan II
la guerra war
la guía del estudiante
    student catalogue
    la guía telefónica
        phone directory I
los guineítos en escabeche
    small green bananas in garlic
    vinegar, red pepper and oil **3.2**
el guión script **5.3**
el (la) guionista scriptwriter **5.3**
los guisantes green peas I
la guitarra guitar I
    tocar la guitarra
        to play the guitar I
gustar to like II
    Le gusta… He/She likes… I
    Me gusta… I like… I
    Me gustaría… I would like… I
    Te gusta… You like… I
    ¿Le gusta…?
        Does he/she like…? I
    ¿Te gusta…? Do you like…? I
    ¿Te gustaría…?
        Would you like…? I
el gusto pleasure I
    a gusto comfortable, happy
    El gusto es mío.
        The pleasure is mine. I
    Mucho gusto.
        Nice to meet you. I

la habanera
    habanera (Latin music) **5.2**
las habas beans
había there was, there were II
las habichuelas coloradas
    red beans II
las habilidades capabilities II, **4.2**
la habitación bedroom, room I, II
hablar to talk, to speak I, II
    ¿Puedo hablar con…?
        May I speak with? I

hacer (hago) to make, to do I, II
    Hace… que How much time
        has it been since…? II
    Hace buen tiempo.
        It is nice outside. I
    Hace calor. It is hot. I
    Hace fresco. It is cool. I
    Hace frío. It is cold. I
    Hace mal tiempo.
        It is bad outside. I
    Hace sol. It is sunny. I
    Hace viento. It is windy. I
    hacer alpinismo to go hiking **1.2**
    hacer caso a uno
        to pay attention to **1.1**
    hacer clic/doble clic
        to click/to double click **6.3**
    hacer ejercicio to exercise I
    hacer el esfuerzo
        to make the effort **2.1**
    hacer el papel to play the role **5.3**
    hacer juego con…
        to match with…
    hacer la cama to make the bed I
    hacer la limpieza
        to do the cleaning
    hacer montañismo
        to go mountaineering **1.2**
    ¿Qué tiempo hace?
        What is the weather like? I
hacerse pedazos to fall apart
hacia toward II
el halcón falcon **2.3**
el hambre (f.) hunger
    tener hambre to be hungry I
la hamburguesa hamburger I
el hardware hardware **6.3**
la harina flour I, II
    la harina de trigo wheat flour
hasta until, as far as I, II, **2.3**
    Hasta luego. See you later. I
    Hasta mañana.
        See you tomorrow. I
hay there is, there are I
    hay que one has to, one must I
    Hay sol. It's sunny. I
    Hay viento. It's windy. I
    No hay de qué. It's nothing. **3.2**
    ¿Qué hay de nuevo?
        What's new? II
el hecho fact II
la heladería ice cream store II
el helado ice cream I, II

el(la) hermanastro(a)
    stepbrother/stepsister I, II
el(la) hermano(a) brother/sister I
los hermanos
    brother(s) and sister(s) I
el héroe hero II
la heroína heroine II
el hielo ice I
    sobre hielo on ice I
el hierro iron **4.3**
la hija daughter I
el hijo son I
los hijos son(s) and daughter(s),
    children I
hincharse to swell
la historia history, story I, II
el hockey hockey I
la hoja leaf II
la hoja de cálculo spreadsheet **6.3**
Hola. Hello. I
el hombre man I
    el (la) hombre/mujer de
        negocios businessman/
        businesswoman I, II
el hombro shoulder II
Honduras Honduras I
hondureño(a) Honduran II
honrar to honor **3.3**
la hora hour I
    ¿A qué hora es…?
        (At) What time is…? I
    ¿Qué hora es? What time is it? I
el horario schedule I
el hormigón concrete
el horno oven I, II
    el horno microondas
        microwave oven II
horrible horrible **1.2**
el horror horror II
hospedar(se) to stay at II
el hotel hotel I
hoy today I
    Hoy es… Today is… I
    ¿Qué día es hoy?
        What day is it? I
hubo there was, there were II
el (la) huésped(a) guest II
el huevo egg I, II
las humanidades humanities **4.1**
húmedo(a) humid II, **2.3**
el huracán hurricane II, **2.3**

el ícono del programa
program icon **6.3**
la ida y vuelta round trip **II**
la identificación identification **II**
la ideología ideology **3.3**
la iglesia church **I**
Igualmente. Same here. **I**
la iguana iguana **2.3**
impaciente impatient **II**
el impermeable raincoat **I**
implicar to mean
imponer (impongo) to impose **3.1**
importar to be important **II**
Es importante que…
It's important that… **II**
imposible
Es imposible que…
It's impossible that…
Me es imposible. It's just not
possible for me. **2.1**
impresionante impressive **5.3**
la impresora printer **I**
improbable
Es improbable que…
It's improbable that…
incluido(a) included **I**
¿Está incluido(a)…?
Is … included? **I**
incómodo(a) uncomfortable **1.2**
increíble incredible **II, 2.2**
los (las) indígenas indigenous,
indigenous peoples
la industria industry **4.3**
la infección infection **II**
influir to influence **1.1**
informal informal **I**
la informática
computer science **4.1**
la ingeniería engineering
la ingeniería civil
civil engineering **4.1**
la ingeniería mecánica
mechanical engineering **4.1**
el (la) ingeniero(a) engineer **II**
el (la) ingeniero(a) civil
civil engineer **4.2**
el inglés English (language) **I**
inglés(esa) English **II**
el ingreso entrance, admission

el inicio beginning
los tambaleantes inicios
shaky beginnings
inigualable unequalled **6.2**
la injusticia injustice **3.3**
inmediatamente immediately **II**
innovador(a) innovative **5.3**
inolvidable unforgettable **3.2**
insistir en (que) to insist (on) **II, 3.1**
instituir to institute **2.2**
inteligente intelligent **I**
interesante interesting **I**
interesar to interest **II**
internacional international **II**
Internet
navegar por Internet
to surf the Internet **1.2**
interno(a) internal **6.3**
interpretar to interpret **5.1**
el (la) intérprete interpreter **4.3**
inútil useless **II, 2.2**
el invierno winter **I**
la invitación invitation **I, II**
invitar to invite **I**
Te invito.
I'll treat you. I invite you. **I**
la inyección injection **II**
ir (voy) to go **I, II**
ir a… to be going to… **I**
ir al cine to go to the movies **I**
ir al supermercado
to go to the supermarket **I**
ir de compras to go shopping **I**
Vamos a… Let's go to… **I**
la ira anger
irónico(a) ironic **5.3**
irse (me voy) to leave, to go away **I**
la isla island **II**
la izquierda left **I**
a la izquierda (de)
to the left (of) **I**

el jabalí wild boar
el jabón soap **I**
el jade jade **5.2**
el jaguar jaguar **II, 2.3**
jamás never
el jamón ham **I, II**
japonés(esa) Japanese **II**

el jarabe tapatío Mexican dance
from Guadalajara **5.2**
el jardín garden **I, II**
la jarra pitcher **I**
los jeans jeans **I**
el (la) jefe(a) boss **I, II**
los jeroglíficos hieroglyphics **5.2**
la jota Aragonese folk dance **5.1**
joven young **I**
los jóvenes young people **2.1**
las joyas jewelry **I**
la joyería jewelry store **I**
jubilarse to retire **4.2**
el juego interactivo
interactive game **6.3**
jueves Thursday **I**
el (la) juez(a) judge **II, 4.2**
el (la) jugador(a) player **I**
jugar (ue) to play **I, II**
jugar al ajedrez to play chess **II**
el jugo juice **I, II**
el juguete toy **I, II**
la juguetería toy store **II**
julio July **I**
junio June **I**
juntar fondos to fundraise **2.1**
junto a next to **II**
juntos together **I**
justo(a) just, fair **3.3**
juzgar to judge

el kilo kilogram **I, II**

el laboratorio laboratory **4.3**
labrado(a) worked, carved **5.2**
lacio straight (hair) **II**
el lado side **I**
al lado (de) beside, next to **I, 6.2**
por el otro lado
on the other hand **1.1**
por un lado on the one hand **1.1**
el ladrón thief **II**
el lago lake **I**
la lámpara lamp **I, II**
la lana wool **I, 1.2**

el lápiz pencil **I**
largo(a) long **I**
la lástima shame **I**
    Es una lástima que…
        It's a shame that… **II**
    ¡Qué lástima! What a shame! **I**
lastimar(se) to get hurt **II**
la lata can **I, II, 2.2**
el lavabo washbowl **II**
el lavaplatos dishwasher **II**
lavar to wash **I**
    lavar los platos
        to wash the dishes **I, II**
lavarse to wash oneself **I, II**
    lavarse la cabeza
        to wash one's hair **I**
    lavarse los dientes
        to brush one's teeth **I**
la lección lesson **I**
la leche milk **I, II**
el lechón asado
    roast suckling pig **3.2**
la lechuga lettuce **I**
leer to read **I**
lejos (de) far (from) **I**
    ¿Queda lejos? Is it far? **I**
la lengua language **I, II**
lentamente slowly **I, II**
la lentejuela sequin **1.2**
los lentes de contacto
    contact lenses **1.1**
lento(a) slow **I**
la leña firewood **II, 2.3**
el león lion **II**
la letra lyrics **5.1**
el letrero sign **II**
levantar to lift **I**
    levantar pesas to lift weights **I**
levantarse to get up **I, II**
la ley law **3.3**
liberal liberal **3.3**
libre free **I**
    el tiempo libre free time **I**
la librería bookstore **I**
el libro book **I**
la licenciatura university degree **4.1**
el (la) líder leader **3.3**
la limonada lemonade **I**
limpiar to clean **I**
    limpiar el cuarto
        to clean the room **I, II**

la limpieza
    hacer la limpieza
        to do the cleaning
limpio(a) clean **I, II**
    mantener (mantengo) limpio(a)
        to keep clean **II**
la línea
    en línea on-line **6.3**
la linterna flashlight **II, 2.3**
listo(a) ready **I**
la literatura literature **I**
el litro liter **I, II**
la llama llama **I**
la llamada call **I**
llamar to call **I**
    ¿Cómo se llama?
        What is his/her name? **I, II**
    ¿Cómo te llamas?
        What is your name? **I, II**
    Dile/Dígale que me llame.
        Tell (familiar/formal) him or
        her to call me. **I**
    Me llamo… My name is… **I, II**
    Se llama…
        His/Her name is… **I, II**
la llave key **I, II**
el llavero keychain **1.2**
la llegada arrival **II**
llegar to arrive **I, II**
llenar to fill up **II**
lleno(a) full **II**
llevar
    to wear, to carry; to take along **I**
    llevar a cabo to accomplish **3.1**
    llevar(se) bien
        to get along with **II**
    llevarse bien/mal
        to get along well/badly with
        each other **1.3**
llorar to cry **II**
llover (ue) to rain **I**
la llovizna drizzle **II, 2.3**
la lluvia rain **I**
el lobo wolf **II**
local local **II**
el Localizador Unificador de
    Rescursos (LUR) URL **6.3**
la loción aftershave **II**
la loción protectora
    suntan lotion **II**
loco(a) crazy **I**

lógico
    Es lógico que…
        It's logical that… **II**
lograr to achieve
el loro parrot **II, 2.3**
los demás the rest of the people **II**
la lucha fight **3.3**
luchar contra to fight against **2.1**
lucir to appear
luego later **I**
    Hasta luego. See you later. **I**
el lugar place **I**
    el lugar donde nos ha tocado
        vivir the place where it was
        our fate to live
lujoso(a) luxurious **I, II**
el lunar beauty mark **1.1**
los lunares polka dots **1.2**
lunes Monday **I**
la luz light **I, II, 2.3**
    apagar la luz
        to turn off the light **I**

la madrastra stepmother **I, II**
la madre mother **I**
    el día de la Madre
        Mother's Day **3.2**
la madrugada
    early morning, dawn **3.2**
la maestría Master's degree **4.1**
el (la) maestro(a) teacher **I**
el maíz corn **I, 4.3**
las malas hierbas weeds **1.3**
el malecón boardwalk
la maleta suitcase **II**
el (la) maletero(a) porter **II**
malo(a) bad **I**
    Es malo que… It's bad that… **II**
    Hace mal tiempo.
        It is bad outside. **I**
    lo malo the bad thing **1.1**
    Lo malo es que…
        The trouble is that… **II**
el mambo mambo
    (Latin music) **5.2**
mandar to send **I**
    mandar una carta
        to send a letter **I**

manejar to drive I
manipular to manipulate **6.1**
la mano hand **I, II**
la manta blanket **I, II, 2.3**
el mantel tablecloth **II**
mantener (mantengo)
  mantener limpio to keep clean **II**
  mantener(se) sano(a)
    to be healthy **II**
la mantequilla butter **I, II**
la mantequilla de cacahuate
  peanut butter **II**
la manzana apple **II**
la mañana morning **I**
  Mañana es… Tomorrow is… **I**
  de la mañana in the morning **I**
  Hasta mañana.
    See you tomorrow. **I**
  por la mañana
    during the morning **I**
mañana tomorrow **I**
el mapa map **I**
el maquillaje makeup **II**
maquillarse to put on makeup **I, II**
la máquina contestadora
  answering machine **I**
el mar sea **I**
maravilla
  a las mil maravillas wonderfully
  de maravilla marvelous **II**
la marca brand name **6.2**
marcar to dial **I**
la marina navy
la marioneta marionette **II**
la mariposa butterfly **II, 2.3**
marrón brown **I**
martes Tuesday **I**
marzo March **I**
más more **I**
  más de more than **I**
  lo más/menos the most/least **1.1**
  más o menos more or less **I**
  más… que more… than **I, 6.3**
la máscara mask
el mascarero maskmaker
las matemáticas mathematics **I**
la materia subject **I**
mayo May **I**
mayor older **I**
  la mayor parte majority **4.3**
  mayor que older than **II**
la mayoría majority **II**

el (la) mecánico(a) mechanic **II, 4.2**
la medalla medallion **1.2**
la media hermana half-sister **I**
la medianoche midnight **I, II**
mediante by means of
la medicina medicine **II**
medio half **I, II**
el medio means, medium
el medio ambiente
  environment **II, 2.2**
el medio hermano half-brother **I**
el mediodía noon **I**
la mejilla cheek
mejor better **I**
  Es mejor que…
    It's better that… **II**
  lo mejor the best **1.1**
  mejor que better than **6.3**
la melodía melody **5.1**
el melón melon **II**
la memoria memory **6.3**
la menor parte minority **4.3**
menor younger **I**
  menor que younger than **II**
menos to, before; less **I**
  menos de less than **I**
  lo más/menos the most/least **1.1**
  menos… que less…than **I, 6.3**
el mensaje message **I**
  dejar un mensaje
    to leave a message **I**
  Deje un mensaje después del
    tono. Leave a message after
    the tone. **I**
  Quiero dejar un mensaje
    para… I want to leave a
    message for… **I**
mentir (ie) to lie
la mentira lie **II**
el menú menu **I**
el mercadeo marketing **4.1**
el mercado market **I**
merendar (ie) to have a snack **I**
el merengue
  merengue (Latin music) **5.2**
la merienda snack **I**
el mes month **I**
  el mes pasado last month **I**
la mesa table **I, II**
  poner la mesa to set the table **I**
  quitar la mesa to clear the table **I**
el (la) mesero(a) waiter (waitress) **I**

la meta goal **II**
meter en to get into
el metro subway **I**
mexicano(a) Mexican **II**
México Mexico **I**
la mezcla mixture **I**
mezclar to mix
la mezclilla denim **1.2**
mi my **I**
el micrófono microphone **6.3**
el microondas microwave **I**
el microprocesador
  microprocessor **6.3**
el miedo fear **I**
  tener miedo to be afraid **I**
mientras while **II**
miércoles Wednesday **I**
mil millones billion **4.3**
mil thousand **I, II**
millón de millones trillion **4.3**
millón million **II**
mimado(a) spoiled **1.1**
la minería mining **4.3**
el minué minuet **5.1**
los minusválidos
  physically challenged **2.1**
mío(a) mine
mirar to watch, to look at **I**
mismo(a) same **I**
la mitad de one half of **4.3**
la mochila backpack **I**
la moda fashion, style **1.2**
el módem modem **6.3**
moderno(a) modern **I, II**
modesto(a) modest **1.1**
mojado(a) wet **II**
molestar to bother **II**
el momento moment **I**
  Un momento. One moment. **I**
la monarquía monarchy **3.3**
el monedero change purse **1.2**
el monitor monitor **6.3**
la monja nun
el mono monkey **II**
  el mono araña
    spider monkey **2.3**
la montaña mountain **I**
  escalar montañas
    to mountain climb **II, 1.2**
el montañismo mountaineering **II**
  hacer montañismo
    to go mountaineering **1.2**

morado(a) purple **I**
moreno(a) dark hair and skin **I**
morir (ue) to die **II**
el mostrador counter **II**
mostrar (ue) to show **II**
el motivo purpose **3.2**
la moto(cicleta) motorcycle **I**
mover (ue) to move **I, II**
  mover los muebles
    to move the furniture **I**
la muchacha girl **I**
el muchacho boy **I**
muchas veces often **4.2**
mucho often **I**
mucho(a) much, many **I**
los muebles furniture **I, II**
la mujer woman **II**
  la mujer de negocios
    businesswoman **I**
multinacional multinational **4.3**
el mundo world **II**
la muñeca doll; wrist **II**
el muñeco de peluche
  stuffed animal **II**
el mural mural **5.2**
el (la) muralista muralist **5.2**
el museo museum **I**
la música music **I, 5.1**
  la música mariachi
    mariachi music **5.2**
musical musical **II**
el (la) músico(a) musician **II, 3.2**
muy very **I**

nacer to be born **I, II**
el nacimiento
  la fecha de nacimiento
    date of birth **II, 4.1**
nada nothing **I**
  De nada. You're welcome. **II**
nadar to swim **II**
  nadar con tubo de respiración
    to snorkel **2.3**
nadie no one **I**
la nariz nose **I, II**
la naturaleza nature **II, 2.2**
  la naturaleza muerta still life **5.1**
la navaja jackknife **II, 2.3**

navegar to navigate, sail
  navegar en tabla de vela
    to windsurf **1.2**
  navegar por Internet
    to surf the Internet **1.2**
  navegar por rápidos to go
    whitewater rafting **2.3**
la neblina mist, fog **II, 2.3**
necesitar to need **I**
  Es necesario que…
    It's necessary that… **II**
negro(a) black **I**
nervioso(a) nervous **I**
  ponerse nervioso(a)
    to get nervous **1.3**
nevar (ie) to snow **I**
la nevera freezer **II**
la neverita cooler **II**
ni nor, neither, not even **II**
Nicaragua Nicaragua **I**
nicaragüense Nicaraguan **II**
la nieta granddaughter **I**
el nieto grandson **I**
los nietos grandchildren **I**
la nieve snow **I**
la niña girl **I**
el (la) niñero(a) babysitter **II, 4.2**
ninguno(a) none, not any **I**
el niño boy **I**
la nitidez clarity, sharpness **6.2**
el nivel level
ni… ni neither…nor **4.2**
no no, not **I**
  ¡No digas eso! Don't say that! **I**
  ¡No me digas! Don't tell me! **I**
  ¡No te preocupes! Don't worry! **I**
la noche night, evening **I**
  Buenas noches. Good evening. **I**
  de la noche at night **I**
  por la noche
    during the evening **I**
el nombre name, first name **I**
normal normal **I**
normalmente normally **I, II**
el norte north **II**
nosotros(as) we **I**
la nota grade **I**
  sacar una buena nota
    to get a good grade **I**
las noticias news **II**
  el grupo de noticias
    news group **6.3**

el noticiero news program **II**
novecientos nine hundred **I, II**
la novela novel **I**
el (la) novelista novelist **5.3**
noveno(a) ninth **I, II**
noventa ninety **I**
noviembre November **I**
el (la) novio(a)
  boyfriend/girlfriend **II**
la nube cloud **II, 2.3**
nublado cloudy **I**
  Está nublado. It is cloudy. **I**
nuestro(a) our **I**
nueve nine **I**
nuevo(a) new **I**
  el Año Nuevo New Year **3.2**
  el Nuevo Mundo New World **5.2**
  ¿Qué hay de nuevo?
    What's new? **II**
el número number **I**; shoe size **II**
nunca never **I**
nutritivo(a) nutritive **II**

o or **I**
obediente obedient **II**
la obra work **I**; work of art **II**
  la obra de teatro
    theatrical production **II**
  la obra maestra masterpiece **I**
el (la) obrero(a) worker **II**
obtener (obtengo)
  to obtain, to get **II**
el océano ocean **II**
el ocelote ocelot **2.3**
ochenta eighty **I, II**
ocho eight **I, II**
ochocientos eight hundred **I, II**
octavo(a) eighth **I, II**
octubre October **I**
ocupado(a) busy **I**
ocurrir to occur **II**
  ocurrírsele (a uno)
    to dawn on, to occur to **6.2**
odiarse to hate each other **1.3**
el oeste west **II**
la oficina office **I**

ofrecer to offer I, II
   Le puedo ofrecer...
      I can offer you... I
   ¿Se le(s) ofrece algo más? Can I
      offer you anything more? I
el oído inner ear II
oír (oigo) to hear I
ojalá que I hope that II
el ojo eye I
la ola wave I, II
el óleo oil painting 5.1
oler (huelo) (ue) a to smell
la olla pot I
el olmo elm
olvidar to forget I
   olvidársele (a uno) to forget 6.2
once eleven I, II
la onda trendy thing to do; wave
ondulado(a) wavy 1.1
el (la) operador(a) operator I, II, 4.2
opinar
   no opinar que
      not to be of the opinion that
oponerse a (me opongo)
   to oppose 1.3
el (la) opresor(a) oppressor 3.3
opuesto(a) opposite 1.1
ordenar (las flores, los libros)
   to arrange (flowers, books) I
ordinario(a) ordinary I
la oreja ear I, II
el orfelinato orphanage
el orgullo pride 3.1
orgulloso(a) proud 3.1
original original 5.3
la orilla edge; shore II
el oro gold I
la orquesta orchestra 3.2
oscurecer to get dark 2.3
la oscuridad darkness 2.3
oscuro(a) dark II
   lo más oscuro
      the most incomprehensible,
      the least desirable
el oso hormiguero anteater 2.3
el otoño fall I
otro(a) other, another I
ovalado(a) oval 1.1
o...o either...or 4.2

P

el (la) paciente patient I
el padrastro stepfather I, II
el padre father I
   el día de los Padres
      Father's Day 3.2
los padres parents I
los padrinos godparents 3.1
pagar to pay I
la página-web web page 6.3
el país country I
el paisaje landscape I, 5.1
el pájaro bird I
la palma palm tree II
el palmar palm tree grove II
el palo stick
el pan bread I, II
   el pan dulce sweet roll I
la panadería bread bakery I
Panamá Panama I
panameño(a) Panamanian II
la pandereta tambourine 5.1
la pantalla screen I
los pantalones pants I
   los pantalones cortos shorts I
el pañuelo scarf II
la papa potato I, II
   las papas fritas french fries I
el papel paper I; role II
   hacer el papel to play the role 5.3
la papelería stationery store I
el paquete package I, 4.1
para for, in order to I
   para empezar to begin with I
   para que so that 3.1
   ¿Para qué? For what purpose?
la parada stop, stand II
el paraguas umbrella I
Paraguay Paraguay I
paraguayo(a) Paraguayan II
parar to stop II
la pared wall I, II
el (la) pariente relative II
el parque park I
la partición
   se harán particiones the
      inheritance will be divided up
participar to participate 2.1

el partido game I
el (la) pasajero(a) passenger II
el pasaporte passport II
pasar to happen, to pass,
   to pass by I
   pasar la aspiradora
      to vacuum I, II
   pasar por debajo de la mesa
      to go unnoticed
   pasar un rato con los amigos
      to spend time with friends I
   pasarlo bien
      to have a good time 3.2
pasear to go for a walk I
el paseo walk I; walkway II
el pasillo aisle II
el paso the way 5.2
la pasta pasta I, II
la pasta de dientes toothpaste I
el pastel cake I; tamale-like mixture
   of plantain, yuca and meat 3.2
la pastelería pastry shop I
la pastilla pill II
el pastor shepherd I
la patata potato I
patinar to skate I
los patines skates I
la patineta skateboard I
   andar en patineta
      to skateboard I
la patria country 3.3
el (la) patriota patriot 3.3
patriótico(a) patriotic 3.3
el patriotismo patriotism 3.3
patrocinar to sponsor 3.2
el pavo turkey 3.2
el payaso clown
la paz peace
el peatón (la peatona) pedestrian II
las pecas freckles 1.1
el pedazo piece I, II
pedir (i) to ask for, to order I, II
   ¿Me ayuda a pedir?
      Could you help me order? I
el peinado hairdo
peinarse to comb one's hair I
el peine comb I
pelear(se)
   to fight (with each other) II, 1.3
el pelícano pelican 2.3
la película movie I

el peligro danger I
peligroso(a) dangerous I, II, 2.3
   Es peligroso que…
      It's dangerous that… II
pelirrojo(a) redhead I
el pelo hair I
la pelota baseball I
el (la) peluquero(a)
   barber, hairstylist II, 4.2
los pendientes
   dangling earrings 1.2
pensar (ie) to think, to plan I
la pensión boarding house II
peor worse I
   lo peor the worst 1.1
   peor que worse than II, 6.3
pequeño(a) small I
la pera pear II
la percepción perception 6.1
perder (ie) to lose I
perdérsele (a uno)
   to lose (something) 6.2
Perdona(e)… Pardon… I
   Perdona(e), ¿cómo llego a…?
      Pardon, how do I get to…? I
perdonarse
   to forgive each other 1.3
perezoso(a) lazy I
perfecto(a) perfect I
el perfil económico
   economic profile 4.3
el perfume perfume II
el periódico newspaper I
el periodismo journalism II
el (la) periodista journalist II
el permiso permission II, 2.2
permitir to permit II
pero but I
el (la) perro(a) dog I
   caminar con el perro
      to walk the dog I
el personaje character 5.3
la perspectiva perspective 5.1
pertenecer
   to belong, to pertain II, 2.1
Perú Peru I
peruano(a) Peruvian II
la pesa weight I
   levantar pesas to lift weights I
pesado(a) boring, heavy 1.2
   el pesado lecho heavy bed
el pescado fish I, II
el pescador fisherman II

pescar to fish II
   pescar en alta mar
      to go deep-sea fishing 1.2
pese a in spite of
la pesquería fishing industry 4.3
el petróleo petroleum 4.3
el pez fish I, 2.3
el piano piano I
   tocar el piano
      to play the piano I
el picaflor hummingbird 2.3
picante spicy I
el pie foot I, II
   a pie on foot I
la piedra stone, rock II, 2.2
la piel skin II
la pierna leg I, II
la pila battery 6.2
pilotar una avioneta to fly a
   single-engine plane 1.2
el piloto pilot II
la pimienta pepper I, II
pintar to paint I
el (la) pintor(a) painter II
la pintura
   painting, picture II; paint
la piña pineapple I
la piscina swimming pool I
el piso floor, story II
el pizarrón chalkboard I
el placer pleasure I
   Es un placer. It's a pleasure. I
planchar (la ropa)
   to iron (the clothes) I
el planeta planet II, 2.2
la planta plant I
   la planta silvestre wild plant II
la planta baja ground floor II
el plástico plastic 2.2
la plata silver I
el plátano verde plantain II
el plato plate I
   lavar los platos
      to wash the dishes I, II
la playa beach I
la plaza town square I
la plena Afro-Caribbean dance 3.3
la pluma pen I
la población population II, 2.2
pobre poor II
la pobreza poverty II, 2.1
poco a little I
el poder power 3.3

poder (ue) to be able I, II
   Gracias, pero no puedo.
      Thanks, but I can't. I
   Le puedo ofrecer…
      I can offer you… I
   No, de veras, no puedo.
      No, really, I can't. 2.1
   Si pudiera, lo haría.
      If I could, I would. 2.1
   ¿Me podría(s) dar una mano?
      Could you give me a hand?
      2.1
   ¿Me puede atender? Can you
      help (wait on) me? II
   ¿Me puede(s) ayudar?
      Can you help me? 2.1
   ¿Me puede(s) hacer un favor?
      Can you do me a favor? 2.1
   ¿Puedes (Puede usted) decirme
      dónde queda…? Could you
      tell me where… is? I
   ¿Puedo hablar con…?
      May I speak with…? I
el poema poem I
la poesía poetry I, 5.1
el (la) poeta poet 5.3
el (la) policía police officer II
el poliéster polyester 1.2
el pollo chicken I
   el pollo asado
      barbecued chicken II
el polvo dust I
   quitar el polvo to dust I, II
poner (pongo) to put I, II
   poner la mesa to set the table I
   ponerse (me pongo)
      to put on (clothes) I
   ponerse la ropa
      to get dressed I, II
   ponerse nervioso(a)
      to get nervous 1.3
el por ciento percent 4.3
por for, by, around I
   por el otro lado
      on the other hand 1.1
   por favor please I
   por fin finally I
   por la mañana
      during the morning I
   por la noche
      during the evening I
   por la tarde
      during the afternoon I

por todas partes
   all around I, 2.2
   por un lado on the one hand 1.1
¿Por qué? Why? I
   ¿Por qué no? Why not? 2.1
el porcentaje percentage 4.3
porque because I
portar(se) bien/mal
   to behave well/badly II
posible
   Es posible que…
      It's possible that… II
el postre dessert I
practicar to play, to practice I, II
   practicar deportes
      to play sports I
el precio price I
precioso(a) precious, valuable 5.2
precolombino(a)
   pre-Columbian 5.2
predecible predictable 5.3
preferir (ie) to prefer I, II
el prejuicio prejudice 2.1
el premio award I, II
el Premio Nóbel Nobel Prize 5.3
el prendedor pin 1.2
la prensa press
preocupado(a) worried I
preocupar(se) (por)
   to be preoccupied by II
   ¡No te preocupes!
      Don't worry! I
preparar to prepare I
la preparatoria preparatory school
presentar to introduce I
   Te/Le presento a…
      Let me introduce you
      (familiar/formal) to… I
preservar to preserve II, 2.1
el (la) presidente president 3.3
el préstamo loan II
prestar to lend II
prevalecer to prevail
la primavera spring I
el primer plano foreground 5.1
primero(a) first I, II
el (la) primo(a) cousin I
principal principal 4.3
prisa
   tener prisa to be in a hurry I
probable
   Es probable que…
      It's probable that… II

el problema problem I, II
la procesión procession 3.3
la producción production 5.1
producir to produce II
los productos forestales
   forestry products 4.3
la profesión profession I, II
el (la) profesor(a) professor
el programa program II
   el ícono del programa
      program icon 6.3
   el programa anti-virus
      anti-virus program 6.3
   el programa de acción
      action program 6.1
   el programa de ciencia ficción
      science fiction program 6.1
   el programa de concurso
      game show 6.1
   el programa de entrevista
      talk show 6.1
   el programa de horror
      horror program 6.1
   el programa de misterio
      mystery program 6.1
   el programa de reciclaje
      recycling program 2.2
prohibido(a) para menores
   R-rated (movie) 6.1
prohibir to prohibit 2.2
el promedio average 4.3
el pronóstico report II
pronto soon I, II
la propina tip I
   ¿Cuánto le doy de propina?
      How much do I tip? I
   dejar la propina
      to leave the tip I
el (la) proponente supporter 3.3
la prosa prose 5.3
¡Próspero Año Nuevo!
   Happy New Year! 3.2
el (la) protagonista protagonist 5.3
proteger to protect II, 2.2
   proteger las especies
      to protect the species I
la prueba quiz I
la publicidad publicity 4.1
el público audience 6.1
pudieras (poder) you were able II
el pueblo town, village I
el puente bridge II

el puerco pork I
la puerta door I, II
Puerto Rico Puerto Rico I
puertorriqueño(a) Puerto Rican II
pues well I
el puesto position II, 4.2
la pulsera bracelet I
la puntualidad punctuality II, 4.2

qué what? I
   ¿A qué hora es…?
      (At) What time is… ? I
   ¿Qué desea(n)?
      What would you like? I
   ¿Qué día es hoy?
      What day is today? I
   ¡Qué (divertido)! What (fun)! I
   ¿Qué hay de nuevo?
      What's new? II
   ¿Qué hora es? What time is it? I
   ¡Qué lástima! What a shame! I
   ¡Qué lío! What a mess! II, 2.2
   ¿Qué lleva? What is he/she
      wearing? I
   ¿Qué me recomienda?
      What do you recommend? II
   ¿Qué tal? How is it going?
      How are you? I, II
   ¿Qué tiempo hace?
      What is the weather like? I
quedar (en) to stay, to be (in a
   specific place), to agree on I
   **¿Puedes (Puede usted) decirme
      dónde queda…?** Could you
      tell me where…is? I
   ¿Queda lejos? Is it far? I
quedarsele (a uno)
   to leave something behind 6.2
los quehaceres chores I, II
quejarse to complain 1.3
la quemadura burn II
quemar to burn II
querer (ie) to want I, II
   ¿Quieres beber…?
      Do you want to drink…? I
   ¿Quieres comer…?
      Do you want to eat…? I
   Quiero beber…
      I want to drink… I

Quiero comer…
I want to eat… I
Quiero dejar un mensaje para… I want to leave a
message for… I
el queso cheese I
quién/quién(es) who I
¿De quién es…?
Whose is…? I
¿Quién es? Who is it? I
¿Quiénes son? Who are they? I
la química chemistry II
el químico chemical II, 2.2
quince fifteen I
la quinceañera
fifteenth birthday 3.2
quinientos five hundred I, II
quinto(a) fifth I, II, 4.3
el quiosco kiosk II
Quisiera… I would like… I
quitar
quitar el polvo to dust I, II
quitar la mesa
to clear the table I
quitar(se) la ropa
to take off your clothes II
quizás maybe II

el radio radio I
el radio portátil
portable radio 6.2
el radiocasete radio-tape player I
el radioemisor radio station 3.2
la radiografía X-ray II
la rana frog I, II
rápidamente quickly I, II
rápido(a) fast, quick I
la raqueta racket I
rara vez rarely I
raro(a) rare, strange II
Es raro que… It's rare that… II
el rato
un buen rato quite a while
las rayas stripes II
el rayo thunderbolt, flash of
lightning II, 2.3
la raza race I

la razón reason I
Con razón. That's why. I
tener razón to be right I
la reacción crítica
critical response 6.1
real royal
el realismo mágico
magical realism 5.3
la rebaja sale II
rebosante overflowing
la recepción
reception/front desk II
el (la) recepcionista receptionist I
el receso break I
la receta recipe I; prescription II
recibir to receive I
el reciclaje recycling II
reciclar to recycle II
reciente recent I
recientemente lately, recently I, II
recoger to collect; to pick up 2.1
las recomendaciones
recommendations II
recomendar (ie) to recommend II
recordar (ue) to remember I
el recuerdo souvenir I
recuperar(se) to get better II
los recursos naturales
natural resources II, 2.2
la red mundial World Wide Web 6.3
redondo(a) round 1.1
reducir to reduce II, 2.2
la refinería oil refinery 4.3
reflejar to reflect 5.2
el reflejo reflection
el refresco soft drink I
el refrigerador refrigerator II
el refugio de vida silvestre
wildlife refuge 2.3
el regalo gift I
regar (ie) to water 1.3
regatear to bargain I
la regla rule I
regresar to return, to go back I, II
Regresa más tarde.
He/She will return later. I
Regular. So-so. I
la reina queen 3.3
reír(se) (i) to laugh II
las relaciones públicas
public relations 4.1
relajar(se) (i) to relax II

el relámpago lightning II, 2.3
el reloj clock, watch I
remar to row II
reparar to repair 1.3
el repertorio repertoire 5.1
repetir (i) to repeat II
el reportaje report II
el (la) reportero(a) reporter II
República Dominicana
Dominican Republic I
requerir (ie) to require II, 4.2
el requisito requirement II, 4.2
rescatar to rescue II
el rescate rescue II
la reserva reservation II
resfriado
estar resfriado to have a cold II
resistir to stand
resolver (ue) to resolve II, 1.1
respaldado(a)
supported by; backed by 6.2
respectivamente respectively
respetar to respect 1.1
respirar to breathe II
el restaurante restaurant I
el retablo altar-piece 5.1
el retrato portrait I, II
la reunión gathering II
reunir(se) to get together II
revisar to review, to check II
la revista magazine I
el rey king 3.3
rico(a) tasty; rich I, II
ridículo
Es ridículo que…
It's ridiculous that… II
el riesgo
correr riesgos to take risks 4.1
el río river I
riquísimo(a) very tasty I
la risa laugh, laughter II
el ritmo rhythm I, 5.1
rizado curly (hair) II
robar to steal II
el robo robbery II
rodeado(a) surrounded
la rodilla knee II
rogar (ue) to beg 3.1
rojizo(a) reddish 1.1
rojo(a) red I
el romanticismo romanticism 5.3
romántico(a) romantic II

romper
  romper la piñata
    to break the piñata **II**
rompérsele (a uno) to break **6.2**
la ropa clothing **II**
  ponerse la ropa
    to get dressed **I, II**
  quitar(se) la ropa
    to take off your clothes **II**
rosado(a) pink **I**
roto
  estar roto(a) to be broken **6.2**
rubio(a) blond **I**
el ruido noise **3.2**
las ruinas ruins **5.2**

sábado Saturday **I**
la sábana sheet **II**
saber (sé) to know **I, II**
el sabor flavor **I**; taste **II**
sabroso(a) tasty **I, II**
sacar to take **I, II**
  sacar fotos
    to take photos, pictures **I**
  sacar la basura
    to take out the trash **I**
  sacar una buena nota
    to get a good grade **I**
el saco de dormir
  sleeping bag **II, 2.3**
la sal salt **I, II**
la sala living room **I, II**
la sala de emergencia
  emergency room **II**
la salchicha sausage **I**; hot dog **II**
la salida departure **II**
salir (salgo) to go out, to leave **I**
la salsa salsa (Latin music) **5.2**
saltar
  saltar la cuerda to jump rope **II**
¡Salud! Cheers! **II**
saludable healthy **II**
saludar(se)
  to greet (each other) **II, 1.3**
El Salvador El Salvador **I**
salvadoreño(a) Salvadoran **II**
salvaje wild **II, 2.3**
las sandalias sandals **II**
la sangre blood **II**

sano(a)
  mantener(se) sano(a)
    to be healthy **II**
la sardana Catalan folk dance **5.1**
la sartén frying pan **I**
la sátira satire **5.3**
se recomienda discreción
  PG-13 rated (movie) **6.1**
el secador de pelo hair dryer **I, II**
secarse to dry oneself **I**
seco(a) dry **II**
el (la) secretario(a)
  secretary **I, II, 4.2**
sed
  tener sed to be thirsty **I**
la seda silk **1.2**
seguir (i) to follow, to continue **II**
segundo(a) second **I, II**
la seguridad security **II**
el seguro insurance **II**
  el seguro médico
    medical insurance **4.2**
seguro(a) sure
  (No) estoy seguro(a).
    I'm (not) sure. **3.3**
  no estar seguro (de) que
    not to be sure that **3.2**
seis six **I, II**
seiscientos six hundred **I, II**
la selva forest, jungle **I, II, 2.2**
el semáforo traffic light/signal **II**
la semana week **I**
  el fin de semana weekend **I**
  la semana pasada last week **I**
sembrar (ie) to plant **2.1**
semejante a similar to **1.1**
el semestre semester **I**
sencillo(a) simple, plain **I, II**
el sendero path, trail **II, 2.3**
sensacional sensational **6.1**
sentar(se) (ie) to sit **II**
sentir
  Lo siento mucho, pero…
    I'm sorry, but… **2.1**
  Lo siento. I'm sorry. **I**
  sentirse frustrado(a)
    to feel frustrated **1.3**
señalar to gesture
el señor Mr. **I**
la señora Mrs. **I**
la señorita Miss **I**
separar to separate **II, 2.2**
septiembre September **I**

séptimo(a) seventh **I, II**
la sequía drought **2.2**
ser (soy) to be **I, II**
  Es la…/Son las…
    It is… o'clock. **I**
  ser de… to be from… **I**
el ser humano human being **II, 2.1**
la serie series **II**
serio(a) serious **I**
la serpiente snake **II, 2.3**
el servicio service
  el servicio de búsqueda
    search engine **6.3**
  el servicio social
    social service **2.1**
los servicios bathrooms **II**
la servilleta napkin **II**
servir (i) to serve **I, II**
  servir de to be used as
sesenta sixty **I**
setecientos seven hundred **I, II**
setenta seventy **I**
sexto sixth **II**
sexto(a) sixth **I**
los shorts shorts **I**
si if **I, II**
sí yes **I**
  ¡Claro que sí! Of course! **I**
  Sí, con mucho gusto.
    Yes, gladly. **2.1**
  Sí, me encantaría.
    Yes, I would love to. **I**
siempre always **I**
siete seven **I**
el siglo century **5.1**
siguiente next **II**
la silla chair **I, II**
el sillón armchair **I, II**
simbólico(a) symbolic **5.3**
el simbolismo symbolism **5.3**
simpático(a) nice **I**
sin without **I**
sin embargo nevertheless **5.3**
el sitio site **6.3**
la situación situation **II**
el smog smog **II, 2.2**
sobrante leftover, surplus
sobre on, about **II**
  sobre hielo on ice **I**
el (la) sobrino(a) nephew/niece **II**
sociable sociable **II**
la sociedad anónima (S.A.)
  corporation (Inc.) **4.3**

¡Socorro! Help! II
el sofá sofa, couch I, II
el software software 6.3
el sol sun I
    las gafas de sol sunglasses I
    Hay sol./Hace sol. It's sunny. I
    tomar el sol to sunbathe I
soleado(a) sunny II, 2.3
solemne solemn 3.3
solicitar to request, to apply for II
la solicitud application II
sólo only I
solo(a) alone I
la solución solution 2.1
la sombra
    darkness, shade, shadow II
el sombrero hat I
la sombrilla de playa
    beach umbrella II
el son sound, rhythm 5.1
sonar (ue) to sound, ring 3.3
soñar (ue) to dream about
el sonido sound I
sonreír(se) (i) to smile II
la sopa soup I
sorprender to surprise I, II
la sorpresa surprise I, II
el sótano basement 1.3
su your (formal), his, her, its,
    their I
subir por to go up/to climb II
sucio(a) dirty I, II
las sudaderas sweats 1.2
sudar to sweat II
el sueldo salary II, 4.2
suelen acercarse
    they often come up to
el suelo floor I, II
    barrer el suelo
        to sweep the floor I
suelto(a) loose 1.2
el sueño sleep; dream
    tener sueño to be sleepy I
la suerte luck I
    La suerte viene a quien menos
        la aguarda. Luck comes to
        him who least expects it.
    tener suerte to be lucky I
el suéter sweater I
suficiente enough II
sugerir (ie) to suggest II
sumar to add 4.3
superarse to get ahead, excel 4.1

la superficie surface
el supermercado supermarket I
    ir al supermercado
        to go to the supermarket I
suplicar to ask, plead 3.1
el sur south II
el surfing surfing I
el susto shock, fright
suyo(a)
    yours (formal), his, hers, theirs

el tablado stage floor 5.1
el tablao flamenco group 5.1
tacaño(a) stingy II
el taco taco II
tal vez maybe I
    Tal vez otro día.
        Maybe another day. I
el talento talent II
la talla size (clothing) II
el tallado carving 5.2
tallado(a) carved 5.2
el taller workshop I
el tamaño size 6.3
también also, too I
el tambor drum 5.1
tampoco neither, either I
tan as I
    tan pronto como as soon as 2.3
    tan… como as…as I, II, 6.3
el tango tango (Latin music) 5.2
tanto as much I
    tanto como as much as I, II
    tantos… como as many…as 6.3
las tapas appetizers I
el tapiz tapestry 5.1
la taquería taco restaurant II
la taquilla box office II
la tarde afternoon I
    Buenas tardes. Good afternoon. I
    de la tarde in the afternoon I
    por la tarde during the
        afternoon I
tarde late I
    Regresa más tarde.
        He/She will return later. I
la tarea homework I
la tarjeta card
    la tarjeta de crédito credit card I

la tarjeta de gráfica
    graphics card 6.3
la tarjeta de sonido
    sound card 6.3
el taxi taxi, cab I
el (la) taxista taxi driver I, II, 4.2
la taza cup I
el té tea I
el teatro theater I
    la obra de teatro
        theatrical production II
el techo roof
la tecla key 6.3
el teclado keyboard I, 6.3
la técnica technique 5.2
el técnico technician II, 4.2
el tejido textile, weaving I, 5.2
tejido(a) woven 5.2
las telecomunicaciones
    telecommunications 4.3
el teledrama TV mini-series 6.1
telefonearse
    to telephone each other 1.3
el teléfono telephone I
    el teléfono celular
        cellular telephone 6.2
    el teléfono inalámbrico
        cordless telephone 6.2
    ¿Cuál es tu teléfono? What is
        your phone number? I, II
la teleguía television guide 6.1
el telemensaje voice mail 6.2
la telenovela soap opera II
la teleserie TV series 6.1
el (la) televidente viewer II
la televisión television I
    el espacio de la televisión
        television program
    la televisión por cable
        cable television 6.1
    la televisión por satélite
        satellite television 6.1
    ver la televisión
        to watch television I
el televisor television set I
    el televisor portátil
        portable television 6.2
el tema theme II
el tembleque
    coconut-milk custard 3.2
la temperatura temperature II
el templo temple 5.2

la temporada
season, period of time **1.2**
temprano early **I**
el tenedor fork **I**
tener (tengo) to have **I**
¿Cuántos años tiene…?
How old is…? **I**
tener calor to be hot **I**
tener cuidado to be careful **I, II**
tener en común
to have in common **1.1**
tener envidia to be envious **II**
tener éxito to be successful **II**
tener frío to be cold **I**
tener ganas de… to feel like… **I**
tener hambre to be hungry **I**
tener miedo to be afraid **I**
tener prisa to be in a hurry **I**
tener que to have to **I**
tener razón to be right **I**
tener sed to be thirsty **I**
tener sueño to be sleepy **I**
tener suerte to be lucky **I**
tener vergüenza
to be ashamed **II**
Tiene… años.
He/She is…years old. **I**
teñido(a) dyed **1.1**
el tenis tennis **I**
tercero(a) third **I, II**
el tercio third **4.3**
terminar to finish **I**
el terreno terrain, landscape
la altura del terreno
altitude of terrain
terrible terrible, awful **I**
los textiles textiles **4.3**
la tía aunt **I**
el tiburón shark **2.3**
el tiempo time; weather **I**
a tiempo on time **II**
¿Cuánto tiempo hace que…?
How long is it since…? **I**
el tiempo libre free time **I**
Hace buen tiempo.
It is nice outside. **I**
Hace mal tiempo.
It is bad outside. **I**
¿Qué tiempo hace?
What is the weather like? **I**
tiempo completo full time

la tienda store **I**
la tienda de deportes
sporting goods store **I**
la tienda de música y videos
music and video store **I**
la tienda de campaña tent **II, 2.3**
la tierra land, earth **I, II, 2.2**
las tijeras scissors **I, II**
el timbre doorbell
tímido(a) timid **II**
la tintorería dry cleaner **II**
el tío uncle **I**
los tíos uncle(s) and aunt(s) **I**
típicamente typically **II**
típico(a) typical, regional **3.2**
la tira cómica comic strip **II**
el titular masthead **II**
titularse to be called **5.3**
el título title **5.3**
la tiza chalk **I**
la toalla towel **I, II**
el tobillo ankle **II**
tocar to play (an instrument);
to touch **I**
¡A todos nos toca!
It's up to all of us! **2.2**
tocar el piano
to play the piano **I**
tocar la guitarra to play the
guitar **I**
tocar las palmas
to clap hands **5.1**
todavía still, yet **I**
todo(a) all **I**
todo el mundo everyone **II**
todos los días every day **I**
la toga gown **3.1**
tomar to take, to eat or drink **I, II**
tomar decisiones
to make decisions **4.1**
tomar el sol to sunbathe **I**
tomar en cuenta
to take into account **6.2**
tomar un curso de natación
to take a swimming class **II**
el tomate tomato **I, II**
tonto(a) silly
la tormenta storm **I**
el toro bull **I, II**
la torta sandwich **I, II**
la tortilla española potato omelet **I**

la tortuga turtle **I, II, 2.3**
la tos cough **II**
los tostones fried plantains **II**
trabajador(a) hard-working **I**
el (la) trabajador(a) social
social worker **4.3**
trabajar to work **II**
trabajar de voluntario(a)
to volunteer **2.1**
el trabajo job, work
el trabajo a tiempo completo
full-time job **4.2**
el trabajo a tiempo parcial
part-time job **4.2**
la tradición tradition **5.2**
tradicional traditional **I, II**
traducir to translate **II**
el (la) traductor(a) translator **4.3**
traer (traigo) to bring **I**
¿Me trae…?
Could you bring me…?
el tráfico traffic **I**
el traje suit **II**
el traje de baño bathing suit **I**
la trama plot **5.3**
tranquilamente calmly **I, II**
tranquilo(a) calm **I**
tratar to treat **II**
tratar de to try to
tratarse to be about **5.3**
trece thirteen **I**
treinta thirty **I**
el tren train **I**
trepar a un árbol to climb a tree **II**
tres three **I, II**
trescientos three hundred **I, II**
triangular triangular **1.1**
el trigo wheat **4.3**
triste sad **I**
Es triste que… It's sad that… **II**
la tristeza sadness **II**
la trompeta trumpet **5.1**
el tropiezo setback **3.1**
el trueno thunder **II, 2.3**
tú you (familiar singular) **I**
tu your (familiar) **I**
el tucán toucan **II, 2.3**
el turismo tourism **II**
tuyo(a) yours (familiar)

ubicado(a) located

último(a) last **I**

un par de a pair of **II**

único(a) unique, only **1.2**

la unidad monetaria currency **4.3**

unir to unite

la universidad university **II**

uno one **I, II**

Uruguay Uruguay **I**

uruguayo(a) Uruguayan **II**

usar to use, to wear, to take
a size **I, II**

usted you (formal singular) **I**

ustedes you (formal, plural) **I**

el (la) usuario(a) user **6.3**

útil useful **II**

la uva grape **I, II**

la vaca cow **I**

vaciar to empty **1.3**

vacío(a) empty **II**

valer (valgo)
to value, to be worth **II**
valer la pena
to be worthwhile **3.1**

el valle valley **II, 2.2**

valorar
to appreciate, to value **II, 2.1**

vanidoso(a) vain **1.1**

el vaso glass **I**
el vaso de glass of **I**

el vecindario neighborhood **II**

el (la) vecino(a) neighbor **I**

vegetariano(a) vegetarian **I**

veinte twenty **I**

las velas candles **II**

el venado deer **II, 2.3**

vencer (venzo)
to defeat, overcome **3.1**

vender to sell **I**

venezolano(a) Venezuelan **II**

Venezuela Venezuela **I**

venir (vengo) to come **I, II**

la ventaja advantage **II, 4.2**

la ventana window **I, II**

la ventanilla window **II**

las ventas sales **4.1**
a la venta for sale

ver (veo) to see **I, II**
¿Me deja ver…? May I see…? **I**
Nos vemos. See you later. **I**
ver la televisión
to watch television **I**

verse to look, to appear **1.1**

el verano summer **I**

la verdad truth **I**
¿De veras? Really? **II**
Es verdad. It's true. **I**
No es verdad que…
It's not true that… **II**

verde green **I**

la verdura vegetable **I, II**

la vergüenza
tener vergüenza
to be ashamed **II**

el vestido dress **I**

vestir(se) (i) to dress oneself **II**

el vestuario wardrobe **1.2**

el (la) veterinario(a)
veterinarian **II, 4.2**

viajar to travel **I**

el viaje trip **I**

la victoria victory **3.3**

la vida life **I**

el video video **I**
alquilar un video
to rent a video **I**

la videocámara video camera **6.2**

la videocasetera
video cassette recorder **6.1**

la videograbadora VCR **I**

el videojuego video game **I**

el vidrio glass **II, 2.2**

viejo(a) old **I**

el viento wind **I**
Hace viento. It's windy. **I**
Hay viento. It's windy. **I**

viernes Friday **I**

violento(a) violent **II**

el violín violin **5.1**

visitar to visit **I**

vivir to live **I**
Vive en… He/She lives in… **I**
Vivo en… I live in… **I**

volar (ue) to fly **II**

volar en planeador
to hang-glide **1.2**

el voleibol volleyball **I**

el (la) voluntario(a) volunteer **II**

volver (ue)
to return, to come back **I**

vosotros(as) you (familiar plural) **I**

votar to vote **2.1**

el vuelo flight **II**

vuestro(a) your (familiar plural) **I**

y and **I**
y cuarto quarter past **I**
y media half past **I**

ya already, now **II**
¡Ya lo sé! I already know! **I**
ya no no longer **I**

el yeso cast **II**

yo I **I**

el yogur yogurt **I, II**

la zanahoria carrot **I, II**

el zapateado
rhythmic heel clicking **5.1**

la zapatería shoe store **I**

el zapato shoe **I**

el zapato de tacón
high-heeled shoe **II**

las zonas de reserva ecológica
conservation lands **2.2**

el zorrillo skunk **2.3**

el zumo juice **I**

GLOSARIO
inglés–español

This English–Spanish glossary contains all of the active vocabulary words that appear in the text as well as passive vocabulary from readings and culture sections. It contains all words listed in the Spanish–English Glossary.

abilities las habilidades **4.2**
to be able poder (ue) **I, II**
   If I could, I would.
      Si pudiera, lo haría. **2.1**
Abolition Day el día de la Abolición de Esclavitud **3.3**
about sobre **I**
to be about tratarse **5.3**
above arriba **II**
academic el (la) académico(a) **4.3**
accessible accesible **6.2**
to accomplish llevar a cabo **3.1**
accountant el (la) contador(a) **II, 4.2**
accounting la contabilidad **4.1**
to achieve lograr
acquaintance la amistad **II**
actor/actress el (la) actor/actriz **II**
to adapt oneself adaptarse **4.1**
to add sumar **4.3**
address la dirección **I**
admiral el almirante **3.3**
admission el ingreso
to advance avanzar **3.1**
advanced avanzado(a) **5.2**
advantage la ventaja **4.2**
adventures las aventuras **II**
advice el consejo **II**
to advise aconsejar **II**
aerosol el aerosol **2.2**

afraid
   I'm afraid that…
      Tengo miedo de que… **2.3**
after después (de) **I**
after-shave lotion la loción **II**
afternoon la tarde **I**
   during the afternoon
      por la tarde **I**
   Good afternoon.
      Buenas tardes. **I, II**
   in the afternoon de la tarde **I**
afterward después **I**
against
   to be against
      estar en contra de **II, 2.1**
age la edad **I**
to agree estar de acuerdo **I, II**
to agree (on) quedar (en) **I**
agriculture la agricultura **4.3**
agronomy la agronomía **4.1**
air el aire **I**
   air conditioning
      el aire acondicionado **II**
   air pollution
      la contaminación del aire **2.2**
airline la aerolínea **II**
airplane el avión **I**
airport el aeropuerto **I**
aisle el pasillo **II**
alarm clock el despertador **II**
all todo(a) **I**
   all around por todas partes **II**
   It is up to all of us…
      A todos nos toca… **II**

to allow dejar **3.1**
almost casi **II**
alone solo(a) **I**
alphabet el abecedario
already ya **II**
also también **I**
altar-piece el retablo **5.1**
altitude la altura **II**
   altitude of terrain
      la altura del terreno
aluminum el aluminio **II**
always siempre **I**
ambulance la ambulancia **II**
ancestors los antepasados **I, 3.3**
ancient antiguo(a) **I**
and y **I**
and so it was that así fue que **II**
anger la ira
angry enojado(a) **I**
   to get angry with enojarse con **II**
animal el animal **I**
animated animado(a) **II**
ankle el tobillo **II**
anniversary el aniversario **II**
to announce avisar
another otro(a) **I**
to answer contestar **I**
answering machine
   la máquina contestadora **I**; la contestadora automática **6.2**
anteater el oso hormiguero **2.3**
antenna
   parabolic antenna
      la antena parabólica **6.1**

apartment el apartamento **I**
to apologize disculparse **II**
to appear lucir; verse **1.1**
appetizers las tapas **I**
apple la manzana **II**
application la solicitud **II**
to apply oneself to something
    dedicarse a **1.3**
appointment la cita **I**
to appreciate
    valorar **II**; apreciar **3.1**
April abril **I**
architect
    el (la) arquitecto(a) **I, II, 4.2**
architectural arquitectónico(a)
architecture la arquitectura **I**
Argentina Argentina **I**
Argentine argentino(a) **II**
to argue discutir **1.1**
arm el brazo **I, II**
armchair el sillón **I, II**
armoire el armario **II**
army el ejército
around alrededor **II**; por **I**
to arrange (flowers, books)
    ordenar (las flores, los libros) **I**
to arrange for gestionar
arrangement el arreglo
arrival la llegada **II**
to arrive llegar **I, II**
art el arte **I**
article el artículo **II**
artisan el (la) artesano(a) **I**
artist el (la) artista **II**
as como **I**
    as…as tan…como **I, II, 6.3**
    as contrasted with
      a diferencia de **1.1**
    as far as hasta **I**
    as long as con tal de que **3.1**
    as many…as tantos… como **6.3**
    as much as tanto como **I, II**
    as soon as en cuanto, tan
      pronto como **2.3**
ashamed
    to be ashamed
      tener vergüenza **II**
to ask suplicar **3.1**
to ask for pedir (i) **I, II**
aspirin la aspirina **II**
assistant el (la) asistente **II**

at a **I**
    At…o'clock A la(s)… **I**
    at once en seguida **II**
athlete el (la) deportista **4.2**
athletics el atletismo **II**
ATM machine
    el cajero automático **II**
to attend asistir a **II**; acudir a **3.3**
attic el desván **1.3**
audience el público **6.1**
auditorium el auditorio **I**
August agosto **I**
aunt la tía **I**
author el (la) autor(a) **II**
autobiography la autobiografía **5.1**
available disponible **6.3**
avenue la avenida **I**
average el promedio **4.3**
award el premio **I, II**
awesome chévere **I**
    How awesome! ¡Qué chévere! **I**
awful terrible **I**

baby el bebé **II**
babysitter el (la) niñero(a) **II, 4.2**
backed by respaldado(a) **6.2**
background el fondo **5.1**
backpack la mochila **I**
bad malo(a) **I**
    the bad thing lo malo **1.1**
    It is bad (weather) outside.
      Hace mal tiempo. **I**
    It's bad that… Es malo que… **II**
bag la bolsa **I**
balanced balanceado(a) **II**
bald calvo(a) **1.1**
ball la bola, la pelota **I**
ballet el ballet **5.1**
balloons los globos **II**
bananas
    small green bananas in garlic
      vinegar, red pepper and oil
      los guineítos en escabeche **3.2**
band la banda **3.3**
bangs el flequillo **1.1**
bank el banco **I**
banker el (la) banquero(a) **4.3**
barber or hairstylist
    el (la) peluquero(a) **II**

bargain la ganga **II**
to bargain regatear **I**
baseball el béisbol **I**
baseball cap la gorra **I**
basement el sótano **1.3**
basketball el baloncesto **I**
bat el bate **I**
to bathe
    to take a bath bañarse **I, II**
bathing suit el traje de baño **I**
bathroom el baño, el servicio **I, II**
bathtub la bañera **II**
battery el acumulador; la batería,
    la pila **6.2**
to be estar **I, II**; ser **I, II**
    to be fed up with estar harto(a)
    to be for estar a favor de **2.1**
    to be against
      estar en contra de **2.1**
    to be thrilled, touched
      emocionarse **3.1**
    to be willing to
      estar dispuesto(a) **4.1**
beach la playa **I**
beach umbrella
    la sombrilla de playa **II**
beans los frijoles **II**; las habas
beard la barba **1.1**
beat el compás **5.1**
to beautify embellecer **2.1**
beauty la belleza **II**
beauty mark el lunar **1.1**
because porque **I**
bed la cama **I, II**
    to go to bed acostarse (ue) **I**
    to make the bed hacer la cama **I**
bedroom la habitación **I**
beef la carne de res **I, II**
beeper el beeper **6.2**
before antes (de) **I**
to begin comenzar (ie) **II**;
    empezar (ie) **I, II**
beginning el inicio
    shaky beginnings
      los tambaleantes inicios
to behave well/badly
    portarse bien/mal **II**
behind detrás (de) **I**; atrás **6.2**
belief la creencia **5.2**
to believe creer **I, 3.3**
Belize Belice **I**
bell la campana **3.2**
to belong pertenecer **II, 2.1**

below abajo; debajo de **II**
belt el cinturón **I**
benefits los beneficios **II, 4.2**
beside al lado (de) **I**
best lo mejor **1.1**
better mejor **I**
   better than mejor que **6.3**
   It's better that…
      Es mejor que… **II**
   to get better recuperarse **II**
between entre **I**
beverage la bebida **I**
big grande **I**
bike la bicicleta
   to ride a bike
      andar en bicicleta **I**
bill la cuenta **I, II**
billion mil millones **4.3**
biography la biografía **5.1**
biology la biología **I**
bird el pájaro **I**; el ave
birth
   date of birth la fecha de
      nacimiento **II, 4.1**
birthday el cumpleaños **I**
black negro(a) **I**
blanket la manta **I, II, 2.3**
blind ciego(a) **5.3**
blond rubio(a) **I**
blood la sangre **II**
blouse la blusa **I**
blue azul **I**
boa constrictor
   el boa constrictor **2.3**
to board (a plane) abordar **II**
boarding house la pensión **II**
boardwalk el malecón
boat el bote **II**
body el cuerpo **I, II**
bodyguard
   el (la) guardaespaldas **6.1**
Bolivia Bolivia **I**
Bolivian boliviano(a) **II**
book el libro **I**
bookstore la librería **I**
boots las botas **I**
to be bored aburrirse **II**
   boring aburrido(a) **I**;
      pesado(a) **1.2**
born
   to be born nacer **I, II**
boss el (la) jefe(a) **I, II**
to bother molestar **II**

bottle la botella **I, II, 2.2**
box office la taquilla **II**
boy el chico; el muchacho;
   el niño **I**
boyfriend/girlfriend
   el (la) novio(a) **II**
bracelet la pulsera **I**
brand name la marca **6.2**
bread el pan **I, II**
bread bakery la panadería **I**
break el receso **I**
   to break rompérsele (a uno) **6.2**
   to break the piñata
      romper la piñata **II**
   to break down
      descomponérsele (a uno) **6.2**
breakfast el desayuno **I**
to have breakfast desayunar **I, II**
to breathe respirar **II**
bridge el puente **II**
to bring traer **I**
   Could you bring me …?
      ¿Me trae…? **I**
broken
   to be broken
      estar descompuesto(a),
      estar roto(a) **6.2**
brother el hermano **I**
brother(s) and sister(s)
   los hermanos **I**
brother-in-law el cuñado **II**
brown marrón **I**
brown (hair) castaño(a) **I**
brush el cepillo **I**
to brush one's teeth
   lavarse los dientes **I, II**
bucket el balde **II**
building el edificio **I**
bull el toro **I**
burn la quemadura **II**
to burn quemar **II**
bus el autobús **I**
bus station
   la estación de autobuses **I**
business administration la
   administración de empresas **4.1**
business el comercio **4.1**;
   la empresa **II, 4.2**
businessman
   el hombre de negocios **I, II**
businesswoman
   la mujer de negocios **I, II**
busy ocupado(a) **I**

but pero **I**
butcher's shop la carnicería **II**
butter la mantequilla **I, II**
butterfly la mariposa **II, 2.3**
to buy comprar **I**
by por; para **I**
by means of mediante

cab el taxi **I**
cabinet el gabinete **1.3**
café el café **I**
cafeteria la cafetería **I**
cake el pastel **I**
calculator la calculadora **I**
call la llamada **I**
to call llamar **I**
   Tell him or her to call me.
      Dile/Dígale que me llame. **I**
   to be called titularse **5.3**
calm tranquilo(a) **I**
calmly tranquilamente **I, II**
calorie la caloría **II**
camera la cámara **I, II**
camp el campamento **II**
to camp acampar **1.2**
   to camp in the mountains
      acampar en las montañas **II**
campaign la campaña **2.1**
campfire la fogata **II**
can la lata **I, II, 2.2**
can opener el abrelatas **II, 2.3**
can poder (ue) **I, II**
   Can (May) I offer you anything
      more? ¿Se les ofrece algo
      más? **II**
   Can you do me a favor? ¿Me
      puede(s) hacer un favor? **2.1**
   Can you give me a hand? ¿Me
      podría(s) dar una mano? **2.1**
   Can you help me? ¿Me
      puede(s) ayudar? **2.1**
   Can you help (wait on) me?
      ¿Me puede atender? **II**
   I can offer you… Le puedo
      ofrecer… **I**
   No, really, I can't. No, de veras,
      no puedo. **2.1**
   Thanks, but I can't. Gracias,
      pero no puedo. **I**

Canadian canadiense II
candles las velas II
cap el gorro I; el birrete 3.1
    baseball cap la gorra I
capabilities las habilidades II
car el carro I
card la tarjeta
    graphics card
      la tarjeta de gráfica 6.3
    sound card la tarjeta de sonido 6.3
cardboard, cardboard box
    el cartón II, 2.2
career la carrera II, 4.2
careful cuidadoso(a) I
to be careful tener cuidado I, II
carefully cuidadosamente I
carrot la zanahoria I, II
to carry llevar I
to carry out a responsibility
    desempeñar un cargo 4.1
carton el cartón II
cartoons los dibujos animados 6.1
carved tallado(a), labrado(a) 5.2
carving el tallado 5.2
cash el efectivo I
cash register la caja registradora II
cashier el (la) cajero(a) II
cassette el casete I
cast el yeso II
castanets las castañuelas 5.1
cat el (la) gato(a) I
cattle-raising la ganadería 4.3
cause la causa II
to celebrate
    celebrar I, II; festejar 3.2
center el centro I
    community center
      el centro de la comunidad 2.1
    shopping center
      el centro comercial I
centigrade el centígrado II, 2.3
century el siglo 5.1
ceramics la cerámica I
cereal el cereal I, II
certain
    It is not certain that…
      No es cierto que… II
It's certain. Es cierto.
chain la cadena 1.2
chair la silla I, II
chalk la tiza I
chalkboard el pizarrón I
change el cambio I

change purse el monedero 1.2
to change cambiar I
channel el canal II
    to change channels (TV)
      cambiar de canal 6.1
chapel la capilla
character el personaje 5.3
chat group el grupo de
    conversación 6.3
cheap barato(a) I
check la cuenta I
    Separate checks. Es aparte. I
    The check, please.
      La cuenta, por favor. I
checkered de cuadros I
checks los cheques II
cheek la mejilla
Cheers! ¡Salud! II
cheese el queso I
chef el (la) cocinero(a) I
chemical el químico II, 2.2
chemistry la química I
cherry la cereza II
chess
    to play chess jugar al ajedrez II
chest el cofre
chicken el pollo I
    barbecued chicken
      el pollo asado II
Chile Chile I
Chilean chileno(a) II
Chinese chino(a) II
to choose escoger II
chores los quehaceres I, II
Christmas Day
    el día de la Navidad 3.2
chronicler el (la) cronista 5.2
church la iglesia I
Cinderella Cenicienta
cinematographer
    el (la) cinematógrafo(a) 5.3
citizen el (la) ciudadano(a) 2.1
citizenship la ciudadanía II
city la ciudad I
city block la cuadra I
civil engineer
    el (la) ingeniero(a) civil 4.2
civil engineering
    la ingeniería civil 4.1
civil status el estado civil II, 4.1
civilization la civilización 5.2
to clap hands tocar las palmas 5.1
clarity la nitidez 6.2

class la clase I
classroom la clase I
clay el barro I
clean limpio(a) I, II
to clean
    limpiar I, hacer la limpieza II
to clean the room
    limpiar el cuarto I, II
to click hacer clic
    to double click doble clic 6.3
climate el clima II, 2.2
climax el clímax 5.3
to climb a tree trepar a un árbol II
to climb mountains
    escalar montañas II
clip el broche
clock el reloj I
to close cerrar (ie) I
closed cerrado(a) I, II
closet el armario I
clothing la ropa II
cloud la nube II, 2.3
cloudy nublado I
    It is cloudy. Está nublado. I
clown el payaso
coat el abrigo I
coconut milk el agua de coco II
coconut-milk custard
    el tembleque 3.2
coffee el café I
coffee shop la cafetería I
cold frío I
    to have a cold estar resfriado II
    to be cold tener frío I
    It is cold. Hace frío. I
to collaborate with
    colaborar con 2.1
to collect recoger; coleccionar 1.2
Colombia Colombia I
Colombian colombiano(a) II
color el color I
    bright color
      el color brillante 1.2
    dark color el color oscuro 1.2
    pastel el color claro 1.2
    solid color de un sólo color 1.2
    What color…?
      ¿De qué color…? I
Columbus Day
    el día de la Raza 3.2
comb el peine I
to comb one's hair peinarse I
to come venir (ie) I, II

to come back volver (ue) I
comedian, comedienne
el (la) comediante II
comfortable
cómodo(a) II; a gusto 1.2
comic strip la tira cómica II
comical cómico(a) I
to commemorate conmemorar 3.3
commercial el anuncio II
common común II
to have in common
tener en común 1.1
community la comunidad I
compact disc el disco compacto I
companion el (la) compañero(a) II
company (business) la empresa II
company la compañía I
to compare comparar 4.3
to compete competir (i) II
competition la competencia 3.3
to complain quejarse 1.3
complicated complicado(a) II, 2.2
computer la computadora I
computer science la computación
I, II; la informática 4.1
concert el concierto I
concrete el hormigón
configuration la configuración 6.3
to confront enfrentar 3.3
to congratulate felicitar 3.1
congratulations
felicidades I; enhorabuena 3.1
to connect conectar 1.3
to connect to conectarse a 6.3
conqueror el(la) conquistador(a) 5.2
conservation lands las zonas de
reserva ecológica 2.2
conservative conservador(a) 3.3
to conserve conservar II, 2.1
considerate considerado(a) 1.1
constitution la constitución 3.3
to construct construir II
consultation la consulta II
to consume consumir 2.1
contact lenses
los lentes de contacto 1.1
contemporary
contemporáneo(a) 5.3
content contento(a) I
contest el concurso I, 3.2
contract el contrato II, 4.2
contrary
on the contrary al contrario II

to control controlar 6.1
to convince convencer 6.2
to cook cocinar I
cookie la galleta I, II
cool fresco(a)
It is cool. Hace fresco. I
cooler la neverita II
copper el cobre 4.3
corn el maíz I, 4.3
corner la esquina II
corporation (Inc.)
la sociedad anónima (S.A.) 4.3
corral el corral I
correspondent
el (la) corresponsal 4.3
cost costar (ue) I
Costa Rica Costa Rica I
Costa Rican costarricense II
costume el disfraz
cotton el algodón 1.2
couch el sofá I
cough la tos II
to count contar (ue) I
counter el mostrador II
country el país, el campo I;
la patria 3.3
countryside el campo I
court la cancha I
cousin el (la) primo(a) I
cow la vaca I
crab el cangrejo
cracker la galleta II
craftsperson el (la) artesano(a) 4.2
crazy loco(a) I
cream la crema I, II
to create crear II, 2.1
creative creativo(a) 5.3
credit card la tarjeta de crédito I
critic el (la) crítico(a) 5.3
critical response
la reacción crítica 6.1
criticism la crítica II
crocodile el cocodrilo 2.3
to cross cruzar I
crossing el cruce II
to cry llorar II
Cuba Cuba I
Cuban cubano(a) II
to culminate culminar 5.3
cumbia la cumbia (Latin music) 5.2
cup la taza I
curly (hair) rizado II
currency la unidad monetaria 4.3

curriculum vitae
el currículum vitae 4.1
custom la costumbre 3.3
customer el (la) cliente II
customs la aduana II
to cut cortar
to cut oneself cortarse II
to cut the grass
cortar el césped II
cyberfanatic
el (la) cibernético(a) 5.3

daily diario(a) II
damaging dañino(a) 2.2
to dance bailar I
dance la danza 5.1
Afro-Caribbean dance
la bomba, la plena 3.3
Aragonese folk dance
la jota 5.1
Catalan folk dance
la sardana 5.1
**Mexican dance from
Guadalajara**
el jarabe tapatío 5.2
Mexican dance from Veracruz
la bamba 5.2
dancer el (la) bailarín/bailarina II,
4.2; el (la) bailador(a) 5.1
danger el peligro I
dangerous peligroso(a) I, II, 2.3
It's dangerous that…
Es peligroso que… II
daring atrevido(a) 1.1
dark oscuro II
dark hair and skin moreno(a) I
to get dark anochecer, oscurecer,
atardecer 2.3
darkness
la sombra II; la oscuridad 2.3
database el base de datos 6.3
date la fecha I
date of birth
la fecha de nacimiento II, 4.1
What is the date?
¿Cuál es la fecha? I
daughter la hija I
dawn el amanecer 2.3;
la madrugada 3.2

to dawn on ocurrírsele (a uno) **6.2**
day el día **I, II**
  day before yesterday
    anteayer **I, II**
  What day is today?
    ¿Qué día es hoy? **II**
dazzling deslumbrante **5.3**
debris los escombros
deceit el engaño
December diciembre **I**
to decide decidir **I**
to decipher descifrar **5.2**
decisions
  to make decisions
    tomar decisiones **4.1**
decorated decorado(a) **5.2**
decorations los adornos **II**
deer el venado **II, 2.3**
to defeat vencer **3.1**
degree el grado **I**
delicious delicioso(a) **I**
to delight encantar **II**
to demand exigir **3.1**
democracy la democracia **3.3**
democratic democrático(a) **3.3**
denim la mezclilla **1.2**
deodorant el desodorante **II**
departure la salida **II**
dependability la confiabilidad **6.2**
depressed deprimido(a) **I**
derivative derivado(a) **5.3**
descendants la descendencia **5.2**
desert el desierto **I**
design el diseño **4.1**
designer el (la) diseñador(a) **1.2**
to desire desear **II**
desk el escritorio **I**
dessert el postre **I**
destruction la destrucción **II, 2.2**
detail el detalle **II**
to develop desarrollar **2.2**
development el desarrollo **II, 2.1**
to dial marcar **I**
dictionary el diccionario **I**
to die morir (ue) **II**
diet la dieta **II**
difficult difícil **I**
dining room el comedor **I, II**
dinner la cena **I**
  to have dinner cenar **I**
diploma el diploma **3.1**
diplomat el (la) diplomático(a) **4.3**

to direct dirigir **5.3**
direction la dirección **I**
director el (la) director(a) **5.3**
dirty sucio(a) **I, II**
disadvantage la desventaja **II, 4.2**
to disappear desaparecer
the censorship disappeared
  desapareció la censura
disc el disco **6.3**
to disconnect from
  desconectarse de **6.3**
discount el descuento **6.2**
to discover descubrir **II, 2.2**
discovery el descubrimiento **3.3**
discrimination
  la discriminación **2.1**
to discuss discutir **1.1**
dishwasher el lavaplatos **I, II**
to dislike caer mal **1.2**
disorganized desorganizado(a) **1.3**
distance la distancia **II**
to distinguish between
  distinguir entre **6.2**
district el barrio **I**
diverse diverso(a) **II, 2.2**
divide
  the inheritance will be divided
  up se harán particiones
to do hacer **I, II**
doctor el (la) doctor(a) **I**
doctorate el doctorado **4.1**
documentary el documental **6.1**
dog el (la) perro(a) **I**
  to walk the dog
    caminar con el perro **I**
doll la muñeca **II**
dollar el dólar **I**
Dominican dominicano(a) **II**
Dominican Republic
  República Dominicana **I**
to donate donar **2.1**
door la puerta **I, II**
doorbell el timbre
to doubt dudar **II**
  It's doubtful that…
    Es dudoso que…
down abajo **I, II**
downpour el aguacero **II, 2.3**
downtown el centro **I**
dozen la docena **I**
drama el drama **5.1**
dramatic dramático(a) **5.3**

to draw dibujar **II**
drawing
technical drawing
  el dibujo técnico **4.1**
dream el sueño
to dream about soñar (ue)
dress el vestido **I**
to dress oneself vestirse (i)**II**
  to get dressed
    ponerse la ropa **I, II**
  to get dressed up arreglarse **II**
drink la bebida **I**
to drink beber; tomar **I**
  Do you want to drink…?
    ¿Quieres beber…? **I**
  I want to drink…
    Quiero beber… **I**
to drive conducir **II**; manejar **I**
driver el (la) conductor(a) **II**
drizzle la llovizna **II, 2.3**
to drop caérsele (a uno) **6.2**
drought la sequía **2.2**
drugstore la farmacia **I**
drum el tambor **5.1**
dry seco(a) **II**
dry cleaner la tintorería **II**
to dry oneself secarse **I**
durability la durabilidad **6.2**
during durante **I**
dust el polvo **I**
to dust quitar el polvo **I, II**
dyed teñido(a) **1.1**

E

e-mail el correo electrónico **6.3**
  e-mail address
    la dirección electrónica **6.3**
each cada **I**
ear la oreja **I, II**
early temprano **I**
early morning la madrugada **3.2**
to earn a living
  ganarse la vida **II, 4.2**
earring el arete **I**
  earrings (dangling)
    los pendientes **1.2**
easily fácilmente **I, II**
east el este **II**
Easter el día de las Pascuas **3.2**
easy fácil **I**

to eat comer; tomar **I, II**

  Do you want to eat…?

    ¿Quieres comer…? **I**

  I want to eat…

    Quiero comer… **I**

  to eat breakfast desayunar **I**

  to eat dinner cenar **II**

  to eat lunch almorzar (ue) **I, II**

economic profile

  el perfil económico **4.3**

ecosystem el ecosistema **2.2**

ecotourist el (la) ecoturista **2.3**

Ecuador Ecuador **I**

Ecuadorian ecuatoriano(a) **II**

edge la orilla **II**

edition la edición **II**

editor el (la) editor(a) **I, II**

to educate the public

  educar al público **2.1**

education la educación **II, 4.1**;

  la formación **4.1**

effect el efecto **II, 2.2**

effort

  to make the effort

    hacer el esfuerzo **2.1**

egg el huevo **I, II**

eggnog el coquito **3.2**

eight ocho **I, II**

eight hundred ochocientos **I**

eighteen dieciocho **I**

eighth octavo(a) **I, II**

eighty ochenta **I**

either…or o… o **4.2**

El Salvador El Salvador **I**

elbow el codo **II**

elderly los ancianos **2.1**

electricity la electricidad **II**

electronic electrónico(a)

  electronic assistant

    el asistente electrónico **6.2**

  electronic mailbox

    el buzón electrónico **6.3**

elegant elegante **II**

elevator el ascensor **II**

eleven once **I**

elm el olmo

embossed (fabric)

  estampado(a) **1.2**

embroidered bordado(a) **5.2**

embroidery el bordado **5.2**

emergency room

  la sala de emergencia **II**

employee el (la) empleado(a) **4.2**

employment el empleo **II**

to empty vaciar **1.3**

empty vacío(a) **II**

enchilada la enchilada **I**

to encompass englobar

to end culminar **5.3**

ending el final **5.3**

energy la energía **II**

engineer el (la) ingeniero(a) **II**

engineering la ingeniería

  mechanical engineering

    la ingeniería mecánica **4.1**

English inglés(esa) **II**; el inglés **I**

to enjoy gozar de; disfrutar de

  to enjoy oneself divertirse **II**

  to enjoy time with friends

    disfrutar con los amigos **II**

  Enjoy! (your meal)

    ¡Buen provecho! **3.2**

enjoyable divertido(a) **I**

enormous enorme **I, II**

enough bastante; suficiente **II**

to enroll in cursar

to enter entrar (a, en) **I**

enterprising emprendedor(a) **4.1**

entertaining divertido(a) **II**;

  entretenido(a) **6.1**

entrance el ingreso

environment

  el medio ambiente **II, 2.2**

envy

  to be envious tener envidia **II**

episode el episodio **6.1**

Equatorial Guinea Guinea

  Ecuatorial **I**

eraser el borrador **II**

especially especialmente **I, II**

essay el ensayo **3.3**

essential

  It's essential that…

    Es esencial que… **II**

even though aunque **II**

evening la noche **I**

  during the evening

    por la noche **I**

  Good evening. Buenas noches. **I**

every cada **I**

every day todos los días **I**

everyone todo el mundo **II**

everywhere por todas partes **2.2**

to excel superarse **4.1**

excess luggage

  el exceso de equipaje **II**

to exchange cambiar **I**

excited emocionado(a) **I**

  to get excited entusiasmarse **1.3**

exciting emocionante **5.3**

to exclaim exclamar **II**

to excuse disculpar **II**

to exercise hacer ejercicio **I**

exhausted

  I'm exhausted.

    Estoy agotado(a). **2.1**

exhibit la exposición **II**

expandable ampliable **6.3**

to expect esperar **I**

expenses los gastos **II**

expensive caro(a) **I**

  It's very expensive!

    ¡Es muy caro(a)! **I**

to explain explicar **II**

to export exportar **4.3**

exportation la exportación **4.3**

expressive expresivo(a) **5.3**

external externo(a) **6.3**

eye el ojo **I**

eyeglasses los anteojos **1.1**

F

face la cara **I, II**

fact el hecho **II**

factory la fábrica **4.3**

facts los datos **II, 4.1**

faculty la facultad

fair justo(a) **3.3**

faithful fiel **1.1**

falcon el halcón **2.3**

fall el otoño **I**

to fall apart hacerse pedazos

to fall asleep dormirse (ue) **I**

to fall down caerse **II**

to fall in love enamorarse **II**

to be familiar with conocer **I**

  to be familiar with someone

    conocer a alguien **I**

family la familia **I**

far (from) lejos (de) **I**

Is it far? ¿Queda lejos? **I**

farm la granja **I**

farmer el (la) agricultor(a) **II, 4.2**

to fascinate fascinar **II**

fashion la moda **1.2**

fast rápido(a) **I**

fastener el broche
fat gordo(a) I
father el padre I
Father's Day
    el día de los Padres **3.2**
favor
    to be in favor of
        estar a favor de II
favorite favorito(a) I
fax el fax **6.3**
    multifunctional fax machine
        el fax multifuncional **6.2**
February febrero I
to feed darle(s) de comer I
to feel frustrated
    sentirse frustrado(a) **1.3**
to feel like tener ganas de I
fence la cerca I
ferocious feroz II
fever la fiebre II
fiction la ficción **5.1**
field el campo I
    field of study
        el campo de estudio **4.1**
fifteen quince I
fifteenth birthday
    la quinceañera **3.2**
fifth quinto(a) I, II
fifty cincuenta I
fight la lucha **3.3**
to fight against luchar contra **2.1**
    to fight with each other
        pelearse II, **1.3**
figure la figura **5.1**
to fill up llenar II
filmmaker el (la) cineasta **5.3**
finally por fin I, II
finance las finanzas **4.1**
financial expert
    el (la) financiero(a) **4.3**
to find encontrar (ue) I
fine arts las bellas artes II
fingers los dedos II
to finish terminar I
    to finish doing something
        acabar de
fire el fuego II, **2.3**
firecracker el cohete **3.2**
firefighter el (la) bombero(a) I, **4.2**
fireman el bombero II
firewood la leña II, **2.3**
firing squad el fusilamiento
first primero(a) I, II

first name el nombre II
fish el pescado I, II; el pez I, **2.3**
to fish pescar II
fisherman el(la) pescador(a) II
fishing industry la pesquería **4.3**
to fit caber II
five cinco I, II
five hundred quinientos I
flag la bandera **3.3**
flagpole la asta
flamenco group el tablao **5.1**
    flamenco song el cante **5.1**
    tragic flamenco song
        el cante jondo **5.1**
    flamenco-style dancing
        el flamenco **5.1**
flash (of lightning) el rayo II
flashlight la linterna II, **2.3**
flavor el sabor I
flight el vuelo II
flight attendant
    el (la) auxiliar de vuelo II
floor el suelo 1, II; el piso II
flour la harina I, II
to flow fluir
flower la flor I
flu la gripe II
to fly volar II
    to fly a single-engine plane
        pilotar una avioneta **1.2**
fog la neblina II, **2.3**
folder la carpeta II
folk dance el baile folklórico **5.1**
to follow seguir (i) II
food el alimento II; la comida I
foot el pie I, II
    on foot a pie I
football el fútbol americano I
for por; para I
    For what purpose? ¿Para qué?
    for sale a la venta
foreground el primer plano **5.1**
foreigner el extranjero II
forest el bosque I, **2.2**;
    la selva II, **2.2**
forestry products
    los productos forestales **4.3**
to forget olvidar I, **6.2**
to forgive each other
    perdonarse **1.3**
fork el tenedor I
formal formal I, II
formulaic formuláico(a) **5.3**

forty cuarenta I
four cuatro I, II
four hundred cuatrocientos I
fourteen catorce I
fourth cuarto(a) I, II
freckles las pecas **1.1**
free libre I
free time el tiempo libre I
freezer el congelador I, la nevera II
French francés(esa) II; el francés I
french fries las papas fritas I
frequent frecuente I
frequently frecuentemente I, II
fresco (art) el fresco **5.1**
fresh fresco(a) I
fresh water el agua dulce **2.3**
Friday viernes I
friend el (la) amigo(a) I;
    la amistad II
    to spend time with friends
        pasar un rato con los amigos I
fright el susto
to frighten asustar
fringe el fleco **1.2**
frog la rana I, II
from de; desde I
from there desde allí II
front frente
    in front of enfrente (de) I;
        delante de II; frente a II
fruit la fruta I
frying pan la sartén I
fuel el combustible II, **2.2**
full lleno(a) II
full time tiempo completo
full-time job
    el trabajo a tiempo completo **4.2**
fun divertido(a) I
to fundraise juntar fondos **2.1**
funny cómico(a) I
furniture los muebles I, II

G-rated (movie)
    apto(a) para toda la familia **6.1**
gallery la galería II
game el partido I
    interactive game
        el juego interactivo **6.3**
garage el garaje II

garbage la basura **2.1**
garden el jardín **I, II**
gasoline la gasolina **II**
gathering la reunión **II**
generosity la generosidad **3.1**
generous generoso(a) **3.1**
genius el genio
genre el género **5.3**
to gesture señalar
to get conseguir
   to get ahead superarse **4.1**
   to get along convivir **2.1**
   to get along well/badly with
     each other llevarse bien/
     mal **II, 1.3**
   to get better recuperarse **II**
   to get dark anochecer,
     oscurecer, atardecer **2.3**
   to get discouraged
     desanimarse **1.3**
   to get encouraged animarse **1.3**
   to get excited entusiasmarse **1.3**
   to get hurt lastimarse **II**
   to get interested animarse **1.3**
   to get into meter en
   to get nervous
     ponerse nervioso(a) **1.3**
   to get up levantarse **I, II**
gift el regalo **I**
girl la chica; la muchacha; la niña **I**
to give dar **I**
   I'll give… to you for…
     Le dejo… en… **I**
glass el vaso **I**; el vidrio **II, 2.2**
   glass of el vaso de **I**
glove el guante **I**
to go ir **I, II**
   to be going to… ir a… **I**
   to go away irse **I**
   to go back regresar **II**
   to go deep-sea fishing
     pescar en alta mar **1.2**
   to go down a river in a canoe
     bajar un río en canoa **II**
   to go down bajar por **II**
   to go for a walk pasear **I**
   to go hiking hacer alpinismo **1.2**
   to go mountaineering
     hacer montañismo **1.2**
   to go out salir **I**
   to go shopping ir de compras **I**
   to go to a movie theater
     ir al cine **I**

to go to bed acostarse (ue) **I**
to go to the supermarket
   ir al supermercado **I**
to go unnoticed
   pasar por debajo de la mesa
to go up subir por **II**
to go whitewater rafting
   navegar por rápidos **2.3**
goal el gol **I**; la meta **II**
godparents los padrinos **3.1**
gold el oro **I**
good bueno(a) **I**
   Good afternoon.
     Buenas tardes. **I, II**
   Good evening.
     Buenas noches. **I, II**
   Good morning.
     Buenos días. **I, II**
   It's good that…
     Es bueno que… **II**
   the good thing lo bueno **1.1**
good-bye la despedida **3.2**
Good-bye. Adiós.; Chao. **II**
good-looking guapo(a) **I**
gossipy chismoso(a) **4.2**
government el gobierno **I, 3.3**
governor el (la) gobernador(a) **3.3**
gown la toga **3.1**
grade la nota **I**
   to get a good grade
     sacar una buena nota **I**
graduate el (la) graduando(a) **3.1**
graduation ceremony
   la ceremonia de graduación **3.1**
grains los cereales **4.3**
gram el gramo **I**
grandchildren los nietos **I**
granddaughter la nieta **I**
grandfather el abuelo **I**
grandmother la abuela **I**
grandparents los abuelos **I**
grandson el nieto **I**
grape la uva **I, II**
gray gris **I**
great formidable **1.2**
great grandfather el bisabuelo **II**
great grandmother la bisabuela **II**
green verde **I**
to greet saludar **I**
to greet each other saludarse **1.3**
ground floor la planta baja **II**

group el grupo
   chat group
     el grupo de conversación **6.3**
to grow crecer **II**
Guam Guam **I**
guarantee la garantía **6.2**
Guatemala Guatemala **I**
Guatemalan guatemalteco(a) **II**
guest el (la) huésped(a) **II**
guitar la guitarra **I**
   to play the guitar
     tocar la guitarra **I**
gymnasium el gimnasio **I**

habanera
   la habanera (Latin music) **5.2**
hair el pelo **I**; el cabello **1.1**
hair dryer el secador de pelo **I, II**
hairbrush el cepillo **I, II**
hairdo el peinado
hairstylist el (la) peluquero(a) **4.2**
half medio(a) **I, II**
   half past y media **I**
   half-brother
     el medio hermano **I**
   half-sister la media hermana **I**
ham el jamón **I, II**
hamburger la hamburguesa **I**
hand la mano **I, II**
handbag la bolsa **I**
handicraft la artesanía **I**
to hang–glide
   volar en planeador **1.2**
to happen pasar **I**
happily felizmente **I**
happiness la felicidad **II**
happy alegre; contento(a); feliz **I**;
   a gusto
   Happy New Year!
     ¡Prospero Año Nuevo! **3.2**
   to be happy that
     alegrarse de que **II**
hard difícil; duro(a) **I**
   It's hard for me.
     A mí me cuesta mucho.
hard drive el disco duro **6.3**
hard-working trabajador(a) **I**
hardware el hardware **6.3**

harp el arpa (fem.) **5.1**
hat el sombrero **I**
to hate detestar **1.2**
    to hate each other odiarse **1.3**
to have tener **I, II**
    to have a cold estar resfriado **II**
    to have a good time
        pasarlo bien **3.2**
    to have a snack merendar (ie) **I**
    to have breakfast desayunar **I**
    to have dinner, supper cenar **I**
    to have in common
        tener en común **1.1**
    to have just… acabar de… **I**
    to have to hay que, tener que **I**
he él **I**
head la cabeza **I, II**
headache el dolor de cabeza **II**
headphones los audífonos **6.2**
healthy saludable **II**
to be healthy
    mantenerse sano(a) **II**
to hear oír **I**
heart el corazón **I**
heat la calefacción **II**
heating la calefacción **II**
heavy grueso(a) **1.1**; pesado(a) **1.2**
heavy bed el lecho pesado
height la altura **2.2**;
    la estatura **II, 4.1**
Hello. Hola. **I**
helmet el casco **I**
to help (each other)
    ayudar(se) **I, 1.3**
    Can you help me order?
        ¿Me ayuda a pedir? **I**
    How can I help you?
        ¿Cómo puedo ayudarte? **2.1**
Help! ¡Socorro! **II**
hen la gallina **I**
her su, ella **I**
here acá; aquí **I**
hero el héroe **II**
heroine la heroína **II**
hers suya
to hide esconderse **II, 1.3**
hieroglyphics jeroglíficos **5.2**
highway la carretera **I, 4.1**
to hike
    to go hiking hacer alpinismo **1.2**
hill la colina **II, 2.2**
his su **I**; suyo

history la historia **I**
hockey el hockey **I**
homeless la gente sin hogar **2.1**
homework la tarea **I**
Honduran hondureño(a) **II**
Honduras Honduras **I**
to honor honrar **3.3**
to hope esperar **I, II**
horrible horrible **1.2**
horror el horror **II**
horse el caballo **I**
host(ess) el (la) anfitrión(a) **3.2**
hot caliente **I**
    to be hot tener calor **I**
    It is hot. Hace calor. **I**
hot dog la salchicha **II**
hotel el hotel **I**
house la casa **I**
how cómo **I**
    How are you? (familiar)
        ¿Cómo estás?; ¿Qué tal? **I**
    How are you? (formal)
        ¿Cómo está usted? **I**
    How awesome! ¡Qué chévere! **I**
    How do I look?
        ¿Cómo me veo? **II**
    How do you get to…?
        ¿Cómo se va a…? **II**
    How does it look on you?
        ¿Cómo te queda? **II**
    How is it going? ¿Cómo te va?
        II ¿Qué tal? **I**
    How long has it been since…?
        Hace…que; ¿Cuánto tiempo
        hace que…? **II**
    Pardon, how do I get to…?
        Perdona(e), ¿cómo llego
        a…? **I**
how much cuánto **I**
    How much do I tip?
        ¿Cuánto le doy de propina? **I**
    How much is (are)…?
        ¿Cuánto cuesta(n)…? **I**
    How much is (are)…?
        ¿A cuánto está(n)…? **I**
    How old is…?
        ¿Cuántos años tiene...? **I**
hug el abrazo **II**
huge enorme **I**
human being el ser humano **II, 2.1**
humanities las humanidades **4.1**
humid húmedo(a) **II, 2.3**
hummingbird el picaflor **2.3**

humpback whale
    la ballena jorobada **2.3**
to be hungry tener hambre **I**
hurricane el huracán **II, 2.3**
to hurry
    to be in a hurry tener prisa **I**
to hurt doler (ue) **II**
    to get hurt lastimarse **II**
husband el esposo **I**

I

I yo **I**
ice el hielo **I**
on ice sobre hielo **I**
ice cream el helado **I, II**
ice cream store la heladería **II**
identification la identificación **II**
ideology la ideología **3.3**
if si **I, II**
iguana la iguana **2.3**
immediately inmediatamente **II**
impatient impaciente **II**
important
    It's important that…
        Es importante que… **II**
    to be important importar **II**
to impose imponer **3.1**
impossible
    It's impossible that…
        Es imposible que…
    It's just not possible for me.
        Me es imposible. **2.1**
impression
    He/She makes a good (bad)
        impression on me
        Me cae bien (mal). **II**
impressive impresionante **5.3**
improbable
    It's improbable that…
        Es improbable que…
in en **I**
    in a bad mood de mal humor **II**
    in a good mood
        de buen humor **II**
    in case en caso de que **3.1**
    in front (of) enfrente (de) **I**
    in front of
        delante de **II**; frente a **II**
    in order (to) para **I**
    in spite of pese a

INGLÉS–ESPAÑOL

included incluido(a) **I**
  Is...included?
    ¿Está incluido(a)...? **I**
incomprehensible
  the most incomprehensible
    lo más oscuro
to increase aumentar **4.2**
incredible increíble **II, 2.2**
Independence Day
  el día de la Independencia **3.2**
indigenous, indigenous peoples
  los (las) indígenas
industry la industria **4.3**
inexpensive barato(a) **I**
infection la infección **II**
to influence influir **1.1**
to inform
  to be well informed
    estar bien informado(a) **II**
informal informal **I**
information los datos **II, 4.1**
injection la inyección **II**
injustice la injusticia **3.3**
inner ear el oído **II**
innovative innovador(a) **5.3**
inside (adv.) adentro **II**
inside (prep.) dentro (de) **I**
to insist insistir **II**
to insist on insistir en que **3.1**
insolent descarado(a) **1.1**
to institute instituir **2.2**
insurance el seguro **II**
  medical insurance
    el seguro médico **4.2**
intelligent inteligente **I**
to interest interesar **II**
  to get interested animarse **1.3**
interesting interesante **I**
internal interno(a) **6.3**
international internacional **II**
Internet
  to surf the Internet
    navegar por Internet **1.2**
to interpret interpretar **5.1**
interpreter el (la) intérprete **4.3**
interview la entrevista **I, II**
interviewer
  el (la) entrevistador(a) **II, 4.2**
to introduce presentar **I**
  Let me introduce you
    (familiar/formal) to...
    Te/Le presento a... **I**
invitation la invitación **I, II**

to invite invitar **I**
  I invite you. Te invito. **I**
to iron (the clothes)
  planchar (la ropa) **I**
iron el hierro **4.3**
ironic irónico(a) **5.3**
island la isla **II**
its su **I**

jacket la chaqueta **I**
jackknife la navaja **II, 2.3**
jade el jade **5.2**
jaguar el jaguar **II, 2.3**
January enero **I**
Japanese japonés(esa) **II**
jeans los jeans **I**
jewelry las joyas **I**
jewelry store la joyería **I**
job el empleo **II, 4.2**; el trabajo **4.2**
  part-time job
    el trabajo a tiempo parcial **4.2**
journalism el periodismo **II**
journalist el (la) periodista **I, II**
judge el (la) juez(a) **II, 4.2**
to judge juzgar
juice el jugo **I, II**; el zumo **I**
July julio **I**
to jump saltar
  to jump rope saltar la cuerda **II**
June junio **I**
jungle la selva **I, II, 2.2**
just justo(a) **3.3**

to keep clean mantener limpio(a) **II**
key la llave **I, II**; (of an
  instrument) la tecla **I, 6.3**
keyboard el teclado **I, 6.3**
keychain el llavero **1.2**
kilogram el kilo **I**
kind
  That's kind of you.
    Muy amable. **3.2**
king el rey **3.3**
kiosk el quiosco **II**
kiss el beso **II**

kitchen la cocina **I, II**
knee la rodilla **II**
knife el cuchillo **I**
to know conocer **I, II**; saber **I, II**
  to know each other well
    conocerse bien **1.3**
  to know someone
    conocer a alguien **I**
knowledge el conocimiento **4.2**

laboratory el laboratorio **4.3**
to lack faltar **II**
lake el lago **I**
lamp la lámpara **I, II**
land la tierra **I, II, 2.2**
landscape
  el paisaje **I, 5.1**; el terreno
language la lengua **I, II**
laptop computer
  la computadora portátil **6.2**
large grande **I**
last último(a) **I**
  last month el mes pasado **I**
  last name el apellido **II**
  last night anoche **I, II**
  last week la semana pasada **I**
  last year el año pasado **I, II**
late tarde **I**
  late afternoon el atardecer **2.3**
lately recientemente **I**
later luego **I**
  See you later.
    Hasta luego; Nos vemos.
laugh la risa **II**
to laugh reírse **II**
laughter la risa **II**
law el derecho; la ley **3.3**
lawnmower el cortacésped **1.3**
lawyer el (la) abogado(a) **II, 4.2**
lazy perezoso(a) **I**
leader el (la) líder **3.3**
leaf la hoja **II**
to learn aprender **I**
least
  the least desirable
    lo más oscuro **1.1**
leather el cuero **1.2**
  leather goods
    los artículos de cuero **I**

to leave salir; irse I
    Leave a message after the tone.
      Deje un mensaje después del
      tono. I
    to leave a message
      dejar un mensaje I
    to leave behind dejar I
    to leave something behind
      quedársele (a uno) 6.2
    to leave the tip
      dejar la propina II
left la izquierda I
    to the left (of)
      a la izquierda (de) I
leftover sobrante
leg la pierna I, II
lemonade la limonada I
to lend prestar II
less menos I
    less than menos de I
    less... than
      menos... que I, II, 6.3
lesson la lección I
Let's... Vamos a... I
letter la carta I
    to send a letter
      mandar una carta I
lettuce la lechuga I
level of high school curriculum
    el ciclo
liberal liberal 3.3
librarian el (la) bibliotecario(a) 4.3
library la biblioteca I
lie la mentira II
to lie mentir (ie)
to lie down acostarse (ue) II
to lie in wait for acechar
life la vida I
to lift levantar I
    to lift weights levantar pesas I
light la luz II, 2.3
lightbulb la bombilla 1.3
lighthouse el faro 3.3
lightning el relámpago II, 2.3
    lightning flash el rayo 2.3
like como I
to like gustar II; caer bien 1.2
    Do you like...? ¿Te gusta...? I
    Does he/she like...?
      ¿Le gusta...? I
    He/She likes... Le gusta... I
    I like... Me gusta... I
    I would like... Me gustaría... I

    Would you like... ?
      ¿Te gustaría...? I
    You like... Te gusta... I
link el enlace 6.3
lion el león II
to listen (to) escuchar I
liter el litro I
literacy la alfabetización
literature la literatura I
to live vivir I
to live together convivir 2.1
livestock el ganado 4.3
living room la sala I, II
llama la llama I
loan el préstamo II
local local II
located ubicado(a)
logical
    It's logical that...
      Es lógico que... II
long largo(a) I
to look verse 1.1
to look at mirar I
to look for buscar I
loose flojo(a) II; suelto(a) 1.2
to lose perder (ie) I
    to lose something
      perdérsele (a uno) 6.2
love el amor II
to love querer (ie) I, II
luck la suerte I
    **Luck comes to him who least
      expects it.** La suerte viene a
      quien menos la aguarda.
to be lucky tener suerte I
luggage el equipaje II
lunch el almuerzo I
to eat lunch almorzar (ue) I
luxurious lujoso(a) I, II
lyrics la letra 5.1

magazine la revista I
magical realism
    el realismo mágico 5.3
mail carrier
    el (la) cartero(a) I, II, 4.2
mailbox el buzón II
majority
    la mayoría II; la mayor parte 4.3

to make hacer I, II
    to make a mistake
      equivocarse 6.2
    to make a toast brindar 3.1
    to make decisions
      tomar decisiones 4.1
    to make the bed hacer la cama I
    to make the effort
      hacer el esfuerzo 2.1
makeup el maquillaje II
    to put on makeup
      maquillarse I, II
to malfunction
    descomponérsele (a uno) 6.2
mambo (Latin music)
    el mambo 5.2
man el hombre I
manager el (la) gerente I, II, 4.2
to manipulate manipular 6.1
many mucho(a) I
map el mapa I
March marzo I
mariachi music
    la música mariachi 5.2
marionette la marioneta II
market el mercado I
marketing el mercadeo 4.1
to marry
    to get married casarse II
marvelous de maravilla II
mask la careta, la máscara
maskmaker el mascarero
Master's degree la maestría 4.1
masterpiece la obra maestra I
masthead el titular II
match el fósforo II, 2.3
to match with
    hacer juego con II, 1.2
mathematics las matemáticas I
May mayo I
maybe tal vez I; quizás II
    Maybe another day.
      Tal vez otro día. I
mayor el (la) alcalde 3.3
meal la comida I
to mean implicar
means el medio
meat la carne I
mechanic el (la) mecánico(a) II, 4.2
medallion la medalla 1.2
medicine la medicina II
medium medio
to meet encontrar (ue) I

to get together reunirse II
meeting el encuentro I
melody la melodía **5.1**
melon el melón II
memory la memoria **6.3**
menu el menú I
merengue (Latin music)
    el merengue **5.2**
message el mensaje I
    I want to leave a message for…
        Quiero dejar un mensaje
        para… I
    Leave a message after the tone.
        Deje un mensaje después del
        tono. I
    to leave a message
        dejar un mensaje I
Mexican mexicano(a) II
Mexico México I
microphone el micrófono **6.3**
microprocessor
    el microprocesador **6.3**
microwave
    el horno microondas I, II
midnight la medianoche I
milk la leche I, II
milkshake el batido II
million millón II
mining la minería **4.3**
minority la menor parte **4.3**
minuet el minué **5.1**
mirror el espejo I, II
Miss (la**)** señorita I
to miss echar de menos
mist la neblina II, **2.3**
mistake
    to make a mistake
        equivocarse **6.2**
to mix mezclar
mixture la mezcla I
modem el módem **6.3**
modern moderno(a) I, II
modest modesto(a) **1.1**
moment el momento I
One moment. Un momento. I
monarchy la monarquía **3.3**
Monday lunes I
money el dinero I
    money exchange el cambio I
monitor el monitor **6.3**

monkey el mono II
month el mes I
more más I
    more… than
        más… que I, II, **6.3**
    more or less más o menos II
    more than más de I
morning la mañana I
    Good morning. Buenos días. I
    in the morning de la mañana I
most
    the most lo más **1.1**
mother la madre I
Mother's Day
    el día de las Madres **3.2**
motorcycle la moto(cicleta) I
mountain la montaña I
    to mountain climb
        escalar montañas **1.2**
mountaineering el montañismo II
    to go mountaineering
        hacer montañismo **1.2**
mouth la boca I
to move mover (ue) I, II
    to move the furniture
        mover los muebles I
movie la película I
movie theater el cine I
    to go to a movie theater
        ir al cine I
moving conmovedor(a)
moving force la fuerza motriz
Mr. (el**)** señor I; don II
Mrs. (la**)** señora I; doña II
much mucho(a) I
    as much as tanto como I
multinational multinacional **4.3**
mural el mural **5.2**
muralist el (la) muralista **5.2**
museum el museo I
music la música I, **5.1**
    music and video store la tienda
        de música y videos I
    musical musical II
    musical group el conjunto **3.3**
    musician el (la) músico(a) II, **3.2**
must deber I
    one must hay que I
mustache el bigote **1.1**

name el nombre I, II
    His/Her name is…
        Se llama… I, II
    My name is… Me llamo… I, II
    What is his/her name?
        ¿Cómo se llama? I, II
    What is your name?
        ¿Cómo te llamas? I, II
napkin la servilleta II
narrow estrecho(a) I, II
natural resources
    los recursos naturales II, **2.2**
nature la naturaleza II, **2.2**
navy la marina
near (to) cerca (de) I; junto(a) II
necessary
    It's necessary that…
        Es necesario que… II
neck el cuello II
necklace el collar I
to need necesitar I
neighbor el (la) vecino(a) I
neighborhood el vecindario II
neither tampoco I; ni II
    neither… nor ni… ni **4.2**
nephew el sobrino II
nervous nervioso(a) I
    to get nervous
        ponerse nervioso(a) **1.3**
never nunca I; jamás
nevertheless sin embargo **5.3**
new nuevo(a) I
    What's new?
        ¿Qué hay de nuevo? II
    new release el estreno II
    New World Nuevo Mundo **5.2**
    New Year Año Nuevo **3.2**
news las noticias II
    news group
        el grupo de noticias **6.3**
    news program el noticiero II
newspaper el periódico I
next a continuación, siguiente II
    next to
        al lado de I, **6.2**; junto(a) II
Nicaragua Nicaragua I
Nicaraguan nicaragüense II

INGLÉS–ESPAÑOL

nice amable **II**; simpático(a) **I**
  It's nice outside.
    Hace buen tiempo. **I**
  Nice to meet you.
    Mucho gusto. **I, II**
niece la sobrina **II**
night la noche **I**
  at night de noche **I**
nightfall el anochecer **2.3**
nine nueve **I, II**
nine hundred novecientos **I**
nineteen diecinueve **I**
ninety noventa **I**
ninth noveno(a) **I, II**
no no **I**
no longer ya no **I**
no one nadie **I**
Nobel Prize el Premio Nóbel **5.3**
noise el ruido **3.2**
none ninguno(a) **I**
noon el mediodía **I**
nor ni **II**
normal normal **I**
normally normalmente **I, II**
north el norte **II**
nose la nariz **I, II**
not no **I**
not even ni **II**
notebook el cuaderno **I**
nothing nada **I**
  It's nothing. No hay de qué. **3.2**
to notice fijarse en **6.2**
nourishment la alimentación **II**
novel la novela **I**
novelist el (la) novelista **5.3**
November noviembre **I**
now ahora **I**
  Right now! ¡Ahora mismo! **I**
nowadays actualmente **I**
number, numeral la cifra **5.2**
  What is your phone number?
    ¿Cuál es tu teléfono? **I, II**
nun la monja
nurse el (la) enfermero(a) **II**
nutritious nutritivo(a) **II**

O

obedient obediente **II**
to obtain
  conseguir (i) **II**; obtener **II**

to occur ocurrir **II**
  to occur to (one)
    ocurrírsele (a uno) **6.2**
ocean el océano **II**
ocelot el ocelote **2.3**
October octubre **I**
of de **I**
  Of course!
    ¡Claro que sí!; ¡Cómo no! **I**
to offer ofrecer **I, II**
office la oficina **I**
office (doctor's) el consultorio **II**
often mucho; frecuentemente **I**;
  a menudo, muchas veces **4.2**
oil el aceite **I, II**
oil painting el óleo **5.1**
oil refinery la refinería **4.3**
oil spill el derrame de petróleo **2.2**
old antiguo **I, II**; viejo(a) **I**
  How old is…?
    ¿Cuántos años tiene…? **I**
older mayor **I**
  older than mayor que **II**
olives las aceitunas **I**
on sobre **I, II**
  on ice sobre hielo **I**
  on sale en oferta
  on the one hand
    por un lado **1.1**
  on the other hand
    por el otro lado **1.1**
  on time a tiempo **II**
  on top (of) encima (de) **I, II**
  on-line en línea **6.3**
once in a while
  de vez en cuando **I**
one uno **I, II**
one fifth el quinto **4.3**
one half of la mitad de **4.3**
one hundred cien **I**
onion la cebolla **I, II**
only sólo **I**
only único(a) **1.2**
open abierto(a) **I, II**
to open abrir **I**
  to open the way
    abrir el paso **5.2**
operator
  el (la) operador(a) **I, II, 4.2**
opinion
  not to be of the opinion that
    no opinar que
to oppose oponerse a **1.3**

opposite frente a **II**; opuesto **1.1**
oppressor el (la) opresor(a) **3.3**
or o **I**
orange anaranjado(a) **I**
orchestra la orquesta **3.2**
to order pedir (i) **I**
  Can you help me order?
    ¿Me ayuda a pedir? **I**
ordinary ordinario(a) **I**
original original **5.3**
orphanage el orfelinato
other otro(a) **I**
ought to deber **I, II**
our nuestro(a) **I**
outdoors al aire libre **I**
outside afuera **II, 6.2**
  outside (of) fuera (de) **I**
oval ovalado(a) **1.1**
oven el horno **I, II**
to overcome vencer **3.1**
overflowing rebosante
owl el búho **2.3**
owner el (la) dueño(a) **II, 4.2**
ozone layer
  la capa de ozono **II, 2.2**

package el paquete **I, 4.1**
pain el dolor
to paint pintar **I**
paint la pintura
painter el (la) pintor(a) **II**
painting el cuadro **5.1**
  historical painting
    el cuadro histórico **5.1**
palm tree la palma **II**
palm tree grove el palmar **II**
Panama Panamá **I**
Panamanian panameño(a) **II**
pants los pantalones **I**
paper el papel **I**
parade el desfile **I, 3.1**
Paraguay Paraguay **I**
Paraguayan paraguayo(a) **II**
Pardon… Perdona(e)… **I**
  Pardon, how do I get to…?
    Perdona(e), ¿cómo llego
    a…? **I**
parents los padres **I**
park el parque **I**

parking space
el estacionamiento **II**
parrot el loro **II, 2.3**
to participate participar **2.1**
party la fiesta **I, II**
    big, formal party la gala **3.2**
    party in stages
      la fiesta continua **3.2**
to pass (by) pasar **I**
passenger el pasajero **II**
passport el pasaporte **II**
password la contraseña **6.3**
pasta la pasta **I, II**
pastry shop la pastelería **I**
path el sendero **II, 2.3;**
    el camino **3.1**
patient el (la) paciente **I**
patriot el (la) patriota **3.3**
patriotic patriótico(a) **3.3**
patriotism el patriotismo **3.3**
paving stone la baldosa
to pay pagar **I**
    to pay attention to
      hacer caso a uno **1.1**
peace la paz
peanut butter
    la mantequilla de cacahuate **II**
pear la pera **II**
peas los guisantes **I**
pedestrian el peatón **II**
pelican el pelícano **2.3**
pen (animal) la pluma; el corral **I**
pencil el lápiz **I**
people la gente **I**
pepper la pimienta **I, II**
percent el por ciento **4.3**
percentage el porcentaje **4.3**
perception la percepción **6.1**
perfect perfecto(a) **I**
performance la actuación **II**
perfume el perfume **II**
period la época **I**
    period of time la temporada **1.2**
permission el permiso **II, 2.2**
to permit permitir **II, 2.1**
perspective la perspectiva **5.1**
Peru Perú **I**
Peruvian peruano(a) **II**
petroleum el petróleo **4.3**
PG-13 rated (movie)
    se recomienda discreción **6.1**
pharmacy la farmacia **I**
Philippines Filipinas **I**

phone directory la guía telefónica **I**
photo la foto **I**
    to take photos/pictures
      sacar fotos **I**
photographer el (la)
    fotógrafo(a) **I, II**
physical education
    la educación física **I**
physically challenged
    los (las) minusválidos **2.1**
piano el piano **I**
    to play the piano
      tocar el piano **I**
to pick up recoger **2.1**
picture la foto **I;** la pintura **II**
piece el pedazo **I, II**
pig el cerdo **I**
pill la pastilla **II**
pillow la almohada **II, 2.3**
pilot el piloto **II**
pin el prendedor **1.2**
pineapple la piña **I**
pink rosado(a) **I**
pitcher la jarra **I**
pity
    It's a pity that…
      Es una lástima que… **II**
place el lugar **I**
    the place where it was our fate
      to live el lugar donde nos ha
      tocado vivir
plaid de cuadros **I**
plain sencillo(a) **I**
to plan pensar (ie) **I**
planet el planeta **II, 2.2**
plant la planta **I**
to plant sembrar (ie) **2.1**
plantain el plátano verde **II**
    fried plantains los tostones **II**
plastic el plástico **2.2**
plate el plato **I**
play la obra teatral **5.1**
    to play jugar (ue) **I, II;** practicar;
      (an instrument) tocar **I**
    to play chess jugar al ajedrez **II**
    to play sports
      practicar deportes **I**
    to play the guitar
      tocar la guitarra **I**
    to play the piano
      tocar el piano **I**
    to play the role
      hacer el papel **5.3**

player el (la) jugador(a) **I**
to plead suplicar **3.1**
pleasant amable **1.1**
please por favor **I**
pleased contento(a) **I**
    Pleased to meet you.
      Encantado(a). **I**
pleasure el placer **I**
    It's a pleasure. Es un placer. **I**
    The pleasure is mine.
      El gusto es mío. **I**
plot la trama **5.3**
to plug in enchufar **1.3**
poem el poema **I**
poet el (la) poeta **5.3**
poetry la poesía **I, 5.1**
police officer el (la) policía **I**
polka dots los lunares **1.2**
pollutant el contaminante **2.2**
to pollute contaminar **II**
pollution la contaminación **II**
polyester el poliéster **1.2**
ponytail la cola de caballo **1.1**
poor pobre **II**
population la población **II, 2.2**
pork el puerco **I**
    pork rinds los chicharrones **I**
    to eat pork rinds
      comer chicharrones **I**
porter el (la) maletero(a) **II**
portrait el retrato **I, II**
position el puesto **II, 4.2**
possible
    It's possible that…
      Es posible que… **II**
post office el correo **I**
pot la olla **I**
potato la patata **I;** la papa **II**
potter el (la) alfarero(a) **I**
poverty la pobreza **II, 2.1**
power
    la fuerza motriz; el poder **3.3**
to practice practicar **I, II**
to praise elogiar **5.3**
pre-Columbian
    precolombino(a) **5.2**
precious precioso(a) **5.2**
predictable predecible **5.3**
to prefer preferir (ie) **I, II**
prejudice el prejuicio **2.1**
preparatory school la preparatoria
to prepare preparar **I**
prescription la receta **II**

to preserve preservar **II, 2.1**
president el (la) presidente **3.3**
press la prensa
pretty bonito(a) **I**
to prevail prevalecer
price el precio **I**
pride el orgullo **3.1**
principal principal **4.3**
printer la impresora **I**
prize el premio
probable
   It's probable that...
      Es probable que... **II**
problem el problema **I, II**
procession
   el desfile **3.1**; la procesión **3.3**
to produce producir **II**
production la producción **5.1**
profession la profesión **I, II**
professor el (la) profesor(a)
program el programa **I, II**
   action program
      el programa de acción **6.1**
   anti-virus program
      el programa anti-virus **6.3**
   horror program
      el programa de horror **6.1**
   live (programming)
      en vivo y en directo **6.1**
   mystery program
      el programa de misterio **6.1**
   program icon
      el ícono del programa **6.3**
   science fiction program
      el programa de ciencia
      ficción **6.1**
   talk show
      el programa de entrevista **6.1**
to prohibit prohibir **2.2**
prose la prosa **5.3**
protagonist el (la) protagonista **5.3**
to protect proteger **II, 2.2**
   to protect the species
      proteger las especies **II**
proud orgulloso(a) **3.1**
provided that con tal de que **3.1**
public relations
   las relaciones públicas **4.1**
publicity la publicidad **4.1**
pudding el budín **3.2**
Puerto Rican puertorriqueño(a) **II**
Puerto Rico Puerto Rico **I**
punctuality la puntualidad **II, 4.2**

purple morado(a) **I**
purpose el motivo **3.2**
to push empujar
to put poner **I**
   to put on (clothes) ponerse **I**
   to put on makeup maquillarse **I**

qualified capacitado(a) **II, 4.1**
quality la calidad **I**
quarter el cuarto(a) **II**; cuarto(a) **I**
quarter past y cuarto **I**
queen la reina **3.3**
quick rápido(a) **I**
quickly rápidamente **I, II**
quiet
   Be quiet! ¡Cállate! **I**
quiz la prueba **I**

R-rated (movie)
   prohibido(a) para menores **6.1**
rabbit el conejo **I**
race la raza **I**
racket la raqueta **I**
radio el radio **I**
   portable radio
      el radio portátil **6.2**
   radio station el radioemisor **3.2**
   radio-tape player
      el radiocasete **I**
rain la lluvia **I**
to rain llover (ue) **I**
raincoat el impermeable **I**
to raise criar
rare raro(a) **II**
   It's rare that... Es raro que... **II**
rarely rara vez **I**
reach
   within reach
      dentro del alcance **5.3**
to read leer **I**
ready listo(a) **I**
   to get ready (dressed)
      arreglarse **II**
to realize darse cuenta de **II**
Really? ¿De veras? **II**

reason la razón **I**
to receive recibir **I**
recent reciente **I**
recently recientemente **I, II**
reception desk la recepción **II**
receptionist el (la) recepcionista **I**
recipe la receta **I**
to recommend recomendar (ie) **II**
recommendations
   las recomendaciones **II**
to record grabar **6.1**
to recycle reciclar **II**
recycling el reciclaje **II**
   recycling program
      el programa de reciclaje **2.2**
red rojo(a) **I**
red beans
   las habichuelas coloradas **II**
reddish rojizo(a) **1.1**
redhead pelirrojo(a) **I**
to reduce reducir **II, 2.2**
to reflect reflejar **5.2**
reflection el reflejo
refrigerator
   el frigorífico **I**; el refrigerador **II**
regional típico(a) **3.2**
rehabilitation center
   el centro de rehabilitación **2.1**
relative el (la) pariente **II**
to relax relajarse **II**
reliability la confiabilidad **6.2**
to remember recordar (ue) **I**;
   acordarse (ue) de
to rent alquilar **I**
   to rent a video
      alquilar un video **I**
to repair reparar **1.3**
to repeat repetir (i) **II**
repertoire el repertorio **5.1**
report
   el reportaje **II**; el pronóstico **II**
reporter el (la) reportero(a) **II**
to request solicitar **II**
to require requerir (ie) **II, 4.2**
requirement el requisito **II, 4.2**
rescue el rescate **II**
to rescue rescatar **II**
reservation la reserva **II**
to resolve resolver (ue) **II, 1.1**
to respect respetar **1.1**
respectively respectivamente
to rest descansar **I**
rest of the people los demás **II**

restaurant el restaurante **I**
résumé el currículum **II**;
   el currículum vitae **4.1**
to retell contar (ue) **I**
to retire jubilarse **4.2**
to return regresar; volver (ue) **I**
   He/She will return later.
      Regresa más tarde. **I**
   to return (an item)
      devolver (ue) **I, 6.2**
to review revisar **II**
rhythm el ritmo **I, 5.1**; el compás,
   el son **5.1**
rhythmic heel clicking
   el zapateado **5.1**
rice el arroz **I**
   dessert of rice, cinnamon,
      and coconut milk
      el arroz con dulce **3.2**
   dessert of sweet rice and milk
      el arroz con leche **3.2**
   rice and pigeon peas
      el arroz con gandules **3.2**
rich rico(a) **II**
ridiculous
   It's ridiculous that…
      Es ridículo que… **II**
right el derecho **3.3**
   to the right (of)
      a la derecha (de) **I**
   (human) rights
      los derechos (humanos) **2.1**
   right, correct acertado(a)
   to be right tener razón **I**
ring el anillo **I**
to ring sonar (ue) **3.3**
risk
   to take risks correr riesgos **4.1**
river el río **I**
road el camino **I, 3.1**;
   la carretera **4.1**
roasted asado(a) **I**
   roast suckling pig
      el lechón asado **3.2**
robbery el robo **II**
rock la piedra **2.2**
role el papel **II**
   to play the role
      hacer el papel **5.3**
romantic romántico(a) **II**
romanticism el romanticismo **5.3**
roof el techo
room el cuarto **I**; la habitación **II**

rooster el gallo **I**
round redondo(a) **1.1**
   round trip viaje ida y vuelta **II**
to row remar **II**
royal real
rubble los escombros
ruins las ruinas **5.2**
rule la regla **I**
to run correr **I**
   to run out of
      acabársele (a uno) **6.2**

sad triste **I**
   It's sad that… Es triste que… **II**
sadness la tristeza **II**
salad la ensalada **I**
salary el sueldo **II, 4.2**
sale la rebaja **II**
sales las ventas **4.1**
salesperson el (la) dependiente **II**
salsa la salsa **I, 5.2**
salt la sal **I, II**
Salvadoran salvadoreño(a) **II**
same mismo(a) **I**
sand la arena **II**
sandals las sandalias **II**
sandwich la torta **I, II**
satire la sátira **5.3**
Saturday sábado **I, II**
sausage el chorizo; la salchicha **I**
to save guardar **II**
savings account
   la cuenta de ahorros **II**
saxophone el saxofón **I**
to say decir (i) **I**
   Don't say that! ¡No digas eso! **I**
   to say good-bye despedirse **II**
scarcely apenas **II**
scare
   to be scared tener miedo de **II**
   to be scared of asustarse de **II**
scarf la bufanda **I**; el pañuelo **II**
scene la escena **II**
schedule el horario **I**
scholarship la beca
school la escuela **I, 5.1**; el colegio **I**
science las ciencias **I**
   science fiction
      la ciencia ficción **II**

scissors las tijeras **I, II**
to scream gritar **II**
screen la pantalla **I**
script el guión **5.3**
scriptwriter el (la) guionista **5.3**
sculptor el (la) escultor(a) **II**
sculpture la escultura **II**
sea el mar **I**
seagull la gaviota
to search buscar **I**
search la búsqueda
   search engine
      el servicio de búsqueda **6.3**
season la temporada **1.2**
seasons las estaciones **I**
seat el asiento **II**
second segundo(a) **I, II**
secretary
   el (la) secretario(a) **I, II, 4.2**
security la seguridad **II**
to see ver **I, II**
   May I see…? ¿Me deja ver…? **I**
self-portrait el autorretrato **5.1**
to sell vender **I**
semester el semestre **I**
to send mandar **I**
   to send a letter
      mandar una carta **I**
   to send out echar
sensational sensacional **6.1**
to separate separar **II, 2.2**
September septiembre **I**
sequin la lentejuela **1.2**
series la serie **II**
serious serio(a) **I**
to serve servir (i) **I, II**
service el servicio
to set
   to set the table poner la mesa **I**
setback el tropiezo **3.1**
seven siete **I, II**
seven hundred setecientos **I, II**
seventeen diecisiete **I**
seventh séptimo(a) **I, II**
seventy setenta **I**
shade la sombra **II**
shadow la sombra **II**
shame la lástima **I**
   What a shame! ¡Qué lástima! **I**
shameless descarado(a) **1.1**
shampoo el champú **I, II**
to share compartir **I, 1.1**
shark el tiburón **2.3**

sharpness la nitidez **6.2**
to shave afeitarse **I**
she ella **I**
sheet la sábana **II**
shell el caracol **II**
shepherd el pastor **I**
ship el barco **I**
shirt la camisa **I**
shock el susto
shoe el zapato **I**
   high-heeled shoe
     el zapato de tacón **II**
   shoe size el número **II**
   shoe store la zapatería **I**
shopping
   shopping center
     el centro comercial **I**
   to go shopping ir de compras **I**
shore la orilla
short (height)
   bajo(a); **(length)** corto(a) **I**
shorts los shorts; los pantalones
   cortos **I**
should deber **I**
shoulder el hombro **II**
shoulder bag el bolso **1.2**
shout el grito
show
   game show
     el programa de concurso **6.1**
to show mostrar (ue) **II**
shower
   to take a shower ducharse **I, II**
shrimp los camarones, las gambas **I**
sick enfermo(a) **I**
   sick people los enfermos **2.1**
sickly enfermizo(a)
sickness la enfermedad **II**
sidewalk la acera **II**
sign el letrero **II**
signature la firma **II, 4.1**
silk la seda **1.2**
silly tonto(a)
silver la plata **I**
similar to semejante a **1.1**
simple sencillo(a) **I, II**
to sing cantar **I**
   to sing in the chorus
     cantar en el coro **II**
singer el (la) cantante **II;**
   el (la) cantador(a) **5.1**
sister la hermana **I**
   sister-in-law la cuñada **II**

to sit sentarse **II**
site el sitio **6.3**
situation la situación **II**
six seis **I, II**
six hundred seiscientos **I, II**
sixteen dieciséis **I, II**
sixth sexto(a) **I, II**
sixty sesenta **I**
size (clothing) la talla **II;**
   el tamaño **6.3**
to skate patinar **I**
to skateboard andar en patineta **I**
skateboard la patineta **I**
skates los patines **I**
to ski esquiar **I**
skin la piel **II**
skirt la falda **I**
skunk el zorrillo **2.3**
sky el cielo **2.2**
slave el esclavo **3.3**
to sleep dormir (ue) **I**
sleeping bag
   el saco de dormir **II, 2.3**
sleepy
   to be sleepy tener sueño **I**
slender esbelto(a) **1.1**
slow lento(a) **I**
slowly lentamente **I, II**
small pequeño(a) **I**
to smell of oler (ue) a
to smile sonreírse (i) **II**
smog el smog **II, 2.2**
snack la merienda **I**
to snack merendar (ie) **I**
snake la serpiente **II, 2.3**
to snorkel nadar con tubo de
   respiración **2.3**
snow la nieve **I**
to snow nevar (ie) **I**
so entonces **I**
so that para que **3.1**
So-so. Regular. **I**
soap el jabón **I**
   soap opera la telenovela **II**
soccer el fútbol **I**
   soccer ball el balón **1.1**
sociable sociable **II**
social sciences
   las ciencias sociales **2.1**
social studies
   los estudios sociales **I**
social worker
   el (la) trabajadora social **4.3**

sock el calcetín **I**
sofa el sofá **I**
soft drink el refresco **I**
software el software **6.3**
solemn solemne **3.3**
solution la solución **2.1**
some alguno(a) **I**
someone alguien **I**
   to know (be familiar with)
     someone conocer a alguien **I**
something algo **I**
sometimes a veces **I, II, 4.2**
son el hijo **I**
son(s) and daughter(s) los hijos **I**
soon pronto **I**
to be sorry
   I'm sorry, but…
     Lo siento mucho, pero… **2.1**
   I'm sorry. Lo siento. **I**
soul el alma
sound el sonido **I;** el son **5.1**
to sound sonar (ue) **3.3**
soup la sopa **I**
soup kitchen
   el comedor de beneficencia **2.1**
source la fuente
south el sur **II**
souvenir el recuerdo **I**
Spain España **I**
Spaniard el (la) español(a) **II**
Spanish el español **I**
to speak hablar **I, II**
   May I speak with…?
     ¿Puedo hablar con…? **I**
speaker el (la) altoparlante **6.2**
special especial **I**
specially especialmente **I**
specialty of the house la
   especialidad de la casa **II**
species las especies **2.2**
speech el discurso **3.1**
to spend gastar **II**
spicy picante **I**
spider monkey el mono araña **2.3**
spoiled mimado(a) **1.1**
to sponsor patrocinar **3.2**
spoon la cuchara **I**
sport el deporte **I**
   to play sports
     practicar deportes **I**
sporting goods store
   la tienda de deportes **I**

sportsman, sportswoman
el (la) deportista **II**
spreadsheet la hoja de cálculo **6.3**
spring la primavera **I**
square cuadrado(a) **1.1**
squid los calamares **I**
stadium el estadio **I**
stage floor el tablado **5.1**
stairs la escalera **II**
to stand (endure) resistir
to stand out destacarse **1.2**
star la estrella **I**
to start comenzar (ie) **II**
to start the day amanecer **2.3**
stationery store la papelería **I**
statistics las estadísticas **4.3**
to stay hospedarse **II**; quedar (en) **I**
steak el bistec **I**
to steal robar **II**
stepbrother el hermanastro **I, II**
stepfather el padrastro **I**
stepmother la madrastra **I, II**
stepsister la hermanastra **I, II**
stereo equipment
el equipo estereofónico **6.2**
stick el palo
still todavía **I**
still life la naturaleza muerta **5.1**
stingy tacaño(a) **II**
stock exchange
la bolsa de valores **4.3**
stomach el estómago **I, II**
stone la piedra **II**
to stop parar **II**
to stop doing something
dejar de
store la tienda **I**
storm la tormenta **I**
story la historia **II**
short story el cuento **5.1**
short story writer
el (la) cuentista **5.3**
stove la estufa **I, II**
straight ahead derecho **I**
straight hair pelo lacio **II**
strange raro(a) **II**; extraño(a)
strangers los desconocidos
strawberry la fresa **II**
street la calle **I**
stress el estrés **II**
to stretch estirarse **II**
striped con rayas **I**
stripes las rayas **II**

strong fuerte **I**
student el (la) estudiante **I**
student catalogue
la guía del estudiante
to study estudiar **I**
to study martial arts
estudiar las artes marciales **II**
stuffed animal
el muñeco de peluche **II**
style la moda **1.2**; el estilo **5.3**
subject
la materia **I**; la asignatura **II**
subscriber el (la) abonado(a)
subway el metro **I**
success el éxito **I, 3.1**
to be successful tener éxito **II**
suddenly de repente **II**
to suffer doler (ue) **II**
sugar el azúcar **I**
to suggest sugerir (ie) **II**
suit el traje **II**
suitcase la maleta **II**
summer el verano **I**
sun el sol **I**
to sunbathe tomar el sol **I**
Sunday domingo **I, II**
sunglasses las gafas de sol **I**
sunny soleado(a) **II, 2.3**
It is sunny. Hace sol.; Hay sol. **I**
suntan lotion el bronceador **I**;
la loción protectora **II**
supermarket el supermercado **I**
to go to the supermarket
ir al supermercado **I**
supper la cena **I**
to have supper cenar **I**
support el apoyo **3.1**
to support each other
apoyarse **1.3**
supported by respaldado(a) **6.2**
supporter el (la) proponente **3.3**
sure seguro(a)
I'm (not) sure.
(No) Estoy seguro(a). **3.3**
not to be sure that
no estar seguro (de) que **3.2**
to surf the Internet
navegar por Internet **1.2**
surface la superficie
surfing el surfing **I**
surname el apellido **I**
surplus sobrante
surprise la sorpresa **I, II**

to surprise sorprender **I, II**
surrounded rodeado(a)
surrounding area el contorno
survey la encuesta **I**
to sweat sudar **II**
sweater el suéter **I**
sweats las sudaderas **1.2**
to sweep barrer **I**
to sweep the floor
barrer el piso **II**
sweet dulce **I**
sweet roll el pan dulce **I**
to swell hincharse
to swim nadar **I**
swimming pool la piscina **I**
symbolic simbólico(a) **5.3**
symbolism el simbolismo **5.3**

t-shirt la camiseta **I**
table la mesa **I, II**
to clear the table quitar la mesa **I**
to set the table poner la mesa **I**
tablecloth el mantel **II**
taco el taco **II**
taco restaurant la taquería **II**
to take tomar **I**; sacar **I, II**; cursar
to take a bath bañarse **I**
to take a shower ducharse **I**
to take a swimming class
tomar un curso de natación **II**
to take a walk, stroll, or ride
dar una vuelta **II**
to take advantage of aprovechar
to take along llevar **I**
to take apart desarmar **1.3**
to take care of cuidar de **I, 2.1**
to take charge of
encargarse de **4.1**
to take into account
tomar en cuenta **6.2**
to take off your clothes
quitarse la ropa **II**
to take out the trash
sacar la basura **I**
to take photos/pictures
sacar fotos **I**
to take risks correr riesgos **4.1**
talent el talento **II**
to talk hablar **I**

tall alto(a) I
tamale-like mixture of plantain, yuca and meat el pastel **3.2**
tambourine la pandereta **5.1**
tango (Latin music) el tango **5.2**
tape recorder la grabadora I, **6.2**
tapestry el tapiz **5.1**
taste el sabor II
tasty rico(a); sabroso(a) I
taxi el taxi I
    taxi driver el (la) taxista I, **4.2**
tea el té I
to teach enseñar I
teacher el (la) maestro(a) I
team el equipo I
technician el (la) técnico II, **4.2**
technique la técnica **5.2**
telecommunications las telecomunicaciones **4.3**
telephone el teléfono I
    cellular telephone el teléfono celular **6.2**
    cordless telephone el teléfono inalámbrico **6.2**
    What is your phone number? ¿Cuál es tu teléfono? I
    to telephone each other telefonearse **1.3**
television la televisión, el televisor I
    cable television la televisión por cable **6.1**
    portable television el televisor portátil **6.2**
    satellite television la televisión por satélite **6.1**
    (TV) remote control el control remoto **6.1**
    to watch television ver la televisión I
    television guide la teleguía **6.1**
    television mini-series el teledrama **6.1**
    television program el espacio de la televisión
    television series la teleserie **6.1**
to tell decir (i) I, II; contar (ue) I
    Don't tell me! ¡No me digas! II
    Tell him or her to call me. Dile/Dígale que me llame. I
    to tell each other gossip contarse (ue) chismes **1.3**

to tell each other secrets contarse (ue) secretos **1.3**
to tell jokes contar (ue) chistes II
temperature la temperatura I
temple el templo **5.2**
ten diez I, II
tennis el tenis I
tent la tienda de campaña II, **2.3**
tenth décimo(a) I, II
terrain el terreno
    altitude of terrain la altura del terrano
terrible terrible I
test el examen I
textile el tejido I
    textiles los textiles **4.3**
to thank agradecer **3.1**
    Many thanks. Mil gracias
    Thank you. Gracias. I
Thanksgiving Day el día de Acción, el día de Gracias **3.2**
that aquello, eso **5.1**
that ese(a) I
that (over there) aquel(la); aquello, eso I, **5.1**
that one ése(a) I, **5.1**
that one (over there) aquél(la) I, **5.1**
theater el teatro I
theatrical production la obra de teatro II
their su I
theirs suyo(a)
theme el tema II
then entonces I
there allá/allí I
there is/are hay I
there was/were había II; hubo II
they ellos(as) I
thief el ladrón (la ladrona) II
thin delgado(a) I
thing la cosa I
to think pensar (ie); creer I
    Do you think so? ¿Tú crees? II
    I don't think that… No creo que… **2.3**
    I think so. / I don't think so. Creo que sí/no. I
third tercero(a) I, II; tercio **4.3**
thirsty
    to be thirsty tener sed I
thirteen trece I
thirty treinta I

this este(a); esto I, **5.1**
this one éste(a) I, **5.1**
thousand mil I, II
threatening amenazador(a) **5.3**
three tres I
three hundred trescientos(as) I
throat la garganta II
to throw out, away echar II, **2.2**
thunder el trueno II, **2.3**
thunderbolt el rayo II, **2.3**
Thursday jueves I, II
ticket el billete II
tight apretado(a) II
tile la baldosa
time el tiempo I
    (At) What time is…? ¿A qué hora es…? I
    free time el tiempo libre I
    on time a tiempo II
    to spend time with friends pasar un rato con los amigos I
    What time is it? ¿Qué hora es? I
timid tímido(a) II
tip la propina I
    How much do I tip? ¿Cuánto le doy de propina? I
    to leave the tip dejar la propina I
tired cansado(a) I
    to get tired cansarse de II
title el título **5.3**
to a I
    to the left (of) a la izquierda (de) I
    to the right (of) a la derecha (de) I
toast el brindis **3.1**
    to make a toast brindar **3.1**
today hoy I, II
    Today is… Hoy es… I, II
    What day is today? ¿Qué día es hoy? I, II
toes los dedos II
together juntos I
    to get together reunirse II
tolling of the bell la campanada **3.2**
tomato el tomate I
tomorrow mañana I
    See you tomorrow. Hasta mañana. I
    Tomorrow is… Mañana es… I
too también I

too much demasiado(a) **I, II**
tooth el diente **I, II**
toothbrush
  el cepillo de dientes **I, II**
toothpaste la pasta de dientes **I, II**
toucan el tucán **II, 2.3**
to touch tocar
tough duro(a) **I**
tourism el turismo **II**
toward hacia **II**
towel la toalla **I**
town el pueblo **I**
  town square la plaza **I**
toy el juguete **I, II**
  toy store la juguetería **II**
tradition la tradición **5.2**
traditional tradicional **I, II**
traffic el tráfico **I**
  traffic light/signal el semáforo **II**
trail el sendero **II**
train el tren **I**
to train entrenarse **II**
training la formación **4.1;**
  el entrenamiento **II, 4.2**
to translate traducir **II**
translator el (la) traductor(a) **4.3**
trash la basura **I**
  trash/trash can el basurero **II, 1.3**
to travel viajar **I**
  travel agent
    el (la) agente de viajes **II, 4.3**
travelers' checks
  los cheques de viajero **II**
to treat tratar **II**
  I'll treat you. Te invito. **I**
tree el árbol **I, 2.1**
trendy thing to do la onda
triangular triangular **1.1**
trick el engaño
trillion billón **4.3**
trip el viaje **I**
trouble
  The trouble is that…
    Lo malo es que… **II**
trumpet la trompeta **5.1**
truth la verdad **I**
  It's true. Es verdad. **I**
  It's not true that…
    No es verdad que… **II**
to try to tratar de
Tuesday martes **I**
tuna el atún **II**
turkey el pavo **3.2**

to turn doblar **I;** girar **II**
  to turn off
    apagar **I, II;** desconectar **1.3**
  to turn off the light
    apagar la luz **I**
  to turn on encender **1.3**
turtle la tortuga **I, 2.3**
twelve doce **I**
twenty veinte **I**
twins los (las) gemelos(as) **II**
two dos **I**
two hundred doscientos(as) **I, II**
typical típico(a) **3.2**
typically típicamente **II**

U.S. citizen estadounidense **II**
ugly feo(a) **I**
umbrella el paraguas **I**
  beach umbrella
    la sombrilla de playa **II**
uncle el tío **I**
uncle(s) and aunt(s) los tíos **I**
uncomfortable incómodo(a) **1.2**
under debajo (de) **I**
underneath debajo (de) **I, II**
to understand
  comprender; entender (ie) **I**
understanding comprensivo(a) **1.1**
unequalled inigualable **6.2**
unforgettable inolvidable **3.2**
unfortunately
  desafortunadamente **II**
unique único(a) **1.2**
to unite unir
United States Estados Unidos **I**
university la universidad **II**
university degree
  la licenciatura **4.1**
unless a menos que **3.1**
unoriginal derivado(a) **5.3**
unpleasant desagradable **1.1**
to unplug desenchufar **1.3**
until hasta (que) **I, II, 2.3**
up arriba **I**
URL el Localizador Unificador
  de Recursos (LUR) **6.3**
Uruguay Uruguay **I**
Uruguayan uruguayo(a) **II**

to use usar **II**
  to be used as servir (i) de
useful útil **II**
useless inútil **II, 2.2**
user el (la) usuario(a) **6.3**
utensils los cubiertos **II**

vacuum cleaner la aspiradora **I**
to vacuum pasar la aspiradora **I, II**
vain vanidoso(a) **1.1**
Valentine's Day
  el día de la Amistad **3.2**
valley el valle **II, 2.2**
valuable precioso(a) **5.2**
value (to be worth) valer **II**
to value valorar **2.1**
VCR la videograbadora **I**
vegetable la verdura **I, II**
vegetarian vegetariano(a) **I**
Venezuela Venezuela **I**
Venezuelan venezolano(a) **II**
very muy **I**
vest el chaleco **II**
veterinarian
  el (la) veterinario(a) **II, 4.2**
victory la victoria **3.3**
video el video **I**
  video camera la videocámara **6.2**
  video game el videojuego **I**
  to rent a video
    alquilar un video **I**
  video cassette recorder
    la videocasetera **6.1**
viewer el (la) televidente **II**
village el pueblo **I**
violent violento(a) **II**
violin el violín **5.1**
to visit visitar **I**
voice mail el telemensaje **6.2**
volleyball el voleibol **I**
volunteer el (la) voluntario(a) **II**
to volunteer
  trabajar de voluntario(a) **2.1**
to vote votar **2.1**

to wait for esperar I
waiter el mesero I
waitress la mesera I
to wake up despertarse (ie) I
to walk andar II
to walk the dog
  caminar con el perro I
walk el paseo I
to go for a walk pasear I
walkway el paseo II
wall la pared I, II
wallet la cartera I, 1.2
to want querer (ie) I, II, 3.1
Do you want to drink…?
  ¿Quieres beber…? I
Do you want to eat…?
  ¿Quieres comer…? I
I want to drink…
  Quiero beber… I
I want to eat…
  Quiero comer… I
I want to leave a message for…
  Quiero dejar un mensaje
  para… I
war la guerra
wardrobe el vestuario 1.2
warm caliente I
to wash lavar I
to wash one's hair
  lavarse la cabeza I
to wash oneself lavarse I, II
to wash the dishes
  lavar los platos I, II
washbowl el lavabo II
waste el desperdicio 2.2
wastebasket el basurero 1.3
watch el reloj I
to watch mirar I
to watch television
  ver la televisión I
water el agua (fem.) I
to water regar (ie) 1.3
waterfall la catarata
to waterski esquiar en el agua 1.2
wave la ola I, II; la onda
wavy ondulado(a) 1.1
way el paso 5.2
we nosotros(as) I

to wear llevar I
What is he/she wearing?
  ¿Qué lleva? I
weather el tiempo I
What is the weather like?
  ¿Qué tiempo hace? I
weaving el tejido 5.2
web page la página-web 6.3
wedding la boda II
Wednesday miércoles I, II
to weed desyerbar 1.3
weeds las malas hierbas 1.3
week la semana I
weekend el fin de semana I
weights las pesas I
to lift weights levantar pesas I
welcome bienvenido(a) I
You're welcome. De nada. I
well bien; pues I
well-being el bienestar II
west el oeste II
wet mojado(a) II
what cuál(es); qué I
What (fun)! ¡Qué (divertido)! I
What a mess! ¡Qué lío! II, 2.2
What a shame! ¡Qué lástima! I
What day is today?
  ¿Qué día es hoy? I
What do you recommend?
  ¿Qué me recomienda? II
What is he/she like?
  ¿Cómo es? I
What is your phone number?
  ¿Cuál es tu teléfono? I, II
What would you like?
  ¿Qué desean? II
What's new?
  ¿Qué hay de nuevo? II
wheat el trigo 4.3
wheat flour la harina de trigo
when cuando; cuándo I, 2.3
it was when fue cuando II
When will it take place?
  ¿Cuándo tiene lugar? II
when I/he/she was young
  cuando era niño(a) II
whenever cuando I
where dónde; adónde I
Could you tell me where… is?
  ¿Puedes (Puede usted)
  decirme dónde queda…? I
Where are you from?
  ¿De dónde eres? II

Where is he/she from?
  ¿De dónde es? II
Where will it take place?
  ¿Dónde tiene lugar? II
which (ones) cuál(es) I
while mientras II
quite a while un buen rato
white blanco(a) I
who quién(es) I
Who are they? ¿Quiénes son? I
Who is it? ¿Quién es? I
Whose is…? ¿De quién es…? I
why por qué I
That's why. Con razón. I
Why not? ¿Por qué no? 2.1
wicker rocking chair
  el columpio de mimbre
wide ancho(a) I, II
wife la esposa I
wild salvaje II, 2.3
wild animal life
  la fauna silvestre 2.2
wild plant la planta silvestre II
wild plant life
  la flora silvestre 2.2
wild boar el jabalí
wildlife refuge el refugio de
  vida silvestre 2.3
willing
to be willing
  estar dispuesto(a) 4.1
to win ganar I
wind el viento I
It is windy.
  Hace viento; Hay viento. I
window
  la ventana I, II; la ventanilla II
to windsurf
  navegar en tabla de vela 1.2
wing el ala
winner el (la) ganador(a) I, II
winter el invierno I
with con I
with me conmigo I
with you contigo I
without sin I
wolf el lobo II
woman la mujer I
wonderful genial 1.2
wonderfully a las mil maravillas
wool la lana I, 1.2
work la obra I
work of art la obra II

to work trabajar; funcionar **II, 6.2**
worked labrado(a) **5.2**
worker el (la) obrero(a) **II**
workshop el taller **I**
world el mundo **I**
World Wide Web
   la red mundial **6.3**
worried preocupado(a) **I**
to worry preocuparse **II**
   Don't worry!
      ¡No te preocupes! **I**
worse peor **I**
worse than peor que **II, 6.3**
   the worst lo peor **1.1**
worth
   to be worthwhile
      valer la pena **3.1**
woven tejido(a) **5.2**
wrist la muñeca **II**
to write escribir **I**
writer el (la) escritor(a) **I, II**

your su **(formal)**, tu **(familiar)**,
   vuestro(a) **(plural familiar) I**
yours tuyo **(familiar)**, suyo(a)
   (formal)

zero cero **I, II**

x-ray la radiografía **II**

year el año **I**
   He/She is... years old.
      Tiene... años. **I**
   school year el año escolar **II**
yellow amarillo(a) **I**
yes sí **I, II**
   Yes, gladly.
      Sí, con mucho gusto. **2.1**
   Yes, I would love to.
      Sí, me encantaría. **I**
yesterday ayer **I, II**
yet todavía **I**
yogurt el yogur **I, II**
you tú **(familiar singular)**,
   usted **(formal singular)**,
   ustedes **(formal plural)**,
   vosotros(as) **(familiar plural) I**
young joven **I**
young people los jóvenes **2.1**
younger menor **I**
   younger than menor que **II**

Índice

a, 445, 447
  + *person*, 298, 350, 372
abrir, past participle, 44
abilities, personal, 253, 267
accents
  in commands, 112
  in imperfect subjunctive, 186
  in present progressive, 256
accessories. *See* clothing and
  accessories
el Aconcagua, 15
actions, past, 40, 41, 44, 232
address, forms of, 116, 259, 261
adjectives
  demonstrative, 326
  descriptive, 32, 33, 34, 36, 37, 51
  possessive, 300
adverbs
  of frequency, 276
  of location, 421, 433
advertisements, 414–415, 416–417,
  419
affirmative expressions, 276, 289
agricultural products, 296
agreement
  of demonstrative adjective and
    pronouns with nouns, 326
  of reflexive pronoun and verb,
    82
el Alcázar de Colón, 1
algún/alguna, 276
Allende, Isabel, 306–307, 374
almorzar, preterite tense, 16
andar
  preterite tense, 24
  progressive with, 258
Andes region, 15, 22–23
animals, 7, 66, 148, 149, 150, 151,
  152, 164–165, 169, 296
antonyms, 32
apologizing, 426

aquel (-la/-los/-las), 326
aquello, 326
-ar verbs
  command forms, 110, 112
  conditional tense, 115
  imperfect subjunctive, 186
  imperfect tense, 40
  past participles, 44, 256
  present subjunctive, 132, 135
  present tense, 4
  preterite tense, 12
architecture, 356–357
Argentina, 14, 15, 244, 245, 293,
  317
Arias, Oscar, 101
Arreola, Juan José, 162
arts and artists, 325, 339, 351, 361
  Latin American, 101, 244, 316
  Mexico, 100
  pre–Columbian, 343, 344
  Spain, 317, 320–323, 334–335
asking
  for assistance, 109
  questions, 254
Atahualpa, 343
aunque + *subjunctive,* 400, 420

«Baby H.P.», 162–163
Baja California, 7
el balboa, 136
Barragán, Luis, 356–357
barrios, in U.S., 3, 38
Bemberg, María Luisa, 381
Berni, Antonio, 244
Bolívar, Simón, 389
Bolivia, 452–453
Borges, Jorge Luis, 262–263
Botero, Fernando, 316
bueno, 442
buscar
  command forms, 110
  preterite tense, 16

... que, 204
business, types of, 303, 313

c –> qu verbs, preterite tense, 16
caer
  command forms, 110
  present subjunctive, 134
  present tense, 8
camping, 159, 169
-car verbs
  command forms, 110
  present subjunctive, 132
careers. *See* professions
Caribbean countries, 10–11,
  172–173
La casa de Bernarda Alba, 379
celebrations
  graduation, 176–177, 178–179,
    182, 184, 187
  New Year's, 198–199
  patriotic, 220, 221, 236–237, 241
cellular telephones, 389, 428–429
Central America, 100, 101,
  150–151, 157
  currencies, 136, 292
  ecotourism, 148–149
  history, 6–7
-cer verbs, subjunctive, 159, 204,
  227
cerrar, present subjunctive, 135
certainty, expressing, 156, 232
characteristics, physical, 32, 33, 34,
  37, 51
Chayanne, 209
Chile, 14, 15, 284, 293
chores, household, 77–78, 97
Cisneros, Sandra, 90
citizenship, 104–105, 106–107, 109,
  113
clothing and accessories, 32, 33,
  54–55, 56–57, 59, 68–69, 73
cognates, 104
Colombia, 1, 23, 344

el colón, 136
colors, 32, 33, 34, 59
Columbus, Christopher, 221,
    222–223, 228, 236–237
comer
    future tense, 63
    imperfect tense, 40
    past participle, 44
    present participle, 256
    present subjunctive, 132
    present tense, 4
    preterite tense, 12
¿cómo?, 254
Como agua para chocolate, 377
commands
    formation of, 110, 112
    pronouns with, 111, 348, 350,
        370, 372
community participation, 104, 105,
    113
el compadrazgo, 85
comparisons, 42, 48, 51, 442
computers, 324, 436–437, 438–439,
    441, 457
con, 445
conditional
    perfect tense, 281
    sentences, 208
    tense, uses of, 115, 402
conjunctions, 420
    of time, 158, 169, 228
    + *subjunctive,* 184, 195, 228, 420
connecting cultures
    architecture, 356
    disguises, 212–213
    ecotourism, 164–165
    fashion, 68
    Internet, 452
    language and culture, 308
    literacy, 140–141
    movies, 380
    music, 92–93
    patriotic celebrations, 236–237
    planning for the future, 284
    technology, 428–429
conocer
    present subjunctive, 134
    present tense, 8
    preterite tense, 398
    vs. **saber,** 81
¿Conoces a alguien que... ?, 204
el Cono Sur, 14–15, 244–245, 293
contrasting, 420, 433

contribuir, present subjunctive,
    133
Cortés, Hernán, 342
Costa Rica, 7, 101, 148, 150, 153,
    164–165
coursework, 248–249, 267
¿cuál?, 254, 328
el/la cual, 352
cuando, 158, 400
Cuba, 10–11, 47, 172
cubrir, past participle, 44
currencies, 136, 292, 304
cuyo, 352
cyberspace, 436, 438, 457

D

Dalí, Salvador, 317
dances, regional, 321, 339, 349, 361
dar
    commands, 112
    present subjunctive, 134
    present tense, 8
dates, giving, 38
de, 445, 447
de la Hoya, Oscar, 28
de la Renta, Oscar, 68–69
decir
    commands, 112
    conditional tense, 115
    future, 63
    past participle, 44
    present subjunctive, 134
    preterite tense, 24
demonstrative adjectives and
    pronouns, 326
des-, 76
describing people, 32, 33, 34, 36,
    37, 38, 51
desires, expressing, 182
después (de) que, 400
direct object pronouns, 348
disagreement/denial, expressing,
    206, 226
Dominican Republic, history, 1,
    10–11, 184, 187, 221, 228, 231,
    236–237
dormir
    present subjunctive, 135
    present tense, 4
    preterite tense, 20

double
    negative, 276
    object pronouns, 370
doubt, expressing, 156, 206, 217,
    226, 232
Duarte, Juan Pablo, 237

E

e –> i/ie stem-changing verbs
    present subjunctive, 135, 204
    present tense, 4
    preterite tense, 20
«Ébano real», 190, 191
ecology. *See* environment,
    pollution
economics, of South America, 292,
    293, 294
ecotourism, 148–149, 164–165
Ecuador, 23
educar, subjunctive, 204
education in Hispanic countries,
    277
El Salvador, 7, 101, 148, 150
elections, 104, 106–107
electronics, 414–415, 419, 433,
    436–437. *See also* computers
emotions, expressing, 82, 154, 226.
    See also feelings
en, 445, 447
    cuanto, 400
environment, 104, 127, 128, 131,
    138, 139, 145, 157. *See also*
    ecotourism
-er verbs
    command forms, 110, 112
    conditional tense, 115
    imperfect tense, 40
    past participles, 44, 256
    present subjunctive, 132, 135
    present tense, 4
    preterite tense, 12
escribir
    past participle, 44
    present participle, 256
    present subjunctive, 132
ese (a/os/as), 326
eso, 326
Esquivel, Laura, 377
estar
    commands, 112

present subjunctive, 134
preterite tense, 24
vs. **ser,** 38
este (a/os/as), 326
esto, 326
expressing
certainty, 232, 400
contrasts, 420, 433
desires, 182
disagreement/denial, 206, 226
distance, 445
doubt, 156, 158, 169, 206, 217, 226, 232, 400
emotions, feelings, 61, 82, 97, 154, 169, 226
frequency, 276
likes/dislikes, 60, 61, 73
location, 38, 61, 421
motion, 445, 447
opinions, 61, 104, 105, 132, 133, 400
origin, 38
possession, 38, 300
speculation, 66, 115
state or condition, 38
thanks, 203, 217
uncertainty, 156, 158, 169, 204, 232
what might happen, 66
what might have been, 281
what will (may) have happened, 302
wishes, 182, 226, 278

fabrics, 59, 73
fashions. *See* clothing and accessories
feelings, 61, 73, 82, 97
Ferré, Rosario, 173
film making, 374, 385
directors, 380–381
fine arts, 320–323, 325, 327, 329–331, 333
flamenco, 321, 325
food, 296, 316, 389
fruit, 173
Mexican, 29, 101
Puerto Rican, 198, 211, 217
frequency, expressing, 276

future perfect tense, 302
future tense, 63, 66, 402

g –> gu verbs, preterite tense, 16
-gar verbs
command forms, 110
present subjunctive, 132, 227
García, Cristina, 46
García Lorca, Federico, 378
García Márquez, Gabriel, 450–451
geography, of South America, 292, 293, 294
-ger verbs, subjunctive, 183, 204, 227
gestures, 257
godparents, 85
Goya, Francisco de, 320
graduation, 176–177, 178–179, 182, 184, 187, 195
Guarga, Rafael, 244
Guatemala, 101, 148, 150, 344
guayabera, 3
Guerra, Juan Luis, 173
Guillén, Nicolás, 190
gustar, verbs like, 60

haber
conditional tense, 115, 281
future tense, 63, 302
past subjunctive, 278
in present and past perfect tenses, 44, 137, 278
present subjunctive, 134
hablar
imperfect subjunctive, 186
imperfect tense, 40
past participle, 44
present subjunctive, 132
present tense, 4
preterite tense, 12
habrá, 63
hacer
command forms, 110
conditional tense, 115
future tense, 63

past participle, 44
present subjunctive, 134
present tense, 8
preterite tense, 24
handcrafts, 101
hasta que, 400
hay. *See* haber
¿Hay algo/alguien que... ?, 204
help, offering and accepting, 109
historic events, 220, 221
holidays, 207, 217
patriotic, 220, 221, 236–237, 241
Honduras, 7, 101, 149, 150
housework, 76–77, 80, 97
humor devices, 162–163

identifying, 38
imperfect
subjunctive, 186, 226
tense, 40
vs. preterite tense, 41, 398
impersonal
expressions, 133, 145, 182
se, 87
Incas, 343, 350, 388
indefinite clauses, 204, 228
indicative vs. subjunctive, 232, 400, 420
indirect object pronouns, 60, 350
interactions, 42, 51, 84, 97
Internet, 436, 444, 448, 452–453, 457
interrogative words, 254, 267
invitations, 404
ir
a + *infinitive,* 63, 112, 402
imperfect tense, 40
progressive with, 258
present subjunctive, 134
preterite tense, 24
-ir verbs
command forms, 110, 112
conditional tense, 115
imperfect tense, 40
past participles, 44, 256
present subjunctive, 132, 135
present tense, 4
preterite tense, 12

irregular verbs
command forms, 110, 112
conditional tense, 115
future tense, 63
imperfect subjunctive, 186, 226
imperfect tense, 40
past participles, 44
present subjunctive, 132, 133, 134, 135
present tense, 8
preterite tense, 16, 20, 24
la Isla de Ometepe, Nicaragua, 154
Izquierdo, Maria, 100

jeroglíficos, 360, 361
job hunting, 255, 272–273, 275, 300

La casa en Mango Street, 90, 91
el Lago Titicaca, 23
Latin America
artists, 100, 316, 389
authors, 162, 173, 190, 234, 262, 306, 364, 374, 376, 377, 378, 450–451
dances, 339, 349, 361
native languages, 309, 346
pre–Columbian civilizations, 342–343, 344
Legorreta, Ricardo, 356–357
leisure activities, 65, 73
likes and dislikes, 60, 61, 73
listening strategies
advertisements, 416
applying advance knowledge, 322
auditory memory, 344
comparing issues, 106, 128
computer vocabulary, 438
describing people, 34
distinguishing admiration and criticism, 56
evaluating discussions, 366
identifying key information, 272
interview techniques, 200

numbers, 222
purpose and strategy, 150
reporting a discussion, 394
summarizing, 250
transitions, 178
literacy, 140–141
literature
describing, 364–365, 367, 369, 385
genres, 332, 339
llegar, preterite tense, 16
location, 38, 61, 421, 433
lo que, 354
Los Angeles, Greater Eastside, 89

Machu Picchu, 343, 344
Madrid, **el Prado,** 320, 322, 323, 331
malo, 442
maps
Caribbean, 172–173
Central America, 100–101, 150, 308–309, 316
Christopher Columbus's voyages, 222–223
Costa Rica, national parks, 153
Hispaniola, 236
South America, 245, 309, 316–317, 389
Spain, 308, 317
United States, 28–29
Martí, José, 234
más... que, 442
masks, 212–213
material. *See* fabric
Matute, Ana María, 335
Mayans, 343, 360
Menchú, Rigoberta, 118–119
menos... que, 442
mentir, present subjunctive, 135
Mexican cuisine, 29
Mexico, 100, 101, 344
environmental and social service, groups, 114, 138
history, 6
Miami, 3
Miró, Joan, 1
Mission District, San Francisco, 3
Moctezuma, 342

monetary units. *See* currencies
Montevideo, Uruguay, 1
morir, past participle, 44
movies, 392–393. *See also* film making
el Museo del Prado. *See* **el Prado**
music, 92–93, 103, 172, 173, 205, 209, 317, 329, 339
musical instruments, 92, 172, 245, 327, 339

names, use of, 48, 116, 259, 261
native languages, 308, 309, 346
necesitar... que, 204
negative
commands, 110, 112, 132, 372
expressions, 276, 289
neuter demonstratives, 326
New Year's, 198–199
New York, Hispanics in, 3
nicknames, 42
Nicaragua, 101, 149, 150
la Isla de Ometepe, 154
literacy program, 140–141
ningún/ninguna, 276
no hay... que + *subjunctive,* 204
nominalization, 372, 375
nonexistant subject, 204
nosotros commands, 112
numbers, 297

o –> u/ue stem-changing verbs
present subjunctive, 135
present tense, 4
preterite tense, 20
object pronouns, 298, 348, 350, 370
placement of, 44, 256, 372
Ochoa, Ellen, 29
ofrecer
command forms, 110
present subjunctive, 134
oír
command forms, 110
present subjunctive, 134

ojalá que, 278
opinions, expressing, 61, 104, 105,
    132, 133, 400

Panama, xxxiv, 101, 149, 150, 344
para vs. por, 61
Paraguay, 14, 285, 293
participles
    past, 44
    present, 256
past
    participles, 44
    perfect subjunctive, 278
    perfect tense, 44
    progressive tense, 260
pastimes, 65, 73
patriotism, 220, 221, 225, 231,
    236–237, 241
Paula, 306, 307
pedir
    present subjunctive, 135
    present tense, 4
pensar, present tense, 4
people, describing, 32, 33, 34, 36,
    37, 51
pero vs. sino, 423
personality traits, 37, 51
Peru, 23, 388. See also Machu
    Picchu
pets, 66
physical characteristics, 32, 33, 34,
    37, 51
Pizarro, Francisco, 343
poder
    conditional tense, 115
    future tense, 63
    preterite tense, 24, 398
la poesía negra, 190, 191
poetry, 190, 191, 234–235
politics, 230, 241
pollution, 127, 131, 145. See also
    environment
Ponce de León, Juan, 11

poner
    command forms, 110
    conditional tense, 115
    future tense, 63
    past participle, 44
    present subjunctive, 134
    present tense, 8
    preterite tense, 24
por vs. para, 61
possessive pronouns, 300, 313
el Prado, 320, 322, 323, 331
pre–Columbian civilizations,
    342–343, 344
prefixes, 76
La Prensa, 29
prepositions, 445, 447
    of location, 421, 433
present
    participles, 256
    perfect subjunctive, 137, 154,
        156, 226
    perfect tense, 44, 137
    progressive tense, 38, 256, 258
    subjunctive, 132, 154, 156, 204,
        226
    tense, uses of, 4, 12, 63
preterite tense, 12, 16, 20
    irregular, 24
    vs. imperfect, 41, 398
producir, preterite tense, 24
professions, 248–249, 261, 268,
    270–271, 272, 273, 275, 280, 283,
    289, 299, 313
pronouns
    demonstrative, 326
    object, 60, 298, 348, 350, 370, 372
    placement of, 44, 82, 111, 256,
        348, 350, 370
    possessive, 300, 313
    reflexive, 82
    relative, 331, 352, 354
    subject, 298
    with commands, 111
Prud'homme, Emilio, 231
Puente, Tito, 92–93
Puerto Rico
    food, 198, 211
    history, 10–11, 173, 210, 220
    masks, 212–213
    music, 205
    New Year's in, 198–199

quantities, 297, 313
que, 331, 352
¿qué?, 254, 328
querer
    conditional tense, 115
    future tense, 63
    preterite tense, 24, 398
    ... que, 204
el quetzal, 136
quien(es), 331

reading strategy
    comparisons, 90, 334
    complex sentences, 118
    drama, 378
    fact vs. interpretation, 406
    humor, 162
    identity and fantasy, 262
    metaphors, 190, 234
    paraphrase, 450
    planning a purchase, 432
    poetry, 234
    speculate about author, 306
    verb tenses, 46
reciprocal verbs, 84
recoger, subjunctive, 204
recommendations, making, 232
reflexive pronouns, 82, 256
reflexive verbs, 82, 84
    commands, 112
regional expressions. See Spanish
relative pronouns, 331, 352, 354
Repertorio español, 29
reported speech, 394, 402
requests, making and responding
    to, 109, 123
resolver, past participle, 44
Reverón, Armando, 389
Reyes, José, 231
romper, past participle, 44
Ruinas de Copán, 101

saber
    commands, 112
    conditional tense, 115
    future tense, 63
    present subjunctive, 134
    present tense, 8
    preterite tense, 24, 398
    vs. **conocer,** 81
salir
    command forms, 110
    conditional tense, 115
    future tense, 63
    present subjunctive, 134
    present tense, 8
salsa music, 205
Saura, Carlos, 380
se
    impersonal, 87
    unplanned events and, 425
Segarra, Araceli, 65
seguir
    command forms, 110
    progressive with, 258
la Selva de Darién, xxxiv
sembrar, subjunctive, 204
sentir, preterite tense, 20
sequence of tenses, 403
ser
    commands, 112
    + **de,** 38
    imperfect tense, 40
    present subjunctive, 134
    preterite tense, 24
    vs. **estar,** 38
shopping for electronics, 414–415,
    416, 419, 433
si clause, 208
sino vs. **pero,** 423
social concerns, 104–105, 113, 123,
    140–141
Soñar en Cubano, 46–47
Sosa, Sammy, 86
South America, 14–15, 22–23,
    244–245
    economics, 292–293, 294
Spain, 308, 317
    authors, 334–335
    cities of, 19
    dancing, 321, 339

    history, 18–19, 317, 331
    Madrid, 320, 322, 323
Spanish
    dialects, 308
    regional expressions, 36, 67, 81,
      108, 118, 132, 210, 258, 282,
      303, 346, 396, 423, 440
speaking strategies
    apologizing, 426
    brainstorming, 72
    cognates, 297
    congratulations, 194
    describing people and actions,
      37, 50, 216, 225
    discussing books and dancing,
      360, 369
    evaluating computers, 456
    expressing (lack of) support,
      144
    familiar vocabulary, 59
    feelings, 96, 240, 255, 266
    general ideas, 122
    interviewing, 200, 275, 288
    negotiating, 402
    organizing ideas, 338
    reassuring others, 168
    reminiscing, 410
    restating, 155
    reviewing a film, 384
    social problems and solutions,
      117
    socializing, 203
    speculating about the past, 312
    tone of voice, 133
speculation, 66, 115
sports, 65, 73, 148, 149, 188. *See also*
    camping
statistics, 297
stem-changing verbs
    present subjunctive, 135
    present tense, 4
    preterite tense, 20
strategies
    connecting cultures, 68, 92, 140,
      236, 284, 308, 356, 428
    listening, 34, 56, 78, 106, 128,
      150, 200, 222, 250, 272, 322,
      394, 416
    reading, 46, 90, 119, 162, 262,
      306, 334, 344, 378, 406, 432,
      450
    speaking, 37, 50, 59, 72, 96, 117,
      122, 133, 144, 155, 168, 194,

      200, 203, 225, 240, 255, 266,
      275, 288, 297, 312, 338, 360,
      369, 401, 410, 426, 456
    writing, 98, 170, 242, 314, 386,
      458
subject pronouns, 298
subjunctive
    for expressing wishes, 182
    with conjunctions, 184
    imperfect of, 186
    with non-existent and
      indefinite, 204
    for disagreement and denial, 206
    summaries, 224, 226
    past perfect, 278
subjunctive vs. indicative, 232, 420.
suggestions, making, 232
summarizing, 402
superlatives, 442
synonyms, 32

los taínos, 173, 210, 309
tan(to)… como, 442
tan pronto como, 400
technology. *See* electronics
tejidos guatemaltecos, 101
el teleférico de Monserrate, 1
telenovelas, 400, 406–407
telephones. *See* cellular telephones
television, 396, 404, 406, 425
    equipment, 401, 411
    schedules, 392–393, 394, 397, 411
tener
    command forms, 110
    conditional tense, 115
    future tense, 63
    present subjunctive, 134
    preterite tense, 24, 398
    que, 447
Tenochtitlán, 342
textiles, 296, 343, 344
thanks, expressing, 203, 217
¿Tienes algo que…?, 204
time
    conjunctions of, 158, 169, 228
    extent of, 61
    of day, 159
    telling, 38, 40

titles, professional, 261
Torres, Fina, 382
traer
   command forms, 110
   present subjunctive, 134
   present tense, 8
   preterite tense, 24
tú commands, 110

Ud(s). command forms, 110
Unamuno, Miguel de, 334
uncertainty, expressing, 156, 232
United States, 28–29
   barrios, 3, 38
   Hispanic immigrants, 2, 46
unplanned events, 425, 433
Ud(s). commands, 110
-uir verbs, present subjunctive, 133
uncertainty, 204, 232
Uruguay, 1, 14, 15, 285, 293

Velázquez, Diego de, 320
venir
   conditional tense, 115
   future tense, 63
   present subjunctive, 134
   preterite tense, 24
ver
   commands, 112
   imperfect tense, 40
   past participle, 44
   present subjunctive, 134
   present tense, 8
verb tenses
   conditional perfect, 281
   future, 63
   future perfect, 302
   imperfect, 40
   past perfect, 44
   past progressive, 260
   present, 4, 8
   present perfect, 44, 137
   present progressive, 38, 256
   preterite, 12, 16, 20, 24, 41

sequence of, 403
subjunctive
   imperfect, 186, 226
   past perfect, 278
   present perfect, 137, 226
   present, 132, 134, 135, 226
vivir
   imperfect tense, 40
   past participle, 44
   present tense, 4
volver
   past participle, 44
   present subjunctive, 135
   preterite tense, 12

weather, 160, 169
wishes, expressing, 182, 226, 278
words within words, 32, 54, 104
workplace
   expectations, 279, 282
   qualifications, 253, 255, 267
writing, 332, 364–365

z –> c verbs, preterite tense, 16
-zar verbs
   command forms, 110
   present subjunctive, 132

Créditos

Acknowledgments

91 Excerpt from *La casa en Mango Street* by Sandra Cisneros. Copyright © 1984 by Sandra Cisneros. Published by Vintage Español, a division of Random House, Inc. Translation copyright © 1994 by Elena Poniatowska. Reprinted by permission of Susan Bergholz Literary Services, New York. All rights reserved. **92–93** Excerpts and adapted material from "El Legendario Rey del Mambo" by Mark Holston, from *Américas* magazine, volume 42, no. 6, 1990-91. Courtesy of *Américas* magazine, a bimonthly magazine published in English and Spanish by the General Secretariat of the Organization of American States. **93** Cover of *The Best of Tito Puente, el Rey del Timbal* CD, by Tito Puente. Copyright © 1997. Reprinted by courtesy of RCA, Beverly Hills, U.S.A. **162–163** Excerpts from "Baby H.P." by Juan José Arreola, from *Confabulario*. Copyright © 1952 by Fondo de Cultura Económica. Reprinted by permission of Fondo de Cultura Económica. **172** Cover of *Live in New York* CD, by Los Muñequitos de Matanzas. Copyright © 1992. Reprinted by courtesy of QBADISC, New York, U.S.A. **191** "Ébano real" by Nicolás Guillén, from *Antología Mayor*. Copyright © 1972. Reprinted by permission of Editorial Letras Cubanas, Havana, Cuba. **201** Cover of *Gilberto Santa Rosa... de corazón* CD, by Gilberto Santa Rosa. Copyright © 1997. Reprinted by courtesy of Sony Discos, Inc, Miami, U.S.A. **205** Cover of *Hecho en Puerto Rico* CD, by Willie Colón. Copyright © 1993. Reprinted by courtesy of Sony Discos, Inc, Miami, U.S.A. **292** Cover for *Américas*. Copyright © 1998. Reprinted by courtesy of OAS, Washington, U.S.A. **305** Material for statistics on Paraguay from *Almanaque Mundial 1998*. Used with the permission of Andrés Jorge González Ortega, Editorial Director of *Almanaque Mundial*. **317** Cover of *Chant* CD, by The Benedictine Monks of Santo Domingo de Silos. Copyright © 1994. Reprinted by courtesy of EMI Odeon, Madrid, Spain. **319** *Flamenco*. Copyright © Teatro de Madrid, Spain. **322** Map of Museo del Prado. Reprinted by courtesy of Museo del Prado, Madrid, Spain. **332** *Pajarico*. Copyright © P.C. Filmart, Madrid, Spain. Mensaka. Copyright © Tornasol Films, Madrid, Spain. Reprinted by courtesy of Filmart and Tornasol Films. **345** *Arqueología Mexicana*. Copyright © 1998. Reprinted by courtesy of Editorial Raíces, Mexico City, Mexico. **353** Excerpt from *Guía Oficial, Templo Mayor*. Copyright © 1996. Reprinted by courtesy of INAH-JGH Editores, Mexico City. **363** *Libros de Madrid*. Copyright © Ediciones La Librería, Madrid, Spain. **374** *La Nación*. Copyright © 1998. Reprinted by courtesy of La Nación, Santiago, Chile. **378–379** Excerpt from *La casa de Bernarda Alba* by Federico García Lorca. Copyright © Herederos de Federco García Lorca. Reprinted by permission of Mercedes Casanovas Agencia Literaria, Barcelona. **391** Cover of *TV y Novelas* magazine. Copyright © 1998. Reprinted by courtesy of Editorial América, S.A., Virginia Gardens, U.S.A. **395** *El Comercio*. Copyright © 1996. Reprinted by permission of C.A. *El Comercio*, Quito, Ecuador. **407–408** Excerpts from "Amor Mío: Brillo afuera, oscuridad en casa..." by Friné Sánchez Brandt, from *Venezuela Farándula* No. 1039. Copyright © Revista Ronda C.A. **413** *La Nación*. Copyright © 1998. Reprinted by courtesy of La Nación, Santiago, Chile. **435** *Monkey On Line*. Copyright © 1998. Reprinted by permission of Monkey On Line, Quito, Ecuador. **449** *Virus informático, Diccionario de Microinformática, Dicsco Duro*. Copyright © 1998. Reprinted by courtesy of Hobby Post, Madrid, Spain. **452** *Los Tiempos Digital*. Copyright © 1998. Reprinted by permission of *Los Tiempos Digital*, Cochabamba, Bolivia. **453** *Bolivia Net*. Copyright © 1998. Reprinted by permission of Bolivia Net, Bolivia.

Photography

Title Page Martha Granger/EDGE Productions (t); Richard Pasley/Stock Boston (b); **iii** Bob Daemmrich/Stock Boston/PNI (bl); R. E. Barber/Visuals Unlimited (tr); Jean-Leo Dugast/Panos Pictures (br); **iv** Bob Daemmrich/The Image Works (bl); Courtesy, Miami Mensual (tr); **v** Bill Davila/Retna Ltd. (bl); School Division, Houghton Mifflin Company (tr); Frank Siteman/Stock Boston (br); **vi** Dan Dion/Liaison (l); RMIP/Richard Haynes (r); **vii** Jeff Greenberg/Photo Researchers, Inc. (l); RMIP/Richard Haynes (r); **viii** Patrick Ramsey/International Stock (bl); Martha Granger/EDGE Productions (tr); Ulrike Welsch (br); **ix** Martha Granger/EDGE Productions (bl, bc); Roy Morsch/The Stock Market (tr); **x** Superstock (bl); School Division, Houghton Mifflin (tr); **xi** Martha Granger/EDGE Productions (bl); Robert Frerck/Odyssey/Chicago (br); Suzanne Murphy-Larronde (tr); **xii** Gary Payne/Gamma Liaison (bl); **xiii** Steve Niedorf/The Image Bank (bl); School Division, Houghton Mifflin Company (tr); **xiv** Robert Fried /Stock Boston (bl); Jo Prater/Visuals Unlimited (t); Antonio Berni, New Chicago Athletic Club. (1937). Oil on canvas, 6' 3/4" × 9' 10 1/4" (184.9 × 600.1 cm). The Museum of Modern Art, New York. Inter-American Fund. Photograph©1998 The Museum of Modern Art, New York (br); **xv** Martha Granger/EDGE Productions (l); Wilfredo Lam, "La Ventana"©1999 Artists Rights Society (ARS), New York/ADAGP, Paris/Christie's Images (tr); **xvi** Peter Menzel/Stock Boston (bl); **xvii** © Justin Kerr (tr); Robert Frerck/Odyssey/Chicago (l); Liba Taylor/Panos Pictures (br); **xviii** Fundacion Federico Garcia Lorca (l); Emece Editones S. A. Argentina (tr); **xix** © 1994 Warner Bros. Animation/Motion Picture & Television Archive (tl); © 1993 Warner Bros./Photofest (cl); Archive Photos (bl); **xx** Martha Granger/EDGE Productions (l); PhotoDisc, Inc. (tr); Courtesy, Maloka Park, Columbia (br); **xxi** Vera Lentz/Black Star/PNI (l); Editorial Canelas S. A. Bolivia (tr); **xxxiv** Courtesy of the Institute of Texan Cultures (tr); Jon Mitchell/Panos Pictures (br); Martha Granger/EDGE Productions (bl); **1** Jean-Leo Dugast/Panos Pictures (t); Tony Morrison/South American Pictures (br); Archive Photos/PNI (cr); Robert Frerck/ Odyssey/Chicago (cl); **2** Martha Granger/EDGE Productions; **3** Sophie Dauwe/Robert **6** Fried Photography (tl); Richard B. Levine (tr, cr); Courtesy Kiwanis Club of Little Havana, Miami (c); Randy Taylor/Gamma-Liaison (bl); RMIP/Richard Haynes (br); **6** Martha Granger/EDGE Productions; **7** Tropix/C. Moulds (tl); Sygma (tr); Barrett & MacKay Photo (br); Gerald & Buff Corsi (bl); **10** Martha Granger/EDGE Productions; **11** Suzanne Murphy-Larronde (tl, tr); Jan Butchofsky/Dave Houser (bl); David Simson/Stock Boston (br); **14** Martha Granger/EDGE Productions; **15** DDB Stock Photo (tl); Gordon Gahanngs/National Geographic Image Collection (tr); George Mobley/National Geographic Image Collection (c); Robert Frerck/Odyssey/Chicago (bl); Adventure Photo (br); Ned Gillette/Adventure Photo (bc); **16** Bob Daemmrich/Stock Boston/PNI; **18** Martha Granger/EDGE Productions; **19** Walter Bibikow/Viesti Associates, Inc. (tl); Joe Viesti/Viesti Associates, Inc. (tr); Paul A. Hein/Unicorn Stock Photo (br); Eric Vandeville/Gamma-Liaison (bl); **22** Martha Granger/EDGE Productions; **23** R.E. Barber/Visuals Unlimited (tr); David R. Frazier Photolibrary/Photo Researchers, Inc. (tl); David Matherly/Visuals Unlimited (cr); Wolfgang Kaehler (bl); Tony Morrison/South American Pictures (br); **26** David Young-Wolff/PhotoEdit (t); Joe Viesti/Viesti Associates, Inc. (b); **28** Martha Granger/EDGE Productions (br, bl); AP Photo/Kevork Djansezian; **29** Ken O'Donoghue (tr); Courtesy of Repertorio Español, NYC (cr); NASA (br); Courtesy of La Prensa (bc); **30–1** Tom Stack & Associates; **31** Courtesy of Miami Mensual (br); **32** RMIP/Richard Haynes; **33** RMIP/Richard Haynes; **35** School Division, Houghton Mifflin Company (r); **36** RMIP/Richard Haynes; **41** Bob Daemmrich/Stock Boston; **49** School Division, Houghton Mifflin Company; **50** Bob Daemmrich/The Image Works; **52–3** Bob Daemmrich Photography; **54** RMIP/Richard Haynes; **55** RMIP/Richard Haynes; **56** Robert Burke/Liaison International (br); School Division, Houghton Mifflin Company (bl); **57** H. Martin (tl);Claude Poulet/Gamma Liaison (tr); Paul Howell/Gamma Liaison (inset); Telegraph Colour Library/FPG International (br); **58** RMIP/Richard Haynes; **63** Frank Siteman/Stock Boston; **65** NOVA Online/Gamma Liaison (br); **66** Myrleen Ferguson/PhotoEdit; **68** Gerardo Somoza/Outline (bl); Courtesy of Oscar de la Renta (cr); **69** Courtesy of Oscar de la Renta (tl); Ted Mehieu/The Stock Market (br); Bill Davila/Retna Ltd. (cr); **74-5** RMIP/Richard Haynes; **76-7** Ken O'Donoghue (bg); **78** RMIP/Richard Haynes; **79** RMIP/Richard Haynes; **85** Nancy Sheehan; **86** Elsa Hasch/Allsport; **87** W.B. Spunbarg/PhotoEdit/PNI; **92** Dan Dion/Liaison (tr); Spencer Grant/PhotoEdit (br); **93** PPI Entertainment Group (t); **100** C.G. Maxwell/National Audubon Society/Photo Researchers, Inc. (bl); Martha Granger/EDGE Productions (bc); Maria Izquierdo, Family Portrait. Museo de Arte Moderno, Mexico City, Mexico/Schalkwijk/Art Resource (tr); Mes Beveridge/Visuals Unlimited (br); **101** J. Becker/Gamma Liaison (bl); Gianni Vechiatto (tl); Suzanne Murphy-Larronde/FPG International (tr); Bill Cardoni/Liaison International (cr); Ken O'Donoghue (br); **102–03** Daniel Aguilar/Archive Photos (bg); **104** RMIP/Richard Haynes; **105** Michael Newman/PhotoEdit (l); PhotoEdit; **106** RMIP/Richard Haynes; **107** RMIP/Richard Haynes; PhotoDisc, Inc. (tr) **111** PhotoEdit; **114** Jeff Greenberg/Photo Researchers, Inc.; **116** Bob Daemmrich/The Image Works; **118** Sipa Press (inset); RMIP/Richard Haynes (bg); **119** Gary Payne/Liaison International; **121** Unicorn Stock Photos; **122** Bob Daemmrich/Stock Boston (br); **123** Skjold/The Image Works (tl); Patricia A. Eynon (tr); Martha Granger/EDGE Productions (br); **124–5** Ulrike Welsch; **126** NASA (t); Steve Winter/Black Star/PNI (br); Martha Granger/EDGE Productions (br); **127** Jay Ireland & Georgienne E. Bradley (cr); Visuals Unlimited (tr); Rob Crandall/Stock Boston/PNI (cl); School Division, Houghton Mifflin Company (b); Yoav Levy/Phototake NYC/PNI (bl); Robert Frerck/Woodfin Camp (tl); **128–129** Martha Granger/EDGE Productions; **136** School Division, Houghton Mifflin Company; **137** Patricia A. Eynon; **140** Patrick Ramsey/International Stock; **141** Alyx Kellington/DDB Stock Photo (bg); Michelle Bridwell/PhotoEdit (bl); School Division, Houghton Mifflin Company (tc); **143** Chris R. Sharp/DDB Stock Photo; **146–7** Martha Granger/EDGE Productions; **148** Jay Ireland & Georgienne E. Bradley, all except: Claus Meyer/Black Star/PNI (anteater); Robert A. Luback/Animals Animals (deer); Richard K. LaVal/Animals Animals (monkey);

Leroy Simon/Visuals Unlimited (butterfly); Renee Lynn/Allstock/PNI (skunk); John S. Dunning/Animals Animals (falcon); **149** Clockwise from tl: Jay Ireland & Georgienne E. Bradley; Stephen Frink/Southern Stock/PNI; W. Ober/Visuals Unlimited; Lynn M. Stone/Animals Animals; Mes Beveridge/Visuals Unlimited; Stuart Westmorland/Tony Stone/PNI; Jim Merli/Visuals Unlimited; **151** School Division, Houghton Mifflin Company (t); **153** Jay Ireland & Georgienne E. Bradley (turtle, hummingbird); Jim Merli/Visuals Unlimited (snake); Lynn M. Stone/Animals Animals (pelican); Richard K. LaVal/Animals Animals (monkey); W. Ober/Visuals Unlimited (whale); Renee Lynn/Allstock/PNI (skunk); **154** Kim Esterberg; **161** La Finca de Mariposas, Frente Club Campestre Los Reyes, Costa Rica; **164** Richard K. LaVal/Animals Animals (bl); Gail Shumway/FPG International (br); Jay Ireland & Georgienne E. Bradley (bg); Gary Braasch/Allstock/PNI (tr); **165** Jay Ireland & Georgienne E. Bradley (bg); Leroy Simon/Visuals Unlimited (bl); Roy Morsch/The Stock Market (br); **167** Bob Firth/International Stock Photo; **168** Patricia A. Eynon; **172** Martha Granger/EDGE Productions (bc); Sharon Smith/Photonica (bl); Tom & Therisa Stack (br); **173** Gerardo Somoza/Outline (l); School Division, Houghton Mifflin Company (tr); AP/Richardo Figueroa (cr); Robert Frerck/Odyssey/Chicago (br); **174–5** Tom & Therisa Stack; **176** Tom & Therisa Stack (t, c, b); School Division, Houghton Mifflin Company (bg, bl); **177** Tom & Therisa Stack (tl, cl), School Division, Houghton Mifflin Company (bg, bl, tr); **178** Tom & Therisa Stack; **179** School Division, Houghton Mifflin Company; **182** Tom & Therisa Stack; **184** Tom Bean/The Stock Market; **185** Bill Bachmann/Photo Network/PNI; **186** Tom & Therisa Stack; **194** Jeff Greenberg/Omni-Photo Communications (tl); Daemmrich/The Image Works (c); Superstock (tr); David Simson/Stock Boston (br); **196–97** Robert Frerck/Odyssey/Chicago (bg); John G. Cardasis (inset); **198** Robert Fried/DDB Stock Photo (br); Ken O'Donoghue (tr); **198–99** Randy Wells/Tony Stone Images/PNI (bg); **199** John G. Cardasis (top inset); Robert Frerck/Odyssey/Chicago (tr); Charles Feil/FPG International (b); Chuck Pefley/Tony Stone Images (cr); **200** Robert Frerck/Odyssey/Chicago; **201** School Division, Houghton Mifflin Company (c); **202** Robert Fried/DDB Stock Photo (tl); Tony Perrottet/Omni Photo Communications (tr); PhotoDisc, Inc. (cl); James P. Dwyer/Stock Boston (cr); Kevin Estrada/Retna Ltd. (bl); Torleif Svensson/The Stock Market (br); **204** Suzanne Murphy-Larronde; **206** Tom & Therisa Stack; **208** Courtesy of Instituto de Cultura Puertorriquena; **209** Laura Luongo/Gamma-Liaison; **212** Tom Bean/DRK Photo (bl); Suzanne Murphy-Larronde (tr, c); **213** School Division, Houghton Mifflin Company (tl); Jacinto Ramirez, Bayamon (b); Courtesy of Instituto de Cultura Puertorriquena (cl, cr); **216** M. Rivera (bl); Raffi Trelles (br); **218–19** Andre Jenny/Stock South/Atlanta/PNI; **219** Tom & Therisa Stack (inset); **220** Suzanne Murphy-Larronde (bl); David Young-Wolff/PhotoEdit (c); Ricardo Medina/Picture Perfect Caribbean (r); School Division, Houghton Mifflin Company (bg); **221** Joe Viesti/Viesti Associates, Inc. (tr); The Granger Collection (cr); Rob Lewine/The Stock Market (b); School Division, Houghton Mifflin Company (bg); **223** School Division, Houghton Mifflin Company (tr, cr, bg); North Wind Pictures (bl); **230** Gary Payne/Gamme Liaison; **236** Andre Jenny/Stock South/Atlanta/PNI (tr); The Granger Collection (bl, br); Tom & Therisa Stack (bg); **237** Tom Bean/DRK Photo (tl); Suzanne Murphy-Larronde (br); **239** Bob Daemmrich/The Image Works; **240** Jerry Driendl/FPG International (l); Gary Payne/Gamma Liaison (r); **242** Bryan F. Peterson/The Stock Market (bl); Antonio Berni, New Chicago Athletic Club. (1937). Oil on canvas, 6' 3/4" × 9' 10 1/4" (184.9 × 600.1 cm). The Museum of Modern Art, New York. Inter-American Fund. Photograph©1998 The Museum of Modern Art, New York. (tr); Courtesy of Brecha Magazine (br); Martha Granger/EDGE Productions (bc); **245** Ulrike Welsch (bl); D. Donne Bryant (br); School Division, Houghton Mifflin Company (cr);Tony Morrison/South American Pictures (tr); Hugo Fernandez/DDB Stock (tl); **246–7** Robert Frerck/Odyssey/Chicago; **248** Robert Frerck/Odyssey/Chicago (tl); Tony Morrison/South American Pictures (bl); RMIP/Richard Haynes (tr); **249** Robert Frerck/Odyssey/Chicago (t,c); Steve Niedorf/Image Bank (b); **251** School Division, Houghton Mifflin Company; **253** Jeff Smith/Image Bank; **254** Ulrike Welsch; **258** Martha Granger/EDGE Productions; **262** UPI/Corbis-Bettmann; **266** Eric Berndt/Unicorn Stock Photos; **268–9** RMIP/Richard Haynes; **270** Jo Prater/Visuals Unlimited (t); Uniphoto, Inc. (cl); Photri (tr); Superstock (bl); Robert Fried/Stock Boston (br); **271** Chris Sharp/South American Pictures (tl); D. Donne Bryant (tc); Jurgen Retsch/Tony Stone Images (tr); Bob Daemmrich/Stock Boston (bl); Bill Bachmann/The Image Works (bc); Robert Frerck/Odyssey/Chicago (br); **272** School Division, Houghton Mifflin Company; **273** School Division, Houghton Mifflin Company; **274** David Young–Wolff/Tony Stone Images (t); Joe Cornish/Tony Stone Images (cl); Bob Daemmrich Photos (bl); Bob Daemmrich/Stock Boston (cr); David Simson/Stock Boston (br); **280** Image Bank; **284** M. Timothy O'Keefe/Bruce Coleman, Inc. (r); Tony Morrison/South American Pictures (l); **285** Ulrike Welsch (tl); Robert Frerck/Odyssey/Chicago (tr); M. Timothy O'Keefe/Bruce Coleman, Inc. (bl); Arthur Tilley/FPG International (br); **288** Aaron Haupt/Stock Boston; **290–291** Walter Bibikow/The Viesti Collection; **292** Bob Daemmrich/Stock Boston (t); School Division, Houghton Mifflin Company (c, b); **293** School Division, Houghton Mifflin Company; **295** School Division, Houghton Mifflin Company; **300** Jason P. Howe/South American Pictures; **301** School Division, Houghton Mifflin Company; **304** Wilfredo Lam, La Ventana, © 1999 Artists Rights Society (ARS), New York/ADAGP, Paris; **312** S. L. Craig, Jr./Bruce Coleman, Inc.; **316** P. G. Sclarandis/Black Star/PNI (bl); Martha Granger/EDGE Productions (bc); Martha Granger/EDGE Productions (br); Fernando Botero, Los Musicos, 1979. Courtesy Marlborough Gallery, New York; **317** Martha Granger/EDGE Productions (tl); ANGEL Records (tc); The Granger Collection (tr); Viesti Associates, Inc. (bl); Salvador Dali, The Persistence of Memory. 1931. Oil on canvas, 9 1/2 × 13" (24.1 × 33 cm). The Museum of Modern Art, New York. Given anonymously. Photograph©1998 The Museum of Modern Art, New York. (br); **318–19** Peter Menzel/Stock Boston; **320** RMIP/Richard Haynes (t); Diego Velazquez: Las Meninas (Maids of Honor), Oil on canvas, 1656/The Granger Collection (c, bc); Goya, Francisco Y Lucientes, Milkmaid of Bordeaux, Museo del Prado, Madrid, Spain/A.K.G., Berlin/Superstock (br); Goya, Francisco Y Lucientes, Self Portrait, Museo del Prado, Madrid, Spain/Bridgeman Art Library, London/SuperStock (bl); **321** RMIP/Richard Haynes (t); Fin Ribar/Stock South/PNI (br); Robert Fried (bl); Peter Menzel/Stock Boston (br); **323** Mary Altier; **325** Francisco de Zurbaran, The Defense of Cadiz. Oil on canvas. Museo del Prado, Madrid, Spain/Scala/Art Resource, NY; **326** El Greco, View of Toledo, Oil/The Granger Collection; **331** Diego Rodriguez, Las Hilanderas, Museo del Prado, Madrid/Superstock; **333** Francisco de Zurbaran, Still Life, Museo del Prado, Madrid, Spain/Superstock (l); El Greco, View of Toledo, Oil/The Granger Collection (c); Goya, Francisco Y Lucientes, Milkmaid of Bordeaux, Museo del Prado, Madrid, Spain/A.K.G., Berlin/Superstock (r);

334–35 Chris Brown/Stock Boston (bg); UPI/Corbis-Bettmann (inset); 335 Godo–Foto; 338 Pablo Picasso, Las Meninas, 1957, Museo Picasso, Barcelona, Spain/The Bridgeman Art Gallery International, Ltd. (t); Corbis–Bettmann (br); 340–41 Liba Taylor/Panos Pictures; 342 The Granger Collection (tr); Robert Frerck/Odyssey/Chicago (br); 343 Joe Viesti/Viesti Associates, Inc. (tr, cr, bl); Eastfoto/PNI (tl); Peter Purchia/Viesti Associates, Inc. (cl); 345 © Justin Kerr; 348 Robert Frerck/Odyssey/Chicago; 349 Peggy/ Yorham Kahana/Peter Arnold, Inc. (bl); Courtesy of Gloria & Claudio Otero/Jim Kelm (br); 351 Peggy/Yorham Kahana/Peter Arnold, Inc. (l); Martha Granger/EDGE Productions (c); C.C. Lockwood/DRK Photo (r); 352 Martha Granger/EDGE Productions; 355 Peter Purchia/Viesti Associates, Inc. (tl); Eastfoto/PNI (tc); Joe Viesti/The Viesti Collection (tr); Barry Barker/Odyssey/Chicago (bl); 356 Marc Liberman/The Salk Institute; 357 Courtesy, Camino Real, Cancun (bl); Courtesy, Ricardo Legorreta (tr); 362–63 Erica Lananar/Black Star/PNI; 363 Ediciones la Libreria, Madrid; 364 Michael Newman/PhotoEdit/PNI; 366 Michael Newman/ PhotoEdit/PNI (br); 367 School Division, Houghton Mifflin Company; 376 Emece Editores S. A. Argentina; 378–79 Fundacion Federico Garcia Lorca; 380 Photofest; 381 Robin Holland/Outline (tr); Photofest (tl); Carrion/Sygma (br); Jane Brown/Camera Press/Retna, Ltd. USA (bl); 384 Martha Granger/EDGE Productions; 388 Courtesy of Maloka Park, Columbia (tr); Martha Granger/ EDGE Productions (bl, bc); Robert Frerck/Odyssey/Chicago (br); 389 Corbis–Bettmann (tr); PhotoDisc, Inc. (br); Courtesy, Coleccion Museo Armando Reveron (c); Martha Granger/EDGE Productions (bl); 390–91 Eduardo Gil/Black Star (bg); 392 Wolfgang Kaehler (tl); Archive Photos (bl); Bud Gray/Motion Picture & Television Photo Archive (tr); Owen Franken/Stock Boston (cl); 393 Photofest (tl); The Image Bank (tc); ©1993 by Warner Bros. Inc./Photofest (tr); Guido A. Rossi/The Image Bank (cl); ©1994 Warner Bros. Animation/Motion Picture & Television Archive (c); Nubar Alexanian/Stock Boston (br); David Young–Wolff/PhotoEdit (bl); 394 From left to right: Guido A. Rossi/The Image Bank; The Image Bank; Wolfgang Kaehler; Photofest; Owen Franken/Stock Boston; 395 School Division, Houghton Mifflin Company; 397 Al Bello/Allsport; ; 398 Marth Granger/EDGE Productions, 404 Jose Pelaez Photography/The Stock Market; 405 Randy Green/FPG International; 406 Courtesy Venevision; 410 Merleen Ferguson/PhotoEdit (br); 412–13 RMIP/Richard Haynes; 414 School Division, Houghton Mifflin Company(tl, cl) PhotoDisc, Inc. (tr, br, bl); 415 School Division, Houghton Mifflin Company(tr, tc, cl, c) PhotoDisc, Inc. (tl, bl, bc, br); Spencer Jones/FPG International(cr); 416 Clockwise from tl: School Division, Houghton Mifflin Company, PhotoDisc, Inc., Spencer Jones/FPG International; School Division, Houghton Mifflin Company; 417 School Division, Houghton Mifflin Company; 418 PhotoDisc, Inc.(tl, tcl, cr, br) School Division, Houghton Mifflin Company(tr, bl); Spencer Jones/FPG International(cl); 419 School Division, Houghton Mifflin Company; 423 Jeff Greenberg/ The Picture Cube; 427 PhotoDisc, Inc.; 428–429 Telegraph Colour Library/FPG International (bg); 427 J. Carini/The Image Works (bl); 428 Mark E. Gibson/Visuals Unlimited (bl); Degas–Parra/Ask Images/The Viesti Collection, Inc. (tc); 432 All PhotoDisc, Inc., except tr; 434–435 Martha Granger/EDGE Productions (bg); 435 Courtesy, Monkey Online (b); 436 Tony Anderson/FPG International; 437 Mark M. Lawrence/The Stock Market (c); School Division, Houghton Mifflin Company (tr, tl, bl); 439 School Division, Houghton Mifflin Company; 441 PhotoDisc, Inc.; 443 Clockwise from tl: Spencer Jones/FPG International; PhotoDisc, Inc.; School Division, Houghton Mifflin Company; PhotoDisc, Inc.; School Division, Houghton Mifflin Company; School Division, Houghton Mifflin Company; PhotoDisc, Inc.; 450–51 Tony Morrison/South American Pictures (bg); 450 CORBIS/Francoise de Mulder; 451 UPI/Corbis–Bettmann; 452–53 Vera Lentz/Black Star/PNI (bg); 452 Editorial Canelas S.A. Bolivia; 453 HighINFO, creators of Bolivianet; 454 School Division, Houghton Mifflin Company; 456 PhotoDisc, Inc. (tl, tc); Mark M. Lawrence/The Stock Market (tr); Jeff Greenberg/The Picture Cube, Inc. (br); 458 David Young–Wolff/PhotoEdit.

Illustration

Gary Antonetti **150, 153**

Fian Arroyo **51, 76, 83, 117, 139, 161, 169, 217, 355, 377, 449, 457, R10, R13** (r), **R18**

Kent A. Barton **90, 162** (t), **190, 234**

Susan Blubaugh **210, 229**

Neverne Covington, Inc. **91, 222-223, 232, 405, 446**

Ruben DeAnda **46-47**

Mike Deitz **67, 195, 211, 289**

Eldon Doty **333, 385**

Catherine Leary **162-163, 305, 313, 394, 411, R15**

Bryan Leister **45, 406, 407**

Nikki Middendorf **189, 427, 430**

Jim Neville **108**

Jim Nuttle **80, 108, 241, 296, 418, 431, R2, R6**

Patrick O'Brien **347, 396, 440**

Matthew Pippen **81**

Rick Powell **48, 70, 203, 299, 409, R5, R13** (l)

Mike Reagan **308-309**

Mike Reed **198**

Donna Ruff **34, 180, 188**

Enrique O. Sanchez **234-235**

Stacey Schuett **311, 327, 328, 422**

Fabricio Vanden Broeck **190-191**

Randy Verougstraete **89, 131**